René Fülöp-Miller · Der heilige Teufel

René Fülöp-Miller
DER HEILIGE TEUFEL

DIE WAHRHEIT ÜBER RASPUTIN

INHALT

Einleitung 7
1. Die Gesichter Rasputins 11
2. Lehr- und Wanderjahre 21
3. Der Prediger aus dem Kellerloch 49
4. Vor den Hohepriestern 71
5. Das verhängnisvolle Idyll von Zarskoje Selo 91
6. Der Freund 163
7. Die Bußfahrt des großen Sünders 211
8. Aufzeichnungen aus einem Treppenhaus 221
9. Vater Grigori empfängt 244
10. Im Allerheiligsten 294
11. Der tanzende Staretz 321
12. Der Aufruhr wider den heiligen Teufel 347
13. Das große Fischessen 365
14. Der Mörder mit der Gitarre 382
15. Das Todesschiff 439

EPILOG
1. Im „Haus der Freiheit" 445
2. Die Odyssee des Jakowlew 450
3. Die Blutnacht 454
4. Geniale Vorsehung oder böses Schicksal? 462

ANHANG
Rasputins Freunde und Feinde 466
Verzeichnis der Abbildungen 467
Nachweis der Quellen und Literaturverzeichnis 471
Stimmen zur Ausgabe von 1927 478
Glossar 490
Namenregister 491

Der Epilog wurde im April 1994 von Dr. phil. habil. Mansur M. Muchamedshanow mit Unterstützung des Verlages „Rarität" Moskau verfaßt.
Die Übersetzung dieses Textteils besorgten Irmgard Luft und Prof. Dr. phil. habil. Gothild Lieber.

Diese Ausgabe folgt dem Original von 1927. Russische Namen wurden der heute üblichen Schreibweise angepaßt; der Text der größeren Verständlichkeit halber minimal bearbeitet. Ein kleines Glossar erläutert einige wichtige, unverändert beibehaltene russische Begriffe.

Die Deutsche Bibliothek – CIP-Einheitsaufnahme
Fülöp-Miller, René:
Der heilige Teufel: die Wahrheit über Rasputin /René Fülöp-Miller. Mit einem Nachw. von Mansur Muchamedshanow. – Leipzig: LKG, 1994
ISBN 3-376-05011-2

© LKG · Leipziger Kommissions-
und Großbuchhandelsgesellschaft mbH, 1994
Gestaltung: Jochen Busch
Reproduktionen: Reprocolor GmbH, Leipzig
Druck: Chemnitzer Verlag und Druck GmbH, Werk Zwickau
Printed in Germany
ISBN 3-376-05011-2

EINLEITUNG

„Der heilige Teufel!" Dies war der Titel einer gegen Rasputin gerichteten Schmähschrift aus der Feder seines Widersachers, des gefürchteten Mönchspriesters Iliodor; die Anklagen und Behauptungen jenes Pamphlets haben nicht wenig zu dem falschen und verzerrten Bild beigetragen, auf welchem Rasputin als listiger Scharlatan, ja als der Hauptschuldige an dem Untergang des alten Rußland erscheint.

Dieses vom Haß des erfolglosen Feindes geprägte Bild ist seither zur Schablone für das Porträt Rasputins geworden und hat sich so der Öffentlichkeit dargeboten; die Wirren der Revolution hatten eine objektive Korrektur dieses Bildnisses lange Zeit hindurch unmöglich gemacht, denn die für den Tagesgebrauch bestimmte revolutionäre Phrase brauchte sich nicht um Wahrhaftigkeit zu kümmern; für sie war allein der Effekt im politischen Kampf von Wichtigkeit. In dieser Hinsicht aber konnte sich ihr kaum ein erwünschteres historisches Porträt bieten als jenes einseitige von Rasputin, das bestens geeignet war, die ganze Verwerflichkeit des früheren Herrschaftssystems und seiner Vertreter augenfällig darzustellen.

Für das revolutionäre Rußland in seinem Kampf gegen ein sicherlich in vieler Hinsicht überholtes und daher verderbliches System, wie es der Zarismus gewesen ist, mag die Verzerrung von Persönlichkeiten und Situationen, wenn auch nicht gerechtfertigt, so doch entschuldigt erscheinen; ohne jedes im Grunde stichhaltige Motiv aber hat sich der Gestalt Rasputins auch die bürgerliche Lust an Skandal und Sensation bemächtigt, und sie hat das ihre dazu beigetragen, um das ebenso lügenhafte wie auch, in seiner Schwarz-Weiß-Technik, platte Bild eines banalen ‚Teufels in Menschengestalt' zu zeichnen.

In dem Bedürfnis, den Massen unmittelbar nach dem Zusammenbruch möglichst rasch zur Empörung aufreizende Schauergeschichten über den russischen Zarenhof zu liefern, wurde, ohne jede kritische Untersuchung, eben jene verzerrte Rasputingestalt der Öffentlichkeit als die einzig authentische vorgeführt. Die Phantasielosigkeit der Kolportage und die Trägheit der Menge im kritischen Denken hat es dann mit sich gebracht, daß man definitiv bei diesem bequemen und in seiner banalen Einfachheit so leicht zu überblickenden Bild geblieben ist.

Zu diesem falschen Bild wurde dann, um dem Bedürfnis nach historischer Gründlichkeit gerecht zu werden, eine ebenso schlecht erfundene Lebensgeschichte Rasputins hinzugedichtet. Mit bewunderungswürdiger professoraler Pedanterie stellte man falsche Daten und Jahreszahlen, unrichtige Namen und Ortsbezeichnungen zusammen, wie sie kaum jemals mit solcher Genauigkeit bei Biographien vorzukommen pflegen, die auf Wahrheit beruhen. Wer die Literatur über Rasputin studiert, begegnet immer wieder einer Unzahl von höchst exakten Angaben, die durch ihre anscheinende Präzision darüber hinwegzutäuschen suchen, daß sie in Wirklichkeit jeder Fundierung entbehren. Als einziger hat Freiherr von Taube in seinem verdienstvollen Werk die Berichte über Rasputin nicht unbedenklich übernommen, sondern kritisch gesichtet und zusammengestellt, womit er allein eine wertvolle Arbeit über diesen Gegenstand geleistet hat.

Eine schüchterne, zarte Stimme ist in dem Geschrei der Lügen über Rasputin fast ungehört verhallt: Rasputins Tochter Matrjona hat in einer kleinen Broschüre den fast aussichtslosen Versuch unternommen, das Andenken ihres Vaters zu verteidigen. Gewiß ist das, was die Tochter als „Die Wahrheit über Rasputin" bezeichnet, nur die halbe Wahrheit; die ehrfürchtige Liebe läßt alle Schatten weg und zeichnet nur den gütigen und wertvollen Menschen, als welchen Matrjona ihren Vater gekannt hat. Aber um wie vieles kommt doch dieses, wenn auch einseitige Bild der Wahrheit näher! Wohl ist Rasputin nicht lediglich ein schlichter und liebenswerter Mensch gewesen; aber er war auch das, und diese Seite wiegt nicht nur viele seiner Fehler und Schwächen auf, sie bereichert und ergänzt vielmehr seine Persönlichkeit und läßt ihn erst dadurch als einen wirklich fesselnden Charakter erscheinen, der unser menschliches, historisches und psychologisches Interesse in hohem Maße verdient.

Erst die Erkenntnis, daß es bei unbefangener Prüfung aller vorliegenden Materialien nicht länger möglich sei, der Gestalt Rasputins durch eine der banalen Charakterisierungen eines Scharlatans oder eines heiligen Staretz gerecht zu werden, hat den Verfasser zu dem vorliegenden Buche veranlaßt. Rasputin ist weder absolut böse noch ausschließlich gut gewesen, weder schlechthin ein Wüstling noch ein Heiliger: Er war ein kraftstrotzender, reicher Mensch, begnadet mit vielen Vorzügen, verdammt zu vielen Schwächen, ein Mann, so vielfältig, widerspruchsvoll und kompliziert, daß eine adäquate Darstellung seiner Persönlichkeit eben ein weit genaueres und sorgfältigeres Eingehen auf alles Für und Wider erfordert, als bisher von irgend jemand versucht worden ist.

In dem Bewußtsein, daß das Widerspruchsvolle und Antithetische an einem menschlichen Leben die einzige und alleinige Wahrheit ist, hat der Verfasser dem Feind Rasputins die Waffen entwunden, um sie zur Verteidigung eben dieser Wahrheit zu gebrauchen: Darum wurde der von Iliodor erfundene Titel „Der heilige Teufel" zur Bezeichnung des vorliegenden Werkes gewählt.

Die gesamte Darstellung Rasputins und seiner Umgebung in diesem Buche beruht durchaus auf amtlichen Dokumenten, Polizeiakten, Tagebüchern, Briefen, Zeugenaussagen und anderen genau belegten authentischen Quellen. Nichts aber vermöchte das Bild Rasputins in seiner scheinbaren Unglaubwürdigkeit so farbig erstehen zu lassen, wie gerade dieses Aktenmaterial; gehören doch diese verbürgten Dokumente einem Zeitabschnitt an, der an unheimlicher Bewegtheit in der Geschichte kaum seinesgleichen haben dürfte. Auch die Menschen, die uns aus jenen Dokumenten entgegentreten, entstammen einer fremdartigen Welt und einer höchst eigentümlichen sozialen Situation; handelt es sich hier doch um die russische Gesellschaft unmittelbar vor dem Erdbeben des bolschewistischen Umsturzes.

An dieser Stelle soll allen jenen Persönlichkeiten des alten und neuen

Regimes, sowie den russischen Ämtern, Museen, Handschriften- und Bildersammlungen gedankt werden, die dem Verfasser bereitwillig ihre Archive zur Verfügung gestellt haben; besonderer Dank gebührt Percy Eckstein, dem Freunde des Autors, der ihm bei der Vollendung dieses Werkes wertvolle Hilfe geleistet hat. Dem Verlag endlich sei dafür gedankt, daß er den Mut gehabt hat, ohne Rücksicht auf eingewurzelte Vorurteile, der Öffentlichkeit auch einmal das wahre Bild Rasputins, dieser erstaunlichen Gestalt, vor Augen zu führen.

Wien-Hinterbrühl, Herbst 1927 *René Fülöp-Miller*

ERSTES KAPITEL

DIE GESICHTER RASPUTINS

Ein etwa vierzigjähriger, hochgewachsener Bauer, breitschultrig, von stämmigem und dennoch hagerem Körperbau, in einem groben, leinenen, durch einen einfachen Ledergurt zusammengehaltenen Bauernhemd, mit weiten Hosen und hohen, schweren Stiefeln: So erschien Grigori Jefimowitsch Rasputin zum erstenmal im Salon der Gräfin Ignatiew, inmitten jenes Kreises von neugierigen Damen der Petersburger Gesellschaft, geistlichen Würdenträgern, Mönchen, Politikern, Intriganten, Hochstaplern und Hofschranzen, die sich dreimal in der Woche in den Räumen der hochbetagten Gräfin zu versammeln pflegten.

Mit größter Spannung hatte man auf ihn, den ‚neuen Heiligen', den ‚Wundertäter' aus Pokrowskoje, gewartet. Als er, nach bäuerlicher Art, mit großen, polternden Schritten und unbeherrschten Bewegungen eingetreten war und sich nun grüßend verneigte, schien sein grobes, eher häßliches Gesicht die hochgespannten Erwartungen der Gäste zunächst zu enttäuschen. Sein großer Kopf war mit ungekämmten, in der Mitte nachlässig gescheitelten und rückwärts in langen Strähnen bis auf den Nacken niederwallenden braunen Haaren bedeckt, auf seiner hohen Stirn gewahrte man einen dunklen Fleck, ein Überbleibsel von einer Verletzung. Seine blatternarbige, breite Nase ragte weit aus dem Gesicht hervor, und die schmalen, blassen Lippen waren unter dem schlechtgepflegten, weichen Schnurrbart verborgen. Die von Wetter und Sonne gebräunte Haut war runzelig und von tiefen Falten durchzogen, die Augen verbargen sich unter den weit vorstehenden Brauen, das rechte war durch ein gelbes Knötchen entstellt. Das ganze Gesicht wurde von einem dunkelblonden, struppigen Bart wild überwachsen und machte auf die Anwesenden einen eher ungewöhnlichen Eindruck.

Als er aber dann ganz nahe an jeden einzelnen Gast herantrat, dessen Hände ergriff, sie zwischen seine breiten, schwieligen Hände nahm und dabei jedem seiner neuen Bekannten forschend in die Augen blickte, fühlten sich alle einigermaßen verwirrt. Denn diese Augen waren von seltsamer Beweglichkeit: Klein, hell und wasserblau lugten sie unter den eng beieinander liegenden buschigen Brauen hervor; unstet, als suchten sie immerwährend nach etwas, erforschten, prüften und durchdrangen sie alles, was in ihrem Bereich lag. Diese Augen hatten ohne Zweifel etwas Beunruhigendes und Verwirrendes. Blieben sie einen Augenblick lang auf jemandem ruhen, dann gewannen sie alsbald eine durchdringende Schärfe, als vermöchten sie bis auf den Grund der Seele zu blicken; dann wieder lag in ihnen mit einem Mal ein unbeschreiblicher Ausdruck von verstehender Güte und weiser Nachsicht.

Auch seine rauhe Bauernstimme konnte plötzlich einen tiefen, schönen und hinreißend belebten Klang annehmen. Er legte, während er sprach, den Kopf ein wenig zur Seite, wie es Geistliche zu tun pflegen, wenn sie die Beichte entgegennehmen, und dann strömte seine Rede eine ebenso überlegene mönchische Milde aus wie sein Blick. In einem solchen Moment fühlten die Gäste der Gräfin Ignatiew, daß vor ihnen ein gütiger heiliger Vater stand, dem man sich ohne jeden Rückhalt anvertrauen konnte.

Aber nun veränderten sich Blick und Sprache von neuem: Es war, als flackerte in diesem seltsamen Manne eine alles verzehrende sinnliche Gier auf, seine Augen begannen zu glühen, seine Stimme wurde erregt, bald heftig und leidenschaftlich, bald vertraulich und einschmeichelnd. Seine Blicke und Worte wurden schamlos, zynisch und voll von kaum verhüllter Anzüglichkeit, bis er dann, ganz unvermutet, wieder in eine neue, völlig veränderte Haltung fiel und mit poetischem Schwung und echter, flammender Begeisterung von mystischen und religiösen Dingen redete.

Die unschönen Züge seines Antlitzes gewannen, während er sprach, eine außerordentliche Lebendigkeit. Zuweilen steigerte sich der rasche Wechsel in dem Spiel seiner Gesichtszüge und Gesten zu fast theatralischem Gebaren. Bei diesen Bewegungen wurden dann auch seine schwieligen Bauernhände sichtbar: Sie waren derb, aber dennoch schön geformt, mit langen, knochigen Fingern.

Es dauerte nicht lange, bis ein ganzer Kreis von Frauen aus allen Gesellschaftsschichten, angefangen von den Damen der höchsten Kreise bis zu Mägden, Bauernweibern und Näherinnen, in Rasputin ein höheres, göttliches Wesen zu erblicken glaubten. Auch Männer aus allen Ständen und Berufen scharten sich bald um den Wundertäter: Minister und Beamte, Makler und Spione; von ihnen allen wurde nun Grigori Jefimowitsch maßlos verwöhnt, bewundert und angebetet.

In dem Grad, in dem sich Rasputins soziale Stellung verbesserte, änderte sich auch seine äußere Erscheinung. Er trug jetzt kostbare, von den vornehmsten Damen des Hofes und der Gesellschaft eigens für ihn genähte und mit Blumen bestickte Blusen aus blaßblauer, leuchtend roter, malvenfarbiger, lichtgelber Seide. Der schlichte bäuerliche Ledergurt war einer himbeerfarbenen oder himmelblauen Seidenschnur mit großen Quasten gewichen. Rasputin trug nun Hosen aus gestreiftem englischem Stoff oder aus schwarzem Velvet und Stiefel aus weichstem Leder; in den Wintermonaten war er in einen kostbaren Pelzmantel gehüllt, eine Bibermütze bedeckte sein Haupt, und er hatte englische Schneeschuhe an den Füßen.

Aber auch in diesen feinen Kleidern, an welche die Verehrerinnen ihn gewöhnt hatten, änderte er sein unbekümmertes, gerades, bäuerliches Wesen nicht: Trotz alledem blieb er auch weiterhin der Muschik mit ungepflegtem Haar und Bart, mit schmutzigen Händen und mit der urwüchsigen, ja ungeziemenden Sprache des Bauern.

Alle die Züge jedoch, die ihn bei seinem ersten Auftreten in den Petersburger Salons als derb und gewöhnlich hatten erscheinen lassen, erfuhren nun in den Augen der gläubig begeisterten Anbeterinnen eine sonderbare Verklärung. Wenn man jetzt nervös seines Kommens harrte, lag über der wartenden Versammlung ein schwüler Druck von ekstatischer Überspanntheit. Öffnete sich dann endlich die Tür, um Rasputin auf der Schwelle erscheinen zu lassen, dann ging ein erregtes Zucken durch alle Anwesenden, als ob sich soeben ein wunderbares Geschehnis ankündigte. Blieb Rasputin vor den Frauen stehen, um sie, der Sitte wandernder Mönche entsprechend, gesenkten Hauptes, dreimal zu küssen, erbebten sie alle, von einem religiösen Erlebnis erfaßt, und nannten ihn mit Namen, wie sie nur einem heiligen Wesen gebühren. Alle waren sie jetzt überzeugt, in seinen Worten offenbare sich Gott, in dem Blick seiner kleinen, wasserblauen Augen treffe sie der Heilige Geist, seine Berührung übertrage die in ihm wohnende Gnade auch auf ihre sündigen Körper, und seine Küsse und Umarmungen heiligten jede der gläubigen Jüngerinnen.

Bisweilen erhob er sich plötzlich mitten im Gespräch und rief unerwartet, ohne jeden Zusammenhang, den Frauen zu, sie sollten ihm schwermütige Volksweisen singen, jene an Kirchenlieder gemahnenden Hymnen, die er besonders liebte. Dann trat er einige Schritte vor, blieb in der Mitte der Versammelten stehen, steckte die Hände in die seidene Hüftschnur, begann sich langsam im Takt des Gesanges zu wiegen, stampfte plötzlich mit seinen Bauernstiefeln hart auf den Parkettboden und fing an zu tanzen. Mit schwingenden Bewegungen näherte er sich verführerisch den Frauen und forderte sie auf mitzutanzen; sein Bart wehte, seine Stiefel gaben den Takt, und seine scharfen Augen musterten die Partnerin, die seinem Blick verwirrt, ekstatisch, wie gebannt folgte. Die übrigen Frauen und Männer saßen dann andächtig und ergriffen im Kreise umher und sahen dem tanzenden Bauern mit Mienen zu, als wohnten sie einem Gottesdienste bei.

Manche versuchten es freilich, sich gegen den Zauber Rasputins zur Wehr zu setzen; sie wollten ihre Nüchternheit retten und kämpften mit dem Aufgebot ihrer ganzen Kraft gegen seinen bezwingenden Einfluß. Aber auch jene wenigen, die es zuwege brachten, selbst unter dem unmittelbaren Eindruck Rasputins ihren klaren Blick zu bewahren, die, inmitten eines Taumels von verzückter Ekstase ringsum, noch immer den irdischen Menschen mit seinen gewöhnlichen Gesichtszügen, den kleinen, listigen Augen und dem ungepflegten Bart sahen, konnten sich seiner suggestiven Macht nicht völlig erwehren.

Einige sprachen dann von ‚Hypnose' und suchten damit den seltsamen Zauber des Wundertäters durch ein trockenes, wissenschaftliches Wort zu brechen, aber dies half wenig gegen die lebendige Wirkung von Rasputins Persönlichkeit.

„Wie eigenartig sind doch seine Augen!" gesteht eine Frau, die sich bemüht hatte, seinem Einfluß zu widerstehen. Jedesmal, berichtet sie weiter, wenn sie mit ihm zusammengekommen sei, wäre sie immer wieder über die Kraft seiner Blicke erstaunt gewesen, denen man nicht längere Zeit hindurch standzuhalten vermocht hätte. Etwas Schweres lag in diesem gütigen, milden und zugleich listigen und schlauen Blick; ohnmächtig stand man unter dem Bann des gewaltigen Willens, der von dem ganzen Wesen Rasputins ausging. War man auch noch so sehr dieses Zaubers müde und wollte man ihm entfliehen, so fühlte man sich doch immer wieder irgendwie angezogen und zurückgehalten.

Ein junges Mädchen hatte von dem seltsamen neuen Heiligen gehört, war aus der Provinz in die Hauptstadt gekommen und hatte ihn aufgesucht, um bei ihm Erbauung und geistliche Belehrung zu finden. Sie hatte vorher weder ihn noch sein Porträt gesehen und trat ihm jetzt in seiner Wohnung zum erstenmal gegenüber. Da er nun auf sie zuging und sie ansprach, erschien er ihr noch als einer jener Bauernprediger, denen sie in ihrer eigenen ländlichen Heimat schon oft begegnet war. Sein milder, mönchischer Blick und das schlicht gescheitelte, dunkelblonde Haar um das würdige, einfache Antlitz, das alles flößte ihr zunächst Vertrauen ein; da er sich ihr jedoch näherte, fühlte sie alsbald, wie hinter den von Güte und Milde durchleuchteten Augen ein zweiter, ganz anderer Mensch geheimnisvoll, listig und verführerisch hervorblickte.

Er setzte sich ihr gegenüber, rückte ganz nahe an sie heran, und nun verfärbten sich seine hellblauen Augen, wurden plötzlich tief dunkel. Aus dem Versteck der Augenhöhlen zielte ein scharfer Blick nach ihr, drang in sie ein und hielt sie festgebannt. Bleierne Schwere bemächtigte sich ihrer Glieder, während sein großes, runzeliges Gesicht, von Gier verzerrt, sich dem ihren näherte. Sie fühlte seinen heißen Atem auf ihrer Wange und merkte, wie seine glühenden Blicke, aus den Tiefen der Augenhöhlen hervor, schleichend an ihrem gelähmten Körper entlang streiften, bis er dann mit sinnlichem Ausdruck die Lider sinken ließ. Seine Stimme war zu einem leidenschaftlichen Flüstern geworden, und er raunte ihr wollüstige, seltsame Worte ins Ohr.

Eben da sie im Begriffe war, sich bezaubert diesem Verführer hinzugeben, regte sich in ihr, matt und wie von ferne her, ein Erinnern, daß sie doch gekommen sei, um ihn über Gott zu befragen. In dem Maße, als sie sich des ursprünglichen Zweckes bei ihrem Besuche wieder entsann, schwand die Schwere aus ihren Gliedern, begann sie sich seiner Umgarnung zu widersetzen.

Er merkte sogleich den wachsenden inneren Widerstand, seine halbgeschlossenen Augen öffneten sich von neuem, er stand auf, beugte sich über sie, strich leise über ihr mädchenhaft gescheiteltes Haar und drückte ihr einen leidenschaftslosen, sanften, väterlichen Kuß auf die Stirn.

Sein eben noch von Wollust verzerrtes Gesicht hatte sich vollständig geglättet und war nun wieder zu dem gütigen Antlitz des Wanderpredigers geworden.

In wohlwollendem, gönnerhaftem Tone sprach er zu der Besucherin, seine rechte Hand segnend an die Stirne erhoben. Er stand vor ihr in jener Haltung, in der auf alten russischen Ikonen Jesus Christus dargestellt wird; sein Blick war wieder mild, freundlich, ja fast unterwürfig, und nur noch ganz in der Tiefe dieser kleinen Augen verbarg sich, kaum wahrnehmbar, der Andere, der Wollüstige und Schamlose.

Schmerzvoll enttäuscht und verwirrt erhob sich das junge Mädchen, stammelte einige Worte des Abschieds und verließ die Wohnung Rasputins. In ihrem Herzen trug sie die bange Frage mit sich fort, ob denn dieser Mann nun ein Heiliger oder ein Wüstling sei.

Eine andere Frau wiederum, eine Dame aus der hohen Petersburger Gesellschaft, erklärte dem französischen Botschafter mit hochmütigem Spott, Rasputin habe schmutzige Hände, schwarze Nägel und einen unsauberen Bart. „Pfui!" ruft sie aus, da sie von ihm spricht; aber schon nach wenigen Worten muß sie gestehen, der flimmernde, unerforschliche Wechsel in Rasputins Blick, Gebärde und Wort, das Kluge, Geheimnisvolle, Gütige, Heftige, Vertrauliche, Schwungvolle, Poetische und Anzügliche seines Wesens könne niemanden gleichgültig lassen.

∗

Rasputins Wirkung beschränkte sich jedoch nicht nur auf Frauen: Der französische Botschafter selbst unterlag dem Eindruck des Wundertäters, als er diesem zum ersten Male begegnete. M. Paléologue hatte durch seine Konfidenten nur ungünstige Nachrichten über Rasputin erhalten, hielt ihn für einen Verderben bringenden Scharlatan und haßte ihn ganz besonders wegen seines Eintretens für den Frieden, also für den Verrat Rußlands seinem französischen Verbündeten gegenüber.

Während der Botschafter einmal bei einer ihm befreundeten Dame zu Besuch weilte, öffnete sich plötzlich unter großem Gepolter die Tür zum Empfangszimmer: Rasputin trat ein, umarmte geräuschvoll die Hausfrau und sprach dann längere Zeit mit ihr. Paléologue beobachtete ihn inzwischen mit jenem Gemisch von angespannter Aufmerksamkeit und Mißtrauen, das ein Diplomat einer bedenklichen politischen Persönlichkeit entgegenzubringen gewohnt ist. Er stellte fest, der Wundermönch habe ein ‚gewöhnliches Gesicht', doch dränge sich ein gewaltiger Ausdruck in seinen Augen zusammen, die blau seien wie Leinblüten. Der Botschafter war im Augenblick selbst fasziniert und mußte zugeben, Rasputins Augen seien gleichzeitig durchdringend, kindlich, arglistig, gerade und in die Ferne schweifend; wenn seine Rede lebhafter werde, könnte man meinen, seine Pupillen seien ‚mit Magnetismus geladen'.

Mr. Gilliard, der französische Erzieher des Thronfolgers, begegnete dem verachteten Scharlatan und verhaßten Kriegsgegner Rasputin nur ein einziges Mal, im Vorzimmer der kaiserlichen Appartements, in dem Augenblick, da dieser eben das Schloß verlassen wollte. Ein seltsames, unangenehmes Gefühl bemächtigte sich des Lehrers. Während sich sein Blick mit dem Rasputins kreuzte, entstand in ihm die feste Überzeugung, er befinde sich einem mächtigen und gefährlichen Menschen gegenüber; im tiefsten beunruhigt, beeilte er sich, dem Gesichtskreis Rasputins zu entkommen und verließ rasch das Zimmer.

Aber sogar der Mann, der Rasputin von Anfang an gehaßt hatte, der ihm mit der vorgefaßten Meinung entgegengetreten war, die Existenz dieses Wundertäters sei ein Unglück für Rußland, jener Fürst Jussupow, der sich, immer nur von haßerfüllten Gedanken getrieben, kühl und vorbedacht in die Gunst Rasputins einschmeichelte, um den Mordanschlag auf ihn vorzubereiten, konnte sich des Zaubers nur schwer erwehren, den Grigori Jefimowitsch auch auf ihn ausübte.

In dem Hause der alten Frau Golowina und ihrer Tochter, die beide zu den treuesten Anhängerinnen Rasputins zählten, sollte der Mörder seinem zukünftigen Opfer zum ersten Mal begegnen. Während die Frauen mit angehaltenem Atem, leuchtenden Augen und glühenden Wangen wie gebannt jedem von Rasputins Worten lauschten, konnte Jussupow den im Lehnsessel neben ihm sitzenden Wundermönch aufmerksam beobachten. Er sah ihn zum erstenmal, hörte zum erstenmal seine Stimme, und schon jetzt schien ihm all das, was er vorher Schlechtes und Widerwärtiges über diesen Mann gehört hatte, durch den Augenschein bestätigt zu werden. Der von den Frauen verhätschelte Bauer erfüllte ihn mit tiefer Abneigung, berührte ihn ungewöhnlich abstoßend: Seine Züge waren grob, ohne die geringste Verfeinerung;

das Lachen, mit welchem er sich an seine Zuhörerinnen wandte, wirkte ungesund, sinnlich und grausam. Sein Gesicht erinnerte an das eines schlauen, geilen Satyrs; alles an ihm war verdächtig und Mißtrauen erregend.

Niemals zuvor hatte Fürst Jussupow etwas Abstoßenderes gesehen als diese kleinen, nahezu farblosen und in ihren ungewöhnlich tiefen Höhlen zu eng beieinander liegenden Augen. Manchmal schienen sie in diesen Gründen verloren gegangen zu sein, und dann machte es einige Mühe, zu unterscheiden, ob sie geöffnet oder geschlossen waren; nur ein unheimliches, peinliches Gefühl sagte dem Fürsten, daß Rasputin ihn aufmerksam beobachte.

Aber im gleichen Augenblick drängte sich dem jungen, hochmütigen Aristokraten auch die klare Erkenntnis auf, daß in diesem verhaßten Bauerngesicht etwas Ungewöhnliches, daß in dem durchbohrenden Blick dieser widerwärtigen Augen eine gewaltige, geheime, ja fast übernatürliche Kraft verborgen liege.

Später sollte Jussupow dann die ganze Macht von Rasputins Blicken kennenlernen. In der Absicht, sich in das Vertrauen seines Feindes einzuschleichen, hatte er diesen in seiner Wohnung aufgesucht und als Vorwand erklärt, er wolle Rasputin um dessen ärztlichen Rat ersuchen. Der junge Fürst unterwarf sich, von Neugierde getrieben, völlig den Anordnungen Rasputins, folgte ihm in sein Schlafzimmer und legte sich dort auf den Diwan. Während Rasputin versuchte, ihn durch seinen Blick und durch streichelnde Bewegungen seiner Hände einzuschläfern, bewahrte Jussupow zuerst noch seine nüchterne Kraft der Beobachtung und erkannte, daß das ganze Heilverfahren des Wundermannes nichts anderes sei als eine ‚Hypnose von der übelsten Sorte'.

Rasputin sah ihm fest in die Augen, strich ihm langsam über die Brust, den Hals und den Kopf, kniete dann vor ihm nieder und begann zu beten, wobei er ihm die Hände leicht auf die Stirn legte. In dieser Stellung verharrte er einige Zeit, dann sprang er auf und setzte die hypnotischen Striche fort. Jussupow setzte dem Einfluß dieser Behandlung seinen eigenen Willen entgegen, mußte aber bald erkennen, wie sich über seinen ganzen Körper eine seltsame Wärme verbreitete und sich seiner eine völlige Lähmung bemächtigte. Die Zunge gehorchte ihm nicht mehr, er versuchte vergebens, einen Laut hervorzubringen oder sich zu erheben; seine Glieder lagen tot da, als wären sie aus Blei.

Dicht vor sich sah er, mächtig und groß, die Augen Rasputins. Sie leuchteten jetzt in einer Art von phosphoreszierendem Schimmer: Zwei spitze Strahlen gingen von ihnen aus, verflossen ineinander und wurden zu einem glühenden Kreis, der bald näher kam, bald sich wieder entfernte. Jussupows Augenlider wurden immer schwerer und sanken langsam herab; er war ganz nahe daran, dem Willen dieses widerlichen Scharlatans zu verfallen und einzuschlafen. Mit dem letzten Aufgebot seiner Energie raffte er sich zum Widerstand auf und kämpfte verzweifelt, bis er ihm zuletzt gelang, den Bann zu brechen. Er verließ Rasputins Wohnung mit dem festen Vorsatz, diesen Mann so rasch als möglich zu vernichten.

In dem erst wenige Stunden vorher wohnlich hergerichteten Kellergewölbe seines Palastes, ein Stockwerk unter der Erde, saß dann, einige Monate später, Jussupow am gedeckten Tisch seinem Opfer gegenüber, sang auf dessen Wunsch Zigeunerlieder, animierte ihn zum Trinken und kredenzte ihm vergifteten Wein. Mit angehaltenem Atem beobachtet er das Mienenspiel Rasputins und erwartet jeden Augenblick, sein Feind werde leblos zusammenbrechen. Aber Grigori Jefimowitsch leert ein Glas des vergifteten Getränks nach dem anderen und sitzt dann in unheimlichem Schweigen da; sein geneigter Kopf ruht auf seinen Händen, und in seinen trüben Augen liegt ein unsäglich trauriger Ausdruck.

Mit einemmal verändert sich sein Gesicht: Jetzt spricht aus ihm plötzlich teuflischer Haß, wie wenn er genau wüßte, weshalb er hierhergebracht worden sei und was ihm bevorstehe. Dann erhebt er sich, und in seinen Augen erscheint ein sonderbarer Ausdruck von sanftmütigem Verstehen und milder Ergebung. Im nächsten Augenblick zieht Jussupow die Waffe hervor und feuert auf seinen Feind.

Der Mörder betastet den regungslosen, noch warmen Körper, fühlt dessen Puls und will sich eben befriedigt erheben, als er zu seinem Schrecken bemerkt, wie die Augenlider Rasputins leise zu zwinkern beginnen. Bald bewegt sich das ganze Gesicht in wilden, konvulsivischen Zuckungen; erst öffnet sich das linke Auge, dann auch das rechte, und beide starren nun, grünlich und schlangenhaft, erfüllt von unsäglichem Haß, auf den Mörder.

Noch einmal wirkt der Bann dieses Blickes: Jussupow steht wie gelähmt in sprachlosem Entsetzen, ist nicht imstande, um Hilfe zu rufen oder davonzulaufen. Plötzlich reckt sich der zu Tode Getroffene in die Höhe, stößt ein wildes Gebrüll aus und springt auf. Seine krampfhaft verzerrten Finger fliegen durch die Luft, krallen sich mit eisernem Griff in Jussupows Schulter ein und versuchen, dessen Kehle zu erreichen. Mit rauher Stimme flüstert Rasputin wieder und wieder den Namen dessen, der ihn verraten hat; vor seinem Munde steht Schaum, und seine Augen schielen in furchtbarer Weise.

Einige Minuten später ist er tot. Die Leiche wird in das Stiegenhaus getragen und dort niedergelegt; auf der linken Schläfe klafft eine mächtige Wunde, das Gesicht ist verstümmelt und blutüberströmt, in den Augen liegt die Starre des Todes.

Lange Zeit hindurch steht Fürst Jussupow bewegungslos neben der Leiche. Mit einem Male bricht rasende Wut in ihm aus: Zitternd vor wahnsinniger Erregung erfaßt er seinen eisernen Stock, stürzt sich auf die vor ihm liegende verstümmelte Leiche und beginnt wie wahnwitzig auf den toten Rasputin loszuschlagen.

ZWEITES KAPITEL

LEHR- UND WANDERJAHRE

Grischa, das kleine Söhnchen des Fuhrmanns Jefim Andrejewitsch Rasputin aus Pokrowskoje, hielt sich mit Vorliebe im Pferdestall auf; dort konnte er stundenlang auf dem kleinen, niederen Sockel unter der Stallaterne hocken, mit weit aufgerissenen hellen Kinderaugen auf die großen Tiere starren und mit angehaltenem Atem dem Scharren ihrer Hufe und dem Schnauben ihrer Nüstern lauschen. Draußen auf der Dorfstraße war Grischa ein ausgelassener, wilder, ja geradezu gefürchteter Junge, ein Rädelsführer bei allen unartigen Streichen der Bauernkinder; sowie er aber in seinen übermäßig breiten und langen weißen Leinwandhosen hinter dem Vater oder einem der Knechte in den Stall trat, war er sogleich wie verwandelt: Sein Kindergesichtchen gewann dann plötzlich einen eigenartigen Ernst, sein Blick sprach von gespannter Aufmerksamkeit, und seine ganze kleine Gestalt erschien gestrafft, als hieße es hier besondere Würde und männliche Haltung an den Tag zu legen. Mit festen, gemessenen Schritten marschierte er hinter den Erwachsenen drein und hatte dabei das Gefühl, als träte er in einen heiligen Raum, wo man, wie in der Kirche, still und ernst zu sein habe.

Am schönsten war es, wenn er bisweilen allein bei den Pferden bleiben durfte: Dann schlich er sich ganz leise und behutsam heran und reckte seinen kleinen Körper auf die Fußspitzen, bis er mit den ausgestreckten Händchen den warmen Leib der Tiere erreichen, streicheln und liebkosen konnte. In solchen Augenblicken war er von einer Zärtlichkeit, wie er sie weder seinen Eltern noch seinen Geschwistern oder wem immer jemals entgegenbrachte.

Manchmal lief er vorsichtig zur Tür, spähte in den Hof hinaus, ob auch bestimmt niemand komme, kletterte hierauf mit der Geschicklichkeit eines Affen auf den hölzernen Futtertrog, ergriff die Eisenstäbe der Heuraufe und schwang sich kühn auf den Rücken eines der Pferde. Dann drückte er seine heißen kleinen Wangen auf den Hals des Gauls und führte lange, wundersame, zärtliche Reden in einer Sprache, die sein kindliches Herz eben erst erfunden hatte, und die außer ihm und den Tieren niemand verstand.

Dieser Aufenthalt bei den Pferden war die größte Freude für den Knaben. Er liebte den fahlen Schein aus der großen, schräg an die Wand gehängten blechernen Stallaterne, jenes seltsame Helldunkel, aus dem nur hier und dort ein Stück glänzenden Pferdefells oder ein Haufen Stroh hervorleuchtete. Mit immer erneutem Entzücken sog er den Geruch des Stalles ein, und nie wurde er müde, mit seinen Händchen oder mit den Wangen die dampfenden Leiber der Tiere zärtlich zu berühren.

Ja, im Stall fand er es unbedingt am schönsten, so gerne er sich sonst auch auf den Wiesen mit den übrigen Bauernburschen herumtrieb und so gerne er zusah, wie sein Vater mit den Fischern am Ufer der Tura saß und angelte. Alle diese anderen Vergnügungen hätte er gern für die Freuden des Stalles, für seine Pferde hingegeben, in denen er seine stummen Kameraden und geheimnisvollen Verbündeten sah. Es kam bald dahin, daß Grischa in den rätselhaften Lebensäußerungen der Pferde besser Bescheid wußte, als selbst die erfahrensten alten Fuhrmänner von Pokrowskoje, so daß diese, wenn sich mit ihren Tieren etwas Ungewöhnliches ereignet hatte, mehr als einmal nach dem kleinen Grischa Jefimowitsch schickten.

Wie wunderbar aber wurde für ihn dieser Stall von dem Abend an, da ihm sein Vater zum erstenmal aus dem großen Buch mit den vielen schönen Bildern die Geschichte von der Geburt des Jesuskindes vorgelesen hatte! Mit glühenden Augen lauschte Grischa jedem Wort der Erzählung von dem heiligen Joseph, von Maria und von dem neugeborenen Kinde, das in der Krippe des Stalles lag, als die Heiligen drei Könige gezogen kamen, um es anzubeten. Von nun an schien ihm alles in dem väterlichen Stall, der große hölzerne Trog und die trübschimmernde Laterne, von einer geheimnisvollen Bedeutung erfüllt, die nur ihm bekannt war und über die er mit niemandem sprach; der Stall war für den Knaben jetzt noch mehr als früher zu einer eigenen, herrlichen Welt voll tiefster Wunder geworden.

Als der alte Jefim einmal nicht daheim war, schlich sich Grischa in das große Zimmer, stieg auf einen Stuhl und holte vom Sims das große

Buch mit den vielen Bildern, aus dem der Vater ihm vorgelesen hatte. Glühend vor Erregung blätterte er in dem schweren Folianten mit den dicken Einbanddeckeln, bis er jenes Bild fand, auf welchem der Stall mit der Krippe und dem Jesuskind in blauen, roten und goldgelben Farben dargestellt war. Ungeduldig erwartete er den Abend, bis er dann, nach der Mahlzeit, den Vater bitten konnte, er möge ihm noch mehr aus dem Buch vorlesen. Auf dem Knie des alten Jefim sitzend, betrachtete er nun eifrig die schönen Bilder, während der Vater vorlas, was weiter mit dem Jesuskind geschehen, wie es herangewachsen und zum Erlöser der Welt geworden war.

Abend für Abend mußte nun Jefim Andrejewitsch auf die flehentlichen und zärtlichen Bitten des Knaben nach dem dicken Buch greifen; bald kannte Grischa alle Bilder, und einige Zeit später waren auch die Buchstaben für ihn nicht mehr stumme, sinnlose Zeichen. Während er dem Vater zuhörte, wie dieser schwerfällig, mit dem Finger von Wort zu Wort, von Zeile zu Zeile gleitend, vorlas, lernte er selbst die Buchstaben kennen und die Kunst, sie zu Worten zusammenzufügen.

So wuchs denn der kleine Grischa zwischen zwei gleich geheimnisvollen Welten auf: Hier war der Stall mit seinen Wundern und dort das große Buch mit den schönen Bildern und den schwarzen Zeichen, die langsam begannen, eine eigene, herrliche Sprache zu sprechen.

Grischa Rasputin war zwölf Jahre alt, als sich in seinem Leben eine unvorstellbare Katastrophe ereignete, deren Wirkungen sich noch lange Zeit äußern sollten: Er hatte mit seinem älteren Bruder Mischa am Ufer der Tura gespielt, und mit einem Male war Mischa rücklings in den Fluß gestürzt. Ohne sich lang zu besinnen, war der kleine Grigori seinem Bruder nachgesprungen, und beide Knaben wären jämmerlich ertrunken, wenn nicht ein eben vorbeikommender Bauer sie gerettet hätte. Mischa erkrankte noch am selben Tag an einer schweren Lungenentzündung und starb in kürzester Zeit, während Grischa zwar mit dem Leben davonkam, durch dieses Unglück aber derart erschüttert wurde, daß er in ein schweres Fieber verfiel.

Wohl erholte er sich bald wieder und konnte binnen kurzem auch von neuem spielen und sich mit seinen geliebten Pferden beschäftigen, aber irgend etwas in ihm war doch verwandelt worden: Sein früher so rosiges und volles Kindergesicht war jetzt eingefallen und blaß, und wenn es auch gegen Abend von einem rötlichen Schimmer überzogen wurde, so war dies doch nicht das frische Rot der Gesundheit, sondern die fleckige Hitze des Fiebers. Auch in seinem Wesen war eine sonderbare Veränderung vor sich gegangen, die den Eltern nicht wenig Sorge bereitete. Was ihm eigentlich fehlte, vermochte niemand klar zu sagen, und auch der Kräutermann des Dorfes wußte keinen Rat. Bald verfiel der Junge von neuem in ein heftiges Fieber und halbe Bewußtlosigkeit, in einen Zustand, der viele Tage, ja Wochen hindurch anhielt.

Es blieb nichts anderes übrig, als dem Kranken in der ‚schwarzen Hälfte', in dem dunklen Teil der großen Küche, ein Lager zurechtzumachen; dort war es jetzt zur Winterszeit, während draußen der sibirische Sturm von den Feldern her durch die Dorfstraße pfiff, am wärmsten und am behaglichsten. Überdies war die Küche auch der bevorzugte Aufenthaltsort aller Hausbewohner, so daß das kranke Kind dort stets unter Aufsicht war.

Um die Dämmerstunde kamen die Bauern aus der Nachbarschaft zu Besuch und ließen sich auf den breiten Bänken rings um den großen Ofen nieder; die Hausleute reichten Schnaps und sibirische Süßigkeiten herum, und so wurde bis tief in den Abend alles besprochen, was im Dorfe selbst geschehen oder was aus den benachbarten Marktflecken an Neuigkeiten nach Pokrowskoje gedrungen war.

An einem dieser Abende unterhielten sich alle Anwesenden nur im Flüstertone, denn dem kleinen Grischa ging es wieder recht schlecht: Das fahle Gesichtchen der Wand zugekehrt, hatte er, zur größten Besorgnis der Hausleute, schon seit Stunden mit geschlossenen Augen teilnahmslos dagelegen. So dämpften denn die Eltern und die Besucher ihre Stimmen nach Möglichkeit, obgleich es gerade damals etwas ganz besonders Wichtiges zu besprechen gab.

In der vergangenen Nacht war nämlich ein Verbrechen begangen worden, geeignet, die Gemüter aller Bauern von Pokrowskoje im höchsten Maße zu erregen: Einem der ärmsten Fuhrleute des Dorfes war sein einziges Pferd aus dem Stall gestohlen worden, so daß der Unglückliche nun dem Elend und der Verzweiflung preisgegeben war. Die gutmütigen Bauern von Pokrowskoje, alt und jung, hatten sich schon am Morgen auf die Suche nach dem Dieb und seiner Beute gemacht, aber alle Bemühungen waren vergebens gewesen, in keinem Stall des Dorfes hatte sich das gestohlene Pferd wiedergefunden.

Müde und verdrossen erzählten nun einige der Bauern, die sich an der Suche beteiligt hatten, von ihren vergeblichen Bemühungen; sie alle waren in heller Empörung über die Übeltat, denn in den Augen dieser sibirischen Fuhrleute war der Pferdediebstahl das gemeinste Verbrechen, ärger und verwerflicher noch als sogar der Mord. Diese Männer, deren Dörfer ja nicht selten aus den Siedlungen verbannter Verbrecher hervorgegangen waren, sahen sonst auch in den größten Sündern noch ‚arme, schwache Brüder'; für den Pferdedieb aber gab es weder Verständnis noch Erbarmen, seine Tat galt als schlechthin unsühnbar.

So kam es denn, daß die Bauern, die sich an diesem Abend in der ‚dunklen Hälfte' bei Jefim Andrejewitsch versammelt hatten, vor Wut am ganzen Körper zitterten, zumal das Opfer des Diebes ein armer Fuhrmann mit nur einem einzigen Tier gewesen war. Anna Jegorowna, Jefims Frau, hatte schon mehr als einmal um Ruhe bittend auf das kranke Kind hinweisen müssen, wenn die Erregung ihrer Gäste zu laute Formen angenommen hatte. Draußen war es ganz dunkel geworden, und nur eine Laterne mitten auf dem Tisch warf ihren matten Schein auf die rings um den Ofen hockenden Bauern.

Plötzlich aber erhob sich nun das kranke Kind von seinem Lager und schritt, in seinem bis auf den Boden reichenden, weißen Hemd, mit leichenblassen Wangen und einem fast furchteinflößenden Leuchten in den wasserhellen Augen, auf die Bauern zu. Ehe diese sich noch von ihrer Verwunderung erholt hatten, stand das Kind auch schon mitten zwischen ihnen, sah einige Sekunden lang starr vor sich hin und sprang hierauf mit einem Satz auf einen hünenhaften Bauern zu, umfing dessen Beine, kletterte an ihm empor, bis er seine Schultern erreicht hatte und setzte sich ihm rittlings auf den Rücken. Dann schrie er kreischend: „Ha, ha, Pjotr Alexandrowitsch! Du hast das Pferd gestohlen! Du bist der Dieb!"

Er brach in ein unbändiges, kindisches Gelächter aus, schüttelte sich förmlich vor Entzücken, schlug dem Bauern mit seinen Fäustchen auf die Brust, als wollte er ihn anspornen, und rief dabei in einem fort weiter, der Bauer Pjotr Alexandrowitsch sei der Dieb des Pferdes. Seine dünne Kinderstimme klang so schrill, seine Augen leuchteten so sonderbar, daß allen Anwesenden recht unheimlich zumute wurde. Schon gar nicht wußten sie, was sie von der Anschuldigung des Knaben halten sollten, denn Pjotr Alexandrowitsch war ein sehr ehrenwerter und vermögender Mann, der sich zudem über den Diebstahl ganz besonders entrüstet und von Anfang an die rücksichtslose Verfolgung des Verbrechers gefordert hatte.

Am meisten waren der alte Jefim und sein Weib über den Vorfall bestürzt; wäre der kleine Grischa nicht schon so lange mit hohem Fieber krank darniedergelegen, Jefim Andrejewitsch hätte ihm auf der Stelle eine tüchtige Tracht Prügel versetzt, denn er verstand es, in seinem Hause strenge Zucht zu halten. Anna Jegorowna bemühte sich, die peinliche Angelegenheit so schnell wie möglich vergessen zu machen und entschuldigte sich vielmals bei dem ehrenwerten Pjotr Alexandrowitsch. Auch die übrigen Gäste suchten den Frieden wieder herzustellen, und selbst der so grob beleidigte Pjotr Alexandrowitsch machte zuletzt ein freundliches Gesicht und äußerte sein Bedauern über die schwere Erkrankung Grischas. Als die Bauern an diesem Abend auseinandergingen, herrschte wieder die gleiche friedliche Stimmung wie vor dem Zwischenfall . Dennoch konnten einige von Jefims Gästen die Worte des kranken Knaben nicht vergessen; sie grübelten, wie es Bauern eben tun, immer von neuem, bis endlich da und dort, in dieser und jener Hütte, mancher des Nachts aufstand und sich in aller Heimlichkeit zu Pjotr Alexandrowitschs Hof schlich. Dort traf dann im Dunkel der Nacht der eine den anderen, der sich gleich ihm, von Unruhe gequält, aufgemacht hatte, um nach dem Rechten zu sehen. Bald war es ihrer eine ganze Anzahl, die alle über die Reden des fiebernden Knaben weiter nachgedacht und sich hierher geschlichen hatten. Als sie dann geräuschlos, auf dem Bauche, an die Einfriedung von Pjotr Alexandrowitschs Hof herangekrochen waren, sahen sie plötzlich, wie dieser, ebenfalls in größter Heimlichkeit, aus seinem Hause hervortrat, einige Sekunden lang Ausschau hielt, ob ihn auch niemand bemerke und dann, als er sich allein dünkte, auf ein Verließ zuging, das ganz im hintersten Winkel seines Hofes gelegen war. Gleich darauf konnten die Bauern zu ihrer größten Überraschung beobachten, wie Pjotr Alexandrowitsch das gestohlene Pferd aus dem Verschlag herausführte und mit ihm in der Dunkelheit verschwand.

Schon früh am nächsten Morgen klopften die Bauern der Reihe nach an der Türe von Jefims Haus und erzählten, einmal nach dem anderen das Kreuz schlagend, unter vielfacher Anrufung der heiligen Muttergottes und des heiligen Georg, der kleine Grischa habe im Fieber die Wahrheit erkannt, und Pjotr Alexandrowitsch sei wirklich der Dieb des Pferdes. Einander überstürzend berichteten sie, wie sie hinter dem Übeltäter hergeschlichen seien, ihn schließlich abgefangen und bis zur Besinnungslosigkeit geschlagen hatten. Sie alle waren jetzt überzeugt, Gott selbst habe aus dem kranken Knaben gesprochen.

Wie immer es sich mit diesem ‚Wunder' verhalten haben mochte, sei es, daß der Knabe mit seinem im Fieber noch gesteigerten Feingefühl etwas Bedenkliches an dem Verhalten und an den Reden des Bauern Pjotr Alexandrowitsch wahrgenommen hatte, sei es, daß ihm auf seinen Streifzügen durch die verschiedenen Ställe von Pokrowskoje schon früher etwas Verdächtiges aufgefallen war, das ihn nun zu seiner Anschuldigung veranlaßte: Jedenfalls brachte es der Vorfall mit sich, daß die Bauern des Ortes auch später noch, als Grischa bereits wieder genesen war, ihn mit seltsamen Blicken maßen und sich im stillen fragten, was sie denn nun eigentlich von diesem sonderbaren Bengel zu halten hätten.

Grigori Jefimowitsch Rasputin wuchs allmählich zu einem Bauernburschen heran wie alle die anderen auch, trieb sich in den Wirtshäusern umher, stellte den Mädchen nach und gewöhnte sich bald an ein recht zügelloses und liederliches Leben. Wenngleich er auch tüchtig mithalf, wo es Bauernarbeit zu verrichten galt, konnte er sich dann wieder Abend für Abend sinnlos betrinken.

Darin änderte er sich nur wenig, als er bei einer jener sibirischen ‚Sitzungen', bei welcher die ganze Dorfjugend zusammenkommt, spielt, singt und tanzt, die schöne blonde Praskowja Fjodorowna Dubrowina kennengelernt und sich in sie verliebt hatte. Auch nachdem das dunkeläugige, schlank gewachsene Mädchen seine Frau geworden war, konnte Grischa nicht von seinem liederlichen Lebenswandel lassen und geriet immer wieder in allerhand unsaubere Händel mit Zechkumpanen und Dorfmädchen.

Da widerfuhr ihm sein zweites großes Erlebnis, das einen tiefen Eindruck auf ihn machte, und von dem er damals einzig und allein seinem vertrauten Freund, dem Bauernburschen Michail Petscherkin erzählte, als die beiden einmal gemeinsam dem Ufer der Tura entlang dahinstrichen und, nach allerhand Gesprächen über die Ernte, den Viehstand, die Pferde und die Mädchen, auch auf Gott zu sprechen kamen.

Er war, seinem Bericht nach, auf dem Felde hinter dem Pflug einhergeschritten, hatte eben eine Furche zu Ende gezogen und wollte das Pferd herumwenden, als er plötzlich hinter sich einen wundervollen Choral vernahm, wie wenn die Mädchen des Dorfes im Chore sangen. Als er sich hierauf umwandte, ließ er betroffen den Pflug los, denn ganz nahe vor sich sah er ein wundervolles Frauenbild, die heilige Muttergottes, die sich auf den goldenen Strahlen der Mittagssonne wiegte. In den Lüften ertönte aus tausend Engelskehlen feierlicher Gesang, in den auch die Jungfrau Maria mit einstimmte.

Die Erscheinung hatte, wie er seinem Freund erzählte, nur wenige Augenblicke gedauert und war alsbald wieder verschwunden; erschüttert und im innersten Herzen getroffen, stand Grigori Jefimowitsch in der Mitte des menschenleeren Feldes, seine Hände zitterten, und er fühlte sich außerstande, seine Arbeit fortzusetzen. Als er des Abends in den Stall ging, um nach den Rossen zu sehen, empfand er eine unerklärliche Wehmut. Etwas in ihm schien ihm zu sagen, daß Gott etwas Besonderes mit ihm vorhabe; zugleich aber wußte er, daß er, um dieses Besonderen und Höheren willen, die Pferde, das Wirtshaus, das Heim, den Vater, sein Weib und die Mädchen werde verlassen müssen. So hielt er es denn für besser, nicht mehr über jene wunderbare Vision nachzusinnen und zu niemand davon zu sprechen. Außer seinem Freund Petscherkin erfuhr damals keiner in seiner Umgebung auch nur ein Wort von dem, was dem Bauernburschen Grigori an jenem Tage auf dem Felde widerfahren war, und welche Gedanken und Gefühle damals in ihm aufgetaucht waren.

∗

Dem Knabenalter entwachsen, hatte Rasputin zunächst das Gewerbe seines Vaters fortgesetzt und fuhr Reisende und verschiedene Waren über die langen, schnurgeraden Straßen nach den benachbarten Dörfern, bisweilen bis nach Tobolsk, nach Tjumen und, in der anderen

Richtung, nach dem am Fuße des erzreichen Ural gelegenen Werchoturje. Denn nur im Sommer kamen die Schiffe auf der Tura an Pokrowskoje vorüber und vermittelten den Verkehr stromabwärts nach Tjumen oder, den Tobol hinab, nach Tobolsk. Wer im Winter durch diese Gegenden reisen wollte, war auf Wagen oder Schlitten angewiesen, und so brachte denn auch der junge Fuhrmann Grigori mehr als einmal Reisende in die entlegenen Ortschaften der Gouvernements Tobolsk und Perm.

Erst im Alter von dreiunddreißig Jahren sollte eine seiner Fahrten sein Leben von Grund auf verwandeln, sollte eine zufällige Begegnung ihn mit einem völlig neuen Geist erfüllen. Eines Tages hatte er den Mönchsnovizen Mileti Saborowski, einen Studenten der geistlichen Akademie, nach dem Kloster Werchoturje zu bringen. Während dieser Fahrt entspann sich zwischen dem Kutscher und seinem geistlichen Passagier ein Gespräch über den Glauben und über die Kirche, wobei der Seminarist zu seinem größten Staunen erkennen mußte, wie vorzüglich dieser einfache Bauer in Dingen der Religion bewandert war. Mit teilnahmsvollem Interesse drang nun der jugendliche Theologe in seinen Fuhrmann und suchte ihn mit Erfolg davon zu überzeugen, wie sündhaft es sei, alle diese Anlagen einem liederlichen Lebenswandel aufzuopfern. Die Worte des Fahrgastes machten auf Rasputin einen tiefen Eindruck: Jene Gedanken über Gott und die Dinge des Glaubens, denen Grigori als Knabe selbst mit leidenschaftlichem Eifer nachgegangen hatte, erwachten nun von neuem in ihm, und Gefühle wurden in seiner Seele wieder lebendig, die seit vielen Jahren unter Ausschweifungen und Trunkenheit verschüttet gewesen waren.

Zugleich aber war es auch eine neue Lehre, welche Grigori von seinem geistlichen Fahrgast vernahm, nicht mehr der strenge Kirchenglaube, der ihm, dem armen und schwachen Sünder, keine Hoffnung auf das Heil übrigließ; es war vielmehr die freudige Botschaft, daß auch der sündige Mensch noch hier auf Erden der himmlischen Glückseligkeit teilhaftig zu werden vermöchte, sofern er nur gewisse Vorschriften eines geheimnisvollen ‚wahren' Gottesglaubens befolge. Dem Seminaristen gelang es schließlich, Rasputin dahin zu überreden, daß er, im Kloster Werchoturje angekommen, nicht, wie so oft vorher, wieder umkehrte und nach Hause fuhr, sondern im Kloster blieb.

Werchoturje war eine von jenen seltsamen sibirischen Klostergemeinschaften, die, ihrer Anlage und der Lebensführung ihrer Bewohner entsprechend, eher großen Bauerngehöften denn Orten der beschaulichen Glaubensübung gleichen. Wohl erfüllten auch die Mönche von Werchoturje streng alle Regeln ihres Klosters und befleißigten sich der vorgeschriebenen geistlichen Exerzitien; außerdem aber widmeten sie sich landwirtschaftlichen Arbeiten, bestellten ihre Äcker und gaben sich verschiedenen Beschäftigungen weltlichen Charakters hin. So wurde es dem Bauern Grigori nicht allzu schwer, sich dieser halb klösterlichen, halb bäuerlichen Gemeinschaft einzufügen: Er nahm an den Bet- und Bußübungen der Mönche teil und ging auch mit ihnen auf die Felder hinaus.

Binnen kurzem mußte er zu seinem Staunen bemerken, daß die Brüderschaft des Klosters in zwei Gruppen geteilt war, von denen die eine gleichsam die Rolle von Gefangenen, die andere hingegen die von Gefängniswärtern spielte, wenn dieses Verhältnis auch nach Möglichkeit verschleiert und verheimlicht wurde und niemand gerne davon sprach. Allmählich gelang es Rasputin zu erfahren, welche Bewandtnis es mit diesen Klosterbrüdern hatte, die hier, inmitten der anderen, vorsichtig überwacht und beobachtet wurden: Es waren offene oder heimliche Anhänger ketzerischer Bekenntnisse, ‚Chlysti' und andere Sektierer, die nach Werchoturje verschickt worden waren, um hier gebessert und in den Schoß der orthodoxen Kirche zurückgeführt zu werden. Seit langer Zeit schon galt das Kloster Werchoturje als eine Art Strafanstalt für abtrünnige Geistliche, und immer von neuem kamen aus allen Teilen Sibiriens Männer, von den Oberen zunächst mißtrauisch aufgenommen, die jedoch nach einiger Zeit ihren Ketzerglauben aufgegeben zu haben schienen.

Nun entsann sich Rasputin auch der sonderbaren Reden des jungen Seminaristen, der ihn hierhergebracht hatte; er erinnerte sich, wie sehr die Lehren seines Fahrgastes von dem gewohnten Kirchenglauben abgewichen waren, und allmählich dämmerte in ihm die Erkenntnis auf, jener habe ihn zum Sektierertum zu bekehren gesucht.

Bald erkannte Grigori auch, daß die hierher verbannten, abtrünnigen Mönche nur dem Scheine nach ihrem Irrglauben abgeschworen hatten, obwohl sie sich durch strenge Befolgung aller kirchlichen Vorschriften auszeichneten. Je mehr er sich, während der Arbeit auf dem

Feld oder in müßigen und unbewachten Augenblicken, seinen Klosterbrüdern näherte, desto deutlicher erkannte er, daß die Ketzer nicht allein weit davon entfernt waren, ihre Überzeugungen aufzugeben, daß vielmehr auch gar mancher von den ‚Gefängniswärtern' bereits von dem Glauben der Sektierer ergriffen, ja daß eigentlich das ganze Kloster Werchoturje nur mehr sehr äußerlich die Vorschriften der orthodoxen Kirche be-folgte, in Wahrheit aber ein Brutherd des Sektierertums war.

Fast allen diesen Mönchen erschienen die strengen Riten der Kirche als wertloser Formelkram, den man notgedrungen zu befolgen hatte, um nicht mit der Obrigkeit in Konflikt zu gelangen; den wahren Glauben aber trug jeder verborgen in seiner Seele, über ihn wurde nur insgeheim unter Gleichgesinnten gesprochen, getreu dem Gebot jenes Danila Filipitsch, der vor mehr als zweihundert Jahren die Brüderschaft der ‚Gottesmänner', der ‚Chlysti' gegründet und seinen Getreuen befohlen hatte: „Haltet meine Gesetze geheim, vertraut sie weder eurem Vater, noch eurer Mutter an, seid standhaft und schweigt auch unter der Peitsche und im Feuer; dann werdet ihr in das himmlische Königreich eingehen und noch auf Erden die Glückseligkeit des Geistes empfangen."

Ihre stärksten Kräfte schöpfte die Sekte der ‚Chlysti' gerade aus der Heimlichkeit, und um diese Heimlichkeit zu bewahren, um die Wahrheit vor jeder Profanation zu behüten, hatten schon die Begründer der neuen Lehre ihren Anhängern vorgeschrieben, sie sollten nach außen hin die Formen des ‚falschen Glaubens', der Orthodoxie, strikt befolgen, ja sich in ihnen durch besonderen Eifer hervortun.

So kam es, daß nicht nur das Kloster Werchoturje selbst, trotz seiner sektiererischen Gesinnung, nach außen hin den Anschein einer rechtgläubigen Gemeinschaft aufrechterhielt, daß vielmehr die einzelnen Brüder in dem Maße, als sie ihrer Überzeugung nach der Chlystisekte anhingen, sich, der Form nach, nur um so genauer an die kirchlichen Vorschriften hielten. Auch Rasputin war binnen kurzem völlig in den Bannkreis der Sektierer gezogen worden und hatte gleichzeitig in der Befolgung der äußerlichen Ordensregeln immer größeren Eifer an den Tag gelegt; bald gehörte er, der reuige Sünder, zu den ausdauerndsten Betern und Fastern des Klosters, während er im geheimen tiefer und tiefer in die Mysterien des ‚treuen Glaubens', in die wundersame Welt des Sektierertums eingeweiht wurde.

2 Das Kloster Werchoturje (alter Stich)

3 Das Kloster Werchoturje aus anderer Sicht(alter Stich)

4 Tobolsk (alter Stich)

5 Tjumen (alter Stich)

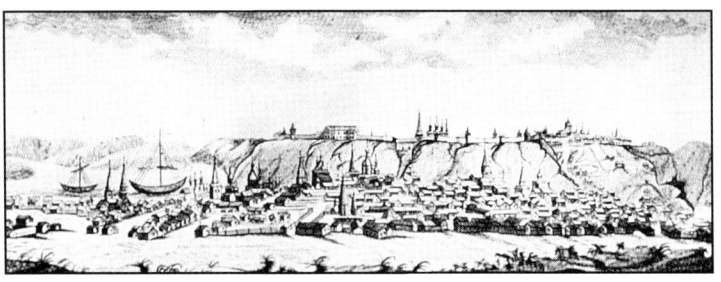

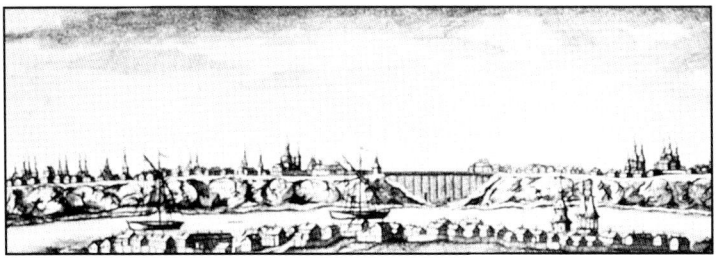

6 Rasputin in seiner Kutsche

7 Rasputins Wohnhaus in Pokrowskoje

8 Der Bauer Rasputin mit seinen Kindern in Pokrowskoje (von links nach rechts: Matrjona, Rasputin, Warja, Mitja)

9 Rasputin, Bischof Hermogen und der Mönchspriester Iliodor, späterhin Rasputins bitterster Feind

10 Rasputin im Kreise seiner Anhänger in Pokrowskoje

gläubigkeit', die in dem Maße zunahm, als die kirchlichen und weltlichen Behörden jede Abweichung von der offiziellen Orthodoxie im ganzen Reiche immer grausamer verfolgten.

Dieser ‚wahre Glauben' der ‚Gottesleute', in den Rasputin allmählich eindrang, während er nach außen hin zu einem strengen Orthodoxen wurde, eröffnete ihm eine Welt der eigenartigsten Verheißungen, Hoffnungen und Möglichkeiten; war doch die Lehre der Sektierer nichts anderes als die Erkenntnis, daß der Mensch sich schon auf Erden, jederzeit und an jedem Orte, mit Gott vereinigen könne, daß der Herr sich immer wieder mitten unter den Menschen verkörpere, daß jenes wunderbare Ereignis von Nazareth, die Menschwerdung von Gottes Sohn, nicht etwas Einmaliges gewesen sei, daß sie sich vielmehr stets von neuem wiederhole .

Inmitten seines erdgebundenen Lebens vermöge der sündige Mensch zu Gott einzukehren, aller Herrlichkeiten des Himmels teilhaftig zu werden, wenn er nur vorerst den ‚geheimnisvollen Tod Christi' zu sterben wisse, jenen Tod bei lebendigem Leibe, dem die mystische Auferstehung folge. Wer nur einmal, im Fleische, geboren worden ist, trägt die Verdammnis Adams in sich, verharrt in der Sünde und verfällt somit dem Tode. Nur der zum zweiten Male, im Geiste, wiedergeborene Mensch entrinnt den Gesetzen der Sterblichkeit und ist imstande, einem höheren Leben entgegenzuwachsen. Die Chlysti lehren, der ‚geheimnisvolle Tod' könne bloß durch vollkommene Selbstverleugnung und unbedingte Ergebung in den Willen des Heiligen Geistes, durch Abtötung jeder Leidenschaft erreicht werden, denn die Wiedergeburt sei nur möglich, wenn man den sündigen alten Menschen ganz überwunden habe. Wer aber einmal ‚geheimnisvoll auferstanden' ist, vermag Wunder zu tun, Kranke zu heilen, in die Zukunft zu sehen, kraft des in ihm wohnenden göttlichen Geistes; er kann Tote aus den Gräbern auferstehen lassen; er hat die Gewalt, zu binden und zu lösen, die sündigen Seelen aus der Höllenqual zu erretten und in den Himmel zu geleiten, am Tage des Letzten Gerichtes Belohnungen und Strafen auszuteilen. Er ersteht zu einem neuen vom Heiligen Geist erfüllten Wesen, das zugleich Gott und Mensch ist, zu einem neuen Christus.

Mit Staunen vernahm Rasputin jetzt, wie Gott sich seit den Tagen des Jesus von Nazareth schon unzählige Male wieder verkörpert habe und in der Gestalt geringer russischer Bauern unter dem Volke gewandelt sei, ja wie es scheine, als ob der Herr besonders gerne im heiligen Rußland weile, um sich in niedrigen russischen Menschen zu offenbaren.

Gott Vater selbst hatte sich auf russischem Boden, im Gouvernement Wladimir, in dem zum Kreise Murow gehörenden Amtsbezirk Starodub, in einem feurigen, von Engeln umgebenen Wagen auf einen Berg niedergelassen und sich dort in dem Leib des Bauern Danila Filipitsch, eines ehemaligen Deserteurs, verkörpert. Von nun an habe der Herr Zebaoth in der Hülle des Danila Filipitsch gelebt, sei durch die Dörfer des Gouvernements Kostroma gewandert, habe die Sprache des einfachen Volkes geredet und den Bauern den wahren Weg zum Heil gewiesen.

Auch Christus, Gottes Sohn, sei zu jener Zeit wieder auf Erden erschienen und habe; ebenso wie der Herr selbst, den Leib eines sündigen Muschik zum Wohnsitz gewählt. Eine hundertjährige Bäuerin aus dem Dorfe Maksakow, ebenfalls im Gouvernement Wladimir, sei, zum Gespött der Dorfbewohner, von einem hundertjährigen Greis schwanger geworden. Iwan Timofejewitsch Suslow, das Kind dieses seltsamen Paares, wuchs im Hause seiner Eltern auf, ward ein einfacher Bauernsohn wie alle anderen, trank mit den Dorfburschen und führte ein liederliches Leben, bis Danila Filipitsch, der verkörperte Herr Zebaoth, ihm begegnete, in ihm seinen Sohn Christus erkannte und ihn in sein Haus im Gouvernement Wladimir berief.

Mit ehrfürchtigem Schauer vernahm Rasputin, wie von diesem einfachen Bauernhaus, wo Danila Filipitsch und Iwan Suslow, Gott Vater und Christus, beieinander wohnten, ein gerader Weg in den Himmel geführt habe, und wie des öfteren fromme und erleuchtete Bauern die beiden wunderbaren Männer hatten zur Höhe fahren sehen. Iwan Suslow, Gottes Sohn, habe zwölf Bauern als seine Apostel gewählt und sei mit ihnen die Ufer der Wolga entlang gewandert, bis der Zar Alexander Michailowitsch sie habe festnehmen, nach Moskau bringen und Iwan Suslow dort an der Mauer des Kreml, neben dem Erlösertor, kreuzigen lassen; am Sonnabend jedoch, am dritten Tage nach Suslows Tod, hatte dieser sich aus seinem Grabe erhoben und sei seinen Aposteln erschienen. Zum zweiten Male sei er von den Häschern ergriffen, geschunden und ans Kreuz geschlagen worden; doch sei der Tote von neuem wieder auferstanden. Als er zum dritten Male gefangen worden war und hingerichtet werden sollte, hatte am gleichen Tage die Zarin einen Sohn Peter Alexejewitsch geboren, der später den Namen Peter der Große führen sollte. Zur Feier dieses freudigen Ereignisses habe der Zar Iwan Suslow aus dem Gefängnis entlassen, und dieser hatte nun noch dreißig Jahre in Moskau gelebt, bis er sich schließlich, im Alter von hundert Jahren, in aller Herrlichkeit zum Himmel erhoben habe, um sich mit Danila Filipitsch, seinem Vater, wieder zu vereinigen.

Auch nach dieser neuerlichen Himmelfahrt Christi sollte sich der Erlöser wiederum auf der russischen Erde verkörpern: Diesmal erwählte er sich den Leib eines ‚Strelitzen', eines Schützen aus dem Baturinschen Regiment, der gegen Peter den Großen rebelliert hatte und deshalb nach Nowgorod verbannt worden war. In der niedrigen Hülle des Schützen Prokopi Lupkin wandelte nun Christus neuerdings unter seinen geliebten russischen Bauern.

Als dann der irdische Leib Prokopi Lupkins entschlafen war, ließ sich der Heiland in dem Körper des als irrsinnig geltenden stummen Bauern Andrej Petrow nieder, der Sommer und Winter hindurch, nur mit einem Hemde bekleidet, durch die Dörfer irrte, stammelte und sinnlose Bewegungen vollführte; das wissende Bauernvolk aber erkannte alsbald in dem Narren den Erlöser, fiel vor ihm auf die Knie und rief: „Christus Andrjuschka, segne uns und rett' unsere Seelen!"

Denn die Bauern wußten wohl, daß in jenen, die ‚geheimnisvoll gestorben und wieder auferstanden' sind, nicht mehr der Mensch sich offenbart, sondern der Geist Gottes; die Offenbarungen des Heiligen Geistes aber sind höher, als daß der gemeine Menschenverstand sie jederzeit begreifen konnte, und so kommt es, daß manches in den Worten und Handlungen der Wiedererstandenen wie Torheit oder Wahnsinn anmuten mag. Der Erleuchtete jedoch weiß, daß sich gerade in der scheinbaren Narrheit der Geist Gottes zeigt, denn die Weisheit Gottes gibt sich dem Verstand des Menschen nicht zu erkennen und verbirgt sich hinter der Maske der Torheit.

Hatten schon die Erzählungen von allen diesen wunderbaren Verkörperungen der Gottheit in dem Leib einfacher russischer Bauersleute Rasputins Phantasie in hohem Maße gefesselt und erregt, so mußte doch insbesondere die Geschichte von Gottes abermaliger Wiederkunft in der Gestalt des Propheten Radajew wie eine Erleuchtung auf ihn wirken. War doch Radajew, der erst vor wenigen Jahrzehnten unter den Menschen gewandelt hatte, nach dem Maß des irdischen Verstandes ein verkommener und lasterhafter Sünder gewesen, dessen Ausschweifungen größer und schwerer waren als alles, was Rasputin selbst je begangen hatte. Radajew hatte jede Art von fleischlicher Sünde verübt und mit dreizehn Frauen zugleich in offener Buhlerei und Liederlichkeit gelebt. Aber dennoch war er ein großer Prophet gewesen, trotz aller seiner sündigen Taten hatte aus ihm der Heilige Geist gesprochen. Seine Anhänger verehrten in ihm den verkörperten Gott und glaubten blindlings jedem seiner Worte; waren sie doch überzeugt, daß alles Gesetz nur für den niederen Menschen geschaffen sei und für den ‚Gerechten', aus dem der Heilige Geist spricht, nicht gelte; dieser sei keiner Obrigkeit und keinem irdischen Gesetz untertan.

Radajews Sünden waren keine Sünden, denn sie waren ihm vom Geiste Gottes eingegeben: Auch die häßlichste Handlung, die er, der geheimnisvoll Auferstandene, begehen mochte, war in den Augen des Herrn wertvoller und wohlgefälliger als die besten und reinsten Werke gewöhnlicher Menschen; in ihm hatte die Sünde jegliche Kraft verloren, und so war nichts, was er tat, verdammenswert oder verwerflich. Als die selbstgerechten Häscher des Zaren ihm sein lasterhaftes Leben vorgeworfen und ihn aufgefordert hatten, Buße zu tun, da antwortete Radajew stolz, in dem Bewußtsein, daß Gott selbst aus ihm spreche: „Ich wüßte nicht, wofür ich Buße tun sollte! Ihr kennet wohl meine Sünden, aber die Gnade Gottes in mir kennet ihr nicht!"

Da man den göttlichen Propheten wegen seiner wüsten Ausschweifungen vor das weltliche Gericht gestellt hatte, erklärte er, die Kraft des Heiligen Geistes habe in ihm gewirkt und ihn zu jeder seiner Handlungen gezwungen. „Ich wußte wohl, daß ich gegen die Gesetze verstieß, aber ich wußte auch; daß meine Taten aus dem Willen des Herrn hervorgegangen sind. Deshalb sind auch alle jene Frauen, die mit mir gesündigt haben, besser gefahren und wohlgefälliger vor Gott als jene, die sich mir widersetzt haben und tugendhaft geblieben sind. Denn in mir ist der Herr erschienen, hat das Fleisch auf sich genommen und im Fleischlichen gesündigt, um dadurch die Sünde zu vertilgen. Nur wer sich durch die Sünde erniedrigt, dessen Buße kann wahrhaft gottgefällig sein. Ich habe die Frauen, die mir ihre Keuschheit geopfert haben, erniedrigt, auf daß sie nicht stolz seien und wegen ihrer Tugend eitel würden. Was könnte den Hochmut tiefer beugen als die Erniedrigung durch die Sünde?"

Und Grigori Rasputin hörte, daß auch seit Radajews Tod der Heiland mehr als einmal wieder in den Gestalten russischer Bauern aufgetreten sei und auch jetzt noch, oft gleichzeitig an verschiedenen Orten, unter den Gläubigen weile. In jedem beliebigen Dorf kann es sein, daß unter den Bauern ein wiederverkörperter Christus lebt, die gleiche Sprache spricht wie seine Dorfgenossen, dieselbe Tracht trägt und oft nicht einmal des Lesens oder Schreibens kundig ist. Überall dort, wo sich die Angehörigen der geheimen Brüderschaft, die ‚Gottesleute‘, zur feierlichen Zeremonie zusammenfinden, läßt der Heilige Geist sich auf die Gemeinde nieder und wählt die irdische Hülle des Würdigsten unter ihnen, um Christus von neuem Fleisch werden zu lassen. Ganz nahe der russischen Erde liegt also das himmlische Paradies Gottes; der Weg dahin mag oft ganz in der Nähe, irgendwo inmitten des Dorfes beginnen, in einem jener Häuser, wo die gläubige Gemeinde sich versammelt, um in dem ‚Schiff‘, in der ‚Arche der Rechtschaffenen‘, bei lebendigem Leibe zum Himmel emporzufahren.

In diesem Glauben fand nun Rasputin die Verheißung alles dessen, nach dem er sich von frühester Kindheit an zutiefst gesehnt hatte: Jetzt sah er einen Weg, um trotz seiner Schwächen dennoch schon auf Erden der himmlischen Seligkeit teilhaftig zu werden, ja zur Heiligkeit zu gelangen. War es ihm einmal gelungen, sich ganz dem Heiligen Geist aufzuschließen und den ‚geheimnisvollen Tod‘ zu sterben, dann konnte keine Sünde ihn fernerhin versuchen und vom rechten Wege ablenken, denn dann war alles, was immer er tun mochte, durch den Segen des Geistes geheiligt. Von nun an beherrschte den jungen Grigori Jefimowitsch nur mehr die eine Sehnsucht, das eine heiße Bestreben, diesen durch die Lehren der Chlysti offenbarten Weg bis zur Vollendung zu durchschreiten.

Bevor Rasputin das Kloster von Werchoturje verließ, wollte er vorerst noch den heiligen Staretz Makari aufsuchen. Die Hütte dieses Einsiedlers befand sich nicht allzu weit vom Kloster entfernt, und niemand pflegte die Herberge zu verlassen, ohne den Segen des heiligen Mannes erbeten zu haben.

Nicht nur die Mönche von Werchoturje, auch Männer und Frauen der verschiedenen Volksschichten kamen von nah und fern zu Vater Makari, wenn sie Schweres zu ertragen, Unrecht zu erdulden oder eine Missetat zu bereuen hatten. Unter den Pilgern, die oft tagelang, barfuß und unbedeckten Hauptes, mit einem Brotsack über dem Rücken und einem Stab in der Hand, die endlosen Wälder und Fluren Sibiriens durchquerten, um den weisen Staretz aufzusuchen, befanden sich Bettler und reiche Bauern, Bürger und Aristokraten, gemeine Soldaten und Offiziere. Niemand hatte bisher die Hütte des Einsiedlers verlassen, ohne ein Wort der Tröstung, des Rates und der Erbauung vernommen zu haben, und mit den heimkehrenden Pilgern verbreitete sich der Ruhm Makaris durch ganz Rußland.

Rasputin hatte von seinen geheimen Glaubensbrüdern im Kloster vernommen, der jetzt so fromme Staretz sei in früheren Zeiten ein großer Sünder gewesen, ein Mann, dem keine Leidenschaft und kein Sinnenrausch unbekannt geblieben. Durch alle Verlockungen der Welt sei er hindurchgegangen, alle Freuden des Lebens habe er ausgekostet und jeder Versuchung sich hingegeben, solange noch ein Tropfen Sünde in seinem Blut gewesen sei. Dann aber, als er sich durch diese Sünde gereinigt hatte, als weder in seinen Gefühlen noch in seinen Gedanken mehr das mindeste Böse zurückgeblieben sei, hatte er Gott sein gereinigtes Herz, sein gereinigtes Fleisch und seine gereinigten Sinne demütig dargebracht.

Zuerst, so hieß es, war er in ein Kloster gegangen und hatte sich dort mehrere Jahre hindurch auf das strengste kasteit, um sein Fleisch noch zum letzten Male zu prüfen, ob er auch in Wahrheit willig sei, dem Allmächtigen allein zu dienen. Dann, als er endlich sicher gewesen war, daß der alte Mensch in ihm wirklich den ‚geheimnisvollen Tod' gestorben sei, ging er hinaus in den Wald und ließ sich in seiner kleinen Hütte nieder; dort hauste er fortan, frei von allen weltlichen Begierden, in der ‚reinen Fröhlichkeit des Herrn'. Von nun an war er keiner irdischen Schwäche mehr unterworfen, und selbst die eisernen Ketten, in die er seinen Leib geschlagen hatte, waren für ihn keine Last mehr. Alle irdischen Beschränkungen waren von ihm abgefallen: Er hörte und sah jetzt über Raum und Zeit hinweg und vermochte das Schicksal der Menschen zu durchschauen. Er war eben zu einem Heiligen geworden, dem man sich ohne jeden Rückhalt anvertrauen konnte, als spräche man zu Gott selbst; denn der Staretz, der durch alle Sünden hindurchgegangen war und sie überwunden hatte, kannte genau den Willen und die Absichten des Allmächtigen mit seinen irdischen Kindern.

Dies und noch manches andere hatte Grigori Jefimowitsch in Werchoturje über den wunderbaren Vater Makari vernommen, und so hatte er sich denn entschlossen, den Rat des Staretz zu erbitten. Sein Besuch bei dem Einsiedler sollte darüber entscheiden, ob er wieder in die Heimat zu Weib und Kind, in den Kreis fröhlicher Zechbrüder, zu seinen Pferden und zum Stall zurückkehren, oder aber sein Leben jener höheren Aufgabe widmen sollte, zu der eine göttliche Macht ihn schon als Knaben berufen hatte.

Bevor Grigori sich anschickte, den frommen Makari aufzusuchen, ging er zuerst zu dem Reliquienschrein, in welchem die Gebeine des heiligen Simeon von Werchoturje aufbewahrt waren. Dort holte er sich in langen und inbrünstigen Gebeten die Kraft und Reinheit der Seele, deren er für die Begegnung mit dem Staretz bedurfte; dann machte er sich auf den Weg nach dessen Zelle.

Die Behausung Makaris lag tief im Walde, und man mußte lange gehen, um dorthin zu gelangen. Es war eine unwirtliche, ärmliche Hütte, in der kaum für einen einzigen Menschen Raum war; dort verbrachte der Alte sein Leben in völliger Armut und Entsagung. Sein abgemagerter, fast einem Skelett gleichender Körper war mit schweren Ketten belastet, welche der schwache Greis jedoch mit Leichtigkeit zu tragen schien. Sein Blick sprach von Fröhlichkeit, und um seine farblosen Lippen spielte ein ewiges sonniges Lächeln; die Stimme war bereits so schwach und leise geworden, daß sie nur mehr wie ein Hauch anmutete, aber in ihr lag dennoch ein Ton von Wärme und Lebendigkeit.

Grigori warf sich, in der Zelle des Staretz angekommen, sogleich zur Erde nieder und bedeckte die in Eisen geschlagenen knochigen Hände des Greises mit Küssen. Dann trug er mit größter Einfalt alles vor, was ihn hierher geführt hatte, ohne etwas beschönigen oder verschweigen zu wollen. Er gestand sein sündiges Leben, alle seine bösen Gedanken, die Gier des Fleisches, die ihn auch im Kloster immerfort gepeinigt habe, aber auch die seltsamen Erscheinungen, die ihm zuteil geworden seien. Er sprach von seiner Schwäche und seinen Zweifeln, berichtete, wie ihm bisweilen eine innere Stimme zuflüsterte, er möge sich dem Dienste Gottes weihen, wie ihn jedoch zugleich oft genug Sehnsucht nach seinem Weib, den Kindern, nach irdischem Besitz und nach dem Wirtshaus überfalle.

Mit demütig gesenktem Haupt hatte Rasputin dies alles gebeichtet; dann blickte er auf und sah, wie Makari ihm mild und verständnisvoll zulächelte; zugleich fühlte er die skelettartige Rechte des Heiligen auf seinem Haupt, während die Ketten leise klirrten.

„Jauchze, mein Sohn", hub die Stimme Vater Makaris jetzt in begeistertem Tone an, „denn unter vielen Tausenden hat der Herr dich ausgewählt! Dir steht Großes bevor: Lasse dein Weib und deine Kinder, lasse deine Pferde, verberge dich, gehe hinaus und wandere! Du wirst die Erde reden hören und ihre Worte verstehen lernen; dann erst kehre wieder in die Welt der Menschen zurück und verkünde ihnen, was die Stimme unserer heiligen, russischen Erde redet!"

Als Rasputin aus Werchoturje nach Pokrowskoje zurückkehrte, tat er dies nur, um sich von seinen Angehörigen auf lange Zeit zu verabschieden. Vater Makari hatte ihn auf die Wanderschaft geschickt, und er selbst hatte erkannt, wie alle äußeren Übungen der Buße und der Kasteiung nur eine erste Vorstufe, eine Vorbereitung für den eigentlichen ‚Weg' bedeuten konnten.

Um diesen ‚inneren Weg' beschreiten zu können, bedurfte es auch des ‚äußeren Weges', des ‚Wanderns', der ‚Pilgerschaft', denn für den russischen Bauern ist die Erneuerung des Menschen durch das ‚geheimnisvolle Sterben' stets mit der Wanderschaft im wörtlichen Sinne verbunden. Wer ‚auf die Wanderschaft geht', verläßt Hab und Gut, Heimat und Vaterhaus, Eltern und Familie, verläßt alles, was ihn mit der Scholle verbunden hat. Das Wandern ist eine der wichtigsten Handlungen in der russischen Mystik: Männer im verschiedensten Alter lassen eines Tages plötzlich die Arbeit auf dem Feld und im Hofe im Stich, sie brechen auf und gehen fort, tauchen unter im Unbekannten und ‚sterben' für ihre Angehörigen. Sie legen ihren alten Namen ab, werfen ihre Kleider von sich, verbrennen ihre Papiere und vergessen Eltern, Frauen und Kinder: Sie ‚gehen auf die Wanderschaft', ‚Uiti w stranstwo'. Niemals schreiben sie, niemals geben sie irgendein Lebenszeichen von sich, Jahre hindurch hören ihre Familienmitglieder und Freunde nicht das mindeste mehr von ihnen: Sie sind zu ‚Wanderern', zu ‚Stranniki' geworden.

Für alle diese Sektierer, die den inneren Weg des ‚geheimnisvollen Todes' gehen wollen, wird auch die Ehe zu einem unerträglichen, ja fluchwürdigen Band; denn verheiratet zu sein bedeutet für sie, die stärkste Bindung an den Besitz, an das Heim und an die Scholle. Am strengsten ist diese eigentümliche Ansicht von der Unzulässigkeit der gesetzlichen Ehe in den Glaubensvorschriften der Chlysti ausgesprochen: Für sie bedeutet die Ehe eine Sünde wider den Heiligen Geist, und jeder ‚Gottesmann' ist verpflichtet, sich von der ihm angetrauten Gattin zu trennen, oder doch zum mindesten sich jeder ehelichen Gemeinschaft mit ihr zu enthalten. Während die Chlysti also die vom Popen gesegnete und damit in ihren Augen zugleich mit dem Siegel des Antichrist gezeichnete gesetzliche Ehe verdammen, gestatten sie alle anderen Formen der Liebe, denn diese binden den Menschen nicht für immer an die Erde und an das Heim. Jeder Anhänger der Chlystisekte ist also berechtigt, die ‚vom Popen gesegnete' Verbindung durch eine oder mehrere andere von Gott selbst gesegnete ‚Ehen im Geiste' zu ersetzen.

Zu vielen Tausenden durchqueren die wandernden Sektierer dauernd das russische Reich nach allen Richtungen, sei es, daß sie ziellos, nur ihrem inneren Gefühl folgend, umherirren, sei es, daß sie Pilgerfahrten nach den heiligen Stätten des christlichen Glaubens, nach Athos, nach Jerusalem oder sogar nach dem Berge Sinai unternehmen.

Fast in jedem russischen Dorf leben einfache Bauern, die im geheimen gleichfalls der Brüderschaft der ‚Wanderer' angehören, und deren Aufgabe darin besteht, den ‚Stranniki' Unterkunft zu gewähren, um sie vor den Behörden zu verbergen. Die Gehöfte dieser Bauern enthalten einen eigenen Raum, eine Scheune, ein fensterloses Hofkämmerchen oder eine Kellerhöhle unter der ‚Isba', dem Bauernhaus, wo der schutz- und ruhebedürftige Wanderer Unterkunft findet. Bisweilen sympathisieren ganze Dörfer mit den Stranniki, und dort wird dann in fast jeder ‚Isba' eine unterirdische Behausung für die ‚Wanderer' bereitgehalten.

Während der ‚Strannik' solcherart von einer dunklen Höhle in die andere zieht, zum ‚Podpolnik', zum ‚Kellerlochmenschen' wird, streift er nach und nach alles ab, was ihm noch von seiner früheren Existenz her angeheftet haben mag. Bald kennt niemand mehr seinen wahren Namen, weiß niemand von seiner Vergangenheit, fragt kein Mensch mehr, woher er kommt und wohin er zu gehen beabsichtigt. Frei von jeder irdischen Gebundenheit lebt er nur mehr für seine Seele und gibt sich gottgefälligen geistlichen Übungen hin; allmählich erlangt er das Ansehen eines besonderen Wesens, und die Bauern sind glücklich, wenn er bei ihnen einkehrt. Das Ansehen dieser ‚Kellerlochmenschen', der ‚Podpolniki', ist außerordentlich groß und übertrifft zumeist weitaus jenes der kirchlichen Popen. Wenn der Wanderer dann fühlt, daß für ihn die Zeit des Umherirrens zu Ende ist, gelangt er bisweilen in den Ruf besonderer Heiligkeit: Er wird zu einem ‚Weisen', einem ‚Staretz', und aus allen Teilen des Landes pilgern die Gläubigen zu ihm, um seinen Rat und seinen Segen zu erflehen. Er hat sich von allem Äußerlichen völlig befreit, und auch in seinem Innern ist alles erloschen, was ihn noch an die falsche Welt des Scheins gebunden hatte. Seine sündigen Gefühle und Gedanken verlöschen allmählich, und in ihm beginnt der wunderbare Prozeß des ‚geheimnisvollen Sterbens'.

Rasputin hat dieses Leben der Wanderschaft viele Jahre hindurch geführt, und diese Epoche ist für seine ganze Entwicklung ungemein bedeutsam geworden. Während dieser Zeit erwarb er eine genaue und tiefe Kenntnis des russischen Volkes, auch war es ihm möglich, seine Menschenkenntnis in ungewöhnlichem Maße zu erweitern. Denn in den unterirdischen Stuben der ‚Isbas' traf er beständig mit allen Arten von Männern zusammen, die, gleich ihm, um ihrer Seele willen das gewohnte frühere Leben mit dem unsteten Dasein des ‚Podpolnik' vertauscht hatten. Inmitten dieser ewigen Wanderschaft und der ständigen Verfolgung durch Gendarmen und Popen übte er sich darin, die Menschen unauffällig zu beobachten, ihre geheimsten Absichten zu erraten und auf ihre Schwächen und Absonderlichkeiten zu achten. Im Umgang mit Anhängern der verschiedensten Sekten, Verfechtern der abenteuerlichsten Gedanken, im innigen Verkehr mit allerlei Schwärmern und Gottesgläubigen, drang er in die tiefsten Geheimnisse der russischen Volksseele ein und nahm die wahren Gefühle, Gedanken und Wünsche der Bauernschaft in sich auf.

Er kam mit ‚Altgläubigen' in Berührung, mit jenen Fanatikern des Buchstabens, die sich gegen die Reform der Kirchenbücher durch den Patriarchen Nikon empört hatten und die meinten, durch die frevlerisch geänderte Schreibweise des göttlichen Wortes sei dieses zum Werkzeug des Antichrist und die orthodoxe Kirche selbst zur ‚babylonischen Hure' geworden. Andere Sektierer wieder wurden von den Behörden unbarmherzig verfolgt, weil sie den Militärdienst verweigert hatten; denn sie glaubten fest an das Wort Gottes, daß, wer das Schwert ergreife, durch das Schwert umkommen müsse, und sie verwarfen darum jeglichen Krieg. Wieder andere fanatische Bauern hatten die Zahlung der Steuern verweigert, da sie den Schergen Satans ihre Habe nicht ausliefern wollten. Nun befanden sie sich auf der Flucht vor der Obrigkeit und träumten von dem Herannahen des neuen Reiches, des vierten großen Zeitalters, da der Heilige Geist die Herrschaft über die Erde ergreifen, die Diener des Antichrist bestrafen und die Gerechten erhöhen wurde.

So verschiedenartig die Vorstellungen aller dieser Sektierer vom kommenden Heil und der Erlösung auch sein mochten, sei es, daß sie die Erneuerung des Menschen durch die Buße predigten, sei es, daß sie durch Aufruhr gegen die Welt der Sünde der göttlichen Gnade teilhaftig werden wollten, so verband sie doch alle der gemeinsame Wunsch, die sündige alte Welt schon auf Erden zu überwinden und bei lebendigem Leibe in das himmlische Reich einzugehen. Keiner von ihnen hatte sich mit den Tröstungen der rechtgläubigen Kirche zufriedengeben und geduldig des Heils im jenseitigen Leben harren wollen; sie alle waren durchdrungen von der frohen Hoffnung, noch vor dem Tode zu Gott gelangen zu können. Das feste Band, welches alle diese ‚Kellerlochmenschen' zu einer innigen Brüderschaft zusammenschloß, war aber ihre Verborgenheit vor der Welt, das Geheimhalten ihrer Hoffnungen, ihres Glaubens und ihres Kultes.

Im Umgang mit diesen zahllosen Pilgern und Wandermönchen war es Rasputin möglich geworden, allmählich auch seine theologische Bildung zu vertiefen und sich jene Gewandtheit in der Beherrschung biblischer Texte anzueignen, die dann später, selbst bei den höchsten kirchlichen Würdenträgern, allgemeines Staunen hervorrufen sollte; so bedeuteten diese Wanderjahre für ihn in jeder Hinsicht die wichtigste Lehrzeit, und es gibt kaum einen Zug in seinem späteren Leben, der nicht auf diese Epoche der Pilgerschaft und des Lebens im ‚Kellerloch' zurückgeführt werden könnte.

*

Das größte und am meisten entscheidende Erlebnis Rasputins während seiner Wanderungen war aber seine eigentliche Einführung in die Mysterien der Chlysti. Was er schon in Werchoturje andeutungsweise erfahren und was ihn damals bereits zutiefst ergriffen und fasziniert hatte, sollte ihm jetzt, während seiner Wanderschaft durch unzählige Dörfer des weiten russischen Reiches, leibhaftig entgegentreten. Nun erst sah er mit eigenen Augen die verborgenen kleinen Bauernstuben, Klosterzellen oder Scheunen, in welchen das große Mysterium der ‚wunderbaren Verwandlung' vor sich ging. In diesen ‚Schiffen' der russischen ‚Gottesleute' erfuhr Rasputin erst wirklich das Wunder des ‚geheimnisvollen Todes', fand alles das seine Erfüllung und Vollendung, worauf er sich durch Kasteiungen und Wanderungen, durch den Verzicht auf Seßhaftigkeit und irdischen Besitz seit langem vorbereitet hatte.

Sonderbar genug mutet diese ‚mystische Handlung' der Chlysti an: Das unscheinbare kleine Bauernhaus, in dem das Wunder sich ereignen soll, unterscheidet sich seinem Äußeren nach in nichts von allen übrigen Hütten des Dorfes; wer über die Schwelle tritt, blickt in eine einfache und alltäglich aussehende Bauernstube, an deren Wänden ungehobelte Bänke, in deren Mitte ein einfacher Tisch und zwei Stühle stehen. Samstag abends schleicht sich dann der eine oder der andere Bauer in dieses Haus, betritt manche Bäuerin diesen Raum. Wenn ‚die rote Sonne herabgesunken ist', werden die Fenster dicht verhängt, und die Mitglieder der Gemeinde lassen sich stumm auf die Bänke nieder, die Männer zur Rechten, die Frauen zur Linken; hier sitzen sie dann mit der gleichen Miene und dem gleichen Gehabe, mit dem sie sonst in ihren eigenen Hütten, nach getaner Feldarbeit, rund um den Samowar hocken. Auch die beiden Bauersleute, ein Mann und eine Frau, die auf den Ehrenstühlen hinter dem Tisch Platz genommen haben, unterscheiden sich in nichts von den übrigen Gemeindemitgliedern: Sie tragen Hemden und Röcke aus grobem Stoff, und ihren plumpen Stiefeln haftet noch der Staub der Dorfstraße an. Aber die ‚Gottesleute‘, deren Herz wissend ist, erbeben, sobald ihr Blick auf die beiden Gestalten hinter dem Tisch fällt; denn sie wissen, daß dort, in der Gestalt zweier einfacher Bauersleute, gottbegnadete Wesen unter ihnen weilen.

Nun beginnt der Gesang der langgedehnten, an Litaneien, Kirchenweisen, Psalmen und Volkslieder gemahnenden Hymnen, in denen sich die Sehnsucht der Chlysti nach dem Herannahen des Himmelreiches, nach der Menschwerdung Gottes und nach der Ergießung des Heiligen Geistes ausspricht. Nach und nach wird der Gesang immer ekstatischer, verzückter und jubelnder, denn jetzt verkünden die Hymnen die Erscheinung des Erlösers inmitten seiner strahlenden Engelschar. Bald streifen die Bauern ihre Kleider und Schuhe ab, und ein jeder legt ein weißes Hemd aus Nesseltuch an, zur Erinnerung an die wunderbare Auferstehung des Christus Iwan Suslow, an dessen von den Häschern geschundenem Leib das weiße Linnen zur neuen Haut wurde. Zugleich aber bedeutet für die ‚Gottesleute‘ das Überstreifen des weißen Hemdes, des ‚Kleides der abgeschiedenen Geister und Engel‘, daß sie selbst ihre irdische Hülle gegen eine geistige eingetauscht und sich in andere, mit besonderen Kräften ausgestattete Wesen verwandelt haben.

In ihren weißen Hemden von eigenartigem Schnitt setzen sie dann beim Schein von zwölf Wachskerzen ihren immer inbrünstiger und leidenschaftlicher anschwellenden Gesang fort, bis endlich einer aufsteht und anfängt, sich im Kreis zu drehen. Dann treten auch andere, Männer und Frauen, aus der Reihe, bilden Paare und beginnen eine Art bäuerlichen Rundtanzes, indem sie, dem Takt der Gesänge entsprechend, bald hintereinander im Kreise umherschreiten, bald sich schwerfällig um sich selbst drehen.

Es währt nicht lange, und der einfache Reigen wird, in mystischer Verwandlung, zu jenem Rundtanz der Jünger um den Herrn Christus, von dem die geheimen Schriften des verborgenen wahren Glaubens erzählen; und so, wie diesen geheimgehaltenen Schriften zufolge in dem Tanz der Jünger um den Herrn sich zugleich alle Himmelsmächte, Sonne, Mond und Sterne, um Jesus, den zum Menschen gewordenen Gottessohn, in freudigem Reigen drehten, so wiederholt sich das gleiche kosmische Geschehen auch bei dem Fest der tanzenden Gottesmänner: Das gesamte Universum tanzt mit den jubelnden Sektierern so lange, bis ‚der Herr sich im Kreise zeigt, in die goldene Trompete stößt und der Welt zu wissen gibt, daß allen Sündern verziehen sei'.

Bald folgen andere Formen des Tanzes: Einmal durchqueren die Gläubigen, einer hinter dem anderen, hüpfenden Schrittes den Raum, dann wieder laufen sie kreuzweise durch die Stube, werfen dabei die Arme in die Luft und rufen flehentlich nach dem Heiligen Geist.

Wenn die Ekstase ein gewisses Maß erreicht hat, fühlen die ‚Gottesleute' über ihren Häuptern den Flügelschlag des Heiligen Geistes, und dann vollzieht sich die große Umwandlung, in der alles Irdische zum Himmlischen wird: Die Bänke, der Tisch, die Stühle, die ganze dumpfige Bauernstube, dies alles wird zur unirdischen ‚Arche der Gerechten', zu jenem ‚Fahrzeug', welches die Gemeinde durch das tosende und wogende Meer der profanen äußeren Welt in das Reich der Seligkeit entführt. Der Bauer und die Bäuerin auf den Ehrenplätzen hinter dem Tisch werden zum Herrn Christus und zur Mutter Gottes, und sie beide steuern das ‚Schiff' der gläubigen Brüderschaft dem Himmelreich entgegen.

Nun hat das Wort sich erfüllt, das Wunder sich von neuem ereignet: Der allmächtige Geist Gottes ist wieder Fleisch geworden. In frenetischer Verzückung brechen die Gottesleute in den Ruf aus: „Der Heilige Geist ist in uns gefahren!" Und sie wiederholen diesen Ruf so lange, bis ihre Zungen gelähmt werden und ihrer Bewegungen sich allmählich eine glückselige Erstarrung bemächtigt.

Der Reigen geht zu Ende, der Gesang verstummt, und nun erhebt sich der göttliche Steuermann von seinem Platz. Er beginnt zu sprechen, aber seine Stimme ist verändert, klingt bald tief und unheimlich wie ein tierischer Schrei, bald kindlich lallend, bald wieder jauchzend vor freudiger Erregung.

Nur die in das Mysterium eingeweihten Chlysti verstehen, daß jener, der dort spricht, lallt und schreit, der bald in kindliches Gelächter ausbricht, bald das Gesicht zur Grimasse verzerrt, vom Heiligen Geist getrieben wird; nur sie wissen, daß aus ihm jetzt der neuerstandene, wieder zum Kind gewordene, unschuldige Mensch stammelt. Erfüllt von beglückter Ehrfurcht, kauern die Sektierer rings um den göttlichen

Steuermann auf dem Boden, weinen in bebender Verzückung, bekreuzigen sich und lauschen den begnadeten Worten aus dem Munde des Propheten.

Dann beginnen die Tänze von neuem, noch wilder, noch ungezügelter, bis das Morgengrauen heranbricht. Das Durcheinander von Stimmen, das Stampfen der tanzenden Füße und das Rascheln der Hemden verschmilzt zu einem einzigen chaotischen Lärm; die Gesichter und Gestalten verschwimmen, die langen, weißen, in wirbelndem Tanze geblähten Hemden gleichen rotierenden Säulen, und der Fußboden des Raumes ist naß geworden vom Schweiß der Tänzer.

Plötzlich, inmitten des rasenden, sich immer steigernden Wirbels, fallen die Hemden der Gottesleute bis zum Gürtel, und die halb entblößten Sektierer treten der Reihe nach vor den Propheten, der sie mit einem aus Weidenruten geflochtenen Stab geißelt, um derart die Befruchtung und Zeugung des neuen Menschen im Leibe Adams anzudeuten.

Und so, wie Christus die Todeshülle abgeworfen hatte, um im Geiste neu aufzuerstehen, werfen nun auch die Chlysti, Männer und Frauen, während des rasenden Tanzes ihre Kleider völlig von sich. Bald wird hie und da einer von Zuckungen befallen und sinkt bewußtlos zusammen; die Lichter erlöschen, die Frauen stürzen sich mit aufgelöstem Haar auf die Männer und umarmen und küssen sie leidenschaftlich. In ‚sündigem Handgemenge' wälzen sich nun die ‚Gottesleute' auf dem Boden und vermischen sich, ohne Rücksicht auf Alter oder Verwandtschaft.

In diesem wilden Rausch der Sinne erst wird das irdische Bewußtsein und der eigene Wille völlig ausgelöscht, denn in dem ‚sündigen Handgemenge' wirkt nicht mehr das irdische Ich, sondern vielmehr der Wille des unsichtbaren Geistes.

Grigori Jefimowitsch Rasputin, der sinnliche und dabei gläubige Bauer aus Pokrowskoje, mußte hier, inmitten dieser Chlysti-Orgien, den eigentlichen Sinn dieser sonderbaren Mysterien von der Wiedergeburt durch die Sünde verstehen lernen. Er glaubte nun zu begreifen, daß das wahre innere Leben nur einem zuteil werde, der im ‚sündigen Handgemenge' den alten Menschen in sich zu erwecken und zum Kampf herauszufordern wisse; um ihn hierauf in geheimnisvoller Weise der Sünde ersterben zu lassen und die ‚heilige Leidenschaftslosigkeit' zu erlangen. Niemals konnte der Mensch zur völligen Überwindung jeglicher Erdgebundenheit gelangen, ehe er nicht den letzten Rest von Eigendünkel und Hochmut in sich vernichtet hatte: den Dünkel des Asketen und den Stolz des Tugendhaften. Der Weg zu wahrer Ergebung und Demut schien von nun an auch für Rasputin nur durch das ‚sündige Handgemenge' zu führen, durch das Abwerfen der letzten Schranken, durch die tiefste Selbsterniedrigung in fleischlicher Sünde.

DRITTES KAPITEL

DER PREDIGER AUS DEM KELLERLOCH

Mehrere Jahre waren bereits vergangen, seit Grigori Jefimowitsch den Sack umgeschnürt, die Almosenschüssel und den Stab ergriffen und seine Wanderschaft angetreten hatte. Schon seit langem hatten seine in Pokrowskoje zurückgebliebenen Angehörigen keinerlei Nachrichten mehr von ihm erhalten, und sein Vater, der alte Jefim, trug schwer an dem Weggang des Sohnes. Der kräftige Bursche war dem Alten eine wichtige Stütze gewesen, denn wenn er sich auch gerne mit den übrigen Bauernsöhnen in den Wirtshäusern umherzutreiben pflegte, so hatte er doch beim Fischfang, bei den Arbeiten auf dem Felde und besonders bei der Wartung der Pferde tüchtig mitgeholfen.

Der fleißige Jefim Andrejewitsch Rasputin hatte es im Laufe der Jahrzehnte verstanden, den ererbten Gutshof wesentlich zu vergrößern, hatte an der Stelle des alten, kleinen Familienhauses ein größeres zweistöckiges Gebäude errichten lassen, den Stall erweitert und den Bestand an Pferden auf mehrere Dutzend gebracht. So war sein Besitz zu einem jener sauberen und wohlhabenden Gehöfte geworden, wie sie in Sibirien nicht selten anzutreffen sind.

Dann aber war über ihn, wie über Hiob, ein Schicksalsschlag nach dem anderen hereingebrochen: Zuerst hatte Gott ihm in kurzer Zeit zwei Söhne und dann auch sein treues, arbeitsames Weib Anna Jegorowna geraubt, die bis zuletzt, hochgewachsen, schlank und schön, mit silbergrauem Haar und munteren Augen, die Hauswirtschaft geleitet und am Spinnrocken gesessen hatte. Auf einer Fahrt von Tjumen nach Pokrowskoje hatte sie sich in dem nassen Herbstwetter erkältet und war einige Tage später von der Krankheit dahingerafft worden. So war dem alten Jefim Andrejewitsch schließlich nur mehr Grigori geblieben, bis eines Tages auch dieser ihn verlassen hatte, um in unbekannte Fernen, ‚auf die Wanderschaft' zu gehen.

So schwer dem Alten der Abschied von seinem Sohn auch gefallen sein mochte, so klagte er doch niemals, denn er war ein frommer und gottesgläubiger Bauer und erkannte auch in diesem Geschehnis den göttlichen Willen; hatte denn nicht der weise und ehrwürdige Vater Makari aus Werchoturje seinen Grischa dazu bestimmt, Hof und Haus, Vater, Weib und Kinder zu verlassen und auf die Wanderschaft zu gehen? Jefim Andrejewitsch hatte seinem Sohn den väterlichen Segen gegeben und ihn ziehen lassen, in der frommen Überzeugung, die Arbeit im Dienste des Herrn gelte mehr als die in Haus und Hof.

Auch jetzt noch, einige Jahre nach Grigoris Abreise, suchte der Alte sich in seinem Kummer mit dem Gedanken zu trösten, Gott selbst habe seines Grigori bedurft. Manchmal verlieh ihm diese Überzeugung sogar ein Gefühl stolzer Erhabenheit, wie er nicht selten einen Menschen überkommt, der überzeugt ist, von Gott zu einer großen Aufgabe berufen worden zu sein, sei es auch zur Darbringung eines schweren Opfers oder zum Erdulden eines aufwühlenden Schmerzes.

Je fester dieser Gedanke in ihm Wurzel faßte, desto mehr Zeit verbrachte der alte Jefim in der Kirche oder in dem ebenerdig gelegenen großen Raum seines Hauses, wo das wundertätige Bild der heiligen Muttergottes von Kasan hing. Dort betete er dann, oft viele Stunden lang, während er allmählich seine weltlichen Beschäftigungen immer mehr vernachlässigte.

Vor den Nachbarn und sonstigen gelegentlichen Besuchern verbarg er sich jetzt nach Möglichkeit, und auch wenn er mit Praskowja Feodorowna, der Gattin seines verschwundenen Sohnes, und mit deren allmählich heranwachsenden Kindern beisammensaß, erzählte er ihnen nicht mehr, wie früher, wundersame Geschichten aus alten Zeiten, er verharrte vielmehr zumeist in tiefem, nachdenklichem Schweigen. Fragte man ihn nach seinen Befehlen für die Wirtschaft, dann kam es nicht selten vor, daß er den Fragenden erstaunt und bedeutungsvoll ansah, mit einem Blick, der zu sagen schien: „Wir, mein Sohn und ich, wir leben nur mehr im Dienste Gottes!"

Auch auf dem Gemüt von Grischas junger Frau lastete die jahrelange Abwesenheit ihres Gatten schwer. Wohl war auch sie gläubig, wohl suchte auch sie in ihrem Kummer bei dem wundertätigen Muttergottesbild Zuflucht; dennoch aber fehlte ihr dieser starke, stolze Glaube, der den alten Jefim für das Fernbleiben Grigoris einigermaßen zu trösten vermochte. In ihr war das irdische Verlangen des vereinsamten jungen Weibes stärker als die demütige Ergebung in den göttlichen Ratschluß.

So kam es auch, daß Praskowja Fjodorowna weit weniger oft die heiligen Ikonen betrachtete, als jenes kleine und abgenutzte Bildnis ihres Gatten, welches einmal ein wandernder Schnellphotograph aus Tobolsk angefertigt hatte. Da war ihr Grigori mit fröhlichem und zufriedenem Gesicht abgebildet, die scharf gescheitelten Haare niedergekämmt, das Gesicht mit einem dünnen, dunkelblonden Schnurrbart geziert, rosig, frisch und von der Sonne gebräunt; seine Züge und seine ganze Gestalt strömten Kraft und heitere Lebenslust aus, und nur in den Augen lag ein in die Ferne gerichteter und zugleich stechender Blick.

Zum Glück war die junge Frau durch die häuslichen Arbeiten, deren Besorgung immer mehr ihr anheimfiel, und durch die Pflege der drei Kinder zu sehr in Anspruch genommen, als daß sie viel Zeit gehabt hätte, ihren trüben Gedanken nachzuhängen. Dennoch konnte sie im Herzen nicht froh werden, und im Laufe der Jahre wurde auch sie schweigsam, still und in sich verschlossen; sie alterte rasch, und ihre einst hübschen Gesichtszüge nahmen bald einen vergrämten, traurigen Ausdruck an.

Nicht selten geschah es, daß fremde Pilger, Wanderer oder Landstreicher durch das Dorf kamen und nach altem Brauche in dem Hause Jefim Rasputins für eine Nacht Obdach erbaten. Dann wurde Praskowja Fjodorowna sogleich wieder gesprächig und wußte an die Fremden tausend Fragen zu stellen, denn sie hoffte immer wieder, der Neuankömmling werde ihr etwas über Grigori Jefimowitsch berichten können. In solchen Augenblicken erhielten ihre Augen den alten Glanz, und ihr Gesicht wurde lebendig und jugendlich.

In der ersten Zeit nach Grigoris Weggang war es wirklich zuweilen vorgekommen, daß der eine oder der andere Wanderer erklärt hatte, er sei einem Manne begegnet, auf den die Beschreibung Praskowjas passen könne. Mancher Pilger glaubte sogar mit Grigori Jefimowitsch gesprochen zu haben und mit ihm ein Stück Weges gemeinsam gewandert zu sein. Einmal wollte man ihn in einer Klosterherberge im Ural getroffen haben, dann wieder hieß es, er sei auf der Landstraße in der Richtung gegen die Stadt Kasan wandernd gesehen worden, andere Pilger wieder vermeinten gar, ihm in den Wäldern ganz in der Nähe von Pokrowskoje, am anderen Ufer der Tura, begegnet zu sein; freilich war es nie sicher, ob es sich wirklich um den Gatten Praskowjas handelte, hatte doch keiner unter den Wanderern jemals seinen Namen genannt.

Im Laufe der Jahre aber wurden derartige Mitteilungen immer seltener und immer zweifelhafter, und zuletzt blieben auch diese wenigen und unzuverlässigen Nachrichten völlig aus. Dagegen begannen im dritten Jahre nach Rasputins Verschwinden unter den Bauern sonderbare Gerüchte über einen Strannik umzulaufen, der durch zahlreiche Wunder viel von sich reden machte.

Immer häufiger kamen Reisende nach Pokrowskoje und erzählten von den erstaunlichen Taten, aber auch von der befremdlichen neuen Lehre dieses rätselhaften Mannes. Er sollte, diesen Nachrichten gemäß, zuerst bei den Fischern an der oberen Tura erschienen sein, viele Tage hindurch unter ihnen geweilt, ihnen beim Einholen der Netze geholfen und sie Psalmen und andere heilige Lieder singen gelehrt haben. Diesen Fischern hatte er auch offenbart, er sei von Gott gesandt, und in ihm habe der Heilige Geist sich unter den Menschen niedergelassen.

Anderen Berichten zufolge war er bei einer Gruppe von Knechten und Mägden auf einem Feld aufgetaucht, hatte bei dem Einbringen der Ernte mitgearbeitet, des Abends aber zu ihnen gesprochen und gesagt, die Popen in der Kirche hätten den wahren Sinn des Evangeliums und die wirklichen Worte des Heilands vergessen: Sie wüßten nichts mehr von der fröhlichen Botschaft, daß jede Sünde durch Bußfertigkeit getilgt werden könne und daß Gott das verirrte Schäflein höher halte als die ganze Herde.

Dann wieder hieß es, der seltsame Wanderer hielte in der Tiefe der Wälder mit hübschen jungen Mädchen und Frauen eigenartige Gottesdienste ab, indem er zuerst Kreuze aus Ästen errichte und dann mit seinen Jüngerinnen vor diesen bete. Habe er aber seine Andacht verrichtet, dann umarme er die Frauen, dann herze und küsse er sie, um hierauf mit ihnen zu tanzen und zu singen. Dabei erklärte er, auch diese Küsse, Liebkosungen, Gesänge und Tänze bildeten einen Teil des Gottesdienstes, denn dies erfreue und erheitere den Herrn. Das Erstaunlichste aber war, daß er zu seinen wilden Tänzen auch Kirchengesänge anstimmte, jene Psalmen und geistlichen Weisen, welche die Frauen von der Dorfkirche her genau kannten.

Binnen kurzem begannen unter den Bauern noch bedenklichere Gerüchte umzugehen: Man erzählte sich, der Fremde beschränke sich bei solchen Gottesdiensten im Walde nicht darauf, seine ‚Schwestern', wie er die Jüngerinnen nannte, zu liebkosen; es wurde von nächtlichen Festen im Walde gemunkelt, es hieß, der Unbekannte und seine weibliche Gefolgschaft entzündeten des Abends große Feuer aus Laub und Astwerk, dann würden inbrünstige Gebete verrichtet und heilige Lieder gesungen, hierauf aber tanzten alle rings um die Flammen, bis die Frauen von einem wilden Taumel ergriffen würden. Dann rufe der Fremde mit seltsamer Stimme: „Demütigt euch durch die Sünde! Prüfet euer Fleisch!" Was nun weiter geschehe, davon wagten die entsetzten Bauern nur im Flüsterton zu sprechen: Denn in der Dunkelheit des nächtlichen Waldes, nur von den Sternen des Himmels beleuchtet, sollte der Pilger mit den Frauen die schrecklichsten Sünden begehen.

Bald verbreitete sich die Nachricht, daß der unheimliche Staretz auf seinen Wanderungen durch die Wälder und Steppen von einem ganzen Schwarm von Frauen und Mädchen begleitet werde; sie alle hätten ihre Eltern und ihre Gatten im Stiche gelassen, um dem Prediger zu folgen, in dem festen Glauben, daß nur er das Heil ihrer Seele zu retten vermöge.

In einigen entfernteren Dörfern wollte man den Fremden gesehen haben, wie er mit seinen Jüngerinnen im öffentlichen Badehaus erschienen sei, sich dort vor den Frauen völlig entblößt und auch diese veranlaßt habe, sich gänzlich zu entkleiden; dann mußten seine ‚Schwestern' ihm die vom Staub bedeckten Füße waschen. Hierbei erklärte der geheimnisvolle Mann, diese äußerste Demütigung seiner Schülerinnen diene dazu, um in ihnen den letzten Rest hoffärtiger Tugend und Selbstgerechtigkeit zu töten.

Anfangs waren die Bauern von Pokrowskoje zumeist der Ansicht, dieser Wanderer sei ein falscher Prophet und ein Abgesandter des Satans, besonders nachdem der Pope des Ortes, Vater Pjotr, diese Meinung in scharfen Worten ausgesprochen hatte. Dann aber trafen wieder Meldungen über neue Wundertaten des seltsamen Fremden ein, über gewaltige Zeichen, wie nur die ganz großen Heiligen solche zu bewirken vermögen. Es ging die Kunde, in einem Kloster habe er aus einer

Nonne den Teufel ausgetrieben, anderswo hingegen habe er Ereignisse prophezeit, die bald darauf wirklich eingetreten seien.

Wahrhaft überzeugend aber mußte auf die Bauern die furchtbare Nachricht wirken, der Wanderer habe, als einige beleidigte Väter und Gatten seiner Jüngerinnen ihn tätlich angreifen wollten, drohend den Arm erhoben und mit entsetzlicher Stimme ausgerufen: „Es wird drei Monate lang nicht regnen!" Und dieser Fluch sei in Erfüllung gegangen! Volle zwölf Wochen hindurch hat die Sonne unbarmherzig aus wolkenlosem Himmel herniedergebrannt und die Äcker ausgedörrt; erst nach Ablauf der angegebenen Frist habe es wieder zu regnen begonnen!

Mehr als alles andere trug die Erzählung von diesem Wunder dazu bei, das Ansehen des Wanderers bei den Bauern zu festigen. Denn wer anders als ein Gesandter Gottes konnte die Macht haben, dem Regen Einhalt zu tun? Mochte Vater Pjotr sagen, was er wollte, der Fremde war ein heiliger Mann, vielleicht heiliger als der Pope selbst, denn dieser war noch nie imstande gewesen, dem Wetter zu gebieten!

Es gab in Pokrowskoje auch Leute, die schon bei den ersten Nachrichten über das Auftreten des neuen Staretz verständnisinnige Blicke gewechselt hatten; das waren jene Bauern und Bäuerinnen, von denen seit langem das Gerücht hatte wissen wollen, sie seien nur äußerlich gutgläubige Christen, in Wahrheit aber hingen sie den ketzerischen Lehren der ‚Gottesleute' an. Zwar konnte niemand etwas Bestimmtes gegen sie vorbringen; dann und wann aber bemerkte man doch kleine Anzeichen, die auf die Zugehörigkeit dieser Bauersleute zu der geheimen Brüderschaft hindeuteten.

Wenn diese Ketzer dann Samstag abends in aller Heimlichkeit in ihren verborgenen Versammlungen zusammenkamen, erörterten auch sie eifrig die Berichte über den Wundertäter. Während jedoch die anderen, die im Kirchenglauben befangenen Bauern, noch zweifelten und darüber stritten, ob der unheimliche Wanderer denn nun ein Heiliger oder ein Teufel sei, wußten die Sektenbrüder mit voller Bestimmtheit, daß dieser, der da umherzog und die Lehre vom Sinn der Sünde predigte, einer der Ihren war. Jubelnd sprachen sie über das Herannahen des neuerstandenen Erlösers, in welchem sich wieder einmal, wie schon so oft vorher, Gott auf Erden verkörpert habe.

Alles, was den übrigen Bauern als rätselhaft erscheinen mochte, entsprach für die Chlysti den ewig gleichen Regeln, nach denen sich die Wiederverkörperung des Erlösers jedesmal von neuem zu vollziehen hatte. Nach dem Glauben der Sektierer bedeuteten die zu den Fischern an der Tura gesprochenen Worte des fremden Mannes, in ihm habe Gott sich niedergelassen, durchaus nichts Unerhörtes. Auch wenn der Wanderer sich dann später, den Popen und den Gendarmen gegenüber, mit der Erklärung verantwortet hatte, er sei keiner irdischen Obrigkeit untertan, so war dies keineswegs eine wahnwitzige Anmaßung: Denn wen Gott für würdig befunden hatte, daß er sich in ihm verkörpere, der stand in Wahrheit höher als alle weltlichen Mächte, ja als der Kaiser selbst, denn er war ein ‚Zar über den Zaren'.

Alle die Taten des fremden Wanderers, die den rechtgläubigen Bauern so verwunderlich und verwerflich erschienen waren, zeigten sich den Sektierern in einem ganz anderen Lichte: Waren das nicht die gleichen Handlungen, wie sie einst dem großen Radajew zugesprochen wurden? Hatte doch auch dieser göttliche Meister dieselbe Wahrheit verkündet, daß der Mensch durch das fleischliche Laster die ihm innewohnenden Sünden in die körperliche Hülle bannen und dadurch seine Seele von allem Übel befreien könne. Jetzt aber war wieder einer erstanden, der diese Lehre predigte, und die ‚Gottesleute' waren fest überzeugt, in dem neuen Heiligen habe sich wiederum, wie einst in Radajew und vor ihm in Iwan Suslow und in Danila Filipitsch, der göttliche Geist auf Erden verkörpert. Mit andächtiger Sehnsucht harrten sie alle des Tages, da der neue Meister auch nach Pokrowskoje kommen und sich seiner Gemeinde offenbaren würde.

Es waren nicht nur die Sektierer, die sich angelegentlich mit dem unbekannten Staretz beschäftigten; auch im Hause des alten Jefim Andrejewitsch war viel von ihm die Rede, wenn der Bauer, die Schwiegertochter, das Gesinde und einige Nachbarsleute abends rings um den Eßtisch und auf der großen Ofenbank versammelt waren. In diesen Dämmerstunden wurde über mancherlei geplaudert, und dann kam bisweilen auch ein Pilger herauf, der unten im Keller Quartier genommen hatte, setzte sich mit zu den anderen und berichtete, was ihm über den fremden Mann bekannt war.

Keiner von den Dorfleuten und keiner von den Wanderern, die bis dahin bei Jefim Andrejewitsch vorgesprochen hatten, war jemals selbst dem Staretz begegnet. Aber ein Bauer aus Pokrowskoje hatte einmal auf dem Markt in Tjumen einen alten und kränklichen Mann aus einem anderen Dorfe getroffen, und dieser hatte berichtet, er habe es mit angesehen, wie der Heilige mit einer Schar junger Mädchen aus den Wäldern hervorgebrochen und durch sein Dorf gezogen sei. Dieser Alte beschrieb den Wundertäter als einen hageren, mittelgroßen Mann mit mächtigem, wallendem Bart und mit Haaren, die in langen Strähnen auf die Schultern herabfielen, über der Stirn aber gescheitelt seien wie die Haare Christi auf den Ikonen. Seine Augen hätten stechend geblickt, sein Gesicht sei von Kasteiungen und Entbehrungen fahl geworden und durchfurcht wie das eines alten Mannes, seine Stimme jedoch sei weich und wohltönend. Obgleich er seinem ganzen Äußeren nach den Eindruck eines guten und heiligen Menschen gemacht habe, wollte der alte Bauer bei seinem Anblick doch ein Gefühl unerklärlichen Schauders verspürt haben.

Mancher lange Abend war unter solchen Erzählungen und Erörterungen vergangen, bis dann eines Nachts das große Ereignis eingetreten und Grigori Jefimowitsch heimgekehrt war. Sooft Praskowja Fjodorowna auch später noch an diese erste Begegnung mit Grischa nach dessen Heimkehr von langjähriger Wanderschaft zurückdachte, immer erschien ihr diese Nacht als eine der denkwürdigsten Wendungen in ihrem Dasein. Sie hatte an jenem Abend noch einiges im Hause zu ordnen gehabt und war deshalb länger als sonst wach geblieben; plötzlich war an das Tor geklopft worden, und sie hatte, hinausblickend, einen alten, bärtigen Mann vor der Türe stehen sehen. Sie hielt ihn zunächst für einen jener Wandersleute, die häufig genug bei Jefim Andrejewitsch ein Nachtquartier zu erbitten pflegten, und war schnell hinabgeeilt, um dem Fremden zu öffnen. Da hatte sie ihn erkannt: Seine bläulich-hellen, kleinen Augen waren es gewesen, die ihn verrieten. Zwar sahen sie jetzt aus einem verrunzelten und mit struppigem Bart umwachsenen Antlitz hervor; dennoch aber hatte Praskowja diesen Blick, in dem etwas Heiteres und zugleich auch etwas Verschmitztes lag, alsbald wiedererkannt.

Ebenso wunderlich wie diese erste Begegnung waren dann auch alle folgenden Ereignisse verlaufen: Während sie alle, Praskowja, der alte

Jefim und die Kinder, dem heimgekehrten Pilger glückselig entgegengeeilt waren, mußten sie sogleich der Veränderung gewahr werden, die sich in ihm vollzogen hatte. Wohl freute auch er sich, seine Familie nach so langer Zeit von neuem zu sehen, aber diese Freude war durchaus anders als die ihre und hatte gar nichts mehr von weltlichem Glück an sich. Schon seine ersten Worte der Begrüßung klangen sonderbar feierlich und bedachtsam, und als sie alle sich ihrem Grigori um den Hals hingen, da war es, als wolle er sich mit einer zärtlichen, gütigen, zugleich aber auch ernsthaften und entschiedenen Geste ihrer Liebkosungen erwehren: Segnend hob er die Rechte über ihre Häupter und mit priesterlicher Würde schlug er das Kreuzeszeichen; auf seinen Lippen lag ein fremder Zug, und sein Blick schien durch sie hindurch in der Ferne zu versinken. Über seine hagere Gestalt war eine solche Feierlichkeit ausgebreitet, daß der Vater, die Gattin und die Kinder befangen wurden und von ihm zurücktraten.

Seither hatte Praskowja, sooft sie ihrem Gatten entgegentrat, eine Ehrfurcht verspürt, wie man sie vor sehr hochgestellten oder sehr heiligen Personen empfindet. Als sie sich zum erstenmal angeschickt hatte, ihrem Gemahl an der gewohnten Stelle das Nachtlager zu bereiten, war ihr Blick auf die strenge und feierliche Haltung seiner hageren Gestalt gefallen, worauf sie sogleich, ergriffen von ehrfürchtiger Verlegenheit, von ihrem Vorhaben abgelassen und demutsvoll, wie eine erschrockene Magd, das Haupt gesenkt hatte.

Grigori Jefimowitsch aber hatte, kaum nach Hause zurückgekehrt, alsbald den Wunsch geäußert, man möge ihm die Tür zu dem verborgenen Kellerloch öffnen. Dort fanden sonst nur wandernde Pilger auf ihrer Flucht vor der Obrigkeit Unterschlupf oder solche, die sich aus einem inneren Bedürfnis vor den Menschen in ein abgelegenes Versteck zurückziehen wollten. Nur wenn sie einen solchen Wanderer in sein Quartier zu geleiten hatte, war Praskowja bis jetzt über die dunklen, engen Treppen in das unwirtliche und fensterlose Verlies hinabgestiegen. Wie unheimlich mußte ihr nun zumute sein, da sie ihren Gatten Grigori Jefimowitsch in das dunkle Kellerloch hinunterführen sollte. Beim Öffnen der eisenbeschlagenen Tür schon schlug ihr die schwere, dumpfe, naßkalte Luft entgegen, wie sie von feuchtem Mauerwerk auszuströmen pflegt; der kahle Raum mit seinen niedrigen, rohen Steingewölben war nur von einigen kleinen Öllämpchen erleuchtet, in deren flackerndem Schein die bebänderten Heiligenbilder in der Ikonenecke gespenstisch zu leben schienen.

In diesem engsten und entlegensten Kämmerchen des reichen Bauernhofes hielt sich Grigori Rasputin von nun an dauernd auf, um Tage und Nächte hindurch, demütig auf den nackten Erdboden hingestreckt, seinen sündigen Leib zu kasteien und Buße zu tun. Wenn Praskowja des Nachts auf ihrer Matte lag und den Schlaf erwartete, dann drang mitunter das verzweifelte Beten und Jammern des Büßers aus der Tiefe des Kellerloches bis zu ihr hinauf. In scharfen Stößen schnitten die schmerzlichen Töne durch die Stille der Nacht und gingen dann in ein andauerndes qualvolles Stöhnen und Wehklagen über. Mit einem Male jedoch wandelte sich das Jammern in den hellen, jubelnden Gesang von Psalmen und heiligen Liedern, um kurze Zeit darauf neuerdings von den früheren klagenden Lauten abgelöst zu werden.

Am nächsten Morgen war Praskowja mit dem alten Jefim über die dunkle Stiege hinabgestiegen, um nach dem Büßer zu sehen; an der Schwelle des Raumes waren sie, erschüttert von dem sich ihnen darbietenden Bilde, betroffen stehen geblieben: Sie fanden Grischa kniend auf den Boden hingeworfen, seinen hageren Körper von krampfhaften Zuckungen schmerzvoll verkrümmt, das tief zur Erde geneigte Antlitz fast den Boden berührend. Wie ein unheimlich monotones Ächzen klang sein singendes Flehen, das zuerst mit der hundertfachen Wiederholung der Worte: „Herr, erbarme dich unser!" begann. Dann lösten sich die Worte voneinander los und wandelten sich, jedes einzeln, in selbständige, verzweifelte Schreie, die stockend aus dem verkrampften Leib hervorbrachen, um schließlich in einen einzigen, langgedehnten, fürchterlichen Aufschrei überzugehen. Dann aber wurde der Büßer plötzlich ganz still, als hätte sich Gott nun des Jammernden erbarmt; sein schmerzlich verkrümmter Leib begann sich allmählich zu lösen, und von der Erde erhob sich das Haupt, von welchem die langen, braunen Haare in breiten Strähnen nach rückwärts fielen. Das den Heiligenbildern zugewendete Antlitz Grigoris schien im Schein der Öllämpchen wie in ein goldgelbes Licht getaucht.

Als er nun mit verzückten Lippen Psalmen zu singen begann, da kam auch über Praskowja und den alten Jefim ein wunderbares, nie vorher von ihnen empfundenes Gefühl: Eine unwiderstehliche innere Kraft zwang auch sie, die Knie zu beugen und in den heiligen Gesang Grigoris mit einzustimmen. Aber diese glückliche Verklärung wurde bald von neuen verzweifelten Ausbrüchen demütiger Reue abgelöst, und nun neigten auch Praskowja und Jefim mit dem Büßer ihr Haupt und flehten zu Gott um Gnade und um Vergebung ihrer Sünden.

Immer häufiger geschah es, daß Jefim und Praskowja der aus dem Kellerloch hervordringenden, bald wehklagenden, bald jubelnden Stimme folgten und in die düstere Höhle des Büßers hinabstiegen, um an seinen Gebeten teilzunehmen. Binnen kurzem ließen auch sie immer mehr von den weltlichen Beschäftigungen ab, und oft verbrachten sie ganze Tage und Nächte mit Grigori unter gemeinsamen Bußübungen in seinem Kellerloch. Wie es dazu gekommen war, konnten sie sich selbst kaum erklären, aber so seltsam ihnen in der ersten Zeit auch die Veränderung Grischas erschienen sein mochte, so verlor der Gedanke, dieser sei nun ein heiliger Staretz, bald jede Absonderlichkeit. Von dem Augenblick an, da sein furchtbares Wehklagen und der darauffolgende jubelnde Gesang sie zum erstenmal auf die Knie gezwungen hatte, war auch in ihnen eine eigentümliche Verwandlung vor sich gegangen. Von da an hatten sie es nicht mehr versucht, diesen Büßer mit dem Bilde zu vergleichen, das von dem früheren Grischa in ihrer Erinnerung haften geblieben war; in völliger Hingabe überließen sie sich ganz dem erhabenen Eindruck, wie hier ein wehklagender Mensch zerknirscht auf der Erde lag, der durch seine Demut auch über sie immer mehr Macht gewann. Wenn sich dann über sein allmählich vom Boden emporstrebendes Antlitz selige Verklärung ausbreitete, als würde er in diesem Augenblick Gottes ansichtig, dann riß die Ekstase dieses Büßers auch sie in ungeahnte Höhen frommer Begeisterung empor.

Nachdem sie einmal diese große innere Verwandlung an sich erfahren hatten, war es ihnen nun zur Gewißheit geworden, daß Grischa von Gott selbst auf die Wanderung geschickt worden sei, auf daß ein Heiliger aus ihm werde, auch konnte es sie jetzt nicht mehr verwundern, daß diese seltene göttliche Gnade gerade ihrem Grigori Jefimowitsch zuteil geworden war; in ihrem reinen, einfältigen Glauben unterließen sie es, die Wege und den Ratschluß Gottes erforschen zu wollen.

*

Als im Laufe der nächsten Tage unter den Bauern von Pokrowskoje die Nachricht von der Rückkehr Rasputins und von seiner wunderlichen Veränderung bekannt wurde, gab es gar manchen, der an dieser Verwandlung Grischas in einen Heiligen lebhaft zweifelte; zu sehr hatten diese Bauern noch den leichtsinnigen Dorfburschen Grigori Jefimowitsch in Erinnerung, der sich ewig in den Wirtshäusern umhergetrieben, nach Händeln gesucht und den Mädchen nachgestellt hatte.

Ein alter Bauer, der als Mitglied des Ortskirchenrates öfter bei Jefim Andrejewitsch vorzusprechen pflegte, entschloß sich als erster, dessen Haus aufzusuchen und sich persönlich von der Wahrheit aller dieser seltsamen Gerüchte zu überzeugen. In Begleitung seines Knechtes machte er sich auf den Weg, ging nach dem Hof des alten Rasputin und erklärte dort umständlich, er habe von der wunderbaren Wandlung gehört, die Gott dem heimgekehrten Grischa habe zuteil werden lassen, und darum wünsche er sehnlichst, den Büßer in seinem Kellerloch besuchen zu dürfen. Sogleich wies ihm der alte Jefim Andrejewitsch den Weg quer über den Hof und forderte ihn auf, die Treppe zu dem unterirdischen Gemach Grischas hinabzusteigen.

Schon auf dem Weg durch den Hof vernahm der Besucher die wehmütig klagende Stimme, die von dort unten heraufdrang, und je näher er der Treppe kam, desto unheimlicher wurde ihm zumute. Auch der begleitende Knecht wäre am liebsten umgekehrt und war im Innersten seines Herzens froh, als sein Herr ihn anwies im Hofe zu warten, während er selbst sich anschickte, die Treppe hinunterzusteigen.

Auch der alte Bauer hatte einen Augenblick lang gezögert, dann aber siegte die Neugier, hinter der die Neugier des ganzen Dorfes stand, und so stieß er noch einige Male nach Bauernart die Spitze seines großen Stockes fest in die Erde und verschwand dann entschlossen in der Öffnung des Kellerloches.

Mit weit vorgerecktem Hals und vor Spannung überquellenden Augen starrte ihm der Knecht nach, bis der Alte im Dunkel verschwunden war. Dann blieb er unbeweglich bei der Öffnung stehen, und sein Herz klopfte in aufgeregter Erwartung, denn noch immer tönte die unheimliche und furchterregende Stimme des Büßers aus dem Schlund hervor. Als aber diese Stimme dann plötzlich verstummte, wurde es dem Burschen erst recht bedenklich ums Herz.

Es währte geraume Zeit, bis aus der Finsternis der Kellerstiege wieder die schweren Schritte des Bauern erklangen, bis der besorgte Knecht das Aufstoßen des Stockes auf die Stufen vernahm. Endlich tauchte dann der Alte selbst in dem engen Loch auf und trat in den Hof hinaus. Der neugierige Knecht warf einen forschenden Blick auf seinen Herrn; als er aber dessen Gesicht sah, erschrak er derart, daß er, ungeachtet seiner Neugier, sich zu keiner Frage entschließen konnte, sich vielmehr wortlos umwandte und in einiger Entfernung dem Alten folgte, der schweren Schrittes und mit nachdenklich gesenktem Haupt langsam in das Dorf zurückkehrte.

Bald war ganz Pokrowskoje über den Bericht des alten Bauern von seinem Besuch bei Grischa in heller Aufregung, über seine Erzählungen von dem Wehklagen und den Jubelgesängen des Büßers, von den seltsamen Worten, die er gesprochen; aber auch die Mitteilungen des Knechtes über die eigenartige Veränderung seines Herrn nach dessen Rückkehr aus dem Kellerloch trugen das ihre zu dieser Aufregung bei.

Viele von den Bauern waren ohne weiteres bereit, schon nach diesen Berichten an die Umwandlung Grigori Rasputins in einen Heiligen zu glauben, zumal da ihnen die Übereinstimmung auffiel, die zwischen den Schilderungen des alten Bauern und seines Knechtes und den Gerüchten von dem sagenhaften Fremden in den Wäldern der Umgebung bestand. Immer häufiger tauchte die Behauptung auf, der heimgekehrte Grischa sei niemand anderer als eben jener geheimnisvolle Pilger, über den schon so viele wunderbare Erzählungen umliefen. Der Gedanke, unter allen Dörfern des Gouvernements sei gerade Pokrowskoje dazu ausersehen worden, daß aus ihm ein Heiliger hervorgehe, war aufregend genug, um alle Bewohner des Ortes in Atem zu halten.

Schon am nächsten Tag zogen zahllose Bauern mit ihren schweren Stiefeln und Stöcken und ebenso viele Bäuerinnen mit bunten Kopftüchern und breiten Röcken nach dem Hof des alten Jefim. Unter ihnen gab es überzeugte Gläubige, aber auch genügend viele Zweifler; sie alle wurden von der gleichen Neugier getrieben, Grischa zu hören und zu sehen. Und jedem von ihnen widerfuhr das gleiche Erlebnis wie dem alten Bauern aus dem Ortskirchenrat: Als sie den Hof überquerten und die unheimliche, klagende Stimme des Heiligen aus dem Kellerloch hervordringen hörten, zögerten sie eine Weile, bevor sie sich zum Abstieg über die steile Treppe entschlossen. Wenn dann einer nach dem anderen wieder aus der finsteren Öffnung hervorkroch, bemerkten jene, die inzwischen draußen warteten, wie sich ihre Gesichter sonderbar verändert hatten, in ehrfürchtiger Scheu vermieden sie es, trotz ihrer Aufregung, zunächst die Zurückgekehrten nach ihren Erlebnissen zu befragen.

Jedem einzelnen von diesen Bauern und Bäuerinnen widerfuhr das gleiche: Von irdischer und profaner Neugier erfüllt, waren sie in das Kellerloch hinabgestiegen, doch wenn sie dann dort unten den büßenden Heiligen auf dem Erdboden hingestreckt gesehen, seine jammernden Klagelaute und seine wunderbaren Predigten gehört hatten, kamen sie ganz und gar verändert wieder heraus. Unter diesen Besuchern gab es Männer, die mit Grischa gleichaltrig waren und die früher manche Nacht mit ihm durchzecht und manchen dummen Streich mit ihm vollführt hatten. Diese Bauern hatten den Erzählungen von seiner Heiligkeit am wenigsten getraut und waren zumeist mit dem festen Vorsatz die Treppe hinabgeschritten, ihren ehemaligen Zechkumpan nicht gelten zu lassen; aber auch ihnen erging es im Angesicht Rasputins nicht besser als allen anderen.

Besonders tief war der Eindruck des neuen Heiligen auf die jungen Frauen und Mädchen des Dorfes, die neugierig in das Verließ Grischas hinabgestiegen waren. Wenn sie nach geraumer Zeit wieder an das Tageslicht kamen, konnten ihre zurückgebliebenen Angehörigen oder Freundinnen auf ihren Gesichtern eine zarte Röte bemerken, wie sie sonst nur ein Liebeserlebnis auf die Wangen junger Frauen zu malen pflegt. In ihren Augen schimmerte ein leuchtender Glanz, und um ihre Lippen zitterte ein leichtes Lächeln, als wüßten diese Augen und Lippen von einem glückseligen Geheimnis.

Bald zweifelte kaum ein Bewohner von Pokrowskoje mehr daran, daß mit Grigori Jefimowitsch Rasputin etwas Außergewöhnliches vorgegangen war. Freilich stand vieles von dem, was der Büßer in seinem Kellerloch zu den Besuchern von der Erlösung durch die Sünde gesprochen, in schroffem Widerspruch zu allen Überlieferungen des rechten Glaubens; deshalb fiel es auch manchem Bauern schwer, Grischa als den neuen Erlöser zu feiern, als welchen ihn ein großer Teil der Einwohnerschaft bereits verehrte.

Diese Anbetung Rasputins ging besonders von den Frauen und

Mädchen aus, und es hatte den Anschein, als seien gerade sie es gewesen, die zu allererst den Sinn von dessen neuen Lehren erfaßt hatten. Während die alten Bauern des Abends, vor ihren Häusern stehend und auf ihre mächtigen Stöcke gestützt, noch immer auf umständliche Weise versuchten, die Predigten aus dem Kellerloch mit den Lehren der rechtgläubigen Kirche in Einklang zu bringen, beteuerten die Frauen, unbekümmert um alle Skrupel, die Heiligkeit Grigoris in verzückten und begeisterten Worten. Von Tag zu Tag nahm so die Zahl von Grischas Anhängern und Anhängerinnen zu, und binnen kurzem gab es in jeder Hütte einen alten oder jungen Bauern, ein Mädchen oder eine greise Frau, die dem Prediger aus dem Kellerloch bedingungslos anhingen.

Nur ein einziger blieb standhaft, der ehrwürdige Vater Pjotr, der Pope des Dorfes. Schon zu den Zeiten, da nur unbestimmte Gerüchte über den ‚neuen Heiligen' an sein Ohr gedrungen waren, und auch später, als bereits die Predigten aus dem Kellerloche in ganz Pokrowskoje verbreitet wurden, trat Vater Pjotr mit dem Kampfeseifer eines wahrhaft rechtgläubigen Dieners der Kirche gegen diese verruchten und lästerlichen Irrlehren auf. Unentwegt verkündete er bei jeder Gelegenheit, der Pilger Grischa sei ein Sendbote der Hölle, und was er von der Erlösung durch die Sünde predige, sei die satanische Lüge selbst, die sich nur erfrecht habe, das wahre Wort Gottes zu lästern. Verdammt sei der abtrünnige Grischa, verdammt aber sei auch jeder, der seinen falschen Worten zum Opfer falle.

So und ähnlich wetterte der gestrenge Vater Pjotr tagaus tagein, seine untersetzte kleine Gestalt straffte sich, sooft die Rede auf Grischa kam, und seine Augen flammten in wilder Glut. Sein unmäßig groß geratener Kopf, von welchem das rötliche Haupthaar wie ein Strahlenkranz abstand, sein von einem krausen rötlichen Bart überwachsenes Gesicht mit den glühenden Augen, dies alles machte den Eindruck, als wolle der zürnende kleine Priester schon im nächsten Augenblick in helle Flammen aufgehen.

Aber Vater Pjotr mußte trotz aller seiner Bannflüche feststellen, daß die Zahl derer, die in das Kellerloch hinabstiegen, immer größer wurde, und daß sogar die treuesten Seelen seiner Gemeinde an den schamlosen Lehren des falschen Predigers Vergnügen fanden. Von nun an blieb der Pope ganze Tage hindurch in seinem, auf dem Hügel inmitten von

Pokrowskoje gelegenen Häuschen, oder saß schmollend an seinem Fenster. In das Dorf selbst, unter die dem Satan verfallenen Bauern ging er jetzt nicht mehr, denn sein reiner Glaube verbot ihm, irgendwelche Berührung mit den Bösen zu suchen. So wartete er in seinem Pfarrhaus auf Vorübergehende, um von ihnen zu erfahren, welche schrecklichen Lästerungen jener Teufel in seinem Kellerloch wieder von sich gegeben hatte.

Am nächsten hohen Feiertag betete Vater Pjotr lange in seiner Kammer vor den in der Ecke hängenden Ikonen und flehte inbrünstig zu Gott um Kraft für die bevorstehende Predigt; galt es doch diesmal, nach Beendigung der vorgeschriebenen Gebete und Zeremonien, den Kampf gegen den Satan aufzunehmen und seine Schäflein auf den rechten Weg zurückzuführen. Als die Stunde für den Gottesdienst herangekommen war, ließ er die Glocken besonders kräftig und lange läuten, damit ihr reiner metallener Klang auch in die entfernteste Bauernhütte dringe und dort den einzig wahren Glauben der Kirche verkünde.

Aber es war, als lastete ein schrecklicher Fluch über Pokrowskoje: So hell und lockend auch die Glocken des Kirchturmes läuten mochten, es schien doch, als würden sie übertönt von der jammernden Stimme des Büßers aus dem unterirdischen Gewölbe; denn die Bauern hörten nur auf diese teuflische Stimme, und statt sich in der Kirche zu versammeln, stiegen sie, einer nach dem anderen, über die dunkle Treppe bei Jefim Andrejewitsch hinab.

Der ehrwürdige Vater Pjotr, der nun schon so viele Jahre hindurch ein wirklicher Seelsorger seines Dorfes, ein wahrer Vater und Berater seiner Gemeinde gewesen war, stand an diesem hohen Feiertag, auf den er sich so innig vorbereitet hatte, traurigen Herzens vor dem lkonostas; nur einige alte Weiber und eine Handvoll besonders treuer Bauern waren gekommen, um an der Messe teilzunehmen, überdies noch jene Bettler, Lahmen und Blinden, die regelmäßig zu jeder Andacht in der Kirche zu erscheinen pflegten. Die angesehenen Mitglieder des Kirchenrates aber, die reichen Bauern und Bäuerinnen, die stattlich gekleideten Mädchen und Burschen ließen auf sich warten, denn sie alle standen im Hof von Jefims Haus und harrten darauf, zu dem teuflischen Grischa eingelassen zu werden.

Traurigen Herzens zelebrierte Vater Pjotr die gottesdienstliche Handlung, wartete, bis die wenigen treuen Söhne und Töchter die Kirche verlassen hatten, kniete dann noch eine Weile betend vor dem Ikonostas und flehte um eine Erleuchtung, was er tun solle, damit er gegen den Antichrist anzukämpfen vermöge.

Am nächsten Tage erwachte er mit einem neuen und unerschütterlichen Vorsatz: Er wollte nicht länger schweigend und untätig zusehen, wie sich der Teufel seiner Herde bemächtigte. Wie ein tapferer Soldat des himmlischen Reiches wollte er vielmehr in die Höhle des Satans hinabsteigen und diesen mit der Waffe des wahren christlichen Wortes überwältigen.

Mit flammenden Blicken eilte er raschen Schrittes vom Kirchenhügel in das Dorf hinab und auf das Haus des alten Jefim zu. Die Bauern, die ihn kommen sahen, vermeinten den heiligen Georg selbst zu erblikken, der mit feurigem Mute auszog, den Drachen zu bekämpfen. Ein Schauer überkam sie alle, denn sie ahnten, daß jetzt die entscheidende Stunde des Kampfes zwischen dem Popen und dem Verkünder des neuen Glaubens gekommen war.

Als Vater Pjotr durch den Hof von Jefims Haus schritt, sprangen die dort umherstehenden Bauern rasch beiseite und gaben dem Priester den Weg frei. Zwar hatten sie seit langem die Kirche nicht mehr besucht, doch jetzt, da sie ihren Seelsorger entschlossenen Schrittes herankommen sahen, verspürten sie wieder die alte Ehrfurcht vor diesem gottgeweihten Manne und verbeugten sich vor ihm in tiefer Demut. Er aber beachtete diese Treulosen kaum, die vom wahren Glauben abgefallen waren, um einem falschen Propheten nachzufolgen.

Die Brust vorstreckend, den kleinen Körper zusammenraffend, den Kopf in den Nacken geworfen, das Kinn mit dem rötlichen Bart im spitzen Winkel vorstreckend, schritt er mutig auf die Kellertreppe zu. In diesem Augenblick hatte er unzweifelhaft etwas Stolzes und Tapferes an sich, und alle seine Bewegungen strotzten förmlich vor Kampflust, da er nun in dem langen, dunklen Loch verschwand.

Kaum war er in den finsteren Schlund versunken, als sich auch schon die Bauern und Bäuerinnen zusammendrängten und mit ausgereckten Hälsen hinabstarrten, voll von banger Erwartung, was nun geschehen werde. Ein erregtes Flüstern ging von Lippe zu Lippe, als die jammernde Stimme aus dem unterirdischen Verließ plötzlich, wie abgerissen, verstummte. Die Bauern und Bäuerinnen hielten den Atem an.

Mit einem Male durchschnitt die Stimme des Büßers scharf, wie ein jählings gezücktes Bauernmesser, die lautlose Stille. Ein Schrei folgte dem anderen wie Messerstich auf Messerstich; niemals noch war den Bauern die Stimme des heiligen Grigori so furchterregend erschienen. Während sie noch, von Schauder ergriffen, auf diese unheimlichen Töne horchten, kroch aus der dunklen Höhle die Gestalt Vater Pjotrs wieder hervor. Aber welch einen jämmerlichen Eindruck machte der früher so kampflustige Pope jetzt: Gebrochen, zitternd und scheuen Blickes schlich er sich, wie ein armer geprügelter Hund, so rasch als möglich durch die Reihen der Bauern und eilte quer über den Hof hinaus auf die Straße. Die Stimme von unten fluchte noch immer in einer mächtigen Folge von Schreien, als wollte sie den flüchtenden Dorfpriester weiter verfolgen.

Wie von Sinnen lief der kleine Geistliche durch die Gäßchen gegen den Kirchenhügel zu, und er erholte sich erst, als er den Turm des Gotteshauses ganz nahe vor sich sah, und als nun auch die teuflischen Laute aus dem Kellerloch nicht mehr an sein Ohr drangen. Da blieb er stehen, schöpfte tief Atem und gewann allmählich seine Fassung und Würde wieder zurück. Was war ihm nur widerfahren? Dort unten, das wußte er jetzt, hatte der Antichrist auch über seine Seele Macht gewonnen, als die gräßliche Stimme des Büßers erbarmungslos auf ihn herniedergefahren war. So hatte er fliehen müssen, zum Spott aller der Bauern und Bäuerinnen, die Zeugen seiner Erniedrigung geworden waren; aber er wußte, wäre er auch nur eine Minute länger dort unten verblieben, so wäre auch er der Macht des falschen Propheten verfallen.

Wenn Vater Pjotr jetzt an seine abtrünnige Gemeinde dachte, beurteilte er deren sündige Schwäche wesentlich milder als vorher, da doch er selbst, ihr geweihter Priester, beinahe gleichfalls gestrauchelt wäre. Dennoch wußte er, er dürfe den Kampf gegen den Teufel nicht aufgeben. Sobald die Behexung durch die satanische Stimme des Büßers von ihm gewichen war, fühlte er sogleich, daß die Erleuchtung von neuem über ihn gekommen war und ihm nun den richtigen Weg wies. Eilenden Schrittes ging er in sein Häuschen, verrichtete zuerst ein Gebet, zog dann aus der Lade einen Federkiel hervor und schrieb auf einem großen Bogen Papier alles nieder, was er an Bösem über das frühere Leben, das Wirken und die Predigten des vom Teufel besessenen Grigori

Jefimowitsch wußte. Er fügte auch noch manches hinzu, was er eigentlich nicht wußte, was zu sagen ihm jedoch im Interesse der heiligen Sache als unerläßlich erschien. Zuletzt erklärte er, am Ende seines Berichtes angekommen, ohne Zweifel sei die von Grischa gepredigte Lehre die verruchte Ketzerei der Chlysti-Sekte, und Grischa selbst ein Sendbote eben jener sündigen Brüderschaft. Es erscheine ihm daher zu Ehren des rechten Glaubens und zur Rettung der Gemeinde von Pokrowskoje nötig, daß die hohe Obrigkeit ohne Aufschub mit aller Strenge gegen den Verbreiter dieser Irrlehre einschreite, also gegen den ehemaligen Fuhrmann Grigori Jefimowitsch Rasputin gesetzlich vorgehe. Diesen Brief unterschrieb er, legte ihn in einen großen Umschlag und sandte ihn an den Bischof von Tjumen. In dem beruhigten Gefühl, das Richtige getan zu haben, harrte er jetzt der kommenden Dinge.

Es dauerte auch nicht lange, bis eine Kommission mit dem hochehrwürdigen Herrn Bischof an der Spitze in Pokrowskoje erschien. Die Herren ließen sich im Pfarrhause nieder, und nun wurden von dem Ortsgendarmen der Reihe nach die Anhänger der Irrlehre zum Verhör vorgeführt. Alle, von denen Vater Pjotr nur irgendwie erfahren hatte, sie seien in dem Kellerloch gewesen, mußten jetzt vor der gestrengen Kommission erscheinen: Burschen und Mädchen, alte Bauern und weißhaarige Greisinnen. Zuerst wurden die jungen Frauen verhört; der hochehrwürdige Herr Bischof schickte zu diesem Zweck alle anderen Mitglieder der Kommission und sogar den Schreiber aus dem Zimmer und befragte die Bäuerinnen in väterlichem Tone, als sei er ihr Beichtvater. Aber zu seiner großen Bestürzung mußte er von jeder einzelnen Worte des höchsten Lobes über den heiligen Grischa vernehmen. Mit glühenden Wangen erklärten sie, eine wie die andere, Grigori Jefimowitsch sei ein heiliger und wahrhaft gottesfürchtiger Mann, und seine Reden hätten sie mit tiefster Frömmigkeit erfüllt. Auch die alten Bauern und die sonst so geschwätzigen Mütterchen wollten in dem Kellerloch nichts vernommen haben, was sich irgendwie in üblem Sinne deuten ließ; es schien geradezu, als hätte sich das ganze Dorf verschworen, um den falschen Prediger vor den Behörden zu schützen. Alle beteuerten, Grischa spreche göttliche Worte, bete, faste und kasteie sich und diene Gott in tiefster Buße und Ergebenheit.

Der Bischof wurde ungeduldig, der Schreiber spielte nervös mit seinem Federkiel, und die übrigen Herren der Kommission dachten schon daran sich zu erheben und die Amtshandlung als beendet zu erklären. Da sprang Vater Pjotr, vor ohnmächtiger Wut am ganzen Leibe zitternd, von seinem Platz auf, bekreuzigte sich hastig dreimal nacheinander und schrie in aufgeregtem Tone: „Die Bauern stehen schon ganz im Banne des Antichrist! Aus ihnen spricht der Geist der Lüge! Möge sich doch die hohe Kommission selbst von dem lästerlichen Treiben des verruchten Predigers im Kellerloch überzeugen!"

Nun beschloß die Kommission, Vater Pjotr in Begleitung eines Gendarmen nach dem Hause Jefims zu entsenden; die beiden Männer brachen auf, der Geistliche begleitete den Beamten bis zum Eingang des Kellers und wartete dort, während der Gendarm mit würdiger Amtsmiene hinabstieg.

Als er das Kellerloch betrat, lag Grischa gerade wieder auf dem Boden und betete inbrünstig. Seine Andacht war so tief und übte eine solche Wirkung aus, daß der Gendarm, der ja auch ein einfacher und gottesfürchtiger Bauer war, überwältigt an der Schwelle des Gewölbes in die Knie sank und mit dem Büßer betete. Grischa bemerkte diesen Mann, der gekommen war, um gegen ihn ‚einzuschreiten' und der nun andächtig auf den Knien lag, trat auf ihn zu, machte das Zeichen des Kreuzes über ihn und sprach zu ihm Worte, so wunderbar, wie der Gendarm sie niemals vorher vernommen hatte. Erschüttert griff der Gendarm nach der segnenden Hand des Heiligen und küßte sie; dann entrangen sich seinen derben Bauernlippen die Worte: „Vater Grigori, vergib mir meine Sünden!" Auf dem Rückweg nach dem Hügel war der Gendarm sehr einsilbig, obgleich der neben ihm schreitende Pope ihn eindringlich befragte, ob er sich denn nicht selbst von den gotteslästerlichen Reden des Antichrist überzeugt habe. Vor der Kommission meldete er dann in kurzen Worten, er habe nichts Verdächtiges wahrgenommen, eine Aussage, die ordnungsgemäß zu Protokoll genommen wurde. Unter diesen Umständen sah der Bischof keine Möglichkeit, etwas gegen Grigori Jefimowitsch Rasputin zu unternehmen und beschränkte sich auf den Beschluß, den Prediger im Kellerloch von nun an amtlich überwachen zu lassen; hierauf verließ die Kommission Pokrowskoje, und Vater Pjotr mußte zu seiner grenzenlosen Enttäuschung feststellen, daß so gut wie nichts geschehen war. Die wunderbare Bekehrung des Gendarmen sprach sich sehr rasch unter den Bauern herum und diente als weiterer Beweis für die Heiligkeit ‚Vater Grigoris'. ‚Vater Grigori' – der Gendarm war der erste gewesen, der den Büßer so genannt hatte, und diese Bezeichnung ging nun bald von Mund zu Mund: Aus dem Bauernburschen Grischa war ein ‚Vater', ein ‚Staretz' geworden, und damit hatte sich der letzte Akt der Heiligsprechung jenes russischen Muschik vollzogen.

Bald verbreitete sich der Ruf des neuen Staretz weit über Pokrowskoje hinaus und drang sogar in die umliegenden Gouvernements. Es dauerte nicht lange, und aus weit entfernten Städten und Dörfern kamen die Pilger gezogen, um ‚Vater Grigori' zu sehen und zu hören. Das Haus des alten Jefim wurde zu einem Wallfahrtsort, und die Bauern drängten sich in hellen Scharen vor jenem Kellerloch, in dem sich Grigori Jefimowitsch, einer aus den Reihen der frommen Stranniki, verkrochen hatte, um von dort, aus dem Schoß der Mutter Erde heraus, der Welt von neuem das unverfälschte Wort der russischen Erde, das Evangelium der Pilger, die Wahrheit der ‚Menschen aus dem Kellerloch' zu verkünden.

Nichts hatte so sehr zum Ansehen Rasputins beigetragen wie der Umstand, daß die Behörden ihn hatten verfolgen wollen: Hatten doch von jeher die Häscher der weltlichen Macht versucht, die Gesandten Gottes in Fesseln zu schlagen, einzukerkern und an das Kreuz zu nageln. So war nun auch Grischa, der um seiner heiligen Lehre willen verfolgt werden sollte, ein Märtyrer und ein Zeuge für das wahre Wort Gottes geworden.

Bei der Feldarbeit, in den Spinnstuben, auf den Bänken vor den Toren der Häuser, unter den Fischern und in den verborgenen unterirdischen Hütten der Sektierer wurde jetzt überall immer wieder über die Wundertaten des neuen Heiligen gesprochen. Man erinnerte sich, daß er dem Regen Einhalt geboten hatte und daß durch ihn eine Nonne aus den Klauen des Teufels errettet worden war; denn jetzt zweifelte keiner mehr daran, daß jener rätselhafte Fremde niemand anderer gewesen sei als Vater Grigori.

Drei Wochen waren vergangen, seit Grischa seine harte Buße im Kellerloch angetreten hatte; am einundzwanzigsten Tag sollte er wieder unter den Menschen erscheinen. Schon am frühen Morgen dieses bedeutungsvollen Tages hatte sich viel Volk auf dem Hofe und auf der

Straße vor Jefims Haus versammelt, um bei der feierlichen ersten Erscheinung des Heiligen nach Ablauf seiner Bußezeit anwesend zu sein.

In der Frühe hatte man dann noch einmal die flehentlichen Schreie und dann einen jubelnden Psalm gehört; hierauf war die Stimme des wunderbaren Mannes verstummt, und auch die wartende Menge verharrte in ergriffener Stille. Lautlos und unbewegt standen die Bauern mit angehaltenem Atem da, als im Rahmen der Türe, die aus dem unterirdischen Verließ herausführte; vom Halbdunkel umhüllt, die strenge, hagere Gestalt des Büßers erschien. Sein Antlitz war fahl, gelblich, wie aus Wachs geformt. Spitz hob sich die Nase von dem durch lange Kasteiungen abgehärmten, eingefallenen Gesicht ab.

Mit langsamen, würdevollen Schritten trat er aus dem Türrahmen und ging über den Hof, durch die wartende Menge hindurch, auf die Straße hinaus. Seine Gestalt atmete tiefen Ernst, doch der helle Blick seiner wasserblauen Augen sprach von Güte, Heiterkeit und Freude. In Scharen warfen sich die Bauern vor ihm nieder, küßten seine Hände, den Saum seines Kaftans und riefen ihm zu: „Vater Grigori! Unser Erlöser!"

Er blieb immer wieder stehen, neigte sich über die Andächtigen, segnete sie und sprach zu ihnen: „Ich bin gekommen, um euch die frohe Botschaft zu verkünden, die mich dort unten unsere Mutter Erde gelehrt hat, die Botschaft von der Erlösung durch die Sünde."

Langsam schritt er die lange Straße hinab bis zum Ufer der Tura, und wo er auch erschien, knieten die Menschen nieder und huldigten ihm. Und allmählich bildete sich rings um ihn ein Halbkreis von jungen Mädchen und Frauen, der ihn gleich einem Kranz umgab. Manchmal wandte er sich mit frohem, leuchtendem Blick nach ihnen um und segnete sie. Da fingen etliche Bauern an, auch die Kleider dieser Frauen zu küssen, die der Heilige zu seinen Jüngerinnen auserkoren hatte.

Am Ufer der Tura blieb er stehen, wandte sich der Menge zu, sprach ein weihevolles Gebet, segnete die vielen Menschen, die ihm bis hierher gefolgt waren, und entließ sie sodann; nur die Jüngerinnen behielt er bei sich.

Die tief erschütterten Bauern wandten sich zum Gehen, und mancher von ihnen wollte auf dem Heimweg, sich nochmals umkehrend, gesehen haben, wie der Heilige, umringt von dem Schwarm seiner Jüngerinnen, den Weg zu dem hinter der Steppe aufragenden Wald eingeschlagen habe und darin verschwunden sei.

VIERTES KAPITEL
VOR DEN HOHEPRIESTERN

Mehrere Stunden schon hatten Schüler und Professoren der geistlichen Akademie auf dem langen, zur Klosterherberge führenden Korridor den sonderbaren sibirischen Muschik umstanden, der, in seiner Heimat bereits lange als Heiliger verehrt, nun als einfacher Pilger in der Hauptstadt aufgetaucht war. Gerade zu jener Zeit, da die eifrigen Seminaristen mit besonderem Fleiß von morgens bis tief in die Nacht hinein über dickleibigen Folianten gebeugt zu sitzen pflegten, war der Staretz in der Akademie erschienen und hatte um Unterkunft gebeten. Jetzt standen die Studenten und ihre Lehrer, die sonst auch in ihrer Ruhezeit unentwegt über die richtige Auslegung eines Wortes, ja eines Buchstabens in den Heiligen Schriften zu streiten pflegten, rings um diesen sibirischen Bauern und hörten mit gespanntem Interesse seinen ungewohnten Reden zu.

Als er am Morgen dieses Tages beim Frühgebet zuerst unter den Schülern erschienen war, hatten sie anfangs den Neuankömmling nur mit jenem lässigen Interesse betrachtet, wie er einem Wanderer aus irgendwelchem fernen sibirischen Gouvernement zukommen mochte; das Äußere des Pilgers war ihnen immerhin als eigentümlich aufgefallen, sie hatten sich erkundigt, wer der Fremde sei, und erfahren, Grigori Jefimowitsch Rasputin sei ein Wundertäter aus dem Gouvernement Tobolsk und habe in seiner Heimat schon mehrmals die Aufmerksamkeit auf sich gelenkt.

Es war nichts Seltenes, daß in dem Petersburger Priesterseminar einfältige Muschiks vorsprachen und von der Herberge Gebrauch machten; so richteten die jungen Seminaristen nur gerade im Vorbeigehen die eine oder die andere Frage an diesen sonderbar aussehenden Kauz. Mit etwas hochmütiger Herablassung, wie die gelehrten und in den höheren Fächern der Theologie gut klassifizierten Studenten einfachen Leuten aus dem Volke stets entgegentraten, befragten sie den sibirischen Bauern um dies und das, weniger in der Absicht, Wissenswertes zu erfahren, als um sich an der harmlosen Unbeholfenheit des Fremden zu ergötzen.

Bald aber ließ die Art von Antworten, wie Rasputin sie erteilte, die Seminaristen aufhorchen, denn in ihr lag eine seltsame Bestimmtheit, etwas Sicheres und Gefestigtes, das seinen Eindruck nicht verfehlen konnte. Die Studenten stellten immer neue Fragen, andere kamen dazu, es bildete sich eine mehr und mehr anwachsende Gruppe; vorüberkommende Lehrer gesellten sich hinzu, und bald war Rasputin von einem ganzen Kreis Fragender umgeben, die bei jeder seiner treffenden Antworten stets lebhafteres Interesse zeigten.

Einige von den Seminaristen waren dafür bekannt, daß sie es verstanden, bei theologischen Diskussionen den Gegner durch ihre spitzfindigen Argumentationen zu verwirren und in Widersprüche zu verwickeln; einen von ihnen reizte er nun, auch an diesem schlichten Muschik seine Kunst glänzen zu lassen, und er richtete an ihn etliche ganz besonders verwickelte Fragen über die Trinität und dergleichen heikle Themen. Gespannt blickten alle Zuhörer auf den Bauern und warteten, in welcher Weise dieser, der doch die schwierigen Gedankengänge theologischer Spekulation nicht gewohnt sein konnte, darauf antworten würde.

Grigori Jefimowitsch, der sibirische Muschik, war den komplizierten Ausführungen des Seminaristen mit jener ruhigen Aufmerksamkeit gefolgt, wie sie Bauersleuten eigen ist: Mit seinen kleinen, hellen Augen blickte er den jungen Theologen ohne die geringste Befangenheit an und wartete, bis dieser ausgesprochen haben würde. Dann schwieg er einige Sekunden, als ob er sich die eben vernommenen Worte nochmals durch den Kopf gehen lassen wolle, und platzte hierauf geradewegs mit seiner Antwort heraus. Sie war ganz kurz, bestand nur aus einigen lapidaren Worten; und dennoch erschien alles, was er sagte, verblüffend und überzeugend richtig. Hintereinander versuchten mehrere gefürchtete Diskussionsredner ihr Glück, und jedem erging es in der gleichen Weise: Nachdem sie ihre schwierigen Probleme dargelegt hatten, erhielten sie von Grigori Jefimowitsch eine knappe, aber treffende Antwort, und alle Zuhörer mußten gestehen, daß keiner von ihnen imstande gewesen wäre, die gestellten Fragen so rasch und unfehlbar richtig zu beantworten.

Nachdem dieses Verhör längere Zeit angedauert hatte, begann sich sein Charakter wesentlich zu ändern: Hatten die hochfahrenden jungen Seminaristen sich zuerst mit dem einfachen Muschik einen Scherz erlauben wollen, verspürten sie jetzt eine Art respektvoller Bewunderung für diesen Mann, der sich durch nichts verwirren ließ, sondern vielmehr auf alles eine schlichte, ernste und richtige Erwiderung wußte. Wenn sie jetzt Fragen an ihn stellten, dann taten sie es nicht mehr, um Rasputin in Verlegenheit zu bringen, sondern weil es sie wirklich drängte, seine Antwort zu vernehmen und von ihm die Erklärung für manches ihnen selbst unverständliche Problem zu erhalten. Mehr und mehr begannen sie sich ihres hochmütigen Dünkels zu schämen, und zum erstenmal dämmerte in ihnen die Ahnung auf, daß Büchergelehrsamkeit nicht der einzige Weg zur Weisheit sei. Manch einer von ihnen gedachte nun der Evangelien und erinnerte sich, daß doch auch die Worte der Heiligen Schrift einfach, schlicht und unverfänglich gewesen waren, ganz so, wie die Reden dieses Bauern. Was sie in langen Nächten, über Bücher gebeugt, vergebens zu erfassen gesucht hatten, schien jenem Staretz von selbst gegeben. Wie kam es nur, daß er sich nicht, wie sie und wie selbst ihre Lehrer, in langwierigen Betrachtungen, Erörterungen und Grübeleien verlor, daß er vielmehr in wenigen Worten das Wesentliche klar und unbeirrbar auszudrücken vermochte?

So eifrig waren die Studenten in ihre Diskussion mit Grigori Jefimowitsch verstrickt, daß sie gar nicht bemerkten, wie ihr verehrter Lehrer, Vater Theophan, der Rektor der geistlichen Akademie, leise zu ihrer Gruppe getreten war. Der kleine, gebrechliche Greis hatte mit seinen verträumten blauen Augen längere Zeit den Pilger freundlich betrachtet, bis er plötzlich seine wohlbekannte sanfte Stimme ertönen ließ; da ward es plötzlich ganz still ringsum, und die Schüler warteten mit größter Spannung auf das kommende Gespräch zwischen dem ehrwürdigen Rektor und dem wunderlichen Bauern.

Vater Theophan redete den Staretz in seiner für ihn so charakteristischen Art mit größter Bescheidenheit an. „Wenn du gestattest, Väterchen ... nur eine Frage." Dies sagte er mit so schwacher Stimme, daß seine Worte kaum zu vernehmen waren. Rasputin blickte auf und sah den greisen Archimandriten geraden und gütigen Blickes an; als dieser ihn dann um seine Meinung über eine Stelle der Heiligen Schrift befragte, schwieg er zuerst einige Sekunden, antwortete jedoch hierauf ohne Befangenheit, als beachte er die hohe Würde des vor ihm stehenden Geistlichen nicht im geringsten. Seine Erwiderung war wieder klar, knapp und zutreffend.

Mit Staunen bemerkten die Schüler, daß die Antwort des Pilgers auf Vater Theophan einen sichtlich starken Eindruck gemacht hatte. Er nickte leise mit seinem feinen, grauen Kopf und sagte: „Ja, Väterchen, so ist es richtig; du sprichst die Wahrheit!" Dann stellte er eine Anzahl weiterer Fragen, die immer in der gleichen Weise beantwortet wurden, bis er zuletzt auf das schwierige Gebiet der Sünde kam und sich erkundigte, wie der Staretz hierüber denke. „Du hast doch gesagt, Väterchen", begann er noch schüchterner als vorher, „die Sünde sei vor Gott unerläßlich. Wie aber kann das möglich sein, da doch unser Heiland und alle großen Heiligen der rechtgläubigen Kirche die Sünde als das Werk des Satans verdammt haben?"

Grischa antwortete diesmal, ohne auch nur einen Augenblick zu überlegen; in seinen wasserblauen Augen war mit einem Male ein seltsamer Zug erschienen, eine Mischung aus Demut, Güte, Schlauheit und Hinterlist. „Gewiß, Väterchen", bemerkte er, „unser Heiland und die heiligen Väter haben die Sünde verdammt, weil sie ein Werk des Bösen sei. Wie aber kannst du, Väterchen, das Böse aus dir austreiben, wenn nicht durch aufrichtige Reue? Und wie kannst du aufrichtig bereuen, wenn du nicht vorher gesündigt hast?"

Er hielt eine Sekunde inne, und aus seinen Augen schien jetzt alle Demut verschwunden zu sein; dann setzte er seine Rede fort, aber nicht mehr ruhig und freundlich wie zuvor, sondern lärmend, eindringlich, ja vorwurfsvoll. Immer mehr überstürzten sich seine Worte, und seine Sprache hörte sich zuletzt an wie das unbeherrschte Schimpfen eines zornigen Bauern.

„Ihr immerfort mit euren Schriften!" wetterte er, „Schriften! Wahrlich, ich warne euch, Väterchen, lasset endlich ab von diesem eitlen, unnützen Zeug, so ihr vor dem Herrn bestehen wollt! Ergreift das Leben, so wie es ist, denn dieses allein ist euch von Gott gegeben. Und dann, laßt es euch doch einmal sagen: Grübelt nicht ewig darüber, woher die Sünde kommt, wieviel Gebete am Tag der Mensch verrichten müsse, wie lange er zu fasten habe, um der Sünde zu entgehen! Sündigt, wenn die Sünde nun einmal in euch steckt; nur so könnt ihr sie überwinden! Sündigt, dann werdet ihr bereuen und das Böse aus euch hinaustreiben! Solange ihr aber die Sünde heimlich in euch tragt, sie nur mit Fasten, Beten und ewigem Gerede über die Schriften ängstlich zudeckt, solange bleibt ihr Heuchler und Nichtsnutzige, und vor diesen ist dem Herrn übel! Der Unrat muß aus euch heraus, hört ihr, Väterchen? Erst dann wird Gott an eurem Geruch Gefallen finden!"

Ängstlich sahen die Schüler ihren Lehrer an: Der Wahnwitz dieser Worte und der unziemliche, respektlose Ton, in welchem sie gesagt worden waren, hatte sie verblüfft und besorgt gemacht. Einige von ihnen waren in helle Empörung geraten und hätten den Muschik am liebsten, ungeachtet seines Rufes als Heiliger, in scharfem Tone zurecht gewiesen; der sanfte, träumerische Vater Theophan aber war ganz still geblieben und hatte vor sich hingeblickt, als sammle er sich zu einer Entgegnung. Da schwiegen denn auch die Seminaristen und warteten mit angehaltenem Atem, was nun kommen werde.

Es kam nichts. Wohl begann der Rektor langsam zu sprechen, fing an, Einwände gegen Rasputins Reden zu erheben, als er aber den Bauern ansah, stockte er, wiederholte sich, geriet in Verwirrung und stammelte nur einige zusammenhanglose Sätze. Seine Augenlider senkten sich, er wankte; alles drehte sich vor ihm, und nur die beiden hellglühenden Augen Rasputins erschienen ihm als feste Punkte. Unterdessen redete Grigori Jefimowitsch weiter, und seine Worte prasselten jetzt wie ein wilder Geröllsturz auf den Archimandriten nieder, daß dieser am ganzen Körper zu zittern begann.

Vater Theophan überwand seinen sonderbaren Schwächeanfall sehr rasch. Als er wieder zu sich kam, verlor auch die Gestalt Rasputins alles Unheimliche. Die Augen dieses Mannes blickten ja ganz klar und freundlich, seine Stimme klang ruhevoll, seine Worte waren einfach und klug, so klug, daß der Rektor bald wieder in ehrliche Verwunderung und ganz unter ihren Bann geriet. Von neuem stellte er eine Frage nach der anderen, und die Schüler bemerkten, wie er nach jeder Antwort, ja beinahe nach jedem Wort, billigend den kleinen grauen Vogelkopf senkte, um zu nicken und beipflichtend zu bemerken: „Ja, Väterchen, so ist es richtig, du sprichst die Wahrheit!"

Es war mittlerweile recht spät geworden, und der Archimandrit schickte sich endlich an, zur Ruhe zu gehen. Wie er es gewöhnlich tat, segnete er jeden seiner Schüler, und so trat er auch auf den Pilger zu und hob die Hand. Da aber war es, als hielte eine stärkere Macht seine Rechte nieder, und seinen Lippen entrangen sich die Worte: „Segne du mich, Väterchen!" Als er dann, ein wenig verwirrt, mit seinen raschen, kleinen Schritten in seine Kammer hinaufeilte, kehrte er sich auf der Treppe nochmals um und rief dem Bauern zum Abschied zu: „Komm morgen früh in meine Stube, Väterchen! Der hochehrwürdige Herr Bischof Hermogen wird bei mir sein, und ich möchte, daß er dich hört!"

Die Schüler blieben an diesem Abend noch lange wach, unterhielten sich über den seltsamen Vorfall und konnten sich über dies alles nicht beruhigen. Gar mancher von ihnen wurde von bangen Zweifeln ergriffen, wozu denn eigentlich alles dieses Lernen und Streben dienen solle, wenn ein einfacher Bauer der Wahrheit näher sein konnte als sie. Sie fühlten, daß heute an dieser Stätte der Buchgelehrsamkeit zum erstenmal das lebendige Wort erklungen war, und daß sie beschämt vor diesem lebendigen Wort ihre Ohnmacht hatten eingestehen müssen.

Auch Vater Theophan quälte sich in dieser Nacht lange Zeit mit ähnlichen Gedanken. Er konnte es nicht leugnen, daß Grigori Jefimowitsch den Sinn der evangelischen Worte klarer und besser zu deuten verstand als er selbst. War es also wirklich so, daß alle Kenntnis der Kommentare, daß das genaueste theologische Wissen nichts bedeutete gegenüber der unmittelbaren, begnadeten Einsicht eines einfachen Bauern?

Vergebens bemühte sich der greise Geistliche, einen Ausweg aus seinen Zweifeln zu finden. War Grigori Jefimowitsch wirklich ein Heiliger, wie verhielt es sich dann mit seinen lästerlichen Reden über die Sünde? Waren auch diese ein Teil der göttlichen Wahrheit? Oder war Rasputin doch kein Heiliger, sondern ein Sendbote Satans, ausgeschickt, um die Gemüter der Frommen zu verwirren? Der einzige Trost, den Vater Theophan in dieser Nacht finden konnte, war die Hoffnung auf das bevorstehende Zusammentreffen Rasputins mit dem Bischof Hermogen; dieser wahrhaft gottesfürchtige und gelehrte Mann und Menschenkenner würde ihm sagen können, wie es um Grigori Jefimowitsch und seine Sündenlehre stand.

✱

Es war noch recht früh am Morgen, als Hermogen, Bischof von Sarow, an die Stubentür seines Freundes Theophan pochte. Der Rektor, noch immer ganz erregt von den Geschehnissen des gestrigen Tages, begann seinem Besucher gleich bei dessen Eintritt in überstürzten Worten von dem eigentümlichen Bauern aus Tobolsk zu berichten, der durch sein ganzes Gehabe auf ihn einen so befremdend mächtigen Eindruck gemacht hatte. Er erzählte mit solcher Hast, daß die Worte in seinem zahnlosen Munde völlig ihren Ton verloren, und daß seine Rede schließlich zu einem unverständlichen Gelispel wurde. Immer wieder mußte Bischof Hermogen ihn unterbrechen: „Wie war das, Väterchen? Bitte, sagt es noch einmal!"

Vater Theophan hatte auf diese Art noch nicht die Hälfte seiner Erzählung beendet, als auch schon die Türe jäh aufgerissen wurde und der Bauer aus Tobolsk polternd in die Stube stürzte. Wie wenn er Mühe hätte, sich in seinem Schwung zurückzuhalten, blieb Rasputin eine Sekunde lang auf der Schwelle stehen, blickte sich unverwandt im Zimmer um, musterte die beiden Männer, denen er gegenüberstand, schnupperte und trat ganz nahe auf sie zu, als wollte er an ihnen riechen. Hierauf wendete er sich der Ikonenecke zu, verneigte sich einmal, ein zweites und ein drittes Mal und schlug dabei das Kreuz; dann sprang er mit einem Satz auf den Tisch zu, strich sich mit der Rechten über den Schnurrbart, der seine breit schmunzelnden Lippen verdeckte, und rief lebhaft:

„Nun, da bin ich, Väterchen!"

Hierauf sah er den Bischof Hermogen an, über dessen weiche Gesichtszüge auch jetzt das für ihn so charakteristische, gutmütige und behagliche Lächeln ausgebreitet war. Der hünenhafte Bischof saß, breit hingelagert, auf dem alten, vor dem Fenster stehenden Lederdiwan und betrachtete vergnügt den sonderbaren Bauern, der seine listigen Augen auf ihn gerichtet hatte.

„Ist das dein Bischof", erkundigte sich Rasputin, „von dem du gestern gesprochen hast?"

Etwas verlegen über diese respektlose Art der Fragestellung nickte Theophan bestätigend; da stürmte Grigori Jefimowitsch zuerst auf den gebrechlichen kleinen Rektor und dann auf den behäbigen Bischof von Sarow los, umfing einen nach dem anderen mit seinen Armen und küßte sie nach bäuerlicher Sitte dreimal, bald von rechts nach links, bald von links nach rechts, mit solchem Ungestüm, daß die beiden förmlich erschraken. „Väterchen, Väterchen", schrie der Bischof gutmütig lächelnd, „du zerdrückst mich ja!"

Vom ersten Augenblick an hatte Hermogen an Rasputin Gefallen gefunden: Er freute sich über dessen lebendige, kleine, fröhlich blickende Augen, über die seinem ganzen Wesen entströmende unverfälschte Echtheit und Einfachheit, besonders aber über die würzige und zuweilen etwas derbe Art von Rasputins Sprache, die von Mutterwitz und Bauernschlauheit überfloß und die dem Bischof durch den schönen, tiefen Klang sowie durch den eigenartigen sibirischen Dialekt besonders reizvoll erschien.

Auch Grigori fühlte sich von diesem immerfort behaglich lächelnden Mann vom ersten Anfang an sympathisch berührt. Hermogen und Rasputin fanden sogleich den rechten Ton, und schon wenige Minuten später plauderten sie miteinander so ungezwungen, als wären sie alte Freunde. Grigori Jefimowitsch griff plötzlich nach der Hand des Bischofs, drückte sie liebevoll an sich und rief: „Du gefällst mir!" Hermogen lachte laut auf, sehr erheitert durch diese spontane Freundschaftsbezeugung, während der sanfte kleine Vater Theophan stets von neuem vergebliche Versuche unternahm, das Gespräch auf heilige Gegenstände zu bringen.

Hatte doch der Rektor sehnlichst gewünscht, seinem bischöflichen Freund die seltsame Fähigkeit des Pilgers zur Deutung der Evangelien vorzuführen und sein Urteil zu vernehmen! Hermogen war ein erfahrener, gelehrter und dabei weltgewandter Mann, dem es leicht fallen mußte festzustellen, was es mit Grigori Jefimowitsch eigentlich für eine Bewandtnis habe; neugierig und ungeduldig erwartete darum Theophan dessen Entscheidung.

Der Bischof war zwar nicht so empfänglich für unmittelbare Eindrücke und nicht so leicht in Begeisterung zu versetzen wie der Rektor, aber sein wohlwollendes und ewig heiteres Gemüt näherte ihn dem sibirischen Bauern um so rascher. Wohl erstarb er nicht sofort in Bewunderung für den ‚neuen Heiligen', nichtsdestoweniger aber war seine Zuneigung für diesen lebendigen Menschen nicht minder groß als die Verzückung des sanften Väterchens Theophan. Auch er war während seines Gespräches mit Grischa immer mehr von dessen klarer und überlegener Klugheit gefangengenommen worden; was ihn an Grigori Jefimowitsch fesselte, war aber weniger dessen theologische Gewandtheit als die unmittelbare, sinnliche Wirkung seiner Reden.

Hermogen war ein streitbarer Diener der Kirche und ein großer Prediger; er konnte sogleich erkennen, welche starke Wirkung Rasputin auszuüben imstande sein mußte, und wie wertvoll seine Mithilfe im Dienste der rechtgläubigen Sache werden könne. Es schien dem Bischof, als bedürfte die Geistlichkeit in ihrem Kampf gegen die eben jetzt in der russischen Politik herrschenden Tendenzen nach allgemeiner Verwestlichung gerade eines Mannes wie dieses Grigori Jefimowitsch, der in seiner urwüchsigen und originellen Redeweise so recht den besten Typus des Muschik verkörperte. Während Hermogen dem Pilger zuhörte, dachte er eifrig darüber nach, wie er es am besten anstellen sollte, um sich diese eindrucksvolle, urrussische Persönlichkeit für seine politischen Zwecke zu sichern; von solchen Erwägungen erfüllt, wandte er sich, nachdem Grigori Jefimowitsch zu Ende gesprochen hatte, an Vater Theophan mit der Bemerkung, sie müßten den Staretz sogleich zu dem berühmten Mönchspriester Iliodor bringen.

Vater Theophan hatte die weitreichenden Pläne des Bischofs noch nicht erfaßt und nur bemerkt, welches außerordentliche Wohlgefallen dieser an dem eigenartigen sibirischen Bauern gefunden hatte. Gleichzeitig aber verspürte er selbst etwas wie Enttäuschung, denn es wollte ihm erscheinen, als machte Grigori Jefimowitsch heute einen weniger günstigen Eindruck wie am Tage vorher, und besonders die derbe Art, in der er mit Hermogen sprach, verletzte ihn ein wenig. Als aber Hermogen nun ihn und Grigori Jefimowitsch aufforderte, sie sollten gemeinsam zu Iliodor gehen, unterdrückte Theophan seine Enttäuschung und folgte mit kleinen Schritten, still und sanft, wie es nun eben seine Art war, den beiden Männern auf ihrem Wege zu dem Mönchspriester.

✶

Iliodor, der Mönchspriester von Zaryzin, mit seinem eigentlichen Namen Sergej Trufanow, stand in dem Rufe, der größte Kirchenredner Rußlands zu sein, dessen Predigten schon damals den Ruhm Johanns von Kronstadt zu überflügeln begannen; überdies galt er als eine mächtige, gefürchtete und zugleich vergötterte Persönlichkeit: Tausende von Muschiks strömten zu ihm, und auch der Zar pflegte seinen Worten mit Ehrfurcht zu lauschen.

Ein hochgewachsener, hagerer Mönch mit brennenden, irren Augen, dessen Stimme zwar scharf und unangenehm klang, dabei aber dennoch von bezwingender Kraft war. Wegen seines strengen Lebenswandels und seines fanatischen Glaubenseifers hatte er den Beinamen ‚Der Ritter des himmlischen Reiches' erhalten, und das Ansehen, dessen er sich freute, war gewaltig. Wenn er am Dreikönigstag unter einem weißen, mit Blumen geschmückten Baldachin, umgeben von funkelnden Heiligenbildern, von seinem Kloster an das Ufer der Wolga hinabschritt, um dort die altehrwürdige kirchliche Feier vorzunehmen, dann stimmten die Volksmassen wie aus einem Munde heilige Gesänge an, und alles sank in die Knie. Hinter Iliodor fuhren die Mönche seines Klosters, gleich griechischen Wagenkämpfern, stehend auf Karren, vor welche sich junge Mädchen und Greisinnen hatten spannen lassen. Sowie dieser Triumphzug Iliodors nahte, geriet die Menge in Verzückung, und alles jubelte dem ‚Ritter des himmlichen Reiches' ekstatisch zu.

Iliodor hatte in Zaryzin ein großes Kloster erbauen wollen, doch waren die Geldmittel seines Sprengels hierfür zu gering gewesen. Da war er auf einen Hügel der Stadt gestiegen und hatte an das Volk eine Ansprache gehalten. „Wer ein unnötiges Brett besitzt", hatte er ausgerufen, „der bringe mir dieses Brett; wer einen verrosteten Nagel hat, spende diesen Nagel; wer nichts besitzt, opfere sich selbst und helfe mit die Erde auszuheben!"

Unter dem Eindruck dieser Predigt hatte die ganze Bevölkerung Ziegel, Holz und sonstige Baumaterialien beigesteuert, hatten sich Hunderte von freiwilligen Arbeitern gemeldet, und hierauf wuchs in einem früher sehr verrufenen Stadtteil binnen kurzer Zeit ein mächtiges Kloster mit einem großen Auditorium aus dem Boden, das manches andere russische Kloster in den Schatten zu stellen vermochte.

Dieser Erfolg hatte den Ruhm und die Macht Iliodors noch bedeutend verstärkt. Bald konnte die neue Kirche die Menschenmassen nicht mehr aufnehmen, die von weit und breit herbeiströmten, um die Predigten des Mönchspriesters zu vernehmen. Da ging Iliodor an die Verwirklichung eines sonderbaren Projekts: Er rief seine Jünger dazu auf, unter dem Kloster tiefe Keller auszuheben, die hierdurch gewonnene Erde zu einem künstlichen Hügel zusammenzuschaufeln und so einen ‚Berg Tabor' zu errichten. Auf diesem Berge wollte er dann einen ‚durchsichtigen Turm' bauen, der ganz mit Blumen bewachsen sein sollte, und von dessen Höhe er zu dem versammelten Volk seine ‚Bergpredigten' zu halten gedachte. Dieser seltsame Plan wurde alsbald in Angriff genommen, und die Anhänger Iliodors, allen voran der berühmte Ringkämpfer und Schwerathlet Saikin, begannen mit dem Ausheben und dem Zusammentragen der Erde; vollendet wurde dieser ‚Berg Tabor' freilich nie.

Als strenger Eiferer des orthodoxen Glaubens war Iliodor zu einem Anhänger und bald zu einem Vorkämpfer des extrem nationalistischen Panslawismus und Monarchismus geworden. Er trat in zahllosen Predigten für die unbeschränkte Selbstherrschaft des Zaren ein und schloß sich bald dem ‚Verband der echt russischen Leute' an, dieser mächtigen und gefährlichen Vereinigung politischer Reaktionäre. Sein Monarchismus war jedoch durchsetzt mit den volkstümlichen Ideen eines bäuerlichen Kommunismus, als sei der Zar allein der Herr, während das ganze Volk, ohne Unterschied des Standes und der Klasse, aus gleichberechtigten Brüdern bestehe. Indem er die absolute Gewalt des Herrschers verfocht, bekämpfte er zugleich alle anderen Klassenvorrechte, eine Tendenz, die ihm große Volkstümlichkeit sicherte.

Sein Patriotismus hinderte ihn nicht, gegen schlechte Regierungsbeamte, Gouverneure und Verwalter loszuziehen, ja er tat dies besonders gern, um zu zeigen, daß nicht der Zar, sondern seine Diener daran schuld seien, wenn im Reiche nicht alles zum besten bestellt sei. Oft genug erhob er flammende Anklagen gegen die Behörden, wobei ihn sein hohes Ansehen als eines ‚wahrhaften Verfechters des monarchistischen Gedankens' vor jeder Verfolgung schützte. Seine Reden waren von einer wilden, oft unflätigen, ja beinahe ketzerischen Grobheit, und dies trug ihm den Beinamen des ‚Schimpfenden' ein. Mit besonderer Heftigkeit wendete er sich gegen die ‚teuflische Sittenverderbnis', gegen jene Seuche, welche, seinen Reden gemäß, von den mit dem Westen liebäugelnden Männern der Intelligenz, den Beamten und den Juden, in das unverdorbene russische Volk hineingetragen worden sei.

Die Predigten dieses ‚russischen Savonarola' wurden mit jedem Tage krasser und ausfälliger: Einmal nahm er den Gouverneur aufs Korn und schrie, dieser solle lieber auf seinem Gut bleiben und die Kühe melken; dann wieder wetterte er gegen den Polizeimeister, und nie wurde er müde zu erklären, die Verwaltung des Distrikts Zaryzin sei in den Klauen des Satans. Als seine Angriffe gar zu arg geworden waren, versuchte Kurlow, einer der höchsten Polizeifunktionäre, den Mönchspriester möglichst schonungsvoll und vorsichtig zur Rede zu stellen. Er beschied Iliodor zu sich, legte ihm den Rapport über eine seiner Predigten vor, in welcher offen zum Widerstand gegen die Verfügungen der Behörde aufgefordert wurde, und fragte ihn, ob dieser Text nicht etwa entstellt wiedergegeben worden sei. Iliodor jedoch entgegnete in herausforderndem und stolzem Tone, das Schriftstück decke sich wörtlich mit seiner Predigt, und er habe es nicht nötig, irgendeine seiner Äußerungen zu widerrufen. Schüchtern suchte Kurlow darauf hinzuweisen, daß doch derartige Aufforderungen zur Gewalttätigkeit nicht geduldet werden könnten, worauf der Mönchspriester mit donnernder Stimme auf ihn losfuhr, ihn beschimpfte und erklärte, er wolle nichts anderes, als das Volk und den Zaren vor der unfähigen und verräterischen Obrigkeit schützen.

Nun versuchten die Behörden durch Vermittlung des Heiligen Synods gegen Iliodor vorzugehen, der Mönch aber weigerte sich, vor seinen geistlichen Vorgesetzten zu erscheinen und sich zu rechtfertigen. Er sperrte sich in die Kirche seines Klosters, sandte von dort aus Schmähbriefe gegen den Synod und sammelte seine Anhänger zur Verteidigung um sich. Alsbald entstand eine dermaßen stürmische Volksbewegung zu seinen Gunsten, daß niemand es wagte, gegen ihn einzuschreiten.

Von da an führte Iliodor in Zaryzin ein wahres Schreckensregiment: Während der Fastenzeit ging er in seiner schwarzen Kutte des Nachts durch die Stadt, erschien auf Maskenbällen und verjagte die Gäste, er drang in die Spielsäle ein und besuchte die Freudenhäuser. Dort sah er die Mädchen schweigend und derart drohend an, daß diese unter hysterischem Angstgeschrei auf die Straße eilten und sich lange Zeit nicht wieder in das Haus wagten. Am nächsten Tage erschienen dann Zeitungsartikel, in welchen Iliodor seine ‚Eindrücke' während seiner nächtlichen Exkursionen beschrieb und dabei die Namen aller der ‚ehrenwerten Bürger' nannte, die er an verrufenen Orten getroffen hatte.

Iliodors besonderer Haß galt den Intellektuellen, die er, ohne nach ihrer Konfession zu fragen, immer nur rundweg ‚die Juden' nannte.

Einmal ließ er in einer Prozession eine große Puppe in jüdischem Kaftan umherführen, die dann unter besonderer Feierlichkeit verbrannt wurde. Gleich beim Eingang zu der von ihm errichteten Klosterkirche befand sich ein großes Gemälde, das Jüngste Gericht darstellend, auf dem an der Spitze der zu ewigen Höllenstrafen verdammten Sünder jüdische Advokaten und Journalisten abgebildet waren.

Wohl erhoben sich von Zeit zu Zeit Stimmen, die erklärten, Iliodor sei nichts weiter als ein Streber, der alles tue, um sich volkstümlich zu machen, die großen Massen aber verehrten ihn ohne Rücksicht und feierten ihn als einen ‚Ritter des himmlischen Reiches'. Seine zahlreiche Gefolgschaft war ihm auf Leben und Tod ergeben; sie bestand aus entschlossenen, kühnen Männern und aus fanatischen Frauen, die auf einen Befehl ihres Führers hin zu jeder Tat bereit waren.

Bald drang der Ruhm Iliodors aus Zaryzin nach Petersburg, und das Kaiserpaar berief ihn nach Zarskoje Selo. Während seines Aufenthaltes befreundete er sich mit dem Bischof Hermogen und mit dem Archimandriten Theophan, dem Beichtvater der Kaiserin. Nach diesem Besuch kehrte er, mit Ehren überhäuft, wieder in seine Heimat zurück, wo er jetzt die Rolle eines geradezu unumschränkten Herrschers spielen konnte.

Als der Bischof Hermogen, gefolgt von Vater Theophan und Grigori Jefimowitsch, an der Zelle des Mönchspriesters anklopfte, erhielt er keine Antwort. Behutsam und leise öffnete er die Türe, und die drei Männer spähten in den halbdunklen Raum: Der Mönchspriester lag in der einen Ecke des Zimmers, wo zahllose Heiligenbilder hingen mit brennenden Öllämpchen davor; er war in tiefstes Gebet versunken und hatte das Haupt bis auf den Boden geneigt, so daß seine Besucher nur die in die Höhe gereckte Kehrseite sehen konnten, von welcher der steife Mönchsrock wie ein Brett abstand; darunter waren die breiten Sohlenflächen seiner riesenhaften Stiefel wahrzunehmen. Dieses ungewohnte Bild des betenden Mönches machte auf die drei Eintretenden einen starken Eindruck, und obgleich sie eigentlich eilends mit Iliodor zu sprechen gehabt hätten, sanken sie doch gleichzeitig auf die Knie, um an dem Gebet Iliodors teilzunehmen.

Der sanfte Vater Theophan hatte es im Laufe der vielen Jahre und Jahrzehnte dahin gebracht, daß er gleichsam von selbst in tiefe Andacht versank, sowie der goldgelbe Schein eines Öllämpchens in seine Augen fiel; so senkte er denn auch diesmal die Lider und verfiel sofort in andächtige Verzückung. Über den guten Bischof Hermogen aber wollte in diesem Augenblick nicht gleich die rechte Seelenruhe kommen, wie sie für ein wahrhaftes Gebet erforderlich ist: Er war zu sehr erfüllt von der Wichtigkeit seiner Mission und erwartete ungeduldig den Augenblick, da er mit Iliodor über den neuentdeckten Glaubensstreiter Rasputin würde sprechen können. Während er sich vergeblich bemühte, sich zur Andacht zu zwingen, war er im Innersten unruhig und wartete sehnsüchtig darauf, daß Iliodor sein Beten beenden würde.

Dieser aber tat nichts dergleichen: Obwohl er den Eintritt seiner Besucher unbedingt vernommen haben mußte, stellte er sich, als glaubte er sich völlig allein, ignorierte die Anwesenheit der drei Männer und betete unentwegt weiter. Bischof Hermogen wäre sonst gewiß der erste gewesen, der diesen strengen, ja fanatischen Eifer im Gebet Iliodors bewundert hätte; diesmal aber meinte er im stillen, nun sei es doch schon genug der Frömmigkeit. Die hartnäckige Andacht des Mönchspriesters grenzte allmählich an Bosheit; und der große Iliodor war boshaft, davon hatte sich Hermogen schon öfters überzeugen können. Wie dem auch immer sein mochte, so ging es doch keinesfalls an, die Andachtsübungen des Mönches etwa stören zu wollen, und es blieb dem Bischof nichts anderes übrig als weiter auf den Knien zu liegen und sich im Innersten seiner Seele tüchtig zu ärgern.

Für Rasputin wieder gab es weder Unruhe noch Ungeduld; hatte er doch in seiner Seele den Frieden der endlosen sibirischen Steppe auch nach Petersburg mitgebracht; er vermochte zu warten. Durch nichts war er aus seinem Gleichmut zu bringen, und darin hatte er wirklich etwas von einem ‚heiligen Gemüt'. Die ganze Situation bereitete ihm sogar ein aufrichtiges Vergnügen: Er konnte jetzt mit jener klaren Ruhe, wie sie Bauern eigen ist, den Mönchspriester genau mustern und ihn nach seiner Bedeutung und seinem Wert abschätzen. Der Umstand, daß er den gefürchteten Iliodor zu allererst in einer ungewohnten Situation und Haltung erblicken konnte, war, wie Rasputin sofort instinktmäßig spürte, ein wichtiger Vorteil, denn dieses groteske Bild des Betenden mit dem steif wegstehenden Mönchsrock und den großen Stiefelsohlen würde ihn von nun an niemals mehr verlassen, so furchterregend und überlegen Iliodor sich fernerhin auch gebärden mochte.

Der Bauer Grischa pflegte ja auch sonst den bedeutendsten Persönlichkeiten mit natürlicher Unbefangenheit entgegenzutreten; diesmal aber fühlte er sich von allem Anfang an ganz besonders sicher. Als ihm die Andacht des Mönchs zu lange dauerte, erhob er sich, zur maßlosen Bestürzung des sanften Archimandriten Theophan und des Bischofs Hermogen, in einem Augenblick, da Iliodor gerade ein Gebet beendet hatte, bekreuzigte sich, trat auf ihn zu und sprach ihn an: „Bruder ... Bruder!"

Der ,Schimpfende', entrüstet über die Kühnheit, daß jemand es wagte, ihn beim Gebet zu stören, fuhr mit jähem Satz in die Höhe und starrte Rasputin mit wutglühenden Augen an; Vater Theophan und Bischof Hermogen warteten, zu Tode erschrocken, was nun Furchtbares kommen werde.

Iliodor hob eben den Arm und holte Atem, um auf den Verwegenen eine Flut der greulichsten Verwünschungen niederfahren zu lassen, als er fühlte, daß der unbekannte Bauer ihm die Rechte auf die Schulter legte und sah, wie sich die kleinen, wasserblauen Augen des Eindringlings gutmütig lächelnd auf ihn richteten und seinen eigenen Blick gefangennahmen. Zugleich ertönte eine Stimme, voll wohlklingender Melodik und dabei von stählerner Strenge: „Du betest gut, Bruder!"

In sprachloser Verblüffung starrte Iliodor seinen Besucher an, und diese Verblüffung steigerte sich noch, als der Bauer mit aller Harmlosigkeit fortfuhr: „Laß jetzt ab, Gott mit deinen Gebeten zu verfolgen, auch er will einmal Ruhe haben! Komm, die beiden da", er wies auf Theophan und Hermogen, „die haben etwas mit dir zu besprechen!"

Auch später noch stieg in Iliodors Herzen, wenn er sich an jene erste Begegnung mit Rasputin erinnerte, das gleiche rätselhafte Gefühl auf, das er damals empfunden hatte: Die gleiche Wut, die ihn wie ein verletztes Tier hatte aufspringen lassen, als man es gewagt hatte, ihn in seiner Andacht zu stören, die gleiche Empörung beim Anblick dieses Mannes, der sowenig Achtung vor ihm bezeigt hatte, dieses schmutzigen Bauern mit seinem unbeirrbar sicheren und doch freundlichen

Lächeln. Wenn der Mönchspriester daran dachte, wie Grischa ihn von Anfang an geduzt und als ‚Bruder' angesprochen hatte, überlief ihn stets von neuem eine Welle von Grimm, gleichzeitig aber empfand er denselben sonderbaren Zustand völliger Ohnmacht, der sich wie ein lähmender Bann bereits damals seiner bemächtigt hatte.

Im Angesicht Rasputins war dem Mönchspriester etwas Schreckliches widerfahren: Das ‚Schimpfen', die göttliche Kraft, wie sie vor ihm nur noch die großen Propheten der alten Zeit besessen hatten, schien ihm verlorengegangen zu sein, als er die teuflischen wasserblauen Augen dieses Bauern auf sich ruhen fühlte. Vergebens hatte er nach Worten gerungen und sich bemüht, wenigstens eine der ihm am meisten geläufigen Verwünschungsformeln hervorzubringen; statt dessen hatte er geschwiegen und schließlich sogar freundschaftlich in die derbe Hand eingeschlagen, die ihm dieser respektlose Bauer mit friedlichem Lächeln hingestreckt hatte.

Dieses zwiespältige Gefühl, gemischt aus Zorn, Ekel, Ohnmacht, Furcht und Bewunderung, war von da an nie mehr von Iliodor gewichen, es hatte sich vielmehr immer wieder mit gleicher Stärke eingestellt, sooft der sonst von aller Welt gefürchtete Mönchspriester dem fröhlich lächelnden, schmutzigen, struppigen Bauern Grigori Jefimowitsch gegenübergetreten war.

Schon an diesem ersten Tage, da er mit Theophan und Hermogen beisammengesessen und über Grischa gesprochen hatte, trieb ihn eine unerklärliche Kraft dazu, die Begeisterung dieser beiden Männer nicht nur scheinbar zu teilen, sondern noch heftiger anzufachen, den kindlichen Glauben des greisen Theophan an die Heiligkeit Rasputins und die optimistische Überzeugung des guten Hermogen von der politischen Bedeutsamkeit dieses Bauern noch zu verstärken. Obwohl Iliodor schon während dieser Zusammenkunft nicht einen Augenblick lang seinen Widerwillen und sein Mißtrauen überwunden hatte, stimmte er doch dem Plane zu, daß Grischa dem Komitee der ‚echt russischen Leute' vorgestellt werden müsse, ja er war der leidenschaftlichste Verfechter dieses Gedankens.

Auf das deutlichste fühlte er, daß ihm dieser gräßliche Bauernlümmel durchaus mißfiel, und sein Instinkt warnte ihn vor einer drohenden Gefahr; wenn er aber über Grigori Jefimowitsch zu sprechen begann, war es, als werde seine Zunge von einer fremden Macht regiert, denn er erklärte jedesmal, sowie die Sprache auf Rasputin kam, dieser sei ein wahrhaft Heiliger, ein von Gott gesandter Verfechter des rechten Glaubens.

So kam es, daß, obgleich der verehrte Vater Theophan und der hochangesehene Bischof Hermogen es gewesen waren, die Rasputin beim Zentralkomitee der ‚echt russischen Leute' eingeführt und als wichtigen Mitkämpfer bezeichnet hatten, die Entscheidung doch erst durch die enthusiastischen Reden Iliodors herbeigeführt wurde. Unter den Mitgliedern des Zentralkomitees hatte es mehr als einen Ungläubigen, mehr als einen zynischen Skeptiker gegeben; diese Leute wären durch den Einfluß Theophans und Hermogens allein niemals von der Heiligkeit Rasputins zu überzeugen gewesen. Schweigend und kopfschüttelnd hatten sie den Ausführungen dieser beiden Männer gelauscht, und Hermogen hatte mit Bestürzung feststellen müssen, daß die Sache des Tobolsker Bauern nicht sonderlich günstig stehe.

Da aber hatte sich der ‚Große Schimpfende' erhoben, und unter seinem Blick, unter seinen hinreißenden Worten hatte die allgemeine Stimmung sogleich völlig umgeschlagen. Im Laufe aller der folgenden Ereignisse mußte sich Iliodor gestehen, daß er schon während dieser Sitzung im Innersten mit den kopfschüttelnden Skeptikern einer Meinung gewesen war; dennoch aber war er wütend aufgesprungen, hatte die Zweifler niedergedonnert und erklärt, auch die ‚echt russischen Leute' seien offenbar schon von dem teuflischen Geist des Westens angefault, von jener zersetzenden Aufklärungssucht, die den wahren Glauben an Gott und an die Heiligkeit des russischen Volkes zu vernichten suche. Mit glühenden Augen hatte er den Gegnern Rasputins zugerufen, ihr Patriotismus sei nicht besser als jener der verruchten Juden, der Advokaten und Journalisten, die an nichts glaubten und alles in den Schmutz zerren wollten. Mit erhobenen Händen jammerte der große Prediger, wie jetzt das Reich des Antichrist herannahe, da sogar der ‚Verband der echt russischen Leute' schon unter den Einfluß des Unglaubens geraten sei. „Wehe, wehe dem armen, heiligen Rußland!"

Nach einer kleinen Pause ging nun Iliodor auf die praktische Seite seines Vorschlages über, wendete sich an die ‚klare politische Vernunft' seiner Zuhörer und suchte sie zu überzeugen, wie wichtig es für die Ziele und Absichten des Verbandes sei, Grigori Rasputin als Werkzeug heranzuziehen. Er führte aus, daß der Verband sich bei seinen politischen Bestrebungen auf das Volk selbst stützen müsse, denn durch nichts anderes könne man mit mehr Erfolg gegen das Vordringen der aus dem Westen kommenden Ideen von Freiheit und Unglauben ankämpfen. Man müsse, meinte er, darauf hinweisen, daß der russische Muschik, als Repräsentant des ‚Gottesträger-Volkes', die höchste Form der Menschheit verkörpere; und da sei gerade der sibirische Bauer Grischa der geeignete Mann, dessen einfache und doch so tiefe Reden danach angetan seien, jedermann von seiner Weisheit und gottbegnadeten Hellsichtigkeit zu überzeugen.

Iliodor setzte seinen politischen Freunden auseinander, wie doch schon die größten Denker der Nation, ein Dostojewski, ja sogar ein Tolstoi, im übrigen ja ein verruchter Ketzer, schon längst verkündet hätten, die Sprache des Muschik sei der Ausdruck der tiefsten Gedanken, an Großartigkeit nur mit den Worten der Evangelien zu vergleichen. Wenn man also den sibirischen Bauern Rasputin als Heiligen feiere, so bedeute das nichts anderes als eine Verbeugung vor der im Volke wohnenden unverdorbenen, göttlichen Kraft. Durch die Anerkennung von Grischas heiligem Lebenswandel mußte zugleich auch die Heiligkeit des Volkes selbst, des Muschiktums und damit der echtrussischen Idee bestätigt werden. Wenn höchste Weisheit und wunderbare Erleuchtung in den Reden eines einfachen sibirischen Bauern zu finden seien, was bliebe da noch für die westliche Zivilisation zu tun übrig? Und wie vorteilhaft sei es doch, wenn man sich in Zukunft bei jeder politischen Entschließung auf den Willen eines heiligen Mannes berufen könne, aus dessen Mund Gott selbst gesprochen! Wer nicht ein Aufrührer gegen den Glauben und das Vaterland sein wolle, werde hinfort jene Politik als richtig anerkennen müssen, die von Grigori Jefimowitsch gebilligt und gesegnet worden sei.

Dieses und noch manches Ähnliche erklärte Iliodor während jener Sitzung, und seine Sprache war kraftvoll, eindringlich und überzeugend, wie noch kaum jemals zuvor. Als er seine Ausführungen beendet hatte, konnte er feststellen, wie alle Teilnehmer ganz unter der Wirkung seiner Worte standen, wie jetzt alle von Rasputins Bedeutung durchdrungen waren.

Nachdem Iliodor sich auf seinen Platz zurückgezogen hatte, stand ein anderer Geistlicher auf, der Priester Wostorgow; gleich allen übrigen war auch er von Iliodors Reden ganz überwältigt, und in verworrenen Worten sprach er dem Mönchspriester demutsvoll den Dank und die Bewunderung aller Versammelten aus. Er versicherte, das Komitee sei durch seine Ausführungen vollkommen überzeugt worden und werde seine zukünftigen Entschlüsse durchaus den Wünschen Iliodors gemäß fassen. Er persönlich bat nur noch hinzufügen zu dürfen, daß er selbst, während einer Propagandafahrt durch das Gouvernement Tobolsk zur Zeit der letzten Wahlen, zu der Überzeugung gelangt sei, man müsse besonders begabte Bauern für die politische Arbeit heranziehen; er habe damals auch einen dahingehenden Bericht an das Zentralkomitee eingereicht, doch sei dieser offenbar nicht hinreichend gewürdigt worden. Nun danke er den ehrwürdigen Herren Archimandriten Theophan und Bischof Hermogen, insbesondere aber dem hochverehrten Priester Iliodor dafür, daß sie diese Ideen wieder aufgegriffen und mit ihrer ganzen Autorität vertreten hätten.

Während Wostorgow redete, hatte sich Iliodors Gesicht zusehends verfärbt, und es war ihm, als schwimme alles vor seinen Augen: In dem Augenblick, als dieser geschwätzige, dumme Pope Wostorgow seine eigenen Ausführungen bekräftigte, fühlte Iliodor mit aller Deutlichkeit, daß er ja der genau entgegengesetzten Überzeugung sei, daß er Grischa für einen Heuchler, einen Scheinheiligen, einen schmutzigen Bauern, einen Lumpen halte. Welcher Teufel hatte es ihm eingegeben, entgegen seiner eigenen Erkenntnis zu sprechen? Als er nun auf Wostorgow blickte und sah, wie dieser Dummkopf ihm mit wichtigtuerischer Miene recht gab und sich voll Ehrerbietung gegen ihn verneigte, ergriff den Mönchspriester eine wahnsinnige Wut.

Im gleichen Augenblick erhob sich aber bereits ein anderes Mitglied des Komitees und meldete sich in der Sache des Bauern Rasputin aus dem Gouvernement Tobolsk zum Wort. Der neue Redner war ein angesehener Rechtsanwalt und ein strammes Mitglied des ‚echt russischen Verbandes', das sich schon manche bedeutende Verdienste erworben hatte. Dennoch begann er in recht kleinlautem und schüchternem Ton, denn er fühlte wohl, wie schwierig und gefährlich es war, jetzt, nach den Reden Iliodors und Wostorgows, nicht in den allgemeinen Enthusiasmus für Grigori Jefimowitsch einzustimmen. Aber der Anwalt fühlte sich doch verpflichtet, gewisse Bedenken vorzubringen und vor der Gefährlichkeit des geplanten Unternehmens zu warnen, was er freilich in so leisem und bescheidenem Tone und derart klausuliert tat, daß seine Rede fast unbeachtet zu verlaufen schien; nur der ‚Schimpfende' war seinen Worten mit gespannter Aufmerksamkeit gefolgt.

Als der kluge und bescheidene Advokat gemeint hatte, es sei doch zu bedenken, ob dieser Muschik im späteren Verlaufe der Dinge nicht manche Schwierigkeiten bereiten könne, und ob sich eine Übereilung in dieser Sache nicht rächen werde, hatte Iliodor innerlich erlöst aufgeatmet. Bei jedem Wort des Redners war ihm leichter und wohler ums Herz geworden, freute er sich doch, daß endlich in dieser ungesunden Atmosphäre von Heiligenschwärmerei eine vernünftige Stimme erklang, daß einer seinen klaren Kopf behalten hatte und alles das aussprach, was der Mönchspriester selbst dunkel befürchtete.

„Ihr erwartet", hatte der Advokat warnend gesagt, „einen Vorteil von diesem Bauern Rasputin, ich aber glaube, er wird uns allen letzten Endes nur Schaden bringen!" Ja, das war die Wahrheit, endlich die befreiende Wahrheit! Iliodor stand auf, um dem Redner aus ganzem Herzen beizustimmen.

Im gleichen Augenblick aber gewann wiederum jene teuflische Macht Gewalt über ihn, die ihn zwang, zu seinem eigenen Verderben dem ‚Lügengeist' zu dienen und das klar gefühlte Verhängnis nicht nur nicht abzuwenden, sondern sogar noch selbst zu befördern. Mit grimmigem Gesicht begann der Mönchspriester auf den bescheidenen Anwalt loszudonnern, ihm ‚westlichen Unglauben', ‚vaterlandsfremde Gesinnung' und ‚Unverständnis für das heilige russische Volk' vorzuwerfen; dieses russische Volk allein aber werde letzten Endes die Welt vor dem Untergang erretten, und nicht die verfluchten Advokaten, Journalisten und sonstigen Juden!

Die Sitzung endete, wie es nicht anders zu erwarten gewesen war, mit einem vollen Erfolg: Vater Theophan und der Bischof Hermogen strahlten vor Vergnügen, und Hermogen begann den kleinen Archimandriten schon dahin zu bearbeiten, daß er, der doch der Beichtvater der Zarin sei, den neuen Staretz nach Zarskoje Selo bringen solle. Nur Iliodor war an diesem Abend verschlossen und ärgerlich, und seine gefürchtete Grobheit nahm diesmal ganz besonders unangenehme Formen an.

FÜNFTES
KAPITEL

DAS VERHÄNGNISVOLLE IDYLL VON ZARSKOJE SELO

‚Sunshine‘, diesen von sonniger Heiterkeit strahlenden Beinamen hatte die junge Prinzessin Alix von Hessen schon erhalten, ehe sie, als Gemahlin Nikolajs des Zweiten, Kaiserin von Rußland geworden war. Seither war ihr diese Bezeichnung treu geblieben, und auch ihr späterer Gatte pflegte sie selten anders zu rufen als ‚Sunshine‘, seinen ‚Sonnenschein‘.

Hatte der Zar die lästigen Staatsgeschäfte, den Empfang der Minister, das Anhören ihrer Berichte, das Unterzeichnen von Aktenstücken, endlich hinter sich gebracht, dann eilte er, wie ein jung verliebter Gatte, zu seiner Alix, als hätte er es kaum erwarten können, wieder zu ihr und in ihr stilles, trautes Heim zurückkehren zu dürfen.

Die Pflichten, die ihm sein Herrscheramt auferlegte, waren ihm unangenehm und beschwerlich: Mißmutig saß er stundenlang über den Berichten, unterschrieb er Dokumente, studierte er die Referate der Minister und versah sie mit Randbemerkungen; gelangweilt hielt er die notwendigen Empfänge ab und war überglücklich, wenn diese nicht allzu lange Zeit in Anspruch nahmen. Seine tägliche Amtstätigkeit bestand in einem beständigen Kampf mit dem Berg von Akten auf seinem Schreibtisch, der erschreckend anwuchs, wenn er es nur einmal versäumte, sein reguläres, vorgeschriebenes Pensum zu erledigen.

Seit seinem Regierungsantritt verging so Tag um Tag in einem regelmäßigen Wechsel zwischen den unangenehmen Stunden des Herrschens und den angenehmen des Familienlebens. Auch die Zarin vermochte sich in den vielen Jahren ihrer Ehe niemals daran zu gewöhnen, daß sie einige Stunden hindurch von ihrem Gatten getrennt sein müsse: Wenn diesen seine Regierungsgeschäfte länger zurückhielten als sonst, wurde sie bereits ungeduldig und sehnte sich nach seiner Rückkehr. Fast immer saß sie in ihrem blaßlila getönten Boudoir, inmitten einer Fülle herrlicher Blumen. Auf ihre Ottomane hingestreckt las sie Bücher, schrieb mit ihrer raschen Schrift Briefe, beschäftigte sich mit Handarbeiten oder plauderte in späteren Jahren mit ihrer Freundin Anja Wyrubowa und erzählte ihr von ihren gemeinsamen Erlebnissen mit dem Zaren. Fast immer sprach sie von ihm und dachte an ihn, denn sie wollte auch in den Stunden der Trennung wenigstens im Geiste bei ihrem Gatten sein.

Wenn dann auf dem Korridor hastige Schritte ertönten und der Kronleuchter ihres Boudoirs leise zu klirren begann, dann erhob sie sich mädchenhaft erregt, und das Blut schoß ihr ins Antlitz. Flog nun die Tür auf, so eilte die Zarin in überschwenglicher Glückseligkeit und mit leuchtenden Augen ihrem eintretenden, fröhlich lächelnden Gemahl entgegen. Von da an unterhielten sie sich stundenlang vergnügt und sorglos über die Kinder, über gemeinsame Pläne, Ausflüge und Spaziergänge, über alle die tausend Nichtigkeiten, aus welchen sich das Gespräch verliebter Menschen zusammenzusetzen pflegt.

Bisweilen kam es vor, daß, während die Kaiserin Besuche empfing, aus dem Nebenzimmer ein leiser Pfiff, wie der Schrei eines Vogels, ertönte; dann errötete Alexandra über das ganze Gesicht, bemerkte schüchtern, der Kaiser rufe sie, empfahl sich von ihren Besuchern und verschwand in den anstoßenden Raum. Nie kam es vor, daß sie dem bittenden Zeichen ihres Gatten nicht sofort und glückselig gefolgt wäre.

Quälend und langweilig war jede nicht gemeinsam verbrachte Stunde. Als der Zar nach mehreren Jahren der Ehe seine Gemahlin zum erstenmal auf längere Zeit verlassen mußte, um sich nach Racconigi zum Besuche des Königs von Italien zu begeben, schloß sich Alexandra in ihre Gemächer ein und ließ niemanden, nicht einmal ihre Kinder, zu sich. Erst nach seiner Heimkehr wurde sie wieder froh, und dann beklagte sie nur, daß das Wiedersehen vor dem ganzen Hofstaat habe stattfinden müssen, was sie gehindert habe, ihrem Glück völlig freien Lauf zu lassen.

Nur zweimal im Verlauf von dreiundzwanzig Jahren ist die Harmonie dieser Ehe durch Mißverständnisse leicht getrübt worden. Das eine Mal waren dem Kaiser Klatschereien zu Ohren gekommen, als sei der schöne Fürst Orlow der Zarin nicht ganz gleichgültig geblieben. Manche Hofkreise wußten sich schon damals in Verdächtigungen solcher Art nicht genug zu tun, und der Umstand, daß General Orlow fast jeden

Abend in den Gemächern des Herrscherpaares verweilte, wo er stundenlang mit dem Kaiser Billard spielte, gab den Gerüchten immer neue Nahrung. Auch nachdem Orlow dann wegen eines Lungenleidens plötzlich nach Ägypten gereist und kurze Zeit danach gestorben war, dauerte es noch lange, bis die üblen Deutungen dieser Ereignisse zum Schweigen gebracht werden konnten.

Hatte der Zar selbst niemals ernstlich an der Treue seiner Gattin gezweifelt, so wurde die Kaiserin einmal auf ihre Freundin Anja recht eifersüchtig und glaubte sich von dieser in ihren heiligsten Gattenrechten gekränkt. Anna Wyrubowa war ehrlich und naiv genug gewesen, ihr eines Tages zu beichten, daß in ihr, entgegen ihrem Willen, ein Gefühl der Liebe für den Zaren aufzukeimen beginne. Dieses Geständnis, so harmlos es im Grunde auch war, genügte doch, daß die leicht erregbare Alexandra ihrer Freundin eine Zeitlang zürnte und sich sogar in Briefen an ihre Familienangehörigen sehr abfällig über die ‚Verräterin' äußerte.

Solche kleine Mißverständnisse verflogen jedoch ebenso rasch wie sie gekommen waren und vermochten das Glück dieser zwei Menschen nicht dauernd zu trüben. Der Zar sowohl als auch die Zarin hatten in der kürzesten Zeit die Sinnlosigkeit ihres Mißtrauens eingesehen, und von da an war das frühere Einvernehmen wieder vollkommen hergestellt.

Niemals, auch nicht während jener vorübergehenden Trübungen, war zwischen den Gatten nur ein einziges unfreundliches Wort gefallen; stets waren sie beide von der zartesten Rücksicht gegeneinander beseelt und vermieden es, einander auch nur mit einem Blick zu kränken. Vom Beginn der Ehe bis zu dem tragischen gemeinsamen Ende Nikolajs und Alexandras hatten ihr Ton und ihr Umgang etwas von der Stimmung Neuvermählter an sich, und ihre gegenseitige innige Liebe nahm niemals auch nur im mindesten ab.

Am deutlichsten geht dieses anscheinend völlig ungetrübte Familienglück wohl aus den Tagebüchern des Zaren hervor, in welche Nikolaj jeden Abend Notizen über seine Erlebnisse einzutragen pflegte. Diese Blätter erzählen von wundervollen stillen Stunden, von der Freude über das Heranwachsen der Kinder, von der Dankbarkeit über das aus dieser Ehe entstandene, volle und grenzenlose Glück.

Von allem Anfang an hatte das junge Kaiserpaar sich in eine möglichst einfache und enge Umgebung zurückgezogen, denn beide verabscheuten den Prunk der großen Repräsentationssäle. Seit ihrem ersten gemeinsamen Besuch in Zarskoje Selo war dieses Schloß dem Kaiserpaar besonders lieb geworden, und sie waren bald aus der Residenz zu dauerndem Aufenthalt dorthin übersiedelt. In ihren wenigen kleinen Zimmern saßen sie Abend für Abend beisammen, spielten mit den Kindern oder blätterten in illustrierten Werken, Zeitschriften und Photoalben. Schmerzlich vermerkte es der Zar jedesmal, wenn ihn die Regierungspflichten länger als gewöhnlich von seiner Gattin ferngehalten hatten:

„Es ist schade, daß die Geschäfte soviel Zeit in Anspruch nehmen, während ich doch so gerne nur mit ihr beisammen wäre!"

„Vormittags mußte ich wieder Berichte entgegennehmen, doch nachmittags ging ich mit Alix im Garten spazieren. Wir können es nicht über uns bringen, uns voneinander zu trennen!"

„Da ich vormittags beschäftigt war, sah ich die teure Alix bis zum Frühstück überhaupt nicht. Nachmittags aber fuhren wir wieder nach Pawlowsk und bewunderten den schönen Sonnenuntergang. Abends, nach dem Tee, las ich ihr längere Zeit laut vor."

„Ich empfing Durnowo, Fredericks, Richter und Avelan. Dann fuhr ich nach der Akademie der Wissenschaften, wo die feierliche Jahresversammlung stattfand. Sie war nicht interessant, dauerte aber auch kaum eine Stunde, so daß ich um zwei Uhr schon wieder zu Hause war. Ich fuhr mit meiner lieben kleinen Frau nach den Inseln spazieren, der Abend war wundervoll, und die Fahrt sehr angenehm. Erst um halb zwölf Uhr nachts kamen wir nach Hause."

Zwischen diese Aufzeichnungen des Zaren pflegte auch Alexandra in den ersten Jahren der Ehe Notizen und Sentenzen einzustreuen, meist englische Liebesbeteuerungen, die von Zärtlichkeit und inniger Zuneigung überströmen.

„Heute hatte ich viel freie Zeit", schreibt der Zar, „da ich fast gar keine Berichte lesen mußte. Wir frühstückten und dinierten allein. Ich kann es gar nicht beschreiben, wie glücklich das Leben zu zweit in dem schönen Zarskoje verläuft!" Daneben bemerkt die Zarin in englischer Sprache: „Deine kleine Frau betet dich an!"

14 Die kaiserliche Familie und Anna Wyrubowa (links, sitzend) bei einem Ausflug in den Finnischen Schären

15 Der Kaiser während einer Ruhepause nach dem Tennisspiel

16 Hofminister Graf Fredericks, die Kaiserin und Großfürstin Tatjana in den Finnischen Schären

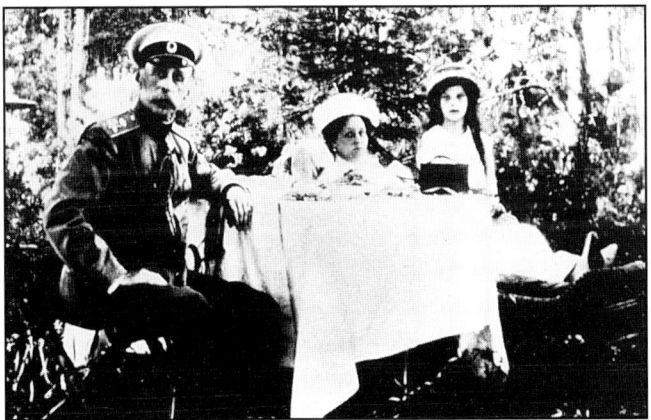

11/12 Der Kaiser und die Kaiserin von Rußland in ihrer Brautzeit

13 Die Kaiserin in ihrem Wohnzimmer

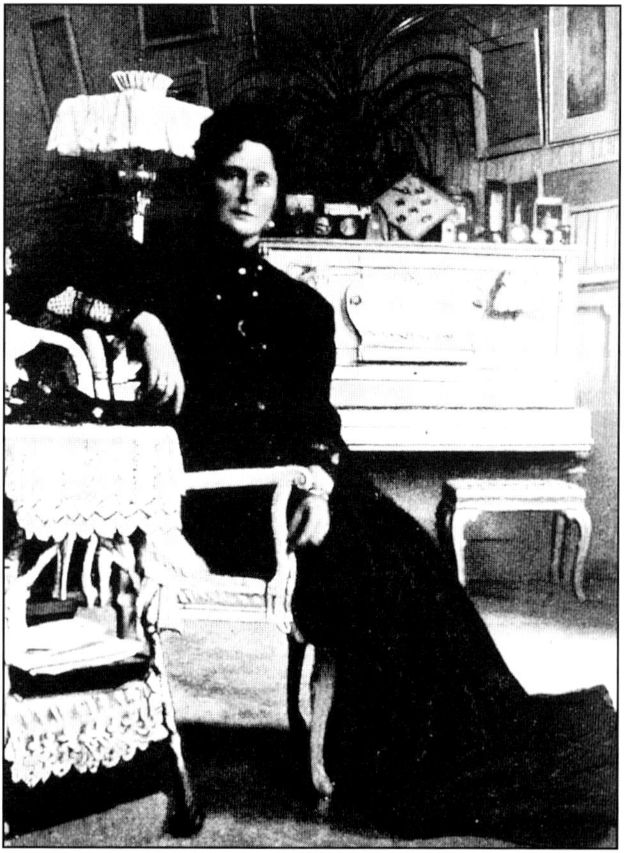

In späteren Jahren, da die Kinder allmählich heranwuchsen, übernahm Alexandra selbst deren Unterricht, saß mit ihnen über Hefte und Bücher gebeugt, half ihnen bei der Lösung der von den Hauslehrern gestellten Aufgaben und bereitete sie für die Unterrichtsstunden bei Fräulein Schneider, Mr. Gibbs und Mr. Gilliard vor. Mit den Töchtern fertigte sie Handarbeiten an, nähte ihnen, solange sie noch klein waren, Puppenkleider und war ihnen später eifrig bei der Vorbereitung kleiner häuslicher Feste behilflich.

Auch der Kaiser liebte es, mit seinen Kindern zu spielen und auch er verbrachte viel Zeit in ihrer Gesellschaft. Er hatte einen der großen Marmorsäle des Schlosses von Zarskoje Selo für die Unterhaltung der Kleinen reservieren und dort eine lange hölzerne Rutschbahn mit seidenen Draperien errichten lassen. Hier vergnügte sich Nikolaj mit seinen Töchtern und sauste, auch in den Zeiten schwerer politischer Wirrnisse, fast jeden Tag eine bis zwei Stunden lang unzählige Male mit den Kindern die glatte Rinne hinab.

Das Tagewerk des Herrschers wurde zumeist am Morgen durch einen kurzen Spaziergang nach dem ersten Frühstück und durch die darauffolgenden regelmäßigen Empfänge eingeleitet. Im allgemeinen bat der Kaiser seine Minister nur selten zu sich und ließ sich meistens schriftlich von ihnen Bericht erstatten. Dagegen gab es fast täglich irgendwelche hohe Beamte oder Militärs, die um eine Audienz nachgesucht hatten, und denen der Kaiser den Empfang nicht verweigern konnte. Diese Gespräche ermüdeten ihn meist sehr, und er war froh, wenn es ein Uhr wurde, zu welcher Zeit er in Gesellschaft der Kaiserin und des diensthabenden Offiziers das zweite Frühstück einzunehmen pflegte. Dann folgte für gewöhnlich ein längerer Spaziergang im Park von Zarskoje Selo, meist in Gesellschaft von Alix, bisweilen auch der älteren Töchter; bei dieser Gelegenheit wurden Blumen gepflückt und man lagerte sich im Grase. Am Nachmittag folgten öfters Ausfahrten im Wagen oder im Motorboot, manchmal nahm der Kaiser auch sein Gewehr mit und schoß Krähen, bis dann endlich die Stunde herangekommen war, da sich die ganze Familie um den Teetisch versammelte. Dann gab es wieder Arbeit, denn der Zar mußte nun einige Stunden lang die auf seinem Schreibtisch angehäuften Akten durchsehen und erledigen. Um acht Uhr abends etwa fand das Diner statt.

„Meine Seligkeit ist grenzenlos", notiert der Kaiser ein anderes Mal. „Nur mit Widerwillen verlasse ich Zarskoje, das uns beiden so teuer geworden ist. Hier sind wir zum erstenmal nach unserer Hochzeit allein gewesen und haben ganz ungestört miteinander gelebt." Und die Zarin fügt hinzu: „Nie hätte ich geglaubt, daß in der Welt ein solches wolkenloses Glück und ein solches Ineinanderaufgehen zweier Menschen möglich sein könnte. Ich liebe dich, und in diesen drei Worten liegt mein ganzes Leben."

Zumeist behandelt der Kaiser die Regierungsgeschäfte in seinen Aufzeichnungen recht oberflächlich, um sich eingehender nur mit den glücklichen Stunden seines Privatlebens zu beschäftigen. Nach einer kurzen Aufzählung der Empfänge folgen dann häufig Ausrufe wie:

„Ich bin mit Alix unbeschreiblich glücklich!"

„Es ist unsäglich angenehm, den ganzen Tag und die Nacht über ruhig beisammen sein zu können, ohne von irgend jemandem gestört zu werden. Wir speisten zu zweit im Eckzimmer und gingen früh schlafen."

„Aus ganzer Seele danke ich Gott täglich für das Glück, das er mir hat zuteil werden lassen. Eine größere und schönere Seligkeit kann sich der Mensch auf Erden gar nicht wünschen!"

Wenn Alexandra nicht gerade bei ihrem Gatten oder mit Anna Wyrubowa in ihrem Boudoir saß, dann war sie sicher bei den Kindern anzutreffen. Ihre mütterliche Fürsorge ging so weit, daß sie das Kinderzimmer nur ungern verließ und oft auch amtliche Besuche dort empfing. Der Chef der Hofkanzlei hatte einmal dringend mit ihr zu sprechen und ihr einige Schriftstücke zur Signatur vorzulegen; die Kaiserin empfing ihn, die kleine Großfürstin Olga auf dem Arm, mit der anderen Hand die Wiege der neugeborenen Tatjana schaukelnd.

Als dann endlich, nach langem vergeblichem Hoffen, ein Sohn zur Welt gekommen war, gab sich Alexandra mit seiner Pflege noch größere Mühe als mit den früheren Kindern: Wohl hatte sie für den kleinen Alexej in der Person der Wischnjakowa eine vorzügliche und völlig verläßliche Wärterin gefunden, und überdies waren noch einige Pflegerinnen in den Kinderzimmern von Zarskoje Selo beschäftigt, dennoch aber nahm die Kaiserin jede noch so kleine Hilfeleistung selbst vor, badete, kleidete und pflegte ihr Söhnchen, lehrte ihn die ersten Worte sprechen und spielte mit ihm viele Stunden lang.

17 Der Kaiser im Kreise der Offiziere von Zarskoje Selo

18 Die kaiserliche Familie besucht ein Kosaken-Regiment

19 Die Kaiserin und der Thronfolger bei einer Ausfahrt in Livadia (der Thronfolger kutschierend)

20 Brücke im Park von Zarskoje Selo
21 Schlittenfahrt der kaiserlichen Familie

Um neun Uhr, nach Beendigung des Diners, ging die Zarin in das Zimmer des Thronfolgers hinauf, um mit diesem das Nachtgebet zu verrichten. Dann kam sie wieder herunter und spielte nun häufig, während der Zar sich noch für eine Weile in sein Arbeitszimmer zurückzog, mit Anja vierhändig, meist Symphonien von Beethoven oder solche von Tschaikowski. Manchmal wurde der Kaiser durch die Klänge der Musik angelockt und kam auf den Zehenspitzen herangeschlichen, um zuzuhören. Schweigend stand er hinter den Spielerinnen, und diese errieten seine Gegenwart nur aus dem feinen Duft seiner unvermeidlichen Zigarette. Waren keine Regierungsgeschäfte mehr zu erledigen, dann setzte sich der Kaiser gern in das Zimmer seiner Gattin und las ihr und Anja aus den Werken von Tolstoi, Turgenjew, Dostojewski, Gogol oder Tschechow vor, bis endlich gegen zwölf Uhr nachts nochmals Tee serviert wurde, und das Herrscherpaar sich zur Ruhe begab.

Der Aufenthalt in Zarskoje Selo wurde in der Regel nur zweimal im Jahre durch Ausflüge unterbrochen: Im Winter begab sich die kaiserliche Familie für einige Wochen auf die Krim, in das Lustschloß Livadia, und im Sommer wurde fast stets eine Fahrt in die Finnischen Schären unternommen. Bei solchen Ausflügen verlief ihr Leben noch stiller als sonst, denn dann fielen auch die Empfänge und Staatsgeschäfte zum größten Teil fort, und der Kaiser konnte sich ganz seiner Familie widmen.

In Livadia wurde der Tag mit langen Spaziergängen auf einsamen Wegen ausgefüllt. Der Zar hatte es stets zu verhindern gewußt, daß Livadia durch eine Bahnlinie mit der übrigen Welt verbunden wurde, weil er die idyllische Abgeschlossenheit dieses herrlichen Landstriches nicht gefährdet sehen wollte. Inmitten von rosenübersäten Hügeln und Berghängen erhob sich hier das leuchtend weiße Kaiserschloß, von dem aus sich ein prachtvoller Fernblick auf das tiefblaue Meer und auf die schneebedeckten Berggipfel darbot. Schon früh am Morgen pflegte die kaiserliche Familie, mit Mundvorrat ausgerüstet, aufzubrechen und große, den ganzen Tag über währende Ausflüge in die Wälder zu unternehmen; dort wurden dann über einem rasch angefachten Feuer eigenhändig gesammelte Pilze gebraten, und das Herrscherpaar vergnügte sich mit seinen Kindern den ganzen Tag über in wohligem Nichtstun.

Andere Male wieder wurden weite Spazierritte unternommen, oder man badete im Meer. Der Kaiser liebte alle Arten von Leibesübungen; er war ein ausgezeichneter Ruderer, Spaziergänger, Schwimmer, Radfahrer und Tennisspieler. Insbesondere dieser Sport gehörte zu seinen liebsten Vergnügungen, und er betrieb ihn mit wahrer Leidenschaft. Viele Stunden des Tages konnte er Tennis spielend zubringen und legte hierbei einen Ernst an den Tag, als handelte es sich um das Wichtigste auf der Welt. Eine verlorene Partie konnte ihn stark verstimmen, was seine Partnerinnen, besonders Anna Wyrubowa, oft in eine recht peinliche Situation versetzte. Er liebte es auch nicht, wenn während des Spiels Gespräche geführt wurden, denn er war viel zu sehr bei der Sache, um sich durch irgend etwas ablenken zu lassen. Auch dem Jagdvergnügen war der Zar sehr ergeben; seine Tagebücher sind erfüllt von Aufzeichnungen über die kleinsten Einzelheiten solcher Jagden und über die Zahl der erlegten Tiere.

Ruhig wie der Aufenthalt auf der Krim verlief auch jener in den Finnischen Schären. An Bord der kaiserlichen Yacht „Standart" durchkreuzte man die Gewässer und tauchte in das Gewirr menschenleerer kleiner Inselchen, und auch hier setzte sich das Leben aus täglichen Ausflügen in den Wald, aus Rudern, Baden und Schwimmen zusammen. Die Familie besuchte die anmutige Wildnis der kleinen Inseln, veranstaltete Picknicks im Grünen, kletterte zwischen den Felsen umher und sammelte allerlei Beeren; dazwischen spielten die Kinder mit den Matrosen, die ihnen für diesen Zweck zugewiesen worden waren. In späteren Jahren, als die Großfürstinnen schon zu jungen Damen herangewachsen waren, entspann sich zwischen ihnen und den eleganten Offizieren der Besatzung manche kleine und harmlose Tändelei, der das Kaiserpaar gutmütig lächelnd zusah, und um derentwillen die Mädchen weidlich geneckt wurden. Abends saßen alle auf dem Deck rings um den Teetisch, der Kaiser sog behaglich an seiner Zigarette und erzählte von seinen Jugenderinnerungen oder von den kleinen, belanglosen Ereignissen des Tages. Unter dem Eindruck dieser idyllischen Stimmung rief er einmal beglückt aus, er fühle, wie alle Anwesenden hier zu einer einzigen großen Familie vereint seien.

Nur zweimal in der Woche wurde der stille Frieden dieses Lebens unliebsam durch das Erscheinen des Feldjägers unterbrochen, der dem

Kaiser einen Stoß der wichtigsten und unbedingt zu erledigenden Akten überbrachte. Dann mußte der Herrscher einen oder zwei Tage am Schreibtisch verbringen, bis die Staatsgeschäfte beendet waren, und der Kaiser wieder zu den Seinen zurückkehren konnte.

So verging das Leben des Herrscherpaares, sei es in Zarskoje Selo, in dem Palast von Livadia oder in den Finnischen Schären, Jahr um Jahr in gleichmäßigem Glück. Als dann die große Revolution ausbrach, der Kaiser gestürzt wurde und mit seiner Familie das Schloß von Zarskoje Selo verlassen mußte, schrieb Alexandra an ihre Freundin: „Meine Geliebte, wie namenlos schwer fällt uns doch der Abschied von hier, von diesem uns so vertrauten und jetzt so veröedeten Haus, von unserem Heim, in welchem wir dreiundzwanzig glückliche Jahre verlebt haben!"

Und später, in Tobolsk, einem ungewissen und bedrohlichen Schicksal gegenüber, war der einzige Trost der kaiserlichen Familie, ihr fast alleiniger Gesprächsstoff, die Erinnerung an das unsäglich glückliche Beisammensein.

„Die Vergangenheit ist versunken", schreibt die Kaiserin aus Tobolsk an Anna Wyrubowa, „aber ich danke Gott für alles, was geschehen ist, für den reichen Schatz herrlicher Erinnerungen, den mir niemand rauben kann."

Denn auf der ganzen großen russischen Erde gab es vielleicht keine zweite Frau, die ihrem Schicksal dankbarer gewesen wäre, die das stille, fast kleinbürgerliche Leben inmitten ihrer Familie als größeres Glück betrachtet hätte, als die Kaiserin von Rußland. Für sie war das durchlebte Dasein im engsten Kreise, da sie von ihrem Gatten, ihren Kindern und ihrer einzig treuen Freundin Anja umgeben gewesen, das „überhaupt größte Glück auf Erden.."

*

Und dennoch: In jenen ‚dreiundzwanzig Jahren' innigster Beschaulichkeit hatte sich über den Häuptern des in Liebe und Familienglück eingesponnenen Herrscherpaares langsam eine furchtbare Tragödie vorbereitet. Während der Zar ungeduldig das Ende der lästigen Empfänge und Berichte erwartete, um sogleich wieder in die Arme seiner geliebten Alix zurückeilen zu können, während er mit seinen Kindern unter fröhlichem Gelächter die Rutschbahn hinabsauste oder in den Wäldern nach Pilzen suchte oder des Abends an Deck der Yacht behaglich über die bedeutungslosen Vorkommnisse des Tages plauderte, während dieser Tennispartien, Motorbootfahrten und Jagdausflüge, reckte sich in düsterer Größe, schweigend, aber unaufhaltsam, das tragische Schicksal dieser Familie und, eng damit verbunden, das Unheil des ganzen russischen Reiches auf. Dieses ‚sonnige Glück' trug von allem Anfang an, wie eine Seuche, die unabwendbare Katastrophe in sich.

Sogar die Liebe dieser beiden Menschen, dieses weltabgeschiedene Ineinanderaufgehen, war überschattet von düsterem Verhängnis, ja vielleicht lag der Geist der Vernichtung über nichts anderem in ihrem Leben so wuchtig, beklemmend und unheilvoll wie eben über diesem kleinbürgerlichen, ereignislosen und stillen Eheidyll. Vielleicht war gerade seine völlige ‚Sorglosigkeit' selbst schon das Unheil, vielleicht trieb hier ein grausames Geschick sein Spiel, indem das Verderben sich trügerisch hinter der Maske des Glückes verbarg.

Aber auch das Reich dieses arglosen Herrscherpaares ging seit langem, kaum merklich zwar, aber doch mit Sicherheit, dem Untergang entgegen, und das Unheil war im ganzen Wesen dieses Reiches, in der Seele, Lebensart und Bestimmung dieses Volkes schon von den Zeiten vor Nikolajs Regierungsantritt gelegen. Es war ein rätselvolles Verhängnis, das sich, einem ehernen Gesetz folgend, in dem tragischen Schicksal der letzten Romanows und gleichzeitig in dem Zusammenbruch Rußlands erfüllen sollte.

Das kleinbürgerliche ‚Familienidyll' von Zarskoje Selo war vom ersten Moment bis zum schrecklichen Ende von einer unausgesetzten Kette tragischer Mißgeschicke, von Krieg, Gefahr, Krankheit, Mord und Katastrophen umlauert worden; in der scheinbaren Sorglosigkeit aller dieser Menschen zitterte die unaufhörliche, quälende, nicht endenwollende Angst. Von früher Jugend an hatte die beständige Furcht vor neuen Bedrohungen, Gefahren und Schicksalsschlägen beide Herrscher in eine gewisse Schwermut versenkt. Der Kaiser, von jeher zum Aberglauben neigend, hatte von seinem Regierungsantritt an stets das drückende Gefühl, es könne nichts, was er unternehme, von Erfolg gekrönt sein, war er doch am Tage des großen Dulders Hiob zur Welt gekommen. Überdies hatte schon ein Jahrhundert vorher der heilige Wundermönch und Prophet Seraphim von Sarow verkündet, unter der Herrschaft jenes Zaren, der zu Beginn des zwanzigsten Jahrhunderts regiere, würden ‚böse Vorkommnisse aller Art, Elend, Krieg und Aufstand' über das Reich hereinbrechen. Kaiser Nikolaj glaubte an diese Prophezeiung und trat an jedes Unternehmen mit Mißtrauen, Angst und Zweifel heran.

Schon die Ereignisse seiner frühen Jugend waren danach angetan gewesen, diesen düsteren Glauben an ein unabwendbares Verhängnis zu bestätigen; war doch sein Knabenalter überschattet vom furchtbaren Ende seines Großvaters, des Kaisers Alexander des Zweiten, der von einer Bombe zerrissen worden war. Durch diesen von einem Nihilisten verübten Mord war Nikolajs Vater zum Zaren und er selbst zum Zarewitsch geworden, so daß schon sein Amtsantritt als Thronerbe im Zeichen einer blutigen Schreckenstat stand.

Als dem Thronfolger dann das Glück der Liebe zu winken schien, ward auch dieses sogleich von allerlei üblen Einwirkungen verdüstert: Die junge Prinzessin Alix von Hessen, die heimzuführen sein sehnlichster Wunsch gewesen, mißfiel seiner Mutter vom ersten Augenblick an, und die alte Kaiserin tat ihr möglichstes, um das Verlöbnis zu verhindern. Erst vier Jahre nach dem Besuch der Prinzessin in Rußland, im Angesicht des sterbenden Kaisers, schwand dieser Widerstand, und Alix wurde in das Schloß auf der Krim eingeladen, wo der schwerkranke Alexander der Dritte sie in aller Form als Schwiegertochter und Thronerbin empfing. Doch das junge Paar hatte gar keine Zeit, sich seines Glückes zu freuen: Unerwartet rasch verschied Alexander der Dritte, und die Hochzeit des jungen Kaisers fiel mit der Trauerfeier für seinen Vater zusammen. Schon die letzten Wochen der Brautzeit waren in der drückenden Atmosphäre eines Hauses vor sich gegangen, wo über den Räumen des jungen Paares der alte Herrscher dem Tode entgegensiechte. Dann, als das Unabwendbare geschehen war, reiste das junge Paar mit dem Sarg des toten Kaisers von einem Trauergottesdienst zum anderen quer durch ganz Rußland.

„Ich hatte eine lange Unterredung mit Onkel Wladimir", schrieb der Zar damals in sein Tagebuch, „ob meine Trauung nach der Totenfeier öffentlich oder privat vollzogen werden solle. Darauf kam ein Feldjäger, und ich erledigte bis zum Abend Akten. Nach dem Trauergottesdienst fuhr ich mit Alix spazieren, doch um halb sieben Uhr begann die schmerzliche Zeremonie, und die Leiche des teuren Vaters wurde nach der großen Kirche überführt; die Kosaken trugen den Sarg auf einer Bahre. Es ist nun schon das dritte Mal, daß ich in dieser Kirche einem Trauergottesdienst beiwohnen muß. Als wir in das leere Haus zurückkehrten, waren wir ganz niedergebrochen. Gott hat uns alle mit schweren Prüfungen heimgesucht!"

Dann begann die große Reise, von deren einzelnen Stationen aus der junge Herrscher immer wieder über düstere Feierlichkeiten zu berichten weiß: „Wir hielten in Borki und Charkow an, wo eine Totenfeier veranstaltet wurde ..." „In Moskau trugen wir den Sarg aus dem Zuge und brachten ihn nach dem Trauerwagen. Auf dem Wege zum Kreml machten wir zehnmal halt, da vor jeder Kirche eine Litanei gesungen wurde. Der Sarg war in der Archangelsk-Kathedrale ausgestellt; nach dem Trauergottesdienst hielt ich eine Andacht vor den Gebeinen der Heiligen in der Uspenski-Kathedrale und im Tschudow-Kloster...". „In der Station Obuchowo bestiegen wir wieder den für die Trauergäste bestimmten Zug und kamen um zehn Uhr in Petersburg an. Es war ein schmerzliches Wiedersehen mit den übrigen Verwandten; das Wetter war grau, und es taute..." „Zum zweiten Male mußte ich heute die Trauer und den Kummer durchleben, die uns am 20. Oktober beschieden worden sind. Um halb elf Uhr begann der vom Erzbischof zelebrierte Gottesdienst, dann wurde der teure, unvergeßliche Vater zur Beerdigung eingesegnet."

„Das war mein Einzug in Rußland", erzählte Alix später. „Unsere Hochzeit erschien mir wie eine Fortsetzung der Totenmessen, mit dem Unterschied, daß ich jetzt statt eines schwarzen Kleides ein weißes trug!" Die junge Zarin war vom ersten Anbeginn ihres Aufenthaltes in Rußland eine unbeliebte, ja verhaßte Fremde. Von der alten Kaiserin Marja Fjodorowna ausgehend, verbreitete sich durch alle Kreise des Hofes eine starke Mißstimmung gegen die ‚Deutsche', und diese allgemeine Frostigkeit blieb auch bestehen, nachdem Alix von Hessen zur Kaiserin von Rußland geworden war. Wohl war sie stets nach bestem Können bemüht gewesen, sich die Sympathien ihrer Schwiegermutter und des Hofes zu erringen, doch jeder dahingehende Versuch scheiterte an der vorgefaßten ungünstigen Meinung sowie an ihrer eigenen Schüchternheit und Unbeholfenheit. „Der junge Kaiser", erzählt sie selbst, „war durch die Ereignisse zu sehr in Anspruch genommen, um sich mir widmen zu können, und ich wußte vor Schüchternheit, Einsamkeit und der Größe der auf mich einstürmenden Eindrücke nicht aus noch ein."

Bald bildete sich neben dem Hof des jungen Herrscherpaares ein zweiter Hofstaat rings um die Kaiserin-Mutter, und von dort verbreiteten sich Wellen des Übelwollens gegen Alexandra Feodorowna. Die älteren Hofdamen, an ihrer Spitze die Fürstin Obolenski und die Gräfin Woronzow, hatten stets an dem Betragen der jungen Kaiserin etwas auszusetzen, wußten immer neue Klatschgeschichten gegen sie zu verbreiten und taten ihr Möglichstes, um der einsamen und hilflosen jungen Frau das Leben nach Kräften zu verbittern. In ihren Briefen aus dieser Zeit ertönen häufig Klagen über ihre Einsamkeit: „Ich fühle mich ganz allein und bin verzweifelt ..."

Als die Zarin einmal mit einer ihrer Hofdamen ausfuhr, trat ein Bettler an ihren Wagen heran und streckte bittend seine Hand aus; sie gab ihm ein Almosen, und er lächelte sie dankbar an.

„Das ist das erste Lächeln, das mir in Rußland begegnet", bemerkte die Kaiserin traurig zu ihrer Begleiterin.

Aus der Kälte der sie umgebenden Hofkreise flüchtete die junge Frau dorthin, wo sie allein sich beschützt und glücklich fühlen konnte, zu ihrem Gatten, in ihr engstes Heim. Aber auch hier blieb ihr das ungetrübte reine Familienglück versagt, ja von hier aus sollte der tiefste Schmerz ihres Lebens erwachsen: Der Zar wünschte sich leidenschaftlich einen Sohn, das Reich erwartete einen Thronerben, doch hintereinander gebar die Zarin nur Töchter. Mit stets wachsendem Kummer mußte sie den unausgesprochenen Vorwurf ihrer Schwiegermutter, ihrer Umgebung, ja des ganzen Landes tragen, als habe sie sich ihren Pflichten als Kaiserin nicht gewachsen gezeigt. Erst inmitten der blutigen Katastrophe des Russisch-Japanischen Krieges sollte sich das langersehnte Ereignis erfüllen: Am 30. Juli 1904 gebar Alexandra einen Sohn. Überglücklich schrieb der Zar an diesem Tag in sein Journal:

„Ein unvergeßlicher, großer Tag, an welchem uns die Gnade Gottes sichtbar zuteil geworden ist. Um ein und ein viertel Uhr brachte Alix einen Sohn zur Welt, der im Gebet den Namen Alexej erhielt. Ich hatte noch vormittags einen Bericht von Kokowzow entgegengenommen und den verwundeten Artillerieoffizier Klepikow empfangen und war dann zu Alix gegangen, um mit ihr zu frühstücken. Eine halbe Stunde später vollzog sich das freudige Ereignis. Es gibt keine Worte, um dem Herrn für diesen Trost in schweren Prüfungen gebührend zu danken. Die teure Alix fühlte sich sehr wohl; um fünf Uhr fuhr ich mit den Kindern zu einem feierlichen Gottesdienst, wo sich die ganze Familie versammelte ..."

Von nun an füllten die Freuden, aber auch die Sorgen mit dem kleinen Sohn das Leben der Eltern aus; der Thronfolger wuchs zu einem reizenden, liebenswürdigen Knaben mit blondgelocktem Haar heran, der das Entzücken des Herrscherpaares und seiner Umgebung bildete. Immer aufs neue beglückt, beobachteten sie seine ersten Bewegungen, Schritte und Spiele, lauschten sie den ersten stammelnden Worten, die über seine Lippen kamen. Bald aber mußten die Eltern zu ihrem Entsetzen erkennen, daß ihr ‚einziger Schatz', wie der Kaiser seinen Sohn im Tagebuch zu nennen pflegte, dieser kleine, fröhlich lächelnde Knabe mit blondem Haar, den Keim eines schweren und unheilbaren Leidens in sich trug. Jede unvorsichtige Bewegung konnte ihm den Tod bringen, denn der so sehnsüchtig erwartete und nach seiner Ankunft vergötterte kleine Alexej litt an Hämophilie, an der schrecklichen Bluterkrankheit, bei welcher jede noch so kleine Verletzung tödlich wirken konnte. Sooft er mit dem Arm oder dem Fuß irgendwo heftiger anstieß, bildete sich sofort ein innerer Bluterguß mit einer blauen Geschwulst und starken Schmerzen. So wurde das Leben dieses umhegten und gepflegten kleinen Thronerben von Anfang an zu einer Kette unablässiger Martern und für seine Umgebung zu einer Quelle ständiger Angst.

Die Eltern des unglücklichen Knaben suchten ihn durch tausenderlei Geschenke nach Möglichkeit über die vielen Entbehrungen hinwegzutrösten, die sein Leiden für ihn im Gefolge hatte und ihn vergessen zu machen, daß ihm alle jene Spiele verboten waren, mit denen die anderen Kinder seines Alters sich vergnügten.

Die kostbarsten und teuersten Spielsachen wurden in seinem Zimmer angehäuft, große Eisenbahnzüge, in deren Wagenabteilen Puppen als Fahrgäste Platz fanden, mit Dämmen, Stationsgebäuden und Wächterhäuschen, mit funkelnden Lokomotiven und wundervollen Stellwerken; ganze Bataillone von Bleisoldaten, Modelle von Städten mit Kirchtürmen und Kuppeln, schwimmende kleine Schiffsmodelle, vollkommen eingerichtete Miniaturfabriken mit Arbeiterpuppen und sorgsam der Natur nachgebildete Bergwerke mit ein- und ausfahrenden Häuern. Alle diese Spielwerke waren mechanisch angetrieben, und es genügte, daß der Thronfolger auf einen Knopf drückte, um die Arbeiter in Bewegung zu setzen, die Kriegsschiffe in ihrem Schwimmbassin auf- und abjagen, die kleinen Kirchenglocken der Stadt läuten und die Soldaten marschieren zu lassen.

Aber was nützten diese noch so schönen und vollkommenen Spielzeuge: Der kleine Alexej saß mitten unter ihnen, stets bewacht vom treuen Matrosen Derewenko, der unausgesetzt darauf achtete, daß der Knabe mit seinen Armen oder Beinen nur ja keine gefährliche Bewegung machte. Niemals durfte er, wie alle die anderen Kinder, laufen, springen oder sich herumbalgen, immer hieß es sogleich: „Alexej, sei vorsichtig, daß du dir nichts zuleide tust!"

Jammervoll schwer fiel es dem kleinen Jungen, immer ruhig sitzen zu bleiben, da er doch so gerne alle seine kostbaren Spielsachen gegen einen Tag des freien und ungehinderten Umhertollens eingetauscht hätte. Nur einmal, ein einziges Mal, so ganz nach Herzenslust sich austoben dürfen, ohne daß die mahnende Stimme Derewenkos ertönt wäre: „Alexej, nimm dich in acht, sei vorsichtig!"

Oft und oft kam der kleine Thronfolger mit Wünschen zu seiner Mutter, die diese ihm schweren Herzens verweigern mußte. „Schenke mir ein Fahrrad, Mama", bat er, und die Zarin mußte ihm darauf erwidern: „Du weißt doch, Alexej, daß das für dich zu gefährlich ist!"

„Ich möchte auch Tennisspielen lernen, wie die Schwestern!" „Du weißt, daß du nicht spielen darfst!"

Da brach das Kind in Tränen aus und rief verzweifelt: „Warum bin ich nicht so wie alle anderen Jungen?"

Manchmal aber ließ sich der natürliche Trieb nach Betätigung nicht eindämmen, der Knabe machte ein paar rasche Schritte, eine unbedachte Bewegung, und schon war das Unglück geschehen: Er blutete, und die Blutung ließ sich durch kein Mittel zum Stillstand bringen. Vergebens bemühten sich die besten Ärzte der Residenz um das kranke Kind und versuchten alle Mittel, die der Wissenschaft zu Gebote standen. Schmerzlich stöhnend lag der Thronfolger da, und die hilflosen Eltern mußten zusehen, wie er, anscheinend unaufhaltsam, dem Tode anheimfiel. Dann fanden in der kleinen Kapelle des Kaiserschlosses verzweifelte Bittgottesdienste statt, die so lange andauerten, bis wieder einmal das Wunder geschah und der fast sterbende Knabe gerettet wurde.

So furchtbar auch dieses Leiden ihres Sohnes an und für sich auf die Zarin wirken mußte, so hatte sie in diesem Falle noch einen besonderen Grund zur Verzweiflung; wurde sie doch unaufhörlich von dem Gedanken gepeinigt, sie selbst trage ohne ihr Hinzutun die Schuld an dem qualvollen Übel ihres Kindes. Denn die Bluterkrankheit war in ihrer Familie erblich, und einer ihrer Onkel, ihr jüngerer Bruder sowie zwei Neffen waren daran gestorben. Dieses unheimliche Leiden tritt zumeist nur bei männlichen Nachkommen auf, und so war die Kaiserin selbst von ihm verschont geblieben, während sie es ihrem Sohn weitervererbt hatte. Als die Eltern sich über die verhängnisvolle Krankheit des Thronfolgers klargeworden waren, gaben sie den letzten Rest von repräsentativem Hofleben auf und zogen sich ganz in ihren engsten Familienkreis zurück. Von nun an galt ihre ganze Sorge nur mehr dem kranken Knaben, dem ja doch der kleinste Zufall den Tod bringen konnte. Sooft Alexej spielte, suchten die Eltern ängstlich nach einer Möglichkeit der Gefahr, sahen sie hinter jeder der Spielsachen den Tod lauern, der plötzlich, unvermutet hervortreten und ihnen den geliebten Sohn entreißen konnte.

Infolge aller dieser Aufregungen erkrankte die Kaiserin an einem schweren Nervenleiden, das sich zuerst in hartnäckigen nervösen Magenschmerzen äußerte und sie für lange Zeit an das Bett fesselte.

Zur gleichen Zeit aber, als das Unheil begonnen hatte, sich in der Familie des Herrscherpaares einzunisten und mit seinen Schatten das Idyll von Zarskoje Selo zu bedecken, wuchs im Hintergrunde das noch furchtbarere Gespenst der großen Katastrophe, die sich während dieser ‚dreiundzwanzig glücklichen Jahre' vorbereitete.

Mit dem Krönungsfest in Moskau hatte es angefangen: Inmitten der prunkvollsten Festlichkeiten war es zu einem der schauerlichsten Unglücksfalle aller Zeiten gekommen. Auf dem Chodinskifeld in der Nähe der Stadt hatte der junge Kaiser, einem uralten Brauch folgend, große Vorbereitungen zu einer allgemeinen Bewirtung des Volkes treffen lassen; zu Tausenden marschierten die von weit und breit zusammengeströmten Menschenmassen dort auf, um einmal, an diesem Festtage, ‚Gäste des Zaren' zu sein. Voll Freude und Jubel drängten die immer mehr anwachsenden Scharen auf die bereitgestellten Tische mit Leckerbissen zu, bis sich plötzlich, innerhalb weniger Sekunden, diese anscheinend so fröhliche Szene in ein Bild des Entsetzens verwandelte. Um das Feld zu ebnen, hatten leichtsinnige Beamte einen großen Graben mit Brettern überdecken lassen; unter dem Ansturm der Volksmenge aber waren diese geborsten, und so fielen Tausende in die Gruben, während die Hintenstehenden ahnungslos nachdrängten und immer weitere Mengen hinabstießen. Bald war der ganze große Graben erfüllt mit verzweifelt um ihr Leben ringenden und einander dabei zu Boden tretenden Menschen, einer sich übereinander wälzenden, vor Schreck rasend gewordenen Masse. Dieses Fest zur Feier der Zarenkrönung hat etwa dreitausend Todesopfer gefordert, und die Polizei hatte stundenlang zu tun, um die Leichen so rasch als möglich beiseite zu schaffen.

In der Erinnerung des Volkes blieb der Regierungsantritt Nikolajs des Zweiten stets mit dieser Katastrophe verbunden, und wenn der Zar selbst an dem Unglück auch nicht unmittelbar die Schuld trug, so säte dieses Ereignis doch die ersten Samen des Hasses gegen ihn aus. Denn die Ratgeber des jungen Herrschers hatten ihm die volle Bedeutung der Geschehnisse auf dem Chodinskifeld verheimlicht und hatten ihm empfohlen, die weiteren vorgesehenen Festlichkeiten dennoch stattfinden zu lassen. So unverantwortlich dieser Ratschlag auch war, fand der junge Kaiser doch nicht den Mut, sich ihm zu widersetzen, und so kam es, daß er mit seiner Gattin auf einem festlichen Hofball tanzte, während draußen die Leichen der Opfer noch nicht geborgen waren. Diese anscheinende Gleichgültigkeit des Zaren gegenüber einem Ereignis, das ganz Moskau in tiefste Trauer versetzte, mußte natürlich als Herzlosigkeit, ja als aufreizender Hochmut wirken, und von dieser Zeit an war Nikolaj, gerade in Moskau, nie mehr ‚wirklich beliebt'.

Nur wenige Wochen später ereignete sich bei einer anderen Festlichkeit zu Ehren des neuen Zaren wiederum eine Katastrophe: In Kiew ging vor seinen Augen ein geschmücktes Schiff mit dreihundert Zuschauern unter, wobei nur wenige Menschen gerettet werden konnten. Diese unheilkündenden Ereignisse bei der Thronbesteigung und bei der Krönung bildeten den Anfang einer fast unaufhörlichen Kette von blutigen Vorfällen; stets von neuem trat in hundert verschiedenen Bildern und Variationen das Unglück an den Kaiser heran. Alle Verfügungen Nikolajs, mochten sie auch noch so wohlgemeint sein, schlugen, wie unter einem unabwendbaren Fluch, zum Bösen aus. Vielleicht kam es daher, daß er, in ständiger Angst vor neuem Unglück, nicht den Mut hatte, gerade und energisch zu handeln, sondern, wie Witte sich ausdrückt, stets „nach Seitenwegen suchte und auf diesen Seitenwegen immer wieder zu demselben Ziel, zu einer schmutzigen Pfütze oder einer Blutlache, gelangte".

Unbefangene Menschen, Staatsmänner, die ihm in mancher Hinsicht kritisch gegenübergestanden haben, versichern, Nikolaj sei oft von den besten Absichten beseelt gewesen und habe sich ehrlich bemüht, seinem Reich nach Kräften zu dienen. Wie Rußland dennoch unter seiner Herrschaft in Wirklichkeit aussah, das schildert mit ergreifenden Worten Leo Tolstoi, der im Jahre 1902, als er seinen Tod herannahen glaubte, einen Brief an den Kaiser abfaßte.

„Ich möchte nicht sterben", schreibt Graf Tolstoi an den Zaren, „ohne Ihnen gesagt zu haben, was ich von Ihrer bisherigen Tätigkeit denke, wie sie meiner Überzeugung nach sein, wieviel Gutes Ihre Regierung Millionen von Menschen und Ihnen selbst bringen könnte, und wieviel Böses sie bringen wird, wenn sie in ihrer jetzigen Richtung fortgesetzt wird. Ein Drittel Rußlands befindet sich im Zustand des sogenannten ‚verschärften Schutzes‘, was soviel bedeutet wie völlige Gesetzlosigkeit. Das Heer der geheimen und öffentlichen Polizisten wächst immer mehr an; die Gefängnisse, die Verbannungsorte und Zuchthäuser in Sibirien sind nicht nur mit Hunderttausenden gemeiner Verbrecher, sondern auch mit politischen Sträflingen überfüllt, zu welchen man jetzt auch die Arbeiter rechnet. Die Zensur verbietet alles mit einer Willkür, wie sie nicht einmal in der schlimmsten Zeit der vierziger Jahre geherrscht hat. Niemals sind die religiösen Verfolgungen so häufig und so grausam gewesen wie jetzt, und dieser Zustand wird immer noch ärger. In den Städten und in den großen Industriezentren sind Truppen zusammengezogen, die mit geladenen Gewehren gegen das Volk aufgeboten werden. An vielen Orten ist es bereits zu brudermörderischem Blutvergießen gekommen, weiteres Blutvergießen wird überall vorbereitet und wird unvermeidlich stattfinden. Als Resultat dieser ganzen grausamen Verwaltung ergibt es sich, daß die Bauernschaft, jene hundert Millionen Menschen, auf denen die Macht Rußlands beruht, mit jedem Jahr ärmer wird, und daß die Hungersnot bei uns zu einer regelmäßigen und geradezu normalen Erscheinung geworden ist ..."

Dieser Zar, der den Wunsch gehabt hatte, als Apostel des Weltfriedens in der Geschichte weiterzuleben, verursachte durch seine haltlose und schwankende Politik hintereinander die beiden größten Kriege des frühen zwanzigsten Jahrhunderts, oder er tat doch zum mindesten nur wenig, um ihren Ausbruch zu verhindern. In den Krieg gegen Japan war er von eitlen Ratgebern gedrängt worden, von Ministern, die ‚einen kleinen siegreichen Krieg' herbeiwünschten, um die allgemeine Aufmerksamkeit von der unhaltbaren Lage im Innern des Reiches abzulenken. Und nun mußte der Kaiser es erleben, daß dieser Feldzug, den man glaubte als ‚Lappalie' behandeln zu können, von einer Niederlage zur anderen führte, daß die besten Regimenter Rußlands in der Mandschurei verbluteten, daß die stolze Schlachtflotte in der Bucht von Tschuschima bis zur Vernichtung geschlagen wurde.

Noch ehe dieser unglückselige Krieg zu Ende war, brach neues Unheil über Rußland herein: Der Bürgerkrieg drohte, allerorten kam es zu Aufruhr und Revolten, und der Thron schien mit einem Male ernstlich gefährdet. Den Anstoß zu diesen neuen Schrecknissen hatte ein Blutbad unmittelbar vor den Fenstern des Herrschers gegeben: Unter der Führung des Priesters Gapon waren hungernde und unzufriedene Arbeiter nach dem Winterpalais gezogen, um dem Zaren in aller Demut eine Bittschrift zu überreichen. Die Demonstranten hatten Heiligenbilder und Porträts des Kaisers vorangetragen und waren von den friedlichsten Absichten beseelt gewesen; dennoch hatte der Militärkommandant ohne vorherige Warnung den Zug mit Gewehrsalven empfangen lassen, worauf sich alsbald Hunderte in ihrem Blute wälzten.

Von diesem Tage an herrschte im Volke tiefer Ingrimm gegen den Kaiser, der von nun ab den bösen Beinamen ‚der Blutige' erhielt. Die Aufstände häuften sich, überall in dem ganzen weiten russischen Reich empörten sich die Massen, und bald glich das Zarenschloß einer belagerten Festung. Ohne Unterbrechung folgten einander Revolten und

Metzeleien, sowohl in Petersburg und Moskau, wie auch in Warschau, Kiew, Odessa, in den Baltischen Provinzen und in Kronstadt. Ströme von Blut wurden vergossen, ehe es den Ministern des Kaisers gelang, die Revolution niederzuschlagen.

Weitere Ströme von Blut flossen, als dies endlich gelungen war: Die Ausnahmegerichte verhängten Todesurteile nach Dutzenden und Hunderten, Strafexpeditionen wurden ausgerüstet, die in den aufrührerischen Provinzen die Bevölkerung ganzer Dörfer ausrotteten und die Häuser niederbrannten.

Von nun an lebte aber auch die kaiserliche Familie in ständiger Furcht vor Mordanschlägen, Bomben und Höllenmaschinen. Wenn die Kaiserin sich jetzt nach einer der ‚sorglosen' Seefahrten von ihren Begleitern verabschiedete, so pflegte sie zu sagen: „Es war so schön – vielleicht ist es das letzte Mal gewesen!" Keinen Augenblick lang durfte das Herrscherpaar seines Lebens mehr sicher sein, jede kommende Stunde konnte den Tod bedeuten.

Ein Minister nach dem anderen war einem Mord zum Opfer gefallen. Schon am Vorabend der Revolution war Plehwe, der Minister des Innern, inmitten seines zahlreichen Gefolges auf dem Bahnhof von Warschau von einer Bombe zerrissen worden, mit ihm sieben Personen seiner Begleitung. Kurze Zeit später fiel auch Großfürst Sergej Alexandrowitsch, der Onkel des Zaren und Schwager der Zarin, von Mörderhand. Er war Generalgouverneur von Moskau gewesen und hatte sich auf diesem Posten durch unerbittliche Strenge und Grausamkeit auf das äußerste verhaßt gemacht. Seine Gemahlin, die Großfürstin Jelisaweta Feodorowna, die Schwester der Zarin, hatte das Unheil kommen sehen und ihren Gatten immer daran hindern wollen, daß er allein ausfahre. Dennoch hatte sie eines Tages von der Straße her die Detonation einer Bombe vernommen, war sofort, von einer furchtbaren Ahnung erfaßt, hinabgestürzt und hatte den verstümmelten, blutüberströmten Körper des ermordeten Großfürsten vor sich gesehen.

Jelisaweta Fjodorowna hatte ihren Gemahl, trotz seines launenhaften, herrischen und oft an Geistesgestörtheit grenzenden Charakters, geliebt und sie zog sich nun, nach seinem schrecklichen Ende, für immer in ein Kloster nahe von Moskau zurück. Mit ihrem ernsten, schönen Antlitz wirkte sie in der Nonnentracht wie eine Madonna, und ihre anmutige, schlanke Gestalt unter dem fließenden weißen Schleier war rührend und verführerisch zugleich. Wenn sie bisweilen bei besonderen Anlässen das Kloster verließ und am Petersburger Hof erschien, verbreitete sie stets ein Gefühl der Bewunderung und ehrfürchtigen Verehrung um sich, als sei sie mit ihren hellen, unschuldvollen Augen, ihren ebenmäßigen Gesichtszügen und ihrem zarten, fast schwebenden Gang der gute Geist der kaiserlichen Familie.

Es währte nicht lange, und in der unmittelbaren Umgebung des Zaren ereignete sich eine neue Katastrophe, die fast das Leben seines tüchtigsten Ratgebers, des Ministerpräsidenten Stolypin, gefordert hätte. Dieser hatte den Sommer über auf der sogenannten ‚Apothekerinsel' in der Nähe der Residenz geweilt, als eines Tages sein Haus durch eine Höllenmaschine in die Luft gesprengt wurde. Dabei kamen mehr als vierzig Menschen ums Leben oder wurden verwundet, während wie durch ein Wunder der Ministerpräsident selbst damals noch mit dem Leben davonkam; seine Tochter aber wurde für immer verkrüppelt.

Das Schicksal hatte Stolypin jedoch nur eine kurze Gnadenfrist gewährt: Im Jahre 1911 erlag er, bei einer Festvorstellung im Theater von Kiew, vor den Augen des Kaisers den Revolverschüssen eines jungen Anarchisten, der sich unter dem Vorwand, eine Verschwörung aufgedeckt zu haben, das Vertrauen der Geheimpolizei erschlichen und dadurch Zutritt in das Theater verschafft hatte. Der zu Tode getroffene Ministerpräsident konnte, ehe er verschied, auf seinem Parkettsitz zurücksinkend, nur noch zu der Loge des Kaisers aufblicken und das Kreuzeszeichen schlagen.

Dies alles bildete nun den düsteren Hintergrund von Katastrophen aller Art: von Krieg, Aufruhr, Hinrichtungen und Mord, vor dem sich das ‚Idyll von Zarskoje Selo' seltsam abhob. Hier entwickelte sich, ganz in Licht getaucht, ein Bild kleinbürgerlicher Zufriedenheit: Man sah den Zaren Billard spielen, die Zarin in heiterem Geplauder mit ihrer Freundin Anja, die Kinder vergnügt mit Handarbeiten beschäftigt, kleine Komödien aufführen und Hausbälle veranstalten. Dort aber, gleichsam im Hintergrund, ein brennendes Land und von Gewehrsalven heimgesuchte Städte, lange Züge verbannter Sträflinge auf ihrem Wege nach Sibirien, Gefängnisse und von Kugeln zerrissene Leiber von Muschiks und Ministern.

Während im Zimmer neben dem Gemach der Kaiserin ein leiser, werbender Pfiff ertönte, wie der sehnsuchtsvolle Ruf eines Vogels, mischte sich in der fernen Mandschurei das Stöhnen sterbender Soldaten mit dem Donner der Kanonen. Mit ruhiger Sicherheit spielte Kaiser Nikolaj Tennis, und selten verfehlte er einen Ball; zur gleichen Zeit aber versank in den chinesischen Gewässern seine Flotte mit vielen Tausenden braver Matrosen.

Es mußte wie eine frivole Herausforderung wirken, wenn der Herrscher inmitten aller dieser Schrecknisse sein unbekümmertes Leben fortsetzte, wenn er jagte, spazierenfuhr, Tennis spielte, schwamm und ruderte; ein großer Teil der Bevölkerung war auch geneigt, diese seltsame Gleichgültigkeit des Kaisers allem Unglück gegenüber seiner völligen Gefühlskälte und Herzensroheit zuzuschreiben. Mancher von den Hofleuten, Ministern und Botschaftern wußte von ganz konkreten Fällen zu erzählen, da der Zar diese sonderbare Verständnislosigkeit für den Kummer und das Leid seiner Untertanen in besonders krasser Form an den Tag gelegt habe.

Zum erstenmal hatte sich das ja bereits bei dem Unglück auf dem Chodinski-Fest gezeigt, als der junge Zar die Festlichkeiten nicht abgesagt, sondern selbst an einem Ball teilgenommen hatte. Als am 14. Mai 1905 die russische Flotte bei Tschuschima vernichtet wurde, traf diese Nachricht den Kaiser gerade beim Tennisspiel an. Er öffnete die Depesche, sagte: „Welch ein schreckliches Unglück!", ergriff seinen Schläger und setzte die Partie fort. Die gleiche Gemütsruhe hatte er bei der Ermordung Plehwes und seines Onkels und auch später bei dem vor seinen Augen vollführten Attentat auf Stolypin bezeugt.

Auch die Tagebuchaufzeichnungen Nikolajs des Zweiten bestätigen den Eindruck, als habe es dem Kaiser durchaus an jedem Verständnis für ernste Ereignisse gefehlt. Mit wenigen Worten nur streift er in diesen Notizen Vorfälle von größter Bedeutung, Katastrophen und tragische Schicksalswendungen; derartige Dinge nehmen in seinem Tagebuch nicht mehr Raum ein als Bemerkungen über ganz belanglose alltägliche Erlebnisse. Zwischen ausführlichen Angaben über die Beute bei einer Jagd, über Ausflüge und Spazierfahrten sind die größten Geschehnisse seiner Regierungszeit ganz obenhin vermerkt. Besonders die Nachrichten über den Verlauf des Krieges gegen Japan erscheinen in dem Tagebuch des Zaren so spärlich, als habe er es geradezu vermieden, sich ernstlich mit diesem Thema zu beschäftigen. Hie und da merkt er ja wohl an, die ungünstigen Nachrichten aus dem fernen Osten bedrückten ihn, dann aber geht er sogleich wieder zu erfreulicheren Dingen über und erzählt von Spazierritten, vom Wetter und von behaglichen Abenden mit seiner Alix.

An dem entscheidenden Tage von Tschuschima schreibt der Zar: „Fortgesetzt treffen bedrückende und widerspruchsvolle Nachrichten über den unglücklichen Kampf in der Bucht von Tschuschima ein. Ich hörte drei Vorträge, dann gingen wir zu zweit spazieren. Das Wetter war wundervoll und heiß. Wir tranken Tee und speisten auf dem Balkon. Abends empfing ich Bulygin und Trepow, die lange bei mir blieben."

Auch die Revolution hat in dem Tagebuch sehr wenig Spuren hinterlassen; hie und da äußert er seinen Unwillen über militärische Disziplinlosigkeit, besonders ärgert er sich über die Meuterei auf dem Panzerkreuzer ‚Potemkin', mit ein paar recht gleichgültigen Worten schreibt er über das Blutbad vor dem Winterpalais, im übrigen aber nehmen wieder die Berichte über Jagden und Ausflüge den größten Raum ein.

Trotz alledem muß der Vorwurf, als seien Nikolaj und Alexandra von grausamer Gefühllosigkeit gewesen, bei näherem Zusehen als ungerecht bezeichnet werden. Das scheinbar völlig unbekümmerte Glück dieses Familienlebens, das durch kein äußeres Ereignis zu störende ‚Idyll von Zarskoje Selo', bedeutete nicht eine zynische Herausforderung, nicht ein hochmütiges Unverständnis für die Leiden des Volkes, es war vielmehr die Flucht zweier schwacher, vom Unglück heimgesuchter, von ewiger Angst gehetzter Menschen, die sich vor dem Verhängnis in ihr enges und ringsum abgeschlossenes ‚Glück' zu verbergen suchten. Während draußen die Erde barst, die Revolution aufkochte und eine Katastrophe nach der anderen über das Reich hereinbrach, spielte der Zar Billard oder Tennis, saß die Zarin am Nähtisch, in dem kindischen Glauben, das Unglück könne solcherart aus ihrem kleinen Kreis gebannt bleiben.

In den Stunden, da der Kaiser sich von seiner Familie trennen mußte, strömten Verantwortungen, Vorwürfe, Pflichten und Gefahren auf ihn ein. Er wurde mit Klagen ungerecht Mißhandelter, mit Berichten über Unglücksfälle und Mißerfolge überschüttet, vor seinen Augen wurden

Minister ermordet, in seinen Ohren tönte das Stöhnen sterbender Muschiks, das Krachen von Gewehrsalven und explodierenden Bomben; solange er aber bei seiner Alix saß und zuhörte, wie sie mit Anja vierhändig spielte, mußte jeder Mißklang und jede Sorge, von den Klängen der Musik übertönt, verstummen.

Und im Kinderzimmer kauerte, irgendwo hinter den Spielsachen des Thronfolgers verborgen, der Tod, jeden Augenblick bereit hervorzuspringen und das Kind in seine Gewalt zu bringen. Solange aber die Eltern dem Spiel ihres Sohnes lächelnd zusahen, war es ihnen, als könne das Unglück nicht an ihn heran, als sei der kleine Alexej in voller Sicherheit. Diese glücklichen Momente im engsten Familienkreise waren ihnen das einzig Sichere inmitten einer Flut von Gefahren und drohenden Katastrophen.

Nikolaj der Zweite und Alix von Hessen waren ihrem Wesen nach keineswegs gefühllose oder gar böse Menschen; sie waren nur, wie die meisten Verwöhnten und später vom Schicksal Verfolgten, in dem trügerischen Wahn befangen, man könne sich vor dem Verderben retten, indem man sich ganz tief in sein Glück verkroch, so daß das Übel nicht an einen herankönne. Mußte man aber einmal in das tätige Leben hinaustreten, dann sah man sich tausend unvorhersehbaren Schrecknissen und Gefahren gegenüber. Da war es also am besten, in seinem Heim zu bleiben, stillzusitzen und so zu tun, als existiere das Böse überhaupt nicht. War dieses Glück auch nur ein trügerischer Schein, so waren Zar und Zarin doch in dem mystischen Glauben verstrickt, es genüge, einen kindlich-heiteren Pfiff ertönen zu lassen, den Tennisball durch die Luft zu schleudern und die Ruder zu schwingen, um das lauernde Unheil zu bannen.

Solcherart bildete das ‚sonnige Familienidyll' von Zarskoje Selo nur einen traurigen Schlupfwinkel für arme, gequälte, verängstigte, zitternde Menschen, einen Versuch, das unaufhaltsame, grausame Schicksal durch Nichtbeachtung zu meistern.

Solange Nikolaj und Alexandra sich innerhalb dieses ‚magischen Zirkels' bewegten, waren sie schöne, fröhliche, gute und liebenswerte Menschen. Jene wenigen, die in ihr abgeschlossenes Heim Zutritt hatten, bewunderten die Schönheit der Kaiserin, den fröhlichen und natürlichen Blick des Kaisers und sprachen in aufrichtiger Begeisterung von dem bezaubernden Wesen dieses Paares. Wer sie aber außerhalb ihrer stillen Häuslichkeit zu Gesicht bekam, wer ihnen bei Empfängen, Festen und sonstigen offiziellen Anlässen begegnete und sich von dem äußeren Anschein nicht blenden ließ, erkannte sofort, daß er hier zwei schüchterne, ängstliche und ewig verlegene Menschen vor sich hatte.

Wohl mußte jeder zugeben, daß die schlanke Gestalt und das schöne Gesicht der Kaiserin majestätisch wirke, daß der Kaiser von gewinnenden Umgangsformen, liebenswürdig und dabei doch selbstbewußt sei; aber zugleich fühlte man, wie die aufrechte Haltung Alexandras erzwungen und unecht, wie das verbindliche Lächeln Nikolajs gemacht und befangen war.

Paléologue, der französische Botschafter am Petersburger Hof, hatte öfter Gelegenheit, das Kaiserpaar bei Galaveranstaltungen zu beobachten; er sah dann, wie die Zarin im Gespräch starr ins Leere blickte, wie ihr Lächeln sich zu einem Krampf verzerrte, ihr eigentümliches, scheues Erröten mit fahler Blässe abwechselte. Ihre bläulichen Lippen waren aufgedunsen, das Brillantgeschmeide auf ihrer Brust hob und senkte sich unter ihren keuchenden Atemzügen. „Bis zum Schluß der Tafel, die sehr lange währte, kämpfte die arme Frau offenbar gegen ein hysterisches Angstgefühl. Erst als sich ihre Augen wieder auf den Kaiser hefteten, der sich eben erhob, glätteten sich ihre Züge." Mit dieser Betrachtung schließt Paléologue seinen Bericht.

Allen Fremden mußte sogleich ihre Schüchternheit und Unbeholfenheit auffallen, an der sie schon als junges Mädchen gelitten hatte und die sie auch in späteren Zeiten niemals zu überwinden vermochte. Sogar Alexander Tanejew, der treu ergebene Verwalter des Hofvermögens, geriet in höchstes Erstaunen, als er, während seines ersten Vortrages bei der jungen Zarin, versehentlich einige Schriftstücke fallen ließ und Alexandra sich verwirrt bückte, um ihm die Blätter aufzuheben.

Auch im Gespräch war die Kaiserin sehr schüchtern und unsicher, so daß sie oft mitten in einem Satz steckenblieb, zu stottern begann und nicht weiter konnte. Diese Hilflosigkeit des Auftretens trug ihr den Spott der Höflinge ein, und mancher nannte sie höhnisch eine ‚deutsche Kleinstädterin', mit boshafter Anspielung auf den in Rußland geringschätzig von oben herab angesehenen ‚Duodezhof' von Hessen.

Oft wurde ihre Verlegenheit aber auch als Stolz und Hochmut gedeutet. Sie war nicht imstande, sich unbefangen und liebenswürdig zu geben, und der Hof machte daraus alsbald Lieblosigkeit und Dünkel. Es gab sogar Leute, die ihr jegliche Schönheit absprachen und behaupteten, ihre Gestalt sei derb, ihr Gesicht uninteressant, und ihr ganzes Wesen lasse einen gleichgültig. Diese frostige Ablehnung, die ihr überall zuteil wurde, mußte natürlich ihre Verschlossenheit und Ängstlichkeit nur noch verstärken, und so fühlte sie sich unglücklich und verlassen, sobald sie gezwungen war, aus dem engen Kreise ihres Heims herauszutreten. Nur innerhalb der Familie wich der beklemmende Alp von ihr, dort wurde sie wieder heiter, offenherzig und liebenswürdig.

Auch der Charakter des Zaren hatte, obwohl von dem ihren ganz verschieden, dennoch gewisse ähnliche Züge aufzuweisen: Auch er war im Grunde seines Wesens scheu und unfrei, auch er haßte alle offiziellen Veranstaltungen, und auch ihm schrieb man Hochmut und Unaufrichtigkeit zu. Kaiser Nikolaj der Zweite war durch den plötzlichen Tod seines Vaters schon in jungen Jahren und gleichsam über Nacht auf den Thron gelangt und war daher für seine schwierige Stellung nur wenig vorbereitet gewesen. In der ersten Zeit seiner Regierung hatte er sich daher ganz dem Rat erfahrener Verwandten anvertraut und stand anfangs besonders stark unter dem Einfluß seiner energischen und intelligenten Mutter. Ohne jede Übung in den Regierungsgeschäften, war er zunächst ganz in den Händen der Minister gewesen, was insofern das beste war, als diese die langjährigen Ratgeber und Vertrauten seines Vaters gewesen waren. Im Laufe der Jahre aber war einer nach dem anderen von ihnen eines natürlichen oder eines gewaltsamen Todes gestorben, und der junge Zar mußte sich wohl oder übel die neuen Minister selbst wählen. Hierbei aber fehlte es ihm nicht nur an natürlicher Menschenkenntnis, sondern auch an der Gelegenheit, wertvolle Männer überhaupt kennenzulernen. Während sein Großvater, Alexander der Zweite, überall, auch in privaten Kreisen, zu verkehren pflegte und dadurch die Bekanntschaft zahlloser Leute machte, wobei er durchaus nicht zögerte, Männer, die ihm tüchtig erschienen, ohne Rücksicht auf ihren bisherigen Rang, zu Ministern zu ernennen, schloß sich Nikolaj der Zweite gänzlich von jedem gesellschaftlichen Leben ab und war daher bei der Wahl seiner Ratgeber auf seine engste Umgebung angewiesen.

Überdies fehlte es dem Kaiser von Natur aus an Willenskraft und an einer energischen, ihres Zieles bewußten Persönlichkeit: Es war nicht schwer, ihn zu etwas zu überreden, zugleich aber konnte niemand sicher sein, ob er bei dem einmal gefaßten Vorsatz auch bleiben würde. Oft genug kam es vor, daß er einem Vorschlag seiner Minister anscheinend in voller Überzeugung zustimmte, wenige Stunden später aber das genaue Gegenteil anordnete. Dieser Charakterzug des Herrschers war seinen Ministern nur allzugut bekannt, und sie wendeten manchmal ganz seltsame Hilfsmittel an, um sich vor Überraschungen zu sichern. So befahl einmal der alte Ministerpräsident Goremykin nach seiner Heimkehr von einer Audienz, in der er den Zaren zu einer höchst wichtigen Maßregel überredet hatte, man dürfe ihn unter gar keinen Umständen vor dem nächsten Vormittag wecken. Goremykin hatte richtig vorhergesehen, daß der Zar ihm noch in derselben Nacht einen Gegenbefehl erteilen werde, hatte jedoch durch das strikte Verbot, ihn zu wecken, erreicht, daß niemand es wagte, ihm diesen Gegenbefehl sofort mitzuteilen, so daß die gewünschte Maßregel inzwischen wirklich durchgeführt wurde.

Der Kaiser hatte einen ausgesprochenen Abscheu vor peinlichen Szenen und Auseinandersetzungen und zog es daher vor, unangenehme Angelegenheiten auf schriftlichem Wege zu erledigen. Wenn er entschlossen war, einen Minister zu entlassen, so hinderte ihn das nicht, diesen auf das freundlichste zu empfangen und ihn gleich darauf mit einem schriftlichen Absetzungsbefehl zu überraschen. Diese Art, alle Maßregeln hinter dem Rücken der Betroffenen durchzuführen, mußte dem Zaren freilich den Ruf der Unaufrichtigkeit verschaffen.

Inzwischen wurde im Laufe der Jahre der Kreis jener Menschen, denen das Herrscherpaar Vertrauen schenkte, immer enger und enger. Auch von den einst intimen Freunden der Familie wurde einer nach dem anderen auf höfliche Art, aber entschieden zurückgedrängt: So hatte früher, unter Alexander dem Dritten, Fürst Obolenski zu den Vertrauten des Hauses gehört und war stets nach seinem vormittäglichen Vortrag zur Familientafel zugezogen worden. Dem neuen Herrscherpaar wurde aber dieser ständige Gast unbequem, und von nun an versuchte der Zar allerhand Winkelzüge, um sich der Pflicht, Obolenski zur Tafel einzuladen, entziehen zu können. Schließlich wurde der Ausweg gefunden, den Vortrag des Fürsten auf den Nachmittag zu verlegen, wodurch der Kaiser die ihm peinliche Einladung umgehen konnte.

In der ersten Zeit nach seinem Regierungsantritt hatte Nikolaj noch stark im Banne seiner Familie gestanden, vor allem des ‚Onkels Mischa', des ‚Onkels Alexej' und ‚Sandros', des Großfürsten Alexander Michailowitsch. Es dauerte jedoch nicht lange, daß der Kaiser sich immer entschiedener von diesen Verwandten zurückzog, um einige Zeit hindurch um so mehr dem Einfluß einer anderen Gruppe aus seiner Familie zu erliegen; dies waren die Großfürsten Nikolaj und Peter Nikolajewitsch, ob ihres gemeinsamen Vatersnamens zumeist kurz ‚die Nikolajewitschi' genannt, sowie deren Gemahlinnen, die beiden ‚Montenegrinerinnen' Militza und Anastasia.

Diese schönen und interessanten Frauen, Töchter des Fürsten und späteren Königs Nikita von Montenegro, hatten es vortrefflich verstanden, sich in das Vertrauen der Zarin einzuschmeicheln. Sie erkannten deren hilflose Lage inmitten einer ihr fremden und feindseligen Umgebung und überhäuften sie mit Beweisen der Liebe, Ergebenheit und Ehrerbietung. Besonders als die Kaiserin an einem Magenleiden erkrankt war, hatten die beiden Großfürstinnen diese Gelegenheit benutzt, um ihre Gunst zu erringen. Sie schoben die Dienerschaft beiseite, übernahmen selbst die Pflege der Kranken und erfüllten ihre damit verbundenen Obliegenheiten mit geradezu bewundernswertem Eifer.

Die Gründe für dieses Verhalten der beiden Prinzessinnen waren freilich nur allzu durchsichtig, denn die ‚Montenegrinerinnen' hatten bis dahin am russischen Zarenhof eine wenig bedeutende Rolle gespielt und sahen jetzt eine Gelegenheit, sich durch die Zarin zu einer einflußreichen Position zu verhelfen. Dennoch nahm Alexandra ihre so geflissentlich zur Schau getragene Liebe und Anhänglichkeit aufrichtig dankbar entgegen. Die ‚Montenegrinerinnen' waren es auch, die es verstanden, den mystischen Neigungen der Kaiserin entgegenzukommen und ihr eine ganze Anzahl von ‚Wundertätern', ‚Magiern' und ‚heiligen Männern' zuzuführen. Die Gemeinsamkeit des Interesses für die Welt des Übersinnlichen vertiefte zunächst die freundschaftlichen Beziehungen zwischen den drei Frauen; einige Zeit später jedoch sollte gerade dieser Mystizismus wieder zu einem völligen Bruch zwischen der Zarin und den ‚Montenegrinerinnen' führen.

Die schwankende Gesundheit der Kaiserin trug das ihre dazu bei, daß das offizielle Hofleben und auch der Verkehr mit den übrigen Familienmitgliedern immer mehr eingeschränkt wurde. Es kam damals bereits so weit, daß es auch für die Großfürsten und Großfürstinnen überaus schwierig wurde, eine Audienz bei ihrem Monarchen zu erlangen.

Nikolaj und Alexandra lebten von nun an ganz einsam in Zarskoje Selo. Die Kaiserin widmete sich den Kindern und besonders ihrem kranken Sohn, der Kaiser wiederum verbrachte seine freie Zeit zumeist im Kreise der Familie oder mit den Offizieren der Schloßwache. Immer mehr wurde die Zarin zur einzigen Vertrauten ihres Gatten, seltener und seltener fanden offizielle Empfänge oder private Besuche anderer Verwandter statt. Der Zar und die Zarin waren gleicher Weise überzeugt, daß außerhalb ihres Heims alles voll von Gefahren und schmerzlichen Überraschungen sei, und daß das Glück nur erhalten werden könne, solange die magische Kette des engsten Familienlebens nicht zerrissen werde.

Einem einzigen Menschen gelang es, diesen ehernen Ring um das Herrscherpaar zu durchbrechen: Dies war Anna Alexandrowna Tanejew, ein Hoffräulein der Zarin, die rasch das Vertrauen ihrer Herrin zu erringen vermocht hatte und bald zu deren intimster und einziger Freundin wurde. Wenige Jahre nach dem ersten Auftreten ‚Anjas' bei Hof wurde sie in gewissem Sinne bereits als zur engsten Familie gehörig angesehen; die Kaiserin nannte sie ‚unser großes Baby', ‚unser Töchterchen' und vertraute ihr ohne jeden Rückhalt alle ihre Sorgen, Kümmernisse und Zweifel an.

Anja war die Tochter des kaiserlichen Kanzleidirektors Tanejew, eines höchst vornehmen und gewissenhaften Mannes, der sich auch als Komponist einen bedeutenden Namen gemacht hatte. Sie war an Stelle eines erkrankten Hoffräuleins, der Fürstin Orbeljani, im Alter von dreiundzwanzig Jahren nach Zarskoje Selo berufen worden und hatte sich dann der Kaiserin während einer Fahrt in die Finnischen Schären innig angefreundet. Beim Abschied nach diesem Ausflug hatte Alexandra glückselig ausgerufen: „Ich danke Gott, daß er mir endlich eine wahre Freundin gesandt hat!"

Eine wahre Freundin ist Anja ihrer Kaiserin bis zu deren schrecklichem Ende auch wirklich gewesen: Die letzten Briefe Alexandras, ihre letzten Liebesworte vor der Hinrichtung haben Anja gegolten, und auch diese hat bis zuletzt ihr Menschenmögliches getan, um ihrer hochgestellten Freundin zu dienen, zu helfen und sie zu unterstützen, so gut es nur gehen wollte.

Diese Frau, die das grenzenlose Vertrauen und die Zuneigung der Herrscherin genoß, war ein höchst eigenartiges und besonderes Wesen, das sowohl durch seinen Charakter als auch durch seine Lebensweise und sein ganzes Auftreten vortrefflich in das Idyll von Zarskoje Selo paßte. Inmitten einer Schar von Hofschranzen, von denen jeder bestrebt war, sich durch Schmeicheleien und Intrigen persönliche Vorteile zu verschaffen, blieb Anja eine wahrhaft aufrichtige Vertraute der Zarin, ohne jemals eigennützige Zwecke zu verfolgen. Während der ganzen Zeit ihres intimen Umganges mit der kaiserlichen Familie kannte sie keinen anderen Gedanken und keinen Wunsch als den, sich für Nikolaj, Alexandra und deren Kinder aufopfern zu dürfen. Sie bekleidete weder einen Rang noch eine amtliche Stellung bei Hof, und die materielle Unterstützung, die ihr von der Kaiserin gewährt wurde, war lächerlich gering. Sie selbst besaß kein Vermögen, und ihre Verhältnisse waren daher geradezu ärmlich zu nennen. Bisweilen gelang es der Zarin, ihr ein wertloses Schmuckstück oder ein Kleid als Geschenk aufzunötigen. Dieser äußersten Bescheidenheit entsprach auch ihr ganzes Auftreten. „Nie", bemerkte Paléologue erstaunt, „sah ein kaiserlicher Günstling bescheidener und weniger ansehnlich aus."

Sie war ziemlich korpulent, von schwerem und üppigem Körperbau, hatte glänzendes, dichtes Haar, einen starken Nacken, ein hübsches, harmloses Gesicht mit rosig schimmerndem Teint, große, auffallend klare und helle Augen und volle, fleischige Lippen. Stets war sie ganz einfach gekleidet, und mit ihrem wertlosen Schmuck wirkte sie geradezu kleinstädtisch. Nachdem sie einen schweren Eisenbahnunfall erlitten hatte, konnte sie sich lange Zeit hindurch nur auf Krücken bewegen, oder sie ließ sich in einem Rollstuhl umherfahren.

Anna Tanejew war kurze Zeit sehr unglücklich mit einem Schiffsleutnant namens Wyrubow verheiratet gewesen, doch wurde diese Ehe nach kaum einem Jahr wieder getrennt, da Wyrubow an schweren

Nervenanfällen litt, die bisweilen in Tobsucht ausarteten. Dieses trau-rige Erlebnis hatte ihre Beziehungen zur Zarin nur noch vertieft, denn die in ihrer Ehe so schwer enttäuschte Frau schloß sich von nun an um so enger und ergebener an ihre kaiserliche Freundin an.

‚Die Wyrubowa', wie Anja von nun an in ganz Rußland genannt wurde, galt vielfach als eine gefährliche Intrigantin, und insbesondere die ausländischen Diplomaten haben sie nicht nur einmal in dieser Beleuchtung dargestellt. Es kann ja auch keinem Zweifel unterliegen, daß Anna Wyrubowa sich viel mit Politik beschäftigt und die Geschicke Rußlands in mehr als einer Hinsicht beeinflußt hat. Dennoch dienten ihre ‚Intrigen' niemals ihrem eigenen Wohlergehen, sondern immer nur dem des Herrscherpaares. Anja war eine einfache, vertrauensselige Frau voll echten Eifers, dem Kaiser nach Kräften beizustehen. Sie war über-zeugt davon, daß ihre Ratschläge dem Wohle Rußlands und seiner Monarchen auf das beste entsprachen; so ‚intrigierte' sie nach ihrem besten Wissen und Gewissen, und niemals dachte sie auch nur eine Sekunde daran, ihre einflußreiche Stellung selbstsüchtig zu mißbrau-chen.

Nach ihrer Scheidung von Leutnant Wyrubow lebte Anja weiter in einem kleinen, bescheidenen Häuschen unweit des Schlosses Zarskoje Selo, das sie noch als Braut gemietet hatte. Es verging kaum ein Tag, an dem sie nicht im Palast erschienen wäre oder den Besuch der kaiserli-chen Familie in ihrem Haus empfangen hätte. Das ‚Häuschen der Wyrubowa' wurde allmählich zu einem der beliebtesten Aufenthalts-orte des Kaiserpaares, denn dort waren sie ganz ungestört und fern von den lästigen Pflichten der Repräsentation; dort konnten sie sich völlig frei und sorglos geben, ohne auf die Etikette Rücksicht nehmen zu müssen. Späterhin wurde dann dieses kleine Haus zu einem Ort von hoher politischer Bedeutung, traf doch das Herrscherpaar in seinen Räumen mit allen jenen Menschen zusammen, die sie im Schloß offi-ziell nicht empfangen konnten. Das ‚Häuschen' lag an der Ecke der Srednjaja und der Tserkownaja, kaum zweihundert Schritte vom kaiserlichen Palast entfernt, und so konnten es Zar und Zarin nach Belieben zu Fuß besuchen, ohne irgendwelches Aufsehen zu erregen.

Anna Wyrubowa selbst schildert ihr Heim als einen recht primitiven und wenig behaglichen Aufenthaltsort. Es besaß keinerlei Fundamente und war daher sehr kalt, was sich besonders im Winter bemerkbar machte, denn dann stieg vom Fußboden stets eiskalte Luft auf. „Bei meiner Hochzeit hatte mir die Kaiserin sechs Stühle mit von ihr eigenhändig gestickten Überzügen sowie einen Teetisch und einige Aquarellbilder geschenkt. Wenn Ihre Majestäten mich abends zum Tee besuchten, brachte die Kaiserin zumeist Früchte und Konfekt mit, der Kaiser bisweilen eine Flasche Cherry Brandy. Wir saßen dann mit emporgezogenen Beinen rings um den Tisch, um die Berührung mit dem kalten Fußboden zu vermeiden. Ihre Majestäten sahen meine primitive Lebensweise durchaus von der heiteren Seite an. Vor dem brennenden Kamin sitzend, tranken wir unseren Tee und aßen dazu kleine geröstete Kringel, die von meinem Diener Bertschik, dem ehemaligen Kammerdiener meines verstorbenen Großvaters Tolstoi, herumgereicht wurden. Ich entsinne mich, daß der Kaiser einmal lachend meinte, nach solchen Abenden könne er sich nur durch ein heißes Bad wieder erwärmen."

Diese Bescheidenheit in der Lebensführung der Wyrubowa war es gerade, was ihrer Person in den Augen des Kaiserpaares besonderen Wert verlieh. Alexandra und Nikolaj spürten, daß sie hier zum erstenmal einem wirklich uneigennützigen Menschen begegnet waren, und sie wußten diesen seltenen Vorzug vollauf zu schätzen. Anja wurde immer mehr zum alleinigen Umgang der kaiserlichen Familie, denn auch die Zahl der diensttuenden Hofbeamten wurde stets aufs neue eingeschränkt, da das Mißtrauen des Kaisers andauernd weitere Opfer forderte.

∗

Welch ein trauriges Bild bot jetzt der Hof Nikolajs und Alexandras dar, verglichen mit den glanzvollen Zeiten früherer Herrscher! Einst hatte der Zarenhof durch seinen Prunk sowie durch das rege gesellschaftliche und politische Leben so manche der großen europäischen Residenzen weit in den Schatten gestellt; die früheren russischen Monarchen waren stets von den bedeutendsten Staatsmännern, den gewandtesten Diplomaten und den findigsten Intriganten ihrer Zeit umgeben gewesen; rings um den Kaiser waren raffinierte Ränkespiele geplant, geistreiche politische Duelle ausgefochten und kühne Staatsstreiche durchgeführt worden.

Eine bunte Fülle geschäftiger Gestalten hatte die Petersburger Residenz belebt: Großfürsten und Großfürstinnen, die zahlreichen fürstlichen Onkels, Tanten, Vettern und Cousinen des Herrschers, die je nach der Nähe ihrer familiären Beziehung, mehr oder weniger Einfluß auf den Kaiser auszuüben vermochten; die stolzen Träger alter Adelsnamen mit ihren verschiedenartigen ehrgeizigen Interessen; zur Audienz befohlene Minister im goldbestickten Galarock, dekorierte Heerführer, kirchliche Würdenträger mit goldenen Kreuzen auf der Brust, Eilboten und Adjutanten, die wichtige Nachrichten brachten und beförderten; ein Kranz von Hofdamen, von Fürstinnen und Gräfinnen, von jungen und alten, schönen und häßlichen Frauen in prachtvollen Toiletten und angetan mit strahlendem Schmuck.

Sie alle bildeten bei den großen Empfängen, den Festtafeln und den rauschenden Hofbällen die prunkvolle Staffage, und ihre Gestalten hatten dem Zarenhof von einst jene farbige Belebtheit, jenes ihm eigene, reich schimmernde Kolorit verliehen, in dem sich die raffinierte Kultur und pulsierende Geschäftigkeit europäischer Höfe mit dem schweren und überladenen Prunk des asiatischen Despotismus vereinigte. Damals war die kaiserliche Residenz wirklich der Mittelpunkt aller staatlichen und politischen Interessen, aller gesellschaftlichen Bestrebungen, aller Intrigen und Eitelkeiten gewesen.

Schon unter Alexander dem Dritten jedoch war es am Kaiserhofe allmählich stiller geworden, die Farben verblaßten, und der Glanz erlosch.

Alexander der Dritte verbrachte die letzte Zeit seiner Regierung meist im Schloß Gatschina außerhalb von Petersburg oder auf der Krim, und so verödete das Winterpalais, das bis dahin das Zentrum höfischen Glanzes gewesen war.

Seitdem aber Nikolaj der Zweite die Regierung angetreten hatte, hörten auch die letzten Formen der Repräsentation fast völlig auf. Der Zar vermied es nach Möglichkeit, die Minister und die wichtigen Ratgeber zu sich einzuladen und zog es vor, von ihnen schriftliche Berichte zu fordern. Immer seltener sah man am Kaiserhofe bedeutende und markante Gestalten, und man wußte nicht recht, ob sie alle schon gestorben seien oder nur zu Hause sitzenblieben, weil weder der neue Monarch noch dessen Gattin nach ihrem Umgang verlangten. Es fehlte auch an einem Nachwuchs von jüngeren begabten Staatsmännern und Diplomaten, da der Herrscher nicht die Fähigkeit besaß und nicht das Bedürfnis fühlte, junge und lebendige Kräfte an sich zu fesseln.

Die großen Wettkämpfe intrigierender Staatsmänner, denen früher ganz Rußland in atemloser Spannung gefolgt war, wurden immer seltener, denn die Regierungszeit dieses Zaren bot keinen rechten Anlaß für einen aufregenden Streit zwischen wahrhaft ehrgeizigen Politikern. Sie zogen sich zurück und überließen das Kampfgelände den belanglosen Winkelzügen kleiner Streber.

Auch die Verwandten des Kaiserpaares, die vielen großfürstlichen Onkel, Tanten, Vettern und Cousinen, blieben einer nach dem anderen dem Hofe fern, für die festliche Familientafel bei offiziellen Zusammenkünften wurden von Jahr zu Jahr weniger Gedecke aufgelegt, bis schließlich der Kaiser mit seiner Frau und seinen Kindern allein um den Tisch saß. Mit der übrigen Familie kam man nur mehr bei Totenmessen zusammen, nachdem wieder einer aus den Reihen der Großfürsten gestorben, wenn nicht einem Anschlag zum Opfer gefallen war.

Auch die Träger der stolzen altadeligen Namen wurden immer seltenere Gäste in Zarskoje Selo; teils zogen sie sich selbst zurück, teils wurden sie sanft, aber unzweideutig beiseite geschoben, denn der Kaiser haßte diese Sippe, traute ihr nicht und fürchtete sich vor ihr.

Die Minister, Heerführer und kirchlichen Würdenträger langweilten mit ihren ewigen Vorträgen und Anliegen, mit ihren zu unterfertigenden Aktenstößen den Zaren bis zur Verzweiflung; Nikolaj war glücklich, wenn es ihm gelang, einen dieser lästigen Besucher vorzeitig wieder entlassen zu können, und er beschränkte seinen Umgang mit ihnen auf das allernotwendigste Maß.

Die eiligen Boten und Adjutanten mußten stundenlang im Vorzimmer warten, denn dem Kaiser schien nichts mehr von alledem, was draußen vor sich ging, wichtig oder dringend. Die exotischen Torhüter mit ihren weißen Turbanen langweilten sich tagaus, tagein und standen gähnend vor den Flügeltüren, die jetzt so selten für einen Besucher geöffnet wurden.

Die Kaiserin haßte, verabscheute und fürchtete ihre Hofdamen, die Fürstinnen und Gräfinnen, die alten und jungen, häßlichen und anmutigen Frauen in ihren prachtvollen Toiletten und in glitzerndem Schmuck.

Sie alle waren in ihren Augen ‚böse, falsche Katzen', jederzeit bereit, sie zu verraten, gegen sie zu intrigieren und Klatschereien über sie zu verbreiten.

Alle die Gestalten, die früher den russischen Kaiserhof farbig gemacht und belebt hatten, fehlten jetzt; die großen Säle wurden fast niemals mehr für festliche Empfänge geöffnet, und der kostbare goldene und silberne Tafelschmuck blieb in den Schatullen verwahrt. Die Tür zu den kaiserlichen Privatgemächern blieb den Angehörigen des Hofes und der Gesellschaft von nun an verschlossen; nur wenige erhielten Einlaß, und noch geringer war die Zahl jener, deren Rede überhaupt angehört wurde.

Nikolaj und Alexandra fürchteten sich vor jedermann, mißtrauten jedermann. Denn der Kaiser fühlte deutlich, daß alle diese Höflinge, die sich in sklavischer Devotion vor ihm verneigten, jeden Augenblick fähig waren, ihn um ihrer egoistischen Interessen willen skrupellos zu verraten.

Dieses ewige Mißtrauen des Herrschers mußte dem Hof im Laufe der Zeit ein ganz eigenartiges Gepräge verleihen: Wer eine eigene Meinung und einen eigenen Willen besaß, erschien dem Kaiser alsbald verdächtig oder doch zumindest lästig und wurde entfernt; nur ganz farblose Menschen schienen ungefährlich und wurden in der Umgebung der kaiserlichen Familie geduldet. So kam es, daß seine Umgebung in zunehmendem Maße aus gänzlich uninteressanten und belanglosen Schattengestalten bestand. Jene wenigen Männer aber, die der Herrscher um sich duldete und denen er vertraute, gewannen einen immer größeren Einfluß auf ihn, während die anderen Hofbeamten zu völliger Bedeutungslosigkeit herabsanken. Nur ganz klein war somit die Zahl der Menschen, die man in die privaten Angelegenheiten der Familie einweihen konnte: Da gab es insgesamt zwei oder drei vertrauenswürdige Flügeladjutanten, den alten Hofminister und den Palastkommandanten. Alle anderen, die sich bei Hof umhertrieben, waren Feinde und Spione, denen gegenüber die äußerste Vorsicht geboten schien.

So beschränkte sich der Kreis jener Menschen, die in die inneren Gemächer Zutritt hatten, auf insgesamt vier oder fünf Höflinge, auf Menschen von feinem Taktgefühl, die sich jedoch aus Angst, Anstoß zu erregen, überhaupt jeder Meinungsäußerung enthielten. Niemals sagten Sie zu etwas ‚nein', und ihre Urteilslosigkeit war so groß, daß sie aufrichtig alles gutheißen konnten, was der Zar und die Zarin taten. Diese ‚Intimen' kamen und gingen stets auf Fußspitzen und vermieden es ängstlich, jemals einen unangenehmen Bericht in ihren Portefeuilles mitzubringen. Sie waren immer von gleichmäßiger Heiterkeit, sprachen gern über das Wetter und erkundigten sich Tag für Tag mit devoter Höflichkeit nach den gleichen belanglosen Dingen, ganz als ob alles auf der Welt zum besten bestellt wäre.

Das war keine höfische Verstellung, denn diese Menschen waren selbst viel zu schlichten und harmlosen Sinnes, als daß sie jemals irgendwo ein Unrecht oder ein Übel bemerkt hätten. Von all den bösen Dingen, die sich in Rußland während ihrer Dienstzeit bei Hof abspielten, hatten sie wirklich nichts gesehen und gehört, und so blieb es ihnen erspart, dem Monarchenpaar mit beunruhigenden Berichten nahen zu müssen.

Ihre leisen Schritte auf dem Korridor der kaiserlichen Appartements, ihre immer gedämpften Stimmen und die taktvolle angenehme Belanglosigkeit dessen, was sie zu sagen und zu fragen hatten, dies alles war nicht dazu angetan, das stille Glück zu stören, in welches sich Nikolaj und Alexandra eingesponnen hatten. Niemals schreckten diese getreuen Höflinge den Kaiser oder die Kaiserin aus ihren Träumen auf, niemals riefen sie diese beiden verängstigten Menschen in die düstere Wirklichkeit zurück, die draußen, vor den Türen der Privatappartements, boshaft auf sie lauerte.

Bis zu dem Tage, da die revolutionären Soldaten in das Schloß einbrachen und die ‚kaiserlichen Träumer' mit unsanfter Faust ergriffen, um sie gefangenzunehmen und dann an die Mauer zu stellen, bis zu diesem katastrophalen Tage war die Stille des ‚Idylls von Zarskoje Selo' durch treue Diener behütet worden, deren Fußspitzen leise auftraten und deren feine Erziehung dafür sorgte, daß Nikolaj und Alexandra des bedrohlich Trügerischen in ihrem treibhausartigen Glück niemals gewahr wurden.

Ohne jenen kleinen Kreis von ewig optimistischen Höflingen wäre das Idyll von Zarskoje Selo gar nicht möglich gewesen; ohne sie aber, die niemals mit einer unangenehmen Frage oder Mitteilung erschienen, hätte dieses Idyll auch kaum zu jenem für den Zaren und für das Reich so verhängnisvollen Ende geführt. Diese Fredericks, Wojeikows, Sablins und Nilows haben zu dem furchtbaren Zusammenbruch, zu dem erschütternden Ende des ‚Idylls von Zarskoje Selo' nicht wenig beigetragen.

Die interessanteste Figur unter ihnen war zweifellos der Hofminister Fredericks, ein höchst vornehmer alter Herr, der seinen Vertrauensposten seit Menschengedenken bekleidet hatte. Er war der beste Typus eines taktvollen Menschen, ein Meister der Etikette und der höfischen Form. Ihm oblag das schwierige Amt, alle Privatangelegenheiten der kaiserlichen Familie zu regeln, die Apanagen der Großfürsten und ihrer Gemahlinnen festzusetzen, Schenkungen zu verteilen, Skandalaffären zu unterdrücken und Schulden zu tilgen. Er hatte über das Wohl und Wehe aller Mitglieder des Kaiserhauses zu verfügen und mußte somit stets in die privatesten Geheimnisse der kaiserlichen Familie eingeweiht werden. Das Kaiserpaar hatte diesen schönen und eleganten alten Mann von Herzen gern, sie nannten ihn ‚Our old man' und gestatteten es, daß er sie als ‚mes enfants' bezeichnete.

Freilich war Graf Fredericks infolge seines hohen Alters schon ein wenig eigenartig geworden: Sein Gedächtnis war nicht mehr das beste, und man erzählte sich in Hofkreisen allerlei heitere Anekdoten über ihn. Fürst Orlow, der Chef der Feldkanzlei, erstattete ihm einmal seinen Bericht, worauf Graf Fredericks ihn plötzlich mit der Frage unterbrach: „Was meinen Sie, mein lieber Fürst? Ich glaube, ich habe mich heute noch nicht rasieren lassen!"

Orlow erklärte, er wisse dies nicht, und setzte seinen Bericht fort; nach fünf Minuten legte ihm Graf Fredericks die Hand auf die Schulter und sagte: „Verzeihen Sie einen Augenblick, ich glaube, ich habe mich heute noch nicht rasieren lassen!"

Der Fürst lächelte und meinte, es wäre vielleicht das beste, wenn Fredericks seinen Kammerdiener darüber befrage. Der alte Graf läutete, und als der Diener erschien, fragte er ihn von neuem, ob er sich habe rasieren lassen. Die Antwort des Kammerdieners lautete bejahend.

Kaum hatte Orlow seinen Bericht beendet, als sich Fredericks von seinem Platze erhob und rief: „Ich habe mich doch nicht rasieren lassen! Ich fahre zum Friseur!" Unterwegs aber schlief er im Wagen ein, und der Kutscher zog es vor, ihn unrasiert wieder nach Hause zu bringen.

Solche und ähnliche Geschichten wurden mit schmunzelndem Behagen erzählt, was jedoch der allgemeinen Beliebtheit des Hofministers keinen Abbruch tat. Nur der stets boshafte Graf Witte erklärte rund heraus, Fredericks sei ‚reichlich schwach von Begriffen', und seine Mitarbeiter müßten ihm seinen Vortrag vor dem Kaiser immer wie ein Schulpensum einbleuen.

Zu jenen wenigen am Hofe, denen der Kaiser Vertrauen schenkte, gehörte auch noch der Schwiegersohn des Grafen Fredericks, der Palastkommandant Wojeikow, dem die Bewachung von Zarskoje Selo oblag. Anfangs war ihm die Zarin nicht recht zugetan, später aber hörte das auf, und von da an fungierte Wojeikow sogar mehrmals als geheimer Fürsprecher für die Wünsche der Kaiserin im Hauptquartier.

Eine etwas sonderbare Gestalt in der Umgebung des Kaisers war der Flügeladjutant Admiral Nilow, ein bärbeißiger Grobian, der dem Wein zuzusprechen liebte; er hatte die Gewohnheit, jedermann, sogar dem Kaiser selbst, seine Meinung anscheinend ungeschminkt ins Gesicht zu sagen; freilich waren auch seine ‚Wahrheiten' von der wirklichen Wahrheit noch genügend weit entfernt, um niemals ernstlichen Anstoß zu erregen.

Eine seltsame Rolle spielten die zahlreichen anderen Flügeladjutanten, die einander gegenseitig eifersüchtig überwachten und von denen, mit wenigen Ausnahmen, keiner irgendwelchen Einfluß hatte. Wandte sich jemand an einen dieser Offiziere mit einem Ansuchen, dann erklärte dieser: „Ich öffne nur die Türen!" oder: „Ich spiele nur Schach!"

Die materielle Lage all jener Flügeladjutanten war sehr ungünstig, denn sie bezogen ein Gehalt, das kaum zur Bestreitung der nötigen Trinkgelder genügte, und so kam es, daß sie vielfach in die Hände von Wucherern gerieten, auf der Börse spielten und sich bemühten, ihre Stellung bei Hof zu materiellen Vorteilen auszunützen. Wirklichen Einfluß aber hatte nur einer von ihnen, der Flügeladjutant Sablin, der es verstanden hatte, sich bis zu einem gewissen Grad das Vertrauen des Kaisers zu erringen. Wie durch eine undurchdringliche Mauer war das Herrscherpaar durch die farblosen devoten Höflinge von der äußeren Welt, vom ganzen russischen Reich völlig abgeschlossen.

„Es ist jammervoll!" rief Sasonow, der Minister des Äußern, einmal aus. „Nach und nach hat sich um das Herrscherpaar ein leerer Raum gebildet; niemand gelangt mehr in ihre Nähe. Mit Ausnahme der offiziellen Beziehungen zwischen dem Kaiser und seinen Ministern dringt nie eine Stimme von außen in dieses Haus."

✶

Während durch diese völlige Abgeschiedenheit des Kaiserpaares und durch die tiefe Stille, die jetzt in Zarskoje Selo herrschte, das eigentliche Hofleben allmählich erstarb, entwickelte sich in den politischen Salons der Residenz eine um so regere Geschäftigkeit; derartige Salons, von denen es auch früher schon, seit den Tagen der Frau von Krüdener, immer eine Anzahl gegeben hatte, schossen nun, zu Beginn des zwanzigsten Jahrhunderts, in Petersburg wie die Pilze hervor.

In älteren Zeiten, als noch bei Hof Minister, Ratgeber, Edelleute, Politiker und Intriganten aus- und eingegangen waren, als das höfische Leben mit der äußeren Welt in einem gesunden und lebendigen Kontakt gestanden hatte, war das Zentrum aller politischen Geschehnisse das Kaiserschloß selbst gewesen; dort waren alle Interessen, Anliegen, Projekte, Pläne und Ideen vorgebracht, beraten, umstritten und entschieden worden.

Jetzt aber war es bei Hof still geworden, jedermann fühlte sich bemüßigt, wenn er in Zarskoje Selo vorgelassen wurde, gleichsam nur auf den Fußspitzen aufzutreten und leise zu sprechen, denn das Kaiserpaar wünschte Ruhe und bedurfte der Schonung; immer mehr glich der Palast von Zarskoje Selo einem ungeheuren und prunkvollen Krankenzimmer.

Das ganze geschäftige höfische Treiben aber sah sich von seiner ursprünglichen Stätte der Betätigung abgedrängt und führte nun in den politischen Salons ein ruhmloses und gespensterhaft jämmerliches Dasein. Alle Intrigen, Projekte, Eifersüchteleien und Pläne, die im Glanz des kaiserlichen Palastes noch Stil gehabt und durch ihre Großartigkeit bisweilen zu blenden vermocht hatten, verkümmerten in diesen kleinen Salons, deren fieberhafte Geschäftigkeit jetzt das wahre Hofleben ersetzen sollte. Hier wurde alles, was in der Nähe des Kaisers ‚große Politik' gewesen war, zu kleinlicher und abstoßender Betriebsamkeit, zu endlosem, aufgeregtem Geschwätz und zu unsauberer Spekulation.

Da Männer von Rang und Bedeutung nur selten Zutritt zum Herrscher erlangten, auf ihn fast gar keinen Einfluß ausübten und auch niemals über seine wirklichen Absichten im Klaren waren, gruppierten sich die neuen politischen Salons von Petersburg nicht um sie, sondern meist rings um Menschen, deren Beziehung zum Hof auf einer Bekanntschaft mit einem untergeordneten Hofbediensteten beruhte, der aber gerade durch seine niedrige dienstliche Stellung stets in die Nähe des Monarchen gelangen konnte. Es waren Lakaien, Türsteher und ähnliche ‚Würdenträger', deren Freundschaft in den politischen Zirkeln jetzt gesucht wurde. Der Glückliche, der eine Beziehung zu derartigen untergeordneten Palastfunktionären aufweisen konnte, wurde alsbald zu einem angesehenen Mann, und um ihn bildete sich ein Salon; Politiker, die auf einen Ministerposten aus waren, hielten es für angezeigt, bei ihm vorzusprechen, ebenso Popen, die Bischöfe werden wollten, Unternehmer, Bankiers und Spione, denen es um vertrauliche Nachrichten über die Vorgänge rings um den Zaren zu tun war. Sie alle erhofften sich einen Erfolg durch die Intervention eines Lakaien oder eines sonstigen scheinbar bedeutungslosen Hoffunktionärs, denn eben diese kleinen Beamten waren jetzt die einzigen Personen, die dem einsamen Kaiser häufig nähertreten konnten, von denen man wirklich verläßliche Nachrichten über seine Pläne einholen und durch die man den Herrscher beeinflussen konnte.

Von diesen seltsamen politischen Zirkeln war der geschäftigste jener des Fürsten Andronnikow; dort fanden sich täglich zahllose Leute ein, um auf dem Wege der ausgezeichneten Verbindung mit Zarskoje Selo, die dem Fürsten zu Gebote stand, ihre Pläne zu fördern. Fürst Andronnikow war oft imstande, die geheimsten Entscheidungen des Herrschers, einige Stunden bevor sie öffentlich bekannt wurden, seinen Freunden mitzuteilen und diesen dadurch einen wertvollen Dienst zu leisten. Andronnikow war aber auch in der Lage, allerlei Ansuchen zu befürworten, Ernennungen und Auszeichnungen durchzusetzen. So mancher hohe Beamte, Offizier oder Kirchenfürst verbrachte seine Nachmittage regelmäßig im Salon Andronnikow, bis die ersehnte Beförderung oder Dekoration wirklich eingetroffen war.

Diesen bedeutenden Einfluß auf die Entscheidungen des Kaisers verdankte Andronnikow seiner langjährigen Freundschaft mit dem Kammerdiener des Zaren; in späteren Jahren trat er dann auch dem

Palastkommandanten näher, doch vermochte ihm dieser niemals so wertvolle Dienste zu leisten wie jener Kammerdiener. Durch diesen erfuhr er stets, welche Aktenstücke auf dem Schreibtisch des Kaisers lagen, in welchem Sinn Nikolaj der Zweite diese oder jene Angelegenheit zu entscheiden gedenke. Auf diese Mitteilungen gründeten dann die Spekulanten und Spione, die den Salon Andronnikow frequentierten, ihre Unternehmungen und geheimen Rapporte; die Mitteilungen Andronnikows waren stets sehr verläßlich, und auch der sanfte Einfluß, den der Fürst durch den Kammerdiener auf den Kaiser ausüben ließ, verfehlte fast nie seine Wirkung.

Es gab Zeiten, da selbst hohe Staatswürdenträger wie die Kriegsminister Suchomlinow und Bjelalew, Kirchenfürsten wie der Bischof Warnawa, Männer, die selbst bei Hof gut angeschrieben waren, ihre eigentlichen Informationen doch aus dem Salon Andronnikow bezogen, denn die Mitteilungen des Kammerdieners waren verläßlicher als alles, was diese hohen Herren bei ihren Besuchen in Zarskoje Selo persönlich erfahren konnten. Neben diesen vornehmen Besuchern drängten sich bei dem Fürsten auch noch stets zahlreiche verängstigte arme Juden, die sich durch die Vermittlung des Salons Andronnikow den Widerruf der gegen sie ausgesprochenen Ausweisung aus Petersburg erhofften und die hierin selten enttäuscht wurden.

Der größte Abnehmer für die Nachrichten Andronnikows war jedoch das Ministerium des Innern; dieses hohe Staatsamt war es auch, das den ganzen Betrieb des Salons finanzierte. Fürst Andronnikow stammte aus einer verarmten Familie, besaß so gut wie gar kein Vermögen und war überdies ein stadtbekannter Verschwender; der Umstand aber, daß er mit dem Kammerdiener des Zaren befreundet war, genügte, um seine Verhältnisse völlig zu arrangieren. Das Ministerium des Innern hielt es für angezeigt, ihm monatlich eine bedeutende Summe auszuhändigen und sich dafür alle Informationen des Kammerdieners zu sichern. Dadurch, daß das Ministerium für den Aufwand Andronnikows aufkam, sparte es auf der anderen Seite große Beträge, die sonst zur Bespitzelung des Herrschers hätten ausgegeben werden müssen. Man wußte im Ministerium gut genug, daß der Zar niemals offen und ohne Rückhalt mit seinen Ministern sprach, daß diese sich daher auf seine Äußerungen niemals verlassen konnten, vielmehr stets der peinlichsten Überraschungen gewärtig sein mußten. Durch den Salon Andronnikow jedoch erhielt der Minister des Innern jetzt ganz genaue Nachrichten über die Stimmung und über die Ansichten des Zaren, welcher Bericht den Beifall des Monarchen gefunden und welcher seine Mißbilligung erregt hatte. Der Kammerdiener lieferte die Informationen, und der intelligente und schlaue Fürst Andronnikow erriet alles übrige, was etwa sonst noch wissenswert erscheinen mochte.

Zugleich war der Minister durch seine Allianz mit Andronnikow auch stets darüber auf dem laufenden, was die hochehrwürdigen Herren Bischöfe, die Generäle und Politiker augenblicklich im Schilde führten: Die Pläne, die diese Herren dem Fürsten zur Weiterleitung an den Kammerdiener anvertraut hatten, verriet dieser auch dem Ministerium, und so war man dort in der Lage, sich über alle Geschehnisse der inneren Politik ein recht klares und verläßlich getreues Bild zu machen.

Fürst Andronnikow hatte schon lange in allen politischen und gesellschaftlichen Kreisen als eine interessante Persönlichkeit gegolten. Er war seiner ganzen Erscheinung nach der Typus des ewig geschäftigen Mannes, der stets in wichtigen und geheimen Missionen kreuz und quer durch die Stadt jagte, mit jedermann bekannt war, überall plötzlich auftauchte und wieder verschwand, und dessen ganzes Leben einen faszinierenden Zug von Abenteuerlichkeit an sich hatte. Immer trug er eine große, vollgepackte, hellgelbe Aktentasche mit sich, über deren Inhalt er sich nur in mysteriösen Andeutungen äußerte.

Diese Aktentasche wurde mit der Zeit so berühmt, daß auch die Polizei sich für ihren Inhalt zu interessieren begann. Einmal entschloß sich der Minister Plehwe zu einem Gewaltstreich, ließ Andronnikow überfallen und ihm die berühmte Tasche entreißen. Der Handstreich gelang, und ein triumphierender Ochranabeamter legte dem Minister die gelbe Aktentasche vor; als dieser sie öffnete, stellte er fest, daß sie nichts enthielt als altes Zeitungspapier.

Adronnikow war aber mehr als ein harmloser Wichtigtuer: Er war ein leidenschaftlicher Intrigant und hatte eine geradezu dämonische Freude daran, Minister und Bischöfe gegeneinander aufzuhetzen, verleumderische Gerüchte ins Leben zu rufen und alte Freundschaften zu sprengen. Dies tat er weniger aus materiellen Gründen als, wie Witte meint, „aus leidenschaftlicher Liebe für die Kunst der Intrige".

Seinen Gegnern oder den Gegnern seiner Freunde konnte er durch seinen boshaften Witz und durch seinen Falkenblick für die Schwächen anderer in hohem Maße gefährlich werden. Er verstand es nicht nur, über Minister, denen er gewogen war, elegante und schmeichelhafte Festschriften zu veröffentlichen, er konnte auch ebenso elegante satirische Pamphlete gegen seine Feinde publizieren und wußte diese vernichtend boshaften ‚Porträts' auf die Schreibtische aller einflußreichen Männer von Petersburg zu praktizieren.

In späteren Jahren verfügte er für seine literarische Tätigkeit bereits über eine eigene Zeitschrift. Sobald sich jetzt einer seiner Gegner zu rühren versuchte, erschien in diesem Blatt alsbald ein Leitartikel mit Bemerkungen über das Vorleben und das ‚wahre Gesicht' des Betreffenden, und diese Zeilen genügten zumeist, um den Unglücklichen für immer bloßzustellen und lächerlich zu machen.

Als Andronnikow einmal, um an verschiedenen Feinden sein Mütchen zu kühlen, in französischer Sprache ‚Zeitgenössische Memoiren' erscheinen ließ und bei dieser Gelegenheit mit vernichtender Ironie über die Tätigkeit und die Fähigkeiten der verschiedenen Minister plauderte, hielt er durch diese Publikation die gesamte Petersburger Gesellschaft mehrere Wochen hindurch in der größten Spannung. Selbst die Mitglieder des Kaiserhauses, die Zarin-Mutter und die Großfürsten, ergötzten sich weidlich an der Lektüre dieser Memoiren; der Kammerdiener sorgte dafür, daß ein Exemplar auch auf den Schreibtisch des Kaisers gelangte.

Hatte diese literarische Begabung den Fürsten zu einem gefährlichen Gegner gemacht, so war es hingegen seine Freundschaft mit dem Kammerdiener, die seine einflußreiche Gönnerschaft begehrenswert erscheinen ließ. Sein Ansehen stieg immer mehr, und seine gesellschaftlichen und politischen Verbindungen nahmen zusehends an Umfang und Bedeutung zu. Da er bei den Großfürsten gerne gesehen war, bewarb sich bald Herr Scherwaschidse, der Haushofmeister der Kaiserin-Mutter, um seine Gunst, und dies führte wieder dahin, daß die Aristokratie sich für ihn interessierte. Jedem neuen Minister wurde bei seinem Amtsantritt von seinem Kanzleichef vertraulich mitgeteilt, daß sein Vorgänger gute Beziehungen zu Andronnikow gepflegt habe. So übernahm auch er diese traditionelle Freundschaft, um sie schließlich dem nächsten Minister zu hinterlassen. Die Departementsdirektoren und die sonstigen höheren Beamten wieder wußten, daß ihr Chef mit Andronnikow in Verbindung stehe, und darum bewarben auch sie sich um seine Gunst; die kleinen Beamten wiederum waren von jeher gewohnt, ihre Vorgesetzten in allem zu imitieren, und so übertrieben sie die Devotion dem Fürsten gegenüber noch in bürokratisch-pedantischer Manier. Erschien Andronnikow in einem Ministerium, dann sprangen die ‚Tschinowniks' dienstbeflissen von ihren Stühlen, halfen ihm aus seinem Pelz und zogen ihm die Schneeschuhe aus.

Nur zwei Männer hatten es gewagt, dem Fürsten den nötigen Respekt zu verweigern: Der Kriegsminister Suchomlinow, der einst gemeinsam mit Andronnikow gewisse Grundspekulationen in Buchara und Chiwa durchgeführt und sich dann mit ihm verfeindet hatte, und der Minister des Innern Maklakow; dieser war kühn genug gewesen, auf ein Begrüßungstelegramm Andronnikows nicht mit der geziemenden Höflichkeit zu erwidern, ja sogar dem Fürsten die Eisenbahnfreikarte zu entziehen. Beide Minister sollten im späteren Verlaufe der Ereignisse Gelegenheit haben, die Macht Andronnikows kennenzulernen, denn der erbarmungslose Fürst verstand es, sie rasch hintereinander zu stürzen und den unglücklichen Suchomlinow sogar in die Peter-Pauls-Festung zu bringen.

Seit diesen Ereignissen wagte es niemand mehr, dem Fürsten Andronnikow entgegenzutreten, und der Polizeichef Beletzki konnte mit Recht behaupten, in der russischen Politik des letzten Jahrzehnts vor dem Umsturz habe es keine wichtige Entscheidung gegeben, in welcher nicht Andronnikow irgendwie seine Hände im Spiele gehabt hatte. So war dieser Fürst eine mächtige und einflußreiche Persönlichkeit, obgleich jedermann wußte, daß seine gelbe Aktentasche nur mit altem Zeitungspapier vollgestopft gewesen war.

Aber der Salon Andronnikow war nicht der einzige; er hatte vielmehr einen wichtigen Konkurrenten in dem Zirkel rings um den Hofstallmeister Burdukow. Dieser Burdukow war gleichfalls dem Ministerium des Innern zugeteilt, und sein Titel ‚Hofstallmeister' hatte nicht das mindeste mit seinen wirklichen Funktionen gemein. Seine politische Stärke lag in seiner Freundschaft mit den beiden Lieblingsadjutanten des Zaren, General Sablin und Admiral Nilow. Durch die Vermittlung dieser beiden Männer vermochte auch er seinen Klienten und den Besuchern seines Salons mit raschen und verläßlichen Mitteilungen aus Zarskoje Selo zu dienen.

Er stand mit seinen Freunden bei Hof in einem ständigen Brief- und Telegrammwechsel, und bei seinen Gastmählern und Trinkgelagen erschien nicht selten der ‚alte Seebär' Admiral Nilow persönlich, um sich an einigen Fläschchen guten Weines zu laben. Die Anhänger Burdukows, jener Kreis von politischen und gesellschaftlichen Glücksrittern, die rings um den ‚Hofstallmeister' versammelt waren, behaupteten, der Einfluß ihres Patrons bei Hof sei größer und wertvoller als jener Andronnikows. Zwischen den beiden Salons und ihren Oberhäuptern herrschte ein erbitterter Kampf, der mit allen Mitteln der Intrige, Verleumdung und Denunziation geführt wurde.

Wie immer man auch über diese Konkurrentenzirkel denken mochte: Niemand hat je bezweifelt, daß die Bewirtung im Salon Burdukow besser war als jene bei Andronnikow. Dies erklärt sich daher, daß für die Kosten des Salons Andronnikow das in seinen Mitteln immerhin beschränkte Ministerium des Innern aufzukommen hatte, dessen Fonds zwar reichlich dotiert, aber doch nicht unerschöpflich waren, während hinter dem Salon Burdukow der wahrhaft freigebige und weitblickende Finanzmann Ignati Porfirjewitsch Manus stand.

Herr Manus war alles eher als kleinlich, und er unterschied sich dadurch auf das Vorteilhafteste von den engherzigen Bürokraten im Ministerium des Innern. Manus wußte genau, daß jene Beträge, die er in dem Salon Burdukow investierte, gut angelegt waren und daß sie ihm das Zehn- und Hundertfache einbringen konnten. Mit Hilfe Burdukows wurde es ihm auch möglich, seinen gefährlichsten und mächtigsten Konkurrenten, den Bankier Dimitri Rubinstein, weit zu überflügeln, ein Sieg, der die Krönung seiner glanzvollen finanziellen Laufbahn bedeutete.

Manus, ein aus ärmlichen Verhältnissen hervorgegangener Jude, hatte es von jeher verstanden, die politische Situation Rußlands geschickt für seine geschäftlichen Zwecke auszunutzen. Nachdem ihm einige größere Spekulationen gelungen waren, hatte er seine erste wahrhaft große Transaktion durchgeführt, indem er sich mit dem Fürsten Meschtscherski, dem engagiertesten Vorkämpfer des rechtgläubigen

Panslawismus, verbündet und ihm sein Kapital zur Verfügung gestellt hatte. Durch das jüdische Geld des Bankiers Manus unterstützt, vermochte Meschtscherski, der große Reaktionär und ehemalige Freund Dostojewskis, in seinem ‚Graschdanin' eine lebhafte antisemitische Agitation zu entfalten, und auch Manus selbst verfaßte unter dem Pseudonym ‚Seleni' einige ultra-nationalistische Aufsätze für diese Zeitschrift. Auf diese Art verschaffte sich Manus die besten Beziehungen zu den einflußreichen Kreisen der Reaktion und des Adels und galt binnen kurzem als der reichste und angesehenste Finanzmann von Petersburg.

Wie alle wirklich geschickten Finanzleute liebte es auch Manus, mit seiner Person im Hintergrund zu bleiben; war es ihm doch niemals um die Befriedigung kleinlicher Eitelkeiten, sondern immer nur um große Geschäfte zu tun. So hatte er es für gut befunden, seinen Schützling Burdukow vorzuschieben, und dieser erhielt nun mit dem Geld des Bankiers seinen Salon, veranstaltete Gastmähler und pflegte die Freundschaft zu den Adjutanten Sablin und Nilow. Burdukow war es, der die Besucher, Bittsteller, Beamten, Minister und Offiziere, zu empfangen hatte; im Hintergrund aber stand Ignati Porfirjewitsch Manus, der ‚gelbe Mann', wie man ihn in Petersburg zu nennen pflegte.

Manus bezahlte den Wein, mit welchem Burdukow den Adjutanten betrunken machte, Manus bezahlte die Miete von Burdukows eleganter Wohnung, er bezahlte die kleinen oder großen Anleihen, durch deren Gewährung man die Freundschaft mit Sablin aufrechterhalten konnte, er bezahlte mit einem Worte alles, was für den Betrieb dieses politischen Salons notwendig war. Dafür geschah auch, was immer in dem Hause des Hofstallmeisters vor sich ging, im Interesse des ‚gelben Mannes' und diente seinen Zwecken. So gelang es diesem geschickten jüdischen Geldmagnaten, einen wahrhaft bedeutenden Einfluß bis in die höchsten Sphären des Hofes auszuüben, während er persönlich immer unbemerkt im Hintergrund zu verbleiben wußte.

Die wechselnden Spekulationen des Bankiers versetzten freilich die ausübenden Organe manchmal in gewisse Schwierigkeiten. So schrieb der Flügeladjutant Sablin einmal ganz verzweifelt an seinen Auftraggeber: „Sie hatten mir letzthin befohlen, ich solle nicht mehr über den Finanzminister Bark schimpfen, und vor drei Tagen haben Sie mir sogar den strikten Auftrag gegeben, Bark zu loben; heute heißt es nun plötzlich, ich solle wieder gegen ihn losziehen. Ich muß Ihnen ernstlich zu bedenken geben, daß es mir einigermaßen schwerfällt, nachdem ich gestern den Minister in alle Himmel gehoben habe, mich heute wieder abfällig über ihn zu äußern."

Die Aufträge des Bankiers Manus waren selten rein politischer Natur, sie bezogen sich vielmehr zumeist auf geschäftliche Angelegenheiten. Was der Finanzmann durch den Salon Burdukow erreichen wollte, waren Genehmigungen neuer Konzessionen, die Bewilligung für den Bau von Fabriken, die Übertragung von Lieferungen für die Lebensmittelversorgung und für den Heeresdienst.

Während des Weltkrieges tauchten wiederholt Behauptungen auf, als stünde Manus im Dienste der deutschen Spionage, ein Verdacht, den besonders der Minister Chwostow vertrat. Obgleich gegen den Bankier ziemlich viel belastendes Material vorhanden war, arbeitete dieser doch ganz unbekümmert weiter und reagierte kaum auf alle gegen ihn vorgebrachten Beschuldigungen; der Salon Burdukow mit seinen Beziehungen zu Sablin und Nilow war für ihn eine so starke Sicherung, daß Manus bis zum Ausbruch der Revolution niemals ernstliche Befürchtungen zu hegen brauchte. Durch diesen politischen Zirkel, den er finanzierte und der ihm diente, war der ‚gelbe Mann' seinen Feinden weitaus überlegen und völlig unangreifbar.

Unter allen diesen abenteuerlichen, halb gesellschaftlichen, halb politischen Kreisen, die sich in Ermangelung eines gesunden höfischen Lebens in Petersburg gebildet hatten, war besonders der Salon der Baronin Rosen bemerkenswert. Während Fürst Andronnikow seine Beziehungen zum Kammerdiener des Zaren stolz vor aller Welt verkündete, während Burdukow kein Geheimnis aus seiner Freundschaft mit Sablin und Nilow machte, wurde im Salon der Baronin Rosen der Name jener Persönlichkeit, welche die Verbindung mit Zarskoje Selo herstellte, niemals genannt. Kein Mensch wußte, woher die Baronin ihre vertraulichen Mitteilungen bezog, doch war es nicht zu bezweifeln, daß diese Informationen existierten und daß sie fast immer richtig waren. Die diskreten Gäste der diskreten Hausfrau hatten sich seit langem damit abgefunden, daß sie hier einem streng gehüteten Geheimnis gegenüberstanden, und sie waren zufrieden, wenn die ‚vertrauliche Quelle' ihnen Nachrichten lieferte und ihre Anliegen nach

Zarskoje Selo weiter beförderte. Auch die Baronin Rosen war an und für sich unbemittelt, was sie jedoch nicht hinderte, sich mit auserlesener Eleganz zu kleiden und höchst geschmackvolle und luxuriöse Feste zu veranstalten; ihre Gelage übertrafen an Üppigkeit zuweilen sogar jene des ‚gelben Mannes' im Salon Burdukow. In einer unklaren Beziehung zur Hausfrau stand die schöne Fürstin Dolgoruki, eine Frau von spanischer Abkunft, die sich durch ihre Namensheirat mit einem russischen Aristokraten die Möglichkeit zur Durchführung gewinnbringender Geschäfte gesichert hatte.

Der neugierige Minister Chwostow hatte mehrmals versucht, das Geheimnis der Baronin Rosen und ihres Lebens zu ergründen, und er hatte zu diesem Zweck öfters dort vorgesprochen. Bei vertraulichen Frühstücken sah er dort Polizeispitzel und Hochstapler, darunter auch den berüchtigten Ochranabeamten Raschewski. Während er um die Mittagszeit bei der Baronin Rosen Großfürsten, Großfürstinnen und einigen seiner Ministerkollegen begegnete, fand er sich in dem gleichen Salon am Abend von Schauspielern, Kokotten und Zeitungskorrespondenten umgeben. Ein geheimnisvoller ‚Ingenieur', der persönlich nie erschien, bezahlte sowohl die Frühstücke der Spitzel wie auch die Mittagsmähler der Großfürsten und die abendlichen Gelage der Schauspieler, Kokotten und Journalisten. Wer dieser unbekannte ‚Ingenieur' war, weshalb er eigentlich alles dies bezahlte, und woher er die erforderlichen Mittel hierfür bezog, dies zu ergründen gelang nicht einmal dem Scharfsinn und dem Apparat des Ministers Chwostow.

Während in den Salons des Fürsten Andronnikow, des Hofstallmeisters Burdukow und der Baronin Rosen schamlose Spekulation, verschlagene Spionage und gewissenloses Hochstaplertum miteinander wetteiferten, um auf den willenlosen Zaren Einfluß zu gewinnen, gab es noch einen Zirkel, der andere, allgemeinere und gefährlichere Zwecke verfolgte. Dies war der Salon Ignatiew, wo sich alle Anhänger der giftigen nationalen und religiösen Unduldsamkeit und der politischen Reaktion versammelten, mit der Absicht, von hier aus die Entschlüsse des Kaisers zu lenken.

Graf Alexander Pawlowitsch Ignatiew, der ehemalige Botschafter bei der Hohen Pforte und spätere Minister, war wohl der erste gewesen, der schon unter Alexander dem Dritten den Verfall des russischen Hoflebens wahrgenommen und das Aufblühen der Salons vorhergesehen hatte. Sowie sich der alte Kaiser Alexander nach Gatschina zurückgezogen hatte, begann Graf Ignatiew, mit Hilfe seiner geschäftigen Gattin, sogleich dreimal in der Woche ‚politische Empfänge' zu veranstalten. Diese wurden bald zu jenem berüchtigten ‚schwarzen Salon Ignatiew', der eine Zeitlang als einflußreiches politisches Zentrum der Hauptstadt galt.

Ignatiew, unter dessen Ministerschaft die wüstesten reaktionären Verfolgungen stattfanden, benutzte seinen Salon als wirksames gesellschaftliches Instrument für seine Wahlarbeit, als Ausgangspunkt für tausend Intrigen, die alle darauf abzielten, den von der äußeren Welt abgeschlossenen Zarenhof zweckmäßig zu beeinflussen. Hier versammelten sich von nun an die fanatischen Geistlichen und Politiker aus den Reihen des reaktionären ‚Allrussischen Verbandes', Diplomaten, Militärs und Ministerkandidaten, die, gleich dem Hausherrn, der Idee von der Eroberung Konstantinopels anhingen und schon genaue Kriegspläne zu diesem Ende ausgearbeitet hatten. Zum Freundeskreis des Grafen Ignatiew zählten ferner Bankiers und Lieferanten, die hofften, durch rechtzeitiges Sich-in-den-Vordergrund-Drängen wertvolle Beziehungen anzuknüpfen und sich Aufträge und Lieferungen für den kommenden Krieg zu sichern. Schließlich verkehrten in dem Salon des Grafen verschiedene Beamte aus den Ministerien und Polizeibüros, düstere Männer, durchdrungen von ‚heiligen nationalen Überzeugungen', Verfechter eines strengen absolutistischen Regiments und reichlich betriebener Verschickungen von politischen Gegnern nach Sibirien.

Die gleichen untergeordneten Hofbeamten, die im Auftrage der Salons Andronnikow, Burdukow und Rosen wichtige Geschäfte durchzuführen hatten, wurden vom Salon Ignatiew zu einer noch bedeutungsvolleren, rein politischen Tätigkeit benützt: Ihnen fiel die historische Rolle zu, die Unduldsamkeit und Reaktion aus dem ‚schwarzen Salon' zu den sonst so unzugänglichen Ohren des Kaisers zu bringen.

In diesen früheren Jahren, als der ‚schwarze Graf' noch rüstig und von Unternehmungsgeist beseelt gewesen war, hatte die Wirksamkeit seines Salons einen ernsten Charakter gehabt und in mancher Hinsicht einen verhängnisvollen Einfluß ausgeübt. Später aber, als sich der Graf immer mehr aus dem öffentlichen Leben zurückgezogen hatte und schließlich gestorben war, sank die politische Scharfmacherei im Salon Ignatiew immer mehr zu einem unernsten, dreimal in der Woche periodisch wiederholten Geschwätz herab.

Nicht etwa, daß der ‚schwarze Salon' jetzt, unter der Leitung der alten verwitweten Gräfin, von seinen reaktionären Idealen, von seiner orthodoxen Gesinnung und grimmigen Unduldsamkeit auch nur im mindesten abgewichen wäre; dies alles hatte jedoch seit dem Tode des Grafen jede seriöse Bedeutung eingebüßt. Wohl kamen nach wie vor die gleichen Gäste wie früher, wurden dieselben Gespräche geführt, aber der Salon nahm mehr und mehr den Charakter eines Kaffeekränzchens an, bei welchem bigotte alte Frauen mit ihren Seelsorgern und mit pensionierten Generalen schwatzten.

Je älter die Hausfrau und ihre Freunde und Freundinnen wurden, desto mehr machte sich diese haltlose Geschwätzigkeit des Zirkels bemerkbar. Allmählich hatten auch die ewig gleichen politischen Gesprächsthemen nicht mehr ausgereicht, und so war man langsam in jene Freude an ‚Mystizismus' und ‚Okkultismus' hinübergeglitten, die ja so oft mit reaktionärer Gesinnung Hand in Hand geht.

Wenn jetzt die alten Damen, Generale und Geistlichen sich dreimal in der Woche im Salon der Gräfin Ignatiew versammelten, versicherten sie einander nur kurz, einige Minuten lang, ihrer unveränderten religiösen und politischen Rückschrittlichkeit, um dann sogleich, auf Grund einer stillschweigenden Übereinkunft, auf das Thema von den ‚übersinnlichen Mächten' zu sprechen zu kommen. Von angenehmen Schauern durchrieselt, konnte man dann bis in die späte Nacht einander gegenseitig von ‚mystischen Erlebnissen' und ‚Offenbarungen' erzählen; oft wurde den Gästen des ‚schwarzen Salons' das Abschiednehmen nur allzu schwer, und sie plauderten noch in der offenen Türe endlos über die ‚Geheimnisse des Übersinnlichen'.

Bald versuchte jedermann, der sich für Okkultismus interessierte, in den Zirkel der Gräfin Ignatiew aufgenommen zu werden. Denn mittlerweile war das geschehen, was sich in den meisten derartigen Vereinigungen beflissener Salonokkultisten ereignet: Wo Menschen sich zu dem Zweck zusammenfinden, um in endlosem Geschwätz das Übersinnliche herabzubeschwören, läßt dieses nicht lange auf sich warten und gibt bald von Tag zu Tag deutlichere Zeichen von sich. So hatte sich auch in dem Salon der Gräfin Ignatiew die magische Welt der Geister in allen möglichen ‚Zeichen' und ‚astralen Phänomenen' manifestiert.

Es dauerte auch nicht lange, bis die gläubigen, aber noch unwissenden Mitglieder des Zirkels ihre ‚Lehrer' fanden, bis ihnen ‚Boten' ins Haus geschickt wurden, ‚Hellseher', ‚Mystagogen' und ‚Barfüßler', die die Fähigkeit besaßen, alle die übersinnlichen Zeichen, die sich bis dahin gezeigt hatten und weiter zeigten, zu deuten und zu erklären. Diese ‚erleuchteten Männer' wurden von allen Gästen des Hauses ohne Unterschied mit der größten Ehrerbietung als Heilige angesehen, und vom Salon der alten Gräfin fanden die meisten von ihnen auch den Weg in die Salons der ‚Montenegrinerinnen'. Auf diesem Wege kam dann der eine oder der andere bis nach Zarskoje Selo, und dort traf er bereits mit dem fest begründeten Ruf ein, er sei ein Wundertäter und ‚Gesandter Gottes'.

In demselben Maße, wie der Zar und die Zarin durch die Krankheit des kleinen Thronfolgers immer mehr in den Bann derartiger ‚Heiliger' und ‚Hellseher' gerieten, verfielen sie auch, ohne es zu ahnen, immer tiefer dem Einfluß jener Ideen, Wünsche und Interessen, die im ‚schwarzen Salon' der Gräfin Ignatiew gehegt wurden.

So kam es, daß die krankhafte Abneigung des Kaisers gegen den Rat und den Umgang mit bedeutenden Männern, sein Mißtrauen gegen jeden aufrechten Menschen und seine völlige Abgeschlossenheit vom ganzen Reich schließlich zu einem Zustand führten, in dem nunmehr die kleinlichen Interessen eines reaktionären Zirkels von alten Frauen und pensionierten Generalen seine Entschlüsse zu lenken vermochten.

★

Schon seit frühester Jugend hatte Nikolaj der Zweite alle Schicksalsschläge mit fatalistischem Gleichmut hingenommen, wobei ihm eine gewisse demütige Religiosität innerlichen Halt verliehen hatte. Auch später bemühte er sich, sowohl in seiner Eigenschaft als Beherrscher des in seinen Grundfesten wankenden russischen Reiches wie auch als Vater eines scheinbar einem qualvollen Tode verfallenen Sohnes, in demütiger Ergebung in den göttlichen Willen seine Zuflucht zu finden. Überall ringsumher lauerte stumm und geheimnisvoll das Unheil, für das sich eine andere Deutung kaum finden wollte als die, daß dies alles nichts anderes sei als ‚göttliche Fügung'. Jeder Versuch, sich mit den schwachen Kräften menschlichen Vermögens gegen diese zur Wehr setzen zu wollen, mußte im vorhinein schon als zum Mißlingen verurteilt erscheinen.

„Der Kaiser glaubt an die Fügung des Schicksals", erklärte einmal einer seiner Minister. „Wenn alles mißlingt, dann denkt er sogleich, statt sich aufzulehnen, daß Gott es eben so gewollt habe, und er überläßt sich dem Willen des Allmächtigen ohne Widerstand."

So schien es denn für den Zaren keinen anderen Weg der Rettung zu geben als ein festes Vertrauen in die Vorsehung, demütiges Hinnehmen jeglichen Mißgeschickes und unausgesetztes Flehen um den Schutz des Herrn. Wenn in Alexejs kleinem Körper durch einen zu heftigen Stoß, durch eine zu ungestüme Bewegung Blutungen aufgetreten waren, wenn dann sein Gesichtchen, totenbleich und von Schmerz verzerrt, gegen die Wand gekehrt war, und die Eltern in hilfloser Verzweiflung sein Bett umstanden, dann suchten Kaiser und Kaiserin Stärkung im Gebet.

Aber auch vor jeder großen politischen Entscheidung beteten sie, und sooft sich im Staate Schwierigkeiten und Gefahren zeigten, waren sie überzeugt, diese nur durch Gebete überwinden zu können. Als im Jahre 1905 der Kaiser nach langem Zögern den Ukas über die Reichsduma unterschrieben hatte, knieten der Zar und die Zarin nieder und flehten zu Gott, diese schwerwiegende Entscheidung möge dem Reiche Segen bringen.

Im Schloß von Zarskoje Selo befand sich eine Hauskapelle, ein mit schweren seidenen Vorhängen halb verdunkeltes Gemach, an dessen einer Wand sich der schimmernde Ikonostas erhob. Das mit kostbaren Teppichen und Vorhängen geschmückte Zimmer enthielt schöne holzgeschnitzte Armstühle für das Kaiserpaar und eine Anzahl einfacherer Sitze für die kaiserlichen Kinder und die Hofdamen.

Diese prunkvoll eingerichtete Hauskapelle entsprach jedoch nicht ganz den zur Einsamkeit neigenden Wünschen der Kaiserin, und so hatte sie sich für ihre eigenen Andachten einen anderen Raum einrichten lassen. Unweit des Alexanderschlosses von Zarskoje Selo erhob sich der ‚Feodorowski Sabor', die Kirche des Gardekavallerie-Regiments; in der Krypta dieses Gotteshauses ließ die Kaiserin eine unterirdische Kapelle anlegen, und dorthin begab sie sich, wenn sie ungestört beten

25 Großfürst Sergej Alexandrowitsch, der Onkel und Schwager des Kaisers

26 Hofminister Graf Fredericks, in altrussischer Hoftracht

22 Die Kaiserin in der Uniform ihres Ulanenregiments

23 Großfürstin Olga in der Uniform ihres Husarenregiments

24 Großfürstin Jelisaweta Feodorowna, die Schwester der Kaiserin

Veranlagung war auch im elterlichen Hause sehr gefördert worden, denn Alexander der Dritte war ebenfalls von der Wunderkraft gottbegnadeter Menschen überzeugt gewesen. Am Hof seines Vaters hatte der junge Thronfolger Nikolaj die seltsame Gestalt Johanns von Kronstadt kennengelernt, dieses eigenartigen Mannes, der nicht nur vom einfachen Volk, sondern auch von dem alten Kaiser selbst als Heiliger angesehen wurde.

Wohl war Johann von Kronstadt ein Priester der rechtgläubigen Kirche, doch stand er in den Augen von ganz Rußland hoch über der anderen Geistlichkeit, denn ihm wurde die Fähigkeit zugesprochen, Wunder zu tun, die Zukunft zu prophezeien, wie auch Kranke und Leidende von ihren Übeln zu erlösen. Wenn er predigte, dann strömte das Volk in hellen Scharen in die Kirche und lag andächtig vor ihm auf den Knien. In schweren Situationen, vor wichtigen Entscheidungen oder wenn jemand in der Familie krank darniederlag, rief Zar Alexander den Heiligen in den Palast und bat ihn um seinen Rat und um seine Hilfe. Der spätere Kaiser Nikolaj der Zweite erinnerte sich sein ganzes Leben hindurch einer Frühmesse in der Kirche von Orianda, wo Johann von Kronstadt dem schwerkranken alten Kaiser und der ganzen Zarenfamilie predigte und mit ihnen betete. In kurzen, abgerissenen Sätzen, die fast wie Schreie klangen, flehte Johann von Kronstadt die Gnade und den Segen Gottes auf das Herrscherhaus herab. Diese ihn tief ergreifende Szene sollte dem damaligen Thronfolger für alle Zeiten in Erinnerung bleiben; war er doch damals von der Überzeugung erfaßt worden, hier spreche ein wahrhaft heiliger Mann, ein Bote Gottes. Aus ganzem Herzen teilte der junge Zarewitsch seit dieser Messe die Überzeugung Tausender von Pilgern, die jahraus, jahrein in frommem Wunderglauben dem Prediger Johann von Kronstadt zuströmten.

Und an jenem düsteren Tag, da Kaiser Alexander stündlich den Tod erwartete, hatte Nikolaj eine Szene mit angesehen, die ihm gleichfalls nie mehr aus dem Gedächtnis schwinden sollte: Beim Eintritt in das Krankenzimmer seines Vaters sah er, wie dieser, nach Atem ringend, auf dem Bette lag, während Johann von Kronstadt, über ihn gebeugt, sein Haupt in den Händen hielt und dem sterbenden Monarchen die letzten irdischen Trostesworte zuflüsterte.

Auch der Mann, der die Erziehung des Thronfolgers Nikolaj über-

wollte. Im Dämmerlicht der wenigen Öllämpchen vor den Heiligenbildern lag sie dann viele Stunden lang auf den Steinfliesen.

Als aber ein Unglücksfall nach dem anderen geschehen war, eine neue Bedrohung nach der anderen auftauchte, empfanden Zar und Zarin allmählich die Unzulänglichkeit des strengen Kirchenglaubens. In ihrem Kummer und in ihrer Angst vermochten sie aus den Predigten und Messen des Hofgeistlichen, aus dem Chorgesang und aus den immer wiederholten Gebeten, auf welche der Himmel niemals eine Antwort erteilte, keine rechte Befriedigung mehr zu gewinnen.

Gleich manchen schwachen und verzweifelten Menschen vor ihnen, verspürten auch sie das Bedürfnis, geradewegs mit Gott in Verbindung zu treten, ihn rasch und unmittelbar von Angesicht zu Angesicht zu schauen. Dieser Sehnsucht nach dem Wunder entsprach aber weniger die orthodoxe Kirche mit ihrer strengen Lehre als vielmehr jegliche Art von Mystizismus.

So kam es, daß vor allem die Kaiserin immer stärker zu mystischer Schwärmerei hinneigte. Diese hessische Prinzessin, die ursprünglich in streng protestantischem Geiste erzogen worden war und als Mädchen sogar eine Zeitlang unter dem Einfluß der Ideen von David Friedrich Strauß gestanden hatte, wurde, nachdem sie Kaiserin von Rußland geworden und zum byzantinischen Glauben übergetreten war, alsbald zu einer fanatischen Anhängerin, ja zu einer Eiferin für die Orthodoxie.

Später hatte sich bei ihr ein immer stärkerer Hang zum Mystizismus entwickelt, dem sie schließlich ganz verfiel. Besonders tiefen Eindruck soll damals auf sie ein Werk aus dem vierzehnten Jahrhundert gemacht haben, das von der Mittlerschaft zwischen Gott und dem Menschen sowie von den ‚Gottesfreunden', ungewöhnlich begnadeten Sterblichen, handelte. Die Kaiserin glaubte fest daran, daß es Menschen gäbe, welche sich durch ihr inbrünstiges Gebet der Gottheit zu nähern vermöchten und die daher, ohne selbst Priester zu sein, das Amt der Mittlerschaft zwischen Himmel und Erde besser ausüben könnten als irgendein gewöhnlicher Geistlicher.

Der Kaiser war weit davon entfernt, diesen Schwärmereien seiner Gattin entgegentreten zu wollen, hatte doch auch er schon als junger Mann einem religiösen Mystizismus angehangen, ein Zug, welchen er mit seinem Vorfahren, Alexander dem Ersten, gemeinsam hatte. Diese

27 Die Zarentöchter Olga, Tatjana, Marja, Anastasia

28 Der Kaiser in alt-russischer Hoftracht

29 Der Zarewitsch in der Unterrichtsstunde
30 Das Häuschen der Wyrubowa
31 Das Empfangszimmer der Kaiserin

nommen hatte, der erste und wichtigste Ratgeber Alexanders des Dritten, der Oberprokurator und einflußreiche Staatsmann Pobjedonoszew, der Freund und Gönner Dostojewskis, glaubte an übersinnliche Mächte und Erscheinungen, die auf das irdische Dasein einzuwirken vermöchten. Er war nicht nur von der Heiligkeit Johanns von Kronstadt überzeugt, sein Wunderglaube ging sogar so weit, daß er einmal in seinem Heim unter Assistenz hoher Geistlicher eine regelrechte Teufelsaustreibung vorgenommen hatte. Gleich Pobjedonoszew glaubten auch die meisten übrigen Minister Kaiser Alexanders an übersinnliche Mächte, an Wundertaten und Prophezeiungen, so daß sich der junge Thronfolger von allen Seiten in seinen mystischen Gefühlen bestärkt sah.

Späterhin sollte dieser nun schon krankhafte Mystizismus des neuen Herrscherpaares noch durch den Umgang mit den Großfürsten Nikolaj und Peter Nikolajewitsch sowie mit deren Gattinnen weiter bestärkt werden. Wohl bewegten sich die Interessen dieser großfürstlichen Paare in meist recht albernen und primitiven ‚okkulten Séancen' mit Tischrücken, Geisterbeschwörungen und ähnlichem spiritistischen Unfug, aber das Herrscherpaar griff damals, in seinem Wunsch, irgendwie aus den quälenden Sorgen ihres diesseitigen Lebens herauszukommen, nach allem, was ihnen als eine Brücke zu einer übersinnlichen Welt erscheinen konnte. Ohne viel nachzudenken, begaben sie sich, auf der Flucht vor den finsteren Gefahren der realen Existenz, in die seichtesten Regionen des Okkultismus.

In den Salons der ‚Nikolajewitschi' und ihrer Gattinnen fanden andauernd die verschiedenartigsten spiritistischen Sitzungen statt, tummelten sich allerlei ‚Wahrsager, Hellseher, Prediger, Barfüßler, Gesundbeter und Wundertäter'. Der junge Kaiser kam, ebenso wie auch seine Gemahlin, immer mehr unter den Einfluß dieses Kreises, und als beide sich später vom Hof und den übrigen Verwandten zurückzogen, blieben die ‚Nikolajewitschi' am längsten ihre Vertrauten.

Die Zarin war als Braut des Thronfolgers nach Orianda gekommen und hatte dort, an der Seite ihres zukünftigen Gatten, andächtig der von Vater Johann zelebrierten Messe beigewohnt; auch ihr wurde die Predigt dieses seltsamen Priesters zu einem unvergeßlichen Erlebnis. Als junge Frau hatte sie dann fast nur mit den ‚Nikolajewitschi' und mit den ‚Montenegrinerinnen' intimeren Umgang gepflegt, da sie in ihrer ständigen Angst vor neuen Enttäuschungen, Gefahren und Sorgen auch an dem kindischen Gehaben des krassen Aberglaubens Gefallen fand, wie er in den Salons von Militza und Anastasia betrieben wurde.

Das Haupt dieser kleinen spiritistisch-okkultistischen Gemeinde im Kaiserhause war der Großfürst Nikolaj Nikolajewitsch. Bei ihm gingen unausgesetzt ‚Magier‘, ‚Wahrsager‘, ‚Geisterbeschwörer‘ und ähnliche zweifelhafte Gestalten aus und ein, bald Vertreter des westeuropäischen Okkultismus, bald solche der russischen Volksmystik.

Die Zarin hat sich zwar später von dem Spiritismus, wie er in den Häusern ihrer Verwandten betrieben wurde, völlig abgewendet und diesen sogar als gottlos verabscheut, da die Beschäftigung mit solchen Dingen den wahren Glauben gefährde, doch ist sie ihrer Überzeugung von der Existenz gottbegnadeter ‚Hellseher‘ und ‚Mittler‘ zwischen Himmel und Erde bis zuletzt nicht untreu geworden. Dieser Glaube schien ihr durchaus nicht im Widerspruch zu den Lehren der Orthodoxie zu stehen; sie verbrachte auch weiterhin viele Stunden in der unterirdischen Kapelle des ‚Feodorowski Sabor‘, nahm das Abendmahl und befolgte alle Vorschriften der Kirche, doch war sie dabei stets auf der Suche nach ‚Wundermännern‘, die ihrer primitiven Sehnsucht nach einer unmittelbaren Verbindung mit der Gottheit Erfüllung bieten sollten.

Zu Beginn des Jahrhunderts begegnete die Kaiserin dem ersten in der langen Reihe dieser ‚Wundermänner von Zarskoje Selo‘. Mit dem Auftreten des französischen ‚Thaumaturgen‘ Doktor Philippe begann die Kette jener seltsamen Séancen, die durch ihre Vermischung von höchster Politik mit Magie und Zauberei zu den sonderbarsten Phänomenen der jüngsten Vergangenheit gezählt werden müssen. Hier verquickte sich moderne Diplomatie mit Geisterbeschwörung, verbanden sich die größten Staatsaktionen mit Zauberformeln, konstitutionelle Reformen mit ‚Wunderglöckchen‘, die zu ertönen begannen, sooft dem Kaiser ein ‚böser Mensch‘ gegenüber trat. In diesen Sitzungen wurde die Politik des russischen Kaiserreiches von Ministern und Zauberern gemeinsam entschieden.

Zu einer Zeit, da die Zarin besonders schwer unter der kaum verhehlten Mißachtung ihrer Schwiegermutter und des ganzen Hofes zu leiden hatte, da ihr von allen Seiten unverhüllt der Vorwurf gemacht wurde, sie könne dem Reich keinen Thronerben schenken und somit ihren Pflichten als Landesmutter nicht nachkommen, geriet die arme Frau allmählich in einen geradezu krankhaften Zustand von Angst und Nervosität; so war sie dazu ausersehen, sich jedem Menschen blindlings anzuvertrauen, der ihr durch ein ‚Wunder' die Erfüllung ihres heißesten Wunsches zu versprechen schien.

Zu dieser Zeit, im Jahre 1901, lernte sie während eines Besuches in Frankreich den Wunderarzt Philippe aus Lyon kennen; er war bei der damals in Compiègne weilenden Großfürstin Militza erschienen, diese hatte ihn dem Herrscherpaar vorgestellt, und der Eindruck dieses ‚wahrhaft heiligen Mannes' war von Anfang an sehr günstig gewesen; bald schenkten ihm Zar und Zarin ihr volles Vertrauen.

Der Wundertäter Philippe war ursprünglich Metzgergeselle gewesen und hieß mit seinem wahren Namen Nizier-Vachot; so seltsam dies bei seinem Beruf auch anmuten mochte, war er doch von verträumter Gemütsart, hatte Nächte hindurch mit glühenden Wangen Bücher über Geistererscheinungen, Magie und Mystik verschlungen, bis sein Hang zum Übersinnlichen dahin geführt hatte, daß ihn sein Meister wegen völliger Unbrauchbarkeit entließ, da er für ‚geistersehende' Metzgergehilfen keine Verwendung hatte. Nun begann Nizier-Vachots Laufbahn als Wundermann, die ihn schließlich an den Zarenhof bringen sollte: Kaum entlassen, etablierte er sich in seinem Heimatdorf, nicht weit von Lyon, und begann dort eine Praxis mit Wunderkuren aller Art. Wie es in solchen Fällen meistens geschieht, hatte er einige Erfolge aufzuweisen, besonders da ihm eine gewisse hypnotische Begabung eigen war. Als ihm jedoch einige Kuren mißlungen waren, wurden die Behörden auf ihn aufmerksam und fingen an, ihn zu verfolgen, doch wußte er sich die politische Lage zunutze zu machen, indem er sich die Unterstützung der Nationalisten verschaffte. Bald zählte auch Graf Murawiew-Amurski, der russische Militärattaché in Paris, zu seinen Anhängern, und dieser stellte ihn der Großfürstin Militza Nikolajewna vor.

Als das Kaiserpaar bei seinem Besuch in Frankreich den Wunderdoktor kennengelernt hatte, wurde dieser bald darauf nach Petersburg berufen, wo er zunächst im Salon des Großfürsten Nikolaj Nikolajewitsch und dann auch am Kaiserhof selbst eine bedeutende Rolle spielte. Fast ständig fanden von nun an unter seiner Leitung Séancen statt, denen auch der Zar und insbesondere die Zarin beiwohnten. Unterdessen betrieben die ‚Montenegrinerinnen' auch die Verleihung des Doktortitels an Philippe, eine Auszeichnung, auf die der Wundertäter großes Gewicht legte. Schließlich erreichten sie es, daß der Kriegsminister Kuropatkin dem französischen Magier den Titel eines Militärarztes und wirklichen Staatsrates verlieh, womit die medizinische Praxis des nunmehrigen Doktors Philippe auch gesetzlich autorisiert erschien.

Durch die wundertätige Kraft Philippes hoffte die Kaiserin nun auch die Erfüllung ihres sehnsüchtigen Wunsches erlangen zu können, und sie bat den Magier, er möge bei Gott die Gnade für sie erflehen, daß ihr ein Thronerbe geschenkt werde. Philippe übersiedelte völlig in das Schloß von Zarskoje Selo und begann eine Reihe mystischer Beschwörungen, durch welche die Kaiserin mit einem Sohn gesegnet werden sollte. Kurze Zeit danach verbreitete sich auch bereits am ganzen Hofe die frohe Nachricht, daß das Wunder geschehen sei; die offiziellen Empfänge bei der Zarin hörten auf, sie kleidete sich fortan in weite Gewänder und trug kein Korsett mehr. Wenn sie jetzt in ihrem dunklen Samtkleid einherschritt, konnten alle Verwandten und Hofdamen mit Genugtuung feststellen, daß aller Grund zu froher Hoffnung bestand. Der Kaiser strahlte vor Glück und Zufriedenheit, und die freudige Kunde verbreitete sich durch das ganze Reich.

Als endlich die neun Monate um waren, wartete ganz St. Petersburg von Tag zu Tag, von Stunde zu Stunde, auf die traditionellen Kanonenschüsse von der Peter-Pauls-Festung, die durch ihre Anzahl verkünden sollten, ob das neugeborene Kind ein Sohn oder eine Tochter sei. Die Kaiserin hatte seit einigen Tagen ihr Appartement nicht mehr verlassen und war zu Bett geblieben; vor der Tür ihres Schlafzimmers standen die vier abessinischen Wächter in ihren gestickten Gewändern und weißen Turbans, um zu verhindern, daß die Herrscherin von irgend jemandem gestört werde.

Aber ein Tag nach dem anderen verging, ohne daß das freudige Ereignis eingetreten wäre. Schließlich erhielt der Hofarzt Professor Ott nach einigem Widerstreben die Erlaubnis, die Kaiserin untersuchen zu dürfen. Zur allgemeinen Bestürzung ergab sich, daß Alexandra überhaupt nicht schwanger war.

Da die ganze Bevölkerung bereits auf den Thronerben gewartet hatte, war es natürlich nicht möglich, diese tragikomische Wendung auf die Dauer geheimzuhalten, und so kursierten alsbald zahllose Gerüchte in der gesamten russischen Öffentlichkeit, die nicht dazu angetan waren, das Ansehen der Zarin zu fördern.

Gemäß einer Aufforderung des Palastkommandanten veranstaltete nunmehr Raschkowski, der russische Ochranavertreter in Paris, dort umfassende Nachforschungen über die Vergangenheit Philippes, und schließlich verfaßte er einen vernichtenden Rapport über diesen, den er persönlich dem Minister Sipjagin vorlegte. Der Minister kannte die Verhältnisse am Kaiserhof gut genug, um Raschkowski zu raten, er möge seinen Bericht sogleich ins Feuer werfen; Raschkowski aber beherzigte diesen weisen Rat nicht, sondern legte das Schriftstück dem Zaren vor, was sogleich die kaiserliche Ungnade auf sein Haupt heraufbeschwor. Nikolaj der Zweite liebte es nun eben einmal nicht, mit unangenehmen Mitteilungen behelligt zu werden. Trotz aller Enttäuschungen und üblen Gerüchte hielten der Kaiser und die Kaiserin nach wie vor ihren Glauben an Doktor Philippe aufrecht und gewährten dem Wundertäter weiter ihre Gunst. Erst einige Zeit später wurde Philippe, mit Geschenken reich überhäuft, in seine Heimat entlassen.

Beim Abschied vermachte er der Zarin ein Heiligenbild mit einem Glöckchen; dieses sollte, seinen Angaben gemäß, von selbst zu läuten beginnen, sobald sich dem Herrscherpaar ein schlechter Mensch nähere. Außerdem hinterließ Philippe eine Prophezeiung, die im späteren Verlaufe große Wirkungen haben sollte: Er erklärte nämlich, Gott werde der Kaiserin bald einen neuen ‚Freund' senden, und dieser werde ihr in allen Nöten getreulich beistehen.

Bald nach seiner Rückkehr nach Frankreich starb Philippe, nicht zuletzt aus Kummer über seinen Abschied, da er sich, nach den schönen Zeiten in Zarskoje Selo, nicht mehr recht in die einfache Umgebung seiner Heimat zu finden vermochte. Seine Anhänger versicherten im übrigen, er sei gar nicht gestorben, sondern, nach Erfüllung seiner irdischen Mission, bei lebendigem Leibe zum Himmel aufgefahren.

Die orthodoxe Geistlichkeit bei Hof hatte das Auftauchen und den Einfluß des ausländischen Wundertäters Philippe von Anfang an zumeist mit scheelen Augen angesehen. Nun, nach dem Abgang des Franzosen, schien ihnen der Augenblick gekommen, um das Herrscherpaar wieder unter ihren eigenen Bann zu bringen. Der Hofgeistliche, Vater Theophan, der am meisten darüber geklagt hatte, daß der Zar und die Zarin sich der orthodoxen Kirche entfremdet hätten und unter den Einfluß des teuflischen westeuropäischen Wunderglaubens geraten seien, hielt es nunmehr für angebracht, den Herrscher wieder zum einheimischen Wunderglauben zurückzuführen.

Da entsann sich Vater Theophan eines längst verstorbenen echtrussischen Wundertäters, der nur durch sträfliche Nachlässigkeit bisher nicht der Heiligsprechung teilhaftig geworden war. Es war dies der Mönch Seraphim von Sarow, der schon zu Beginn des neunzehnten Jahrhunderts bedeutsame Prophezeiungen ausgesprochen hatte; Vater Theophan überredete nun den Zaren dazu, daß er die Kanonisierung Seraphims durchführen lasse und sich durch diese gottgefällige Tat den Dank der himmlischen Mächte verdiene. Der Zar war, besonders unter dem Einfluß seiner Gemahlin, sogleich Feuer und Flamme für dieses Projekt und betrieb die Heiligsprechung Seraphims von Sarow mit einem Eifer, als handle es sich um die wichtigste Staatsaktion.

Freilich gab es hierbei mancherlei Widerstände zu überwinden: Die angesehensten und mächtigsten Stützen der Orthodoxie sprachen sich gegen das Projekt aus, vor allem der Oberprokurator Pobjedonoszew. Schließlich aber setzten die hinter dem Zaren Stehenden ihren Willen durch, und es gelang auch, die Bedenken Pobjedonoszews während eines intimen Frühstücks zu zerstreuen.

Am 30. Juli 1903 wurde sodann unter prunkhaften Feierlichkeiten im Beisein des Herrscherpaares die Heiligsprechung Seraphims vollzogen. Am Abend dieses Tages fand zu Ehren des Kaisers eine Festtafel statt, an welcher die hohe Geistlichkeit, eine große Anzahl von staatlichen Würdenträgern und zahlreiche Fürsten und Beamte teilnahmen, die zu diesem Anlaß von allen Seiten nach Sarow geströmt waren, in der berechtigten Annahme, ihre Anwesenheit bei diesem Fest werde ihrer Karriere nützlich sein.

Als die Nacht fortschritt, machten sich auf dem Gesicht der Zarin die seltsamen roten Flecken immer deutlicher bemerkbar, die bei ihr stets eine starke innere Erregung andeuteten. Ihre Brust hob und senkte sich unregelmäßig, und ihre Augen leuchteten unruhig. Um Mitternacht verließ sie plötzlich die Tafel und begab sich in den Garten.

Dort wurde sie von einigen alten Popen und den vertrautesten ihrer Hofdamen erwartet und zu der heiligen Quelle neben den Gebeinen Seraphims geleitet; diese Quelle sollte wundertätige Kräfte besitzen, und viele arme Kranke, Krüppel, Blinde, Taube und unfruchtbare Frauen sollten durch ihr Wasser Heilung gefunden haben.

Die Kaiserin hatte sich bereits durch eigenen Augenschein von den Wirkungen dieser Quelle überzeugen können: Bei ihrem Einzug in Sarow war ihr eine ganze Gruppe von Bauern und Bäuerinnen vorgeführt worden, die alle einst an einem schweren Übel gelitten hatten; nun gingen die ehemals Lahmen ohne Krücken in dem Festzug mit, die Blinden waren wieder sehend geworden, die Tauben hörten, und die früher unfruchtbaren Weiber trugen Kinder in ihren Armen. Darum hatte sich Alexandra entschlossen, selbst die Kraft des wunderwirkenden Bades zu erproben.

Als sie nun um Mitternacht in Begleitung dreier Popen und ihrer Hofdamen zu der Quelle aufbrach, ging sie zuerst zum Grabe Seraphims, sank dort auf die Knie nieder und flehte in langem, innigem Gebet um die Fürsprache des Heiligen bei Gott, auf daß dieser ihr den sehnlichsten Wunsch erfülle und ihr einen Sohn schenke, hatte doch, ihrer Meinung nach, auch die Kaiserin von Rußland das Anrecht auf jenes Mutterglück, welches den geringsten und ärmsten Bäuerinnen nicht verweigert war.

Nachdem sie ihr Gebet beendet hatte, begab sie sich, von ihren Hofdamen geleitet, zur heiligen Quelle, während die Priester betend am Grabe zurückblieben. Dann legte sie den glitzernden Schmuck und die Festgewänder ab und tauchte, nur vom Licht der Sterne beschienen, ihren Leib in die segenbringenden Fluten.

Und das Wunder geschah: Nach Ablauf der erforderlichen Frist gebar die Kaiserin, zum größten Jubel ihres Gatten und des ganzen Landes, einen Sohn, der den Namen Alexej erhielt.

Die Geistlichkeit triumphierte, da sie doch dieses freudige Ereignis einzig und allein der segensreichen Wunderkraft des Heiligen von Sarow zuschrieb. Jene hohen Beamten und Würdenträger, die zu der Kanonisierung Seraphims aus allen Teilen des Reiches zusammengeströmt waren, sahen sich in ihren Erwartungen nicht enttäuscht. Sie erhielten Auszeichnungen und machten rasch Karriere, denn die Majestäten waren jetzt von der Gottgefälligkeit dieser Heiligsprechung völlig überzeugt und belohnten jeden, der daran teilgenommen hatte, da doch der Allmächtige sie selbst so reich belohnt hatte. Im Arbeitszimmer des Kaisers wurde ein großes Bild des heiligen Seraphim aufgehängt, und der Glaube an diesen Schutzpatron war von nun an so stark, daß der Zar während des Krieges gegen Japan den Truppen viele Tausende von Bildnissen Seraphims an die Front schickte. „Die Japaner haben Granaten", bemerkte damals ein grimmiger Volkswitz, „unsere Soldaten aber haben Heiligenbilder."

★

So bedeutend auch das Prestige Seraphims von Sarow angestiegen war, so fehlte es doch in der Umgebung der Kaiserin nicht an Stimmen, die das Verdienst an der Geburt des Thronfolgers weniger ihm als einer anderen wundertätigen Persönlichkeit zuschreiben wollten. Diese Stimmen behaupteten, das nächtliche Bad in dem heiligen Quellwasser hätte ja allerdings das Wunder vielleicht unterstützt; eigentlich aber sei es einzig und allein durch die ‚heilige Närrin', durch das hinfällige Bauernmädchen Darja Ossipowa, vollbracht worden.

Gleich nach dem Abgang des Thaumaturgen Philippe waren nämlich schon wieder ‚Wundertäter' und ‚Mittler' am Zarenhofe erschienen, Leute, von denen behauptet wurde, sie seien imstande, den Wunsch der Kaiserin durch magische Einflüsse zu erfüllen. Im Unterschied zu dem Franzosen aber waren diese neuen Wundertäter nicht gebildete Doktoren und ‚Salonmagier', sie gehörten vielmehr dem spezifisch russischen Typus der ‚Jurodiwi', der ‚heiligen Idioten' an. Diese waren echt heimatliche Erscheinungen, so alt und angesehen wie die orthodoxen Priester selbst. Nach dem Versagen Philippes, dem man in den streng russischen Kreisen bei Hof weniger seinen ‚Scharlatanismus' übelgenommen hatte, als vielmehr die ausländische Herkunft, suchte man nun die von den größten Geistern Rußlands als wahrhaft national approbierte Gestalt des ‚Jurodiwi' in Zarskoje Selo einzuführen.

Solchen ‚Jurodiwis' konnte man in den Dörfern oft begegnen; meist waren es körperlich und geistig zurückgebliebene Männer, seltener Weiber, die in den häufigsten Fällen überdies von Epilepsie heimgesucht waren. Gerade in der Einfalt dieser Dorfidioten sah das Volk ein besonderes Zeichen Gottes, und ihre Fallsucht verstärkte noch ihren Ruf der Heiligkeit. Unter den russischen Bauern, aber auch in den intelligenteren Kreisen, lebte seit langem der Glaube, der Herr sehe mit besonderem Wohlgefallen auf Verwachsene, Taubstumme, Fallsüchtige und Idioten, und der göttliche Geist liebe es, sich in den Solözismen, in den unsinnigen Lauten, den wilden Schreien und den krampfgeschüttelten Bewegungen solcher Menschen zu offenbaren. In allen Äußerungen derartiger Idioten sah das Volk Manifestationen des höheren göttlichen Willens, dem man sich blind zu unterwerfen habe, da er mehr gelte als die erbärmliche Vernunft hoffärtiger Menschen. Diese ‚Armen im Geiste' wurden als auserlesene Wesen betrachtet, denen man wundertätige Kräfte zuschrieb, und sie genossen überall die größte Verehrung.

Wenn einer von diesen ‚Jurodiwis' barfuß, schmutzig und nur mit einem zerrissenen Kittel bekleidet, auf der Dorfstraße erschien, sanken die Bauern vor ihm in die Knie, küßten den Saum seines Hemdes und lauschten andächtig seinen verworrenen Reden, um aus ihnen den Willen Gottes zu deuten.

Einer dieser ‚Jurodiwi' wurde von Leuten, die geschickt auf die mystischen Neigungen des Herrscherpaares spekulierten, nach Zarskoje Selo gebracht, wo er bald eine bedeutende Rolle spielen sollte. Es war dies Mitja Koljaba, auch Mitja Koselski genannt, ein einfältiger Krüppel aus der Gegend des berühmten Klosters Optina Pustyn. Er war krummbeinig, verwachsen, fast stumm und hatte an Stelle der Arme nur zwei unförmige Stummel. Er mußte geführt werden, da er sehr schwachsichtig war, auch sein Gehör war unausgebildet, und seine Sprache bestand zumeist nur aus wenigen gräßlichen Lauten, die er mit qualvoller Anstrengung stoßweise hervorbrachte. Wenn er, von einem epileptischen Anfall geschüttelt, zu schreien anfing, dann klang seine Stimme bald wie ein unheimliches Gewinsel, bald wie das scheußliche Gekrächz eines Tieres, um schließlich in ein erschütterndes und furchteinflößendes Gebrüll und Gekläff auszuarten. Der abstoßende Eindruck dieser Äußerungen wurde noch durch die irrsinnigen Gebärden seiner gestikulierenden Armstummel verstärkt, so daß es guter Nerven bedurfte, um seiner Gegenwart gewachsen zu sein.

Die Bauern seiner Heimat hatten ihn anfangs nur aus Mitleid mit allerhand Lebensmitteln beschenkt, ohne daran zu denken, daß man seine tierischen Laute als Prophezeiungen deuten könne. Erst die Mönche von Optina Pustyn, von jenem Kloster, dem Dostojewski in seinen ‚Brüdern Karamasow' ein unsterbliches Denkmal gesetzt hat, entdeckten die wunderbaren Fähigkeiten Mitja Koljabas. Wenngleich sie auch noch nicht imstande waren, den Sinn seiner Schreie und seines Gestammels zu deuten, so erkannten sie doch alsbald, daß es sich hier um einen ‚Narren in Christo', um einen von Gott verzückten Seher handle. Der Schlüssel zur Deutung von Mitjas Orakeln wurde dann ‚durch besondere Erleuchtung' einem aus der ‚niederen Brüderschaft', dem Küster und Psalmensänger Jegorow, zuteil. Während seines Gebetes vor dem Bilde des heiligen Nikolaj hatte die Stimme des Heiligen dem Psalmensänger den geheimen Sinn von Mitjas Lauten geoffenbart und ihm überdies befohlen, das bis dahin geheimgebliebene Verfahren zur Deutung dieser Prophezeiungen nach dem Diktat des Heiligen schriftlich festzuhalten. Die wunderbare Stimme fügte noch hinzu, dem Narren Mitja Koljaba sei noch ein großer Einfluß auf die Geschicke Rußlands beschieden.

Von nun an wurde der Psalmensänger Jegorow zum unzertrennlichen Begleiter des ‚Jurodiwi' Mitja Koljaba, und er dolmetschte dessen Weissagungen. Nicht lange danach geschah es, daß Mitja einer vornehmen Dame die baldige Geburt eines Sohnes prophezeite, und daß dieses Ereignis kurz danach auch wirklich eintrat. Die Kunde von diesem Vorfall drang bald nach Petersburg und wurde besonders im Salon der frommen Gräfin Ignatiew allgemein besprochen und bewundert.

Einige Mitglieder dieses vornehmen Zirkels kamen auf den Gedanken, den heiligen Narren an den Kaiserhof zu bringen, auf daß er auch dort seines Amtes walte und durch seine Wunderkraft der Zarin zu einem Sohn verhelfe. Fürst Obolenski, der in der Nähe von Koselsk begütert war und daher die Tätigkeit von Mitja aus eigener Erfahrung kannte, übernahm es sogleich, diesen und seinen Dolmetsch, den Psalmensänger Jegorow, in Zarskoje Selo einzuführen.

So erschienen eines Tages Mitja Koljaba und Jegorow in den Salons der ‚Montenegrinerinnen' und wurden, nachdem sie dort freundlich aufgenommen worden waren, schließlich dem Kaiserpaar vorgeführt.

Mitja sollte nur während seiner epileptischen Anfälle erleuchtet und mit wundertätiger Kraft begabt sein; die andere Zeit über war er ein gewöhnlicher Narr, der sich unziemlich aufführte, und mit dem man nichts Rechtes anzufangen wußte. Dies war die Ursache dafür, daß Mitja Koljaba bei Hof nie eine wirklich bedeutende Position erreichen konnte, wie dies den anderen Wundertätern ohne Schwierigkeit gelang.

Erlitt Mitja aber einen seiner Anfälle, durch welche er ‚hellsichtig' wurde, dann stand Jegorow neben ihm und deutete auf Grund seines ‚Schlüssels' die kreischenden, stammelnden, krächzenden, brüllenden und kläffenden Laute aus dem Munde des Narren sowie die gräßlichen Gebärden von Mitjas Armstümpfen. Im Beisein des Zaren, der Zarin und der ‚Montenegrinerinnen' wurden an den sich in Krämpfen windenden Mann Fragen gestellt, auf die er, mit Schaum vor dem Munde, durch unverständliche Töne antwortete. Jegorow war dann an der Reihe, diese Prophezeiung zu deuten, vermochte aber auf alle Fragen nach der bevorstehenden Geburt eines Thronfolgers immer nur ausweichende Antworten zu erteilen: „Es ist noch früh, bis zur Geburt ist es noch weit, und Mitja kann noch nicht sagen, ob es ein Knabe oder ein Mädchen sein wird; aber er betet unausgesetzt und wird im Laufe der Zeit alles genau angeben."

Sooft diese seltsamen Séancen auch wiederholt wurden, gelang es doch niemals, den Narren oder seinen Begleiter zu näheren Auskünften zu bewegen. Es schien, als versage Mitja in diesem Falle gänzlich, und das einzige Resultat dieser Sitzungen bestand darin, daß die Kaiserin durch das ohrenzerreißende Gebrüll und das schreckliche Gestikulieren Mitjas bis zu Weinkrämpfen erregt wurde.

So kam es, daß man sich bald enttäuscht von dem ‚Jurodiwi' abwendete, zumal es mittlerweile dem General Orlow gelungen war, auf seinem Gut ein neues wunderwirkendes Wesen aufzufinden, diesmal ein närrisches Weib namens Darja Ossipowa. Diese ‚heilige Törin' beschränkte sich, wenn sie ihre Anfälle bekam, angeblich nicht nur auf Prophezeiungen, ihr Geschrei hatte vielmehr an und für sich Zauberkraft und vermochte Fruchtbarkeit hervorzurufen.

Schon in ihrer Heimat, wo sie auf einem Gutshof angestellt war, hatte sie es verstanden, von den Bauern ‚den bösen Blick abzuwenden', Frauen mit Kindern zu segnen, hoffnungslose Kranke zu heilen, aber auch ihre Feinde zu verfluchen. Die Dorfbevölkerung verehrte und fürchtete sie, denn man sah in ihr eine jener echten und wahrhaften Hexen, wie sie zu dieser Zeit leider schon fast ganz ausgestorben seien. Wenn sie von einem Anfall überkommen wurde, mußte sie mit Stricken gefesselt werden, denn sonst schlug sie in rasender Tobsucht alles ringsum kurz und klein. Auch stieß sie in diesem Zustand nicht, wie Mitja Koljaba, nur unverständliche Schreie aus, sondern vielmehr allgemein faßliche Schimpfworte und Flüche der schlimmsten Art. Dennoch lauschte das Volk ihren Worten mit ehrfürchtiger Andacht, denn eben dann, wenn sie sich derart irrsinnig gebärdete, schüttete der Himmel seine Gnade über sie aus und befähigte sie zur Prophetie und zur Bewirkung von Wundern.

Gerade um die Zeit, als Darja Ossipowa nach Zarskoje Selo gebracht worden war und dort die arme Kaiserin mit ihren greulichen Flüchen geängstigt hatte, geschah das ‚Wunder', und der Thronfolger kam zur Welt. Da kurz vorher auch die Heiligsprechung Seraphims von Sarow erfolgt war, gingen nun die Meinungen auseinander, ob das freudige Ereignis dem heiligen Seraphim oder der ‚göttlichen Törin' Darja Ossipowa zuzuschreiben sei.

Die Kaiserin hatte sich so sehr an den Umgang mit allerlei Wundertätern gewöhnt, daß sie sich bald nicht mehr darauf beschränkte, von diesen die Erfüllung ihres Wunsches nach einem Sohne zu erbitten, daß sie vielmehr, ebenso wie der Kaiser, die Hilfe solcher Magier und Wunderidioten auch bei ihren Staatsgeschäften in Anspruch nahm. Schon Philippe war zu wichtigen politischen Beratungen zugezogen worden, und später fragte der Kaiser vor schweren Entscheidungen auch Mitja Koljaba um seinen ‚Rat'. Während des Krieges gegen Japan wurde er mehrmals in die Gemächer des Zaren gerufen, damit er durch seine stammelnden Gebete das Unheil von der Armee abwende. Noch im Jahre 1906 empfing Nikolaj diesen ‚heiligen Narren' worüber sich auch in seinem Tagebuch eine Notiz findet.

Als rein politischer Wundertäter und Hellseher fungierte in den Tagen der ersten Duma vorübergehend auch der Strannik Antoni, der als Nachfolger der Darja Ossipowa in Zarskoje Selo erschien; nach ihm tauchten am Zarenhof immer neue ‚Pilger' und ‚Büßer' auf, die um ihre ‚erleuchteten Ratschläge' in politischen Dingen befragt wurden.

Obgleich solcherart das heimische Element unter den Wundermännern immer mehr überwog, spielte nebenher von Zeit zu Zeit auch der bekannte französische ‚Magier' Papus, der Pariser Frauenarzt Dr. Encausse, eine gewisse Rolle. Er war schon im Jahre 1900 zum erstenmal in Petersburg erschienen, wo er dann meist in Gesellschaft seines Freundes Philippe aufgetreten war. Anfang Oktober 1905 wurde Papus, nach längerer Abwesenheit, wieder in die russische Residenz berufen, um dem Herrscher in seiner schwierigen Lage inmitten der Revolution beizustehen. Die Ratgeber des Zaren waren damals untereinander uneins, welchen Kurs die Regierung einzuschlagen habe, ob man den Forderungen der Aufrührer nachgeben oder ihnen unbeugsam die Stirn bieten solle. In dieser Lage berief Nikolaj den Magier Papus, und dieser beschwor in einer spiritistischen Sitzung den Geist Alexanders des Dritten, an welchen der Zar eine Anzahl Fragen richtete. Nicht zuletzt unter dem Einfluß der bei dieser Séance erhaltenen Auskünfte entschloß sich Nikolaj der Zweite dann endgültig zur Unterfertigung des Ukas über die Reichsduma.

*

Zu den seltsamsten Erscheinungen am russischen Kaiserhof gehörte aber jener ‚Doktor der tibetanischen Medizin' Badmajew, dessen wunderliche Persönlichkeit weit über die Schar der landläufigen Magier und Hellseher von Zarskoje Selo hinausragte.

Alle diese anderen ‚Thaumaturgen', ‚heiligen Narren' und ‚Mystagogen' waren nur dann besondere Menschen, wenn sie sich im Zustand der ‚Erleuchtung' befanden, wenn sie von ‚heiliger Besessenheit' befallen wurden und dadurch zu ihren übersinnlichen Einsichten gelangten; im übrigen aber zeichneten sie sich durch nichts aus, ja sie waren in ihrem gewöhnlichen Leben sogar zumeist schwachsinnige Idioten und Krüppel. Waren ihre Anfälle vorübergegangen, so wich damit auch ihre ‚Wunderkraft' von ihnen, bis dann wieder einmal ‚die Gnade über sie kam'.

Demgegenüber waren die Fähigkeiten des tibetanischen Zauberers Badmajew von weit höherer Art: Sie hingen nicht von Zufälligkeiten, Séancen, Eingebungen oder krankhaften Anfällen ab, sie wurzelten vielmehr in einem seit Jahrhunderten befestigten und vertieften ‚geheimen Wissen', in der altüberlieferten ‚erhabenen Tradition tibetanischer Weisheit'. Badmajew war in seiner mongolischen Heimat in die Mysterien der Wunderheilkunst und der Zauberei eingeweiht worden, und dies befähigte ihn, jederzeit die verborgenen Kräfte im Walten des Schicksals zu erkennen und nach seinem Willen zu lenken. Er galt am Zarenhofe als einer der Letzten von den ‚Weisen aus dem Osten', und ihm wurde deshalb mehr Achtung und Verehrung entgegengebracht als allen anderen ‚empirischen' Wundertätern.

Von besonderem Wert erschienen dem Zaren die politischen Ratschläge und Weissagungen dieses Tibetaners. Badmajew hatte es nicht nötig, das Gespenst Alexanders des Dritten zu zitieren, wenn es sich um die Entscheidung schwieriger staatlicher Probleme handelte; er war selbst ein Mann von großer politischer Erfahrung und Weltkenntnis, mit allen Feinheiten der asiatischen Diplomatie auf das beste vertraut. In den Ratschlägen, die er dem Zaren erteilte, vereinigte sich angebliche Magie mit wahrer diplomatischer Geschicklichkeit, denn sein Blick erfaßte mit unfehlbarer Schärfe nicht nur das ‚innere Licht' der Dinge, sondern zugleich auch deren reale Erscheinung und praktische Bedeutung.

So kam es auch, daß, während die übrigen Wundermänner häufig versagten und, einer nach dem anderen, in wenig rühmlicher Weise abtreten mußte, Badmajew sein hohes Ansehen und Vertrauen bis zum Sturz des kaiserlichen Regimes beibehielt. Gegenüber der langen Reihe von einander überbietenden ‚Propheten' und ‚Wunderidioten' blieb der tibetanische Zauberer in seinem weißen Kittel und mit seiner hohen weißen Mütze eine ständige Erscheinung von überragender persönlicher Wirkung. Es gab eine Zeit in der Geschichte der russischen Politik, da nicht nur das Herrscherpaar, sondern auch die Minister und die Administrativbeamten ganz in dem Bann Badmajews standen, und das eine Menge wichtiger Verfügungen nach den Vorschriften seiner ‚Geheimwissenschaft' getroffen wurden.

Dieser seltsame Mann stammte aus Transbaikalien und war der Sohn eines Burjaten; er war in der Steppe aufgewachsen, hatte später das Gymnasium von Irkutsk besucht und dann die Petersburger Universität bezogen, wo er sich mit dem Studium der chinesisch-mongolischen Sprachen beschäftigt hatte. Damals erst trat er zum orthodoxen Glauben über und vertauschte seinen burjatischen Vornamen Schamsaran mit dem russischen Pjotr Alexandrowitsch. Als sein Taufpate fungierte Kaiser Alexander der Dritte selbst, der die besonderen Fähigkeiten dieses jungen Mannes offenbar schon zu dieser Zeit erkannt hatte. Diese kaiserliche Patenschaft verschaffte ihm für alle Zeiten das Recht des Zutritts zum Hof und die seltene Begünstigung, direkt an den Monarchen schreiben zu dürfen.

Im Jahre 1875, nach Beendigung seiner Hochschulstudien, wurde er in den Staatsdienst übernommen und hatte dort bis zum Jahre 1893 einen regelrechten Posten im Ministerium des Äußeren inne; gleichzeitig wirkte er an der Petersburger Universität als Lektor der mongolischen Sprache. Wiederholt wurde er mit besonderen Aufträgen politischer Art betraut, in Fällen, wo es sich um genaueste Kenntnis der ostasiatischen Verhältnisse handelte; in den Tagebüchern Nikolajs des Zweiten finden sich hierüber öfter Bemerkungen. So heißt es einmal: „Nach dem Frühstück hatte ich eine Unterredung mit Badmajew über die Angelegenheiten der Mongolei."

Zur Zeit des Russisch-Japanischen Krieges wurde Pjotr Alexandrowitsch Badmajew mit der Mission, die Stammeshäupter der mongolischen Völkerschaften für die russische Sache zu gewinnen, in seine Heimat entsandt; hierbei wurden ihm zweimal hunderttausend Rubel für Bestechungszwecke mitgegeben. Er entledigte sich seiner Aufgabe mit großem Geschick und bedeutendem Erfolg, wobei die Neider freilich behaupteten, er habe es verstanden, ohne Bestechungen auszukommen und die zweimal hunderttausend Rubel seiner eigenen Tasche zuzuführen.

Schamsaran Badmajew versicherte, er habe sich schon im Vaterhause genaue Kenntnisse von den Geheimlehren der ‚tibetanischen Zauberei' und Heilkunde angeeignet, denn diese Wissenschaft hätte in seiner Familie eine uralte Überlieferung gebildet. Sein älterer Bruder Saltin hatte sich bereits mit ‚asiatischer Medizin' beschäftigt und seit den sechziger Jahren in Petersburg eine ‚tibetanische Apotheke' betrieben, die damals nur einen recht spärlichen Kundenkreis aufzuweisen hatte. In dieser Apotheke seines Bruders hatte dann auch Pjotr Alexandrowitsch Badmajew seine Praxis erlangt, und durch ihn sollte das Geschäft erst wirklich aufzublühen beginnen.

Es dauerte gar nicht lange, bis Pjotr Alexandrowitsch seinen älteren Bruder weit überflügelt hatte; als er dann selbst die Leitung der Apotheke übernahm, wurde aus diesem versteckten Winkelladen bald ein großes ‚Sanatorium'. Der Ruhm von Badmajews Zauberkuren verbreitete sich sehr schnell, und bald strömten ihm Klienten aus allen Gesellschaftskreisen zu, die sich in seinem Sanatorium heilen lassen wollten.

Seine Anhänger behaupteten, er vermöge die hartnäckigsten Übel auf wunderbare Weise wegzuzaubern, und besonders bewähre sich sein Heilverfahren ‚in schwierigen Fällen von hartnäckigen nervösen Erkrankungen, geistigen Leiden und Störungen der weiblichen Physiologie'.

Das Laboratorium der Badmajewschen Heilanstalt war nach allen Regeln der ‚tibetanischen Zauberkunst' eingerichtet; zu diesem Raum hatte nur der Magister selbst Zutritt, und dort bereitete er in stiller Abgeschiedenheit mit Hilfe magischer Tiegel und geheimnisvoller Beschwörungsformeln seine verschiedenen hermetischen Mittel: ‚Infusum aus Asokablumen', ‚Niwrik-Pulver', ‚Nientschen-Balsam', ‚schwarze Lotos-Essenz' und ‚tibetanisches Lebenselixier'. Er hatte sich eine eigene Pharmakologie von Drogen, Tinkturen und Mixturen angelegt, mit geheimnisvollen magischen Zeichen, die dem Eingeweihten die Art der Zubereitung angeben sollten; aber nur der Magister selbst war imstande, diese Zeichen zu deuten, und die Eindringlinge, die sich nach der Revolution seines Laboratoriums bemächtigten, sahen sich einem Wust von unverständlichen Namen, konfusen Notizen und zwecklosen Apparaturen gegenüber, zu denen ihnen jeder Schlüssel fehlte.

Was das Sanatorium Doktor Badmajews von den übrigen Heilstätten aller Zeiten grundlegend unterscheidet, war sein politischer Charakter. Wer einmal, sei es aus welchen Gründen immer, in diese Heilanstalt aufgenommen worden war, stand alsbald auf der Liste der Ministerkandidaten oder der Anwärter auf sonstige hohe staatliche Positionen. Die aus rätselhaften Steppenkräutern gebrauten Mixturen, Tränklein und Pulver Badmajews dienten nicht nur dazu, die Stoffwechselstörungen der Patienten zu beheben; wer diese Medikamente einnahm, sicherte sich damit zugleich den Anspruch auf ein wichtiges Amt im

Staate. Die gleichen Namen, die wenige Tage vorher auf der Krankenliste von Badmajews Sanatorium fungiert hatten, waren mit einemmal auf der Ministerliste des neuen Kabinetts oder sonst irgendwo auf der ersten Seite des Amtsblattes zu lesen.

Denn der Kaiser hatte sich allmählich daran gewöhnt, nicht nur den Rat Badmajews in Anspruch zu nehmen, sondern auch die jeweils erforderlichen Würdenträger auf die Empfehlung des Tibetaners hin zu ernennen, sie also gewissermaßen aus dem ‚Sanatorium Badmajew' zu beziehen.

In der Kartothek dieser Heilanstalt war bei jedem Patienten genau dessen Parteizugehörigkeit und seine sonstige politische Haltung vermerkt, und neben dem Namen des Patienten fand sich oft zwischen zwei rätselhaften tibetanischen Rezepten eine Bemerkung wie: „Der rechte Flügel muß verstärkt werden", was sich nicht auf die Lunge, sondern auf die Duma bezog. Badmajew stand auch in regem Briefwechsel mit seinen aus der Behandlung entlassenen Patienten, unter welchen sich viele Hofleute und Minister befanden. Er erteilte ihnen brieflich seine medizinischen Ratschläge, etwa Verhaltensmaßregeln bei Blutwallungen und Stuhlverstopfungen, daneben aber gab er auch politische Anweisungen.

Im Laufe der Zeit vermengten sich Heilkunde und Politik, Ministerernennungen und ‚Lotos-Essenzen' immer mehr, und es entstand ein phantastisches politisches Zauberwesen, das von dem Sanatorium Badmajews ausging und die Geschicke von ganz Rußland bestimmte.

Diesen großen Einfluß verdankte der Wunderdoktor besonders seiner erfolgreichen medizinisch-politischen Behandlung des Zaren, bei der es ihm gelungen war, sowohl das Magenleiden zu kurieren als auch verwaltungstechnische Dilemmen zu lösen. Gegen das nervöse Magenübel des Kaisers verordnete er ein aus tibetanischen Kräutern bestehendes Getränk, von dem man vermutete, es sei eine Mischung aus Bilsenkraut und Haschisch, und das auch wirklich die vorzüglichsten Resultate zeitigte; die politischen Beschwerden des Herrschers behandelte er mit einer tüchtigen Portion diplomatischen Geschicks und staatsmännischer Einsicht, und auch hier waren die Erfolge zufriedenstellend.

So kam es, daß Badmajew in der Achtung des Herrscherpaares immer höher stieg, und daß Versuche seiner Widersacher, ihm unangenehm zu werden, ihn zu stürzen oder polizeilich zu verfolgen, von vornherein zum Scheitern verurteilt waren. Der Minister Chwostow, der sich vergebens bemüht hatte, etwas gegen Badmajew zu unternehmen, mußte bald erkennen, daß der Tibetaner durch seine vortrefflichen Beziehungen zur Kaiserfamilie praktisch unantastbar war.

Noch im Jahre 1917, als das Zarenregime bereits gestürzt war, erwies sich die Macht dieser eigenartigen Persönlichkeit. Badmajew war auf der Fahrt nach Finnland, zusammen mit Frau Wyrubowa und mit dem Hochstapler Manassewitsch-Manuilow, vom Matrosenrat der Baltischen Flotte verhaftet und gefangengesetzt worden. Bald aber verstand er es, sowohl durch sein eigenartiges und würdevolles Auftreten als auch durch seine vielfach von Erfolg gekrönten Kuren, sich die allgemeine Zuneigung der Gefängniswärter zu erringen, so daß er binnen kurzem nicht wie ein Häftling, sondern wie ein Freund der Wachmannschaft behandelt wurde.

Freilich versagte die Kunst des tibetanischen Zauberers in jenem Falle, wo sie am allerwichtigsten gewesen wäre: Auch er war nicht imstande, die Krankheit des kleinen Zarewitsch zu heilen, und hier hatten seine magischen Mixturen, seine Beschwörungsformeln und seine Zauberkünste nicht die geringste Wirkung. Nach wie vor herrschten rings um das Krankenlager des kleinen Alexej hilflose Sorge und Verzweiflung, bis zu dem Tage, da zum erstenmal Grigori Jefimowitsch Rasputin an das Bett des unglücklichen Knaben trat.

SECHSTES KAPITEL

DER FREUND

Alexandra Feodorowna, die Kaiserin von Rußland, hatte nun schon den dritten Tag am Bett ihres kranken Söhnchens zugebracht; die Hände krampfhaft ineinander vergraben, starrte sie Stunde um Stunde mit unbewegtem, verzweifeltem Gesicht auf das leidende Kind. Als eine Woche vorher, an jenem unglückseligen Nachmittag, der athletische Matrose Derewenko den vor Schmerz verkrümmten, fast leblosen Körper Alexejs auf seinen starken Armen heraufgebracht hatte, war die Kaiserin, von unsäglichem Kummer überwältigt, ohnmächtig hingesunken.

Wie hatte doch seit dem letzten Anfall die ganze Umgebung über Alescha gewacht, welche unendliche Vorsicht und Sorgfalt war angewendet worden, um ein neuerliches Unglück zu verhüten! Und dennoch war es wieder geschehen! Der Kleine hatte im Park mit dem Sohn seines Wärters gespielt, sorgfältig überwacht von Derewenko und der Kinderfrau Wischnjakowa, die ihn beide nicht eine Sekunde aus dem Auge verloren. Alescha aber, der sich plötzlich aufrichten wollte, hatte eine unvorsichtige, jähe Bewegung gemacht, und schon war er leichenblaß in die Arme des herbeieilenden Matrosen gesunken.

Als man ihn dann auf sein Bettchen gelegt und behutsam entkleidet hatte, war alsbald wieder jene schreckliche blaue Beule sichtbar geworden, die auf eine lebensgefährliche innere Blutung hindeutete. Das eine Bein schmerzlich verkrampft, an den Leib gezogen, lag das Kind da, und von dem wachsgelben Gesicht hob sich sein Näschen spitz ab, wie bei einer Leiche.

Die Ärzte, nach denen der Kaiser in seiner Verzweiflung geschickt hatte, waren herbeigeeilt, hatten den kleinen Patienten untersucht, dieses und jenes Mittel angewandt, Konsilien abgehalten, neuerliche Untersuchungen angestellt, zuletzt jedoch ihre Ohnmacht eingestehen müssen. Aber auch die von der Kaiserin angewandten Zaubermixturen des tibetanischen Wunderarztes Badmajew, die ja bisher immer geholfen hatten, wo die Kunst der Ärzte zu Ende gewesen war, versagten völlig; war es doch, als hätte Gott es darauf abgesehen, die von allen Frauen ihres Reiches beneidete Kaiserin von Rußland auf das schwerste zu treffen. Auch die Zauberkräuter Badmajews vermochten die Leiden des Zarewitsch nicht zu lindern. Da hatte sich Alexandra neben dem Krankenbett auf die Erde geworfen und in flehentlichen Gebeten Gott beschworen, er möge doch nur dieses eine Mal noch ein Wunder wirken und ihren Sohn vom Tode erretten.

Ein Tag nach dem anderen, eine Nacht nach der anderen war vergangen, und noch immer schien es, als zögerte der Allmächtige, ein Wunder geschehen zu lassen. Ja, das Leiden Alexejs verschlimmerte sich sogar, seine Schmerzen wurden ärger und ärger. Anfangs hatte es doch wenigstens noch Stunden gegeben, während welcher der Knabe sich mit seinem Hofmeister Gilliard oder mit dem Kinderfräulein unterhalten hatte, bis die Schmerzen von neuem ausgebrochen waren. Jetzt aber gab es solche Pausen überhaupt nicht mehr, und das Kind schrie und stöhnte unausgesetzt, so daß niemand im kaiserlichen Schloß sich in die Nähe des Krankenzimmers wagte.

Nur von Zeit zu Zeit verstummte Alescha vor Mattigkeit, und dann war der gequälten Kaiserin noch ärger zumute; meinte sie doch, jetzt und jetzt werde der Tod ihren Sohn dahinraffen. Öfter am Tage erschien auch der Zar im Krankenzimmer, um seine Alix zu trösten. Einmal fühlte der Knabe seine kühle Hand auf der Stirn; aus halber Bewußtlosigkeit erwachend, zog er mit dem kleinen, abgemagerten Händchen den Kopf des Vaters zu sich herab und flüsterte ihm ächzend mit leiser Stimme ins Ohr: „Papa, laß mich, wenn ich gestorben sein werde, unten im Park begraben."

Der Kaiser, der sich mit Tränen in den Augen vorsichtig aus der Umarmung des Kindes befreit hatte, war zur Tür hinausgestürzt, und die Zarin hörte, wie er in lautes Schluchzen ausbrach.

Bewegungslos saß Alexandra auch weiter am Bett des kleinen Patienten, ermüdet von der tagelangen Pflege, hoffnungslos und doch nicht in ihr Schicksal ergeben. Zu beten hatte sie aufgehört, denn sie war überzeugt, Gott wolle sie nicht mehr erhören; mit starrem Blick wartete sie, bis es zu dämmern begann und der Abend heranbrach. Seitdem Alexej verunglückt war, hatte sie das Krankenzimmer kaum mehr verlassen, ihre Kleider nicht abgelegt und nicht geruht. Ihre Haare waren ungekämmt und vernachlässigt, ihr sonst so schönes Gesicht war eingefallen, fahl und verzerrt wie das vergrämte Antlitz einer alten Frau; der Blick ihrer entzündeten Augen war ohne Glanz, ohne Ausdruck, als hätte sie zuviel geweint, um noch weiterhin Tränen vergießen zu können.

Plötzlich klopfte jemand leise an der Tür, noch einmal und ein drittes Mal. Als niemand antwortete, öffnete sich die Tür fast geräuschlos, und Stana, die Großfürstin Anastasia Nikolajewna, trat ein. Die Kaiserin hatte in ihrer Erstarrung weder das Klopfen noch das Kommen Stanas bemerkt, und sie fuhr aus ihrer apathischen Traumverlorenheit erst auf, als sie dicht vor sich das erhitzte Antlitz der Großfürstin sah. Jetzt hörte sie auch die schmeichelnden, liebkosenden Worte, wie nur Stana und ihre Schwester Militza solche zu sagen verstanden.

Schweigend hörte sie eine Zeitlang ihrer Verwandten zu, dann fand sie endlich, nach langer Zeit, wieder Tränen: Ihr Krampf löste sich, und aufschluchzend fiel sie Stana um den Hals. Diese streichelte sie, tröstete sie, küßte sie, kniete vor ihr nieder, umfing ihre Knie, legte ihr den Kopf auf den Schoß und sprach ihr Mut zu: Der Kleine werde bestimmt wieder gesunden. Alexandra möge sich nur keine Sorgen machen, es werde schon alles wieder gut werden. Mit einem ganzen Strom beruhigender Reden verstand es die Großfürstin, langsam in der Zarin etwas Interesse und Teilnahme zu erwecken. Sie versicherte ihr, Alexej werde bald ganz gesund werden, auch alles andere werde sich zum Guten wenden. Die Zarin selbst werde die Liebe der Bevölkerung gewinnen, und die boshaften alten Hofdamen und Minister würden noch vor Scham über ihre niederträchtigen Intrigen vergehen. Eine wunderbare Zeit des Glücks werde für ganz Rußland anbrechen, wie dieses Reich sie noch nie gekannt habe.

Und nun erzählte Stana in rascher, aufgeregter Rede, von einem Gegenstand hastig auf den anderen überspringend, im Flüstertone von dem erstaunlichen sibirischen Bauern, jenem heiligen Pilger, den sie und Militza wenige Tage vorher kennengelernt hätten. Das war ein ganz ungewöhnlicher Mann, noch viel klüger und mit noch größeren göttlichen Kräften begabt als selbst Mr. Philippe und Dr. Badmajew! Ohne eine Lästerung zu begehen, glaubte Stana sagen zu können, dieser Bauer übertreffe an Heiligkeit sogar Johann von Kronstadt; dieser Meinung seien nicht nur sie und ihre Schwester Militza, das gleiche hatte vielmehr der heilige Johann selbst erklärt!

In einander überstürzenden Worten berichtete die Großfürstin jetzt, wie kürzlich, während einer Messe, Johann von Kronstadt, in Gegenwart der vornehmsten Damen, ja der ganzen guten Gesellschaft von Petersburg, den einfachen Muschik Grigori Jefimowitsch öffentlich als einen von Gott begnadeten Mann gefeiert hatte. Das war so zugegangen: Väterchen Johann hatte gerade den Gottesdienst beendet; er hatte, wie immer, wundervoll gesprochen, und die Kirche war mit Gläubigen bis auf den letzten Platz gefüllt gewesen. Die herrlichsten Toiletten waren dort zu sehen, und viele Damen waren auch bereits mit solchen langen Handschuhen erschienen, ‚wie sie jetzt in die Mode kommen'. Nach dem Ende der Messe hatte der Priester mit den Sakramenten in der Hand die gewohnten Worte gesprochen: „Tretet heran im Glauben und in der Furcht Gottes!" Als sich aber hierauf alle die Damen hinzugedrängt hatten, um das Abendmahl und den Segen des Heiligen entgegenzunehmen, war das Ungewöhnliche geschehen! Stana bedauerte ungemein, nicht selbst dabei gewesen zu sein; sie hatte zwar die Absicht gehabt, an jenem Tag nach Kronstadt zur Messe zu fahren, aber im letzten Augenblick war ein Besuch dazwischen gekommen, und so hatte sie gerade damals darauf verzichten müssen.

Aber um weiter zu erzählen: Gerade als alle die Damen sich an Väterchen Johann hatten herandrängen wollen, war dieser mit leuchtenden Augen aus dem Altarraum hervorgetreten, hatte die Rechte in die Höhe gehoben und mit mächtiger Stimme ausgerufen: „Haltet ein! Heute ist ein Würdigerer unter uns, der zuerst des heiligen Abendmahls teilhaftig werden soll – dieser bescheidene Pilger, der dort mitten unter euch steht!" Dabei hatte er auf einen ganz gewöhnlichen Muschik im Hintergrunde der Kirche gewiesen, in jenem Teil des Gotteshauses, wo die Bettler, die Blinden und die Lahmen der Messe zu folgen pflegen.

Ganz erschrocken hatten sich alle nach dem von Väterchen Johann bezeichneten Mann umgesehen. Es war wirklich ein gewöhnlicher Bauer in einfachem Schafpelz, mit schweren Stiefeln, einen Wanderstab in der Hand und einen groben Brotsack über dem Rücken. Dennoch war den Damen, wenigstens nach der Behauptung der Gräfin Ignatiew, von der

Stana alle diese Details erfahren hatte, nicht entgangen, was für ganz herrliche Augen dieser Muschik hatte, Augen, wie sie solche noch niemals an einem Menschen gesehen hatten. Das sonderbarste aber war die Art, wie dieser Pilger sich jetzt benahm! Man hatte doch meinen sollen, daß die besondere Auszeichnung durch Vater Johann ihn hätte ganz betroffen machen müssen. Dieser wunderbare Mann aber schien nicht einmal überrascht, geschweige denn befangen. Mit ruhigen Schritten ging er auf den Ikonostas zu, nahm das Abendmahl entgegen und segnete dann sogar den heiligen Vater Johann!

Im Salon der Gräfin Ignatiew hatte dieser Vorfall natürlich das größte Aufsehen erregt; Erkundigungen wurden eingezogen, woher dieser fremde Pilger gekommen und wer er eigentlich sei. Die Großfürstin erzählte nun der Zarin, wie der Archimandrit Theophan dem Pilger im Korridor der Priesterherberge begegnet sei und mit ihm ein Gespräch angeknüpft habe. Theophan war am nächsten Tag im Salon Ignatiew erschienen und hatte dort genau berichtet, welchen Eindruck der sibirische Bauer auf ihn selbst, auf den Bischof Hermogen und auf den ehrwürdigen Mönchspriester Iliodor gemacht habe. Aber nicht nur diese Kirchenfürsten waren ganz begeistert von der Frömmigkeit, dem tiefen Wissen und der ursprünglichen Weisheit dieses Wundermannes Rasputin; auch ganz nüchterne, skeptische Menschen, Professoren, Advokaten, Offiziere und Beamte, die ihn bei den Zusammenkünften des ‚Allrussischen Verbandes' kennengelernt hatten, standen ganz unter seinem Banne und waren von seiner Heiligkeit überzeugt.

Väterchen Theophan hatte dann den erstaunlichen Bauern auch in den Palast der Großfürstin Stana und ihres Gatten nach Sergejewo gebracht, was zur Folge hatte, daß auch Nikolaj Nikolajewitsch an ihm den größten Gefallen fand. Weiter erzählte Stana der Kaiserin, es sei eine Abordnung der ‚echt russischen Leute' beim Großfürsten erschienen und habe ihn um seine Vermittlung gebeten, damit der neue Heilige doch auch nach Zarskoje Selo gebracht und dem Kaiserpaar vorgestellt werde. Sie hatten gemeint, aus diesem Bauer spreche ‚die Stimme der russischen Erde', die Seele des heiligen, russischen Volkes selbst; niemals aber sei es so nötig gewesen, auf die Stimme des Volkes zu hören, als gerade jetzt, da die Revolutionäre durch ihr ruchloses Treiben den Thron und die rechtgläubige Kirche gefährdeten. Der Zar und die Zarin seien ja von falschen und unverläßlichen Hofleuten umgeben, die in ihrem Innersten mit den verderblichsten Ideen der ‚Westler' liebäugelten; um so wichtiger sei es darum, daß nun auch einmal ein wahrer Vertreter des russischen Volkes bei Hof seine Stimme hören lasse.

Stana selbst glaubte, diesen Vorschlag bei der Kaiserin nur befürworten zu können: Die ‚echt russischen Leute' waren ja wirklich die treuesten und verläßlichsten Stützen der Monarchie, und wenn sie dem Kaiser etwas empfahlen, so war es sicherlich nur im Interesse des Thrones und der Dynastie. Nikolaj und Alix hatten ganz recht, wenn sie ihrer heuchlerischen Umgebung mißtrauten, die ihnen geflissentlich die wahren Ansichten des Volkes zu verhehlen suchte. Der Bauer Grigori Jefimowitsch aber war ein echter Russe, dabei ein wahrhaftiger, rechtgläubiger Christ. Er kannte das Volk, seine Ansichten und Wünsche, und er mußte, wie keiner, imstande sein, dem Kaiser den richtigen Rat zu erteilen, was jetzt zur Bekämpfung der gottverlassenen Umstürzler zu tun sei.

Noch wichtiger aber war es, daß Grigori Rasputin über wunderbare Heilkräfte verfügte und selbst hoffnungslos Erkrankte wieder gesund zu machen verstand. Stana war hiervon völlig überzeugt worden, als die einfache, aber ehrenwerte und gottesfürchtige Bürgersfrau, die Witwe Baschmakowa, in Petersburg erschienen war, um zu berichten, wie Grigori Jefimowitsch schon vor seiner Ankunft in der Hauptstadt in seiner sibirischen Heimat als Heiliger und Wundertäter verehrt worden sei, wie Mütter mit ihren kranken Kindern, wie Männer und Frauen mit unheilbaren Leiden zu ihm geströmt waren, um ihn gesund wieder zu verlassen. Die Witwe Baschmakowa selbst hatte ihr ganzes bedeutendes Vermögen für wohltätige Zwecke geopfert, zum Dank für ihre Heilung durch Väterchen Grigori.

Überdies war auch der persönliche Eindruck, den Rasputin auf Stana ausgeübt, geradezu überwältigend gewesen, und nicht nur sie selbst, sondern in gleicher Weise auch ihr Gatte, ihre Schwester und ihr Schwager waren, sowie sie ihn kennengelernt hatten, sofort von seiner Heiligkeit durchdrungen. Seit damals verkehre Grigori Jefimowitsch regelmäßig sowohl bei Stana als auch bei Militza und deren Gemahl Peter Nikolajewitsch. Gestern erst sei er wieder bei Stana gewesen, und bei dieser Gelegenheit hatte sie ihm mitgeteilt, wie schlecht es dem armen Zarewitsch gehe und wie verzweifelt Alix darüber sei. Darauf nun, berichtete Stana der Kaiserin glückstrahlend und begeistert, habe der Wundertäter geantwortet: „Sage der Kaiserin nur, sie soll nicht länger weinen; ich werde ihren Buben schon wieder gesund machen! Wenn er erst einmal Soldat sein wird, dann wird er wieder rote Backen haben!"

Zum erstenmal seit vielen Tagen lächelte die Kaiserin, als Anastasia Nikolajewna, vor ihr auf dem Boden kauernd, erzählte und erzählte. Anfangs freilich hatte Alix ihr kaum zugehört, so sehr war sie noch von Angst und Sorge gefangen gewesen; als aber Stana dann immer weiter berichtete, hatte sie, zuerst halb unbewußt, aufzumerken begonnen, und zuletzt begriff sie, um was es sich handelte: Dieser Bauer wollte den Kaiser, sie selbst und den kleinen Alexej vor den Anschlägen der Revolutionäre schützen, wollte Rußland und die rechtgläubige Kirche retten und ihren teuren, einzigen Alescha wieder gesund machen!

Langsam kam wieder Blut in das übernächtigte, bleiche Gesicht der Kaiserin, allmählich gewannen ihre Augen neues Leben und Glanz. Als Stana dann auch noch die drollige Redeweise Rasputins nachahmte und seine eigenen Worte in bäuerlichem Tonfall wiedergab, mußte sie unwillkürlich lächeln. Alles, was dieser Bauer von ‚gesund machen' und ‚roten Backen' gesagt hatte, klang so einfach und so herzlich, daß Alexandra sich schon jetzt zu diesem Manne hingezogen fühlte. Sie verspürte alsbald ein starkes Verlangen, jenen eigenartigen Menschen kennenzulernen und beschloß, noch am gleichen Tage mit dem Kaiser darüber zu sprechen.

Als Stana merkte, daß es ihr gelungen war, die Anteilnahme der Kaiserin zu erwecken, sie aus ihrem Schmerz zu reißen und für ‚Väterchen Grigori' zu interessieren, geriet sie in einen wahren Feuereifer. Ihre auch sonst etwas erregte Redeweise steigerte sich jetzt bis zu einer wahren Ekstase. Mit beschwörender Eindringlichkeit schilderte sie Grigoris Äußeres und besonders seine Augen, seinen wundervollen Blick. Sie sprach von der bezwingenden Kraft, die diesen Blicken innewohne und die einen sogleich vergessen mache, daß man einem gewöhnlichen Bauern gegenüberstehe. Die Großfürstin ließ jetzt die Knie der Kaiserin los und begleitete ihre Schilderung mit bewegten Gesten; sie formte in der Luft die Gestalt und die Gebärden des neuen Heiligen, während sie seine

Worte wiederholte. Ihre anschauliche, temperamentvolle Schilderung und der ekstatische Glaube, der von ihr ausging, riß allmählich auch die Kaiserin mit sich.

In dem Krankenzimmer war es inzwischen bereits dunkel geworden, und nur durch das Fenster fiel ein Schimmer matten Lichtes herein. Als Alexandra zu ihren Füßen den bewegten Körper der montnegrinischen Freundin fühlte, im Halbdunkel ihre leidenschaftlichen Gesten mehr ahnte als sah, aus ihrem Munde die Worte Rasputins in seinem Tonfall vernahm, schien es ihr, die nun schon die dritte Nacht schlaflos verbracht hatte, als löste sich, beschworen durch die Worte und Gebärden Stanas, aus dem Dunkel des Krankenzimmers langsam die hagere, strenge Gestalt eines Bauern mit langem Haar und Bart und einem gütigen, milden Blick.

„Erinnerst du dich noch, Alix," fuhr die Großfürstin fort, „was Doktor Philippe dir gesagt hat, als er euch verlassen mußte? Er prophezeite, Gott werde euch einen neuen Freund senden, der euch helfen und beschützen wird! Glaube mir, Alix, dieser ist es, er ist der Freund, den Philippe euch verkündet hat! Er wird Rußland retten und auch deinen Sohn wieder gesund machen! Gott hat ihn zu euch gesandt!"

Wenn Alexandra jetzt in das dunkle Zimmer starrte, glaubte sie, den neuen ‚Freund' leibhaftig vor sich zu sehen. Er schritt auf das Bett zu und hob seine Hand über den Kranken, als wolle er diesen segnen. „Er wird deinen Sohn wieder gesund machen!" rief Stana, und ihre Stimme klang jetzt nicht mehr leise wie vorher, sondern ganz klar und fest. Da begann auch die Kaiserin wieder laut zu sprechen:

„Wie gut du zu mir bist, Stana! Du und Militza, ihr seid die einzigen, die gut zu mir sind!"

Mit jener Inbrunst und Heftigkeit, mit der unglückliche Menschen ihre Liebe und Dankbarkeit bezeugen, drückte sie die Hand Stanas.

Die Wärterin trat ein, um das Licht anzuzünden, und bald darauf kam auch der Zar. Sie alle wunderten sich über das veränderte Aussehen der Kaiserin. Seit Tagen hatte sie fast wortlos, verzweifelt und weinend dagesessen; jetzt aber war sie beinahe heiter und befahl, man solle zum Abendessen wieder unten decken.

Ergriffen küßte der Kaiser Stanas Hand. „Sie und Militza", dachte er, „sind doch unter unseren Verwandten die einzigen wahren Freunde.

Und doch versucht man, mich ewig gegen sie aufzuhetzen!" Immer wieder habe man ihm, dem Kaiser, weismachen wollen, die ‚Montenegrinerinnen' übten auf die Zarin einen ungünstigen Einfluß aus, sie seien ungebildet, abergläubisch und ohne Manieren, sie seien eben, trotz ihrer Erziehung im Smolni-Kloster, auch weiterhin ‚Bäuerinnen' geblieben, wie es von den Töchtern eines Bauernfürsten gar nicht anders zu erwarten gewesen sei. Hatte doch besonders dieser ewig nörgelnde Graf Witte fortwährend neue Klagen und neue Warnungen vorgebracht, er, der nicht müde wurde zu behaupten, die Zuneigung von Stana und Militza für die Kaiserin verfolge egoistische Zwecke.

Immer und ewig hatte man versucht, den Kaiser gegen die ‚Montenegrinerinnen' aufzuhetzen; er aber hatte gut genug gewußt, was er von diesen Intrigen zu halten habe. Kannte und verachtete er doch seine Hofleute und Minister genügend, jene Kreaturen, die nie auf etwas anderes aus waren, als sich selbst einzuschmeicheln und alle anderen zu verdrängen. Was sie gegen Stana und Militza vorbrachten, war in seinen Augen nichts anderes als Verleumdung! Jetzt, da es Stana gelungen war, seine geliebte Alix wieder aufzuheitern, vermeinte der Kaiser, dies mit aller Deutlichkeit zu erkennen. Wie sollte er diese beiden Frauen nicht schätzen und ihnen nicht dankbar sein, da sie doch die einzigen waren, die der Zarin in ihrer Verzweiflung wirklichen Trost zu bringen verstanden!

Als Alexandra bei der Tafel erschien, hatte Anastasia Nikolajewna bereits begonnen, auch dem Kaiser von dem sibirischen Gottesmann Grigori Jefimowitsch ausführlich zu erzählen. Dann sprachen sie noch lange Zeit zu dritt über ihn und Alix ließ die Großfürstin nun alles wiederholen, was diese ihr über den Pilger berichtet hatte. Zum erstenmal seit Tagen war bei dem Kaiserpaar wieder etwas wie eine hoffnungsfreudige Stimmung eingetreten.

Sogar als die Zarin bald darauf wieder in das Krankenzimmer eilte und dort den Zarewitsch noch immer leichenblaß, mit an den Leib gezogenen Beinen, stöhnend vorfand, war es ihr an diesem Abend trotz alledem etwas leichter ums Herz, konnte sie doch jetzt zumindest wieder hoffen, daß sich alles schließlich zum Guten wenden werde.

Als sie sich kurze Zeit später zur Ruhe begab, dachte sie noch lange über jene Worte nach, die ihr Mr. Philippe vor seinem Abschied gesagt hatte. War der Augenblick nun wirklich gekommen, hatte Gott schließlich ihre flehentlichen Gebete doch erhört und ihr einen neuen Helfer, einen neuen ‚Freund' gesandt?

✶

Wenige Tage danach saßen Nikolaj und Alexandra im Arbeitszimmer des Kaisers. Es ging schon auf neun Uhr abends, und Alix zählte ungeduldig die Minuten; einige Male horchte sie zur Tür hinaus, glaubte Schritte zu vernehmen, lief zum Schreibtisch ihres Gatten und rief aufgeregt: „Er kommt!" Aber es war eine Täuschung gewesen, die Uhr auf dem Kamin hatte bereits die neunte Stunde geschlagen, und der so sehnsüchtig erwartete Gast war noch immer nicht erschienen. Da wurde die Kaiserin von namenloser Ungeduld und Angst ergriffen; schon begann ihr Atem wieder in kurzen und keuchenden Stößen zu gehen, und ihre Wangen zeigten die gefährlichen roten Flecke.

Auch der Zar war nervös: Er blätterte in dem Stoß von Akten und Berichten, die vor ihm ausgebreitet waren, und versuchte vergeblich darin zu lesen. Da gab es Rapporte über neue Aufstände, Attentate und Meutereien, zu unterfertigende Ukase über die Verhängung des Ausnahmezustandes in diesen und jenen Distrikten des Reiches. Wie viele Mühe diese neuen revolutionären Ideen doch verursachten! Der Kaiser war in der letzten Zeit während seiner üblichen Arbeitsstunden gar nicht mehr mit dem täglichen Pensum fertig geworden und hatte bis tief in die Nacht hinein am Schreibtisch sitzenbleiben müssen.

An diesem Abend aber wollte die Arbeit überhaupt nicht vonstatten gehen. Wohl verstand es Nikolaj gut, seine Erregung zu unterdrücken, schon um Alix nicht noch mehr zu beunruhigen, innerlich aber war auch er durch das lange Warten recht ungeduldig geworden. Denn auf ihn, nicht minder als auf die Kaiserin, hatte der Bauer Grigori Jefimowitsch einen tiefen Eindruck gemacht. Gewiß war Väterchen Grigori ein einfacher Muschik, aber er hatte eine Art, sich natürlich und aufrichtig zu geben, einen gerade und offen anzusehen, die von allem Anfang an für ihn einnehmen mußte, und auch seine klugen Reden hatten Nikolaj und Alix verblüfft.

Wenn der Zar in Gedanken seine Minister, Generale und Adjutanten an sich vorüberziehen ließ, fand er unter ihnen kein Gesicht, das ihm so harmlos, wohlmeinend und gütig erschien, wie das Antlitz Grigori Rasputins. Dieser einfache Bauer hatte sich sofort bereit erklärt, dem kleinen Alescha zu helfen, und schon diese Zusage hatte Alix ungemein beruhigt. Seit Stana zum ersten Mal von der Wunderkraft dieses heiligen Mannes erzählt hatte, war die Kaiserin von neuer Hoffnung und frischem Glauben erfüllt gewesen. Wenn er nur schon käme! Stana hatte doch versprochen, sie wolle ihn mit ihrer Equipage aus Sergejewo nach Zarskoje Selo bringen lassen, so daß er spätestens um neun Uhr eintreffen sollte. Der Kaiser erhob sich und legte seiner Gattin die Hand auf die Schulter: „Nur keine Sorge, Sunshine", sagte er, „es ist nicht der mindeste Grund zur Nervosität vorhanden!"

Es war ja auch wirklich jede Kleinigkeit sorgfältig vorbereitet worden, um den sibirischen Wundermann unauffällig in das kaiserliche Schloß zu bringen, damit er Alescha segne und seine heilende Kraft auf ihn wirken lasse. Hätte Vater Grigori den gewöhnlichen Weg in das Schloß und durch das Empfangszimmer genommen, so hätte er natürlich die drei Kontrollen der Palastpolizei, des Konvoi und der kombinierten Polizeiwache passieren müssen. Er wäre, wie jeder andere, der vor dem Kaiser erscheinen wollte, mindestens zwanzigmal angehalten und über den Zweck seines Besuches verhört worden. Man hätte seinen Namen in zwanzig verschiedene Bücher eingetragen, hätte umhertelephoniert, bei dem kommandierenden Offizier der Wache angefragt, die Schloßochrana verständigt und sich an den Palastkommandanten gewandt, und auch die Antwort dieses höchsten Funktionärs hätte erst durch mehrere Instanzen gehen müssen, ehe man den Besucher vorgelassen hätte. Aber es war gar nicht sicher, ob nicht irgendeine dieser Amtsstellen ‚Bedenken' gehegt und den Fremden überhaupt zurückgewiesen hätte.

Denn der Kaiser und die Kaiserin waren von einem vielfachen Kordon von Spionen in Uniformen und in Zivil umgeben, jeder Besuch wurde auf das genaueste kontrolliert, und auch jeder Schritt des Herrscherpaares selbst wurde überwacht, bespitzelt und in zwanzig verschiedenen Protokollen vermerkt. Wie oft hatte Alix wehmütig zu ihrem Gatten geäußert: „Wir sind hier Gefangene, mein lieber Niki!"

Diesmal aber waren alle Vorkehrungen getroffen worden, um derartigen Widerwärtigkeiten auszuweichen. Eine im rückwärtigen Teil des

Schlosses gelegene Seitenpforte sollte dazu dienen, Rasputin unbemerkt in die Appartements des Kaiserpalastes gelangen zu lassen. Dieser Eingang führte zu einer für gewöhnlich versperrten Hintertreppe, und dort wartete an diesem Abend Marja Wischnjakowa, die treue und verläßliche Wärterin des Thronfolgers, auf die Ankunft des Wundertäters, um diesen dann durch den dunklen Flur und über die Stiege in die Gemächer des Zaren zu geleiten. Bis zu diesem Nebeneingang sollte Grigori Jefimowitsch unter dem Schutz der Großfürstin Stana gebracht werden, deren Eintreffen, als eines häufigen Gastes in Zarskoje Selo, den wenigen Wachen vor dem hinteren Teil des Schlosses ja nicht sonderlich auffallen konnte. So war also alles Erdenkliche getan worden, damit der Besuch Rasputins ohne jedes Aufsehen erfolgen könne.

Als der Zar eben im Begriffe war, seiner Gemahlin dies alles zu ihrer Beruhigung nochmals auseinanderzusetzen, öffnete sich unversehens die Tür, und Grigori Jefimowitsch, der sibirische Bauer, in langem, schwarzem Kaftan, mit großem Bart und unordentlichem Haar, stand im Arbeitszimmer des Kaisers. Gleich hinter ihm war die Wischnjakowa eingetreten. Sie hielt ihre Hände über dem Bauch gekreuzt, wie es einfache Weiber zu tun pflegen, wenn sie sich über etwas verwundern; mit ihren weit aufgerissenen Augen und ihrem halbgeöffneten Mund bot sie ein Bild tiefster Verblüffung dar. Sie war derart außer jeder Fassung, daß sie sich anscheinend gar nicht bewußt war, dem Kaiser und der Kaiserin gegenüberzustehen.

Grigori Jefimowitsch sah sich, gleich nach seinem Eintritt, wohlgefällig nach seiner Begleiterin um, bemerkte ihr erstauntes Gesicht und rief grinsend: „Na, Seelchen, was gaffst du denn so?"

Durch diese Anrede aufgeschreckt, erkannte die Kinderfrau erst ihre Lage und vor Bestürzung wurde ihr ganz schwindelig zumute; bis zu den Haarwurzeln errötend, machte sie rasch einen tiefen Knicks und suchte sich so schnell wie möglich zurückzuziehen. Noch in der Tür aber wurde sie Zeugin einer Szene, die bewirkte, daß sie wie angewurzelt stehenblieb: Grigori Jefimowitsch war mit breitem Lächeln auf das Kaiserpaar zugegangen und hatte den allmächtigen Beherrscher aller Reußen und seine Gemahlin ohne jede Zeremonie umarmt und schmatzend geküßt!

∗

In den Gemächern des Zarewitsch erwartete man wieder einmal eine neue schlaflose Nacht, eine Nacht wie so oft schon, voll Jammer und Schmerzen, und es waren bereits die erforderlichen Vorbereitungen getroffen, als plötzlich Grigori Jefimowitsch behutsam in das Krankenzimmer trat, gefolgt von der Kaiserin und Frau Wischnjakowa.

Alescha lag leichenblaß in seinem Bett, das kleine Gesicht vor Qual verzerrt, das Bein wie immer krampfhaft gegen die Brust gezogen. Auch als die Wischnjakowa herantrat und ihn leise fragte, wie es ihm gehe, blieb der Knabe in halber Ohnmacht regungslos liegen und stöhnte nur leise.

Rasputin war, gleich nach seinem Eintritt, vor den heiligen Ikonen in der Zimmerecke niedergesunken und hatte einige halblaute Gebete verrichtet; dann erhob er sich, trat an das Bett des Kleinen, beugte sich über den Kranken und schlug das Kreuz über ihn.

Alescha öffnete die Augen und sah mit erstauntem Blick auf den sonderbaren fremden Mann mit dem großen Bart, der ihn so ernst und doch freundlich anlächelte. Er erschrak sogar ein wenig bei dem Anblick dieses Unbekannten, dann aber hatte er gleich das Gefühl, daß dieser ihm sicher nichts Böses tun wolle.

„Nur keine Angst, Alescha, alles ist wieder gut!" sagte der fremde Mann mit einer Stimme, die melodisch und wohlklingend, gütig und fest war. Dem im Fieber daliegenden Knaben war es, als hätte eine göttliche Stimme zu ihm gesprochen. „Siehst du, Alescha", fuhr der Fremde fort, indem er mit der Hand über den ganzen Körper des Knaben, vom Kopf bis hinab zu den Füßen strich, „siehst du, jetzt habe ich dir alle die häßlichen Schmerzen verjagt! Nichts tut dir mehr weh, und morgen bist du wieder gesund! Dann aber wirst du erst sehen, wie lustig wir miteinander spielen werden!"

Den eben noch einigermaßen verschüchterten Kleinen begann die ungelenk liebkosende Bewegung dieser derben und breiten Hand allmählich zu erheitern, und er fing an zu lächeln, während der fremde Mann mit immer eindringlicherer Stimme erzählte: „Weißt du, als ich so klein war wie du, da hab' ich gespielt – ganz wunderbare Spiele, die du sicher nicht kennst und die ich dir zeigen will!" Und Grigori erzählte dem Knaben, welche tollen Streiche er daheim, in seinem sibirischen Dorf, mit den anderen Bauernkindern verübt hatte; dann sprach er über die unermeßliche Größe Sibiriens; es sei so groß, daß überhaupt noch niemand sein Ende gesehen habe! Und dieses ganze Land gehöre dem Papa und der Mama und es werde einst auch ihm, dem Knaben, gehören, wenn er erst gesund, stark und groß geworden sein werde. Es sei voll von riesigen Wäldern und endlosen Steppen, und auch die Menschen dort seien ganz anders als in Petersburg.

Der freundliche fremde Mann setzte sich an den Bettrand, nahm die Hand des Kindes zwischen seine beiden Bauernhände und streichelte sie.

Wenn Alescha wieder gesund sein werde, versicherte er, dann wolle er ihn nach Sibirien mitnehmen und ihm alles zeigen, was er selbst dort gesehen habe. Denn er habe alles gesehen, auch Gegenden und Menschen; die außer ihm noch niemand erblickt habe.

Mit stets wachsender Aufmerksamkeit lauschte der Knabe allen diesen Erzählungen; seine Augen wurden immer größer und fingen an zu leuchten. Er hatte ganz vergessen, daß er eigentlich doch krank war und dachte gar nicht mehr an seine Schmerzen; allmählich ließ er das eine Bein herabsinken und schob seinen Körper höher auf das Polster, in eine sitzende Haltung, um den Geschichten des dunkelbärtigen Mannes besser lauschen zu können.

Die Kaiserin, die sich bis dahin schweigend im Hintergrund gehalten hatte, eilte bei dieser Bewegung ihres Sohnes ängstlich herbei, denn sie fürchtete, das Kind könne sich beim Aufstützen des Armes von neuem verletzen. „Gib acht, Alescha", rief sie besorgt, „du weißt, du mußt vorsichtig sein!"

„Laß mich nur, Mama! Ich will zuhören!" erwiderte der Kleine und, gegen Grigori Jefimowitsch gewendet, setzte er mit kindlichem Eifer flehend hinzu: „Bitte, bitte, erzähl' doch weiter!"

Rasputin schmunzelte beifällig. „Du hast recht, Alescha", sagte er freundlich, „dir tut ja nichts mehr weh! Sag' es nur deiner Mama, sie soll nicht so ängstlich sein; wenn ich bei dir bin, geschieht dir nichts!" Dann sprach er weiter von Sibirien und begann dem Zarewitsch Märchen zu erzählen. Aufgeregt lauschte der Kleine den Geschichten von dem buckligen Pferd, von dem Ritter ohne Beine und dem Ritter ohne Augen, von Aljonuschka und Iwanuschka, von der ungetreuen Zarewna, die in eine weiße Ente verwandelt worden war, von dem Zarewitsch Wassili und der schönen Prinzessin Jelena. Grigori Jefimowitsch sprach von dem Leben der Blumen auf den weiten Steppen Sibiriens, wo auch die Blumen und die alten Bäume in den Wäldern eine Seele haben und miteinander sprechen können. Auch die Tiere, berichtete er, hätten ihre Sprache, und er selbst habe schon als Kind gelernt zu verstehen, was die Pferde einander im Stall zuflüsterten.

„Siehst du, Marja", meinte der Knabe ganz begeistert zu seiner Wärterin, „ich habe dir immer gesagt, daß auch die Tiere sprechen können! Nur du bist so dumm und weißt nichts davon!"

Die Wischnjakowa, die selbst ganz gebannt den Erzählungen Rasputins gefolgt war und ihn in einem fort bewundernd angestarrt hatte, nickte nur gläubig und überzeugt.

„Wir beide aber", sagte der Zarewitsch mit geheimnisvollem Lächeln zu Grigori Jefimowitsch, „wir beide wissen, daß die Tiere sprechen können! Und nicht wahr, du wirst mir alles erzählen, was du von den Pferden gehört hast!"

Es war mittlerweile schon recht spät geworden, und so meinte Rasputin lächelnd: „Morgen, Alescha! Morgen will ich dir mehr erzählen!"

Auch die Zarin versicherte ihrem Sohn, das gute Väterchen werde bestimmt am nächsten Abend wiederkommen; doch es bedurfte vieler guter Worte, bis sich der Kleine darein fand, daß es für diesmal genug sei. Er spürte keinerlei Schmerzen mehr und hätte seinem neuen Freund am liebsten bis zum nächsten Morgen zugehört. Gleich nachdem Grigori Jefimowitsch sich verabschiedet hatte und als er bereits in der Türe stand, rief ihm Alexej noch eifrig nach: „Komme morgen ganz bestimmt, Väterchen! Ich werde nicht früher einschlafen, ehe du nicht hier gewesen bist!" Sogar da sich die Türe bereits hinter dem Besucher geschlossen hatte, starrte der Kleine noch lange glücklich und verklärt dorthin, wo der gute Mann mit dem großen Bart verschwunden war.

„Wer ist denn das gewesen, Marja?" erkundigte er sich endlich bei der Wischnjakowa.

„Ein heiliger Pilger, Alescha", antwortete diese, selbst noch geistesabwesend, wie in einem Traum befangen. „Ein Heiliger, der dich wieder gesund machen wird! Gott selbst hat ihn deinem Papa und deiner Mama geschickt!"

„Ein Heiliger!" wiederholte das Kind, während jetzt seine Augenlider, von Schlaftrunkenheit überwältigt, niedersanken.

Als Grigori Jefimowitsch das Krankenzimmer verlassen hatte, brach die Kaiserin vor Ergriffenheit und dankbarer Rührung beinahe in Tränen aus, sie faßte heftig nach der Hand des Bauern und küßte sie.

Rasputin aber machte das Zeichen des Kreuzes über ihr und sagte: „Glaube an die Kraft meiner Gebete, und dein Sohn wird leben!"

✶

Grigori Jefimowitsch kam am nächsten Abend und an den folgenden Abenden wieder; der plumpe sibirische Bauer und der kleine Zarensohn wurden bald zu guten, ja zu unzertrennlichen Freunden. Alexej wartete jedesmal ungeduldig, wenn es hieß, Väterchen Grigori werde wiederkommen, und oft und oft flehte er seine Umgebung ungeduldig an, man möge Rasputin holen, damit er ihm die schönen, bald lustigen, bald traurigen Geschichten und Märchen erzähle.

Schon bei einem der ersten Besuche war es geschehen, daß Alexej freudestrahlend auf ihn zugestürzt und dann in das Arbeitszimmer seines Vaters geeilt war, um dem Zaren zuzurufen:

„Papa, Papa, der Neue ist wieder gekommen!"

Dieser Ausspruch hatte dahin geführt, daß Rasputin in der Kaiserfamilie bald allgemein als ‚der Neue', ‚Nowych', bezeichnet wurde; einige Zeit später wurde Grigori Jefimowitsch zur Erinnerung an das Wort des Thronfolgers vom Zaren durch ein Handschreiben der Name ‚Nowych' ausdrücklich verliehen.

Wenn in den folgenden Zeiten Rasputin abends über die dunkle Hintertreppe in das Palais kam, küßte er zuerst den Zaren und die Zarin, worauf man sich behaglich zusammensetzte, um den Erzählungen Grigoris vom Leben der sibirischen Bauern und von seinen eigenen Pilgerfahrten zu lauschen. An solchen Abenden durfte auch der Thronfolger länger aufbleiben und in seinem bis zum Boden reichenden Schlafrock aus hellblauer Seide auf dem Schoß Rasputins sitzen. Immer hörte er mit bewundernden Augen allem zu, was Väterchen Grigori sprach. Aber nicht nur der kleine Alescha war voll von Interesse, auch seine älteren Schwestern und sogar der Zar und die Zarin lauschten in größter Spannung den Gesprächen des merkwürdigen Mannes.

„Rasputin hat es verstanden", sagte einmal ein hoher Hofbeamter, „sich das Vertrauen und die Liebe des Herrscherpaares zu erringen. Er wußte sie anzuspornen, zu ermutigen, zu erheitern, sie aufzurütteln, zu trösten und zu erbauen. Er brachte sie auch oft zum Weinen, denn er nahm nie ein Blatt vor den Mund und faßte sie bisweilen recht hart an; dann aber wußte er wieder die lustigsten Scherze und Schwänke zu erzählen, so daß sie seine Gesellschaft bald gar nicht mehr entbehren konnten."

Besonders die älteren Töchter des Kaisers hatten, sooft er im Palast erschien, irgend etwas Geheimnisvolles mit Grigori Jefimowitsch zu besprechen. Er wurde zu ihrem vertrautesten Ratgeber, und sie weihten ihn in alle jene kleinen Privataffären ein, deren es bei ihnen ebenso viele gab, wie bei allen anderen jungen Mädchen. Wenn der einen oder der anderen ein Offizier gefallen hatte, vertrauten sie sich sogleich dem guten Grigori Jefimowitsch an, und wenn er gerade nicht bei ihnen war, baten sie ihn brieflich um seinen ‚weisen Rat'.

So schrieb ihm einmal die Großfürstin Olga Nikolajewna, die sich kurz vorher in einen Offizier namens Nikolaj verliebt hatte, aus Livadia: „Mein lieber, teurer Freund! Es ist sehr traurig, daß ich Dich schon so lange nicht mehr gesehen habe. Ich sehne mich sehr nach Dir und denke oft an Dich. Wo wirst Du die Weihnachtsfeiertage verbringen? Bitte schreibe mir, ich freue mich sehr, sooft ich einen Brief von Dir erhalte.

Erinnerst Du Dich noch, was Du mir über diesen Nikolaj gesagt hast? Ach, wenn Du wüßtest, wie schwer es mir fällt, Deinen Rat zu befolgen! Bitte verzeihe mir meine Schwäche, mein guter Freund! Gebe Gott, daß Mama diesen Winter gesund ist, denn sonst wäre mir sehr traurig zumute!

Ich bin sehr froh, daß ich den Vater Theophan von Zeit zu Zeit sehen kann; unlängst habe ich ihn im neuen Dom von Jalta getroffen. Unsere kleine Hauskapelle ist sehr hübsch. Auf Wiedersehen, mein teurer und lieber Freund, es ist Zeit, daß ich zum Tee gehe! Bete für Deine treue und Dich heiß liebende Olga."

Auch Anastasia, die jüngste Zarentochter, schrieb mehr als einmal an Grigori Jefimowitsch. „Mein lieber, teurer, einziger Freund!" beginnt einer dieser Briefe. „Wie gerne möchte ich Dich wiedersehen! Heute bist Du mir im Traum erschienen! Ich frage Mama immer, wann Du hierher kommen wirst, und bin schon glücklich, wenn ich Dir meine Grüße schicken kann. Ich gratuliere Dir zum neuen Jahr, wünsche Dir

Gesundheit und daß Du das neue Jahr recht fröhlich verleben mögest. Ich denke immer an Dich, mein Lieber, weil Du so gut zu mir bist! Ich habe Dich schon so lange nicht gesehen, aber es vergeht kein Abend, ohne daß ich an Dich denke. Ich wünsche Dir das Allerbeste! Mama hat gesagt, wenn Du wieder da seiest, würde ich Dich bei Anja sehen. Darauf freut sich schon jetzt Deine   Anastasia."

Am meisten hing natürlich der kleine Zarewitsch an seinem Freund; die geheimnisvolle Persönlichkeit dieses sibirischen Bauern beschäftigte die Phantasie des Knaben auf das lebhafteste. Bald genügte es, in Fällen einer leichten Erkrankung, daß Rasputin telephonisch mit Alexej sprach, um ihn sogleich fröhlich und guter Dinge werden zu lassen. Wenn der Zarewitsch etwa über Kopfschmerzen klagte, rief eine seiner Schwestern Rasputin ans Telephon und übergab dann die Hörmuschel ihrem Bruder. Grigori Jefimowitsch sprach dem Knaben durch das Telephon begütigend zu, erzählte ihm ein Märchen und versprach, am nächsten Tage bestimmt kommen zu wollen; das genügte zumeist, daß Alexej sich sogleich beruhigte.

Eine von Rasputins Freundinnen schildert ein derartiges Telephongespräch, dessen Ohrenzeugin sie geworden war. Sie war gerade bei Grigori Jefimowitsch zu Besuch, als das Telephon läutete und Zarskoje Selo sich meldete. Rasputin erhob sich und ging an den Apparat:

„Was?" rief er, „Alescha schläft noch nicht? Er hat Ohrenschmerzen? Bringt ihn ans Telephon!"

Dann machte er zu den Anwesenden eine Bewegung, sie sollten sich ruhig verhalten, und sprach hierauf in den Apparat:

„Nun, Aleschinka, was gibt es denn, warum schläfst du nicht? Du hast Schmerzen? Das ist ja gar nicht wahr, dir tut nichts weh! Geh sofort und lege dich schlafen! Das Ohr schmerzt nicht mehr, ich sage dir, es schmerzt nicht mehr! Hörst du? Geh schlafen!"

Eine Viertelstunde später wurde aus dem Palast nochmals angerufen und mitgeteilt, die Ohrenschmerzen des Thronfolgers hätten aufgehört, und er sei bereits eingeschlummert.

Die ganze kaiserliche Familie liebte und vergötterte Grigori Jefimowitsch. Eltern und Kinder nannten ihn bald ‚Väterchen Grigori', ‚Freund' und ‚Staretz'. Oft nahm er auch an den Messen teil, die der Hofgeistliche, Vater Wassiljew, in der Krypta des ‚Feodorowski Sabor' abhielt. Dann standen die Zarin und ihre Kinder zusammen mit dem Bauern Grigori vor dem Ikonostas, um das Abendmahl entgegenzunehmen und den Friedenskuß zu tauschen, den Rasputin auf die Stirne der Kaiserin drückte, während sie seine Hand küßte.

★

Im Tagebuch des Kaisers finden sich mehrere knappe Aufzeichnungen über die ersten Besuche Rasputins in Zarskoje Selo. Diese Notizen beginnen mit den Worten: „Ich habe die Bekanntschaft eines Gottesmannes namens Grigori aus dem Gouvernement Tobolsk gemacht."

Einige Zeit später vermerkt der Monarch: „Am Abend sind wir in der Sergejewska gewesen und haben Grigori gesehen!" Mehrere Monate später heißt es in dem Tagebuch wieder: „Um ein Viertel auf sieben ist Grigori zu uns gekommen; er hat ein Bild des heiligen Simeon von Werchoturje mitgebracht, die Kinder begrüßt und sich bis ein Viertel auf acht mit uns unterhalten." Gleichsam als Reflex von Rasputins Wirkung mutet endlich der Vermerk an: „Zum Essen waren Militza und Stana bei uns; wir haben den ganzen Abend von Grigori gesprochen."

Die ungestörten Besuche des Staretz in Zarskoje Selo sollten jedoch nicht lange dauern; dank dem gewissenhaft funktionierenden Spionagedienst hatte bald der ganze Hofstaat von dem Auftauchen des neuen Wundermannes Kenntnis erlangt, obgleich dieser über die Hintertreppe gekommen war. Denn die Agenten des Generals Spiridowitsch hatten eben auch die rückwärtige Pforte des Schlosses im Auge behalten und ihren Chef über jeden Besuch Rasputins auf das genaueste informiert. Binnen kurzem entstand unter den Hofbeamten eine allgemeine Revolte gegen ‚diesen Muschik', der die Kühnheit besessen hatte, ‚sich in die Familie des Herrschers einzudrängen', und alsbald wurden auch schon allerlei mehr oder weniger gefährliche Intrigen gegen Grigori Jefimowitsch ins Werk gesetzt.

Die Art von Rasputins Betragen war ja freilich danach angetan, bei den Höflingen Entsetzen und Entrüstung hervorzurufen. Grigori Jefimowitsch änderte seine bäuerlichen Manieren auch im Kaiserschloß nicht im geringsten, er pflegte, wenn etwas sein Mißfallen erregt hatte, ungeniert mit der Faust auf den Tisch zu schlagen und gebärdete sich überhaupt dem Zaren gegenüber, als stehe er vor seinesgleichen.

Als erste begann die Erzieherin der Kaisertöchter offen gegen Rasputin aufzutreten. Der Staretz hatte es sich bald zur Gewohnheit gemacht, bei seinen abendlichen Besuchen auch die Zimmer der jungen Großfürstinnen aufzusuchen, um den Mädchen, die zu jener Stunde meist schon zu Bett waren, den Segen zu erteilen. Fräulein Tjutschew nun, deren Obhut die Großfürstinnen überantwortet waren, nahm an diesen Besuchen Grigoris Anstoß und erreichte es auch beim Kaiser, daß Rasputin das Betreten der Mädchenzimmer verboten wurde.

Auch M. Gilliard, der Erzieher des Thronfolgers, war von dem neuen Freund seines Schützlings nicht sonderlich erbaut und versuchte mehrmals vergeblich, in Gegenwart des Kaiserpaares die Rede auf Rasputin zu bringen, um seine abfällige Meinung äußern zu können. Es war jedoch, als bestünde zwischen Nikolaj, Alexandra und den Kindern ein geheimes Einverständnis, vor Gilliard das Thema ‚Rasputin' niemals aufkommen zu lassen, ja die Zarin untersagte den Kindern geradezu, mit dem Lehrer über Grigori Jefimowitsch zu sprechen. Sie hatte das Gefühl, daß dieser ‚pedantische Schweizer' niemals imstande sein werde, den wahren Wert und die Heiligkeit Rasputins richtig zu erfassen, und so vermied sie ostentativ jede peinliche Auseinandersetzung.

Mittlerweile war jedoch unter den verschiedenen alten und jungen Hofdamen eine Flut von Klatschereien und Skandalgeschichten in Umlauf gekommen: Man behauptete, Rasputin habe, kurz nach seinem ersten Erscheinen in Zarskoje Selo, die Kinderfrau Wischnjakowa verführt, ja vergewaltigt; diese habe dann der Kaiserin ihr Leid geklagt, sei jedoch auf Unglauben gestoßen und habe obendrein einen Verweis erhalten.

Bald tauchte auch daß Gerücht auf, die Zarin nähe eigenhändig Hemden für Rasputin; dieser aber sei ein nichtsnutziger liederlicher Bauer, der wegen seines lasterhaften Lebenswandels schon in der Heimat übel beleumundet gewesen sei. Deshalb sei ihm auch sein Name verliehen worden, denn ‚Rasputin' bedeute nichts anderes als ‚der Schmutzige', ‚Wüstling' oder ‚Mädchenschänder'. Die letzte Behauptung wurde auch der Kaiserin hinterbracht, und diese beschloß, der Angelegenheit auf den Grund zu gehen. Sie schickte eine vertrauenswürdige Person nach Pokrowskoje mit dem Auftrag, dort Erkundigungen über Grigori Jefimowitsch einzuziehen. Da erwies es sich nun, daß der Name Rasputin mit dem Lebenswandel Grigoris nicht das mindeste zu tun hatte: Das Dorf Pokrowskoje selbst habe ursprünglich ‚Padkino Rasputje' geheißen, und aus diesem Grunde hätten dort seit Jahrhunderten verschiedene Familien den Namen ‚Rasputin' geführt.

Neue Verleumdungen und Verdächtigungen knüpften sich an die rasch aufkeimende Freundschaft zwischen dem Staretz und dem tibetanischen Wunderarzt Dr. Badmajew; man sah die beiden Männer häufig beisammen, und bald entstand das Gerücht, Rasputin behandle den kranken Thronfolger mit Pulvern, welche er aus der ‚Apotheke' Badmajews beziehe. Einige Höflinge wollten sogar wissen, daß Badmajew Rasputin darüber auf dem laufenden erhalte, wann sich jeweils der Zustand des Thronfolgers bessere; in solchen Momenten käme dann Grigori Jefimowitsch nach Zarskoje Selo, verrichte seine Gebete und erwecke so den Anschein, als habe er durch ein Wunder die günstige Wendung hervorgerufen.

Der alte und taktvolle Hofminister Graf Fredericks hielt es, wie gewöhnlich in schwierigen Fällen, für das beste, von dieser ganzen Angelegenheit, die alle Gemüter im Schlosse auf das heftigste erregte, überhaupt nichts zu wissen. Wenn man ihn um seine Meinung über Rasputin befragte, entgegnete er mit verbindlichem Lächeln, er habe von einem Mann dieses Namens noch nie das mindeste gehört. Durch diese Antwort vermied er es, sich nach der einen oder nach der anderen Richtung hin irgendwie zu engagieren.

Von den Flügeladjutanten versuchte nur Admiral Nilow, der nicht immer nüchterne ‚Hofgrobian', offen gegen Rasputin aufzutreten, dessen Grobheit die seine weit übertraf. Als ihm dies jedoch eine ungehaltene Bemerkung des Kaisers eintrug, zog er sich sogleich zurück und freundete sich möglichst rasch mit Grigori Jefimowitsch an; erst zu einem späteren Zeitpunkt unternahm er dann nochmals den Versuch einer Schwenkung zur Gegenpartei, freilich auch dieses Mal mit wenig Erfolg. Die übrigen Adjutanten konnten es schon gar nicht wagen, an dem neuen Heiligen Kritik zu üben; sie alle, Sablin, Loman, Fürst Putjatin, Maltzew, und wie sie sonst heißen mochten, ärgerten sich zwar weidlich über die zunehmende Macht Rasputins, trachteten aber nach außen hin, ein möglichst freundschaftliches und herzliches Verhältnis zu ihm anzubahnen. Dies gelang besonders den Obersten Loman und Maltzew, die im Laufe der Zeit zu regelrechten ‚Postillons' zwischen der Zarin und ihrem ‚Freund' wurden.

Das Erscheinen Grigoris bei Hof rief bald auch in den verschiedenen politischen Salons die größte Erregung hervor, und alle die Geschäftemacher, Intriganten, Streber und Spione, die in diesen Zirkeln verkehrten, gerieten in eine geradezu fieberhafte Geschäftigkeit. Der Hofstallmeister Burdukow war einer der ersten, die mit ihrem sicheren Blick sogleich die Bedeutung der veränderten Situation in Zarskoje Selo richtig erkannten: Jetzt galt es nicht mehr allein, durch die Vermittlung von Kammerdienern und Adjutanten das Ohr des Kaisers zu erreichen, wichtiger war es vielmehr von nun an, die Gunst des allmächtigen ‚Väterchens' zu erreichen, der eben ein ‚Zar über den Zaren' war.

Welche Freude bildete es doch für jene Männer festzustellen, daß dieser ‚Zar über den Zaren' Bestechungsgelder annahm, daß er Provisionen einsteckte, Madeira trank und den Umgang mit schönen Frauen liebte, daß er gern Damen der Gesellschaft, aber auch Kurtisanen und Dienstmädchen, in seine Arme schloß und ihnen, ohne gerade anstößig zu werden, über den Busen zu streichen liebte. Schon die Gäste von Burdukow verstanden es bald, diese menschlichen Schwächen des ‚Heiligen' für ihre Geschäfte auszunutzen; besonders gut trafen dies jedoch die Baronin Rosen und ihre Freundin, die schöne Fürstin Dolgoruki. In ihrem Salon verkehrten ja zahlreiche Frauen, die den verwöhntesten Ansprüchen genügen konnten, überdies sorgte der ‚Ingenieur' für gute Weinsorten, und so kam es, daß Grigori Jefimowitsch am liebsten in dem Hause der Baronin erschien, um dort, in Gesellschaft von Gräfinnen und Kurtisanen, bei manchem Gläschen Madeira, von den Ereignissen bei Hof zu plaudern.

Im Salon der Gräfin Ignatiew endlich hatte der Erfolg des Staretz einen wahren Paroxysmus der Begeisterung zur Folge. Dort war ja Grigori Jefimowitsch zuerst erkannt und gewürdigt worden, dort hatte man von jeher an seine Heiligkeit geglaubt; so bedeutete sein Einzug nach Zarskoje Selo nicht mehr und nicht weniger als einen rauschenden Triumph des Ignatiewschen Kreises selbst. Jene reaktionären Politiker, die schon früher die Worte Rasputins für klug befunden hatten, bezeichneten seine Aussprüche jetzt als erhaben und göttlich; die Frauen, die früher an seinem Erscheinen Gefallen gefunden hatten, gerieten nun in liebestolle Verzückung. Noch öfter als bisher wurden gesellige Nachmittage veranstaltet, bei welchen man sich von den neuen Wundertaten und herrlichen Aussprüchen des Staretz erzählte und einander darin bekräftigte, daß dieser ein neuerstandener Heiland sei. Mit wollüstigem Entzücken gab man sich der ungewohnten Empfindung hin, einen regelrechten Erlöser bei sich zu sehen, mit ihm Tee zu trinken und zigarettenrauchend über die tiefsten Dinge des Himmels und der Erde mit ihm zu reden. Der Petersburger Gesellschaft war dies vorbehalten geblieben; wo anders sonst noch auf der ganzen Welt hätte es eine solche Sensation geben können?

Inzwischen hatten die Besuche Rasputins im kaiserlichen Schloß beinahe aufgehört, denn dem Zaren war es, unter dem Einfluß der immer ärger werdenden Klatschereien, zum Schluß ratsam erschienen, seine und der Kaiserin Zusammenkünfte mit Grigori Jefimowitsch an einen neutralen Ort zu verlegen. Ein solcher war bald gefunden, als Anja Wyrubowa ihr Häuschen unweit des Alexander-Palastes bezogen hatte. Gleich ihrer kaiserlichen Freundin war ja auch Anja, sobald sie den Staretz im Palast der Großfürstin Militza kennengelernt hatte, von dessen Heiligkeit vollkommen überzeugt worden. In ihrer schlichten Seele glaubte sie fest daran, Grigori Jefimowitsch sei ein Sendbote Gottes, vom Himmel beauftragt, über das Wohlergehen des Herrscherhauses zu wachen und den Zaren und dessen Sohn vor jedem Mißgeschick zu schützen. So spielte sie mit größter Freude die Rolle der Hausfrau und vermittelte in ihrem Heim die regelmäßigen Zusammenkünfte zwischen Alexandra und Grigori Jefimowitsch.

Bald sprach die Kaiserin den Wunsch aus, auch die Familie Rasputins kennenzulernen und sie mit ihren eigenen Kindern zusammenzubringen. Von dieser ersten Begegnung, die im Hause Anjas stattgefunden hat, gibt Matrjona Rasputin, die älteste Tochter des Staretz, eine sehr hübsche und anschauliche Schilderung:

„Wir fuhren in einer Hofequipage nach Zarskoje Selo; ich weiß noch, daß ich wie im Fieber zitterte, als ich das Haus der Frau Wyrubowa betrat. Die Zarin war noch nicht zugegen, und wir setzten uns einstweilen auf einem weichen Sofa nieder; das Wohnzimmer war behaglich eingerichtet, überall standen Etageren mit unzähligen Nippes, und an den Wänden hingen Stiche und Photographien.

Plötzlich klingelte es, und bald darauf hörte man das Rascheln von Frauenkleidern. Bertschik, der Lieblingslakai der Frau Wyrubowa, öffnete die Tür, und die Zarin trat ein, gefolgt von ihren Töchtern. Sie begrüßte uns mit gütigem Lächeln, wir küßten ihr ehrfurchtsvoll die Hand, dann setzte sie sich und forderte uns auf, das gleiche zu tun.

Die Großfürstinnen umringten Warja und mich und begannen uns um die Wette auszufragen:

‚Wie alt bist du? Was machst du? Wie geht es dir in der Schule?‘ erkundigten sie sich und sprachen dabei so schnell, daß meine Schwester und ich Mühe hatten, ihre Neugier zu befriedigen.

Die Zarin unterhielt sich mit meiner Mutter und warf aus ihren schönen, unendlich traurigen Augen ab und zu einen Blick auf mich. Ich hatte das unbestimmte Gefühl, als müsse ich mit ihr sprechen und fragte sie schließlich, indem ich allen meinen Mut zusammennahm:

‚‚Mama‘ (wir nannten die Zarin Mama, da wir in ihr die Mutter von ganz Rußland sahen), ‚sagen Sie, bitte, haben Sie viele Dienstboten?‘

Die Zarin erwiderte lachend:

‚Freilich, mein Herzchen!‘ "

Derartige Zusammenkünfte der Kaiserfamilie mit den Angehörigen Rasputins wiederholten sich im Laufe der Zeit noch mehrmals, und bald entstand zwischen den Kindern eine regelrechte Freundschaft.

Grigori Jefimowitsch aber hatte mittlerweile gegen einige gefährliche Widersacher zu kämpfen: Da waren alle jene ‚Hellseher‘ und ‚Wundertäter‘, die bis dahin bei Hof gewirkt hatten und nunmehr ihre Position bedrängt sahen. Dr. Badmajew, der klügste von ihnen, hatte sich freilich sogleich auf die Seite Rasputins geschlagen und sich mit diesem geradezu verbündet; auch Johann von Kronstadt mußte, wohl oder übel, bei der Partei des Staretz bleiben, war er es doch gewesen, der ihn in Petersburg zuerst als heiligen Mann anerkannt hatte. Nun ging es nicht gut an, daß er, Johann, der ‚Seher‘, zugab, er habe sich geirrt, und Grigori Jefimowitsch sei ein Schwindler, wenngleich er dies am liebsten getan hätte.

Die kleineren ‚Wundertäter‘ vom Schlage der ‚Jurodiwi‘ jedoch gerieten bei der Ankunft Rasputins außer Rand und Band. Mitja Koljaba erlitt einen Tobsuchtsanfall nach dem anderen, krächzte und kläffte, fuchtelte mit seinen Armstümpfen herum und beschwor in seiner nur dem Psalmensänger Jegorow verständlichen Sprache alle erdenklichen Übel auf den Eindringling herab. Die halb irrsinnige Epileptikerin Darja Ossipowa wieder faßte sogleich ein leidenschaftliches Interesse für Rasputin und verfolgte diesen, wo sie seiner habhaft werden konnte, mit schreiend vorgebrachten Liebesanträgen.

Ungefähr gleichzeitig war mit Rasputin in Zarskoje Selo auch ein neuer ‚Jurodiwi' aufgetaucht, der Barfüßler Oleg, doch kostete es Grigori Jefimowitsch nur geringe Mühe, diesen Konkurrenten alsbald wieder zu vertreiben. Nicht besser erging es dem Mönch und ‚Hellseher' Madari, der ebenfalls sein Glück bei Hofe versuchen wollte: Auch er mußte den Schauplatz in kürzester Zeit wieder verlassen.

Anders verhielt er sich mit dem Staretz Wassili, einem Barfüßler, der um diese Zeit anfing, von sich reden zu machen; Wassili hatte es rechtzeitig verstanden, sich Rasputins Gunst zu sichern, und der große Wundertäter Grigori Jefimowitsch nahm von da an seinen kleinen Kollegen unter seine Fittiche, indem er ihn gegen die Anfeindungen des Erzbischofs in Schutz nahm.

Es währte einige Jahre, ehe die Macht Rasputins sich auch außerhalb der kaiserlichen Familie bemerkbar machte; bis dahin hatte es der Staretz vermieden, seinen damals noch keineswegs gesicherten Einfluß auf den Herrscher in einer Form auszuüben, die hätte Aufsehen erregen können. Nach und nach aber mengte er sich immer mehr in die Angelegenheiten des Staates, vor allem jedoch in jene der Kirchenpolitik.

Als im Jahre 1911 das Bistum von Tobolsk neu besetzt werden sollte, gelang es Grigori, den Kaiser zu überreden, daß er, ohne Rücksicht auf den Protest des Synods, den einfachen und völlig ungebildeten Mönch Warnawa zum Bischof dieser Diözese ernannte. Warnawa war, bevor er Mönch geworden, nichts weiter als ein einfacher Gärtnerbursche in einem Kloster gewesen; Rasputin war von früher her mit ihm befreundet und benutzte nun diese Gelegenheit, die gelehrten und dünkelhaften hohen Kleriker durch die Ernennung dieses Gärtnerburschen zum Bischof weidlich zu ärgern. Denn auf die schulmäßige Theologie und ihre Vertreter hatte es Grigori Jefimowitsch, der einfache und unbelesene Bauer, von jeher abgesehen gehabt, und es machte ihm eine gewaltige Freude, daß er den Synod mit allen Kirchenfürsten durch diesen Streich zu demütigen vermochte.

Damit verfeindete er sich natürlich mit der hohen Geistlichkeit und zugleich verscherzte er sich auch die Freundschaft der ‚echt russischen Leute', indem er ihren politischen Absichten mit aller Schärfe entgegentrat. Er erklärte bei jeder Gelegenheit, der Herrscher müsse gerade von den untersten Volksschichten geehrt und geliebt werden, und auf ihnen beruhe vor allem seine Macht.

Etwas ähnliches hatten ja die ‚echt russischen Leute' wohl selbst verkündet, als sie Rasputin unter die Ihren aufgenommen hatten; während sie aber die Phrase von dem ‚Gottesträger-Volk' eben nur als Phrase benutzen wollten, nahm Rasputin, als wahrer Bauer, diesen Gedanken durchaus ernst, und dies mußte ihn bald in einen entschiedenen Gegensatz zu seinen bisherigen Förderern bringen. Als in den Kreisen der ‚echt russischen Leute' einmal behauptet wurde, das einfache Volk sei ein politisch unzuverlässiges Element und lasse sich leicht zur Rebellion aufhetzen, fuhr Grigori Jefimowitsch ganz wütend los:

„Wenn das wahr ist", rief er, „dann sind nur die Leute daran schuld, die das Volk künstlich in Unwissenheit halten! Seht doch nur, wie es auf dem Lande aussieht! Da gibt er weder Krankenhäuser noch Schulen, aber dafür Branntweinschenken ohne Zahl! Da werden wir Bauern mit Schnaps vergiftet! Ihr solltet lieber, ehe ihr das einfache Volk und die Juden beschuldigt, vor eurer eigenen Tür fegen! Den Splitter in dem Auge des Bruders seht ihr wohl, aber des Balkens in eurem eigenen Auge werdet ihr nicht gewahr!"

Solche und ähnliche Reden Rasputins führten dahin, daß sich die ganze reaktionäre Clique, die den ‚Wundermann' bis dahin mit allen Mitteln unterstützt hatte, jetzt von ihm abwandte und ihn zu stürzen versuchte. Bei dem großen Einfluß dieser Gruppe konnte es nicht ausbleiben, daß Rasputins Position bald ins Wanken geriet. Grigori Jefimowitsch fühlte dies deutlich und beschloß einen eindrucksvollen Schritt, durch welchen er den weiteren Anfeindungen seiner Gegner zuvorzukommen gedachte: Er griff nach dem Wanderstab und begab sich auf eine Pilgerfahrt nach den heiligen Stätten des östlichen Christentums, nach Kiew, Konstantinopel und Jerusalem. Er begründete dies damit, daß er verkündete, böse Menschen hätten seine Reinheit verunglimpft, und er selbst fühle, wie er den Versuchungen des Satans nicht mit der genügenden Kraft entgegengetreten sei; zur Sühne für diese Schwäche wolle er nun eine große Bußfahrt antreten.

Dieser Entschluß bewirkte, daß sein Ansehen beim Kaiser und besonders bei der Kaiserin noch gewaltig stieg, und als er dann wirklich aufbrach, sah Alexandra darin einen besonderen Beweis seiner lauteren und frommen Gesinnung. In diesem Punkte empfand die Zarin eben ganz genau so, wie die einfachen Bauern von Pokrowskoje empfunden hatten, als Grigori Jefimowitsch von seiner ersten großen Wanderschaft zurückgekehrt war: So wie seine Dorfgenossen dem ‚Prediger aus dem Kellerloch' jede Sünde und alle Ausschweifung nachsahen, nachdem sie ihn einmal als Heiligen anerkannt hatten, ganz ebenso war auch der Glaube der Kaiserin in den Staretz unerschütterlich. Der ‚Heilige' mochte sich betrinken, mit allerhand Mädchen und Frauen sündigen, die Erklärung dafür war immer zu finden, indem man annahm, der fromme Mann sei eben, noch mehr als alle anderen, den Anfechtungen des Teufels ausgesetzt. Sobald dann Rasputin nach einer Zeit des wüsten Lebens wiederum mit strengen Kasteiungen begann, schien dies die frühere Annahme nur zu bestätigen, und die Bauern, ebenso wie auch die Kaiserin, sagten: „Der Heilige hat im Kampf mit dem Teufel einen hohen Sieg errungen!"

Als bei Hof die ersten bedenklichen Gerüchte über das Privatleben Rasputins aufgetaucht waren, als man der Zarin unwiderlegbare Beweise für seine Ausschweifungen vorgelegt hatte, gelang es dennoch nicht, ihre feste Überzeugung von der Heiligkeit des ‚Freundes' ins Wanken zu bringen. Wenn ihr erzählt wurde, Grigori habe diese oder jene Frau geküßt, so verwies Sie auf die Bruderküsse der ersten Apostel; die vielen Meldungen über Gelage und Orgien aber waren in ihren Augen entweder ‚Verleumdungen gegen den heiligen Mann' oder jedoch ‚Anfechtungen des Teufels', aus welchen Grigori sicher siegreich hervorgehen werde.

Durch seine Bußfahrt bewies Rasputin schließlich auf das deutlichste, daß er ihm wirklich gelungen war, ‚sich den Klauen Satans zu entwinden', und so kam es, daß er nach seiner Rückkehr aus dem Heiligen Lande von der Zarin mit der größten Liebe und Verehrung aufgenommen wurde.

Bald aber drohte dem Staretz eine neue Gefahr, indem der Ministerpräsident Kokowzow anfing, die zunehmende Macht Grigoris als bedenklich zu empfinden. Schon Stolypin, der Vorgänger Kokowzows, hatte sich bisweilen über den ‚lästigen Bauern' geärgert, hatte die Sache jedoch auf sich beruhen lassen, da er bemerkte, daß seine Andeutungen von dem Monarchen nicht freundlich aufgenommen wurden. Kokowzow aber hatte vom ersten Moment an eine heftige Abneigung gegen Rasputin verspürt und beschloß nun, ihn möglichst rasch aus der Hauptstadt zu entfernen.

Als früherer Finanzminister versuchte er es zunächst mit einer Bestechung, indem er dem Staretz zweihunderttausend Rubel anbot, unter der Bedingung, daß dieser sich sogleich für immer nach Pokrowskoje zurückziehe. Zu seinem größten Erstaunen aber lehnte Rasputin diesen Vorschlag rundweg mit der Erklärung ab, er sei zwar bereit zu verschwinden, wenn ‚Papa' selbst dies wünsche, doch lasse er sich nicht kaufen. Durch diese Zurechtweisung noch mehr erbittert, wandte sich der Ministerpräsident nunmehr direkt an den Kaiser und suchte diesem auseinanderzusetzen, daß Rasputin ein gewöhnlicher Hochstapler sei, gegen den sich bereits die ganze öffentliche Meinung empöre.

Der Zar aber unterbrach Kokowzow mit einer verächtlichen Handbewegung und fragte lächelnd: „Sie geben also etwas auf das, was die Zeitungen schreiben?"

„Ja, Majestät!" erwiderte der Ministerpräsident, „ich beachte die Zeitungen, insbesondere dann, wenn sie die Person des Kaisers verunglimpfen. In dem hier vorliegenden Falle aber bringen sogar die loyalsten Blätter scharfe Kritiken!"

Der Zar machte ein gelangweiltes Gesicht. „Diese Kritiker sind Idioten!" sagte er. „Ich kenne Rasputin!"

Kokowzow geriet in Verlegenheit, wagte es aber nochmals, den Monarchen im Namen der Dynastie zu beschwören, er möge die Abschaffung Rasputins aus der Residenz gestatten. Endlich erklärte der Kaiser kühl: „Ich werde es ihm selbst sagen, daß er wegfahren und nicht mehr zurückkommen soll!"

Wirklich ersuchte der Zar Rasputin in der schonendsten Weise, er möge sich für einige Zeit aus der Hauptstadt entfernen. Grigori Jefimowitsch ließ sich nicht lange bitten und rüstete sogleich zum Aufbruch. Beim Abschied sagte er zu Nikolaj und Alexandra:

36 Die „Montenegrinerinnen": Großfürstin Militza und Großfürstin Anastasia, die Rasputin bei Hof einführten

Die Gatten der „Montenegrinerinnen":

37 Großfürst Peter Nikolajewitsch

38 Großfürst Nikolaj Nikolajewitsch

32 Großfürstin Olga, die älteste Tochter des Kaiserpaares

33 Großfürstin Jelisaweta, die Schwester der Kaiserin, als Nonne

34 Die Kaiserin mit Handarbeiten beschäftigt

35 Die Kaiserin am Krankenlager des Thronfolgers

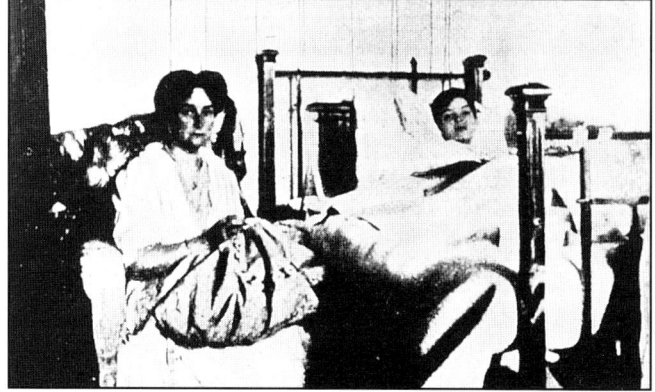

dienste abgehalten worden, und die Eltern hatten es kaum mehr gewagt, das Zimmer des kranken Kindes zu verlassen. Als die Kaiserin wieder einmal versuchte, das stöhnende Kind zu beruhigen, erwähnte sie den Namen Grigoris. Sogleich schlug der Knabe die Augen auf, sah seine Mutter an und verlangte leidenschaftlich, man möge das ‚Väterchen' herbeirufen. Als dann am Abend die Gefahr immer größer wurde, ließ die Kaiserin insgeheim, ohne Wissen der Ärzte und der Hofleute, durch ihre Freundin Anja nach Pokrowskoje an Rasputin telegraphieren mit der Bitte, er möge für den Kranken beten. Noch im Laufe der Nacht kam jene merkwürdige Antwort, welche auf die Kaiserin eine tiefe Wirkung ausüben sollte.

Als am nächsten Morgen der ganze Hofstaat besorgt im Salon versammelt war, um sich nach dem Befinden des Thronfolgers zu erkundigen, erschien Alexandra mit einem sonderbaren, ruhigen Lächeln um die Lippen und äußerte, die Ärzte hätten zwar keine Besserung konstatiert, sie selbst aber sei nunmehr außer jeder Sorge, denn sie habe ein Telegramm von Väterchen Grigori erhalten. Dann zog sie die Depesche hervor und verlas sie allen Anwesenden: „Gott hat Deinen Tränen und Deinen Gebeten Gehör geschenkt. Sei nicht traurig, Dein Sohn wird leben. Die Ärzte sollen ihn nicht weiter quälen."

Mit diesem Telegramm eilte die Kaiserin in das Krankenzimmer und zeigte es ihrem Sohn. Als dieser hörte, daß Grigori Jefimowitsch ihm neue Gesundheit verkündet habe, zeigte er sichtliche Freude und beruhigte sich zusehends. Wenige Stunden später senkte sich das Fieber, und der kleine Patient behauptete, keine Schmerzen mehr zu fühlen.

Die Ärzte untersuchten ihn von neuem und konnten feststellen, daß die Geschwulst in der Leistengegend zurückgegangen sei, und daß die Krise somit offenbar als überwunden betrachtet werden könne. Sie erklärten, der Fall sei nicht selten, daß die Natur selbst über Situationen hinweghelfe, denen gegenüber die ärztliche Kunst ohnmächtig sei; Alexandra aber meinte, als sie an diesem Abend nach langer Zeit zum erstenmal wieder mit ihrem Gatten und Anja friedlich beisammen saß, die wunderbare Rettung Alexejs sei natürlich nur der Fürbitte Rasputins zu verdanken gewesen.

Einige Tage später konnte der Thronfolger bereits nach Zarskoje Selo zurücktransportiert werden, und die Kaiserin setzte es durch, daß

„Ich weiß, daß böse Menschen darauf aus sind, mir euer beider Liebe zu rauben. Höret sie nicht an! Solltet ihr euch von mir trennen, so werdet ihr innerhalb eines halben Jahres euren Sohn und eure Krone verlieren!"

Da brach die Zarin in Tränen aus und rief: „Wie könnten wir uns von dir trennen? Bist du nicht unser einziger Beschützer, unser bester Freund?"

Mit diesen Worten sank sie vor Rasputin in die Knie und bat ihn um seinen Segen.

★

Es war im Herbst. Wie so oft schon, war die kaiserliche Familie auch dieses Mal wieder nach Polen gereist, in die ‚Belowetschkaja Puschtscha', nach Skiernewice, wo der Kaiser auf Wisente zu jagen pflegte. Von diesen seltenen Tieren hatten sich damals in den dichten Wäldern jener Gegend noch zahlreiche Exemplare erhalten.

Dort nun, in diesen einsamen Bezirken, war eines Tages ein neues Unglück geschehen. Der Thronfolger hatte auf einem der Sumpfgewässer eine Kahnfahrt unternommen, war bei der Heimkehr mit einem zu kühnen Sprung ans Land gestiegen, ausgeglitten, mit dem Knie auf einen Stein aufgeschlagen und hatte sich dadurch sogleich wieder eine starke innere Blutung zugezogen. Diese verschlimmerte sich besonders, als die Zarin ihn, nach einer vorübergehenden Besserung, auf eine Wagenfahrt mitgenommen hatte. Die Erschütterungen des Gefährtes bereiteten dem Kind die furchtbarsten Qualen, und als die Karosse wieder vor dem Jagdschloß hielt, mußte Alexej, mehr tot als lebendig, in sein Zimmer getragen werden.

Die Ärzte stellten eine Geschwulst in der Leistengegend fest, überdies schwoll der eine Fuß an, und die Temperatur des Kranken stieg bedenklich. Alexej stöhnte und jammerte ohne Unterlaß und wehrte sich gegen die Untersuchung, da ihm jede Berührung der verletzten Stellen unerträgliche Schmerzen verursachte. Bald hatte sich sein Zustand derartig verschlechtert, daß die Ärzte eine Katastrophe für unvermeidlich ansahen. Es waren Symptome einer Blutvergiftung aufgetreten, und es bestand die größte Gefahr verhängnisvoller Komplikationen.

Den ganzen Tag über waren bereits in ganz Rußland Bittgottes-

39 Die Kaiserin in der ersten Zeit ihrer Ehe

40 Der „Seher" Johann von Kronstadt

41 Rasputin im Park von Zarskoje Selo

auch Rasputin aus Pokrowskoje von neuem an den Hof berufen wurde. Seine Anwesenheit in der Residenz, erklärte die Zarin, sei schon mit Rücksicht auf die Gesundheit des Thronfolgers unerläßlich, denn diesem könne jeden Augenblick von neuem ein Unfall zustoßen, und dann sei Grigori Jefimowitsch der einzige Mensch, der zu helfen vermöge.

Einige Jahre waren dahingegangen, es war während des Krieges, als ein neuerlicher Unfall Alexejs dahin führen sollte, daß Rasputin nochmals als Retter in der Not gerufen wurde. Als der Zar das Oberkommando über die russische Armee übernommen hatte, mußte er sich oft im Hauptquartier aufhalten, zuerst in Baranowitschi und dann in Mohilew. Auf eine dieser Fahrten nahm er auch den mittlerweile herangewachsenen Thronfolger mit, obgleich sich Rasputin von allem Anfang an gegen diesen Plan sehr energisch ausgesprochen hatte.

Kaum hatte sich der Hofzug in Bewegung gesetzt, als der Thronfolger, der das Gesicht an das Waggonfenster gepreßt hatte, bei einem plötzlichen Stoß Nasenbluten bekam. Die krankhafte Veranlagung des Kindes brachte es mit sich, daß jede Blutung in höchstem Grade gefährlich werden konnte, da die Ärzte es zu dieser Zeit noch nicht verstanden, derartige Blutungen von Hämophilen mit Sicherheit zum Stehen zu bringen. Vergebens wendete der mitfahrende Leibarzt Dr. Derewenko alle verfügbaren Mittel an, um die Blutung zu stillen; der Hofzug war einstweilen zurückbeordert worden, doch war der Kranke bei der Ankunft in Zarskoje Selo schon sehr geschwächt.

Die Kaiserin, unterdessen bereits verständigt, hatte sofort Frau Wyrubowa zu Rasputin geschickt, und kurze Zeit später traf dieser im Alexander-Palais ein. Er schlug das Kreuz über den Kranken, betete eine Zeitlang vor den Heiligenbildern und erklärte dann:

„Danket Gott! Er schenkt mir diesmal noch das Leben eures Sohnes!" Der kleine Thronfolger hatte sich, als Rasputin an sein Lager getreten war, sogleich merklich beruhigt; einige Stunden später zeigte sich in seinem Befinden eine bedeutende Besserung, das Fieber nahm ab, und die Blutung, die allmählich schwächer geworden war, hörte gänzlich auf. Rasputin aber kehrte in sehr fröhlicher Laune aus Zarskoje Selo zurück und erzählte allen seinen Freunden, von nun an werde der Zar es sich wohl überlegen, seine Ratschläge zu mißachten.

*

Seit dem Regierungsantritt Nikolajs und Alexandras waren alle Entschlüsse des Kaiserpaares durch die Sorge um den Thronerben überaus stark beeinflußt worden. Noch bevor Alexej zur Welt gekommen war, hatten ‚Magier' und ‚Wundertäter' sich bei Hof eine mächtige Stellung zu verschaffen gewußt, indem sie versprachen, der Kaiserin zu einem Sohne zu verhelfen. Als dann der Thronfolger geboren war, und es sich zeigte, daß dieses so sehnsüchtig erwartete Kind ständig zwischen Leben und Tod schwebte, mußte der Einfluß jenes Mannes, dem es gelungen war, den Kranken mehr als einmal in verzweifelten Augenblicken zu retten, geradezu ins Unermeßliche steigen. Wie immer man sich bei Hof die wunderbaren Heilungen Rasputins erklären mochte, sei es nun, daß sein beruhigender Einfluß allein genügt hatte, die Krise überwinden zu helfen, sei es, daß es sich einfach um ein zufälliges Zusammentreffen von Umständen gehandelt hatte; jedenfalls war die Zarin vollkommen davon überzeugt, Gott selbst habe durch die Vermittlung des heiligen Mannes Grigori Jefimowitsch an ihrem Sohne ein Wunder gewirkt.

Schon die früheren Wundertäter von Zarskoje Selo hatten es verstanden, auch auf die Führung der Politik einen bedeutenden Einfluß zu gewinnen, war doch Dr. Philippe zu den Sitzungen des Kaisers und der Minister zugezogen worden. Der Zar hatte ja auch während des Krieges gegen Japan den Rat des ‚heiligen Narren' Mitja Koljaba erbeten, und auch Dr. Badmajew war zu seinem ständigen Berater in diplomatischen Angelegenheiten geworden.

So konnte es denn nicht wundernehmen, daß die Machtstellung Rasputins am Kaiserhofe bald nicht mehr auf private und religiöse Angelegenheiten allein beschränkt blieb, daß die Kaiserin vielmehr bestrebt war, die Weisheit dieses ‚von Gott gesandten Mannes' auch für die Staatsgeschäfte heranzuziehen; zweifelte sie ja doch keinen Augenblick an Grigoris göttlicher Erleuchtung und glaubte sie zu wissen, daß der Allmächtige ihn, entsprechend der Prophezeiung Philippes, dem Herrscherpaar als ihren wahren Berater und ‚Freund' gesandt habe.

Dazu kamen noch jene Gedanken, welche seinerzeit den ‚Verband echt russischer Leute' dazu bewogen hatten, die Persönlichkeit Rasputins politisch auszunützen. Auch die Zarin glaubte daran, daß Rußland und die Dynastie nur durch eine aus dem Volke selbst hervorgegangene

Aktion gerettet werden könne, und daß das Auftreten des einfachen Bauern Grigori Jefimowitsch damit in irgendeinem mystischen Zusammenhang stehe. Gott hatte seinem geliebten Zaren diesen erleuchteten Muschik gesandt, damit dieser die Kluft zwischen Herrscher und Volk überbrücke und dem Kaiser offenbare, was in der Seele Rußlands vor sich gehe.

Je krasser sich das Betragen Rasputins, seine offene, ungehobelte Art, seine derbe, oft geradezu verletzende Redeweise, von der strengen Etikette der Höflinge unterschied, desto stärker verspürte die Kaiserin, die bisweilen vor ihrer Isolierung in dem ‚Idyll' Angst bekam, daß sie es hier mit einem echten Vertreter des Volkes selbst zu tun hatte. Sie fühlte, daß dieser nicht, wie alle anderen Menschen rings um das Herrscherpaar, nur bestrebt war, hinter glatten höfischen Formen die Wahrheit zu verbergen, daß er vielmehr offen und aufrichtig aussprach, was er sich dachte und was er fühlte. In ihren Augen war Grigori Jefimowitsch vom Himmel gesandt worden, um den Zaren, über die Feigheit der Hofschranzen hinweg, die Stimme des russischen Volkes hören zu lassen.

Der Kaiser selbst war zunächst vorsichtiger gewesen als seine Gattin, und seine Zurückhaltung war auch Rasputin gegenüber nicht sogleich gewichen. Die Zarin, hierüber sehr bekümmert, machte es sich bald zur heiligsten Aufgabe, dieses Mißtrauen ihres Gatten durch Einsetzung ihres ganzen Einflusses zu überwinden. Sie beschwor ihren Gemahl, auf die Ratschläge des ‚Freundes' zu hören, die von Gott selbst kämen, und sie suchte ihn mit allen Mitteln zu überzeugen, daß Rasputin, wie kein anderer, es wahrhaft gut mit ihm meine.

Als dann, schon während des Krieges, der Kaiser sich im Hauptquartier aufhielt, unterließ es Alexandra nie, in ihren Briefen auf die Heiligkeit Rasputins hinzuweisen und Nikolaj aufzufordern, er möge nur ja dem Rat des ‚Freundes' getreulich Folge leisten. So schrieb sie einmal:

„In dem Buch ‚Amis de Dieu' sagt einer der alten Gottesfreunde, ein Land, in welchem der Herrscher von einem Mann Gottes beraten werde, könne niemals untergehen. Das ist sehr wahr! Wir müssen diesem nur glauben und seinen Rat erbitten; wir dürfen nicht meinen, er verstehe nichts, sollen uns vielmehr darüber im klaren sein, daß Gott selbst ihm alles eröffnet. Deswegen bewundern die Leute, die seine Seele nicht erfassen können, seinen Verstand! Wenn er ein Unternehmen segnet, dann bringt es Erfolg, und wenn er uns einen Rat gibt, so können wir beruhigt sein, daß dieser Rat richtig ist. Seine Lebenserfahrung ist von Gott gesegnet, und er irrt sich in den Menschen weniger als wir..."

Ein anderes Mal wieder berichtet sie ihrem Gatten von einem Zusammentreffen mit Grigori Jefimowitsch:

„Gestern mittag habe ich bei Anna Wyrubowa mit unserem Freund Rasputin zusammen gespeist... Lasse Dich doch von Rasputin und durch ihn von Gott leiten!... Wenn Du fest und energisch bleibst, wenn Du ein Mann sein willst, dann glaube einzig und allein an Rasputin! Er lebt für Dich und für Rußland..."

„Verlasse Dich auf den Rat unseres Freundes Rasputin!" heißt es in einem weiteren Brief. „Sogar unsere Kinder finden, daß alles, was wir entgegen seinen Anweisungen tun, schlecht ausgeht, daß aber alles gelingt, was er geraten... " Dann wieder schreibt sie: „Liebling, bleibe fest und vertraue auf den Rat unseres Freundes!... Ich würde dies alles nicht schreiben, wenn ich nicht so besorgt um Dich wäre, und wenn ich nicht wüßte, daß Du immer bereit bist nachzugeben! Da müssen wir, Deine arme kleine Frau, Anja und unser Freund, Dich stärken! Darum hassen die Ungläubigen und Bösen unseren Einfluß, der doch bloß zum Guten ist..." –„Nur ein bißchen mehr Geduld und Vertrauen in das Gebet und in die Hilfe unseres Freundes, dann wird alles gut werden, dann werden große und herrliche Zeiten für Deine Herrschaft und für Rußland anbrechen!"

Die Kaiserin war in der Tiefe ihres Herzens ganz von der Kraft der Gebete Rasputins überzeugt und glaubte sogar, er sei imstande, die Mächte der Natur zu bezwingen. Als im Herbst des Jahres 1915 dichte Nebel die russische Armee in ihren Bewegungen behinderten, schrieb sie an ihren Gatten in das Hauptquartier:

„Unser Freund betet die ganze Zeit und wünscht, es möge ihm sofort gemeldet werden, wenn etwas Besonderes vorfällt. Man hat ihm von dem Nebel erzählt, und er hat mir Vorwürfe gemacht, daß er davon nicht früher verständigt worden sei. Dann betete er und erklärte, von nun an werde der Nebel nicht länger hinderlich sein."

Auch in einem anderen Brief der Zarin ist von der wunderbaren Kraft Rasputinscher Gebete die Rede: „Das Schiff ‚Wrjag' ist, trotz eines Sturmes, von Gibraltar bis Glasgow gelangt. Schiff und Mannschaft sind unversehrt geblieben, weil Rasputin in Tobolsk für sie gebetet hat..."

Dieser grenzenlose Glaube an die heiligen Kräfte des ‚Freundes' erklärt auch die Wichtigkeit, welche Alexandra gewissen kleinen, von ihm gesegneten Gegenständen beimaß. Während der Zar im Hauptquartier weilte, ermahnte Alexandra ihn brieflich, er möge sich vor einem wichtigen Ministerrat unbedingt mit dem Kamm, den Rasputin ihm geschenkt, durch die Haare fahren. Diese Mahnung wiederholte sie dann auch telegraphisch: „Ich gehe in die Kirche und stelle eine Kerze vor dem Muttergottesbild auf, damit Gott Dir beistehe. Vergiß den Kamm Rasputins nicht!"

Der Kaiser, der anfangs noch dem Zauber dieses sibirischen Bauern widerstanden hatte, mußte unter dem Einfluß seiner geliebten Alix allmählich immer mehr in den Bann des ‚Freundes' geraten. Dies wurde ihm um so leichter, als er ja von früher Jugend auf stark zum Mystizismus und zu dem Glauben an gottgesandte ‚Mittler' geneigt hatte. So kam es, daß er im Laufe der Zeit, ebenso wie seine Gattin, zu einem überzeugten Verehrer des Staretz wurde. Während eines Spazierganges gestand er einmal einem seiner Adjutanten:

„Sehen Sie, wenn mich irgendeine Sorge, ein Zweifel oder ein Verdruß bedrückt, dann genügt es, daß ich fünf Minuten mit Grigori spreche; sogleich fühle ich mich wieder gestärkt und beruhigt. Er sagt mir immer, was ich gerade zu hören nötig habe, und die Wirkung seiner guten Worte hält wochenlang an..."

Bisweilen freilich brachte den Zaren seine Anhänglichkeit an den ‚Freund' in unangenehme Situationen, wenn es sich nämlich darum handelte, Rasputins Wünsche in bezug auf die Gesuche aller möglichen Bittsteller zu erfüllen. Denn Grigori hatte sich bald angewöhnt, jene Leute, die mit einem Ansuchen bei ihm erschienen waren, einfach mit einem Empfehlungsschreiben nach Zarskoje Selo zu schicken; dem Kaiser aber wurde es, bei aller Wertschätzung des Staretz, doch einigermaßen schwierig, alle Wünsche dieser Petenten aus den verschiedensten Ständen und Volksschichten ungesehen einfach zu genehmigen.

Im Laufe der Zeit gelang es dem Zaren endlich, Grigori dahin zu bringen, daß er seine Bittsteller nur mehr in den seltensten Fällen direkt zu ihm schickte; von Zeit zu Zeit aber kam dies immer noch vor, und dann geriet der Monarch nicht selten in einen peinlichen Zwiespalt, zumal wenn Rasputin auch die Kaiserin zugunsten seines Schützlings beeinflußt hatte.

Wie sehr der Zar im übrigen Rasputin, den ‚Retter' seines Sohnes, auch sonst schätzte und verehrte, geht am besten aus einer Äußerung hervor, die Grigori selbst dem Mönchspriester Iliodor gegenüber tat: „Papa hat mich einmal bei den Schultern genommen", erzählte er, „hat mich fest angesehen und gerufen: ‚Grigori, du bist ein Christus, du bist ein wahrhaftiger Christus!' Ich lächelte, und er wiederholte noch einmal: ‚Ja, du bist ein Christus!' Ein anderes Mal, als wir gerade bei Tische saßen, sagte Papa: ‚Grigori, du weißt, wie ich dich liebe! Bitte, komm jeden Tag zu uns, aber verwende dich nicht für andere Leute! Es ist mir wirklich sehr schwer, irgendeine deiner Bitten nicht zu erfüllen!' "

Bezeichnend ist auch eine Episode, die sich einmal während der Mittagstafel in Zarskoje Selo ereignete: Der Thronfolger fragte plötzlich seinen Vater: „Papa, ist Grigori Jefimowitsch ein Heiliger?" Hierauf wandte sich der Kaiser an den gleichfalls anwesenden Hofgeistlichen, Vater Wassiljew, und bat ihn, er möge dem Zarewitsch antworten. Der Priester befand sich in einer recht schwierigen Situation und gab eine ausweichende Erklärung, aus welcher eher eine Verneinung als eine Bejahung von Alexejs Frage herauszuhören war; sogleich erhob sich der Kaiser und brach das Gespräch in ziemlich schroffer Form ab.

★

Die politischen Ansichten Rasputins und seine Art, diese praktisch zu verwirklichen, dies alles entsprach durchaus seinem bäuerlichen Charakter, und in solchem Sinne war Grigori Jefimowitsch wirklich der Vertreter der Volksmeinung bei Hof. Er war ja seinem ganzen Wesen nach immer ein einfacher Muschik geblieben, fühlte mit den übrigen Muschiks und verstand die Wünsche und Gedanken des einfachen Volkes.

Besonders deutlich zeigte sich dies, sooft es sich um eine Entscheidung zwischen Krieg und Frieden handelte: Grigori Jefimowitsch haßte den Krieg, so wie das einfache Volk ihn haßt, in der Erkenntnis, daß gerade die untersten Stände die Last und die Opfer eines Krieges in erster Linie zu tragen haben. Als im Jahre 1912 der Großfürst Nikolaj

Nikolajewitsch, besonders unter dem Einfluß seiner montenegrinischen Gattin, alles in Bewegung setzte, um den Zaren zu einem Eingreifen in den Balkankonflikt zu verleiten, war es Rasputin, der den Monarchen flehentlich beschwor, von einem solchen Abenteuer abzustehen.

„Bedenke, was aus dir und deinem Volke werden soll!" hatte er dem Kaiser damals zugerufen. „Dein Großvater hat den Bulgaren geholfen, das Joch der Türken abzuschütteln; und wie haben sie es ihrer Retterin, dem Mütterchen Rußland, vergolten? Werden unsere Väter, die um dieser unverläßlichen Tataren willen ihr Blut vergossen haben, ihre Söhne segnen, wenn du sie in den Kreuzzug schickst? Nehmen wir selbst an, wir würden siegen! Was weiter? Da heißt es, wir müßten unseren slawischen Brüdern helfen! Aber ist nicht auch Kain der Bruder Abels gewesen?"

Diese Rede Rasputins übte auf den Kaiser einen starken Eindruck aus, und sie war nicht zuletzt die Veranlassung für seinen Entschluß, sich in den Balkankrieg nicht einzumischen.

Als im Jahre 1914 der Weltkrieg bevorstand, war es wieder Rasputin, der die Meinung der Muschiks vor dem Kaiser mit größter Energie vertrat. Freilich war der Staretz in diesem Augenblick unglückseligerweise nicht imstande, persönlich auf Nikolaj einzuwirken, denn er lag gerade damals, von dem Messerstich einer Attentäterin schwer verwundet, im Spital von Tjumen.

Kaum hatte er jedoch gehört, daß neuerdings der Krieg drohe, als er auch schon dringendst an den Kaiser telegraphierte, dieser möge um jeden Preis den Frieden aufrechterhalten, da es ganz sinnlos sei, um der Empfindlichkeiten Serbiens willen einen Weltkonflikt von unabsehbaren Folgen zu entfesseln. Diesmal aber versagte sein Einfluß, vor allem wohl darum, weil er die Macht seines persönlichen Auftretens nicht ausüben konnte. Noch Jahre später hat Grigori Jefimowitsch bei jeder Gelegenheit versichert, er wäre imstande gewesen, den Weltkrieg zu verhindern, wenn er nicht eben damals krank darniedergelegen wäre.

Bis zu seinem Tode hat Rasputin nie aufgehört, seine tiefe Abneigung gegen den Krieg zu betonen und die Notwendigkeit eines möglichst baldigen Friedensschlusses hervorzuheben. Paléologue berichtet von dem höchst merkwürdigen Gespräch über den Krieg, welches er einmal mit dem Staretz geführt hat:

„In kurzen, stoßweisen Sätzen", erzählt der Botschafter, „entwarf Rasputin vor mir ein pathetisches Bild von den Leiden, die der Krieg dem russischen Volke auferlege:,Wir haben zuviel Tote, zuviel Verwundete, zuviel Trümmer, zuviel Tränen! Denke an die Unglücklichen, die nicht mehr wiederkommen werden, denke daran, daß jeder von ihnen fünf, sechs, ja zehn Menschen hinterläßt, die ihn beweinen! Ich kenne Dörfer, große Dörfer, wo jeder einen Toten betrauert! Und die Männer, die aus dem Krieg zurückkommen, mein Gott und Herr, wie sehen die aus! Krüppel, Einarmige, Blinde! Es ist fürchterlich! Durch mehr als zwanzig Jahre werden wir auf der russischen Erde nichts als Schmerz ernten! ... Siehst du, wenn das Volk allzusehr leidet, dann wird es schlecht, dann kann es fürchterlich werden! Es geht sogar manchmal so weit, daß es von der Republik spricht! Du solltest das alles dem Kaiser erzählen!' "

Und in einem Gespräch mit dem Fürsten Jussupow, seinem späteren Mörder, sagte Grigori Jefimowitsch:

„Es ist genug Krieg geführt, genug Blut vergossen worden! Es ist höchste Zeit, daß dieser Unfug ein Ende nimmt! Wie denn? Sind nicht auch die Deutschen unsere Brüder? Christus hat gesagt, wir sollten auch unsere Feinde lieben; aber was ist denn das für eine Liebe? ‚Papa' gibt nicht nach, und in diesem Punkt ist sogar ‚Mama' starrköpfig; offenbar erteilt ihnen wieder irgend jemand schlechte Ratschläge! Der Kaiser, auf ihm lastet die Schuld des Krieges! Ein ganzes Leben voll von Gebeten wird nicht genügen, um das wieder gutzumachen! Wäre nicht dieses verdammte Weib gewesen, das mir ein Messer in den Leib gerannt hat, hätte ich mich damals an Ort und Stelle befunden, ich hätte verhindert, daß es je zu Blutvergießen kommen konnte! In meiner Abwesenheit haben eure verfluchten Sasonows und die anderen das Ganze verdorben!"

Ihm, ebenso wie den Massen des Volkes, waren die Ziele der russischen Kriegspolitik fremd und unverständlich; er wußte genau, daß der Muschik ungern und nur unter dem Zwang der Wehrpflicht ins Feld zog. Seine Hellsichtigkeit ging sogar so weit, daß er einmal mit der Gebärde eines Propheten vorhersagte, das Blut dieses Krieges werde sich an den Generalen und Diplomaten, ja sogar am Zaren selbst fürchterlich rächen.

„Rußland", rief er, „ist gegen den Willen Gottes in diesen Krieg eingetreten. Wehe denen, die sich jetzt noch weigern, das einsehen zu wollen! Um Gottes Stimme zu hören, genügt es, ihr demütig zu lauschen; die Mächtigen aber sind von Hochmut geschwellt, halten sich für überklug und verachten die Einfältigen bis zu dem Tage, da die Strafe Gottes wie ein Blitz auf sie niederfahren wird!

Christus ist empört über alle die Klagen, die von der russischen Erde zu ihm emporsteigen. Den Generalen freilich macht es nichts aus, einige Tausende von armen Muschiks mehr oder weniger in den Tod zu treiben, und das hindert sie nicht daran zu essen, zu trinken und sich zu bereichern. Ach, das Blut der Opfer wird nicht nur über sie kommen: Es wird bis auf den Zaren hinaufspritzen, weil der Zar der Vater der Muschiks ist! Ich sage euch: Die Rache Gottes wird furchtbar sein!"

Da es ihm nicht gelungen war, den Krieg zu verhindern, setzte er wenigstens alles daran, verschiedene für das Volk besonders drückende Maßregeln zu vermeiden oder mindestens hinauszuschieben. So tat er sein möglichstes, um sich der Einberufung der zweiten Landsturmklasse, also der älteren Bauern, zu widersetzen, indem er ganz richtig darauf hinwies, daß es nicht angehe, die Äcker und Felder unbestellt zu lassen. Die unfähigen Generale hatten, in dem Wahn, der Sieg hänge nur von dem Aufgebot möglichst großer Menschenmassen ab, ohne Rücksicht auf die Bedürfnisse der Landwirtschaft den letzten Mann an die Front werfen wollen, obgleich es schon damals an Waffen und Munition für das bereits unter den Fahnen stehende Heer mangelte. Rasputin aber bestürmte die Kaiserin mit Einwänden gegen dieses Projekt, und sie schrieb sofort an ihren im Hauptquartier weilenden Gemahl:

„Bitte, mein Engel, veranlasse, daß Nikolaj Nikolajewitsch die Situation mit Deinen Augen sieht. Erlaube nicht, daß auch nur ein Mann der zweiten Klasse einberufen wird! Verhindere es, solange es irgend möglich ist! Die Leute haben auf den Feldern, auf den Schiffen und in den Fabriken zu arbeiten... Höre auf den Rat unseres Freundes, der wegen dieser Angelegenheit schlaflose Nächte verbracht hat! Ein einziger Fehler, und wir alle werden dafür büßen müssen!"

Noch einmal griff Rasputin in die Dispositionen der russischen Heeresleitung energisch ein, diesmal freilich ohne Erfolg. Er warnte vor der großen galizischen Offensive des Frühjahrs 1915 mit der Begründung, es sei noch nicht an der Zeit loszuschlagen, und der Angriff werde mit einer Katastrophe enden. Der Generalissimus Nikolaj Nikolajewitsch wußte jedoch seinen Willen durchzusetzen; das Scheitern der russischen Frühjahrsoffensive und die vernichtende Niederlage von Gorlice rechtfertigten nachträglich die Richtigkeit von Rasputins Bedenken.

Auch im Sommer 1916 riet Grigori Jefimowitsch davon ab, die große Offensive Brussilows allzuweit vorzutreiben und meinte, dieser Angriff habe seinen Zweck, die Entlastung der bedrohten Italiener, bereits erfüllt, und von nun an könne man ruhig warten, bis früher oder später der unausbleibliche Zusammenbruch der Deutschen und Österreicher erfolgen werde.

„Unser Freund ist ganz außer sich", schreibt die Zarin am 24. September 1916 an den Zaren, „daß Brussilow Deinen Befehl mißachtet hat und den Vormarsch nicht einstellt ... Wieder diese nutzlosen Verluste!"

Mit besonderer Vorliebe trat der Staretz für die Beseitigung kleiner, aber das Volk verstimmender Ungerechtigkeiten ein: „Rasputin bittet Dich", schreibt die Kaiserin an ihren Gatten, „Du mögest zur Kenntnis nehmen, daß das einfache Volk es nicht begreift, weshalb das Land mit neuem Papiergeld überschwemmt wird ... Ich sende Dir im Auftrag unseres Freundes zwei finnische Banknoten, von denen die eine gefälscht ist. Das Volk ist sehr unzufrieden, denn es wird mit diesen falschen Banknoten betrogen. Erteile sofort den Befehl, daß diese Emission eingezogen wird..."

„Rasputin ist nervös wegen des empfindlichen Mangels an Fleisch", berichtet Alexandra ein anderes Mal. „Er ist der Meinung, einer der Minister müsse die großen Kaufleute zu sich rufen und ihnen verbieten, in einer so kritischen Zeit die Preise zu erhöhen ..."

Erheiternd wirkt der gesunde Menschenverstand, mit welchem Grigori Jefimowitsch sich gegen vorzeitige Siegesfeiern aussprach. Er war dagegen, daß der Zar feierlich in das eroberte Lemberg einziehe und meinte, dies habe Zeit bis zur Beendigung des Krieges; in der Tat waren die Russen wenige Monate später wieder aus Lemberg vertrieben, und der Feind stand weit auf russischem Gebiet.

Große Sorgen bereitete ihm auch die stets schlechter werdende Verpflegung des Hinterlandes. Immer wieder forderte er energische Maßregeln gegen den Wucher mit Lebensmitteln, und er arbeitete schließlich ein regelrechtes Ernährungsprogramm aus, dem ein vernünftiger Grundgedanke nicht abgesprochen werden kann:

„Er schlägt vor", heißt er in einem Brief der Kaiserin, „daß drei Tage hindurch nur Züge mit Mehl, Butter und Zucker abgefertigt werden dürfen und berechnet, daß es möglich sein muß, einen Zug durch vierzig alte Soldaten innerhalb einer Stunde beladen zu lassen. Man sollte einen solchen Transport nach dem anderen abschicken, aber nicht alle nach einer Stadt, sondern die einen nach Petrograd, die anderen nach Moskau; einige Waggons sollen an verschiedenen Orten anhalten, so daß nach und nach das ganze Land wieder ordentlich verpflegt wird ... Personenzüge dürften nur in geringerer Anzahl gestattet werden, und auch an sie müßten Waggons mit Butter und Mehl aus Sibirien angehängt werden. Er sagt auch voraus, daß die Fachleute alle erklären werden, das sei unmöglich; Du sollst Dich jedoch nicht abschrecken lassen, denn was unbedingt geschehen muß, ist auch immer irgendwie durchzuführen..."

Den gewaltigsten Beweis seiner Macht lieferte Rasputin, als es ihm gelang, seinen ehemaligen Protektor und späteren Todfeind, den Oberkommandierenden Nikolaj Nikolajewitsch, seines Amtes zu entheben. Der Großfürst, in dessen Haus Grigori zuerst mit offenen Armen aufgenommen worden war, hatte rasch erkannt, daß dieser ‚abscheuliche Muschik' seiner eigenen Position gefährlich wurde, und von da an hatte er mit allen Mitteln versucht, den Kaiser gegen Rasputin einzunehmen. Mit ihm hatten auch seine Gattin und deren Schwester, die beiden ‚Montenegrinerinnen', sich von dem Staretz abgewendet; dies aber sollte nur zu bald auch zu einer völligen Entfremdung zwischen dem Kaiserpaar und Rasputins ursprünglichen Entdeckerinnen führen. Dieser war über all das sehr genau unterrichtet und begann, den Großfürsten geradezu fanatisch zu hassen, zumal Nikolaj Nikolajewitsch ihm zu Beginn des Krieges auf eine Depesche, in welcher Grigori seine Ankunft an der Front ankündigte, geantwortet hatte: „Komm nur, ich werde Dich hängen lassen!" Seither benutzte Grigori Jefimowitsch jede Gelegenheit, um die Kaiserin und den Kaiser gegen Nikolaj Nikolajewitsch aufzuhetzen.

Als dann die großen Niederlagen des Sommers 1915 kamen, gelang es dem Staretz, der Kaiserin die Überzeugung beizubringen, daß in diesem kritischen Augenblick der Zar selbst den Oberbefehl über die Armee übernehmen müsse. Obgleich sich alle Minister gegen diesen Plan aussprachen, obgleich auch Nikolaj selbst lange zögerte, seinen Onkel durch eine Absetzung schwer zu kränken, gelang es Grigori zuletzt dennoch zu erreichen, daß der Großfürst von seinem Posten als Generalissimus enthoben und auf den entferntesten Kriegsschauplatz, in den Kaukasus, versetzt wurde.

Schon seit langem war auch bei jeder wichtigen Ernennung der Rat des ‚Freundes' eingeholt worden. Bald konnte niemand auf einen Ministerposten hoffen, der nicht zuvor eine ‚Prüfung' bei Rasputin abgelegt und gut bestanden hatte; ein Minister, der Grigoris Mißfallen erregte, blieb selten lange in seinem Amt. Die einzige Ausnahme machte Sasonow; obwohl Grigori Jefimowitsch ihn von jeher gehaßt hatte, wußte er sich trotzdem noch einige Jahre zu behaupten.

Höchst sonderbar war die Art, wie sich Rasputin, dieser ‚Bauernkanzler', von der Eignung der verschiedenen Kandidaten für ihre Stellung zu überzeugen suchte. Es fiel ihm nicht ein, wie alle die Hofbeamten und wie der Kaiser selbst es zu tun pflegten, die politische Vergangenheit der Kandidaten auf das genaueste zu erforschen; er fragte nicht danach, wie der Betreffende bei den verschiedenen Mitgliedern des Kaiserhauses angeschrieben sei. Für sein primitives Gefühl war das Aussehen der Menschen entscheidend. Wenn es etwa galt, einen neuen Polizeichef zu ernennen, ließ Rasputin den betreffenden Mann zu sich kommen, oder er suchte ihn auf und blickte ihm dann einige Minuten hindurch aufmerksam in die Augen, womit die ‚Prüfung' beendet war.

Dadurch, daß hier ein mächtiger und einflußreicher Mensch Politik betrieb, ohne sich im mindesten um die gewohnten Prinzipien der Politik und der Diplomatie zu kümmern, entstand eine höchst eigenartige und wohl in der Geschichte einzig dastehende Situation: Die raffiniertesten Winkelzüge und Intrigen der höchsten Staatskunst scheiterten an diesem Muschik, der seine Entschlüsse ganz gefühlsmäßig nicht aus subtilen taktischen und diplomatischen Erwägungen, sondern nach der Stimmung des Augenblicks faßte.

Wohl hat er auf diese Weise einer ganzen Anzahl von korrupten und unfähigen Leuten zu Amt und Würden verholfen; dennoch scheint es zumindest zweifelhaft, ob der Kaiser, ohne seinen Einfluß, eine bessere Wahl getroffen hätte. Sicher ist, daß jene Minister, die Rasputin gestürzt hat, diesen Sturz reichlich verdient hatten, und daß der Staretz selbst der erste war, einen Irrtum zu erkennen und wieder gutzumachen.

Sicher ist auch, daß seine nicht seltenen Eingriffe in die Justizpflege stets zugunsten eines Beschuldigten oder Verurteilten erfolgten, niemals aber zu dessen Ungunsten. Es ist nicht ein einziger Fall bekannt und erwiesen, wonach Rasputin, wie fast alle russischen Machthaber, einen persönlichen Gegner hatte einkerkern oder nach Sibirien verbannen lassen, obwohl er die Möglichkeit dazu unbedingt gehabt hätte. Dagegen konnte jedermann seiner Hilfe und Unterstützung gewiß sein, der ihn zu überzeugen vermochte, daß ihm von der Justiz ein Unrecht zugefügt worden sei. Als der alte Kriegsminister Suchomlinow angeklagt und verhaftet wurde, nur deshalb, weil man einen Sündenbock für die militärischen Mißerfolge brauchte, tat Rasputin sein möglichstes, um diesen seinen früheren Feind aus dem Gefängnis zu befreien. Charakteristisch ist in dieser Beziehung ein Brief der Zarin an den Zaren:

„Dann sagte unser Freund noch, General Suchomlinow solle freigelassen werden, so daß er nicht im Kerker sterbe, sonst wäre das ungnädig. Man solle sich niemals fürchten, Gefangene freizulassen und Sünder einem rechten Lebenswandel zurückzugeben, Gefangene würden durch ihre Leiden vor Gottes Antlitz edler als wir. Das sind mehr oder weniger seine Worte. Jeder, auch der Verworfenste, hat Momente, wo seine Seele sich erhebt und durch ein furchtbares Leiden geläutert wird – dann muß ihnen die Hand gereicht werden, um sie zu retten, bevor sie verloren sind in Bitternis und Verzweiflung."

Wem er einmal gewogen war, für den konnte er sich, auch dem Kaiser gegenüber, sehr energisch einsetzen. Als der Zar eines Tages Unzufriedenheit über den von Rasputin unterstützten Ministerpräsidenten Stürmer geäußert hatte, telegraphierte ihm Grigori sogleich streng und lakonisch: „Rühre mir den Alten nicht an!" Mit der gleichen Strenge kanzelte er aber auch seine eigenen Günstlinge ab, wenn er Anlaß hatte, sich über sie zu ärgern. Der gleiche Stürmer, den er kurz zuvor so entschlossen gegen den Kaiser verteidigt hatte, mußte bald darauf aus dem

Munde Rasputins selbst grobe Schmähungen vernehmen. Der Ministerpräsident hatte es gewagt, einer Anordnung der Zarin nicht sofort Folge zu leisten, worauf der ‚Freund' ihn wie einen kleinen Schuljungen anschrie:

„Du hast nicht gegen den Willen von ‚Mama' zu handeln, sonst lasse ich dich sofort stehen, und dann ist's aus mit dir! Also richte dich danach!" Zu seinem herbeieilenden Sekretär bemerkte Grigori Jefimowitsch hierauf verächtlich, indem er auf den niedergedonnerten Stürmer wies: „Er hat nicht gehorchen wollen, aber ich breche ihm den Hals, wenn er nicht pariert!"

Besonders solchen Ministern gegenüber, die ihren Posten nicht durch seine Protektion erhalten hatten, konnte er ein maßlos hochfahrendes Betragen an den Tag legen. Als er das erstemal mit dem Minister Maklakow zusammenkam, ignorierte er diesen anfangs völlig, winkte ihm zuletzt hochmütig mit dem gebogenen Zeigefinger und sagte: „Du, komm einmal her zu mir!" Maklakow machte in seiner Verblüffung wirklich einige Schritte auf Rasputin zu, worauf dieser ihn anfuhr: „Gib acht, was ich dir sage! Es wird noch viel Zeit vergehen, ehe aus dir ein guter Mensch wird, an dem Gott Gefallen findet! Und jetzt", schloß er, dem Minister den Rücken kehrend, „jetzt kannst du gehen!"

Sehr merkwürdig muß ein Vorfall anmuten, bei dem Rasputin auszog, um ‚die Seele' eines Ministerkandidaten ‚zu prüfen': Es war knapp vor der Ermordung Stolypins, als die ‚echt russischen Leute' beabsichtigten, den Gouverneur von Nischni-Nowgorod, den dicken Alexander Nikolajewitsch Chwostow, zum Minister des Innern zu machen. Damals fand gerade eine große Hofjagd statt, und jene Mitglieder des ‚echt russischen Verbandes', die an dieser Veranstaltung teilnehmen durften, benutzten die Gelegenheit, um dem Kaiser recht häufig die Persönlichkeit Chwostows im besten Lichte darzustellen. Schließlich begann sich der Zar ernstlich mit der Ernennung Chwostows zum Minister des Innern zu beschäftigen, beschloß aber vorher, den ‚Freund' mit der Einholung näherer Nachrichten über den Kandidaten zu betrauen.

Rasputin machte sich gleich nach Nischni-Nowgorod auf und erschien eines Tages im Arbeitszimmer des ahnungslosen Gouverneurs.

„Da bin ich!" erklärte er schlicht. „ ‚Papa' hat mich hergeschickt, damit ich deine Seele prüfe, denn wir denken daran, dich vielleicht zum Minister des Innern zu machen!"

Der Allmächtige von Nischni-Nowgorod, der dicke Chwostow, brach bei diesen Worten des vor ihm stehenden Bauern in groben Stiefeln und zottigem Pelz in schallendes Gelächter aus. Er dachte keinen Moment daran, die Reden dieses Muschiks etwa ernst zu nehmen und hielt das Ganze für einen tollen Scherz. Grigori Jefimowitsch war sehr beleidigt, als er sich mit solcher Geringschätzung behandelt sah, wandte sich schweigend um, ergriff seinen Knotenstock und verließ das Gouverneurpalais. Am Nachmittag aber, unmittelbar vor seiner Abreise, erschien er nochmals bei Chwostow, öffnete die Tür nur auf einen Augenblick und rief in recht drohendem und boshaftem Ton:

„Dir hab' ich's ordentlich gegeben! Ich habe nach Zarskoje Selo telegraphisch über dich berichtet!"

Der Gouverneur lachte zuerst wieder hell auf, dann aber erfaßte ihn eine leise Angst, als könnte an den sonderbaren Reden seines Besuchers doch etwas ernst zu nehmen sein. Er ließ sich den Postmeister kommen und befahl, daß ihm die von Grigori Jefimowitsch aufgegebene Depesche vorgelegt werde. Wie aber wurde ihm zumute, als er eine Stunde später den Text dieses Telegramms in den Händen hielt!

„Anna Wyrubowa, Zarskoje Selo", stand auf dem Formular, „sage ‚Mama', über Chwostow waltet die Gnade des Herrn, aber einstweilen fehlt ihm noch etwas!"

Das fette Gesicht des Gouverneurs wurde ganz gelb, und seine runden Kugelaugen verdrehten sich vor Entsetzen: Was dieser Bauer ihm gesagt hatte, war also wahr gewesen, und er hätte Minister werden können! Einige Tage später fuhr Chwostow eilends mit einem Bündel Akten nach Petersburg und meldete sich ‚in dringenden Verwaltungs-Angelegenheiten' bei dem Zaren zur Audienz. Er wurde empfangen, mußte aber sogleich erkennen, daß der Kaiser alles eher als gnädig gestimmt war. Kaum hatte er seine belanglose Sache vorgebracht, als er auch schon wieder entlassen wurde.

Von nun an bemühte sich Chwostow, möglichst oft mit Grigori Jefimowitsch zusammenzukommen, um ihn bei diesen Gelegenheiten mit ausgesuchter Höflichkeit und Devotion behandeln zu können; am liebsten hätte er ihm öffentlich die Hand geküßt. Aber einige Jahre mußten dahingehen, bis es der Zufall fügte, daß er dem Staretz bei einem Trinkgelage näherzukommen vermochte. Als Rasputin bald darauf mit dem Zaren zusammentraf, meinte er, er hätte Gelegenheit gehabt, Chwostows Seele von neuem zu prüfen und gefunden, daß diese sich gebessert habe. Wenige Tage später war der dicke Gouverneur endlich doch Minister des Innern.

Auch der Ministerpräsident Boris Stürmer, der Nachfolger des alten Goremykin, verdankte der Protektion durch den ‚Freund' seine Ernennung. „Dieser Alte", erklärte Grigori, als man ihm den Namen Stürmers als den eines Kandidaten nannte, „will schon seit langem Minister werden! Schon damals, da ich auf dem Englischen Prospekt wohnte, ist er mit seiner Frau bei mir erschienen und hat mich gebeten, ich möge ihn zum Minister machen. Nun schön, er ist ja ein ganz guter Mensch und wird's schon fertig bringen!"

Hierauf traf der Staretz in der Wohnung einer kleinen Schauspielerin mit Boris Stürmer zusammen, ‚prüfte seine Seele' und empfahl dann, als dieses Examen zufriedenstellend ausgefallen war, dem Kaiser die Ernennung seines Kandidaten, die auch alsbald erfolgte.

Die Amtszeit Stürmers bedeutete den Höhepunkt von Rasputins politischem Einfluß. Der neue Ministerpräsident, der seine Stellung ganz der Protektion durch Grigori Jefimowitsch zu verdanken hatte, gehorchte bedingungslos jedem seiner Befehle. Mindestens einmal wöchentlich kam Stürmer mit dem ‚Bauernkanzler' heimlich zusammen, um dessen Instruktionen entgegenzunehmen; diese Begegnungen muten recht romantisch an, denn sie fanden des Nachts in der Peter-Pauls-Festung statt, wo Rasputin durch die Vermittlung einer seiner Jüngerinnen, der Tochter des Festungskommandanten Nikitin, Zutritt hatte. Das schöne Fräulein Lydia Nikitina war eine glühende Verehrerin des Staretz, holte diesen des Abends von seiner Wohnung ab und brachte ihn in die Festung, wo dann auch der Ministerpräsident erschien. In ihrem weißen Mädchenzimmer innerhalb der Peter-Pauls-Festung fanden dann bis zum grauenden Morgen geheime Beratungen zwischen Rasputin und Stürmer statt, bei welchen alle wichtigen Verordnungen, Erlasse und Ernennungen genau durchgesprochen wurden.

Bald aber enttäuschte Stürmer die in ihn gesetzten Erwartungen: Er erwies sich als ungemein ehrgeizig und eitel, während seine Fähigkeiten sehr viel zu wünschen übrigließen. All sein Sinnen und Trachten ging darauf aus, in der kommenden großen Friedenskonferenz den Vorsitz führen zu dürfen, und er sah im Geiste schon seinen Namen in den Geschichtsbüchern der zukünftigen Generationen neben denen von Nesselrode, Metternich und Bismarck figurieren. Seine Tüchtigkeit aber stand in gar keinem Verhältnis zu seinen hohen Ambitionen, und so dauerte es nicht lange, bis der Kaiser und sein ‚Freund' sich enttäuscht von ihm abwandten und ihn fallen ließen.

Mittlerweile aber hatte Grigori Jefimowitsch eine besondere Zuneigung zu dem Vizepräsidenten der Duma Protopopow gefaßt, den er in dem ‚Sanatorium' seines Freundes Badmajew kennengelernt hatte. Protopopow war ein liebenswürdiger Mensch von gewinnenden Umgangsformen, der sich jedoch in einem vorgeschrittenen Stadium der progressiven Paralyse befand; diese Krankheit brachte es mit sich, daß bei ihm Zustände von übermäßiger Erregung mit solchen von völliger Apathie abwechselten. Mitunter konnte er durch seinen sprühenden Witz und durch verblüffend geistreiche Bemerkungen seine ganze Umgebung faszinieren, während er zu anderen Zeiten nicht imstande war, die allereinfachste Denkarbeit zu verrichten. Viele Jahre schon hatte er sich als ständiger Patient in der Heilanstalt des Tibetaners befunden und war von diesem bereits seit langem für einen höheren Posten im Staate vorgemerkt worden.

Grigori Jefimowitsch hatte Protopopow in einem von dessen guten Augenblicken kennengelernt und sogleich beschlossen, dieser gewinnende und kluge Mann müsse das Ministerium des Innern übernehmen. Der Zar hatte sich anfangs geweigert, da Protopopow dem linken Flügel der Duma angehörte; es bedurfte der hartnäckigsten Einwirkung durch Rasputin und durch die Zarin, bis Nikolaj seinen Widerstand aufgab und Protopopow wirklich zum Minister ernannte.

Noch im letzten Augenblick hatte es deswegen Streit gegeben, und Rasputin mußte persönlich in Zarskoje Selo erscheinen, um die Angelegenheit seines Schützlings in das rechte Geleise zu bringen. Triumphierend kehrte er an diesem Tag nach Petersburg zurück, und was er damals im Salon seiner Verehrerin, der Frau Golowina, erzählte, bezeichnet wohl besser als alles andere die eigenartigen Beziehungen zwischen dem Kaiserpaar und dem ‚Freunde', der jetzt nicht mehr bloß als Retter des kranken Thronfolgers, sondern auch als unentbehrlicher, vertrauter Ratgeber in den schicksalsschweren Angelegenheiten des Staates galt. „Ich habe alles wieder eingerenkt!" rief Rasputin schmunzelnd, indem er sich in einen Stuhl fallen ließ. „Ich brauchte nur selbst hinzugehen! Der erste Mensch, mit dem ich im Schloß zusammenstieß, war Anja. Sie konnte nur jammern, das war alles, was sie konnte. ‚Es geht nicht', rief sie, ‚er will nicht, nur du kannst helfen, Grigori Jefimowitsch!' Nun, da ging ich gleich hinein. Ich sah sofort, daß ‚Mama' zornig und trotzig war, während ‚Papa' pfeifend im Zimmer auf und ab ging. Nachdem ich beide etwas angeschnauzt hatte, kamen sie gleich zur Vernunft.

Ich brauchte nur zu drohen, daß ich wieder nach Sibirien zurückgehen und sie und ihr Kind dem Unglück überlassen würde, und schon gaben sie mir in allem nach. ‚Wer Gott den Rücken kehrt', sagte ich, ‚sieht dem Teufel ins Antlitz!' Irgend jemand hat ihnen eingeredet, dies und das sei schlecht; was verstehen denn die alle? Gar nichts! Wenn sie nur auf mich hören wollten! Ich weiß, daß Protopopow ein guter Mensch ist und an Gott glaubt! Darauf allein kommt es an!"

Zu seinem Sekretär aber sagte Grigori Jefimowitsch an diesem Abend: „Wir haben uns in dem dicken Chwostow geirrt, er ist auch ein Tölpel, wenngleich einer von der rechten Partei! Ich sage dir, alle, die zur rechten Partei halten, sind Dummköpfe! Deshalb haben wir uns jetzt für die Linke entschieden und Protopopow zum Minister gemacht!"

Dann wies er stolz auf seine grobe Bauernfaust, schüttelte sie kräftig und rief: „Zwischen diesen Fingern halte ich das russische Reich!"

SIEBENTES KAPITEL

DIE BUSSFAHRT DES GROSSEN SÜNDERS

Wenn die Zarin des Nachmittags allein oder mit ihrer Freundin Anja in ihrem Empfangszimmer saß, holte sie oft aus der Lade ihres feinen Damenschreibtisches die Aufzeichnungen des ‚Freundes' hervor, welche dieser auf seiner Bußfahrt nach den heiligen Stätten verfaßt hatte. Diese Notizen waren auf vielen großen und kleinen, aus einem billigen Heft herausgerissenen, zerknüllten Papierblättern niedergelegt, mit jener großen, ungelenken Bauernschrift, in der jeder Buchstabe für sich wie auf das Papier geklebt erschien. Die kraus durcheinandergeratenen Zeilen waren bald kurz, bald lang, bald gerade, bald steil emporstrebend und machten den Eindruck, als sei ein Wort auf das andere getürmt.

Auch die Zettel selbst lagen in regelloser Folge; sie waren fleckig, verwischt, zerknittert und an den Rändern von Feuchtigkeit angefressen: hatte sie doch der Pilger während der ganzen Zeit seiner Reise in dem schmutzigen Brotsack verwahrt, mitten zwischen unzähligen, für seinen Unterhalt nötigen Kleinigkeiten.

Jetzt aber saß die Kaiserin Nachmittag für Nachmittag vor ihrem Schreibtisch und ordnete mit ihren zarten, wohlgepflegten Fingern diese schmutzigen Zettel. Sie entzifferte die wirren Schriftzeichen, überlas die Blättchen wieder und wieder, bis deren Sinn ihr klar und verständlich geworden, nahm dann den prunkvollen silbernen, mit Brillanten geschmückten Federstiel und kopierte sorgsam, Wort für Wort, die Aufzeichnungen des Pilgers in ihr saffiangebundenes Stammbuch.

Hie und da verbesserte sie grobe orthographische Fehler, allzu ungewohnte und unbeholfene Satzstellungen, derbe Worte und andere Ungeschicklichkeiten, im übrigen aber ließ sie den Text ganz so, wie der Bauer ihn auf seine Papierfetzen hingekritzelt hatte. Denn je öfter die Zarin Rasputins Worte überlas, desto mehr verstärkte sich in ihr das Gefühl, als hätte sie noch niemals etwas Schöneres, etwas Erbaulicheres gelesen als diese ‚Gedanken' des Pilgers Grigori. Während sie jene

Schrift in ihr Stammbuch übertrug, wurde sie geradezu von einer Ekstase erfaßt, dann erschienen wieder die charakteristischen roten Flecken auf ihren Wangen, dann ging ihr Atem in kurzen und keuchenden Zügen.

Nicht einmal ihre kaiserliche Würde hatte jemals vermocht, ihr eine solche Empfindung von gehobenem Selbstvertrauen zu verleihen, wie sie sie jetzt fühlte, während sie Rasputins ‚Gedanken' in ihr Stammbuch übertrug. Sie war ganz von der inneren Gewißheit erfüllt, daß das, was sie eben jetzt zu tun im Begriffe stand, etwas weitaus Höheres und Erhabeneres sei als alles, was sie bei der Ausübung ihrer irdischen Pflichten als Kaiserin von Rußland hatte jemals vollbringen können. Grigori Jefimowitsch, ihr von Gott gesandter ‚Freund', stand hoch über allen weltlichen Mächten, und während Alexandra jetzt seine Worte entzifferte und kopierte, hatte sie das Gefühl, als schriebe sie Sätze nieder, die ursprünglich von Gott selbst diktiert worden waren. Grigori Jefimowitsch hatte diese ‚Gedanken' niedergelegt, um seiner Zarin eine Erbauung zu bereiten, und bei diesem Unternehmen war, das fühlte sie deutlich, der Segen Gottes über ihm gewesen.

Konnte einem Menschen, ja selbst der Kaiserin von Rußland, eine größere Gnade zuteil werden als das Recht, als erste die von Gott eingegebenen Worte des heiligen Grigori Jefimowitsch ins reine zu schreiben? In glückseliger Begeisterung gab sich Alexandra ihrer Beschäftigung hin, tauchte die diamantenbesetzte Feder in das prunkvolle Tintenfaß und trug den Reisebericht ihres göttlichen ‚Freundes' in das saffiangebundene Stammbuch ein:

GEDANKEN VON MEINER PILGERFAHRT

In der Kiewo-Petscherskaja Lawra

„Ich bin aus Petersburg in die heilige Lawra von Kiew gekommen und nenne Petersburg die Welt. Aber die Welt ist voll von Gedanken an den Alltag, während hier im Kloster Ruhe und Stille ist. Wenn sich das Muttergottesbild herabsenkt, wenn der Chor ertönt, dann ersterben Herz und Seele, und man vergißt den Alltag.

Ich ging auch in die Höhlen und sah dort die Einfachheit; da gibt es weder Gold noch Silber, und die Märtyrer Gottes schlafen in einfachen

Holzsärgen. Da dachte ich, wie doch der Überfluß uns nur bedrücke und Langeweile in uns hervorrufe. Gott hat diese wunderbaren Höhlen gesegnet: Seine Hand hat sie aus dem Gestein gebrochen, und dort haben sich die heiligen Männer vor ihren Feinden verborgen.

Auch jetzt hat der Heilige viele Feinde, denn der Bruder kämpft gegen den Bruder, und keiner will den anderen gelten lassen. Früher, zu den Zeiten der Märtyrer, wurden die Rechtgläubigen von Fremden und Heiden bedrückt, jetzt aber quälen wir selbst einander, jetzt verfolgt der Pope den Popen, der Sohn den Vater. Es erfüllt sich das Wort Gottes von dem Herannahen des Endes.

Und es sah Hiob in den Höhlen, daß seine Zelle eng und klein sei, aber er war glücklich, ruhig und geduldig inmitten seiner Bedrängnis. Wollten doch auch wir uns mit unserem Geist in die Einfachheit begeben und in enger Zelle zu Gott beten, dann könnten wir des Herrn teilhaftig werden!

Auf dem Meere

Was soll ich über die Stille des Meeres sagen? Nachdem ich mich von Odessa aus auf die See begeben, umfing mich sogleich wunderbare Ruhe, meine Seele freute sich mit dem Meere und schlummerte leise dahin. Ich sah, wie die kleinen Wellen erglänzten, und wünschte nichts mehr zu suchen. Wenn ich des Morgens aufstand, sprachen die Wellen zu mir, und ihre Bewegung erquickte mein Herz. Und wenn die Sonne langsam aus der See auftaucht, dann vergißt die Seele des Menschen in ihrem Glanze allen Kummer und begreift das Buch und die Weisheit des Lebens. Das Meer läßt uns die Alltäglichkeit vergessen, es zwingt uns, an vieles zu denken, und unsere Gedanken kommen von selbst, ohne Mühe und Schwierigkeit. Das Meer ist ohne Grenzen, aber auch die menschliche Weisheit kennt kein Ende.

Am schönsten ist es, wenn die Sonne im Begriff ist, ihre Strahlen in das Meer zu versenken. Sie verschwindet hinter den Bergen, es dämmert, und wunderbare Stille breitet sich über die Gewässer aus. Die Stimmen der Vögel verstummen, der Mensch aber entsinnt sich seiner Kindheit, vergleicht diese Ruhe mit dem Lärm der Welt und plaudert leise mit sich selbst.

Dann aber, nachdem man lange Zeit kein Gesträuch, kein Blatt gesehen hat, taucht ein Ufer auf, man freut sich von neuem an Gottes Natur und lobt den Schöpfer, der dies alles hervorgebracht hat.

Wenn die Wellen höher schlagen, wird die Seele unruhig: Der Mensch verliert das klare Bewußtsein und geht wie in einem Nebel ratlos auf dem Schiff umher. Aber dieselbe Krankheit befällt uns auch auf dem Lande, nur wissen wir nichts davon, denn dort hebt uns stets die gleiche Welle, die wir nicht spüren. Auf dem Meere jedoch sehen alle die Krankheit, während sie auf dem Ufer verborgen bleibt. Denn der Teufel verlockt unsere Seele, das Gewissen aber ist eine große Welle, und wenn die Wellen auf dem Meere auch nicht wären, so heben und senken sich doch die Wellen in uns.

In Konstantinopel

Was soll ich mit meinem kleinen, menschlichen Verstand über den herrlich-wunderbaren Dom der Hagia Sophia sagen? Wie eine Wolke am Horizont, so ist dieser Dom. Oh Unglück, wie hat sich Gott über unseren Stolz empört, daß er dieses Heiligtum den ungläubigen Türken überliefert hat! Der Herr möge meine Bitte erhören und uns diese Kirche zurückgeben, auf daß sie zu seiner Arche werde!

In diesem Dom ist auch die Kanzel des Evangelisten Johannes zu sehen, ebenso wie die Gebeine des heiligen Jefim und die Säule, an welche der Erlöser mit Ketten angeschmiedet war. Wir stehen an dem Ort, wo einst Johannes gepredigt hat, und es ist, als hörten wir noch seine Stimme.

Es gibt in Konstantinopel auch eine Kirche, wo der heilige Andreas, der, dem Erlöser zuliebe, den Irrsinnigen gespielt hat, der Muttergottes ansichtig geworden ist. Ich ging zu jener Stelle, sah aber nur eine kleine Wand, einige Ruinen und einen Garten, neben dem sich eine griechische Kirche erhebt. Mein Herz wurde erschüttert, als ich daran dachte, wie die Muttergottes ihre Getreuen beschützt hat. Auch jetzt noch ist es ihre einzige Sorge, uns zu beruhigen und uns ihre Gnade zu schenken. Sie erscheint den Frommen und den Sündern, sie erhört alle Bitten, kennt unsere Leiden und fleht für uns vor dem Thron Gottes.

In Konstantinopel steht auch eine Säule, die aus Rom dorthin gebracht worden ist; sie wiegt tausend Pud. Das alles ist ein großes Wunder, und ich kann nur wenig darüber schreiben.

Auf der Fahrt durch das Mittelmeer

Wir kamen nach Mytilene: Das ist eine kleine Stadt, wo der Apostel Paulus gepredigt und in die Seele der dreißig Märtyrer die Flamme des Glaubens gelegt hat. Das Städtchen liegt sehr hübsch am Meer, oberhalb des Wassers auf dem Berge. Gott führe uns seine Wege! Je weiter wir kommen, desto häufiger gelangen wir an Plätze, wo die Seele gerettet werden kann. Es ist klar, daß der russische Mensch nicht vergeblich seine Kopeken spart und versucht, diese heiligen Orte aufzusuchen.

Ich habe viel Volk gesehen und besonders in der dritten Klasse wirkliche Christinnen angetroffen, die Tag und Nacht in der Heiligen Schrift lesen, daß es eine wahre Freude ist. Auch Bulgaren gibt es, die wahrhaft an das Königreich Gottes glauben und den Herrn Christus lieben. Ich habe mich überzeugt, daß die Türken ebensolche Kleider tragen wie die Christen und Juden. Ich glaube, daß auch für sie das Wort Gottes sich erfüllen wird, und daß es dann, trotz der scheinbaren Verschiedenheit der Kleidung, nur mehr eine einige orthodoxe Kirche geben wird.

Auf dem asiatischen Ufer des Meeres, am Ende einer großen Bucht, liegt Smyrna. Dort gibt es einige sehr schöne griechische Kirchen, darunter eine an der Stelle, wo die Samariterin, nach dem Gespräch mit Jakob, angefangen hat, an den Erlöser zu glauben. Dann gibt es noch eine Kirche an der Stelle, wo die Muttergottes gepredigt hat; dort liegen auch die Gebeine des heiligen Georg.

Unweit von Smyrna befinden sich die Ruinen der Stadt Ephesus; dort lebte der Apostel Johannes, dort beendete er sein Evangelium, und deshalb schlägt das Meer dort besonders stark an die Ufer, um das Leben aus seinem Schlafe zu erwecken. Unweit von Ephesus liegt die Insel Chios, wo im dritten Jahrhundert der heilige Isidor zu Tode gemartert worden ist.

Wir durchqueren das Mittelländische Meer, und unser Dampfer hält nirgends mehr an. Mein Gott! Wie haben doch die Apostel an diesen Küsten überall den Glauben entzündet und ohne Ende Nachfolger im Herrn geschaffen! Aber die Griechen waren zu stolz auf ihre Philosophie, und so strafte sie denn Gott, indem er die Macht den Türken übergab.

Die Bischöfe der Griechen können alle lesen und schreiben und verstehen es wohl, den Gottesdienst zu besorgen, der hier sehr feierlich ist. Aber die Armut des Geistes steht höher. Der Bischof, der dieser Armut nicht teilhaftig ist, weint, wenn er kein Kreuz erhält, wer aber das Kreuz in sich trägt, ist auch in einem einfachen Talar schön und erfreut sich der Liebe des Volkes. Weshalb fallen jetzt so viele Menschen zu dem fremden Glauben ab? Weil in der Kirche nicht länger der Geist lebt – es gibt viele Buchstaben, und der Tempel ist leer. Manche Bischöfe fürchten sich, mit einfachen Mönchen verwechselt zu werden, die Mönche aber sind faul und werden in ihren Klöstern fett.

Die Stadt Rhodos ist voll von herrlichen Gärten, in denen Mitte Februar die Blumen und Bäume blühen. Groß sind die Wohltaten Gottes an diesem Orte!

Die Stadt Tripolis liegt am Meer und ist von Bergen umringt, eigentlich ist es nichts weiter als eine Festung, wie bei uns in Petersburg die Peter-Pauls-Festung. Auch Beirut liegt an der Küste, ganz in Grün gehüllt. Dort hat der heilige Georg den Drachen getötet, und auf diesem Platz befindet sich ein türkisches Bethaus! Der See ist mit Gras überwachsen. Es ist ein Unglück, wenn Gott die Christenheit mit seinem Zorn straft!

Jaffa ist jene Stadt, wo der Prophet Elias gelebt hat. Auf dem Berge, auf dem er zu beten pflegte, steht ein Kloster, und ich habe auch die Stelle aufgesucht, wo das Feuer vom Himmel herniedergefahren ist.

In Jerusalem

Ich habe meine Reise beendet und bin in der heiligen Stadt Jerusalem angelangt. Nach dem Übergang von der großen Welle des Meeres in das irdische Paradies der Ruhe habe ich vor allem einen Gottesdienst verrichtet. Meine Freude kann ich nicht beschreiben, denn die Tinte ist machtlos gegen soviel Glückseligkeit.

Freilich befallen mich auch viele traurige Gedanken, wenn ich sehe, wie die Menschen hier in sonderbaren Kleidern umhergehen, die an die alten Zeiten erinnern. Hier, in diesen Kirchen, hat der Erlöser selbst Tränen vergossen!

Was soll ich über jene Minuten erzählen, da ich mich dem Grabe des Herrn Jesus Christus näherte? Ich fühlte, daß dieses Grab ein Grab der Liebe sei; wenn man davor steht, glaubt man mit durchgeistigtem

Herzen alle Menschen zu sehen, die man lieb hat, und auch sie fühlen sich in diesem Augenblick glücklich und wohl, wo immer sie auch sein mögen. Gott, Du selbst wirst aus der Tiefe der Sünden auferstehen, denn die Ewigkeit lebt in Dir!

Ich war auch auf Golgatha: An der Stelle, wo die Muttergottes geweint hat, als ihr Sohn ans Kreuz geschlagen wurde, erhebt sich jetzt die Kirche der Auferstehung. Mein Gott, wir werden nicht mehr sündigen, rette uns durch Deine Leiden!

Man führte uns in den Hof des Patriarchen und wusch uns die Füße. Wir alle hatten Tränen in den Augen, da uns auf so weise Art gezeigt wurde, wie der Mensch demütig sein müsse. Gott lehre uns die Demut und mache uns zu Seinen Schülern!

Wir sahen das Haus des Judas und das Haus des Pilatus, die nahe beieinander stehen. Dann gingen wir, inmitten einer großen Menge, in die Höhle der heiligen Muttergottes, küßten das Grab und sangen voll Freude. Deutlich sahen wir vor uns, was sich hier abgespielt hatte, wie die himmlische Kraft den reinen Körper der Jungfrau zu sich genommen hat. In derselben Höhle ist auch Josef begraben, wie es in der Geschichte heißt: ‚Hier ruhet ein Wundergreis.‘ Großer Greis, bete für uns zu Gott!

Dann gingen wir in den Garten Gethsemane, in welchem der Erlöser vor seinem Tod geseufzt und gebetet hat. Wir Unwürdigen grüßten diese Stelle und verneigten uns in Andacht bei dem Gedanken, daß hier der Herr Jesus Christus blutige Tränen geweint habe. Gott, rette uns und habe Erbarmen mit uns in Deinem Herzen! Dann sahen wir weiter die Steine, auf denen die Jünger geschlafen hatten, bis Christus kam, sie zu erwecken. Wir aber schlafen ewig im Bösen – erwecke uns, Herr Gott!

Oh, Wohltat des heiligen Osterfestes! Wie erwarten die Gläubigen sehnsüchtig den großen Kreuzzug! Tausende Völker und Nationen sind hier versammelt und harren auf das heilige Licht; ringsumher stehen türkische Truppen und Kawassen.

Dann kommt der große Augenblick: Der Patriarch legt sein Habit ab, streift ein Hemd über und tritt an das Grab Christi. Mit Tränen in den Augen wartet das Volk, bis er mit der brennenden Kerze wieder zurück kehrt. Dann sind alle Menschen freudig und glücklich und entzünden auch ihre Kerzen an dem heiligen Licht, um es in ihre Häuser zu tragen. Gott gebe mir ein gutes Gedächtnis, damit ich diesen Augenblick nicht vergesse!

Wie wunderbar ist es doch, auf heiligem Boden zu weilen, wie wird man hier doch gläubig, selbst wenn man nur wenige Monate bleibt. Freilich kann man auch in einem Jahr nicht alles sehen, wenn man faul ist, denn Gott erhört die Faulen nicht, und ob sie auch Jahrhunderte durchlebten. Das Heiligtum liebt die Angst.

Der Wein wird hier sehr billig verkauft, und man trinkt ihn reichlich, weil er fast gar nichts kostet. Wir waren am Jordanfluß, haben in seinen Gewässern gebadet und die Wüste gesehen, in welche sich die ägyptische Maria geflüchtet hatte. An jener Stelle, wo der Erlöser getauft worden ist, ließen wir uns alle in das Wasser nieder und dachten an die Vergebung der Sünden. Vielerlei Volk läuft zitternd an das Ufer des Jordan, um hier die Vergebung aller Sünden zu erlangen. Gott, reinige uns in Deinen Gewässern des Flusses Jordan!

Wir sahen auch das Tote Meer. Die Strafe Gottes ruht auf ihm, und wir wurden bei seinem Anblick von Angst und Schrecken erfaßt. Man sieht nur Wasser, es gibt kein Tier, kein Insekt und keine Fische; wir sahen dies alles und weinten. In der Wüste des Jordan ist auch die Quelle des Propheten Jesaias, aber dorthin hat uns der Kawaß nicht geführt, denn er war böse auf uns.

Auf einem hohen Berg, an jener Stelle, wo der Satan den Herrn verführen wollte, erhebt sich ein wunderbares Kloster, und dort wird auch der Stein gezeigt, auf dem der Teufel stand. Wir dachten über das Leiden des Erlösers nach, jetzt aber wird an dieser Stelle Schnaps verkauft. Der schlaue Satan weiß, wie er die Gläubigen verführen soll! Unterwegs kamen wir auch an einer großen Eiche vorüber; dort hat Abraham den Erlöser mit Salz und Brot begrüßt. Wir neigten uns vor dem Baume, küßten ihn und hielten einen Gottesdienst vor ihm ab. Die Hälfte des Stammes ist bereits verfault, aber Gott hat das Wunder bewirkt, daß nach Jahrtausenden noch einzelne Teile des Baumes grünen und blühen.

In Jaffa befindet sich, wie die Türken erzählen, am Ufer ein Überrest der Arche Noah. Diese Arche ist ein Beispiel für die Rettung der Christenheit, und auch für uns erfüllen sich die Worte Noahs. Unsere Rettung ist der wahre Glaube, und jeder, der den Ruf des Heiligen vernimmt, wird die Erlösung finden.

In Bethlehem gibt es eine große Kirche mit vielen Kanzeln und mancherlei Bequemlichkeiten für die anderen Nationen, während für uns Russen gar nichts vorgesorgt ist. Vor der Krippe des Erlösers freilich vergaßen wir alle Mißhelligkeiten und unsere Ermüdung. Wir küßten die heilige Krippe und konnten vor Freude kaum glauben, daß Gott uns die Gnade geschenkt hatte, den Ort zu sehen, wo Christus geboren worden ist.

Man zeigte uns auch die Höhle, in der auf den Befehl des Herodes alle unschuldigen Kinder ermordet worden sind. Mit Schrecken dachten wir an diese Übeltat und begannen zu weinen. Wie mußte es den Müttern zumute gewesen sein, als man ihnen ihre Kinder wegnahm und tötete! Neid und Bosheit sind noch immer in uns, und die Wahrheit erwartet wie ein Sandkörnchen in einer Herbstnacht den Aufgang der Sonne!

Überall an den heiligen Stätten fanden wir viele Völker; sie sind in ihrer Art klug, aber nicht stark im Glauben und in der Liebe. Man muß zu ihnen sehr freundlich sein und sie auf die Liebe und auf den Himmel hinweisen, dann wird Gott auch sie erretten. Wir müssen ein Beispiel der Liebe geben, dann werden wir wieder Christen sein, wie in den ersten Jahren nach dem Tode des Erlösers, und unsere Mission wird der Güte und nicht dem Gelde dienen. Die fremden Völker begreifen es sehr gut, wenn man zu ihnen spricht, und unsere Worte spiegeln sich wunderbar in ihnen. Freilich muß man ihre Sprache und die Eigenart ihres Volkes kennen, um mit ihnen über Gott reden zu können, denn wie eine Glocke ohne Silber schlecht klingt, so können auch die Worte eines Predigers viel Übel anrichten, wenn ihm die richtige Erfahrung fehlt.

Das Höchste auf der Welt ist die Liebe, und nur durch sie können wir den Weg in den Himmel finden. Ein kleines Stückchen Brot ist oft für den Menschen wichtiger und teurer als ein großes Schiff!

Die Dampfer sind voll von gläubigem Volk; jeder führt in einem Winkel seines Herzens eine geistige Kraft mit sich. Zu Hause angelangt, wird er von Jerusalem erzählen; in den Herzen der Kinder wird dann die Angst erwachen, und sie werden ihren Zaren und die Heimat liebgewinnen.

Man muß den Wallfahrern mehr Aufmerksamkeit zuwenden, sie billiger transportieren und es so einrichten, daß man ihnen einmal am Tag zu essen gibt und von ihnen für warmes Wasser zum Teekochen kein Geld verlangt. Jetzt behandelt man sie wie das Vieh und sperrt sie zu Hunderten in die untersten Schiffsräume ein; so müssen sie um der Heiligtümer willen viel Ungemach erdulden. Den Reichen freilich wird es leicht, denn sie haben viel Geld und wohnen in schönen Zimmern. Die Obrigkeit sollte sich der armen Wallfahrer annehmen, denn ihr Glaube unterstützt das Reich.

Deshalb ist es auch nötig, daß für das arme Volk Herbergen errichtet werden, in denen sie wie Brüder leben können. Der einfache Wallfahrer begrüßt das Heiligtum und geht dann, des Glaubens voll, in seine Dörfer zurück, um dort dem Volk die Wahrheit zu verkünden. Seine einfachen Reden erwecken auch in der Heimat die Liebe zu Gott, die Jünglinge lauschen seinen Worten und fühlen in ihren Herzen die Liebe und Frömmigkeit wachsen.

Ich habe in Jerusalem auch das Osterfest der Katholiken gesehen, das eine Woche früher gefeiert wird als das unsrige. Aber dieses Fest war mit dem der rechtgläubigen Kirche nicht zu vergleichen: Die Katholiken sahen gar nicht froh aus, während sich bei uns doch an diesem Tag alle Welt freut, sogar die Tiere! Oh, wir rechtgläubigen Menschen sind glücklich, und unser Glaube ist schöner als jeder andere! Die Gesichter der Katholiken sind auch während des Osterfestes traurig, und so denke ich, daß auch ihre Seelen sich nicht wahrhaft freuen.

Ich will nicht die beiden Bekenntnisse miteinander vergleichen und die Katholiken verurteilen, aber ich fühle, wie bei uns alle Welt glücklich ist, wenn die Kirchenglocken läuten und wie dann für uns alle der heilige Frühling erblüht ..."

ACHTES
KAPITEL

AUFZEICHNUNGEN AUS EINEM TREPPENHAUS

Je mehr Rasputins politischer und sozialer Einfluß zunahm, um so mehr wurde auch seine Wohnung zum Mittelpunkt der vielfältigsten und verschiedenartigsten Interessen.

Als er noch am Newski-Prospekt in einem von seiner Anhängerin Baschmakowa für ihn gemieteten Logis gehaust hatte, und auch später noch, während seines Aufenthaltes in der Kirotschnaja, hatten die Behörden seinem Heim noch wenig Beachtung geschenkt. In den letzten Jahren aber, da der Staretz mit überraschender Geschwindigkeit zu einer Persönlichkeit von höchster Bedeutung geworden war, erfreute sich sein Haus nicht nur des regsten Zuspruches von Gästen, sondern auch einer sorgsamen Überwachung durch die Polizei.

Schon sein Quartier auf dem Englischen Prospekt, wo Rasputin bei Kriegsbeginn gewohnt hatte, war dauernd von den Kriminalbeamten im Auge behalten worden; seine neue Wohnung in der Gorochowaja aber stand unter ganz besonders strenger Bewachung, hatte doch der neue Ministerpräsident Stürmer dem Chef des Geheimdienstes Globitschew den Auftrag erteilt, Rasputin müsse ebenso beschützt werden wie ein Mitglied der Zarenfamilie. „Dies ist der ausdrückliche Wunsch des Kaisers und der Kaiserin", hatte Stürmer diesem Befehl an den Polizeichef hinzugefügt, und so war es nicht weiter verwunderlich, daß von nun an das Haus Gorochowaja 64 ständig von Geheimagenten umlagert war.

In der Portiersloge und im Treppenhaus, inmitten einer Dunstwolke von undefinierbaren Gerüchen, unter denen sich bald der säuerliche Duft von Krautsuppe und ranziger Butter, bald der von heißem Schafkäse vordrängte, lungerten tagaus tagein vier oder fünf, bisweilen aber auch zehn oder zwanzig schlecht angezogene Männer; ihre unmodernen Kragen und Krawatten verrieten, im Verein mit ihrem gesucht unauffälligen Gebaren, von weitem schon die Detektive. Die Bewohner des Hauses und die häufigen Besucher Rasputins kannten jeden einzelnen dieser Agenten und hatten aufgehört, von ihnen besondere Notiz zu nehmen; manche standen sogar, nach dem einen oder anderen gelegentlichen Gespräch, mit den Beamten auf vertrautem Fuß und grüßten sie regelrecht. Diese wiederum hatten darauf verzichtet, ihre Eigenschaft vor den ständigen Passanten zu verheimlichen, und wenn einer von den Gästen das Tor durchschritt und die Treppen hinaufeilte, verharrten die Agenten ruhig in ihrer ungezwungenen, schläfrigen Haltung. Pflichtgemäß notierten sie den Namen des vorübergehenden Besuchers, aber sie wußten wohl, daß dieser Art von Ereignissen keinerlei besondere Bedeutung zukomme.

Bisweilen unterbrach ein Hausbewohner die Langeweile der Polizisten im Treppenhaus: Einmal trat die Schneiderin Katja aus der Wohnung Nr. 31, dann wieder kam Herr Neustein aus dem oberen Stockwerk herunter und knüpfte ein Gespräch mit den Agenten an. Mitunter erschien auch die Masseuse Utilia oder eine andere Frau aus der Nachbarschaft, und dann wurde es in der kleinen Loge der Portiersfrau Jurawlewa, rings um den summenden kleinen Samowar aus schmutzig-schwarzem Zinn ganz behaglich und kurzweilig. Katja, die Masseuse Utilia und die Hausbesorgerin schwatzten vom Staretz und erzählten Neuigkeiten über ihn, andere Frauen wieder wollten Genaueres über den Lebenswandel des heiligen Mannes erfahren, und die Polizisten waren solcherart in der Lage, einen Teil ihres langweiligen Dienstes in freundlichem Geplauder mit den Frauen herumzubringen. Besonders die Schneiderin Katja und die Masseuse Utilia wußten viel Sonderbares und Interessantes von Rasputin zu berichten, denn es geschah oft genug, daß dieser vergötterte Liebling der feinen Damen plötzlich des Umgangs mit Großfürstinnen, Gräfinnen und schönen Schauspielerinnen satt wurde, an der Tür der Schneiderin Katja anklopfte oder aber nach der Masseuse Utilia schickte, damit sie ihm die Nacht über Gesellschaft leiste.

Auch die Frau des Hausbesorgers war über manche Eigenart des heiligen Mannes unterrichtet. Wenn er gegen Morgen betrunken von einem Gelage heimgekehrt war, Katja ihm den Eintritt verweigert hatte, und auch Utilia nicht zu erreichen gewesen war, dann umarmte Grigori Jefimowitsch die Portiersfrau, bedeckte sie mit Küssen und versuchte allerhand Zudringlichkeiten, die näher zu schildern sie späterhin sittsam ablehnte.

Überhaupt beobachteten die Pförtnersleute durch ihr kleines Guckloch gar manches, was den Agenten entging; sie erhielten deshalb auch ein Gehalt von der Polizei und hatten dafür die Verpflichtung übernommen, über jeden Vorfall zu rapportieren. So war es nicht nur die Freude am Klatsch, sondern auch das erhebende Gefühl erfüllter Pflichten gegen die Obrigkeit, wenn sie mit den Agenten jedes Geschehnis im Hause auf das genaueste besprachen. Die Schneiderin Katja und die Masseuse Utilia wiederum berichteten um so lieber von ihren Erfahrungen, als sie wußten, daß diese in den Rapporten der Polizeibeamten bis zu den höchsten Würdenträgern des Reiches vordringen und somit ihren eigenen Personen ungeahnte Wichtigkeit verschaffen würden.

Manchmal trat Herr Neustein aus seiner Wohnung und verwickelte die Agenten in ein Gespräch. Er wußte zwar wenig zu berichten, hatte aber eine ganz eigene Art, in dunklen Andeutungen zu reden, hinter denen sehr wohl ein tieferer Sinn verborgen sein konnte. Ob dem wirklich so war, dies zu beurteilen glaubten sich die Agenten nicht berufen: Sie nahmen jede Äußerung des Herrn Neustein wortwörtlich in ihre Protokolle auf; mochten ihre Vorgesetzten dann entscheiden, was von diesen seltsamen Anspielungen zu halten war!

So notierten denn die Kriminalbeamten etwa: „24. Januar. Der auf der gleichen Stiege wohnende Neustein äußerte im Vorübergehen zu uns: ‚Euren Patron wird man bald nach Zarskoje Selo schicken, damit er dort alle Kirchenkerzen anzünde'."

Im allgemeinen geschah es nur selten, daß sich die Tätigkeit der Agenten auf das Vermerken von Gesprächen mit Herrn Neustein beschränken mußte. Meist gingen unzählige Menschen im Hause ein und aus, und die Spitzel hatten ihre harte Mühe, mit dem Notieren der Namen nachzukommen. Trat ein neuer Besucher durch das Tor, dann bemühten sie sich nach Kräften, nicht als Polizeiagenten aufzufallen. Zu diesem Zweck inszenierten sie aus dem Stegreif kleine Komödien, eilten die Treppe hinauf, als wollten sie selbst den Staretz besuchen, oder kamen in zwanglosen Gruppen die Stiege herunter, um dann, in ein harmloses Gespräch vertieft, auf dem Vorplatz stehenzubleiben. Kaum war der unbekannte Besucher bei Rasputin eingetreten, als sogleich im

Treppenhaus ein erregtes Flüstern und geheimnisvolles Umherfragen begann: Der eine Spitzel erkundigte sich bei dem anderen, ob dieser vielleicht den neuen Gast kenne, alle steckten die Köpfe zusammen und kombinierten eifrigst, um möglichst viel berichten zu können. Aus allen Taschen flogen Bleistifte und Notizbücher hervor, und alsbald wurde der Fremde mit größter Genauigkeit beschrieben: Sein Hut, seine Kleidung, seine Haarfarbe, und ob er einen Regenschirm oder ein Paket bei sich getragen habe. Besonders die Pakete waren wichtig, und jeder Agent setzte seinen höchsten Stolz darein, über deren Inhalt Näheres ausfindig zu machen. In den Berichten an die vorgesetzte Behörde wimmelte es von Aufzeichnungen über Pakete, Körbe und dergleichen:

„10. Januar: Anastasia Schapowalenkowa, die Frau eines Arztes, hat Rasputin mit einem Teppich beschenkt."

„23. Januar: Ein unbekannter Geistlicher hat Rasputin Fische gebracht."

„28. Januar: Der Kollegienrat von Bok hat Rasputin eine Kiste mit Wein mitgebracht."

„21. Februar: Heute erschien Nikolaj Glasow bei Rasputin und brachte ein Paket mit einigen Flaschen Wein."

„14. März: Simanowitsch, der Sekretär Rasputins, kam mit einer Kiste, enthaltend sechs Flaschen Wein, Kaviar und Käse."

„14. Juni: Der Inspektor der Volksschule von Zarskoje Selo erschien mit einem Korb Wein bei Rasputin."

In Fällen, da mehrere Besucher zugleich im Hause auftauchten, galt es, möglichst viel von den zwischen ihnen geführten Gesprächen zu erlauschen. Jeder ihrer Sätze, mochte man ihn auch nur halb vernommen und mißverstanden haben, wurde, ohne Rücksicht darauf, ob er einen Sinn hatte oder nicht, getreulich in den Protokollen vermerkt. Die Agenten beobachteten scharf, mit welchen Worten und mit welchem Gesichtsausdruck Dunja, Rasputins Dienstmädchen, die Besucher empfing; auch die freundliche oder unfreundliche Miene Dunjas beim Abschied des Gastes konnte Schlüsse auf dessen Aufnahme durch den Staretz ermöglichen.

Mit bewunderungswürdigem Fleiß oblagen die Spitzel ihrer schwierigen Aufgabe, das Leben und die Persönlichkeit ihnen unbekannter Menschen auf dem kurzen Wege zwischen dem Haustor und der

Wohnungstür Rasputins möglichst vollständig zu durchleuchten und zu erschließen. Mit größter Pedanterie hielten sie jede erdenkliche Kleinigkeit fest und suchten so, durch Aufzählung einer möglichst großen Anzahl belangloser äußerer Züge, das unverständliche und rätselhafte Leben fremder Menschen in ihre Notizbücher einzufangen. Oft war es nur der Hut, der Rock oder das Paket des Besuchers, über welche Näheres vermerkt werden konnte; bisweilen aber waren die Agenten glücklicher, und es gelang ihnen, mit den Unbekannten ein Gespräch anzuknüpfen. Besonders nach der Rückkehr vom Staretz wurde mancher Bittsteller redselig, sei es nun, daß er das Bedürfnis verspürte, seine Freude über die Gewährung seines Anliegens mit irgend jemandem zu teilen, sei es, daß er seine Wut über eine Ablehnung äußern wollte. Glückstrahlend vermerkten dann die Agenten in ihren Notizbüchern, was sie aus derartigen Gesprächen mit Bittstellern erfahren hatten:

„3. November: Eine unbekannte Frau ist bei Rasputin erschienen und wollte durchsetzen, daß ihr Mann, ein im Hospital liegender Leutnant, nicht aus Petersburg weggeschafft werde. Beim Verlassen des Hauses erzählte sie in der Portiersloge, wie sonderbar Rasputin sie empfangen habe: ‚Ein Mädchen öffnete mir die Türe und führte mich in ein Zimmer, wo alsbald Rasputin, den ich noch nie vorher gesehen hatte, eintrat. Er sagte mir sogleich, ich solle mich ausziehen. Als ich seinem Wunsch nachgekommen und mit ihm in das anstoßende Zimmer gegangen war, hörte er meine Bitte kaum an, betastete fortwährend mein Gesicht und meine Brüste und verlangte, ich solle ihn küssen. Dann schrieb er einen Zettel, gab mir diesen aber nicht, meinte vielmehr, er sei mir böse, und forderte mich auf, am nächsten Tag wiederzukommen.'"

„3. Dezember: Heute erschien Frau Leikart zum erstenmal bei Rasputin, um für ihren Mann zu intervenieren. Rasputin schlug ihr vor, sie solle ihn küssen, sie weigerte sich jedoch und ging fort. Dann kam die Mätresse des Senators Mamontow; Rasputin bat sie, um ein Uhr nachts wiederzukommen."

„29. Januar: Die Frau des Obersten Tatarinow hat Rasputin aufgesucht und nachher den Agenten erzählt, der Staretz habe in ihrer Gegenwart ein junges Mädchen umarmt und geküßt; der Vorfall sei ihr so peinlich gewesen, daß sie beschlossen habe, Rasputin nie wieder aufzusuchen."

„18. Januar: Die griechische Staatsangehörige Karawia versuchte vergebens, mit ihrer Tochter bei Rasputin vorgelassen zu werden. Auf dem Rückweg ergingen sich die beiden Damen in Schimpfreden gegen ihn, nannten ihn einen verfluchten Bauern und erzählten, sie hätten mit angesehen, wie Rasputin in der Villa Rode im bloßen Hemd erschienen sei und einen großen Skandal verursacht habe. Sie sprachen auch davon, daß in Zarskoje Selo ein junger Mensch aufgetaucht sei, der Rasputin bald überflügeln werde."

„30. Januar: Bei Rasputin ist der Geistliche der Kirche auf der Lubljanka in Begleitung eines Unbekannten erschienen. Der Geistliche intervenierte in irgendeiner Sache für eben diesen Unbekannten und bat Rasputin, er möge persönlich den Minister des Innern und den Senator Beletzki aufsuchen. Rasputin weigerte sich jedoch und verfaßte bloß einen Brief. Beim Weggehen machte der Geistliche sich über Rasputin lustig, weil dieser nur mit Mühe die Feder zu führen imstande sei."

„5. Februar: Als Sofja Karawia die Wohnung Rasputins verließ, erzählte sie den Agenten: ‚Er ist in schlechter Stimmung, obgleich er große Geschäfte gemacht hat. Er hat dem Bankier Rubinstein irgendeine Angelegenheit geordnet und von diesem fünfzigtausend Rubel dafür erhalten.' Auch der Karawia selbst hat Rasputin seine Intervention durch den Minister Schachowskoj zugesichert."

„7. Februar: Heute war der Kaufmann Popermann bei Rasputin und erkundigte sich gleich bei seinem Eintritt, was dem Wundermönch widerfahren sei. Auch der auf der gleichen Stiege wohnende Neustein fragte, ob es wahr sei, daß ein Offizier auf dem Bahnhof Rasputin geprügelt habe."

✶

Einen glücklichen Augenblick im Leben der Agenten bedeutete jedesmal die Ankunft eines Boten aus Zarskoje Selo, aus einem Ministerium oder aus einer Bank. Dieser wurde dann gleich auf der Stiege angehalten, ehe er noch die Zeit gefunden hatte, die Klingel zu ziehen. Bedeutsam, vertraulich und eindringlich erkundigten sich die Spitzel, von wo er komme, wer ihn geschickt habe, um wieviel Uhr er das Haus seines Auftraggebers verlassen habe und welche Botschaft er bestellen solle. In der Portiersloge öffneten dann die Agenten sorgfältig den Umschlag des

Schreibens und notierten den Inhalt in ihren Büchern; hierauf wurde der Brief kunstgerecht wieder verschlossen, und der Überbringer durfte endlich an der Wohnungstür Rasputins läuten.

Erschien der Bote nach Erledigung seines Auftrags wieder im Treppenhaus, so wurde er alsbald neuerlich von den schlecht gekleideten Männern umlagert. Sie liefen mit ihm die Treppen hinunter, begleiteten ihn durch den Hof bis auf die Straße und suchten aufgeregt zu erfahren, wer ihn in der Wohnung empfangen und ihm das Schriftstück abgenommen habe. Wenn Rasputin dies selbst besorgt hatte, erkundigten sich die Agenten eingehend nach seinem Gesichtsausdruck bei der Lektüre des Schreibens, auch wollten sie wissen, was er gesagt habe, und ob noch andere Leute im Zimmer gewesen seien. Trug der Bote gar eine schriftliche Antwort bei sich, so wurde diese sogleich in der Portiersloge eröffnet und dann erst dem Boten zurückgegeben.

Die Briefträger der staatlichen Post kannten von selbst ihre Pflicht, denn ihnen war es von ihren Vorgesetzten aufgetragen worden, immer zuerst in der Portiersloge die für Rasputin bestimmten Briefe oder Telegramme untersuchen zu lassen. Aber auch Rasputins eigene Dienstleute hielten sich, sooft ihr Herr sie mit einem Auftrag fortgeschickt hatte, einige Minuten bei den Polizeiagenten auf und berichteten ihnen, um was es sich handle. Hatten sie einen Brief oder eine Depesche zur Post zu befördern, so übergaben sie das Schriftstuck vor allem den Spitzeln, die sogleich eine Abschrift anfertigten. Ihre Notizbücher waren voll von Berichten über die Korrespondenz Rasputins; besonders seine eigenartigen Telegramme, bald erfüllt von biblischem Pathos, bald von trockenen geschäftlichen Informationen, wurden pedantisch registriert:

„1. Januar: Rasputin hat nach Pokrowskoje, Gouvernement Tobolsk, ein Telegramm an den Dorfältesten gesandt: ‚Habe Bewilligung erwirkt, daß ihr den Wald bekommt. Könnt ausführen, sobald ihr Erlaubnis erhaltet abzuholzen.‘ "

„10. Januar: Rasputin hat nachstehendes Telegramm aufgegeben: ‚Anna Wyrubowa, Zarskoje Selo. Obgleich persönlich nicht anwesend, erscheine im Geist, sende einen Engel, Dich zu trösten und zu beruhigen.‘ "

„13. Januar: Rasputin hat an die Wyrubowa nach Zarskoje Selo das nachstehende Telegramm abgeschickt: ‚Gott selbst läßt mich die wahre

Freude berichten. Der Weg zur Wahrheit soll ewig bei meinen Kindern sein. Ich weiß freilich nicht, ob ich das erleben werde.' "

„18. Februar: Rasputin hat nachstehendes Telegramm abgeschickt: ‚Wyrubowa, Zarskoje Selo. Sage der Frau Golowina, sie solle mich morgen um drei Uhr besuchen' "

„30. März: Rasputin hat nachstehendes Telegramm nach Moskau geschickt: ‚Fürstin Tenischewa. Freue mich über Ihre Offenherzigkeit. Küsse meiner Teuren' "

Ferner telegraphierte Rasputin an Jelena Djanumowa: ‚Geliebter Schatz bin im Geiste bei Dir, küsse Dich.' "

„12. Mai: Rasputin hat an den Gouverneur von Tobolsk telegraphiert: ‚Seit drei Monaten lebt in meinem Heimatdorf Pokrowskoje eine verdächtige Persönlichkeit. Senden Sie Antwort nach Zarskoje Selo an Wyrubowa.' "

„11. Oktober: Rasputin hat an Warnawa telegraphiert: ‚Hüte Dich vor dem Spion.' "

Rasputins Dienerschaft war, angespornt durch reichliche Bestechungsgelder, stets bestrebt, den Agenten möglichst genaue Mitteilungen über die Vorgänge im Inneren der Wohnung zukommen zu lassen. Fanden in Rasputins Räumen längere Konferenzen oder Feste statt, dann schlich sich das Stubenmädchen leise auf den Korridor, wo sie alsbald von den neugierigen Agenten umringt und ausgefragt wurde. Oft gab es so seltsame Dinge zu berichten, daß den armen Agenten vor Staunen Hören und Sehen verging. In solchen Augenblicken wurde man für die langen und öden Stunden ergebnislosen Wartens reich entschädigt: Während Dunja im Flüsterton von den wüsten Vorgängen in den Zimmern des Staretz erzählte, erglühten die Wangen der aufgeregt lauschenden Spitzel, ihre Hüte und Krawatten verschoben sich, und gierig notierten sie in ihren Büchern die Berichte der Magd über die schamlosen und wilden Szenen, die sich im Innern der Wohnung abgespielt hatten:

„16. Januar: Rasputin hat, während eines Besuches der Familie Pistolkors, die Prostituierte Gregubowa auf seine Knie genommen und dabei etwas vor sich hingemurmelt."

„In der Nacht vom 17. auf den 18. Januar hat Marja Gill, die Gattin des Hauptmanns aus dem 145. Regiment, bei Rasputin geschlafen."

„26. Januar: Heute abend fand bei Rasputin zu Ehren irgendwelcher aus dem Gefängnis entlassener Personen ein Ball statt, wobei es sehr frei zuging. Die Gäste sangen und tanzten bis zum frühen Morgen."

„16. März: Gegen ein Uhr nachts erschienen acht Männer und Frauen bei Rasputin und blieben dort bis drei Uhr morgens. Die ganze Gesellschaft sang und tanzte; als alle schon betrunken waren, gingen sie, gemeinsam mit Rasputin, aus dem Hause."

„3. April: Gegen ein Uhr nachts brachte Rasputin eine unbekannte Frau mit, die bei ihm übernachtete."

„11. Mai: Rasputin hat eine Prostituierte in seine Wohnung mitgebracht und sie in seinem Zimmer eingeschlossen; die Dienerschaft hat das Mädchen jedoch wieder hinausgelassen."

„In der Nacht vom 25. auf den 26. November hat die Schauspielerin Warwarowa bei Rasputin geschlafen."

Nicht immer gelang es jedoch den Agenten, den Sinn und die Bedeutung der Vorgänge in Rasputins Wohnung so klar und eindeutig festzustellen. Häufig genug war es der Dienstmagd unmöglich, sich mit den Spitzeln in Verbindung zu setzen, oder auch sie wußte nichts Näheres über den Zweck der Besuche. Dann blieb den Polizisten nichts anderes übrig, als, da intimere Kenntnisse fehlten, wenigstens den Zeitpunkt des Kommens und Gehens bei jeder Person auf die Minute genau festzuhalten:

„8. Februar: Heute um 10 Uhr kam Frau Solowjow, um 10 Uhr 10 Minuten kam Marja Golowina, um 11 Uhr 50 Minuten kam die Fürstin Tatjana Schachowskaja und ging nach fünfzig Minuten wieder fort. Punkt 12 Uhr empfing Rasputin seinen Privatsekretär Simanowitsch, um 12 Uhr 10 Minuten kam die Frau des Stabskapitäns Sandetzki, die nach 10 Minuten das Kabinett wieder verließ, um 12 Uhr kam auch der Sänger Derewenski, um 12 Uhr 20 Minuten ging die Laptinskaja fort, und um 12 Uhr 40 Minuten kam ein unbekannter Mann in Uniform mit einem Automobil, um Rasputin abzuholen.

Um 1 Uhr 35 Minuten erschien der Geheimrat und Senator Mamontow, um 1 Uhr 40 Minuten kam die Basilewskaja in Begleitung der Gar; die beiden Frauen blieben anderthalb Stunden bei Rasputin. Um 2 Uhr sprach Simanowitsch mit einem uniformierten Mann bei Rasputin vor, ging aber nach zwanzig Minuten wieder weg. Dann erschien eine Offiziersfrau, die fünfundzwanzig Minuten bei Rasputin verweilte, um 3 Uhr 30 Minuten kam Simanowitsch zum dritten Mal und blieb eine halbe Stunde; um 4 Uhr 10 Minuten erschien Knirsche mit einigen Flaschen Wein, um 5 Uhr die Turowitsch und die Tscherwinskaja, um 5 Uhr 10 Minuten Frau Solowjow und um 6 Uhr 20 Minuten zum vierten Mal der Sekretär Simanowitsch. Um 6 Uhr 45 Minuten kam Reschetnikow, um 7 Uhr 20 Minuten eine unbekannte Dame, um 9 Uhr 30 Minuten die Dobrowolskaja, um 10 Uhr Katharina Bermann, um 10 Uhr 10 Minuten Frau Turowitsch mit ihrem Mann und um 11 Uhr 10 Minuten Knirsche. Um 11 Uhr 15 Minuten kamen weitere fünf Personen, so daß schließlich insgesamt fünfundzwanzig Personen bei Rasputin versammelt waren."

„9. Februar: Die Gäste gingen um 3 Uhr morgens auseinander. Um 9 Uhr 45 Minuten erschien dann Anna Wyrubowa, um 1 Uhr 25 Minuten die Dobrowolskaja, um 10 Uhr 50 Minuten die Damen Golowin und um 11 Uhr Marja Gar. Die Dobrowolskaja blieb drei Stunden zehn Minuten bei Rasputin, die Gar nur zwei Stunden. Um 11 Uhr 40 Minuten kamen Manuilow und Ossipenko mit einem unbekannten Beamten in dem Militärauto Nr. 5064 und blieben dreißig Minuten bei Rasputin. Um 12 Uhr kam Dobrowolski, der sich eine Stunde und fünfundvierzig Minuten aufhielt; um 12 Uhr 30 Minuten kam in dem Auto Nr. 127 der Bischof Warnawa mit dem Bischof Augustin; die beiden blieben vierzig Minuten bei Rasputin."

„10. Februar: Gestern um Mitternacht erschien bei Rasputin ein Mann, offenbar Manuilow, der nach kurzer Zeit wieder fortging. Um 11 Uhr vormittags kam die Wischnjakowa mit einer unbekannten Dame, wurde aber von Rasputin nicht empfangen. Um 11 Uhr 40 Minuten kam Marja Golowina, um 11 Uhr 45 Minuten das Hoffräulein Lydia Nikitina. Um 12 Uhr 40 Minuten kam die Gar mit einer Dame, um 1 Uhr 20 Minuten Frau Solowjow, ebenfalls mit einer unbekannten Dame. Um 2 Uhr ließ Rasputin das Auto Nr. 224 kommen und fuhr in diesem um 2 Uhr 10 Minuten mit Marja Golowina fort."

Von besonderer Wichtigkeit schien es den Agenten, die Bewegungen des Wundermönches selbst, sein Aussehen, seine Stimmung und seine Reden möglichst präzise zu verzeichnen. Oft genug zeigte sich Rasputin in unordentlicher Hauskleidung auf dem Flur und begab sich zur Portiersfrau oder zur Schneiderin Katja; dann hatte seine von sinnlicher Gier getriebene, im Hause umherirrende mächtige Figur etwas von einem großen, wilden Tier an sich. Die Agenten freilich beschränkten sich auf nüchterne Feststellungen etwa von dieser Art:

„9. Mai: Rasputin hat die Portiersfrau zu der Masseuse geschickt, diese aber wollte nicht kommen. Hierauf ging Rasputin selbst zu der im gleichen Hause wohnenden Schneiderin Katja und forderte sie auf, ihm ‚Gesellschaft zu leisten'. Die Schneiderin erwiderte, sie habe kein Kostüm, doch Rasputin meinte: ‚Komm nächste Woche zu mir, dann will ich dir fünfzig Rubel schenken!' "

„2. Juni: Rasputin hatte die Frau des Hausbesorgers nach der Masseuse Utilia geschickt, doch war diese nicht daheim. Hierauf begab er sich persönlich in die Wohnung Nr. 31 zur Schneiderin Katja. Dort wurde er offenbar nicht eingelassen, denn er kam wieder die Treppe herunter und verlangte von der Frau des Hausbesorgers, daß sie ihn küssen solle. Diese aber befreite sich aus seinen Armen und läutete bei seiner Wohnung an, worauf das Dienstmädchen erschien und Rasputin zu Bett brachte."

Wenn Grigori Jefimowitsch aus seiner Wohnung kam, sei es, um in die Kirche oder in das Bad zu gehen, sei es, daß vor dem Tor ein Automobil auf ihn wartete, das ihn in die ‚Villa Rode' oder nach Zarskoje Selo bringen sollte, dann war er würdig und festlich gekleidet, trug einen langen schwarzen Kaftan, kostbare Pelze, Schneeschuhe und eine Bibermütze. In solchen Augenblicken erschien er den Agenten wie ein würdiger ‚Barin', und sie hätten beinahe aufrichtige Ehrfurcht vor ihm empfunden, wenn nicht sein runzeliges, vom Wetter gebräuntes Gesicht noch immer den Bauern verraten hätte.

Sooft sich die Wohnungstür öffnete und Rasputins mächtige Gestalt auf dem Flur erschien, ging durch die wartenden, schlecht gekleideten Männer eine Welle der Erregung: Sie verbeugten sich, zogen ihre Hüte, manche eilten geradewegs auf ihn zu und wünschten ihm, freundlich und vertraulich, einen guten Morgen.

Er erwiderte ihren Gruß in herzlichem Ton und mit nachsichtigem Lächeln: Er kannte sie alle und war seit Jahren daran gewöhnt, sie im Treppenhaus und in der Portiersloge anzutreffen, sooft er das Haus verließ oder betrat. Er wußte auch genau zwischen den verschiedenen Spitzeln zu unterscheiden: Da gab es die von Globitschew, dem Chef der Ochrana, besoldeten Agenten, ferner die Beamten aus dem Polizeidepartement des Obersten Komisarow, dann jene von der Hofagentur des Generals Spiridowitsch und überdies die besonderen Vertrauensleute des Ministerpräsidenten, des Innenministers, der großen Banken, der Spekulanten und der fremden Botschafter. Da jede dieser Stellen den anderen mißtraute, wollte sie sich durch ihren eigenen Überwachungsdienst über Rasputins Leben und Treiben auf dem laufenden halten.

Grigori Jefimowitsch fühlte sich durch diese seiner Persönlichkeit zugewendete vielfältige Aufmerksamkeit geschmeichelt. Nicht nur, daß die Schar von Agenten ihm seine Sicherheit verbürgte, sie ließ ihn auch seine eigene Wichtigkeit und Bedeutung um so stärker erkennen. Ein befriedigtes Schmunzeln ging über seine Lippen, sooft er daran dachte, wie aufrichtig ganz Rußland um sein Leben besorgt sei, und welcher Aufwand ständig zu seinem Schutz gemacht werde.

Freilich blieb seinem gesunden Bauernverstand auch die andere Seite dieser Überwachung nicht verborgen, und er wußte wohl, daß er nicht nur geschützt, sondern auch gefangen war und nur schwer einen Schritt unternehmen konnte, von dem nicht am nächsten Tage alle wichtigen Amtsstellen und Persönlichkeiten in ganz Petersburg wußten.

Aber diese doppelte Tätigkeit der Polizeibeamten, die einerseits über seine Sicherheit wachten und ihn andrerseits ausspionierten, wobei sie einander wechselseitig den Rang abzulaufen suchten, beunruhigte Rasputin nicht weiter und veranlaßte ihn auch nicht, sich etwa vor den Agenten sonderlichen Zwang aufzuerlegen. Er gab sich auch ihnen gegenüber genau so, wie er wirklich war, und legte die gleiche unbekümmerte, offene Geradheit an den Tag, die ihm das Vertrauen des Herrscherpaares, die haßerfüllte Angst seiner Feinde und die ergebene Liebe seiner Anbeterinnen verschafft hatte. Er hatte nichts dagegen, daß alle die Herren und Damen bei Hof, die Minister, Polizeichefs und Bankdirektoren, ganz genau wußten, wie oft in der Woche er betrunken nach Hause gekommen war, und wann eine elegante Frau oder eine kleine Näherin die Nacht bei ihm verbracht hatte.

Seine Freunde im Polizeidepartement und in den Ministerien erzählten ihm bisweilen zurück, was die Agenten über ihn berichtet hatten, ohne daß er sich hierüber besonders aufgeregt hätte; nur manchmal, wenn er fand, daß die Konfidenten unnötige Details berichtet oder Dinge mißverstanden hatten, wurde er ein wenig ärgerlich, stellte die betreffenden Spitzel zur Rede und beschimpfte sie mit einigen kräftigen Bauernflüchen, um sie schließlich in versöhnlichem Ton zu bitten, sie sollten doch in Hinkunft von derartigen Berichten absehen.

Mit mechanischer Pflichttreue verzeichneten die Polizeiagenten auch derartige Zurechtweisungen durch Rasputin in allen Details: „14. Januar: Um 4 Uhr 30 Minuten nachmittags fuhr Rasputin mit dem Bankier Rubinstein und zwei Damen nach Zarskoje Selo. Zu den ihn begleitenden Agenten bemerkte er mißmutig: ‚Einer von euch hat seinem Vorgesetzten berichtet, ich hätte eine Dame auf den Knien gehalten. Es ist nicht in der Ordnung, daß ihr solche Dinge meldet. Eure Pflicht ist es, mich zu beschützen, nicht aber, solche Klatschereien über mich zu verbreiten!' "

Abgesehen von derartigen kleinen Mißhelligkeiten verkehrte Rasputin mit den ihn bewachenden Leuten in einem geradezu vertraulichen Ton. Manchmal freilich freute er sich kindisch, wenn es ihm gelang, ihrer Aufsicht zu entschlüpfen, sich, mit einem listigen, schlauen Lächeln um den Mund, leise aus der Wohnung zu schleichen, in einem unbewachten Augenblick in großen Sätzen über die Hintertreppe hinabzueilen und sich in eine gerade vorüberfahrende Droschke zu werfen.

War ihm eine solche Eskapade gelungen, dann pflegte er, wieder nach Hause zurückgekehrt, die genarrten Agenten zu hänseln und ihnen allerlei Schauergeschichten zu erzählen: Wo er gewesen sei, welche Schandtaten er verübt und wie bedeutsame Geschäfte er soeben abgewickelt habe, während sie von alledem nicht das mindeste wüßten. „Was würden", rief er dann mit gutmütigem Spott, „die Damen bei Hof, die Herren Minister und Bankdirektoren darum geben, könnten sie herausbekommen, wo ich gerade jetzt gewesen bin, und was ich getan habe!"

Mehr als einmal fühlte er jedoch Erbarmen mit der ewigen, verzehrenden Neugier der Kundschafter und erzählte ihnen freiwillig und wahrheitsgetreu, was sie noch nicht wußten. Im Laufe der Zeit faßte er besonders zu den Beamten des Generalmajors Globitschew aufrichtiges Zutrauen; sie durften ihn morgens zur Kirche oder ins Bad begleiten, und er besprach mit ihnen unterwegs oft sehr wichtige politische oder private Angelegenheiten. Die von diesen Beamten zur Schau getragene Ergebenheit gefiel ihm, denn er fühlte mit sicherem Instinkt, daß die Agenten nicht nur ihre Pflicht taten, indem sie sein Vertrauen zu gewinnen suchten, daß sie vielmehr auch echte Freude und aufrichtiges Vergnügen an ihrem Verkehr mit ihm gefunden hatten. Diese schlecht bezahlten, armen kleinen Beamten unterhielten sich oft königlich bei den Reden Rasputins, wenn dieser seine seltsamen und oft recht derben Witze riß und ihnen den Klatsch des Hofes und der guten Gesellschaft zutrug.

Freilich hinderte diese persönliche Zuneigung die Spitzel nicht daran, auch solche Dinge über Grigori Jefimowitsch zu berichten, über die zu schweigen er sie ausdrücklich gebeten hatte. Wohl erklärten sie, seinem Wunsch natürlich nachkommen zu wollen; in Wahrheit aber rapportierten sie an ihre Behörde sowohl die zu verheimlichende Meldung als auch Rasputins Bitte um Diskretion.

Trotz alledem war man einander gegenseitig sehr gewogen: Die Agenten liebten ihren Grigori Jefimowitsch, und Grigori Jefimowitsch liebte seine Agenten, wobei er die Beamten Terechow, Swistunow, Popow und Iwanow ganz besonders bevorzugte.

Hatte Rasputin sich anfangs nur auf seinen Wegen zur Kirche, zum Bad oder bei zufälligen Begegnungen mit den Agenten unterhalten, seine Wohnung aber vor ihren Augen streng verschlossen gehalten, so faßte er später zu einigen Spitzeln ein derartiges Zutrauen, daß er sie bisweilen auch in seine Zimmer einließ. Dieser Umstand erlangte an Rasputins Namenstag im Jahre 1916 große Bedeutung: Oberst Komisarow hatte seinen Beamten auf das strengste aufgetragen, sie sollten sich unter allen Umständen Einlaß in die Wohnung Rasputins verschaffen und genau über alle Vorgänge dieses Tages Bericht erstatten; man vermutete nämlich im Polizeidepartement, es würden Geschenke von ‚höchsten Persönlichkeiten' eintreffen, und hoffte, aus diesen gewisse Schlüsse ziehen zu können.

Schon am frühen Morgen dieses großen Tages gingen die Agenten sorgenvoll im Hausflur auf und ab und grübelten, wie sie es anstellen sollten, um in die Wohnung zu gelangen. Nach geraumer Zeit erschien Rasputin mit seiner kleinen Nichte Anjuschka im Stiegenhaus; er war guter Laune, duldete die Begleitung einiger Agenten auf dem Weg zur Frühmesse und unterhielt sich mit ihnen auf das freundschaftlichste. Als man von dem Gottesdienst wieder zurückgekehrt und vor Rasputins Türe angelangt war, machten die Agenten sich dienstfertigst erbötig, der kleinen Anjuschka beim Ablegen des Mantels behilflich zu sein, was Rasputin nachsichtig duldete. So traten denn einige Polizeikonfidenten, von ihren Kollegen auf das tiefste beneidet, über die Schwelle in das Vorzimmer.

Rasputin wurde an diesem Vormittag mit angenehmen Nachrichten geradezu überschüttet. Kaum war er eingetreten, als auch schon seine Familie freudestrahlend auf ihn zueilte und ihm eine Unmenge mittlerweile eingetroffener schöner und kostbarer Geschenke zeigte. Gleich darauf klingelte das Telephon: Es war Anna Wyrubowa, die ihrem ‚verehrten Vater' alles Glück wünschte und ihren baldigen Besuch ankündigte; fast im gleichen Augenblick erschien der Telegraphenbote und brachte eine überaus warm gehaltene Glückwunschdepesche des Herrscherpaares.

Dieses Zusammentreffen vieler freudiger Nachrichten machte Rasputin ungewöhnlich glücklich und vergnügt. Seine Augen strahlten, denn er fühlte sich heute mehr denn je geliebt und gefeiert; mit freundlichem Lächeln wandte er sich den Agenten zu und forderte sie auf, sie sollten doch ein Gläschen Madeira auf sein Wohl leeren, eine Weile bei ihm bleiben, sich's gut sein lassen und sich mit ihm freuen.

Die Agenten ließen sich das nicht zweimal sagen. Voll ehrlicher Dankbarkeit tranken sie Rasputins Wein und bewunderten seine Geschenke, nicht ohne diese in aller Heimlichkeit so genau als möglich in ihren Notizbüchern zu vermerken. Da gab es allerhand Gegenstände aus Gold und Silber, Teppiche, Eßbesteck, Schmuckstücke für Rasputins Gattin und Töchter, schöne Möbel, Gemälde, Weine, Torten und andere Leckerbissen; jeder Gabe lag die Karte des Spenders bei. Mit gelindem Staunen fanden die Polizisten die Karten ihrer eigenen Vorgesetzten, des Obersten Komisarow, des Generals Globitschew, einiger Minister und anderer hoher Würdenträger, neben solchen von vornehmen Damen, von Schauspielerinnen, Bankiers, Diplomaten und Spekulanten.

Die Bleistifte gerieten in fieberhafte Tätigkeit, insbesondere als eine große Anzahl von Besuchern in Rasputins Wohnung erschien und das feierliche Festfrühstück seinen Anfang nahm. Es wurden Reden gehalten, in welchen die Bedeutung Rasputins für das Wohlergehen des russischen Staates in den höchsten Tönen gepriesen wurden. Rasputin selbst strahlte vor Wohlbehagen und trank jedem Neuankömmling zu, bis er endlich, schon gegen Abend, von der großen Anstrengung erschöpft, zusammensank. Nach einigen Stunden der Ruhe aber setzte er das Fest im engeren Kreise fort, und schließlich war kein einziger von den Teilnehmern an der Veranstaltung mehr nüchtern.

Auch die Polizeispitzel waren in den allgemeinen Freudentaumel hineingezogen worden und hatten, von Rasputin dazu ermutigt, dem Wein tüchtig zugesprochen. Bald jedoch mußten sie plötzlich ihres Amtes walten, diesmal nicht als Kundschafter, sondern als Beschützer Rasputins. Früh am Morgen drangen zwei Männer mit gezogenen Revolvern in das Haus ein und erklärten, ihre Frauen hätten die Nacht bei dem Staretz zugebracht, und sie seien gekommen, diese Schmach zu rächen. Da hieß es nun rasch, Rasputin und die beiden Damen zu alarmieren, die Eindringlinge ein wenig zurückzuhalten, die Frauen über die Hintertreppe in Sicherheit zu bringen und dann den rasenden Männern zu beweisen, daß Rasputin in seinen Zimmern allein sei.

Nicht immer waren es so besondere Anlässe, welche den Konfidenten Einlaß in die Gemächer Rasputins verschafften: Oft genügte es, daß Grigori Jefimowitsch sich langweilte. Dann lud er die Agenten selbst ein, ihm Gesellschaft zu leisten, und dann unterhielt er sich mit ihnen über alles mögliche, sogar über hohe und höchste Politik.

Eines dieser Gespräche war von solcher Wichtigkeit, daß der Polizeichef bei der Lektüre des Spitzelberichtes vor Staunen und Überraschung starr war und, nachdem er sich einigermaßen von seiner Verwirrung erholt hatte, sogleich zum Minister eilte, um diesen zu informieren.

Rasputin war früh am Morgen betrunken heimgekehrt, hatte torkelnd seine Behausung erreicht und versucht, seinen Rausch auszuschlafen. Von Kopfschmerzen gepeinigt, war ihm dies jedoch nicht gelungen, und so war er denn wieder auf den Flur hinausgetreten und hatte die Agenten eingeladen, mit ihm Tee zu trinken. Angenehm überrascht waren diese ihm gefolgt und hatten rings um den Tisch mit dem dampfenden Samowar Platz genommen.

Eine Zeitlang hatte Rasputin schweigend und grübelnd dagesessen, seinen vom Wein schweren Kopf in die Hand gestützt. Endlich fragte einer der Agenten: „Grigori Jefimowitsch, weshalb bist du so traurig? Worüber sinnst du nach?"

„Man hat mir gesagt", erwiderte Rasputin, sorgenvoll vor sich hinstarrend, „ich solle darüber nachdenken, was mit der Reichsduma zu geschehen habe. Ich weiß mir keinen Rat! Was meinst denn du?"

Der Agent, an den Rasputin diese unvermutete Frage gerichtet hatte, antwortete ausweichend: „Ich habe kein Recht zu denken, Grigori Jefimowitsch! Ich könnte leicht in Unannehmlichkeiten mit meiner vorgesetzten Behörde geraten!"

Rasputin grübelte wieder einige Minuten, wandte sich dann neuerdings dem Spitzel zu und brummte: „Weißt du was? Ich werde den Zaren in die Duma schicken, damit er persönlich sie eröffnet. Wenn er hinfährt und selbst zu den Abgeordneten spricht, werden sie es nicht wagen, Schlechtes zu reden."

Als dieser Bericht der Geheimagenten im Polizeidepartement eintraf, wirkte er wie eine Bombe, denn im gleichen Augenblick war der höchst überraschende Entschluß des Zaren bekannt geworden, abweichend von aller Gepflogenheit, die Duma persönlich eröffnen zu wollen. Die Polizeibeamten und Minister sahen nun, daß jener Plan, den der Staretz nach einer durchzechten Nacht unter Kopfschmerzen geboren hatte, imstande gewesen war, den Herrscher zu einem Schritt von höchster politischer Wichtigkeit zu veranlassen.

Nur selten freilich waren die Berichte der Agenten derart bedeutsam: Für gewöhnlich beschränkten sie sich auf belanglose Feststellungen, etwa wann Grigori Jefimowitsch aufgestanden, wer bei ihm erschienen sei, wann er sein Heim verlassen habe, und in welchem Zustand er frühmorgens zurückgekehrt sei, ob nüchtern oder betrunken, ob in Begleitung von Frauen oder allein.

Am 24. Dezember notierten die Konfidenten: „Gegen sieben Uhr abends erschien bei Rasputin Ossipenko, der Sekretär des Metropoliten

Pitirim; etwa eine Stunde später kamen die Fürstin Schachowskaja, Alexandra von Pistolkors und ein unbekannter Offizier in einem Automobil, worauf alle miteinander wegfuhren. Um acht Uhr abends hielt vor Rasputins Haus ein Automobil mit der Gräfin Olga Kreuz und der Tochter des Staatsrates Golowin. Die Golowina stieg zu Rasputins Wohnung hinauf und kam bald in Begleitung der Bäuerin Laptinskaja zurück; hierauf fuhren sie alle ins Alexander-Newski-Kloster."

Den 7. Februar: „Die Wyrubowa kam in einem Hofautomobil und fuhr dann mit dem Sekretär Rasputins fort."

Nicht selten geschah es, daß ganze Gesellschaften im Automobil vor dem Hause in der Gorochowaja vorfuhren, um Rasputin zu einem Gelage in der ‚Villa Rode', bei ‚Donon', bei den Zigeunern oder in einer Privatwohnung abzuholen. Dann zog Grigori Jefimowitsch meist fröhlich mit seinen Kumpanen durch den Hausflur, während die Geheimagenten lautlos, an die Mauer gedrückt, dastanden und sorgfältig die Namen aller Teilnehmer an der Expedition in ihren Büchlein vermerkten.

Sobald dann die Gesellschaft das Haus verlassen hatte, stürzten auch die Spitzel zum Tor hinaus und winkten jenem unauffällig an der gegenüberliegenden Straßenecke postierten Automobil, dessen Lenker in den Diensten der Polizei stand. Wie zufällig fuhr dann der leere Mietwagen an der die Straße hinabbummelnden Gesellschaft vorüber, und nichts war begreiflicher, als daß Rasputin und seine Freunde gerade dieses Automobil aufnahmen, das ihnen eben im richtigen Augenblick in den Weg kam.

Mittlerweile war dann vor dem Haus Nr. 64 ein zweiter Wagen vorgefahren, in den sich rasch einige Agenten schwangen, und der von nun an dem Automobil Rasputins in einigem Abstand nachfolgte.

Sobald Grigori Jefimowitsch und seine Freunde ausgestiegen waren und ein Haus betreten hatten, gelang es den Agenten meist in der kürzesten Zeit, sich mit dem Pförtner des Gebäudes in Verbindung zu setzen. In öffentlichen Lokalen wurden rasch einige Kellner oder Zigeuner ins Gebet genommen und durch Geld und gute Worte dahin gebracht, daß sie von Zeit zu Zeit unauffällig den Saal verließen und den Spitzeln genauestens berichteten, was drinnen vor sich gehe, wer sich in der Nähe Rasputins aufhalte, was gegessen und was getrunken werde und worüber man spreche.

Den 14. Dezember wurde notiert: „In der Nacht vom 13. auf den 14. Dezember verließ Rasputin gegen zwei Uhr morgens, begleitet von der achtundzwanzigjährigen Frau des erblichen Ehrenbürgers Jasininski, das Haus Fuhrstadtstraße 11 und begab sich im Automobil nach der Nowaja Derewna, in das Restaurant ‚Villa Rode'. Mit Rücksicht auf die späte Stunde wollte man ihn nicht einlassen, doch begann Rasputin an den Türen zu hämmern und riß die Klingel ab; dem wachhabenden Polizisten gab er fünf Rubel, damit dieser ihn nicht behellige. Hierauf fuhr er mit seiner Begleiterin zum Zigeunerchor Masalski im Haus Nr. 49 und blieb dort bis zehn Uhr morgens. Dann verfügten sich beide in stark betrunkenem Zustand nach der Wohnung der Jasininskaja, von wo Rasputin erst um zwölf Uhr mittags nach Hause zurückkehrte. Gegen Abend fuhr er dann nach Zarskoje Selo."

Am 17. Dezember heißt es: „Rasputin wurde heute mit dem Automobil der Fürstin Dolgorukaja abgeholt und begab sich in ein separiertes Zimmer des Hotels Astoria. Dort erschien alsbald General Kleigels, der ehemalige Statthalter von Petersburg, mit dem Rasputin bis sechs Uhr morgens zusammenblieb."

Den 20. Dezember wiederum: „Rasputin hat sich, begleitet von Ossipenko, dem Sekretär des Metropoliten Pitirim, in die Sandstraße zu dem Ehrenbürger Knirsche begeben, wohin später aus der ‚Villa Rode' ein Zigeunerchor und zwei Körbe mit Wein geholt wurden. Gegen zwei Uhr nachts konnte man durch die Fenster beobachten, wie Rasputin tanzte."

Am 5. Januar: „Rasputin, Ossipenko, daß Dienstmädchen Dunja und Müller begaben sich in Droschken in die Wohnung Müllers, wobei sie einen Korb Wein mit sich nahmen."

„13. Januar: Heute ist Rasputin in Begleitung der Iwanitzkaja, eines unbekannten Offiziers und zweier Damen in dem Hause Ligowskaja 14 zu Besuch bei der Witwe des Staatsrates Mitinski gewesen. Um fünf Uhr verließ er mit dem Offizier und Frau Iwanitzkaja das Haus und kehrte in seine Wohnung zurück. Die Iwanitzkaja war etwas angeheitert, zog Rasputins Rock an und fuhr später in diesem Kleidungsstück mit dem Offizier davon. Rasputin begab sich dann in einem von Popermann gesandten Automobil in das Hotel Europa, wo ein Gelage stattfand. An diesem nahmen Popermann, der Kandidat der juristischen Wissenschaften Kowarski, der Direktor der Internationalen Bank Graf Tatistschew und zwei unbekannte Damen teil."

„21. Januar: Rasputin hat sich mit Marja Gar, einer seiner Anhängerinnen, in die Sandstraße zu Knirsche begeben und ist dann allein in das Haus Basseina Nr. 36 zur Schauspielerin Lerma, der Mätresse des Ministerrats-Sekretärs Manuilow, gegangen. Dort war, außer Manuilow, auch der Ministerpräsident Stürmer anwesend."

„29. Januar: Heute abend war Rasputin mit Filipow im Restaurant Donon."

Am 11. März berichten die Geheimagenten: „Um 10 Uhr 15 Minuten beobachteten wir Rasputin auf der Gorochowaja und folgten ihm bis zu dem Hause der Prostituierten, der getauften Jüdin Gregubowa; von dort begab sich Rasputin in eine Badestube."

Den 21. März: „Rasputin fuhr mit Nikolaj Glasow in das große Nord-Hotel zu der Kurtisane Eugenia Terechowa, wo er zwei Stunden lang blieb."

Am 15. April wiederum heißt es: „Rasputin hat in Begleitung seines Freundes, des Abtes Martian aus Tjumen, in dem Hause Ligowkaja Nr. 45 bei dem Ehrenbürger Pestrikow vorgesprochen. Da dieser nicht zu Hause war, beteiligte er sich an einem Gelage, das Pestrikows Sohn eben mit einigen Studenten abhielt. Ein Musikant spielte auf, es wurde gesungen, und Rasputin tanzte mit dem Dienstmädchen."

Wenn bisweilen die fremden Türhüter sich als unzugänglich erwiesen, führte der Pflichteifer die Geheimagenten so weit, daß sie an Gesimsvorsprüngen des Hauses, in welchem sich Rasputin gerade aufhielt, emporklommen und solcherart mit ausgereckten Hälsen durch die Fenster zu spähen suchten. Da erblickten sie dann mitunter recht sonderbare und rätselhafte Vorgänge, die zu erklären sie nicht imstande waren:

So meldeten sie vom 14. Mai: „Gestern um fünf Uhr nachmittags begab sich Rasputin in das Haus Nr. 15 in der kleinen Arl-Straße zu Belkowski und Zesarewa. Gegen zehn Uhr abends bemerkte man, daß die Fenster der Wohnung unbeleuchtet waren, doch konnten die Agenten des Geheimdienstes feststellen, daß eine der Frauen einen hellerleuchteten Saal durchschritt und dann in ein finsteres Zimmer blickte, in dem einige Männer saßen. Später sahen wir, wie Rasputin, offenbar eine Gefahr ahnend, aus dem Zimmer hervorstürzte, Hut und Stock ergriff und auf die Straße eilte. Einige Schritte hinter ihm kamen zwei Männer, und wir hörten, wie der eine sagte: ‚Dort läuft er!' Dann kehrten die beiden Männer wieder in das Haus zurück. Rasputin sprang in einen vorüberfahrenden Wagen und fuhr stehend bis zum Liteni-Prospekt, wobei er sich immer umblickte, ob er nicht verfolgt werde."

*

Den Schluß des täglichen Spitzelrapports bildete dann stets die Schilderung von Rasputins Heimkehr. Wenn der Chauffeur des Automobils, das ihn in den frühen Morgenstunden vor dem Haustor in der Gorochowaja absetzte, ihnen getreulich Bericht erstattet hatte, begleiteten die Agenten häufig ihren Schutzbefohlenen noch die Treppe hinauf bis zur Wohnungstür, teils um ihm, der vom Weine schwer war, behilflich zu sein, teils um noch die eine oder die andere seiner Äußerungen zu erhaschen. Dann bewegten sich die Bleistifte für diesen Tag zum letzten Mal und verzeichneten in den Notizbüchern die Heimkehr des heiligen Mannes:

„14. Oktober: Rasputin ist um ein Uhr nachts betrunken nach Hause gekommen, hat die Portiersfrau beschimpft und ihr vorgeworfen, sie habe von einem Minister eine Bestechung von fünfundzwanzig Rubel angenommen. Dann bemerkte er: ‚Er hat mich begraben wollen, jetzt aber werde ich ihn begraben!' "

„6. November: Rasputin war in der Wohnung des Kaufmanns Popermann aus Samara und kehrte nach fünf Stunden betrunken zurück, wobei er Popermann zum Abschied küßte. Während er zu seiner Wohnung hinaufstieg, erkundigte er sich, ob Besuche auf ihn warteten. Als man ihm antwortete, es seien zwei Damen da, fragte er: ‚Sind sie hübsch? Sehr hübsch? Das ist gut, solche brauche ich!' Gegen sieben Uhr verließ er das Haus und schenkte der Portiersfrau zehn Rubel; er machte einen sehr schlaftrunkenen Eindruck."

„14. November: Rasputin ist in berauschtem Zustande mit Tatjana Schachowskaja nach Hause gekommen, dann aber gleich wieder mit ihr fortgegangen und erst gegen zwei Uhr nachts, schwer betrunken, zurückgekehrt."

„23. November: Rasputin ist um fünf Uhr morgens total betrunken nach Hause gekommen."

„3. Dezember: Rasputin ist von einem Besuch bei Filipow stark angeheitert zurückgekehrt."

„5. Dezember: Rasputin ist um drei Uhr nachts betrunken heimgekehrt."

„7. Dezember: Rasputin ist um sieben Uhr früh nach Hause gekommen; er war ziemlich betrunken."

„12. Dezember: Um 9 Uhr 50 Minuten morgens ist Rasputin mit der Warwarowa zurückgekehrt; er dürfte bei ihr übernachtet haben."

„2. Januar: Um ein Uhr nachts kam Rasputin betrunken nach Hause."

„8. Januar: Rasputin ist von einem Besuch bei Nordmann, dem Schriftführer der Ordenskanzlei, gegen drei Uhr morgens in Begleitung dreier Damen zurückgekommen. Die Damen blieben dann noch zwei Stunden bei ihm."

„14. Januar: Rasputin ist um sieben Uhr morgens nach Hause gekommen; er war total betrunken. In seiner Gesellschaft befanden sich Ossipenko und ein unbekannter Mann. Er zerbrach eine Glasscheibe des Haustores; offenbar war er schon früher einmal gestürzt, denn seine Nase war geschwollen."

„18. Januar: Rasputin ist um halb acht Uhr morgens in Begleitung zweier Männer und einer Frau zurückgekehrt; er war total betrunken und sang auf offener Straße Lieder. Die Unbekannten begleiteten ihn bis zu seiner Wohnung und gingen dann fort."

„22. Januar: Um fünf Uhr morgens ist Rasputin mit Ossipenko, einem unbekannten Mann und einer Frau nach Hause gekommen; er war total betrunken."

„26. Mai: Rasputin ist mit der Prostituierten Gregubowa in dem Automobil des Kaufmanns Mandels nach Hause gekommen. Er war total betrunken, küßte die Gregubowa leidenschaftlich und streichelte ihre Wangen. Als die Gregubowa fortgegangen war, sandte Rasputin die Portiersfrau nach der im gleichen Hause wohnenden Schneiderin Katja; diese war jedoch nicht zu Hause."

Im Laufe der Jahre türmten sich Stöße derartiger Überwachungsprotokolle auf den Schreibtischen der Ochrana, der Polizei und der Ministerien. Immer wieder waren es Berichte, wann Rasputin aufgestanden sei, wer ihn besucht habe, in wessen Begleitung er das Haus verlassen, und in welchem Zustand er wieder zurückgekehrt sei. Aus der Fülle eines Menschenlebens, aus der Vielfältigkeit unzähliger Regungen, Eigenheiten, Worte, Stimmungen und Geschehnisse hatten die Agenten mit unermüdlichem Fleiß alles das herausgeschnitten, was ihnen auf den kurzen Wegen zwischen Haustor und Wohnungstüre, zum Bad, in die Kirche oder zu einem unbekannten Hause sichtbar geworden war.

In den Polizeistuben bemühte man sich dann, aus der Treppenhausperspektive solcher Berichte die Gestalt dieses so reichen, bunten und widerspruchsvollen Lebens zu rekonstruieren und schuf so den seltsamsten, auf Grund minutiöser und doch immer wieder nichtssagender Beobachtungen gewonnenen Schattenriß einer Menschengestalt.

Trotz aller seiner Mängel galt dieses Bild, wie es sich, unvollkommen, schief und wesenlos, aus den Berichten der Polizeiagenten ergab, als kostbares Dokument; war doch diese Silhouette Rasputins das einzige überhaupt existierende beglaubigte Porträt des Staretz. Da die geheimnisvolle Gestalt das Grigori Jefimowitsch nicht nur für den Scharfsinn der Spitzel, sondern auch für die Gehirne ihrer Chefs für immer unbegreiflich und unfaßbar bleiben mußte, versuchten sie, die Fülle dieses überreichen Daseins in eine Kette nichtiger Äußerlichkeiten aufzulösen, durch tausend kleine Beobachtungen einzufangen.

Die Sammlung aller Polizeiberichte über Rasputin, dieses kurios verzerrte und dabei doch irgendwie fesselnde Dokument, galt bald als große Kostbarkeit und wanderte von Hand zu Hand: Minister, Großfürsten, Prinzessinnen, ausländische Botschafter, Spekulanten und Hofleute merkten sich darauf vor und waren glücklich, wenn sie die „Aufzeichnungen aus einem Treppenhaus" für einige Tage studieren konnten.

NEUNTES KAPITEL

VATER GRIGORI EMPFÄNGT

Ein Besucher, der an Rasputins Wohnungstür Nr. 20 geläutet hatte, sah sich alsbald einer älteren, mittelgroßen, etwas rundlichen Frau mit schwarzem Kleid und weißem Kopftuch gegenüber; Dunja, eine entfernte Verwandte des Staretz und auch gleichzeitig seine Dienstmagd, musterte mit ihren grauen Augen den Ankömmling zunächst eher mißtrauisch und fragte mit brummiger Stimme: „Sind Sie bestellt? Ja? Nun, dann treten Sie ein!"

Hatte sich der Gast nicht im vorhinein angemeldet, dann erkundigte sich Dunja ausführlich nach dem Zweck seiner Vorsprache und unterzog ihn einem regelrechten Verhör. Erst wenn dieses zu ihrer Zufriedenheit ausgefallen war, klapperte sie mit ihren abgetretenen Schuhen durch das Vorzimmer und verschwand hinter einer der Türen, um den Besuch zu melden. Einige Minuten später erschien sie hierauf von neuem und erklärte entweder: „Grigori Jefimowitsch ist nicht zu Hause", oder: „Grigori Jefimowitsch läßt bitten!"

Rasputin stand gewöhnlich um sechs Uhr morgens auf und begab sich dann sofort nach Afonskoje Podworje zur Frühmesse. Von dort kam er in Begleitung einer ganzen Anzahl von Verehrern nach Hause, die ihm bis in das Speisezimmer folgten. Hier wartete ihrer schon das Frühstück; der Staretz nahm im Kreise seiner Verehrer den Tee mit schwarzem Zwieback, den er besonders liebte. Außer diesen ständigen Gästen, mit denen der Staretz des Morgens aus der Kirche in seine Wohnung zurückkehrte, kamen schon gegen acht Uhr die verschiedensten Bittsteller.

Am sichersten war Rasputin um zehn Uhr morgens anzutreffen. Mochte es in der vorhergegangenen Nacht auch noch so stürmisch zugegangen sein, mochte er vormittags auch noch so unerläßliche Besuche abzustatten haben, so hielt er sich doch fast immer gegen zehn Uhr in seiner Wohnung auf, um dort den täglichen Anruf aus Zarskoje

Selo zu erwarten. Klingelte um diese Stunde das Telephon, dann eilte Dunja sogleich zum Apparat, rief: „Hier Nummer 646/46", fragte zuerst unfreundlich, wer anrufe, erwiderte aber auf die Mitteilung, Zarskoje Selo spreche, bedeutend höflicher und dienstfertiger, sie werde Grigori Jefimowitsch sogleich rufen; hierauf schrie sie laut in Rasputins Arbeitszimmer hinein: „Anna Alexandrowna ist am Apparat!"

Mit schnellen Schritten ging dann Rasputin auf das Telephon zu, und nun ertönten hintereinander seine kurzen Antworten: „Na, was denn? Nun, was gibt es, Seelchen? Es sind Leute bei mir, na ja, ich werde kommen!"

Von dem jeweiligen Inhalt dieser Unterredung mit Anna Wyrubowa hing in bedeutendem Maße seine Laune für den ganzen Vormittag ab. Überdies war das ‚Gespräch um zehn Uhr morgens' ein wichtiger Zeitpunkt für die im Vorzimmer wartenden Gäste. Kaum war die zehnte Stunde vorüber, als auch schon hintereinander Oberst Komisarow, Fürst Andronnikow, der Bankier Rubinstein, ein Vertrauensmann des Hofstallmeisters Burdukow und eine ganze Anzahl von Politikern und Faiseuren bei dem Staretz vorzusprechen pflegten, alle in der Hoffnung, die eine oder die andere unvorsichtige Äußerung über das Gespräch mit Zarskoje Selo erhaschen zu können.

Diese ‚Gäste gleich nach zehn Uhr' blieben gewöhnlich nur wenige Minuten lang, bis sie alles ihnen nötig Erscheinende erfahren hatten; dann verabschiedeten sie sich alsbald, eilten die Treppe hinunter und stürzten sich in ihre Automobile, um die verschiedenen interessierten Kompagnons möglichst rasch über den Inhalt ihrer Gespräche mit Grigori Jefimowitsch zu unterrichten.

Um die gleiche Zeit füllte sich bereits das Vorzimmer mit Bittstellern und Besuchern, die auf den kleinen Bänken und bunt überzogenen Sesseln der Reihe nach Platz nahmen. Geduldig warteten sie nun, oft viele Stunden lang, auf eine Audienz beim Staretz, um endlich, wenn sie ihr Anliegen vorgebracht hatten, ihren Sitz neu angekommenen Bittstellern abzutreten. Von acht Uhr morgens bis in die späten Abendstunden flutete oft der Strom der Besucher in Rasputins Vorzimmer. Es gab Tage, an denen die Besucher derartig zahlreich waren, daß viele von ihnen auf der Treppe warten mußten, bis die Reihe an sie kam; besonders an Feiertagen gab es großen Andrang. Rasputins Tochter erzählt, daß an solchen Feiertagen oft die ganze Straße voll von Menschen war: Überall standen Automobile und Equipagen, in langen Reihen drängten sich die Gäste aus den ärmeren Ständen. An derartigen Tagen zählten die Hausbewohner mehrere hundert Besucher.

Der allgemein bekannte Umstand, daß Rasputin bei Hof gut angeschrieben und beliebt war, daß er infolgedessen einen bedeutenden Einfluß auf die höchsten staatlichen und kirchlichen Würdenträger ausübte, ließ ihn in den Augen zahlloser Beamter, Offiziere, Hochstapler, Makler und Politiker und in den Augen aller Menschen, die sich in irgendeinem Konflikt mit weltlichen oder kirchlichen Behörden befanden, als geradezu ‚allmächtig‘ erscheinen. Weit und breit erzählte man sich, Rasputins Herrschaft über Rußland reiche weiter als die des Zaren selbst, denn er allein vermöge seinen Willen unter allen Bedingungen durchzusetzen; viele Leute gaben ihm einen Titel, wie er nach dem Brauch der Bauern nur ganz großen und heiligen Persönlichkeiten zukam, indem sie ihn als den ‚Zar über den Zaren‘ bezeichneten.

Rasputin stand eben nicht nur in dem Ruf einer unumschränkten Machtfülle, man sah in ihm vielmehr auch einen heiligen Mann, der über außergewöhnliche mystische Fähigkeiten verfüge. Vielfach wurden ganz wundersame Erzählungen darüber verbreitet, wie der Staretz in jedermanns Seele zu schauen, die Zukunft vorauszusehen und Kranke durch den Blick seiner Augen oder die Berührung seiner Hände zu heilen vermöge.

Man wollte von unzähligen derartigen Fällen wissen, da Rasputin, gleich Christus, Wunder getan habe. Nicht nur jene Bauern und Bäuerinnen, die dem Staretz in die Hauptstadt nachgefolgt waren, glaubten fest an seine Göttlichkeit, auch weite Kreise der Petersburger Gesellschaft hatten sich daran gewöhnt, in diesem ungelenken, einfachen Bauern aus Pokrowskoje den neuerstandenen Heiland zu erblicken.

Denn schon viele Jahrzehnte vorher hatten sich manche von den mystischen Zirkeln in Petersburg den Lehren der Chlysti zugewendet, und immer wieder hatten sich in aller Heimlichkeit in den vornehmsten Kreisen der Residenz stille Gemeinden, sogenannte ‚Schiffe‘, von rein sektiererischem Charakter gebildet. So hatte denn Rasputin auch in Petersburg einen gut geeigneten Boden für sein Auftreten als neuer Erlöser vorgefunden. Wohl hatte sich sein Ruhm nur in aller Heimlichkeit verbreitet, da ja das Geheimnis mit zu den Glaubensvorschriften der Chlysti gehört; eben diese Heimlichkeit aber hatte dem wunderbaren Mann noch größeres Ansehen und gesteigerte Bedeutung verliehen. Männer und Frauen jeglichen Alters und Standes, Fürstinnen so wohl als deren Dienstmägde, gingen zu Vater Grigori und bebten in der Erwartung des weihevollen Augenblicks, da es ihnen gestattet sein würde, kniend den Segen des wieder zum Menschen gewordenen Gottes zu erflehen.

Mit der gleichen Schnelligkeit, mit der sich die Kunde von Rasputins Göttlichkeit verbreitet hatte, war auch ein anderes Geheimnis von Mund zu Ohr gegangen, bis alle daran interessierten Kreise davon wußten: Das Geheimnis, daß Rasputin gerne bereit sei, Geschäfte und Befreiungen vom Militärdienst zu vermitteln, Gefängnisstrafen aufzuheben oder die Erteilung von Konzessionen durchzusetzen. Zugleich mit diesen wertvollen Mitteilungen allgemeiner Art wurden auch ganz genaue Informationen über die Höhe jener Geldbeträge, die Beschaffenheit und den Preis jener Geschenke laut, durch deren Übergabe man die Intervention des Staretz erkaufen könne.

Während man in den bemittelten Kreisen der Hauptstadt von Rasputins Bestechlichkeit tuschelte, munkelte das arme Volk, ebenfalls in größter Heimlichkeit, von dem tröstlichen Umstand, daß Grigori Jefimowitsch für seine Dienste zwar Geschenke in Empfang nehme, solche Spenden aber keineswegs für seine Hilfeleistung zur Bedingung mache. Wenn wohlhabende Bauern, reiche Witwen, erfolgreiche Spekulanten oder streberische Ministerkandidaten nach Unterbreitung ihres Anliegens Geld auf dem Tische liegen ließen, steckte Rasputin dieses freilich ohne Skrupel oder Verlegenheit in die breiten Taschen seiner samtenen Hose; er war aber ebenso gefällig, gütig und hilfsbereit, wenn ein Bittsteller mit leeren Händen und leeren Taschen zu ihm gekommen war. Vielleicht erwies er sogar dem Armen mehr Freundlichkeit und Wohlwollen als dem Reichen: Wenigstens ließ die Art, wie er von beiden Geschenke entgegennahm, darauf schließen, daß ihm eine kleine Gabe eines Unbemittelten wertvoller sei als ein großes Geschenk eines Wohlhabenden. Hatte ihm ein erfolgreicher Spekulant eine noch so große Summe ausgehändigt, dann bedankte sich Grigori Jefimowitsch kaum und behandelte den Spender mit arroganter Hochfahrenheit, ja mit ganz besonderer Grobheit, die Gaben jener einfachen Leute jedoch, die häufig genug das Bedürfnis verspürten, dem Staretz für seine Hilfeleistung durch eine Kleinigkeit, eine Flasche Wein, einen Laib Käse oder ein Muttergottesbild ihre Dankbarkeit zu bezeugen, nahm er mit demonstrativer Freude entgegen. Oft rief er in solchen Fällen Dunja, seinen Sekretär Simanowitsch oder seine Tochter Matrjona herbei und sagte ihnen: „Ei, seht doch, welch ein kostbares Geschenk mir der liebe Mensch gemacht hat! Wahrhaft ein edler Spender!" Mit feinem, natürlichem Takt wußte Rasputin gerade die Ärmsten der Armen so zu behandeln, daß sie von ihm mit dem Gefühl weggingen, ihre Gaben hätten den heiligen Vater am meisten erfreut.

Aber nicht allein, daß der Staretz sich für Arme willig verwendete, ohne von ihnen ein Entgelt zu fordern: Er hatte auch täglich eine Unzahl von Bittstellern zu empfangen, die eine Geldspende von ihm erwarteten. Diese Erwartung wurde selten enttäuscht. Grigori Jefimowitsch gab gerne, rasch und mit vollen Händen, ohne daß es nötig gewesen wäre, ihm lange vorzujammern und von erlittenem Mißgeschick zu erzählen. Kaum hatte er für die Vermittlung irgendeiner Konzession oder einer Militärdienstbefreiung ein Bündel Banknoten in Empfang genommen und dieses, ohne es zu zählen, unbeachtet in seine Hosentasche geschoben, als er die Geldnoten auch schon wieder hervorholte und an arme Bittsteller verschenkte. Da war eine Mutter, die zu ihrem kranken Sohn in ein entferntes Gouvernement reisen wollte, das dazu nötige Geld aber nicht besaß; hier wieder stand ein Vater, der aus Armut seine Kinder nicht in die Schule schicken konnte; dort streckte ein Kranker die Hand aus, um das Geld für den Arzt in Empfang zu nehmen. Es kam häufig genug vor, daß Rasputin alles, was er am Morgen von seinen reichen Geschäftsfreunden erhalten hatte, im Laufe des Tages an Bittsteller verteilte, sehr zum Unterschied zu jenen hohen Würdenträgern des Reiches, die sich über Rasputins Bestechlichkeit zu entrüsten pflegten und dabei selbst Geld erpreßten, wo es nur anging, ohne einen Heller davon für uneigennützige Zwecke wieder auszugeben.

Bei der Höhe der Beträge, die Rasputin ständig zuflossen, blieb natürlich für ihn selbst noch genügend viel übrig, obgleich ihn seine Gehilfen und Geschäftsfreunde fortwährend nach Kräften bestahlen und betrogen. Denn Grigori Jefimowitsch war trotz seiner Bauernschlauheit im Grunde ein naiver und vertrauensseliger Mensch und liebte es, nicht zu rechnen.

Was ihm von seinen täglichen Einnahmen nach Abzug der Verluste durch Diebstahl und Wohltätigkeit übrigblieb, verwendete er für seinen eigenen Bedarf, oder er legte es in die Schublade seines Schreibtisches, wo er mit der Zeit eine Mitgift für seine Tochter Matrjona zusammensparte; um Matrjona bewarb sich der Sohn seines Freundes Solowjow, und der Staretz setzte seinen Stolz darein, die Zukunft des jungen Paares nach Möglichkeit materiell zu sichern.

Er selbst konnte mit Geld nicht umgehen und gab es ebenso leicht aus, wie er es einzunehmen pflegte; mehr als einmal klagte Rasputin, er habe ‚durchlöcherte Hände'. Im allgemeinen aber verbrauchte er für die Lebensführung seiner eigenen Person und seiner Familie recht wenig: Seine Wohnung war einfach und ohne jeden besonderen Aufwand eingerichtet, er aß und trank wohl reichlich, doch wurde dies zumeist aus Geschenken von Freunden und besonders von Anbeterinnen bestritten. Auch seine Frau und seine Kinder gaben niemals ihr einfaches bäuerliches Leben auf, obgleich auch sie häufig Gaben erhielten.

Unter diesen Umständen schwoll das Banknotenbündel in der Schreibtischschublade immer mehr an, und Rasputin selbst freute sich darüber kindisch. Mit naivem Stolz zeigte er manchem Besucher, wie die Mitgift seiner Tochter immer größer werde; noch in der Todesnacht äußerte er seine Zufriedenheit darüber, daß der zukünftige Schwiegersohn wegen der Mitgift nicht enttäuscht sein werde.

Außer jenen Bittstellern, die bei Rasputin mit Geld und Geschenken erschienen, und jenen, die kamen, um sich von ihm beschenken zu lassen, gab es noch eine dritte Kategorie von Besuchen. Es waren dies Frauen und Mädchen, die für das Wohl, die Karriere oder die geschäftlichen Interessen eines ihnen nahestehenden Menschen die Protektion und Fürsprache des Staretz erbitten wollten, ihm aber als Gegenleistung nicht Geld, sondern ihr anmutiges Lächeln, ihren vielversprechenden Blick und ihre feuchten Lippen brachten. Jede dieser Frauen hatte schon vorher erzählen gehört, daß kein noch so kostbares Geschenk den Staretz so sehr zur Hilfsbereitschaft zu stimmen vermöge als weibliche Anmut. Gefiel ihm das Lächeln, der leidenschaftlich und verführerisch sich wiegende Leib der Bittstellerin, die sich selbst als Geschenk darbot, dann nahm er diese wertvolle Gabe jedesmal mit neuer Freude und Glückseligkeit entgegen und scheute keine Mühe, um den Wunsch seiner reizvollen Besucherin zu erfüllen. In solchen Fällen setzte er die höchsten Behörden, die Minister, ja sogar den Zaren und die Zarin persönlich in Bewegung, mochte die Bittstellerin auch nur eine Bäuerin oder ein einfaches Dienstmädchen sein.

Es gab aber auch Frauen, die mit einer Bitte bei Rasputin vorsprachen und dennoch seinen gierigen Blicken Widerstand leisteten, sei es, daß ihre Liebe schon einem Manne gehörte, und sie sich für diesen rein erhalten wollten, sei es, daß sie an dem ältlichen, schmutzigen Bauern mit struppigem Bart und schwarzen Fingernägeln keinen Gefallen fanden. Dann äußerte Grigori Jefimowitsch wohl seine Enttäuschung und seinen Ärger, wurde bisweilen auch heftig und grob, alsbald aber verwandelte er sich wieder in den gütigen, heiligen Vater und setzte auch für diese Bittstellerinnen seinen ganzen Einfluß und alle seine Beziehungen ein. Denn, so wie jede andere Gabe, war auch die der Hingabe für Rasputin wohl erwünscht, aber nicht die Bedingung seiner Hilfeleistung.

Es geschah freilich nur selten, daß solche Bittstellerinnen sich vor Rasputins sinnlichem Begehren in kalte Ablehnung hüllten: Die meisten dieser Frauen waren glücklich, sich nicht nur seiner Protektion, sondern auch seiner erotischen Zuneigung rühmen zu dürfen, und viele brüsteten sich geradezu mit Stolz dessen, daß der heilige Mann sie seiner Liebe gewürdigt hatte. War es doch zu jener Zeit für viele Frauen und Mädchen aus allen Gesellschaftskreisen Petersburgs und der Provinz das höchste Ziel lüsterner und zugleich ehrfürchtiger Sehnsucht, in das geheimnisvolle ‚Allerheiligste', in den engsten Kreis um den Staretz, aufgenommen zu werden. Als sich eine Novize einmal weigerte, den Wünschen Rasputins nachzukommen, fragte eine der begeisterten Jüngerinnen, eine verheiratete Frau, erstaunt:

„Weshalb wollen Sie ihm nicht angehören? Wie kann man nur einem Heiligen etwas verweigern?"

Die junge Frau entgegnete entrüstet: „Braucht denn ein Heiliger sündige Liebe? Was ist denn das für eine Heiligkeit?"

„Er macht alles heilig, was ihm in die Nähe kommt", war die überzeugte Antwort der Jüngerin.
„Und wären Sie bereit, seinen Wünschen nachzukommen?"
„Sicherlich! Ich habe ihm schon angehört und bin stolz und glücklich darüber!"
„Aber Sie sind doch verheiratet! Was sagt denn Ihr Mann dazu?"
„Er hält das für die größte Ehre! Wenn Rasputin eine Frau begehrt, dann betrachten wir dies als eine Segnung und Auszeichnung, sowohl wir Frauen als auch unsere Männer."

Bei Grigori Jefimowitsch fanden die Frauen eben die Erfüllung jener beiden Wünsche, die ihnen bis dahin unvereinbar erschienen waren: religiöse Erlösung und zugleich Befriedigung fleischlicher Triebe. Der alte orthodoxe Pope ihres Pfarrsprengels hatte ihnen wohl die Erfüllung ihrer Sehnsucht nach Reinheit und Seelenruhe versprochen, für den Fall, als sie hienieden ein makelloses, reines und tugendhaftes Leben zu führen vermöchten; diese Forderung aber stand allzusehr im Gegensatz zu dem, was sich der sündige Leib und die brennenden Lippen erwünschten. Der Weg zu Gott erforderte den Verzicht auf sinnliche Freude, der Weg der sinnlichen Freude aber führte weg von Gott.

Da war nun Väterchen Grigori gekommen und hatte allen diesen von dem qualvollen Zwiespalt zwischen Seele und Leib gemarterten Frauen seine neue Lehre verkündet, daß die Sünde nicht den Weg der Verdammnis, sondern vielmehr die rascheste und sicherste Bahn zur Erlösung bedeute. Wer wirklich zu Gott gelangen wolle, müsse erst durch die Sünde hindurchgegangen sein, denn der Weg zum Herrn führe durch das Tal Josaphat. So verstand es Rasputin, jenen Zwiespalt zwischen Leib und Seele, zwischen religiöser und sinnlicher Erlösung, durch seine neuen Glaubenssätze aufzuheben. Da er selbst in den Augen seiner Jüngerinnen eine Wiederverkörperung des Herrn war, konnte besonders der Umgang mit ihm auf keinen Fall eine Sünde sein. So fanden die Frauen, in deren Gemüt bis dahin religiöse und sinnliche Triebe gekämpft hatten, in den Umarmungen Rasputins, dieses ‚heiligen Satyrs', zum erstenmal in ihrem Leben ein reines, durch keine Gewissensbisse getrübtes Glück.

★

Alle die vielen und einander widersprechenden Nachrichten über den wunderbaren Staretz, über seinen unbegrenzten Einfluß bei Hof, seine Heilungen, seine Wohltaten, seine Interventionen in geschäftlichen Angelegenheiten, seine Bestechlichkeit und seine Lehre von der Erlösung der Seele durch die fleischliche Sünde: Dies alles hatte zur Folge, daß unzählige Menschen aus den verschiedensten Bevölkerungsschichten mit einer Vielfältigkeit von Hoffnungen, Wünschen und Anliegen ihm zuströmten. Sein Wartezimmer wurde solcherart zu einer bunt durcheinander gewürfelten Welt, die, schon dem äußeren Anblick nach, in geradezu geologischer Schichtung die ganze russische Gesellschaft, vom einfachen Muschik bis zum höchsten Würdenträger, von der letzten Straßendirne bis zur unnahbaren, gefeierten Schönheit, vom zerlumpten Bettler bis zum Offizier in prunkvoller Uniform, enthielt. Ganz Rußland war in diesem Wartezimmer vertreten: tiefe Gläubigkeit, Sehnsucht nach dem wahren Gott und aufrichtige Demut neben niedriger, sündiger Begierde, skrupelloser Streberei, Korruption, Habgier und Neid.

Da saßen hohe Offiziere, die Brust mit Orden geschmückt, und warteten auf den Staretz, damit er ihr Avancement beschleunige; dort harrten schwarz gekleidete Mönche und Popen mit großen Kreuzen auf der Brust viele Stunden hindurch geduldig aus, in der Hoffnung, zu einer größeren oder kleineren Pfründe zu gelangen. Minister und hohe Staatsbeamte waren sogleich nach ihrer Ernennung hierhergeeilt, um sich für ihre Amtstätigkeit das Wohlwollen des allmächtigen Wundertäters zu sichern; Geschäftsleute, Makler und Börsenspieler erhofften sich von seiner Protektion ungeahnte Erfolge; Bauern mit struppigen Bärten, ehemalige Sektenbrüder, denen in ihrer Heimat irgendein Unrecht widerfahren war, hielten Bittschriften in ihren groben Händen; Studenten und Studentinnen wollten sich das fehlende Schulgeld erbetteln, Kranke ihre Heilung erflehen, arme Witwen Pensionen für sich und ihre Kinder erwirken.

Zwischen den von blindem Vertrauen hierhergeführten Besuchern und Besucherinnen saßen andere, die aus frivoler Neugierde oder feindseliger Lust am Spionieren gekommen waren; zu diesen allen gesellte sich schließlich die Schar der Boten, die unaufhörlich Briefe und Pakete brachten oder abholten.

Unter den Bittstellerinnen waren Damen aus den Kreisen der Intelligenz zu sehen, die durch Rasputins Fürsprache einen Dienstposten erwirken wollten, andere Frauen wieder intervenierten für ihre Männer, Brüder oder Liebhaber, die aus der Verbannung zurückgerufen oder vom Frontdienst befreit werden sollten.

Auch Nonnen waren in Rasputins Wartezimmer anzutreffen; sie kamen um den Segen des heiligen Staretz zu erbitten, ebenso wie zahlreiche einfache Bäuerinnen, die darauf warteten, andächtig den Saum seines Kleides küssen zu können. Alle Arten unglücklicher, vom Schicksal verfolgter Frauen baten ihn um seinen Rat in zahlreichen praktischen und seelischen Angelegenheiten: entlassene kleine Dienstmägde, Mädchen von der Straße mit bemalten Wangen und Lippen, alte Weiber mit Kopftüchern aus bedrucktem Kattun, aber auch Fürstinnen, Gräfinnen, Schauspielerinnen und Tänzerinnen. Sie alle blickten in ehrfürchtiger Gläubigkeit zu Rasputin auf und nannten ihn ‚Väterchen Grigori'.

Manche dieser Frauen ließen gleich beim Eintritt durch ihr zaghaftes Gebaren und ihr schüchternes, nervöses Warten erkennen, daß sie zum erstenmal hier erschienen waren, während die anderen wieder mit der unbefangenen Sicherheit täglicher Gäste auftraten. Schon die Art, wie die Dienstmagd die Ankommenden empfing, ließ diese Scheidung in zwei Gruppen deutlich erkennen. Nur jene Besucherinnen, von denen Dunja schon im voraus wußte, der Staretz werde sie in seine Privatgemächer einlassen, durften ihre Mäntel im Vorraum ablegen. Wer einmal die Schwelle des Speise- oder Schlafzimmers überschritten hatte, war in Dunjas Augen ein Mitglied des engeren Kreises um Grigori Jefimowitsch und genoß als solches verschiedene kleine Vorrechte; die Oberkleider solcher Gäste erhielten einen ständigen Platz auf dem dafür bestimmten Kleiderrechen zugewiesen.

Die Mitglieder des ‚innersten Zirkels' mußten das allgemeine Wartezimmer überhaupt nicht betreten, wenn sie bei Rasputin vorsprachen. Sie konnten auch über die Hintertreppe kommen und gehen, von wo aus die Wohnung durch die kleine, schmale, stets mit Kisten und Körben fast verrammelte Küche zu erreichen war. Die Bittsteller im Vorraum wurden dieser Jüngerinnen nur dann ansichtig, wenn eine von ihnen plötzlich aus einer Türe trat, um gleich wieder hinter einer anderen zu verschwinden, oder aber, wenn sie einen Augenblick lang im Vorzimmer nach jemandem Ausschau hielt.

Dieses geheimnisvolle Auftauchen der einen oder der anderen von Rasputins engsten Anhängerinnen bot dann der Phantasie der stundenlang im Vorzimmer wartenden Besucherinnen Stoff zu allerhand wunderlichen Kombinationen. Für sie waren jene Frauen, welche das hohe Recht genossen, sich in dem ‚Allerheiligsten' des Staretz aufzuhalten, ganz besondere Wesen, und man tuschelte sich die seltsamsten Geschichten über sie zu.

Bei den meisten von Rasputins Jüngerinnen wußten die Frauen im Wartezimmer genau anzugeben, wer sie seien und seit wann sie zur Gefolgschaft des Staretz gehörten; besonders die Mitglieder des Haushalts, die sich dauernd in der Wohnung aufhielten, waren den Besucherinnen wohl vertraut.

Da war vor allem die unermüdliche, treue Dienerin Rasputins, die Nonne Akulina Nikitschkina, eine stille und liebenswürdige Frau in der Tracht einer Krankenschwester. Sie war von kräftigem, etwas derbem Körperbau und hatte einfache, bäuerliche, aber durch ihre schlichte Regelmäßigkeit fast schön anmutende Gesichtszüge und einen klugen, reinen und festen Blick. In Rasputins nächster Umgebung wurde sie um dieses klaren Wesens willen, dem nicht die leiseste Spur von Leidenschaftlichkeit mehr anhaftete, ‚die Heilige' genannt.

Wenn sie für einen Augenblick aus den inneren Gemächern hervortrat, dann verstummte das Gespräch der klatschenden Frauen im Wartezimmer, und alle betrachteten sie mit ehrfürchtigem Staunen. Denn es war bekannt, daß sie von allen Anhängerinnen Rasputins diesem am treuesten ergeben war, ihm überallhin folgte und sich blindlings allen seinen Wünschen unterordnete. Nichts, auch nicht der immer wüster werdende Lebenswandel des Staretz, vermochte ihren Glauben an ihn und seine Göttlichkeit zu erschüttern.

In dem Nonnenkloster des heiligen Tichon in Ochtoj, tief in den Waldungen des Ural, hatte Akulina als Nonne mit ihren Klosterschwestern ein ruhiges und beschauliches Leben geführt, bis sie, kurz nachdem sie die Weihen erhalten hatte, von einer seltsamen und schrecklichen Krankheit befallen worden war. Während ihrer inbrünstigen Gebete in der Zelle, vor dem Bildnis des Heilands, hatte immer häufiger eine fieberhafte Verzückung, gefolgt von schweren Krämpfen, sie überkommen, und diese Anfälle wiederholten sich fortan in immer kürzeren Abständen. Bald flüsterten die Nonnen des Klosters von Ochtoj einander bei ihren Zusammenkünften mit bebendem Entsetzen die traurige Gewißheit zu, daß der Teufel in die arme Schwester Akulina gefahren sei.

Da klopfte eines Abends, gerade als Akulina sich wieder nach einem Gebet vor dem Bildnis des Heilands in wahnsinnigen Krämpfen und Zuckungen wand, ein fremder Pilger an das Tor des Klosters. Grigori Jefimowitsch, der damals als Strannik den Ural durchwanderte, trat ein und bat, man möge ihm ein Nachtquartier gewähren.

Sobald er das wilde Geschrei der Nonne vernommen und von den übrigen Schwestern erfahren hatte, daß Akulina vom Teufel besessen sei, ließ er sich in ihre Zelle führen und verweilte darin längere Zeit mit ihr allein, um durch besondere Gebete und geistige Übungen den Bösen aus ihr zu vertreiben.

Als er dann, mit blassem Gesicht und leuchtenden Augen, die Zelle wieder verließ, konnte er den ängstlich wartenden Nonnen berichten, Gott habe ihm in seinem Kampfe beigestanden und ihm gestattet, den Satan für immer aus Akulinas Körper zu bannen. Bald nachher trat auch die junge Nonne aus ihrer Zelle, erlöst, gesundet und mit glückselig strahlenden Augen.

Dieses erste Wunder des heiligen Vaters Grigori, des neuerstandenen Erlösers aus Pokrowskoje, wurde in den Annalen des Klosters von Ochtoj ehrfürchtig vermerkt, die Schwester Akulina aber widmete sich, im Einverständnis mit ihrer Oberin, von nun an nur mehr der einen, hehren Aufgabe, ihr Leben dem Erretter zu weihen und den Ruhm seiner Heiligkeit in aller Welt zu verkünden.

Alle Besucher kannten die Nonne Akulina, und fast alle liebten sie, denn nicht selten nahm sie Bittschriften entgegen und bestellte verschiedene Botschaften des Staretz. Oft hörte man auch ihre hübsche Sopranstimme, wie sie bei der gemeinsamen Tafel der Jüngerinnen das Lied ‚Strannik' sang; dann fiel auch, begleitend, die angenehme Stimme Rasputins ein. Ihr Gesang war sympathisch, aber schwermütig, besonders wenn sie nach Beendigung des Volksliedes geistliche Hymnen anstimmte. Häufig genug konnte man sie selbst erblicken, sooft ihre schöne Gestalt durch das Vorzimmer huschte oder aus einer der Türen heraustrat.

46 Minister des Inneren Protopopow

47 Ministerpräsident Boris Stürmer

48 Die unterirdische Kapelle der Kaiserin im „Feodorowski Sabor"

49 Flügeladjutant Oberst Loman, Rasputin und Fürst Putjatin

50 Die Kaiserin mit Rasputin beim Tee
51 Rasputin
52 Das Zimmer, in dem die Zarin Rasputin empfangen hat

53 Faksimile eines Briefes von Rasputin. „Mein Lieber, Teurer! Entschuldige, mein Teurer! Ist kein Plätzchen da für einen Mitarbeiter? Rasputin"

54 Faksimile eines Briefes von Rasputin. „Wenn man Hunden verzeiht – wie Sergej Trufanow[Iliodor], dann wird er, der Hund, alle auffressen"

führte selbst das Leben einer Märtyrerin, schlief auf nackten Brettern und legte sich des Nachts ein Holzscheit unter den Kopf.

Häufig war im Wartezimmer Rasputins auch eine ältere Dame mit einem reizvollen jungen Mädchen zu sehen; in den bereits matten Augen der Mutter lag, ebenso wie in dem träumerischen Blick der Tochter, ein Ausdruck von inniger, unbedingter Ergebenheit. Frau Golowinaa, die Witwe des Staatsrates Golowin, zählte, in gleicher Weise wie ihre einfach gekleidete, blonde Tochter Marja, zu den engsten und ergebensten Anhängerinnen Rasputins. Beide waren mit Anna Wyrubowa verwandt, und Munja, wie man die Tochter liebkosend zu nennen pflegte, war der ausgesprochene Liebling des Staretz; sie hatte einen jungen Aristokraten abgöttisch geliebt und war durch dessen plötzlichen Tod in tiefe Schwermut versenkt worden. Ein zufälliges Zusammentreffen mit Grigori Jefimowitsch hatte dann in dem jungen Mädchen die Überzeugung geweckt, dieser Mann sei ihr von Gott als Tröster gesandt worden; von nun an widmete sie ihr ganzes Leben dem Dienste des Staretz und geriet bald völlig unter dessen Einfluß. So oft sie ihn sah, begann sie am ganzen Körper zu zittern, ihre Wangen erröteten, und ihre Augen gewannen einen seltsamen Glanz. Auch die Mutter teilte diesen schrankenlosen Glauben an die Heiligkeit Rasputins und begleitete ihre Tochter fast immer zu den Zusammenkünften in dessen Haus. Ein häufig gesehener Gast war auch die Gattin eines Obersten, eine Opernsängerin mit schöner, klangvoller Stimme. Ihr Gatte wußte von ihren Beziehungen zum Staretz, hatte dagegen aber nichts einzuwenden, denn auch er war überzeugt, daß der Umgang mit dem heiligen Manne für seine Frau nur von Nutzen sein könne. Manchmal telephonierte die Sängerin Rasputin von auswärts an und trug ihm durch den Apparat eines seiner Lieblingslieder vor. Dann rief Grigori Jefimowitsch seine Freundinnen zusammen, ließ sie der Reihe nach zuhören und bat, die Sängerin solle die Zigeunerromanze ‚Troika' oder das Lied ‚Barinja' anstimmen; bisweilen tanzte er sogar, mit der Hörmuschel in der Hand.

Unter den Frauen in Rasputins ständiger Umgebung befanden sich neben jenen, die er von einer Krankheit geheilt oder in tiefem Kummer getröstet hatte, auch solche, deren Seelen von unruhiger, sinnlicher Leidenschaft verzehrt wurden und die bei ihm Befreiung von ihren sündigen Trieben suchten. Grigori Jefimowitsch hatte ja, nach dem

Glauben der in die Chlysti-Mysterien Eingeweihten, alle Sündhaftigkeit durch den ‚geheimnisvollen Tod' überwunden und die ‚höchste Leidenschaftslosigkeit eines Heiligen' erreicht. Er selbst hatte seinen Jüngerinnen des öfteren erklärt: „Gott hat mir die Leidenschaftslosigkeit verliehen; ich berühre eine Frau, und es ist, als berühre ich Holz. Ich habe keine Gelüste, und der Geist leidenschaftsloser Ruhe geht von mir auch auf die Frauen über, die mit mir beisammen sind, so daß auch sie rein und heilig werden."

Zu diesen Anhängerinnen Rasputins zählte insbesondere ein hochgewachsenes junges Mädchen Namens Mascha, in der Tracht einer Gymnasiastin, die schon auf ihren Gängen durch das Wartezimmer allgemein wegen ihrer ungewohnten Gebärden und ihres sonderbaren, abstoßenden Antlitzes auffiel. Ihr eckiges Gesicht mit stumpfem, tierischem Kinn, niedriger, vorspringender Stirn und grauen, unfreundlichen Augen war beinahe kreideweiß. Sie trug ihre glanz- und farblosen Haare zu großen Locken zusammengedreht, und ihr Schopf fiel ihr oft ins Gesicht, was sie dazu veranlaßte, jeden Augenblick von neuem ungeduldig den Kopf zu schütteln. Mit einer fast tierisch zu nennenden Bewegung leckte sie häufig mit spitzer Zunge über die breiten, hellroten Lippen ihres halb geöffneten Mundes, um dann, krampfhaft gähnend, durch die nächste Tür zu verschwinden. Wesentlich sympathischer wirkte dagegen die Wischnjakowa, die Pflegefrau des Thronfolgers, die gleichfalls zu dem engeren Rasputin-Kreis gehörte; auch sie hatte sich, in der festen Überzeugung, dadurch den Teufel der Sinnlichkeit aus ihrem Leibe vertreiben zu können, dem Staretz hingegeben. Ähnlich verhielt es sich mit zwei Damen der großen Gesellschaft, der Fürstin Dolgorukaja und der Fürstin Schachowskaja, einer Frau mit herrlichen dunklen Augen in der Tracht einer barmherzigen Schwester, die um Rasputins willen ihr Heim und ihre Kinder verlassen hatte; auch sie erschienen häufig für einige Augenblicke im Wartezimmer, bisweilen in Begleitung der einfachen Bäuerin Laptinskaja, die ebenfalls zu den ‚Intimen' gehörte.

Alle diese Frauen waren dem Wundermönch ohne jeden Rückhalt ergeben, denn ihrer Meinung nach diente diese Hingabe des Leibes und der Seele dem ewigen Heil. Rasputin besaß eben die wunderbare Kraft, den Teufel der Sinnenlust bannen zu können, und so gingen die gläubigen Frauen zu ihm, ebenso wie man den Arzt aufsucht, der einen von einem bösen Übel befreien soll; keine von ihnen hatte dabei das Gefühl, als begehe sie etwas Ungehöriges oder Verwerfliches.

Sogar die Familienmitglieder Rasputins, seine Frau und seine Töchter, waren von dessen Wunderkraft überzeugt. Praskowja Fjodorowna nahm die Ausschweifungen ihres Gatten ruhig, geduldig und ohne jeden Vorwurf hin, denn ihr einfaches Gemüt war erfüllt von dem Glauben, ihrem Grigori Jefimowitsch sei von Gott eine höhere Mission verliehen worden, und seine Ausschweifungen dienten daher einem heiligen Zweck. Sie brachte ihm die tiefste Ehrerbietung entgegen und diente ihm als eine treu ergebene Magd.

Auch die Töchter Matrjona und Warja hingen mit Verehrung und Bewunderung an ihrem Vater und glaubten fest an seine göttliche Sendung. Besonders war es Matrjona, die ältere Tochter, die auf das eifrigste den Ruhm des Staretz verkündete und auch sehr häufig an den Zusammenkünften des Frauenzirkels in Rasputins Speisezimmer teilnahm. In ihren Tagebüchern finden sich auch noch aus späterer Zeit Aufzeichnungen, die von der gläubigen Liebe für den Vater zeugen:

„Zum erstenmal", schreibt sie im Jahre 1918, „fühle ich wieder die Nähe meines teuren Vaters, der nun schon länger als ein Jahr tot ist. Wohl können wir seine Worte nicht mehr aus seinem eigenen Munde vernehmen, aber wir fühlen klar, daß er um uns ist. Ich selbst habe ihn im Traum gesehen, und auch Olga Wladimirowna Lochtina hat ähnliche Gesichte. Gestern sprach sie von den Lehren meines Vaters, und es war, als redete aus ihrem Munde sein eigener Geist. Seit dem gestrigen Tage liebe ich Olga Wladimirowna noch stärker; sie erzählte mir, sie sei in Petersburg in der Gorochowaja gewesen, habe den Hof im Hause meines Vaters aufgesucht und habe dort seinen Geist in sich leben gespürt."

Außer den beiden Töchtern Matrjona und Warja besaß Rasputin auch noch einen Sohn namens Mitja; dieser war ein etwas kindischer Bursche, der fortwährend sonderbar lachte und alle Leute in merkwürdiger Weise anblinzelte. Im übrigen war er gutmütig und hing mit grenzenloser Liebe an seinem Vater, und auch dieser hatte ihn, gerade wegen seines Defektes, sehr gern. Es war dem Staretz auch gelungen, seinem Sohn während des Krieges die Stellung eines Sanitätsgehilfen im Lazarettzug der Kaiserin zu verschaffen und ihn so vor den Gefahren des Felddienstes zu behüten.

Die große Verehrung, die Rasputin im Kreise der Seinen genoß, hatte zur Folge, daß sich zwischen ihm und seiner Familie seit langem die herzliche Stimmung eines gegenseitigen, patriarchalischen Zusammengehörigkeitsgefühls herausgebildet hatte. Seine Anverwandten kannten nur die eine Aufgabe, für ihn zu sorgen und ihm sein Leben so angenehm wie möglich zu gestalten, während auch er voll Zartgefühl um ihr Wohlergehen besorgt war. Es war nicht zuletzt die Rücksicht auf die Familie, die Grigori Jefimowitsch bewog, von allen Seiten reichliche Bestechungsgelder und Geschenke entgegenzunehmen; war er zu einem Festmahl eingeladen gewesen, dann kam er stets mit vollen Taschen nach Hause und beschenkte seine Frau und die Töchter mit allerhand Näschereien, was ihm ein ganz besonderes Vergnügen bereitete.

So war Rasputin von einem Ring von Menschen umgeben, die alles daransetzten, ihm Gutes zu tun, ihn zu beschützen und ihm nach Kräften die Mühen und Sorgen des täglichen Lebens abzunehmen. Zugleich aber waren die Jüngerinnen, die vornehmen Fürstinnen und Hofdamen ebenso wie die einfachen Bäuerinnen und seine Angehörigen, glaubenseifrige Apostel und Verkünder seiner Heiligkeit.

Rasputin selbst hielt sich, wenn er nicht gerade in Zarskoje Selo oder in der Stadt bei den Mächtigsten des Reiches vorsprach oder in seinem Arbeitszimmer mit Finanzleuten verhandelte, meist in dem großen Speisezimmer unter seinen Jüngerinnen auf. Von wo immer er nach Hause gekommen sein mochte, führte ihn doch sein erster Gang stets in dieses ‚Allerheiligste‘, wo ihn die Frauen bereits ungeduldig erwarteten. Den ganzen Tag über waren sie dort versammelt, saßen um den großen, mit Blumen geschmückten, reich gedeckten Tisch, sprachen über ihre wunderbaren Erlebnisse mit Grigori Jefimowitsch und versuchten, den verborgenen Sinn seiner Reden zu deuten.

Mochte er auch nur eine halbe Stunde lang ferngeblieben sein, so spielte sich, wenn dann die Türe aufging und er wieder unter sie trat, stets von neuem die gleiche Szene begeisterter Begrüßung ab: Die Frauen sprangen von ihren Sesseln, eilten auf ihren ‚heiligen Vater‘ zu, umringten und liebkosten ihn, bis er seine rechte Hand, die Fläche nach außen gewendet, zur Stirne erhob, jede einzelne segnete und ihr einen väterlichen Kuß auf das Haar drückte. Dann vergingen sie vor stummer Beglückung und wankten, von dem Eindruck dieses Segens ganz überwältigt, zurück zu ihren Stühlen rings um die Tafel.

Grigori Jefimowitsch pflegte sich nun behaglich auf dem für ihn frei gelassenen Platz niederzulassen, nach den aufgetürmten Eßwaren zu greifen und dazwischen in salbungsvoller Rede über Gott und die Erlösung zu sprechen. Seine Verehrerinnen waren es gewöhnt, daß er gerne von solchen erbaulichen Gegenständen plötzlich zu ganz anderen Themen übersprang und sich in einem Atem auch über die neuesten zweideutigen Anekdoten aus dem Schatz des Fürsten Andronnikow verbreitete. Behaglich kauend gab er den Klatsch der hohen Petersburger Gesellschaft zum besten, sprach von den Beziehungen des alten Schwachkopfes Protopopow zu einer Krankenschwester, kolportierte dann Neuigkeiten aus dem Hauptquartier und war plötzlich mitten in den Geheimnissen der hohen Politik von Zarskoje Selo. Manchmal erschien dann hinter der Türe das Gesicht eines Jünglings, der sonderbar lächelte und der Versammlung zublinzelte. Wenn ein neues Mitglied des Kreises erschrak und sich erkundigte, wer denn das sei, meinte Rasputin gutmütig: „Das ist mein Sohn Mitja; er ist nicht ganz bei Verstand! Ihm kommt alles komisch vor, er lacht den ganzen Tag!"

Während der Staretz so von allem Erdenklichen schwatzte, Scherze erzählte und dazwischen unablässig aß oder trank, rief er bald die eine, bald die andere Jüngerin zu sich, nahm ihren Kopf in seinen Schoß, neckte und liebkoste sie, um dann unvermittelt wieder in salbungsvollem Ton über göttliche Lehren zu predigen.

Die verzückten Frauen dieser seltsamen Tafelrunde griffen zu, wenn er zugriff, aßen, wenn er aß, und nippten an ihren Weingläsern, sooft er das gefüllte Glas zum Munde hob. Sie hörten mit der gleichen Ehrfurcht seine Rede über Gott und den Weg der Erlösung an, wie sie auch jenen oft recht derben Geschichten lauschten, die ihm von Andronnikow zugetragen worden waren. Seine Heilspredigten und seine Hofklatschereien waren in gleicher Weise für die Mitglieder dieser Tafelrunde Offenbarungen eines erhabenen und begnadeten Geistes.

Die im Vorzimmer wartende Versammlung konnte nur von Zeit zu Zeit, auf Grund herausdringender Laute oder eines flüchtigen Blickes durch den Türspalt, erraten, was mittlerweile im ‚Allerheiligsten' vor sich ging. Den vielen Frauen, die mit schmachtender Sehnsucht auf das Erscheinen des Staretz harrten, wurde dennoch die Zeit nicht lang: Ehrfürchtig lauschten sie den Geräuschen aus dem anstoßenden Raum und suchten in unzähligen Vermutungen zu ergründen, wovon der Heilige nun wohl gerade spreche, was er tue und in welcher Stimmung er sich befinde.

Die eine oder die andere von den wartenden Bittstellerinnen war schon einmal in einer glücklichen Stunde in das ‚Allerheiligste' eingelassen worden und berichtete nun den anderen, was sie damals erfahren hatte. Bisweilen erschien auch Dunja im Vorzimmer und mußte dann ausführlich von den Ereignissen im Inneren der Wohnung erzählen. Denn obgleich sie im Vorzimmer die Rolle der Dienerin spielte und den Gästen die Pelze abnahm, war Dunja unter den Jüngerinnen hoch verehrt und angesehen. Wenn sie eintrat, sprangen die Damen von ihren Plätzen auf, boten ihr den Sitz an und drängten sich dazu, ihr die häusliche Arbeit abnehmen zu dürfen. So konnte Dunja in aller Muße den Reden des Staretz lauschen und dann draußen der wartenden Schar als Labsal und Trost für die lange Zeit untätigen Harrens den einen oder den anderen Ausspruch Rasputins mitteilen, etwa, der Staretz habe, während er gerade Fisch und Käse gegessen, zu seinen Jüngerinnen gesagt: „Ihr glaubt, ich beschmutze euch; ich beschmutze euch nicht, ich reinige euch vielmehr!"

Oder er hatte ein Glas Madeira geleert, ein junges Mädchen auf die Knie genommen, ihr sanft über das Haar gestrichen und inzwischen von der läuternden Kraft der Zerknirschung gesprochen: „Nur durch demütige Reue können wir das Heil erlangen! Der Mensch muß sündigen, damit er etwas getan habe, um dessentwillen er Reue empfinden könne. Wenn Gott uns die Versuchung sendet, so müssen wir ihr freiwillig und ohne Widerstand erliegen, um dann, in völliger Zerknirschung, so recht Buße zu tun!"

Sinnend ließ er dann sein Haupt auf die Schulter der Lieblingsschülerin sinken, seine Augen schlossen sich, bis er sich wieder aufrichtete und abermals zu reden anhub: „Das erste Wort des Erlösers war: ‚Tut Buße!' Wie aber sollen wir Buße tun, wenn wir nicht zuerst gesündigt haben?"

Dann hatte Vater Grigori sich von seinem Platz erhoben und war in das anstoßende Arbeitszimmer gegangen, wo die Vertreter des Bankiers Rubinstein in wichtigen geschäftlichen Angelegenheiten auf ihn warteten. Seine Worte hatten großen Eindruck auf die gläubigen Anbeterinnen gemacht; gesenkten Hauptes saßen sie, in tiefes Nachdenken versunken, rings um den Tisch.

Ein anderes Mal wieder hatte Rasputin, eben von einem Gelage zurückgekehrt, in schwermütiger Stimmung lange Zeit geschwiegen, um endlich, mit seltsam veränderter Stimme, in der etwas Fernes und Losgelöstes lag, zu erklären, er hätte nur mehr fünf Jahre unter seinen Getreuen zu weilen; hernach müsse er sie alle, sogar seine Familie, verlassen und sich in die tiefste Einsamkeit zurückziehen.

Die Jüngerinnen hörten diese Rede ihres Meisters, und ihnen allen war traurig zumute. Wie entrückt saßen sie mit blassen, verstörten Gesichtern rings um die Tafel, bis sich das Antlitz des Staretz wieder erhellt hatte, bis um seinen Mund wieder das leise Lächeln zuckte, das ihnen so lieb und teuer war. Von neuem griff er nun nach dem Fisch und nach dem Becher, und auch die Frauen aßen und tranken wie vordem.

Für die wartenden Bittstellerinnen im Vorzimmer war es jedesmal ein besonders glücklicher Augenblick, wenn bisweilen jemand von den Hausleuten die Türe des ‚Allerheiligsten' einen Moment lang öffnete und dadurch den Blick in den geheimnisvollen Raum freigab. Dann sah man, auch von draußen, wenigstens einen geringen Teil der Vorgänge im Speisezimmer, vernahm man die Stimmen der Jüngerinnen, ja sogar die Reden des Staretz selbst, wenn er eben predigte, Anekdoten erzählte oder nach Wein verlangte.

Mit gierigen Augen starrten die Menschen im Vorzimmer durch den Türspalt und suchten soviel wie möglich von der Situation in sich aufzunehmen: das eine Ende des mächtigen Büfetts an der Seitenwand, ein Stück des bronzenen Leuchters mit dem großen Glasschirm, darunter der mittlere Teil des reich geschmückten und mit Speisen beladenen Tisches, auf welchem man Körbe mit Blumen, Weinflaschen, Teller mit gebratenen Fischen, Gläser mit Marmelade und Tee mehr vermutete als sah. In der Nähe des Fensters war ein Schaukelstuhl sichtbar, und hinter dem Tisch hoben sich undeutlich die Kleider einiger Besucherinnen von den hohen Rückenlehnen der eichenen Sessel ab; in manchen glücklichen Augenblicken war sogar der Staretz selbst zu erblicken, oder doch wenigstens ein Stück von ihm, ein Ärmel, der Saum seines Kaftans, eine Stiefelspitze oder gar die große, in breiten Gesten ausschwingende Hand.

Sowenig dies alles im Grunde auch sein mochte, so genügte es doch, um die erregte und gierige Phantasie der Wartenden draußen im Vorzimmer auf das äußerste zu beflügeln. Lange Zeit, nachdem sich die Tür wieder geschlossen hatte, wurde noch über alles debattiert, was man hatte beobachten können, und die leidenschaftlich interessierten Bittstellerinnen erörterten nach Kräften das Gesehene und Gehörte.

* * *

Dies alles aber verschwand gegenüber der überwältigenden Erregung, die sich aller Versammelten bemächtigte, wenn der kräftige Griff von Rasputins Hand schwer auf die Klinke niederdrückte, die Tür sich ganz weit auftat und der Staretz selbst ins Wartezimmer trat.

Während Rasputins mächtige und biblisch-eindrucksvolle Gestalt im Türrahmen erschien, verstummte das eintönige Gemurmel im Vorzimmer und wurde abgelöst durch das Geräusch rückender Sessel, raschelnder Kleider und sich erhebender Menschen. Die eleganten Damen griffen schnell nach ihrem Hut und ordneten das darunter hervorlugende Haar, die Bäuerinnen zupften an ihren Kopftüchern, die Staatsbeamten waren aufgesprungen und strichen mit der Rechten glättend über ihre Bratenröcke, die Führer bäuerlicher Deputationen entfalteten knisternd ihre Bittschriften, die Offiziere nahmen instinktiv eine stramme Haltung ein und klirrten mit den Sporen, die Vertreter der Banken zogen ihre Portefeuilles und entnahmen diesen verschiedene Aktenstücke, die Boten und Diener wieder hielten in ihren nach vorne gestreckten Händen die zu überreichende Post bereit. Mehrere Frauen drängten sich durch die Menge, fielen vor Rasputin auf die Knie und bekreuzigten sich unzählige Male.

Der Staretz blieb einige Sekunden lang bewegungslos in der Mitte des Zimmers stehen. Seine etwas unordentliche Kleidung zeugte noch davon, daß eben ein Mädchen auf seinem Schoß gesessen hatte, auf seinen Lippen lag noch die Feuchtigkeit von Wein und Küssen, sein Blick hatte einen seltsamen, fröhlichen Glanz, und um seinen Mund spielten schmunzelnde Fältchen.

Einen Augenblick später schon verflüchtigten sich diese letzten Spuren des Festmahles, und nun stand vor den wartenden Bittstellern Väterchen Grigori, der allmächtige Wundertäter, der fromme und von Gott begnadete Mann. Fest stand sein hagerer Leib auf den schweren hohen Bauernstiefeln, und mit strengem Blick musterte er der Reihe nach alle Anwesenden. Der Vertreter des Bankiers Manus hatte eine eilige Botschaft zu überbringen und glaubte sich daher berechtigt, sich an den Staretz heranzudrängen und ihm den Auftrag seines Chefs zu unterbreiten. Doch Rasputin wandte sich mit einer hochmütigen Bewegung von ihm ab und zwei jungen Mädchen zu, die, kaum noch dem Kindesalter entwachsen, in Matrosenkleidern dastanden und nun schüchtern knicksten und sich bekreuzigten. Ihre Wangen erstrahlten in dunklem Rot, und mit dünnen Kinderstimmen brachten sie ihr Anliegen vor; gütig neigte sich Grigori Jefimowitsch zu ihnen nieder.

„Hm, hm, meine Täubchen", brummte er, als er ihre Bitte verstanden hatte, „ihr wollt eine Unterstützung für eure Schulstudien? Hm, habt niemanden, der euch beistehen kann – kaum genug zu essen – na, wartet nur, wartet nur ein Weilchen!"

Sorgenvoll und nachdenklich starrte er einen Augenblick vor sich hin, gab den Mädchen einige Rubelbanknoten und rief dann nach Dunja, sie solle ihm ein Schreibzeug bringen. Mit einem Male aber wurde er ungeduldig und fragte, an die Umstehenden gewendet: „Hat niemand von euch eine Feder und ein Stück Papier?"

Der Vertreter des Bankiers Manus benutzte die Gelegenheit, um sich wieder an ihn heranzudrängen, indem er ihm sein Quittungsbuch und Schreibzeug reichte. Dann wollte er mit hastig sich überstürzenden Worten seine Botschaft an den Mann bringen.

Der Staretz ignorierte diese von neuem, griff nach dem Quittungsbuch, wandte dem Boten den Rücken und begann auf die Kehrseite eines Formulars in schwerfälligen Schriftzügen den Namen des Adressaten zu malen: „An Wladimir Nikolajewitsch Wojeikow, Zarskoje Selo." Darunter kritzelte er ein Kreuz, noch etwas tiefer die Buchstaben ‚Ch. W.', das Zeichen für ‚Christ ist erstanden', und schrieb dann mit vielen Pausen und Unterbrechungen: „Mein Lieber, Teurer, tue es für mich! Grigori." Hierauf faltete er den Zettel sorgsam zusammen, überreichte ihn den beiden Schwestern, machte über ihren mädchenhaft gescheitelten Köpfchen das Zeichen des Kreuzes, reichte ihnen die

Hand zum Kuß und wandte sich einem alten, abgehärmt aussehenden Bauern zu.

Dieser setzte ihm nun ausführlich auseinander, er komme aus dem Gouvernement Saratow im Auftrag des Bauern Gawrila Schischkin und bitte den hochwürdigen Vater Grigori Jefimowitsch, beim Zaren die Begnadigung ebendesselben Schischkin erwirken zu wollen, der wegen Unterschlagung von Wechseln zu einer Gefängnisstrafe verurteilt worden sei. Nachdem er sein Anliegen vorgebracht hatte, löste der Alte die Schnur seines Hemdes, zog von der bloßen Brust ein großes Stück Zeitungspapier hervor, entfaltete er sorgsam und entnahm ihm zweihundertfünfzig Rubel in Geldscheinen.

Nach einer kurzen Erklärung, Gawrila Schischkin werde sich glücklich schätzen, wenn der Staretz diesen Betrag als Zeichen der Dankbarkeit annähme, überreichte der Bauer das Geldbündel sowie die Bittschrift an Rasputin, und dieser ließ beides nach flüchtiger Prüfung in die Hosentasche gleiten.

„Geh ruhig nach Hause", sagte der Staretz freundlich, „und berichte dem Gawrila Schischkin, daß ich mit Papachen über seine Sachen sprechen werde!" Dann bekreuzigte er den Bauern, segnete ihn und wandte sich der Lebedame Eugenie Terechowa zu, die eben mit holdseligem Lächeln auf ihn zutrat.

Auch sie hielt in ihren behandschuhten Händen ein kalligraphisch geschriebenes Gesuch des Inhalts, man möge ihr eine Wäschelieferung für das Kriegsministerium übertragen.

„Nicht wahr, Väterchen Grigori", bemerkte sie schelmisch, „du wirst es doch mir zuliebe tun?"

„Gut, gut, mein Seelchen; ich werde es machen." Er strich ihr über die Brust, lächelte ihr zu, sie küßte ihm die Hände, bot ihm ihre schöne Stirne dar, auf daß er darüber das Kreuzeszeichen schlage und empfahl sich dann mit leuchtendem und siegesfrohem Blick.

Ein Offizier in Uniform, glatzköpfig, einen goldenen Klemmer auf der Nase, trat hervor und nannte seinen Namen: „Unterleutnant Maksakow"; ehe er aber Gelegenheit hatte, sein Anliegen vorzubringen, drängte ihn ein Zivilist beiseite. Dieser war schlecht gekleidet und drehte unaufhörlich einen schon stark abgenützten und speckig glänzenden Hut in der Hand; er fiel dem glatzköpfigen Offizier ins Wort und begann sogleich, dem Staretz mit erregter Stimme eine äußerst verwickelte Angelegenheit in verworrenem Redeschwall vorzutragen. Zeitweise schien es, als hätte er den Faden vollkommen verloren, und er begann, die ganze Sache von neuem zu erzählen. Zuletzt ging aus seiner Rede nur der eine Umstand klar hervor, daß ihm, einem Lehrer an einer Dorfschule, durch seinen Direktor ein schweres Unrecht widerfahren sei, und daß er daher von Rasputin eine Empfehlung an den Minister für Volksaufklärung erbitten wolle.

Grigori Jefimowitsch runzelte die Stirne und entgegnete unwillig:
„Ach, diese Aufklärung ist mir zuwider! Na ja, meinetwegen, gut, ich werde dir eine Empfehlung schreiben, warte einen Augenblick ..."
Dann wendete er sich dem glatzköpfigen Offizier zu, dieser aber ersuchte ihn um eine Unterredung unter vier Augen.

Rasputin warf einen flüchtigen Blick in die Ecke, wo eine hübsche brünette Frau mit verweinten Augen schüchtern an der Wand lehnte, bat den Offizier, sich eine kleine Weile zu gedulden, und wendete sich der fremden Dame zu.

Diese hielt in ihren zitternden, mit einfachen Zwirnhandschuhen bekleideten Händen einen Empfehlungsbrief von Rasputins Moskauer Freunden; in diesem Schreiben hieß es, ihr Name sei Marja Alexejewna, und Grigori Jefimowitsch möge ihr dabei behilflich sein, daß die administrative Verbannung ihres Gatten aufgehoben werde.

Der Staretz richtete in freundlichem Ton einige Fragen an die Frau, nahm ihre Hand in die seine, streichelte sie väterlich und meinte beruhigend, er werde alles zu ordnen wissen. Dann forderte er sie auf, inzwischen in dem Kabinett auf ihn zu warten, bis er die übrigen Bittsteller abgefertigt hätte. Er selbst geleitete sie zur Tür des Kabinetts, öffnete diese und ließ sie eintreten; gleich darauf kehrte er in die Mitte des Vorraums zurück und sprach, etwas abseits, halblaut mit dem Offizier. Eben in diesem Augenblick erschien ein Bote mit einem herrlichen Blumenkorb voll Rosen und einem Dutzend Seidenhemden in verschiedenen Farben. Rasputin rief nach Dunja und befahl ihr, diese Gaben, das Geschenk einer hochgestellten Dame, zu übernehmen und wohl aufzubewahren.

Nun drängte sich ein Mann Namens Dolina an den Staretz heran und unterbreitete ihm die Bitte, er möge für einen deutschen Kaufmann die

Verleihung der russischen Staatsbürgerschaft erwirken, wofür dieser sich in reichem Maße erkenntlich zeigen würde. Rasputin nickte leichthin und beugte sich sogleich zu einer alten, ärmlich aussehenden Frau in grober Felljacke und rundem Hut herab, die ihm klagte, sie sei eine arme Beamtenwitwe, aller Mittel bar und wisse nicht, was sie nun beginnen sollte. Sogleich griff der Staretz in seine weite Hosentasche, zog daraus das Zeitungspapier mit den zweihundertfünfzig Rubeln hervor, die er soeben von dem Bauern Schischkin erhalten hatte, und reichte mit nachlässiger Gebärde der Bittstellerin das ganze Paket. Dann machte er das Kreuzeszeichen über sie und schickte sich an weiterzugehen.

Im selben Augenblick aber streckten sich ihm schon unzählige Hände gabenheischend von allen Seiten entgegen: die knochigen, rauhen Hände von alten Männern, kleine Kinderhände, abgehärmte Hände von Arbeiterinnen und Dienstmägden, weiche, gepflegte Hände schöner Frauen, denen man früheres Wohlleben ansehen konnte.

Grigori Jefimowitsch betrachtete diese Hände, und sein Blick glitt der Reihe nach die Arme entlang, hinauf bis zu den Augen dieser Menschen, in denen er den Jammer der Armut, verzweifeltes Flehen und leise, schüchterne Hoffnung zu lesen vermochte. Wieder griff er in die Tasche und suchte einige Sekunden lang verwirrt darin nach Geld; als er sich überzeugt hatte, daß er nichts mehr bei sich trug, flüsterte er Dunja etwas zu, die eilig in der Tür des Arbeitszimmers verschwand. Gleich darauf erschien ein junger Mann mit einem Bündel Banknoten; Rasputin nahm ihm das Geld aus der Hand und ging von einem der Bittsteller zum anderen, teilte ansehnliche Beträge unter sie aus, schlug das Kreuz über ihnen und entließ sie hierauf.

Nun sprachen zwei Männer den Staretz an, von denen er den einen schon seit langem kannte: Es war ein gewisser Pogan, ein Agent, der von allerlei kleinen Vermittlungsgeschäften lebte. Pogan stellte seinen Begleiter als einen Ingenieur Mendel Neumann vor, der die Allerhöchste Begnadigung von einer achtmonatigen Arreststrafe in Militärangelegenheiten erlangen wollte. Nach einer kurzen, halblaut geführten Auseinandersetzung über die materiellen Bedingungen von Rasputins Intervention erklärte dieser sich bereit, die Bittschrift Mendel Neumanns dem Zaren persönlich übergeben zu wollen.

Die Eingangstüre öffnete sich in diesem Augenblick, und ein hochgewachsenes, schlankes Mädchen mit schönen, träumerischen Augen trat ein. Als sie den Staretz erblickt hatte, flog sie ihm geradezu entgegen und küßte seine Hand. Einige der im Vorzimmer versammelten Frauen kannten die neue Besucherin und flüsterten einander erregt zu, dies sei die Tochter eines Großfürsten.

Rasputin begrüßte die schöne neue Besucherin mit sichtlicher Freude und schloß sie in seine Arme, während sie fröhlich zu plaudern begann und ihm erzählte, wie wohl sie sich fühle, seit er sie gelehrt habe, die Welt mit anderen Augen zu sehen.

„Ich habe es dir ja immer gesagt", erklärte der Staretz würdevoll und herzlich, „alles hängt davon ab, wie man selbst die Welt ansieht. Du mußt nur meinen Worten Glauben schenken, dann ist alles gut."

Mittlerweile war ein ganz klein gewachsener älterer Mann mit spärlichem grauem Haar aufgetaucht und präsentierte sich als Diener in einem Badehause, wo Rasputin öfters verkehrte. Grigori Jefimowitsch empfing den Badediener sehr freundlich, klopfte ihm wohlwollend auf die Schulter und ging sofort in das Arbeitszimmer, um die Angelegenheit dieses Mannes zu erledigen. Wenige Minuten später überreichte er ihm mit herzlichen Worten ein Empfehlungsschreiben an den Statthalter, in welchem es hieß: „Mein Lieber, Teurer, entschuldige! Hilf dem armen Badediener! Grigori."

Die Jüngerinnen des engsten Kreises hatten alle diese Vorgänge, in der Tür des Speisezimmers stehend, aufgeregt mit angesehen. Sie bedauerten ihren heiligen Staretz aus vollstem Herzen, daß er so aufopfernd um das Wohl des Volkes bemüht sei und dabei keine Anstrengungen scheue. In der Tat schien es bisweilen, als gingen die endlosen Verhandlungen mit Bittstellern über die Kräfte Rasputins; rasch lief er auf einige Minuten in das Speisezimmer, warf sich in einen Stuhl und klagte, während er sich den Schweiß von der Stirne wischte, wie müde ihn dieser Andrang mache. Dann trat zumeist eine seiner Jüngerinnen besorgt auf ihn zu, küßte ihn und erklärte, eine Zeitlang an seiner Statt die Bittsteller abfertigen zu wollen.

Inzwischen läutete fast unausgesetzt das Telephon, dessen Bedienung der Nichte Rasputins anvertraut war; diese machte allerhand Notizen, beantwortete verschiedene Anfragen und rief bald die Schwester Akulina, bald die Wyrubowa, bald den Staretz selbst zum Apparat.

Unterdessen ertönte auch immer von neuem die Glocke des Vorzimmers, und neue Besucher sowie neue Boten mit Geschenken tauchten auf.

Bald stand Grigori Jefimowitsch wieder draußen unter den Petenten und hörte ihre Klagen an, bis Dunja auf ihn zutrat und ihn an Marja Alexejewna, die wartende hübsche Frau im Kabinett, erinnerte, die er inmitten seiner vielen Geschäfte anscheinend völlig vergessen hatte. Erfreut und listig lächelnd eilte er jetzt in das Kabinett, um der Ärmsten seine Hilfe bei der Befreiung ihres Gatten aus Sibirien in Aussicht zu stellen.

✶

Kaum hatte der Staretz das Vorzimmer verlassen, um in das Kabinett zu verschwinden, als auch schon die feierliche Ruhe unter den Wartenden zu Ende war und von dem früheren lärmenden Durcheinander abgelöst wurde.

Anknüpfend an das eben Gesehene und Gehörte sprach man jetzt besonders über das Zimmerchen, in welchem Grigori Jefimowitsch nun mit der schüchternen Marja Alexejewna beisammen war. Über die Bestimmung dieses Raumes und über die sich dort abspielenden Vorgänge kursierten allerlei seltsame Legenden. Die Frauen steckten die Köpfe zusammen, tuschelten miteinander, und manche von ihnen hatten ein sonderbares Lächeln auf den Lippen: Sie kannten von früheren Anlässen her die Geheimnisse des Kabinetts aus eigener Erfahrung und konnten sich vorstellen, wie es der hübschen, schüchternen Marja Alexejewna eben jetzt ergehen mochte.

Mehr als eine von den wartenden Frauen entsann sich jenes Tages, da auch sie zum erstenmal allein mit dem Staretz in dem Kabinett gewesen war. Nun wurde über alle Einzelheiten dieses geheimnisvollen Raumes eingehend und erregt diskutiert: über die bescheidene Einrichtung, das eiserne Feldbett mit der Fuchspelzdecke, einem Geschenk der Wyrubowa, über die bebänderten Ikonen mit brennenden Lampen davor, die Bildnisse des Zaren und der Zarin und die Darstellungen aus der Heiligen Schrift an den Wänden.

Solange Rasputin in seinem Kabinett mit einer Frau beisammen war, durfte niemand, auch nicht seine nächste Umgebung, das Zimmer betreten; nur wenn er sich um einen telephonischen Anruf aus Zarskoje

Selo handelte, war es dem Dienstmädchen Dunja gestattet, leise an die Tür zu pochen. Denn in diesem kleinen Raum vollzog sich die ‚Einweihung' der Novizen in die neue Heilslehre von der ‚Erlösung durch die Sünde', und hier entschied es sich, welche von den Bittstellerinnen dauernd in den Kreis der ‚Intimen' aufgenommen wurde.

Manches junge Mädchen hatte dieses geheimnisvolle Kabinett mit glückseligem und strahlendem Antlitz verlassen, aber es gab auch Frauen, die plötzlich, in unordentlicher Kleidung, zerzaust, tief beleidigt und weinend herausgestürzt waren oder aber, bebend vor ohnmächtiger Wut, derartig getobt und geschrien hatten, daß man sie mit Hilfe der im Treppenhaus lauernden Polizeiagenten hatte entfernen müssen. Nicht jede Bittstellerin war eben imstande, die ‚heilige Zeremonie der Erlösung durch die Sünde' richtig zu erfassen und zu würdigen; in mancher war der ‚Teufel des Hochmuts' zu mächtig gewesen, als daß sie den ‚Weg der Erniedrigung' hatte gehen können.

Es war sogar vorgekommen, daß empörte Frauen bei der Polizei erschienen waren und sich beklagt hatten, von Rasputin vergewaltigt worden zu sein. Der Polizeichef Beletzki pflegte in solchen Fällen ordnungsgemäß ein Protokoll aufnehmen zu lassen und dieses in einigen Exemplaren an alle interessierten offiziellen Stellen, aber auch an bevorzugte Private zu verschicken. Wer immer ein solches Protokoll erhielt, las es mit stillem Schmunzeln und dachte mit einem Gemisch von behaglicher Lüsternheit und aufrichtigem Neid an den ‚verflixten Heiligen' Grigori Jefimowitsch. Es ist klar, daß niemand ernstlich beabsichtigte, auf Grund derartiger Anschuldigungen gegen den allmächtigen Staretz auf dem Rechtsweg vorgehen zu wollen.

Dies alles war den Frauen, die sich täglich in Rasputins Wartezimmer versammelten, nur allzu gut bekannt; als daher die schüchterne Marja Alexejewna nach einer Weile noch verängstigter und trauriger wieder aus dem Kabinett hervorkam, ruhten zahllose Augenpaare forschend auf ihr, um ihr Schicksal aus ihren Blicken, ihrem Gang und ihrem Gruß zu erraten. Einige Augenblicke später trat auch der Staretz wieder in das Vorzimmer: Sein Haar klebte unordentlich und zerzaust an den Schläfen; mit glühendem Gesicht und schwer atmend ging er auf eine Gruppe von drei Bauern zu und nahm ihre Klagen über das unmenschliche Vorgehen eines Gutsbesitzers entgegen. Zwei Klosterfrauen aus

Werchoturje erbaten und erhielten seinen Segen, ein dicker Herr, ein Bankier aus Kiew, der in Begleitung seines Dieners erschienen war, suchte um eine Unterredung unter vier Augen nach, der Laufbursche des Barons Ginsburg überreichte einen größeren Geldbetrag und ließ sich den Empfang in seinem Buch bestätigen, der Bildhauer Aronson, der an einer Büste Rasputins arbeitete, besprach mit ihm die Stunde der nächsten Sitzung, und so ging Grigori Jefimowitsch alsbald wieder in dem Getriebe der Audienzen auf.

Nun traten zwei Frauen ein, beide in elegante Pelzmäntel gekleidet und sehr hübsch, die eine brünett, die andere blond, mit blauen Augen. Sie waren Freundinnen und hatten sich vor etwa einer Woche aus Moskau hierher begeben, um die Protektion des Staretz für ihre Angelegenheiten in Anspruch zu nehmen.

Die Hausgenossinnen und Jüngerinnen Rasputins gerieten bei dem Eintritt der beiden Moskauerinnen in beträchtliche Erregung und musterten sie mit feindseligen Blicken. Das rätselhafte Verhalten dieser zwei Fremden hatte sie seit Tagen aufs höchste entrüstet, denn die beiden hübschen Frauen hatten durch ihren ‚teuflischen Widerstand' den heiligen Vater bisweilen völlig aus dem Gleichgewicht gebracht. Ganze Nächte hindurch hatte der arme Staretz getrunken und getobt, um den Ärger und die Kränkungen zu vergessen, die ihm diese ‚hochmütigen Teufelinnen' zugefügt hatten. Besonders die Schwester Akulina befand sich in flammender Empörung über jene Moskauerinnen, die in so frivoler Weise Mißbrauch mit Rasputins Gefühlen trieben. Als der Staretz gleich nach der Ankunft der beiden Damen eine Nacht lang ausgeblieben war, hatte Akulina am nächsten Morgen bei Lenotschka Djanumowa, der einen von den beiden, angefragt, ob er bei dieser übernachtet hätte, doch hatte Lenotschka dies empört verneint. Der Gedanke nun, daß es Frauen gäbe, die sich dem heiligen Vater verweigerten, versetzte die Jüngerinnen und insbesondere die Schwester Akulina in die höchste Entrüstung, zumal da Rasputin scheinbar auf die Zuneigung dieser zwei Damen besonderen Wert legte. Voll Verwunderung, Entsetzen, Spott und Verachtung erzählten sich die Anbeterinnen des Staretz, wie Lenotschka Djanumowa in Moskau bei Rasputin erschienen sei, um ihre deutsche Mutter von der angedrohten Verbannung aus Kiew zu befreien, und wie Grigori Jefimowitsch sich sogleich leidenschaftlich für sie interessiert hatte. Er hatte ihr schon bei dem ersten Zusammentreffen den Kosenamen ‚Frantik' verliehen, hatte sie geküßt und ihr dann, nach seiner Abreise aus Moskau, eine Anzahl liebevoller Telegramme geschickt. Lenotschka war kurz darauf in Petersburg aufgetaucht und hatte gleich bei ihrem ersten Besuch den Staretz auf das heftigste erzürnt, indem sie den Wunsch geäußert hatte, einen Bekannten ihrer Freundin in seine Wohnung mitbringen zu dürfen. Rasputin war über diese Zumutung ganz außer sich geraten, denn er hatte gemeint, ‚Frantik' sei in Begleitung eines Liebhabers aus Moskau gekommen und wünsche diesen nun bei ihm einzuführen.

„Ah, du bist eine Feine!" hatte er empört geschrien. „Hast deinen Bauern aus Moskau mitgenommen! Konntest nicht von ihm lassen! Kommst zu mir, mich um eine Gefälligkeit bitten, und nimmst deinen Bauern mit! Na, ich will nichts für dich tun, du kannst gehen! Ich habe hier in Petersburg genug Damen, die mich lieben und verhätscheln! Ich brauche euch nicht!"

Dann war er zum Telephon gelaufen und hatte mit nervös vibrierender Stimme in den Apparat gesprochen: „Liebchen, hast du Zeit? Ich komme zu dir! Freust du dich, ja? Warte, ich bin gleich bei dir!"

Hierauf hatte er den Hörer weggelegt, die beiden spröden Besucherinnen triumphierend angesehen und zornig bemerkt: „Seht ihr, ich brauche keine Damen aus Moskau! Die Damen aus Petersburg sind mir lieber!"

Aber schon am nächsten Morgen hatte Rasputin Lenotschka Djanumowa höchst freundlich angerufen, sie um Entschuldigung gebeten und sie aufgefordert, doch recht bald wieder bei ihm zu erscheinen. Von nun an war ‚Frantik' ein häufiger Gast in der Gorochowaja gewesen und hatte auch ihre Freundin Lella mitgebracht, die in einem verwickelten Familienprozeß die Hilfe Rasputins benötigte. Er hatte die beiden Frauen immer mit der größten Liebenswürdigkeit empfangen und jede von ihnen einzeln in sein Kabinett gebeten, aber sie hatten es stets verstanden, sich in geschickter Weise seinen Wünschen zu entziehen.

Die Jüngerinnen waren immer nervöser geworden, denn sie ahnten, daß der Umgang mit den hochmütigen Moskauerinnen dem Staretz nur Ärger und Enttäuschungen bringen werde. Mehrmals hatte die eine oder die andere den Versuch gemacht, ihn zu warnen und von seiner seltsamen Leidenschaft zu heilen, er aber hatte sich jede Einmischung energisch verbeten und einmal sogar, um der hübschen Frauen willen, eine Einladung nach Zarskoje Selo abgelehnt.

Die beiden Freundinnen verstanden es meisterhaft, den Staretz durch halbe Zugeständnisse immer wieder zu vertrösten und hinzuhalten, dabei aber seine eigentlichen Wünsche nie zu erfüllen. Offenbar hatten sie es darauf angelegt, sich seine Unterstützung zu sichern, ihm jedoch die Gegenleistung dafür zu verweigern. Grigori Jefimowitsch war immer energischer geworden und hatte die ‚vom Teufel des Hochmuts besessenen' Moskauerinnen sogar des Nachts in ihrem Hotel aufgesucht. Vergebens hatte er ihnen von der menschlichen Liebe und von ihrem Segen gepredigt und ihnen erzählt, ohne Liebe werde die Seele dunkel, wende Gott sein Antlitz von den Menschen ab; die Liebe sei ein Gebot des Herrn, das man erfüllen müsse wie die anderen Gebote, um nicht dem Teufel zu verfallen.

So vergingen Tage und Nächte, ohne daß es Rasputin gelungen wäre, sein Ziel zu erreichen. Nervös ging er in seinem Speisezimmer auf und ab, seine Augen waren böse, sein Gesicht schien verzerrt, er trank Wein und gebärdete sich wie ein wildes Tier. Als alle gewohnten Mittel, sich die Frauen gefügig zu machen, versagt hatten, war Rasputin zuletzt um ein Uhr nachts in Begleitung jenes Ministers, dessen Hilfe Lenotschka in Anspruch nehmen wollte, bei ihr erschienen. „Öffne doch, mein Liebchen", hatte er vor der Tür gerufen, „ich habe dir den Minister mitgebracht, und wir können die ganze Angelegenheit in wenigen Minuten ordnen!"

Aber die Moskauerinnen waren in ihrem teuflischen Widerstand so weit gegangen, ihre Wohnung vor Grigori Jefimowitsch und vor dem Minister verschlossen zu halten, so daß beide unverrichteter Dinge wieder abziehen mußten. Um seine Enttäuschung zu betäuben, war der Staretz mitsamt dem hohen Begleiter hierauf in ein Tanzlokal gegangen, hatte in Gesellschaft von Zigeunerinnen die ganze Nacht durchgezecht und war erst um zehn Uhr vormittags zu dem Telephongespräch mit Zarskoje Selo nach Hause zurückgekehrt.

Als er jetzt, mit schwerem Kopf, übernächtigt und mißgestimmt, im Wartezimmer stand und mit den Bittstellern verhandelte, traten die

Moskauerinnen ganz unbefangen und heiter ein, als wäre gar nichts vorgefallen. Da ergriff den Staretz maßlose Wut und Erregung. Er führte die Frauen quer durch das Vorzimmer in sein Kabinett, stürzte in das Speisezimmer und kam von dort alsbald mit einer Flasche Wein in der Hand zurück; er war sehr blaß, und in seinen Augen brannte ein dunkles Feuer. Mittlerweile hatten sich einige Jüngerinnen an Lenotschka und Lella herangedrängt und sie fast flehentlich gebeten, sie sollten doch ihren Widerstand aufgeben und den heiligen Vater nicht weiter quälen. Dann goß Rasputin den Wein in Teegläser und befahl allen Anwesenden zu trinken. „Ich liebe diese Damen aus Moskau!" rief er aus. „Ich liebe sie, obgleich sie mich quälen! Ihretwegen habe ich die ganze Nacht hindurch gesoffen, denn sie haben mein Herz in Brand versetzt!"

Er trat wieder in das Vorzimmer und entdeckte dort zwei Geistliche mit großen goldenen Kreuzen auf der Brust. Ganz unvermittelt sprach er sie an und erzählte ihnen, er habe diese Nacht gebummelt. „Ich war bei einer schönen Zigeunerin, die mir immer das Lied sang: ‚Ich fahre zu meinem Liebchen!' Was sagst du dazu, Geistlicher?"

Der eine von den beiden Klerikern ließ die Augen sinken und erklärte mit singender Stimme: „Heiliger Vater, es waren die Engel des Himmels, die dir vorgesungen haben!"

Rasputin lächelte: „Ich sage dir, es war eine junge hübsche Zigeunerin!"

„Nein", entgegnete der Priester mit unterwürfigem Lächeln, „ich bin überzeugt, es waren Engel aus dem Paradies!"

Schmunzelnd drehte sich Rasputin auf dem Absatz herum und näherte sich einer jungen Polin mit anziehendem Gesicht, um sie in sein Kabinett zu führen. Er liebkoste sie flüchtig, wendete sich dann jedoch sogleich wieder den beiden Moskauerinnen zu; als er deren abweisende Mienen bemerkte, stürzte er plötzlich wütend in das Speisezimmer, wo er wild herumpolterte. Bald ertönte heftiges Klirren, wie von zerschmettertem Geschirr. Dunja erschrak und eilte ihm nach, während alle anderen Anwesenden kaum zu atmen wagten.

Dann erschien Grigori Jefimowitsch wieder, mit einem so wilden Ausdruck, als wolle er alles vernichten, was ihm in den Weg käme. Munja Golowina stand wie erstarrt da und blickte ihren heiligen Staretz mit dem Ausdruck höchsten Entsetzens an; sie, ebenso wie die anderen

Anbeterinnen, schienen in diesem Augenblick Rasputin so zu fürchten, wie man vor einem erzürnten Gott in Schrecken vergeht. In diesem kritischen Augenblick ertönte das Telephon, und Anjuschka meldete, daß die Zarin Rasputin um seinen Besuch bitten lasse.

Dieser Vorfall gab der Situation eine neue Wendung: Die Fürstin Schachowskaja meinte, Rasputin müsse unbedingt, ehe er nach Zarskoje Selo fahre, ein wenig an die frische Luft, und so schlug sie denn eine kurze Schlittenpartie vor.

„Wenn die Moskauerinnen mitkommen, dann fahre ich!" erklärte Grigori Jefimowitsch trotzig wie ein verwöhntes Kind.

Lenotschka und Lella waren einverstanden, Dunja eilte hinab, um einen Schlitten zu besorgen, und einige Minuten später brach die ganze Gesellschaft auf. Der Staretz, schon in Pelz und Bibermütze, durchschritt das Vorzimmer und winkte den noch immer wartenden Bittstellern freundlich zu: „Geduldet euch ein wenig, meine Teuren, ich bin gleich wieder zurück, muß nur eine wichtige Sache erledigen!"

Wirklich harrten alle die Frauen, Offiziere, Geistlichen, Bauern und Spekulanten, die bis jetzt noch nicht abgefertigt worden waren, auf die Rückkehr Rasputins, der etwa eine halbe Stunde später in der Tat wieder erschien und von neuem anfing, sich mit den Bittstellern und ihren Anliegen zu beschäftigen.

★

Fast täglich geschah es, daß, während Rasputin mit seinen Damen und Petenten beschäftigt war, die Klingel ertönte und ein elegant gekleideter Mann eintrat, dessen Erscheinung von der Schar der übrigen im Vorzimmer sich drängenden Menschen seltsam abstach: Es war der Kollegienratsassessor Manassewitsch-Manuilow, ein kaum mittelgroßer Herr von jener etwas übertriebenen Eleganz der Kleidung, wie sie so oft bei klein gewachsenen Männern anzutreffen ist. Es schien, als wollte er durch die besondere Sorgfalt seiner Toilette die Unansehnlichkeit seiner Figur wieder wettmachen; seine Anzüge waren von den ersten Schneidern Petersburgs aus den besten Stoffen gefertigt, sein Haar und seine Hände schienen ungewöhnlich gepflegt, stets war es, als habe er sich eben erst rasieren lassen, und ein duftender Puder dämpfte den fettigen Glanz seiner Haut zu angenehmem mattem Leuchten.

Das von Öl spiegelnde Haar war sorgsam niedergebürstet und auf der linken Seite scharf gescheitelt; die weichen Hände wirkten frauenhaft, über den fein polierten Nägeln lag ein rosiger Schimmer. Zu jeder Tageszeit konnte man meinen, der Kollegienratsassessor sei soeben aus der Frisierstube getreten und im Begriffe, einen besonders wichtigen Besuch bei einem Minister oder einer vornehmen Dame abzustatten.

Auch sein Gesichtsausdruck, sein Gang, die Art, wie er die Arme und Hände bewegte, der Tonfall seiner Stimme, dies alles stand völlig im Einklang mit der allzu sorgfältigen Toilette und war von der gleichen gewählten Korrektheit.

Manassewitsch-Manuilow war im Hause Rasputins ein ständiger Gast, ja, er erschien dort oft viele Male am Tag. Niemand anders konnte so sicher sein, stets empfangen zu werden, keinem anderen Besucher lieh der Staretz so willig und interessiert sein Ohr. Kaum war der Kollegienratsassessor eingetreten, als Rasputin auch schon alles andere stehen ließ und auf ihn zueilte; selbst wenn er gerade damit beschäftigt gewesen war, in seinem Kabinett eines jener ‚Täubchen' zu seinem Evangelium von der Erlösung durch die Sünde zu bekehren, unterbrach er diese ebenso löbliche wie angenehme Beschäftigung auf der Stelle, sobald ihm der Besuch Manuilows gemeldet worden war.

Dieser wußte zwar um seine bevorzugte Stellung, machte von dieser aber äußerlich keinen wie immer gearteten Gebrauch: Wie oft am Tage er auch bei Rasputin erscheinen mochte, nie erlaubte er sich die mindeste Nachlässigkeit in der Beobachtung äußerer Formen, und nichts an seinem Auftreten ließ die Intimität erkennen, die zwischen ihm und dem Staretz bestand. War sein Anliegen auch noch so dringend, seine Stimmung auch noch so mißvergnügt, so ließ er sich von alledem doch nicht das mindeste anmerken, vielmehr wahrte er stets ein Gehaben von ruhiger Gelassenheit und selbstbewußter Würde. Sein Gesicht strahlte jederzeit in einem gleichmäßig liebenswürdigen und gewinnenden Lächeln, ohne daß diese Heiterkeit jemals die Schranken einer gewissen distanzierten Zurückhaltung überschritten hätte oder gar in zudringliche Jovialität übergegangen wäre. Manassewitsch-Manuilow war eben in seinem ganzen Äußeren, angefangen von der tadellosen Kleidung bis zu dem ebenso tadellosen Spiel seiner Gesichtszüge, das

Vorbild eines kultivierten und wohlerzogenen ‚Herrn aus der guten Gesellschaft'.

Dennoch aber verbarg sich hinter dieser äußeren Korrektheit einer der kühnsten und skrupellosesten Gauner seiner Zeit, dessen ganzes Leben eine Kette von Niederträchtigkeiten, Betrügereien, Erpressungen und dunklen Geschäften aller Art gewesen war.

Dieser Sohn eines jüdischen Kaufmannes aus Gurewitsch hatte es schon als Knabe verstanden, das Interesse des alten Fürsten Meschtscherski auf sich zu lenken. Jener ehemalige Freund Dostojewskis, der einflußreiche Politiker und Herausgeber der reaktionären Zeitschrift ‚Graschdanin', hatte mit zunehmendem Alter immer lebhafteres Wohlgefallen an hübschen und mädchenhaft zarten Knaben gefunden, ein Umstand, den sich der junge Manuilow bald zunutze zu machen gewußt hatte. Fürst Meschtscherski nahm sich des vielversprechenden Jünglings an und bevorzugte ihn unter allen seinen ‚geistigen Söhnen' ganz besonders; er ließ ihn von den besten Schneidersalons kleiden, versah ihn reichlich mit Taschengeld und verschaffte ihm Zutritt zu den besten Kreisen Petersburgs.

Bald aber hatte der junge Manuilow den lebhaften Drang verspürt, die in ihm schlummernden Talente auch noch nach anderen Richtungen hin auszunutzen, und es war ihm in kurzer Zeit gelungen, das Vertrauen der Petersburger Geheimpolizei zu erlangen. In deren Auftrag verfügte er sich bald darauf nach Paris, nicht in die ‚Ville lumière' der reichen Petersburger Jünglinge, sondern vielmehr in das Zentrum der gegen den Zarismus gerichteten revolutionären Bewegung. Diese spionierte er mit solchem Erfolg aus, daß seine Vorgesetzten ihm ihre höchste Bewunderung aussprachen, und daß er bald zur rechten Hand des in Paris tätigen Ochranachefs Raschkowski wurde.

Seine Karriere als Spion war ebenso abenteuerlich als erfolgreich gewesen: In Paris hatte er sich Einblick in die Geheimakten der Polizeipräfektur verschafft, in Rom kam er einer gegen Rußland gerichteten Verschwörung auf die Spur, in London und im Haag wußte er sich mit Funktionären der japanischen Militärmissionen in Verbindung zu setzen und deren Geheimnisse auszukundschaften, sein Meisterstück aber leistete er während des Russisch-Japanischen Krieges, indem es ihm gelang, den japanischen Chiffreschlüssel zu beschaffen und mit dessen

Hilfe die Geheimdepeschen mehrerer japanischer Gesandtschaften in Europa zu enträtseln. Er hatte die russische Konterspionage in Wien, Stockholm und Antwerpen organisiert, bemächtigte sich der diplomatischen Korrespondenz zwischen den in Petersburg akkreditierten Vertretern der neutralen Mächte und ihren Regierungen über deren Verhandlungen mit Japan, gelangte dann durch Bestechung eines Angestellten bei der Botschaft in Madrid in den Besitz des deutschen Chiffreschlüssels und organisierte hierauf mit großem Erfolg eine geheime Überwachung der Baltischen Flotte. Zum Lohn für seine Tätigkeit wurde er damals mit dem persischen Sonnen- und Löwenorden, mit dem Orden Wladimir IV. und mit dem spanischen Isabellenorden ausgezeichnet.

Zwischendurch hatte er sich mit verschiedenen innerpolitischen Spionagegeschäften abgegeben und auch hier beträchtliche Erfolge erzielt: So war ihm das Geheimarchiv des Grafen Witte in die Hände gefallen, wodurch es ihm gelang, diesen Staatsmann durch Auslieferung kompromittierender Schriftstücke an die Gegenpartei um seinen Ministerposten zu bringen. Bald darauf verkaufte er wichtige russische Staatsakten an den Revolutionär Burtzew, der mit diesem Material eine antirussische Kampagne in Amerika eröffnete. Auch mit dem Priestermönch Gapon war Manuilow wiederholt in Beziehung getreten, das eine Mal, um ihn unter der Maske eines überzeugten Revolutionärs zu einem gewaltsamen Vorgehen gegen die Regierung zu veranlassen, ein Bestreben, das dann zu dem ‚Blutigen Sonntag' vor dem Winterpalais geführt hatte, das andere Mal, um Gapon im Auftrag der Regierung ermorden zu lassen.

Neben diesen bedeutsamen Staatsaktionen verschmähte er jedoch auch kleine Privatunternehmungen durchaus nicht: Er hatte ausgewiesenen Juden gegen große Summen die Beschaffung von Aufenthaltsbewilligungen zugesichert, ohne sein Versprechen zu halten, mehrere Leute unter der Vorspiegelung, sie vom Militärdienst befreien zu wollen, um erhebliche Beträge geschädigt und dazwischen hier und dort für seine privaten Zwecke Judenpogrome veranstaltet.

Im Gefühl seiner Allmacht und vielleicht auch aus unbezähmbarer Unternehmungslust hatte Manuilow damals des Guten zuviel getan und sich eine Strafuntersuchung zugezogen, die zu einem großen Skandal zu werden drohte. Aber er wußte auch diesmal dem drohenden Verhängnis zu entgehen, denn eines Tages erhielt der mit der Untersuchung gegen ihn betraute Staatsanwalt von seiner vorgesetzten Stelle den lakonischen Auftrag, die Sache niederzuschlagen. Kurze Zeit später spielte der Kollegienratsassessor schon wieder eine große Rolle und verstand es, an dem reichen Obersten Mexasudi groß angelegte Erpressungen zu verüben. Als dann der Krieg ausgebrochen war, hatte er so lange geschickt zwischen den gegeneinander intrigierenden Cliquen hin und her laviert, bis er es endlich dazu gebracht hatte, von dem neuen Ministerpräsidenten Stürmer zum Präsidialsekretär ernannt zu werden.

Die Petersburger Gesellschaft wußte wohl von der dunklen Vergangenheit und Gegenwart dieses Mannes, kannte jedoch die Macht und die Gefährlichkeit seines Einflusses viel zu genau, als daß sie ihm nicht mit ausgesuchtester Höflichkeit und Devotion begegnet wäre. Er selbst war von dem Bewußtsein seines Einflusses völlig durchdrungen und ließ dies auch äußerlich durch selbstsicheres und würdiges Auftreten erkennen.

Wenn er in das Wartezimmer Rasputins eintrat, streifte er bei der Tür seine Handschuhe ab, übergab dem Dienstmädchen mit leichter Geste Hut, Rock und seinen Spazierstock mit silbernem Griff, nickte verbindlich nach allen Seiten zum Gruße und schritt, elegant wippend, auf den Staretz zu.

Grigori Jefimowitsch mochte beim Eintritt Manassewitsch-Manuilows gerade dabei gewesen sein, Darlegungen eines Bittstellers entgegenzunehmen, der sich bemühte, ihm seinen Fall in allen Einzelheiten auseinanderzusetzen; voll Interesse hatte Rasputin das Anliegen angehört und darüber nachgedacht, was für den Armen getan werden könne. In dem Augenblick aber, da der Kollegienratsassessor erschien, ließ Rasputin den unglücklichen Petenten einfach stehen, vergaß ihn von einer Sekunde auf die andere vollkommen, stürmte mit seinen breiten, unbeherrschten Bewegungen dem neuen Besucher entgegen, umarmte ihn mit ungestümer Herzlichkeit und küßte ihn auf beide Wangen.

Hatte sich hierauf der Kollegienratsassessor mit nachsichtiger Überlegenheit den Armen des heiligen Vaters entwunden, dann gingen die beiden, bevor sie in das von Agenten gefüllte Arbeitszimmer traten, zumeist einige Minuten lang im Vorraum auf und ab; in aller Eile teilte nun Manuilow dem Staretz die Neuigkeiten mit, die ihn hierhergeführt hatten.

Die Versammlung im Wartezimmer hatte oft Gelegenheit, das eifrige, halblaut geführte Gespräch zwischen Rasputin und Manuilow zu beobachten: Der Kollegienratsassessor hatte den Staretz mit einer feinen und nachlässigen Geste unter den Arm genommen und mit gedämpfter Stimme auf ihn eingeflüstert. Die Bittsteller konnten nur hier und da das eine oder das andere Wort vernehmen und mußten sich damit begnügen, auf das Mienenspiel der beiden Männer zu achten; aber auch dieses wirkte, selbst losgelöst vom Inhalt des unverständlichen Gesprächs, an und für sich höchst eigentümlich: Schon die ganze Erscheinung Manuilows, sein souveränes, sorgloses Lächeln, seine Art, dem hochverehrten Wundermann ganz einfach unter den Arm zu greifen, dies alles stach seltsam von dem Benehmen aller übrigen Menschen in diesem Raume ab. Wer immer hierhergekommen sein mochte, hohe Offiziere, Ministerkandidaten, gierige Spekulanten, mittellose Studenten, sehnsüchtige Frauen, sie alle zeigten in ihren Mienen die angstvolle Unterwürfigkeit, die Furcht und Demut von Strebern, Gewinnsüchtigen oder hysterisch Verzückten, während Manuilows Antlitz die heitere Ruhe eines seiner Sache völlig sicheren Schurken ausströmte.

Im Gespräch mit ihm schien auch der Staretz sich seltsam zu verändern; wenn die gekränkten Bittsteller, denen Rasputin jetzt keinerlei Interesse mehr entgegenbrachte, die beiden Männer nebeneinander auf- und abgehen sahen, war es ihnen, als sei mit einem Male alles, was dem Gesicht des Staretz vorher noch den Anstrich mönchischer Güte und Väterlichkeit verliehen hatte, wie eine Maske abgefallen: Vor ihren Augen tauchte plötzlich das brutale Gesicht eines listigen Bauernmaklers auf; auch der Bart, der den Staretz bis jetzt so würdig und fromm hatte erscheinen lassen, verwandelte sich in solchen Augenblicken in den wehenden rötlichen Bart eines Pferdehändlers. Verwirrt durch solche unbegreifliche Hexerei starrten die Bittsteller Grigori Jefimowitsch ratlos an. Ihrer bemächtigte sich ein unbehagliches und verworrenes Gefühl, das genau so lange anhielt, bis Manuilow den heiligen Vater wieder aus seinen Armen entlassen hatte, und der Staretz sich von neuem mit väterlichem und gütigem Blick, die Rechte segnend an die Stirn gehoben, seinen Schäflein zuwenden konnte. Dann erst verschwand der

Höllenzauber, der für einige Minuten ihren Glauben an die Göttlichkeit Rasputins getrübt hatte.

Wie kaum ein anderer kannte Manuilow alle Schwächen des Heiligen; er war darüber so genau unterrichtet, wie sich nur ein Partner in wenig sauberen Geschäften über seinen Kompagnon im klaren sein kann. Vielleicht war er der einzige Mensch, der nicht unter der persönlichen Faszination Rasputins stand, denn ein Gefühl wie Verehrung, Demut oder Bezauberung kannte der vielerfahrene Kollegienratsassessor überhaupt nicht. Was ihn dennoch unlösbar mit Grigori Jefimowitsch verband, waren nüchterne geschäftliche Erwägungen, war die Erkenntnis, daß der Staretz einen wichtigen Faktor in seinen eigenen kommerziellen Spekulationen bildete.

Noch an dem Tage, bevor er in Rasputins Dienste getreten war, hatte Manuilow zu dessen erbittertsten Gegnern gezählt, denn bis dahin war es ihm ratsam erschienen, sich durch eine Kampagne gegen den Wundertäter in das Vertrauen von dessen Gegner, des einflußreichen Generals Bogdanowitsch, einzuschleichen. In einer schlaflosen Nacht war er jedoch zu der Erkenntnis gelangt, daß es besser sei, die Partei zu wechseln, zumal da gerade damals der Minister des Innern Maklakow energisch zugunsten des Staretz eingeschritten war. Von diesem Augenblick an zählte Manassewitsch-Manuilow zu den eifrigsten und ergebensten Anhängern Rasputins und verriet diesem sofort die Intrigen des den General Bogdanowitsch umgebenden Kreises.

Bald erwies es sich, daß diese veränderte Haltung seiner Karriere sehr förderlich war: Die Kaiserin hatte von seiner Bekehrung erfahren und nicht mit ihrer Anerkennung gegeizt; so war Manuilow rasch avanciert und hatte es schließlich bis zum Sekretär des Ministerpräsidenten gebracht. Durch die Vermittlung von Manassewitsch-Manuilow hatte nämlich Rasputin die nähere Bekanntschaft Boris Stürmers gemacht. Der Kollegienratsassessor hatte eine Zusammenkunft zwischen den beiden Männern in der Wohnung seiner Freundin, der Schauspielerin Lerma Orlowa, veranstaltet, und dort sollte Grigori Jefimowitsch sich darüber entscheiden, ob Stürmer ein für den Posten des Ministerpräsidenten geeigneter Kandidat sei.

Diese Zusammenkunft fand unter ziemlich dramatischen Begleitumständen statt: Manuilow, der in die Lerma leidenschaftlich verliebt war, hatte gerade an jenem Tag seine Freundin auf Abwegen ertappt und festgestellt, daß sie ihn mit dem Reitlehrer Petz betrogen hatte. Er wütete vor Eifersucht und Kränkung und war gerade dabei, seine Geliebte zu prügeln, als die Klingel ertönte und Stürmer eintrat; einige Minuten später erschien auch der Staretz.

Von dieser Besprechung zwischen Rasputin und Stürmer hing aber auch die ganze Zukunft Manuilows ab, hatte doch Stürmer diesem für den Fall seiner Ministerpräsidentschaft die größten Versprechungen gemacht. So war der arme Manuilow an jenem Tag in einem unerträglichen Zwiespalt zwischen seinen persönlichen Gefühlen und den Rücksichten auf Staatsinteressen und auf seine fernere Karriere. Bald war er in dem einen Zimmer damit beschäftigt, die heulende Lerma zu trösten und zu versöhnen, bald wieder lief er in den Nebenraum, um dort die Kandidatur Stürmers zu befürworten.

Die ganze historische Zusammenkunft war aber schließlich doch zur allgemeinen Zufriedenheit ausgefallen: Rasputin hatte von Stürmer einen günstigen Eindruck davongetragen und ihn beim Abschied sogar geküßt. Stürmer wieder war vor Glückseligkeit ganz außer sich gewesen, hatte Manuilow umarmt und versprochen, er wolle sich seiner in Hinkunft wie eines Sohnes annehmen und ihm jeden gewünschten Posten verschaffen.

Aber auch der Liebeskonflikt des Kollegienratsassessors war günstig abgelaufen, denn das bevorstehende Avancement Manuilows zum Sekretär des neuen Ministerpräsidenten hatte auf die kleine Schauspielerin Eindruck gemacht, und sie beschloß nun, den Reitlehrer Petz doch lieber laufen zu lassen. Manuilow tat dann ein übriges, setzte sich mit dem Ministergehilfen Beletzki in Verbindung, hinterbrachte diesem, daß Petz sich mit dem Verkauf von Pferden an das feindliche Ausland befasse und erreichte schließlich die Verhaftung seines Nebenbuhlers. Während dieser im Gefängnis saß und darauf wartete, daß seine Unschuld an den Tag kommen werde, konnte sich Manuilow ungestört der Liebe seiner wiedergewonnenen Freundin erfreuen. Gleichzeitig wurde er immer mehr von Bankiers und Geschäftsleuten mit Anliegen bedrängt, mit Bestechungsgeldern überhäuft und erlangte auch Zutritt zur vornehmsten Gesellschaft und sogar zu den diplomatischen Vertretungen der fremden Großmächte.

Rasputin gab sich über die Motive für Manuilows Übertritt auf seine Seite keinerlei Illusionen hin: Er kannte das Vorleben des Kollegienratsassessors sowie dessen Charakter und wußte nur zu gut, daß dieser ihm lediglich infolge von praktischen Erwägungen diente. Mit seiner Bauernschlauheit hatte er aber auch erkannt, daß keine aus persönlicher Bewunderung und Verehrung hervorgegangene Anhänglichkeit so fest und verläßlich sei wie jene, die nur auf nüchternen geschäftlichen Erwägungen beruhte. Da Manuilow seine eigene Macht und seinen Einfluß aus der Macht und dem Einfluß Rasputins ableitete, konnte dieser sich beruhigten Herzens auf die Ergebenheit des Kollegienratsassessors verlassen.

Es blieb dem Staretz nicht verborgen, daß Manuilow seine alten Beziehungen zur Geheimpolizei auch weiterhin nicht aufgegeben hatte, daß ihm vielmehr vom Ministergehilfen Beletzki der besondere Auftrag erteilt worden war, die Polizei ausführlich über alle politischen und geschäftlichen Pläne des Staretz auf dem laufenden zu halten. Der Kollegienratsassessor hatte selbst vor Grigori Jefimowitsch aus dieser ihm zuteil gewordenen Mission kein Hehl gemacht: Der Staretz aber verstand es, die Beziehungen seines Freundes zur Ochrana für sich auszunutzen, denn er hatte Manuilow mit Leichtigkeit dahin gebracht, daß dieser auch umgekehrt ihm selbst die geheimen Absichten und Pläne der Polizei hinterbrachte. Unter diesen Umständen ließ Grigori Jefimowitsch es gern geschehen, wenn Manassewitsch-Manuilow von Zeit zu Zeit dem Ministergehilfen Beletzki ausführlichen Rapport über ihn unterbreitete.

Er bemühte sich nicht einmal, irgend etwas von seinem Tun und Lassen vor Manuilow zu verbergen; dieser hatte Tag und Nacht Zutritt zu Rasputins Wohnung, und alle Fächer von dessen Schreibtisch standen ihm offen. Manuilow machte von diesem grenzenlosen Vertrauen seines heiligen Freundes auch insofern Gebrauch, als er zu jeder Stunde bei ihm zu sehen war, sich selbst in die Anliegen der im Vorraum Wartenden mischte und an fast allen im Arbeitszimmer abgeschlossenen Geschäften teilnahm.

Während Grigori Jefimowitsch mit dem Kollegienratsassessor im Vorraum konferierte, öffnete sich mehrmals die Tür zum Arbeitszimmer, und ein brünetter Mann mittleren Alters mit prononciert jüdischem Gesichtsschnitt tauchte, freundlich und ehrerbietig grüßend, in dem Rahmen auf: Es war dies Simanowitsch, der erste Privatsekretär Rasputins, der bald einen der wartenden Leute in das Arbeitszimmer rief, bald auf den Staretz zutrat und ihn mit leiser Stimme etwas fragte.

Sooft die Tür sich auftat, konnten die Bittsteller im Vorzimmer einen raschen Blick in das Arbeitszimmer werfen. Dort saßen, eng aneinandergedrängt, mehrere Männer rings um den runden Tisch; einige von ihnen waren, über Schriften und Notizbücher gebeugt, anscheinend damit beschäftigt, wichtige Aufzeichnungen zu machen, andere wieder führten, eifrig gestikulierend, aufgeregte Gespräche miteinander. Fast alle diese Männer waren schäbig gekleidet, zwei oder drei von ihnen trugen Hemdblusen und sahen aus wie kleine Geschäftsangestellte, die anderen waren typische Vertreter der unteren jüdischen Finanzwelt von Petersburg mit häßlichen kleinen Augen und rötlichen Ziegenbärten.

Mit dem Rücken an den riesigen Schreibtisch gelehnt, auf dem ganze Berge von geöffneten und ungeöffneten Briefen und Telegrammen wüst durcheinanderlagen, stand Dobrowolski, der zweite Privatsekretär Rasputins, und rief von Zeit zu Zeit den umhersitzenden Männern etwas zu; hierauf beugten diese sich fast gleichzeitig tief über ihre Notizbücher, um die Angaben Dobrowolskis einzutragen, worauf alsbald das erregte Gestikulieren und Durcheinanderschreien mit verstärkter Heftigkeit wieder einsetzte.

Dieses ganze Bild einer Schar von aufgeregten Gestalten mit Notizbüchern rings um einen Mann, der allerhand Namen und Ziffern ausrief, erinnerte stark an eine Winkelbörse, und in einem gewissen Sinn traf diese Bezeichnung auf das Arbeitszimmer des Staretz auch wirklich zu. Denn die verschiedenen Freunde und Sekretäre Rasputins hatten es verstanden, unter Ausnützung seiner Beziehungen und seines Einflusses hier ein florierendes Geschäftsunternehmen zu etablieren. Außer den vier eigentlichen Sekretären, die einander regelmäßig ablösten und von denen der ehemalige Brillantenschleifer Simanowitsch und der Volksschulinspektor Dobrowolski das besondere Vertrauen Rasputins gewonnen hatten, amtierte hier ständig ein Stab von Maklern und Agenten aller Art.

Der Umstand, daß sich im Wartezimmer des Wundertäters täglich fast alle einflußreichen Männer Rußlands versammelten oder zumindest durch Bevollmächtigte vertreten ließen, machte es möglich, an Ort und Stelle große Handelsgeschäfte, Konzessionsverleihungen, Börsentransaktionen und politische Interventionen ohne jede bürokratische Verzögerung durchzuführen: Man kam vormittags mit einem Anliegen in das Wartezimmer Rasputins, unterbreitete seine Sache dem Herrn des Hauses selbst oder dem zuständigen Ressortsekretär und wartete, bis der Bankier Rubinstein, der Bischof Warnawa, einer der Minister, der Generaladjutant des Zaren oder die einflußreiche ‚Kirchenmutter' Gräfin Ignatiew ebenfalls hier erschien. Alles übrige besorgten dann die Sekretäre, und meist konnte man schon nachmittags das gewünschte Schriftstück entgegennehmen und das Haus des Staretz wohlverrichteter Dinge wieder verlassen.

In jenem Rußland, wo jede wie immer geartete Angelegenheit, mochte sie auch noch so sehr durch Protektion und Bestechungsgelder gefördert werden, doch vorerst einen langwierigen und komplizierten Weg durch tausend Amtsstellen zu machen hatte, ehe eine Erledigung erhofft werden konnte, zeichnete sich gerade das Büro Rasputins durch ungeahnt rasches Funktionieren aus. So war es denn nur allzu begreiflich, daß dieses Unternehmen wie kaum ein anderes in Rußland in höchster Blüte stand, und daß die Zahl seiner Kommittenten ständig wuchs.

Der Staretz selbst kümmerte sich nur wenig um die technische Durchführung aller dieser Geschäfte; die eigentliche Manipulation überließ er völlig seinen Sekretären. So kam es, daß er, während in seinem Arbeitszimmer die größten und verwickeltsten Finanzoperationen durchgeführt wurden, persönlich seine bäuerliche Primitivität vollends bewahren konnte. Er behandelte auch den kompliziertesten Fall, der eigentlich weit über seinen Horizont hinausgehen mußte, mit naivem und ursprünglichem Bauernverstand, ohne sich durch unverständliche Einzelheiten im mindesten verwirren zu lassen, und gerade diese Art verschaffte ihm Erfolg: Die schlauesten und raffiniertesten Börsianer versagten vor dem gesunden Instinkt und dem durch keine Sachkenntnis beirrten Blick des Wundermannes aus Pokrowskoje, der mit sicherem Gefühl bei jeder noch so schwierigen Transaktion das Wesentliche erkannte und daran mit äußerster Zähigkeit festhielt.

In der gleichen Art, wie er mit wenigen ungelenken Federzügen

Empfehlungsbriefe schrieb, mit deren Hilfe jedermann bis nach Zarskoje Selo vordringen konnte, behandelte er auch die größten Geschäfte ungelenk, primitiv, aber erfolgreich. Fast nie schrieb er an jene Persönlichkeiten, deren Hilfe er benötigte, mehr als einige Worte: „Mein Lieber, Teurer, tue es! Grigori." Diese schlichten Zeilen mit einem einfachen Kreuzeszeichen darüber wirkten wie Zauberformeln: Sie genügten, um Bankdirektoren und Minister zur sofortigen Bewilligung von anscheinend unmöglichen Forderungen zu veranlassen.

Hatte Rasputin ein derartiges Empfehlungsschreiben hingekritzelt, so war damit in den meisten Fällen seine geschäftliche Tätigkeit bereits zu Ende; alles weitere war dann die technische Detailarbeit seiner Sekretäre, um die er sich nicht weiter kümmerte. Im Laufe der Zeit hatte er einen noch einfacheren und bequemeren Modus gefunden: In seinen freien Stunden verfaßte er einen ganzen Vorrat dieser stereotypen Briefe ‚Mein Lieber, Teurer, tue es!', so daß er während der Geschäftszeit nur mehr die Adressen zu schreiben hatte. Oft unterließ er auch das und stellte es dem Bittenden anheim, mit seiner Blankoempfehlung ausgestattet, bei wem immer vorzusprechen.

Ein junges Mädchen, das einmal bei Rasputin erschienen und von ihm in das Kabinett gerufen worden war, schilderte später die seltsame Art, in welcher der Staretz bei der Verteilung von Briefen an Bittsteller vorzugehen pflegte.

Grigori Jefimowitsch war mitten aus der Unterhaltung in den Warteraum geholt worden, gleich darauf wieder zurückgekehrt, hatte vergebens einen fertigen Empfehlungsbrief gesucht und entschuldigend bemerkt:

„Ich muß schnell einen Brief schreiben; da ist ein Mann, für den ich etwas Geschäftliches zu erledigen habe!"

Dann ergriff er eine Feder und begann schwerfällig zu schreiben, wobei er jedes Wort laut vor sich hin murmelte. Mühsam, als wäre die Feder an einer fremden Hand befestigt, kritzelte er schief einige Schriftzüge nieder, wie wenn er die Buchstaben auf das Papier zu kleben hatte.

„Ich schreibe ungern", sagte er sich unterbrechend und das Mädchen umarmend, „ach, so ungern schreibe ich! Bei dem lebendigen Wort ist alles anders, da kann man seine Gedanken leichter ausdrücken! So aber ist es nur ein Geschmier, nichts als ein Geschmier! Sieh her, das ist alles, was ich geschrieben habe: ‚Lieber, teurer Freund! Sei so gut, erfülle diese Bitte. Grigori.' "

„Aber warum", fragte die junge Dame, „schreiben Sie nicht, an wen der Brief gerichtet ist?"

Er lächelte zerstreut: „Wozu? Der Mann wird schon selbst wissen, welchen Minister er braucht! Mir ist es ganz gleich, ich schreibe: ‚Lieber, teurer Freund', und das genügt! Ich schreibe immer so!"

Als später der Geschäftsbetrieb in Rasputins Arbeitszimmer einen noch größeren Umfang annahm, geschah es häufig, daß der Staretz der Einfachheit halber eine ganze Menge derartiger fertiger Briefe an Simanowitsch und Dobrowolski zur Verteilung übergab. Dieser Umstand hatte zur Folge, daß die beiden Sekretäre in den Augen der im Vorzimmer harrenden Makler und Spekulanten alsbald zu hohem Ansehen gelangten. Besonders Simanowitsch erfreute sich der größten Verehrung: Wenn er in der Tür des Arbeitszimmers erschien, krümmten sich die Rücken der wartenden Geschäftsleute in tiefster Devotion, und Simanowitsch sah sich den unterwürfigsten Blicken aus vielen kleinen, unruhigen Augenpaaren gegenüber.

War der Staretz gerade nicht persönlich anwesend, dann konnte man sich also getrost an seine Vertreter Simanowitsch oder Dobrowolski wenden: Auch sie nahmen mit der gleichen Ungezwungenheit Bestechungsgelder und wertvolle Geschenke entgegen und hatten einen genügenden Vorrat jener von Rasputin unterschriebenen Empfehlungsbriefe in ihren Brieftaschen.

Grigori Jefimowitsch vergönnte es seinen Sekretären aus ganzem Herzen, wenn auch diese von Zeit zu Zeit in seiner Vertretung einträgliche Geschäfte abschlossen und die Provision dafür selbst einstrichen. Besonders Simanowitsch erfreute sich seiner aufrichtigen Zuneigung, und Rasputin schlug ihm selten eine Bitte ab; datierte doch die Freundschaft dieser beiden Männer noch aus der Zeit, da Rasputin ein wandernder Pilger gewesen war.

Damals, im Jahre 1900, hatte Grigori Jefimowitsch sich auf dem Bahnhof von Kasan zum erstenmal mit dem Brillantenschleifer Simanowitsch angefreundet, und diese Beziehung war dann bei einem zweiten Zusammentreffen in Kiew noch befestigt worden, als Simanowitsch dort noch einen kleinen Juwelierladen innehatte.

Im Ghetto einer südrussischen Kleinstadt geboren, hatte Simanowitsch das Juwelierhandwerk erlernt und früh damit begonnen, seine Ersparnisse gegen hohe Zinsen zu verleihen. So hatte er sich mühsam durchs Leben gebracht, bis der Russisch-Japanische Krieg ihm die Gelegenheit zu einem genial erdachten Beutezug bot. Mit einem Koffer voll Spielkarten ausgerüstet, begab er sich auf den Kriegsschauplatz und etablierte dort eine wandernde Spielbank. Da er es nicht versäumt hatte, sich vorher mit allen Feinheiten des Falschspiels vertraut zu machen, kehrte er aus der Mandschurei als reicher Mann zurück, um dann sowohl seinen schon früher begonnenen Brillantenhandel als auch seine Wuchergeschäfte und seine Hasardunternehmungen auch im Europäischen Rußland fortzusetzen. So wurde er als Darlehensgeber bald zu einer der wertvollsten Stützen für geldbedürftige junge Aristokraten in Petersburg und Moskau.

In der Residenz nahm Simanowitsch auch seine freundschaftlichen Beziehungen zu Rasputin wieder auf, denn er hatte sogleich erkannt, wie wertvoll der Einfluß des Staretz für seine eigenen Geschäfte sein konnte. Überdies hatte er einen mächtigen Beschützer dringend nötig, denn die Polizei wußte wohl von seinen bedenklichen Unternehmungen und war mehr als einmal daran, ihn aus der Hauptstadt auszuweisen; als Sekretär Rasputins jedoch war Simanowitsch vor dieser Gefahr geschützt.

Grigori Jefimowitsch schätzte Simanowitsch nicht nur wegen seiner geschäftlichen Tüchtigkeit, er liebte ihn auch als Menschen, und so kam es, daß der ehemalige Brillantenschleifer einen ziemlich starken persönlichen Einfluß auf den Staretz auszuüben vermochte. Diesen benutzte er nicht nur für seine Geschäfte, sondern auch, um im Interesse der jüdischen Sache zu wirken und durch die Fürsprache Rasputins die Aufhebung einiger die Juden bedrückenden Gesetzesbestimmungen zu erreichen. Wie sehr Vater Grigori, der russische Bauer, Sektierer und Verkünder eines neuen Evangeliums, den kleinen, ungebildeten und unansehnlichen Juden Simanowitsch liebte, geht am besten daraus hervor, daß er ihm einmal seine Photographie mit der Widmung ‚Dem Besten aller Juden' verehrte.

Vielleicht war es gerade die Unbildung und primitive Schlauheit Simanowitschs, die Rasputin besonders zu ihm hinzog, denn in der

Unwissenheit und Primitivität dieses Sekretärs mußte der Staretz etwas ihm selbst Verwandtes spüren. Vor Simanowitsch brauchte er sich nicht zu genieren und nicht in Szene zu setzen, hier konnte er sich vielmehr ganz unbekümmert und offen geben.

Grigori Jefimowitsch hatte sich so sehr an den vertrauten Umgang mit seinem ersten Gehilfen gewöhnt, daß er mit diesem auch die wichtigsten Angelegenheiten des Staates beriet und diesen kleinen jüdischen Wucherer sogar einmal nach Zarskoje Selo mitnahm. Simanowitschs Sohn konnte an diesem historischen Tag seinen Nachbarn mit berechtigtem Stolz erzählen: „Papa ist heute mit Grigori Jefimowitsch nach Zarskoje Selo gerufen worden, um dort mit dem Zaren über die Eröffnung der Duma zu beraten!"

Außer Manassewitsch-Manuilow, Simanowitsch und Dobrowolski war noch ein anderes seltsames Individuum täglich in Rasputins Wohnung anzutreffen, ein gewisser Michael Otsupa-Snarski. Dieser begleitete den Staretz fast immer auf seinen Wegen zu Frauen, in Vergnügungslokale und zu sonstigen Orgien. In der Erwartung, derartige Adjutantendienste verrichten zu können, hielt sich Snarski stets in den Räumen des Staretz auf, ohne dort eine eigentliche Funktion zu erfüllen.

Von Manassewitsch-Manuilow bei Rasputin eingeführt, stand auch Snarski, ebenso wie der Kollegienratsassessor selbst, wie Simanowitsch, Dobrowolski und alle übrigen Getreuen, nebenbei im Dienst der Geheimpolizei, doch war auch er zugleich ein treuer Diener Rasputins. Ihm und seinem Gönner Manuilow war es sogar, gerade dank ihren Beziehungen zur Ochrana, gelungen, den Staretz vor manchen Unannehmlichkeiten und Gefahren zu schützen. Einmal hatten der Minister Chwostow und sein Gehilfe Beletzki beabsichtigt, Grigori Jefimowitsch in eine Falle zu locken und verprügeln zu lassen, um ihn dann im letzten Augenblick zu befreien und so den Lorbeer seiner Rettung aus höchster Not einzuheimsen. Zu diesem Zweck hätte Snarski, dessen Wohnung jener Rasputins schräg gegenüber lag, den heiligen Staretz zu einem Gelage einladen und ihn dann den verkleideten Polizeiagenten ausliefern sollen, wenn er das Haus betrunken wieder verließ.

Snarski hatte den Auftrag und die für dessen Durchführung erforderliche Geldsumme zwar übernommen, Rasputin jedoch sogleich von dem Anschlag unterrichtet. Alle drei, der Staretz, Manuilow und Snarski, waren dann vergnügt in Rasputins Wohnung geblieben und hatten bei einem fröhlichen Gelage mit Frauen und Wein hohnlächelnd zugesehen, wie Chwostow und Beletzki mit ihren rettenden Scharen vereinbarungsgemäß vor Snarskis Haus eintrafen und wutschnaubend unverrichteter Dinge wieder abziehen mußten.

Oft geschah es während der vormittägigen Empfangsstunden bei Rasputin, daß die Tür sich öffnete und Ossipenko, der Sekretär des Metropoliten Pitirim, erschien, um dem Staretz seine Aufwartung zu machen. Der hohe geistliche Würdenträger Pitirim vermied es nämlich nach Möglichkeit, selbst öffentlich mit Rasputin zusammenzutreffen, da er fürchtete, durch den Umgang mit dem in Kirchenkreisen sehr verhaßten Staretz Ärgernis und Anstoß zu erregen. An seiner Statt entsandte er regelmäßig seinen Sekretär Ossipenko, der sich im Laufe der Zeit so daran gewöhnt hatte, den Kirchenfürsten zu vertreten, daß er allmählich eine sonderbare Art von salbungsvoller Würde in seinen Bewegungen und seiner Rede angenommen hatte. Ossipenko war durch die ihm auferlegte wesensfremde Haltung etwas aus dem Gleichgewicht geraten und er gebärdete sich, als sei er selbst der Metropolit: Der Polizeichef Beletzki hatte dies zu seinem Schaden am eigenen Leibe erfahren müssen, denn als er versuchte, Ossipenko durch Überreichung von dreihundert Rubeln mit in seine Spionageagentur einzubeziehen, hatte der Sekretär Pitirims mit würdevoller Miene die dreihundert Rubel eingesteckt und über die Sache selbst nie mehr ein Wort verloren.

★

Langsam zerstreuten sich die Gäste im Warteraum; aus dem Arbeitszimmer entfernten sich der Reihe nach die Makler und Spekulanten, ihre Aktenmappen unter dem Arm, teils einzeln, teils in Gruppen und diskutierend. Auch die Sekretäre, Gehilfen und Adjutanten des Staretz griffen nach ihren Lederjacken, Hüten und Pelzen, klemmten ihre Taschen unter den Arm und empfahlen sich.

Im Speisezimmer feierten unterdessen die Jüngerinnen rührenden Abschied von ihrem heiligen Vater, den sie erst morgen wiedersehen sollten. Er umarmte eine nach der anderen, küßte sie auf den Mund und verteilte Stückchen schwarzen Zwiebacks unter sie, den die Damen sorgsam in Seidentücher wickelten und zu sich steckten. Einige flüsterten leise mit Dunja und baten sie, ihnen etwas schmutzige Wäsche Rasputins zur Reinigung mitzugeben, möglichst unsaubere und schweißgetränkte Stücke.

Das Dienstmädchen verschwand und kehrte nach kurzer Zeit mit den gewünschten Paketen schmutziger Wäsche zurück, welche sie an die einzelnen Jüngerinnen verteilte. Dann empfahlen sich alle und gingen über die Hintertreppe fort.

Nur jene Frauen waren zurückgeblieben, die ständig in der Wohnung des Staretz lebten, sowie eine fürstliche Jüngerin, der die Ehre zuteil geworden war, heute mit ihren langen, feinen Fingern einen geräucherten Fisch für den heiligen Vater häuten zu dürfen. Während sie dieser Arbeit oblag, blickte sie verliebt und verführerisch auf Grigori Jefimowitsch und bat diesen, er möge ihren Gatten zum Minister machen. Der Staretz verzehrte den Fisch mit Appetit, trank einige Gläschen Madeira, lächelte inzwischen der bittenden Fürstin zu und erklärte ausweichend: „Na ja, ja, wird schon werden, mein Seelchen!"

Von neuem läutete das Telephon. Dunja trat an den Apparat, erkundigte sich in ihrer gewohnten, unfreundlichen Manier, wer spreche, eilte dann auf Rasputin zu und erklärte unwirsch: „Eine Fremde!"

Neugierig schritt der Staretz an das Telephon; alsbald vernahm man Bruchstücke eines Gespräches:

„Nun, wer dort? Ich höre! ... Ich bin selbst hier, wer spricht? Eine Fremde? ... Eine junge Dame? ... Und von wo telephonierst du?"

Seine Stimme verriet deutlich ein zunehmendes Interesse, und sein Ton wurde immer liebenswürdiger: „Weißt du was, komm gleich jetzt, magst du? ... Mußt dich aber beeilen, denn ich fahre bald nach Zarskoje Selo! ... Und wie siehst du aus? Bist du hübsch? ... Na komm nur gleich, liebes Seelchen, ich warte auf dich!"

Kurze Zeit später ertönte die Türklingel, und ein hübsches junges Mädchen trat ein. Sie war erst vor kurzem aus der Provinz nach Petersburg gekommen, war, infolge ihrer mystischen Veranlagung, bereits in ihrer Heimat mit Sektierern in Verbindung getreten und hatte schon dort verschiedene Andeutungen über den wunderbaren Grigori Rasputin vernommen.

In der Hauptstadt waren ihr von allen Seiten weitere Gerüchte zugetragen worden, und sie hatte bald einen Zusammenhang zwischen dem Staretz und ihren gottsuchenden Sektenbrüdern vermutet; um sich über dies alles Klarheit zu verschaffen, hatte sie nun beschlossen, den seltsamen Mann aufzusuchen und mit ihm zu sprechen. Sogleich nach der telephonischen Anmeldung war sie in hochgespannter religiöser Erregung hierhergeeilt und wartete nun, nachdem sie die Kontrolle der mißtrauischen Dunja passiert hatte, ob Grigori Jefimowitsch sie wirklich sogleich empfangen werde.

Da erschien auch bereits in der Speisezimmertüre seine wunderliche Gestalt; mit freundlichem Lächeln auf den Lippen trat er der hübschen Besucherin entgegen; sie nannte ihren Namen, Vera Alexandrowna Schukowskaja, und fügte schüchtern hinzu, sie sei es gewesen, die ihn vor etwa einer halben Stunde angerufen hatte.

„Und worüber möchtest du mit mir reden?" erkundigte sich Grigori Jefimowitsch.

„Über verschiedene Fragen des Lebens", erwiderte sie unbestimmt, denn im Augenblick wußte sie selbst nicht genau, worüber sie eigentlich mit ihm sprechen sollte. Rasputin hielt ihre Hand in der seinen, wandte sich dann nach der Türe um und rief Dunja. Als die Dienstmagd erschienen war, sagte er, auf Vera Alexandrowna deutend, mit halblauter Stimme:

„Führe Sie in mein Privatzimmer!"

ZEHNTES KAPITEL

IM ALLERHEILIGSTEN

„Ich folgte dem Dienstmädchen durch die rechte Tür", erzählt Vera Alexandrowna Schukowskaja, „und gelangte in ein schmales, langes, einfenstriges Kabinett; dann entfernte sich Dunja und schloß die Türe sorgfältig.

Ich musterte meine Umgebung: An der Wand, ganz nahe bei der Türe, stand ein Bett, über dessen hoch aufgetürmte Polster eine bunte, fadenscheinige Seidendecke gebreitet war; daneben, an der gleichen Wand, stand ein Waschtisch, neben diesem ein Damenschreibtisch mit einem minderwertigen Schreibzeug, einigen Federstielen, schmutzigen Federn und Bleistiften; dort lag auch eine goldene Uhr mit dem kaiserlichen Wappen auf dem Deckel. In der Mitte des Raumes stand ein Tisch mit zwei Stühlen, vorn beim Fenster ein Damentoilettentisch aus Nußholz mit einem Spiegel, darauf nichts als zwei offene Telegramme und einige Briefe. In dieser Ecke des Raumes war kein Heiligenbild zu sehen, aber auf dem Fenster stand die große, mit verschiedenfarbigen Bändern behängte Photographie des Altars in der Isaakkathedrale. Ich mußte sogleich daran denken, daß auch die Chlysti ihre Heiligenbilder, mit Bändern geschmückt, an das Fenster zu stellen pflegen.

Bald hörte ich den raschen Schritt Rasputins, die Tür öffnete sich, und er trat bei mir ein. Er rückte einen Stuhl herbei, setzte sich mir gegenüber, nahm meine Beine zwischen seine Knie, beugte sich weit vor und fragte: ‚Was hast du mir Gutes zu sagen?'

‚Es gibt nicht viel Gutes im Leben', antwortete ich. Er lachte, und ich konnte seine weißen Bauernzähne sehen, die an das Gebiß eines Tieres erinnerten.

‚Das sagst du? Geht es dir etwa nicht gut?' Er streichelte mein Gesicht und fügte hinzu:

‚Höre, was ich dir sagen will! Kennst du das Kirchenlied: Von Jugend an quält mich die Sinnengier, mein Herr Jesus Christus, verdamm' mich nicht dafür! Kennst du das?' Er kniff die Augen zusammen und ließ, wie aus einem Versteck, einen raschen, huschenden Blick über mich gleiten, der in einem Moment aufflammte und wieder erlosch.

,Ich kenne es sehr gut', entgegnete ich, ohne zu begreifen.

,Nein, du wart' nur, wart' ein bißchen', unterbrach er mich und drückte meine Knie fester. ,Ich werde dir alles erklären, so wie es ist. Ich sage bis zum dreißigsten Jahre kann man sündigen, aber dann ist es Zeit, sich zu Gott zu wenden, verstehst du? Und wenn du erst gelernt hast, deine Gedanken ganz an Gott hinzugeben, dann kannst du wieder sündigen, denn das ist dann eine Sünde von besonderer Art – verstehst du? Und was die Sünde überhaupt anbelangt, so kann man sich von ihr durch die Reue wieder befreien. Bereue nur alles, dann ist alles wieder gut. Weißt du was, gehe in der kommenden Woche zum Abendmahl! – Willst du?'

,Nein, ich will nicht!' erwiderte ich.

Er wurde unruhig, neigte sein Gesicht ganz nahe zu mir, streichelte mir die Schultern und Hände und sagte:

,Halt, halt, nicht so eilig, ich werde dir alles erklären. Die Worte allein, mein Seelchen, wirst du freilich nicht begreifen; man muß dich durch die Tat selbst überzeugen! Komm nur öfters zu mir, du kleine Honigbiene, hab' mich lieb, und dann wirst du schon alles verstehen! Die Liebe ist das Wichtigste! Von dem Geliebten ist dir jedes Wort klar, aber solange ich dir fremd bin, kann ich reden, was ich will, es geht ja doch nur bei dem einen Ohr herein und bei dem anderen wieder hinaus! Hat dir vielleicht schon einer etwas erzählt? Oder hast du bereits mehrere Verehrer, he?'

Unwillkürlich beugte ich mich zurück, da er schon allzu nahe an mich herangerückt war und förmlich an mir klebte. Plötzlich küßte er mich rasch auf den Mundwinkel, tat dies aber mit einer so einfachen Selbstverständlichkeit, daß es mir nicht möglich war, mich dagegen aufzulehnen.

,Wozu gibst du dich mit allen diesen ab?' flüsterte er mit kaum mehr sichtbaren Augen. ,Komm zu mir, schicke sie alle zum Teufel, dann werde ich dir das ganze Leben erklären!'

Dunja erschien, um Rasputin zum Telephon zu rufen; nach einigen Minuten kam er zurück und setzte sich wieder mir gegenüber, wobei er, ebenso wie früher, meine Knie fest zusammenpreßte.

,Na, und was hast du mir sonst noch zu sagen, mein Engel?' Aus seinen Augen schoß ein scharfer Blitz hervor; er neigte sich zu mir und flüsterte hastig: ‚Jetzt lasse ich dich nicht mehr weg! Bist du einmal zu mir gekommen, entgehst du mir nicht mehr! Versteh mich recht, ich tue dir ja nichts, komm nur, meine saftige Kirsche!' Er knirschte mit den Zähnen.

‚Warum soll ich denn nicht kommen?' entgegnete ich heiter.

‚Wie lautet deine Telephonnummer?' Über mich hinweglangend, ergriff er einen Bleistift und ein Stück Papier und schob mir beides hin. Während ich schrieb, beugte er sich über mich, preßte meine Schultern und flüsterte mir mit heißem Atem ins Ohr:

‚Nun, und was hast du mir noch zu sagen?'

Unwillig schob ich seine Hand beiseite: ‚Ich bin zu Ihnen gekommen, damit Sie mir einen Rat geben! Sie wissen doch wohl, wo die Wahrheit und wo die Sünde ist?'

Er sah mich forschend an: ‚Weißt du das?'

‚Nein, ich habe keine Ahnung.'

Rasputin lächelte unmerklich, neigte sich vor und sprach schnell: ‚Alles kommt daher, weil du zu viele Bücher liest; in ihnen, in den Büchern, ist nicht immer ein Sinn, sage ich dir; sie machen die Seele nur unruhig. Weißt du übrigens, ich habe auch eine Bekannte, die soviel liest, so eine ganz Besondere; vielleicht kennst du sie, die Militza Nikolajewna, die Großfürstin. Sie hat die ganze Weisheit der Bücher durchgelesen, aber was sie sucht, hat sie nicht gefunden. Wir haben viel miteinander gesprochen, sie hat einen guten Verstand, aber sie kann keine Ruhe finden. Das erste ist die Liebe, dann kommt auch die Ruhe. Wenn du weiter so handelst wie jetzt, wirst du nie Ruhe finden. Sie hat auch wegen der Sünde gefragt und hat auch das nicht verstanden ...'

‚Und Sie verstehen es?' fragte ich. Er runzelte die Stirne und sah mir fest in die Augen.

‚Wenn du es wissen willst, so begeht nur der eine Sünde, der die Sünde sucht. Aber wer bloß durch sie hindurchgeht, an dem hat die Sünde kein Teil. Wenn du willst, werde ich dir das alles zeigen: Geh nächste Woche zum Abendmahl und komm dann zu mir; wenn du das Paradies noch in der Seele hast, dann werde ich dir die Sünde zeigen, daß du nicht auf den Füßen stehen kannst!'

‚Das glaube ich nicht', sagte ich zweifelnd, aber dennoch wurde mir sonderbar zumute; wie ein Zauberer flüsterte er mit wollüstig geöffnetem Mund: ‚Willst du, daß ich dir das zeige?'

Er betrachtete mich, und mit einem Mal war sein Blick wieder gütig, freundlich und leidenschaftslos. In unerwartet weichem Tone fragte er mich:

‚Warum siehst du mich so an, mein Seelchen?'

Indem er meinen Kopf an sich zog, küßte er mich mit priesterlicher Würde und sagte leise: ‚Ach, du meine Liebe...'

Ganz verwirrt blickte ich ihn an: War dies nicht alles ein Traum gewesen, dieses gierig flüsternde: ‚Willst du, daß ich dir das zeige?' Jetzt saß vor mir ein einfacher, biederer Bauer mit dichtem, dunklem Bart und unterwürfigem Blick in den hellen Augen.

Ich stand auf: ‚Ich muß gehen!'

‚Also sieh nur, mein Seelchen, komm nur wieder', sagte er, während er sich erhob und mich kräftig umarmte. ‚Wenn du Langeweile hast, dann ruf mich nur an. Wann wirst du kommen, du kleines Seelchen du?'

‚Bis Samstag bin ich beschäftigt', erwiderte ich. Bereitwillig meinte er: ‚Nun, gut, gut, komm Samstag abends um zehn Uhr. Ist dir das recht?'

‚Warum so spät?'

Er runzelte die Brauen: ‚Nun, komm früher, komm um halb zehn, aber bestimmt, denn ich werde dich erwarten. Du hast mich ja lieb, also komm. Wirst du kommen?'

Es war so seine Art, das letzte Wort zweimal zu wiederholen. ‚Ich werde kommen', mit diesen Worten ging ich fort."

★

„Samstag abends läutete ich zur angegebenen Zeit an Rasputins Wohnungstür. Das Dienstmädchen Dunja öffnete und erklärte äußerst unfreundlich, Grigori Jefimowitsch sei nicht zu Hause. ‚Das kann nicht sein', erwiderte ich, ‚er hat mir selbst gesagt, ich möge um diese Zeit kommen.'

Dunja musterte mich mit einem schiefen, mißtrauischen Blick, ließ mich aber in das Vorzimmer ein, wo der ganze Kleiderrechen schon mit schönen Pelzen bedeckt war; ebenso jedoch wie bei meinem ersten Besuch ließ das Dienstmädchen mich nicht hier ablegen, sondern führte mich in das leere Empfangszimmer. Ich setzte mich zum Fenster; ich war in ärgerlicher und mißmutiger Stimmung. Dunja verschwand einige Male auf ein Klingelzeichen und brachte dann einen siedenden kupfernen Samowar, dessen Gewicht sie nur gebückt und mit Mühe tragen konnte.

‚Also auch ein Samowar', dachte ich. ‚Gerade so riesenhaft wie bei uns auf dem Lande in den Bauernstuben!'

Die Tür zum Vorzimmer öffnete sich, und Rasputin trat mit schnellen Schritten ein. Er trug ein blaues Feiertagshemd, Plüschhosen und blank geputzte Stiefel.

‚Bist du also gekommen, mein Seelchen', sprach er, trat auf mich zu, legte den Arm um meine Schultern und beugte sich vor, um mich zu küssen; ich wich nach der Seite aus.

‚Grigori Jefimowitsch', sagte ich ärgerlich, ‚verständigen Sie bitte Ihre Dienerschaft, wenn Sie jemanden einladen!'

Rasputin gab sich Mühe, mich wieder gutzustimmen. ‚Na, ärgere dich nicht, mein Seelchen, weshalb willst du dich ärgern über diese Mopsnase? Ich habe ihr, der widerwärtigen Person, schon öfters gesagt, sie möge ihre Schnauze vor den Gästen nicht sehen lassen. Diesmal habe ich ihr allerdings nicht mit Bestimmtheit erklärt, daß du kommen würdest; na, verzeih, mein Seelchen!' Er küßte mich und zog mich in das Vorzimmer. ‚Gehen wir zu ihnen', drängte er, während er mir beim Ablegen behilflich war; plötzlich blickte er mich nachdenklich an und sagte: ‚Aber es ist vielleicht besser, wenn du allein bleibst, sonst läufst du mir am Ende davon, wenn du die da drinnen erblickst!'

‚Wenn ich fortlaufen will, dann tue ich es ohnedies', entgegnete ich. ‚Es könnte höchstens etwas peinlich werden, da ich mit Ihren Damen ja gar nicht bekannt bin.'

Rasputin schüttelte ungeduldig den Kopf. ‚Wenn ich mit dir bekannt bin, so genügt das! Na, gehen wir nur, mein Seelchen!' Mich kräftig umarmend, führte er mich in das Speisezimmer, trat an den Tisch und sagte: ‚Nun, da bringe ich sie euch, sie hat mich lieb ...'

Ich grüßte und setzte mich auf den leeren Platz am unteren Ende des Tisches, während Rasputin sich neben mich setzte; meine Befangenheit wich allmählich, und ich begann, diese ungewöhnliche Gesellschaft aufmerksam zu betrachten.

Es waren ungefähr zehn Damen anwesend, und mitten unter ihnen ein einziger junger Mann im Jackett, dessen finstere Miene erkennen ließ, daß er offenbar aus irgendeinem Grunde in besorgter Stimmung war. Neben ihm saß, tief im Sessel zusammengesunken, eine junge, schwangere Frau mit geöffnetem Überwurf; ihr Gesicht war von sonderbarer Blässe, und ihre großen hellblauen Augen blickten voll Ergebenheit und Anbetung auf Rasputin. Dies waren Herr und Frau von Pistolkors; wie ich später aus einigen hingeworfenen Bemerkungen entnehmen konnte, war der Mann nur gekommen, weil er seine Gattin nicht hatte allein lassen wollen. Neben Alexandra von Pistolkors saß die alte Golowina; ihr blasses, welkes Gesicht berührte mich angenehm durch seine ruhige Vornehmheit. Sie benahm sich als Hausfrau, machte die Honneurs und hielt das allgemeine Gespräch in Gang.

Unweit von ihr, zur Rechten Rasputins, saß eine schöne, wenn auch nicht mehr junge Dame in überaus prächtiger Toilette; neben dem jungen Mann hatte eine etwas beleibte, melancholische Frau in einem schlecht sitzenden grauen Kleide Platz genommen. Sie sah aus, als hätte sie eben erst zu weinen aufgehört, ihre Augen waren gerötet, und auf den Wangen brannten rote Flecken. Dies war die Besitzerin eines der bekanntesten Privatgymnasien, eine alte, ergebene Freundin von Grigori Jefimowitsch, die in ihm einen Helfer, Berater und Freund sah und ohne seinen Segen nichts unternahm. Augenblicklich freilich war sie, ebenso wie die alte Golowina, eher geneigt, Mängel an ihm zu erblicken, unter denen der allzu freie Verkehr mit Frauen offenbar die erste Stelle einnahm.

Neben ihr saß eine große, üppige Dame von unbestimmbarem Alter, elegant und in tiefer Trauer; ebenso wie die Frau im grauen Kleide schwieg auch sie die ganze Zeit über.

Ihre Nachbarin interessierte mich vom ersten Augenblick an: Es war eine große, volle Blondine, nicht schön und allzu geschmacklos gekleidet, aber auffallend durch ihren hellroten, sehr sinnlichen Mund und ihre aufgeregt glühenden Augen. In ihrem Gesichte lag etwas Zwiespältiges, Trügerisches und zugleich Verführendes. Solche Gesichter findet man sowohl bei entsagungsvollen Heldinnen als auch bei Frauen voll Gier und Verderbnis, die sich dem Laster ebenso ruhig und natürlich hingeben, wie andere ein Bad nehmen und sich dann in ein sehr weiches Bett schlafen legen. Diese Besucherin war Frau Anna Wyrubowa.

Die neben ihr sitzende Munja Golowina betrachtete mich mit ihren sanften, blinzelnden, blaßblauen Augen häufiger und länger als die anderen Besucherinnen. Sie trug ein hellgraues, leichtes Seidenkleid und ein weißes Hütchen mit Veilchen; sie sah klein und zart aus, ihre Bewegungen waren unsicher, und ihre Stimme klang sehr leise. In jedem Blick, in jedem Wort lag so viel Unterwürfigkeit, rührende Ergebung und völlige Unterordnung unter den Willen Rasputins, daß ich mich unwillkürlich fragte: ‚Womit hat er dies verdient?'

Als ich dann Munjas Nachbarin betrachtete, konnte ich einige Sekunden den Blick nicht von deren Gesicht abwenden. Düster, fast gelblich, mit großen, länglichen, schwarzen Augen, schien sie leblos zu sein und wirkte dabei doch durch einen Ausdruck geheimen Kummers anziehend. Ihr Teint war unnatürlich blaß, um so schärfer aber hoben sich die schmalen Lippen des roten Mundes von ihm ab. Sie saß ruhig und teilnahmslos da, die Hände im Hermelinmuff versteckt; dies war die Großfürstin Militza Nikolajewna, die ‚Montenegrinerin'.

Nachdem ich Platz genommen hatte, bewirtete Rasputin mich, indem er mir bald dieses, bald jenes Gericht zuschob. Auf dem Tisch standen, in der größten Unordnung, prachtvolle Torten und Schalen voll von Früchten neben Häufchen Pfefferminzkuchen und großen, derben Kringeln. In beschmierten Gläsern stand Marmelade umher, gleich daneben ein grauer Tonteller mit Stücken schwarzen Brotes und Gurken. Vor Rasputin befand sich ein farbiger, tiefer Teller mit gekochten Eiern und eine Flasche Wein.

‚Nun, trinkt Tee, trinkt nur!' sagte Rasputin und schob den Teller mit den Eiern vor. Sogleich streckten alle Damen mit funkelnden Augen ihre Hände gegen ihn aus.

‚Vater, ich bitte um ein Ei...'

Besonders stark war der Ausdruck krankhaft ungeduldigen Begehrens in den Augen der schwangeren Dame. Ich betrachtete sie mit Staunen, fast mit Schrecken, denn dies alles kam mir gar zu sonderbar vor.

Rasputin beugte sich über den Tisch, ergriff eine Handvoll Eier, schälte sie ab und legte je ein Ei in jede der ausgestreckten Hände. Nachdem er allen gegeben hatte, wandte er sich an mich: ‚Willst du auch ein Ei?'

Ich lehnte ab mit der Begründung, ich hätte keinen Appetit; alle sahen mich erstaunt an und ließen dann den Blick sinken. ‚Na, gut, gut', sagte Rasputin schnell und setzte sich wieder zurecht.

Nun kam die Wyrubowa zu ihm und reichte ihm auf einem Stück Schwarzbrot zwei Salzgurken. Rasputin bekreuzigte sich und begann zu essen, indem er abwechselnd von dem Brot und von den Gurken abbiß. Er aß stets mit den Händen, selbst bei Fischen verschmähte er den Gebrauch des Besteckes. Ich war an seine Eigenart, die Hände nach dem Essen nur ein wenig am Tischtuch abzuwischen und dann sogleich seine Nachbarinnen zu streicheln, noch nicht gewöhnt und verspürte ein Gefühl des Ekels, als Rasputin dies auch bei mir versuchte; ich beugte mich zurück und verbarg meine Hände in dem Muff.

‚Ja', sagte Rasputin Gurken kauend, ‚neulich war sie bei mir, wir haben viel über den Glauben gesprochen, aber ich konnte sie nicht überzeugen...'

‚Wovon?' fragte ich.

‚Wovon?' wiederholte er rasch. ‚Nun, du gehst doch nicht in die Kirche – ist denn das erlaubt? Ich sage dir, geh in die Kirche, geh zum Abendmahl! Warum gehst du denn nicht?'

‚Sie lieben also die Geistlichen?'

Rasputin lächelte: ‚Na also, daß ich sie besonders liebte, kann ich gerade nicht behaupten; aber es gibt doch auch unter ihnen gläubige Menschen. Ohne Kirche kommst du nicht durchs Leben! Mit der Zeit gelangt jeder zu ihr, zu der Kirche – verstehst du?'

Nun mischte sich die alte Golowina in das Gespräch. ‚Es ist gut', bemerkte sie wohlwollend, ‚daß Sie sich zu Grigori Jefimowitsch hingezogen fühlen. Er kann Ihnen vieles sagen; kommen Sie nur eine Woche lang zu ihm, und es wird Ihnen mit einem Male alles klar werden.'

‚Na, na, so schnell geht's nicht', entgegnete Rasputin. ‚Da kann man sich wohl mindestens drei Jahre abmühen, ehe man bei ihr etwas ausrichtet. Sie ist eine harte Nuß! Aber ich bin froh, daß sie zu mir gekommen ist, denn ich spüre von ihr eine Süßigkeit im Herzen und weiß daher, daß sie ein gutes und echtes Menschenkind ist; denn immer, wenn jemand zu mir kommt und ich diese Süßigkeit verspüre, weiß ich, dies ist ein guter Mensch. Und wenn ich im Herzen Leere empfinde, dann bedeutet das, daß ich es mit jemandem Schlechten zu tun habe. Mit dir aber habe ich Lust zu reden', schloß Rasputin, indem er mir

Rücken und Schultern liebkoste. ‚Alles ist gut, sage ich dir, alles wird gut werden.'

Hier trat Mara ins Zimmer; sie trug ein dunkelrotes Kleid und einen prächtigen Seidengürtel von gleicher Farbe, und ihre Locken waren sorgfältig gedreht. Alle streckten ihr die Hände zur Begrüßung entgegen: ‚Mara, Marotschka, guten Tag!' Dann setzte sich Matrjona Rasputin auf den Ehrenplatz neben die alte Golowina.

‚Wie schön das Wetter heute ist', sagte ich, mit den Augen blinzelnd, als die untergehende Sonne eben den Tisch beleuchtete.

Rasputin neigte sich zu mir. ‚Die Sonne ist deinetwegen hinter den Wolken hervorgekommen, weil du dem Guten nachstrebst, weil deine Seele gut ist! Weißt du, so ist es immer: Wer den Glauben hat, dem scheint auch die Sonne! Wenn sie auf ein Haus niederblickt, verleiht sie allen Menschen etwas Besonderes, und wenn du dich um deinen Glauben zu kümmern anfängst, dann kommt auch der Glaube sogleich hervor wie die Sonne. Geh in die Kirche, sage ich dir!' Mit dieser etwas unvermittelten Mahnung beschloß er seine dunkle Rede, der alle mit Andacht gelauscht hatten.

‚Hängt denn alles von der Kirche ab?' fragte ich.

Lebhaft schob Rasputin sein Glas von sich und rief: ‚Ja, wie willst du denn ohne Kirche auskommen? Höre, was ich dir nun sage, verstehst du? Ich werde dir etwas von der verrückten Olga erzählen, von der, die gleich kommen wird: Sie hat Gott geliebt, verstehst du, und gewissenhaft nach der Religion gelebt und die Kirche besucht. Aber der Weg ist schmal, und sie hat ihn verloren, verstehst du? Mit Iliodor zusammen ist sie abgefallen, mir aber tut es leid um sie! Du wirst ja selbst sehen, in welchem Aufzug sie herkommt, die tolle Hündin! Sie glaubt, die Elende, daß sie mir eine Gefälligkeit erweist, verstehst du, mit ihrer satanischen Besessenheit! Ich fühle es schon im Herzen: Ehe ich noch mein Glas Tee ausgetrunken habe, wird sie da sein!'

Und wirklich, wie zur Bekräftigung seiner Worte, ertönte im Vorzimmer heftiger Lärm. Ich wandte mich nach der halb geöffneten Türe und sah auf der Schwelle eine Gestalt hereinschwanken, ganz unwahrscheinlich licht, breit, blaßrosa, aufgebläht, zottig, abgeschmackt. Mit hoher, gellender Stimme kreischte sie nach der Art einer Fallsüchtigen: ‚Chri–i–i–st i–st er–sta–a–n–den!'

56 Russische Pilger in Jerusalem

57 Russische Pilger auf dem Berge Sinai

58 Der Metropolit Pitirim

59 Der Kollegienrats-Assessor Manassewitsch-Manuilow

60 Die tägliche Versammlung der „Verehrerinnen" in Rasputins Wohnzimmer

55 *Die Kaiserin mit dem Thronfolger*

es ist! Du mein Gott! Ich gehöre dir und sonst keinem! Wer auch immer zwischen uns stehen mag, du bist mein, und ich bin dein! So viele Weiber du auch zu dir nimmst, niemand kann dich mir rauben! Du bist mein! Sag, sag, daß du mich nicht leiden kannst! Und ich weiß doch, daß du mich liebst, daß du mich lie–ie–iebst!'

‚Ich hasse dich, du Hündin!' entgegnete Rasputin schnell und entschieden. ‚Vor allem sage ich dir, daß ich dich hasse, nicht daß ich dich liebe! In dir ist der Teufel! Am liebsten möchte ich dich erschlagen, die ganze Schnauze möchte ich dir zerdreschen!'

‚Aber ich bin glücklich, glücklich, und du liebst mich!' schrie die Lochtina, immer auf der gleichen Stelle auf und nieder hüpfend und ihre bunten Lappen und Bänder schüttelnd. Unter ihr klirrten die zerbrochenen Federn des Diwans. ‚Gleich wieder werde ich mich zu dir legen!'

Plötzlich lief sie neuerdings auf Rasputin zu, ergriff unter wilden, wollüstigen Schreien seinen Kopf und begann ihn wie wahnsinnig zu küssen.

‚Ach, du Teufel!' brüllte Rasputin rasend. Wieder ein Stoß, wieder taumelte die Lochtina an die Wand, sogleich aber sprang sie von neuem auf, blieb aufrecht stehen und rief: ‚Nun, schlage mich nur! Schlage, schlage mich!'

Immer höher und höher schraubte sie ihre Stimme, und in diesem Schreien lag eine so unheimliche Raserei, daß sie bei allen Anwesenden Schrecken erregte.

Dann senkte sie den Kopf und bemühte sich, die Stelle an ihrer Brust zu küssen, wohin Rasputin sie gestoßen hatte; als sie sah, daß dies nicht möglich sei, sprang sie wieder auf, rannte umher und erfüllte die leere Luft mit lauten, gierigen, wahnsinnigen Küssen. Sie drückte die Hände auf ihre Brust und küßte sie dann, wobei sie sich unaufhörlich in wollüstiger Ekstase wand. Schließlich beruhigte sie sich ein wenig, ging zu dem Diwan, legte sich nieder und bedeckte sich mit den Schleiern.

Jetzt erst konnte ich die Einzelheiten ihrer seltsamen Tracht unterscheiden, die ihr das Aussehen einer indischen Gottheit verlieh. Sie war über und über mit enggefältelten Röcken in allen Farben behängt; bei ihren heftigen Bewegungen blähten diese sich auf und umkreisten sie wie gigantische Flügel. Dann entfalteten sich auch die langen, mit hel-

‚Na, da hast du Olga, jetzt wirst du etwas erleben', sagte Rasputin finster.

Ich konnte anfangs nichts unterscheiden und hatte nur den halbwegs deutlichen Eindruck von einer weißen Kugel aus zottigem Ziegenfell, die an mir vorüberflog. Die Neuangekommene hatte sich neben dem Stuhle Rasputins auf den Boden geworfen und setzte nun, mit dem Kopf gegen die Stuhlkante schlagend, ihr Geschrei fort. Aufs peinlichste berührt sah ich unten vor mir etwas auftauchen, das aussah wie der Hals eines Tieres, bedeckt mit dichter, gelber Wolle. Dann erhob sich die Lochtina ein wenig, reichte Rasputin eine Schokoladentorte und schrie, diesmal in etwas menschlicheren Tönen:

‚Da habe ich dir etwas mitgebracht, von außen weiß, von innen schwarz!' Rasputin, der seit dem Augenblick ihres Erscheinens mit gerunzelter Stirne abgewandt dagesessen hatte, drehte sich nun um, nahm die Torte, schob sie achtlos an den Rand des Tisches und sagte kurz:

‚Na gut, na laß nur, na also gut, jetzt hör auf, Satan!'

Die Lochtina sprang lebhaft empor, umarmte von rückwärts seinen Kopf und bedeckte ihn mit wilden Küssen; dabei schrie sie, sich überstürzend, mit stockender Stimme:

‚Oh, mein Teuerster ... Gefäß des Segens ... ach, du schöner Bart ... ihr köstlichen Haare ... mir, der Märtyrerin ... du kostbare Perle .... du Edelstein ... du mein Angebeteter ... mein Gott ... du mein Allerliebster!'

Verzweifelt wehrte sich Rasputin und brüllte, halb erstickt:

‚Fort, Satan! Fort, du Teufel, du Ausgeburt! Nun gut, schon gut, ach du!' – Was weiter folgte, war ein Strom der unflätigsten Schimpfworte. Schließlich riß er ihre Hände von seinem Halse los, stieß sie mit aller Kraft von sich in einen Winkel, und ganz rot, zerrauft, atemlos vor Zorn schrie er: ‚Immer bringst du mich in sündhafte Wut, verfluchtes Luder, ekelhaftes ...!'

Schwer atmend schleppte sich die Lochtina bis zum Diwan und sank dort nieder. Während sie mit den von bunten Schleiern umwickelten Armen gestikulierte, zeterte sie wieder laut:

‚Und doch bist du mein, und ich bin bei dir gelegen! Bin bei dir gelegen! Oh, mein Leben! Es gehört dir, jetzt erst sehe ich, wie schön

XXIII

61 Faksimile eines Briefes von Rasputin: „An den Minister Chwostow. Mein Lieber, Teurer, ich sende Dir ein schönes Dämchen. Sie ist arm, rette sie – sie ist in Not, sprich mit ihr! Grigori."

62 Faksimile eines Briefes von Rasputin an den Magier Badmajew: „Verschaffe ihm einen möglichst guten Platz. Höre ihn an!"

len Bändern durchflochtenen Schleier zu beiden Seiten des Kopfes. Auf dem Haupt trug sie eine sibirische Wolfsfellmütze, die früher einmal Rasputins Eigentum gewesen war; ihr Oberkörper war mit einem russischen roten Hemd Rasputins bekleidet, an dem mit Riemen kleine Säckchen hingen. Auch diese Säckchen enthielten Gegenstände, die früher Rasputin gehört hatten, vertrocknete Überbleibsel von seinen Mahlzeiten und einige Paare seiner Handschuhe. Außerdem baumelten an dem Halse der Lochtina verschiedenfarbige Reihen von Rosenkränzen, die bei jeder ihrer Bewegungen klirrten; ihre Füße steckten in alten, zerrissenen Stiefeln, die ebenfalls einmal von Rasputin getragen worden waren. Ihr Gesicht war durch einen doppelten Schleier verdeckt, und ich konnte nur den feinen, schmerzlichen, schönen Mund erkennen.

‚Go–ott, Go–ott, dei–ein ist die Ma–acht!' schrie sie plötzlich, mitten in das allgemeine Schweigen.

Rasputin, der schon wieder begonnen hatte seinen Tee zu trinken, wandte sich ihr zu: ‚Nun, bei Gott, jetzt werde ich bald die Geduld verlieren! Ich haue dir mit irgend etwas den Schädel ein, du rasende Stute! Du hast mein Herz vergiftet, Verfluchte! Wenn du nur zugrunde gingest, daß ich dich nicht mehr sähe!'

‚Weshalb beschimpfen Sie sie derart?' fragte ich empört; sogleich wendeten sich die Blicke aller Anwesenden mir zu.

Rasputin nahm wieder den gewohnten freundlichen Ton an, klopfte mir auf die Schulter und sagte: ‚Denk' doch nur selbst, mein Seelchen, wie soll ich sie nicht beschimpfen, da sie doch die Kirche verlassen hat; nicht genug damit, daß sie selbst abgefallen ist, sucht sie auch noch Munja zu verführen, die Elende!'

‚Aber Sie haben doch selbst gesagt, man müsse alles verzeihen', bemerkte ich.

‚Was höre ich, wer redet so klug?' schrie Olga Lochtina, schlug ihren Schleier zurück und betrachtete mich forschend mit ihren großen, dunkelgrauen, immer noch schönen Augen. ‚Wer ist denn die? Eine Neue? Nun, komm her, schnell, schnell! Auf die Knie, auf die Knie, und küsse mir die Hand!' Ungeduldig mit den Füßen stampfend streckte sie die Hand aus und fuchtelte damit umher.

‚Ich habe jetzt nicht die geringste Lust niederzuknien', sagte ich. ‚Die

Hand will ich Ihnen aber gerne küssen, auch ohne daß Sie es mir befehlen.'

‚Also doch eine Dumme', rief die Lochtina laut. ‚Kluge Reden aus einem dummen Kopf!'

‚Wirst du schweigen, du bebänderter Satan!' brummte Rasputin zornig. ‚Treibe mich nicht zum Äußersten, du Teufelin! Du selbst bist die Dumme!'

Ich legte mich von neuem ins Mittel. ‚Hören Sie auf, sie zu beschimpfen', sagte ich ungeduldig.

Die Damen rings um den Tisch schwiegen wie früher, ihre Gesichter waren seltsam rot geworden, ihre Augen schienen verschleiert, und sie atmeten schneller und unregelmäßig. Auf dem Antlitz der alten Golowina erschienen dunkle Flecken.

Rasputin wendete sich neugierig an mich: ‚Warum verteidigst du sie?' ‚Sie tut mir leid', antwortete ich.

‚Das Mitleid der Menschen nehme ich nicht an', schrie die Lochtina. ‚Ich bin allein, aber ich bin sta–ark! Ich rufe Tag um Tag nur ein und dasselbe, aber die Menschen sind taub und blind!'

Nun wendete sich unerwartet die alte Golowina an die Lochtina. ‚Ich begreife nicht', sagte sie, ‚warum Sie Grigori Jefimowitsch absichtlich erzürnen! Sehen Sie denn nicht selbst, wie unangenehm ihm das alles ist?'

Plötzlich erhob sich die Wyrubowa von ihrem Platz, trat auf die Lochtina zu, ließ sich vor ihr auf die Knie nieder, ergriff ihre Hand und küßte diese.

‚Hast du es endlich eingesehen?' sagte die Lochtina sehr ruhig. Gleich darauf aber begann sie wieder zu schreien:

‚Vergiß nicht, daß man meine Hand nicht anrühren darf. Küsse sie, küsse sie, aber unterstehe dich nicht, sie zu berühren!' Dann schwieg sie, ebenso unvermittelt, wie sie zu schreien begonnen hatte, senkte den Kopf, schob den Schleier ein wenig zurück und begann die rings um den Tisch sitzenden Gäste zu mustern.

‚Ich sehe meine Dienerin nicht! Wo ist sie, warum kommt sie nicht? Auf die Knie, auf die Knie und küsse meine Hände!'

Munja Golowina erhob sich und ging, während die Wyrubowa auf ihren Platz zurückkehrte, auf die Lochtina zu, kniete nieder und küßte ihr andächtig die Hand.

‚Nun, warte nur, du Heidin', rief Rasputin. ‚Finde ich denn gar keine Rettung vor dir, du Aas? Ihr beide', wandte er sich an Munja und an die Wyrubowa, versucht nur noch einmal, euch vor Olga zu demütigen! Ich schwöre euch bei Gott, ihr dürft mir nicht mehr über die Schwelle, ich werfe euch beide, zusammen mit ihr, zur Türe hinaus, ihr Verdammten! Und du, du Rabenaas, für dich finde ich schon einmal eine Knute ...'

‚Gott lie–iebt die Wa–ahrheit!' kreischte die Lochtina.

‚In dir ist aber keine Wahrheit, du Ausgeburt der Hölle!' knurrte Rasputin. Munja kehrte mit Tränen in den Augen und stark gerötetem Gesicht zurück.

‚Du wirst mich noch kennenlernen, du ungewaschene Närrin', drohte ihr Rasputin nochmals.

Die alte Golowina, deren Gesicht sich allmählich ganz mit roten Flecken bedeckt hatte, wagte schüchtern:

‚Grigori Jefimowitsch, weshalb schelten Sie Munja so?'

‚Weshalb hört sie nicht auf mich, weshalb begeht sie eine Sünde? Sie küßt Olga die Hände und gehorcht ihr überdies, der Elenden; habe ich ihr nicht ausdrücklich gesagt: ‚Untersteh dich nicht, der Olga irgend etwas zu geben!' Von mir bekommt sie nichts, die Verrückte!'

‚Soll ich also hungrig dasitzen?' schrie die Lochtina. Plötzlich ging sie in ruhigen Ton über und fuhr mit ganz bescheidener Stimme fort:

‚Soll ich heute wieder nichts essen? Ich habe schon gestern nichts gegessen; ich habe kein Geld, das letzte habe ich heute dem Chauffeur gegeben, denn er hat mich gar so gut gefahren! Ich fürchtete, mich zu verspäten, und nun bin ich als die letzte gekommen, obwohl ich dich als die erste begrüßen wollte. Und jetzt habe ich gar nichts, nichts, nichts. Heute ist Versöhnungstag, man kommt und bittet seine Freunde um Verzeihung – da gibt man ein Trinkgeld, aber ich habe nichts, gar nichts. Ich bin selbst hungrig, habe zwei Tage nichts gegessen, ich möchte so gerne etwas essen ...' Diese ganze Rede brachte sie in äußerst kläglichem Ton hervor.

‚Geschieht dir ganz recht, du Aas', sagte Rasputin seelenruhig.

Munja stand auf, goß einen Teller voll von der Suppe, die eben in einer sonderbar geformten, an einen Spülkübel erinnernden Schüssel vor Rasputin hingestellt worden war, und brachte sie der Lochtina.

‚Munja, wirst du gehorchen oder nicht? Untersteh dich nicht, ihr etwas zu geben', sagte Rasputin und fügte noch ein kurzes, aber sehr bezeichnendes Schimpfwort hinzu. Munja jedoch achtete nicht darauf, rückte ein rundes Tischchen neben den Diwan und stellte die Suppe darauf.

‚Wozu ist das hier?' fragte die Lochtina, wobei sie auf ein Körbchen mit Hyazinthen auf dem Fensterbrett deutete. ‚Hier standen früher immer meine Blumen, dort lagen meine Äpfel, meine Apfelsinen! Meine Schale stand dort, alles haben sie aufgegessen, alles hinausgeworfen! Die Niederträchtigen!'

Munja nahm schweigend den schweren Korb Hyazinthen, hob ihn vom Fensterbrett herunter und stellte ihn mühsam in einen Winkel auf den Boden, wobei sich ihre schwachen Schultern vor Anstrengung zusammenbogen. Rasputin wandte sich um:

‚Nun, was wird noch alles geschehen', rief er aus, ‚wenn diese Hündin, diese verfluchte, mir Munja wegnimmt? Herrgott, wenn nur jemand diese scheußliche Person aus der Stadt fortschaffen wollte! Ich würde ihm aus Dankbarkeit zu Füßen fallen!'

Die alte Golowina wandte ihr bekümmertes Antlitz zu Munja: ‚Was tust du, warum erzürnst du Grigori Jefimowitsch?'

‚Aber, Mama, laß nur, rede nichts mehr darüber', flüsterte Munja fast unhörbar.

‚Kannst du denn nicht alles tun, was du willst?' rief die Lochtina sofort wütend. Dann schrie sie immer lauter und verzweifelter: ‚Nimm schnell eine Feder, Papier, schreibe, und eins, zwei, drei, fliege ich schon, ich fliege, fft, fft! Sie werden mich packen, werden mich packen, wegschleppen, wegschleppen, und ich werde für dich Qualen erleiden! Schläge, Ketten, Fesseln, Gefängnis, Gruben, alles für dich! Aber dann werde ich zurückkehren, zu dir, zu dir, unter dein Dach, denn du bist mein, du liebst mich, mein teurer Liebling, mein Bärtiger, mein Gott, mein alles! Schreib nur, schreib nur!'

‚Und dann würden alle sagen, ich hätte dich aus der Stadt gejagt, und du seiest meinetwegen verrückt geworden. Das will ich nicht haben', sagte Rasputin finster. ‚Die Weiber haben mir ohnedies deinetwegen genügend zugesetzt, du Hündin! Was soll ich denn mit so einer Rasenden anfangen? Du bist mir schon lange widerlich, du Scheusal!'

‚Gott duldet keinen Verrat, niemals! Freut euch über seine Auferstehung!' Die Lochtina kreischte wieder verzückt, sprang auf den ächzenden Diwan und bewegte die Arme wie Flügel auf und ab.

Die melancholische Dame im grauen Kleide stand auf, ging langsam an der Lochtina vorbei, nahm sich von dem Tischchen nahe dem Fenster ein Glas Tee und kehrte auf dem gleichen Wege zu ihrem Platz zurück.

Die Lochtina richtete sich auf dem Diwan empor, riß die Hülle von ihrem Gesicht und schrie Rasputin wie rasend an:

‚Trag mich fort, schlage mich! Beschimpfe mich, wie du willst, spukke mich an! Aber gestatte nicht, daß sie meinen Weg entweihen! Sie dürfen nicht an deiner heiligen Schwester vorübergehen! Wenn ich bei dir bin, müssen sie schweigen und zuhören! Und jetzt will ich mich zu dir legen, jetzt gleich werde ich mich zu dir legen ...'

‚Versuche es nur, du Hündin', erwiderte Rasputin drohend, stand auf und nahm eine verteidigende Stellung ein. ‚Rühre dich nur, ich schmeiße dich an die Wand, daß du deine Familie nicht mehr erkennst!'

‚Ich begreife nicht', sagte wieder Frau Golowinaa, ‚warum Sie absichtlich unseren Grigori Jefimowitsch in Wut bringen wollen!'

Die Lochtina richtete sich auf und erwiderte ihr kurz in verächtlichem Ton: ‚*Tiens, je trouve vôtre façon de parler assez drôle, Madame, vous vous adressez à une personne sans la nommer ...*'

Die alte Golowina geriet in Verwirrung und entgegnete in dem gleichen, gesucht höflichen Ton: ‚*Mille excuses, chère Olga Wasiljewna, je n'avais aucune intention de vous offenser.*'

‚*O! de grâce, point d'excuses!*' antwortete die Lochtina einfach und ruhig, wie eine echte Weltdame; sofort aber begann sie wieder wie ein Hahn zu krähen und sandte durch die Luft Küsse gegen den im Zimmer auf und ab gehenden Rasputin. Dieser blieb neben mir stehen, deutete auf die Lochtina und sagte in einem Ton von aufrichtigem Mitleid:

‚Nun, frage sie doch selbst, warum sie eine solche Narrenkomödie aufführt und mich noch obendrein verleumdet, als ob ich ihr meinen Segen dazu gegeben hätte.'

‚Wer denn, wenn nicht du?' schrie die Lochtina durchdringend. Dann begann sie zu tanzen, schwang die Arme und sang: Du mein Gott, mein Erlöser! Singt alle sein Lob, fallt nieder auf euer Antlitz! Plötzlich bemerkte sie, daß ihre Schleier zurückgeglitten waren und wir sie ansahen; sogleich hüllte sie sich wieder dicht ein, wobei sie uns listig zunickte: ‚Haben Sie etwas gesehen?'

‚Nun gut, tue was du willst', sagte Rasputin, lebhaft gestikulierend. ‚Am liebsten würde ich ihr den Hals umdrehen, so widerwärtig ist sie mir, das Scheusal! Wenn sie mir nur aus den Augen käme! Ich hasse dieses Aas und ihre teuflische Maskerade! Sie ist verrückt, weiter nichts!'

Das Telephon läutete. Rasputin ging an den Apparat und begann das gewöhnliche Gespräch:

‚Na ja, Gäste sind bei mir, na, ich trinke eben Tee. Kommst du morgen?' In dieser Art unterhielt er sich einige Zeit mit seiner unbekannten Partnerin.

Dann setzte er sich, schneller als gewöhnlich, auf seinen Platz und begann mit dem Holzlöffel aus der vor ihm stehenden Schüssel Suppe zu essen; auch einige Damen aßen mit ihm. Dunja brachte eine sehr große Kasserolle und stellte sie auf den kleinen Tisch an der Wand.

‚Iß doch Suppe', sagte Rasputin zu mir, ich lehnte jedoch dankend ab.

‚Nun gut, also sage mir', fuhr er fort, während er seinen Schnurrbart mit der Hand abwischte, ‚du meinst also, man solle niemanden verfluchen?'

‚Gewiß nicht', entgegnete ich.

‚Nun gut, einverstanden, aber wie soll ich Olga nicht verfluchen, da sie sich so benimmt? Was bleibt mir anderes übrig, wenn doch sie die Ursache dafür ist, daß alle anfangen, mich Christus zu nennen?'

‚Nicht Christus, sondern Gott!' schrie die Lochtina. ‚Du bist der lebendige Gott Zebaoth, der lebendige Gott!'

‚Nun, da siehst du's! Sprich du mit der Rasenden!' seufzte Rasputin.

‚Fragen Sie sie doch', meinte ich, ‚warum sie Sie für Gott hält.'

Rasputin machte eine wegwerfende Bewegung. ‚Mein Seelchen, das habe ich sie doch schon längst gefragt! Wenn du willst, frage sie selbst! Sie wird dir sofort antworten: Wegen meiner guten Taten!'

‚Genügt es denn, wenn jemand Gutes tut', bemerkte ich, ‚daß man ihn deswegen schon für einen Gott hält?'

‚Versuche es doch selbst, sie zur Vernunft zu bringen, die Närrin!' sagte Rasputin schnell. ‚Kann man denn überhaupt mit ihr reden? Ich würde ihr gerne alles erklären, aber es ist ja vergebens.'

‚Und was hat sie geantwortet?'

Rasputin machte eine resignierte Handbewegung. ‚Ich habe sie gefragt: Schläft denn ein Gott bei einem Frauenzimmer? Hat ein Gott Kinder? Sie aber antwortet nur immer das eine: Versuche keine Ausflüchte, du kannst es ja nicht verheimlichen, ich weiß doch, daß du Gott Zebaoth bist!'

‚Der le–ben–di–ge Go–ott, Ruhm sei dir in Ewigkeit', sang die Lochtina. ‚Ihr alle sitzet in Sodom und sehet es nicht! Ich allein rufe es euch im Schweiße meines Angesichtes zu, ihr aber habt Herzen aus Holz und wollt nicht hören!'

‚Ach, was soll ich nur mit ihr machen, mit dem Scheusal?' Rasputin erhob sich vom Stuhle, doch streckten sich ihm sofort die Hände der Frauen entgegen: ‚Vater, beruhige dich!'

Das Telephon läutete; Rasputin ging zum Apparat. Das Dienstmädchen Dunja trat ein, räumte die Teller ab und wandte sich an die junge Golowina: ‚Munja, trag das Geschirr in die Küche!'

Munja stand rasch auf und ergriff gehorsam das schmutzige Geschirr.

‚Was haben Sie für eine unangenehme Manier, einen so ungebührlich anzureden?' rief die alte Golowina aufgeregt. ‚Sie könnten meine Tochter wohl, wie es gebräuchlich ist, beim Vor- und Vatersnamen nennen!'

‚Aber Mama, laß doch, wozu denn ...' flüsterte Munja leise, nachdem sie zurückgekehrt war.

‚Gott liebt die Arbeit', verkündete die Lochtina.

‚Nun ja, nichts Besonderes, Gäste sind eben bei mir – nun, ich trinke Tee ...' klang es vom Telephon herüber.

Die Lochtina war plötzlich ruhig geworden, glitt leise vom Diwan herab und begab sich in das Schlafzimmer; Rasputin, der eben vom Telephon zurückkam, gab Munja einen Wink, sie möge ihr folgen. Mit raschen, katzenartigen Bewegungen schlängelte sich Munja hinter den Rücken der auf dem Diwan sitzenden Damen vorbei und schlich vorsichtig der Lochtina nach. Diese blieb plötzlich an der Tür des Schlafzimmers stehen, wandte sich um und sagte hochmütig zu Munja:

‚Was willst du, aufpassen?'

Dies sprach sie so stolz und herrisch, daß man in diesem Augenblick vollkommen ihr Narrenkleid und ihr ganzes Benehmen vergessen konnte. Selbst Rasputin geriet etwas in Verwirrung, und seine Stimme klang verändert, als er sagte:

,Sie geht dir nicht nach, sie will nur meine Hemden ordnen.'
,Ich interessiere mich nicht für neues Zeug', warf die Lochtina verächtlich hin. ,Ich will deines haben, deines! Ich nehme es dir vom Leib! Wenn ich will, nehme ich es, und du gibst es mir! Aber dort muß ich dennoch nachsehen!'

Sie stürzte in das Schlafzimmer, Marja huschte mit wenigen Schritten, fast springend wie ein Tier, hinter ihr drein. Rasputin lief quer durch das Zimmer und verschwand in der Türe, die er fest hinter sich zuschloß.

Gleich darauf erhob sich wütendes Getöse, man hörte etwas zu Boden fallen und zerbrechen, dann Schläge auf irgend etwas Weiches; dies alles wurde übertönt durch ein unmenschliches Geheul und Gekreisch. Die Schreie wurden immer verzweifelter, zuletzt schlug eine Tür zu, im Vorzimmer ertönten schwere Schritte, und die Lochtina kam, ganz zerzaust, mit zerrissenem Schleier, in das Speisezimmer gelaufen. Sie schrie etwas Unverständliches und machte krampfhafte Handbewegungen.

Im gleichen Augenblick kehrte auch Rasputin aus dem Schlafzimmer zurück, rot, in Schweiß gebadet und schwer atmend. An ihm vorüber huschte Munja wie ein Fisch; sie hielt etwas in der Hand, drängte sich wieder hinter den Rücken der Damen hindurch und setzte sich, schnell atmend, neben ihre Mutter. Als die Lochtina sie erblickte, lief sie sogleich zum Tisch, blieb aber, noch bevor sie diesen erreicht hatte, plötzlich stehen und drohte Munja mit beiden Händen.

,Schweinerei!' schrie sie, mit jedem Worte mehr in Wut geratend, ,Dreck! Schweinerei! Du Scheusal! Wenn du ihn lieb hättest, müßtest du wissen, daß er einen solchen staatlichen Mist nicht brauchen kann, sondern nur eine unschätzbare, einzigartige Uhr mit Rubinen, Diamanten, Smaragden und Bernstein! Eine solche, wie ich sie auf dem Newski-Prospekt gesehen habe! Er soll sie haben, er soll sie haben! Diese da aber gib her! Gib sie her! Man muß sie im Mörser zerstampfen, zu Staub zerstampfen und wegwerfen, auf den Mist, in die Asche! Oh, du liebst ihn nicht, du Elende, und du willst mit mir streiten!' Munja ließ schnell einen kleinen Gegenstand aus einer Hand in die andere gleiten. Es war die goldene Uhr Rasputins mit dem Wappen, ein Geschenk des Zaren. Einige Minuten lang hörte man im Zimmer nichts als Schreien, Geheul, Flüche und unanständiges Schimpfen. Die Stimmen Rasputins und der Lochtina vermengten sich, jagten einander, jeglichen Gedanken verschlingend und ertötend; die Damen hingegen saßen nach wie vor korrekt und ruhig da. Nur ihre Gesichter waren etwas blässer oder, bei manchen, etwas röter als gewöhnlich.

Die Lochtina gab zuerst nach und wich vor dem auf sie losgehenden Rasputin zurück, ging nach dem Diwan, warf sich auf diesen nieder und schwieg in völliger Erschöpfung. Rasputin setzte sich schwer atmend auf seinen Platz und wischte sich mit dem Ärmel seines blaßblauen Hemdes den in Strömen über sein Gesicht rinnenden Schweiß ab. Einige Sekunden lang herrschte Schweigen, dann wandte sich die alte Golowina mit zitternder Stimme an die Lochtina:

‚Ist das nicht gewissenlos von Ihnen, Olga Wladimirowna? Wenn Sie nicht hier sind, sitzen wir ruhig und hören Grigori Jefimowitsch zu; sobald Sie aber erscheinen, gibt es nichts als Streit und Geschrei – alles nur Ihretwegen. Wir können nicht einmal die Stimme von Grigori Jefimowitsch hören.'

‚Und wer von euch hat denn etwas für ihn getan?' schrie die Lochtina voll Zorn. ‚Wer von euch preist seinen Ruhm? Wer liebt ihn mehr als ich? Wer gibt sein Leben für ihn hin?' Wieder begann sie, ihre Fingerspitzen zu küssen, Rasputin Kußhände zuzuwerfen und ihre wahnsinnigen, unanständigen, aber kaum verständlichen Koseworte und Geständnisse zu flüstern.

Munja Golowina brachte eine Schüssel gebackener Fische, um sie zu servieren, zuerst der Lochtina. Diese wurde plötzlich ruhig, nahm ein Stück und sagte in strengem Tone zu Munja:

‚Du weißt, daß du schuldig bist, Munja! Bitte sofort um Verzeihung!'

Alsbald stellte Munja mit ihrem schüchternen Lächeln die Schüssel auf den Tisch, ging wieder auf die Lochtina zu, kniete vor ihr nieder, küßte ihre dargereichte Hand und neigte sich bis zur Erde.

‚Ach, Maruschka', flüsterte verwirrt die alte Golowina, ‚warum tust du das? Warum erzürnst du Grigori Jefimowitsch?'

Ein wenig bleich schüttelte Munja ihr kleines Köpfchen und flüsterte, sanft wie gewöhnlich: ‚Nun, Mama, laß das, sprich nicht davon ...'

Rasputin sagte kein Wort, und Munja fuhr fort, allen aus der vor ihr stehenden Schüssel Fische vorzulegen.

Die Lochtina hatte ihr Gesicht bedeckt und sich nach rechts geneigt, als ob sie etwas auf dem Diwan betrachte; schließlich rief sie mit triumphierendem Gelächter: ‚Ach, jetzt ist ja alles klar! Ich sehe, dort sitzt die Weiße, ganz mir nichts, dir nichts; und unter dem Schutz ihres hochwohlweisen Herrn Gemahls hat sie gestohlen ...'

Der junge Mann im Jackett wurde sehr rot und erwiderte scharf: ‚Ich bitte Sie dringendst, meine Frau aus dem Spiele zu lassen!'

‚Schweig, Unseliger!' schrie die Lochtina drohend. ‚Wie kannst du dich unterstehen, in diesem Ton mit mir zu reden?'

Wieder bemerkte die alte Golowina: ‚Sie sind doch selbst diejenige, die verhindert, daß wir Grigori Jefimowitsch zuhören können!'

Die Lochtina antwortete ihr nicht, denn in diesem Augenblick fiel aus irgendeinem Grunde der kleine Tisch an der Wand mit der auf ihm stehenden Kasserolle voll Suppe um. Dies verursachte ein starkes Getöse, alle fuhren zusammen, und insbesondere die schwangere Dame zitterte am ganzen Leibe und blickte, blaß wie der Tod, verstört um sich.

Munja lief um das Dienstmädchen, es entstand eine seltsame Verwirrung, aber alle blieben auf ihren Plätzen, während die ausgeschüttete Fischsuppe in einem schmalen, gelben Streifen rasch über das Parkett rann. Die Lochtina erhob sich still, schlich sich zu Rasputin, ergriff seinen Kopf und begann ihn unter unaufhörlichem Schreien zu küssen.

‚Und ich bin bei dir gelegen, ich bin bei dir gelegen ...'

Wenn er sie auf einen Augenblick zurückgestoßen hatte, kam sie sofort wieder, stellte sich derart hinter ihm auf, daß seine Fäuste sie nicht erreichen konnten und bat ihn, er möge ihr ein Glas Wein geben.

‚Nichts bekommst du', sagte Rasputin kurz und energisch. ‚Wenn ich dich nur los wäre, du Verrückte', fuhr er böse fort, ‚wenn du nur einmal zu deinem Hundesohn Iliodor führest! Ihr seid ja mitsammen aus der Kirche ausgetreten! Ich soll blind werden, wenn ich nur den mindesten Sinn in dem finde, was Olga und Iliodor tun! Er hat sich von der Kirche losgesagt, hält mich für den größten Bösewicht, Schuft, Wollüstling und Verführer, und Olga hat sich durch ihn zum Abfall verleiten lassen, aber sie sieht in mir doch den Gott Zebaoth. Und wenn man mich erschlägt, so kann ich nichts von alledem begreifen!'

‚Liebt dich Iliodor etwa nicht?' schrie die Lochtina. ‚Er liebt dich, er liebt dich, ach, wie er dich liebt ... Für mich aber bist du Gott, meine Seligkeit und meine Welt!'

Rasputin winkte mit der Hand. Dunja kam zu ihm und flüsterte ihm etwas zu, wobei sie mit den Augen auf das Schlafzimmer deutete. Er erhob sich rasch und ging durch den Vorraum in das Schlafzimmer; sogleich stürzte die Lochtina, so schnell, als es ihre ungeheuren Stiefel erlaubten, zu dem Tisch, ergriff das Glas, aus dem Rasputin getrunken hatte, füllte es mit Wein, stieg auf den Diwan, streckte die Hände gegen die vordere Zimmerecke aus und blieb so einige Sekunden gesenkten Hauptes vor dem leeren Winkel stehen, wie eine Priesterin, die ein Mysterium vollzieht. In dem Zimmer herrschte eine gespannte, dumpf beklemmende, unangenehme Stille. Schließlich regte sich die Lochtina wieder, näherte das Glas ihren Lippen, trank den Wein langsam aus und sank dann vornüber auf den Diwan, wo sie mit ausgebreiteten Armen und bedecktem Antlitz liegenblieb. Die alte Golowina seufzte laut und sagte, zu Munja gewendet:

‚Ach Munja, warum hast du mich heute hierhergeführt? Ich werde wieder ganz krank sein!' Sie wandte sich an mich: ‚Wenn Sie nur gesehen hätten, was gestern morgens hier vorgegangen ist! Man mußte mich mit Kirschlorbeertropfen laben, und auch heute zittere ich wieder am ganzen Körper. Ich kann bei dem Anblick aller dieser Dinge absolut nicht gleichgültig bleiben!'

‚Mama, so hör' doch auf!' flüsterte Munja betrübt.

‚Warum benimmt sich Olga Wladimirowna so sonderbar?' erkundigte ich mich.

Munjas zwinkernde Augen blickten irgendwohin, weit in die Ferne; mit einem sonderbaren Ausdruck von andächtiger Bewunderung antwortete sie leise und freudig: ‚Man muß sie nur verstehen!'

‚Ach nein', entgegnete rasch die alte Golowina, ‚darauf habe ich schon längst verzichtet.' Sie deutete nach den hellroten Flecken auf ihren Wangen und fügte mit einiger Bitterkeit hinzu: ‚Sehen Sie nur, wie ich aussehe! Ich will mich nicht besser machen, als ich bin, und verstelle mich nicht, aber dies alles regt mich unglaublich auf! Ich kenne Grigori Jefimowitsch schon seit vier Jahren und liebe ihn grenzenlos. Ich liebe auch Olga Wladimirowna, aber ihr Benehmen ist mir vollkommen unverständlich, und ich kann ihre Handlungsweise durchaus nicht billigen.'

‚Wenn ich schweige, werden die Steine reden!' schrie die Lochtina, die plötzlich wieder zu sich gekommen war, und klatschte in die Hände.

Dann stieg sie vom Diwan herunter und schlich sich zur Schlafzimmertür, durch die das rauhe Gemurmel Rasputins und weibliches Lachen zu vernehmen war. Sie neigte sich vor und drückte gierig ihr Gesicht an eine Spalte der ächzenden Türe.

‚Nicht herein, nicht herein!' rief Rasputin böse und stemmte sich von innen gegen den Eingang.

Die Lochtina lachte wild, schlug mit den Fäusten an die Türe und rief: ‚Nimm noch mehr zu dir, noch mehr! Nimm sie nur hinein, verstecke sie unter dem Bett, unter dem Polster! Du gehörst ja doch mir, und ich trete dich niemandem ab, niemandem, niemandem! Schlaf meinetwegen mit der ganzen Welt, du bist doch mein, mein!'

Sie lief von der Tür weg, drehte sich an einer und derselben Stelle im Kreise herum und fiel dann, schwindelig geworden, wieder auf den Diwan, wobei sie irgend etwas vor sich hin summte.

Am Tisch entstand eine Bewegung. Ich wandte mich um und sah, wie die schwangere Dame langsam aufstand und, mit vorgestreckten Händen, wie eine Somnambule, auf den Diwan zuschritt; ihre weit geöffneten Augen starrten unbeweglich auf die Lochtina, und ihre trockenen Lippen verzerrten sich. Sie kam nicht bis zu dem Diwan: Ihr Mann war rasch aufgesprungen, holte sie mit einigen Schritten in der Mitte des Zimmers ein, nahm sie unter den Arm und führte sie, sosehr sie sich auch sträubte und stemmte, mit Gewalt in das Vorzimmer. Das Tischgespräch, das sich bereits entwickelt hatte, brach plötzlich ab, und wieder verbreitete sich Schweigen über das Zimmer.

Von nun an war eine objektive Beobachtung nicht mehr möglich: Die schwangere Dame hatte nur das mimisch ausgedrückt, was allen Anwesenden innerlich bereits seit längerem klar gewesen war, daß man entweder fortgehen oder schreien, in Zuckungen verfallen und alles zerschlagen müsse. Die Wyrubowa erhob sich zuerst und ging zum Schlafzimmer, ihr folgten die Großfürstin Militza Nikolajewna und ihre junge Begleiterin. Sie wendeten sich nach dem Vorzimmer; plötzlich aber stürzte aus dem Schlafzimmer Munja Golowina hervor und warf sich der Großfürstin an den Hals. Diese beugte sich nieder, Munja küßte sie leidenschaftlich, küßte ihren Hals, ihre Haare, ihre Lippen und ihre Augen; dann umschlang sie sie und zog sie mit sich fort.

Ich erwartete ungeduldig die Rückkehr Rasputins, um mich zu

empfehlen und fortzugehen. Als Rasputin endlich aus dem Vorzimmer hereinstürzte, erhob ich mich, trat auf ihn zu, grüßte zum Abschied die Zurückbleibenden und wandte mich an ihn:

‚Ich gehe, Grigori Jefimowitsch, auf Wiedersehen!'

Er trat rasch an mich heran, nahm mich um die Schultern, sah mir tief in die Augen und sagte bekümmert: ‚Du gehst schon, Seelchen? Nun, und wann kommst du wieder? Ich habe dich sehr lieb gewonnen.'

Eben als ich bemerkte, er möge mich anrufen, ertönte ein wildes Lachen. Die Lochtina krümmte sich auf dem Diwan und schrie wütend: ‚Das muß ich erleben! Er, der Gott Zebaoth, ruft ein Mädchen zum Telephon!'

‚Jetzt ist es genug', sagte ich und trat, fast laufend, in das Vorzimmer. Rasputin eilte mir nach, umarmte mich, drückte mich fest an sich und fragte beunruhigt: ‚Nun, sag' mir, hast du hier nur Schlechtes gesehen, oder hast du auch etwas Gutes gefunden?'

‚Ich weiß nicht', antwortete ich und suchte mich von ihm loszumachen. Er aber gab mich nicht frei und flüsterte mir ins Ohr: ‚Und wirst du wiederkommen oder nicht?'

Aus dem Schlafzimmer traten die Wyrubowa und die Großfürstin, schon völlig zum Fortgehen angekleidet. Sie gingen auf Rasputin zu und hielten ihm das Gesicht hin. ‚Vater, auf Wiedersehen!'

‚Nun, lebt wohl, lebt wohl', sagte Rasputin, machte das Zeichen des Kreuzes über beiden und küßte sie schließlich.

Die Wyrubowa nahm seine Hand, drückte sie mit leisem Stöhnen an ihr erhitztes Gesicht und küßte sie mit grenzenloser Ergebenheit. Ihre Augen funkelten in übernatürlichem Glanz, und sie zitterte am ganzen Körper."

★

„Ich benützte einen unbewachten Augenblick und glitt durch die Küche auf den Flur des Hinterhauses. Langsamen Schrittes, versunken in staunende Gedanken über das Vorgefallene, ging ich die fast völlig finstere Treppe hinab. Plötzlich fühlte ich, wie jemand sanft meinen Pelz berührte, und hörte eine leise, weibliche Stimme: ‚Kommen Sie von ihm?'

Überrascht wandte ich mich um und erblickte in dem dämmerigen Halbdunkel eine kleine Frauengestalt, die auf der obersten Stufe der

Treppe zusammengekauert saß. Die Unbekannte streckte die Hand aus und hielt mich am Kleide fest.

‚Warum gehen Sie zu ihm?' fragte sie mit kraftloser, trauriger und unterwürfiger Stimme.

‚Ich weiß es eigentlich selbst nicht', erwiderte ich ausweichend. Die Fremde erhob sich und trat ganz nahe an mich heran.

‚Sie gehören nicht zu seinem ständigen Kreise, ich weiß es ganz genau!' flüsterte sie eindringlich und versuchte, den Ausdruck meines Gesichtes zu erforschen. Ihre kleine kalte Hand schlüpfte in meinen Muff und umklammerte meine Fingerspitzen.

‚Um Christi willen, hören Sie mich an. Ich verliere den Verstand, wenn ich nicht mit jemandem sprechen kann!' Die Unbekannte zerrte mich über die Treppe hinunter, an der Portiersloge vorbei und auf die Straße hinaus. Wir durchquerten ein Durchhaus, dann ein menschenleeres Gäßchen, traten in ein niedriges Tor und blieben schließlich bei einer mit Wachsleinwand überzogenen Wohnungstür stehen.

Die Unbekannte pochte heftig, die Tür tat sich auf, ein junges Mädchen in weißem Kleide blickte hervor und sagte etwas in polnischer Sprache. Willenlos ließ ich mich in einen Raum führen, in dem es nach Erde, welken Blättern, Moos und Orangenblüten roch. Offenbar befanden wir uns im hinteren Teil eines Blumenladens, denn ringsum standen Kübel mit halb verwelkten Rhododendren, in den Winkeln lagen Stücke farbigen Papiers, Haufen von Moos und Körbchen mit blühenden Hyazinthen.

‚Ich muß Ihnen alles erzählen', flüsterte die Unbekannte, während sie sich auf einer Kiste niederließ und mich neben sich zog. ‚Hören Sie mir zu, um Gottes willen! Sie sind so jung, so glücklich – hören Sie mich an ...'

Dann zog sie ihren Schleier fester zusammen, und ihre in einen lichten Marderpelz gehüllten Schultern zitterten. Schweigend wandte sie sich ab, dann holte sie tief Atem und fragte hastig:

‚Sie sind eine Fremde?'

‚Ja, ich wohne nicht in Petersburg.'

‚Auch ich bin von auswärts hierhergekommen, und jetzt weiß ich nicht, was geschehen wird, was aus meinem Leben werden soll! Warum hat sie mich nur zu ihm geschickt? Wie konnte ich ihr nur glauben? Ich bin doch kein junges Mädchen mehr, bin zweiunddreißig Jahre alt!

Warum habe ich ihr nur geglaubt, daß er alles wisse, mein Geheimnis enthüllen könne, daß mein Kummer ein Ende nehmen werde, wenn ich nur mit ihm gesprochen hätte!'

Sie beugte sich rasch vor und fragte flüsternd: ‚Hat er Sie zum Abendmahl geschickt?'

Ich nickte.

‚Und sind Sie gegangen?'

‚Nein.'

Die Fremde wand sich wie in qualvollen Schmerzen. ‚Sehen Sie, Sie sind klug gewesen! Aber ich? Ich war immer gläubig, habe an Gott geglaubt und an Christus! Warum habe ich die Erlösung bei ihm gesucht?'

Tief gebeugt, flüsterte sie dumpf durch ihren Schleier: ‚Hat er auch Ihnen gesagt, Sie sollten zum Abendmahl gehen und dann, rein von aller Sünde, mit dem Leib des Herrn in sich, wieder zu ihm kommen? Ich habe das getan und ihn, nach dem heiligen Sakrament, abends aufgesucht, wie er es mir befohlen hatte; Christus aber hat mich nicht beschützt, wohl deshalb, weil ich Ihn auf einem falschen Weg gesucht hatte!'

Sie schwieg und atmete schwer. Leise fielen von irgendwoher Wassertropfen nieder, hinter den unscheinbaren Blättern einer winterlich traurigen Palme brannte trüb ein kleines Lämpchen; es roch nach Erde und Hyazinthen wie in einer Gruft ...

‚Nein, nein, ich muß Ihnen alles sagen: Ich kam aus Neugier zu ihm, aus frecher und gemeiner Neugier, mit dem Leib des Herrn in mir! Und er zwinkerte mir schamlos zu, als wollte er fragen, ob ich wüßte, was er von mir wünschte. Er erwartete mich allein in festlicher Kleidung, ergriff mich, zog mich in das Schlafzimmer und riß mir unterwegs die Kleider vom Leibe. Ich fühlte im Nacken seinen heißen, brennenden Atem. Kennen Sie den Winkel neben dem Fenster, in dem ein Heiligenbild hängt? Dort zwang er mich niederzuknien und flüsterte mir ins Ohr: ‚Laß uns beten!' Er selbst stand hinter mir und begann sich zu verneigen: ‚Heiliger Simeon von Werchoturje, erbarme dich meiner Sünden!'

Dann fragte er mich, mit den Zähnen knirschend: ‚Bist du zum Abendmahl gegangen, wie ich es dir befohlen habe?' Einen Augenblick später war er nur mehr wilde, tierische Gier ... Und ich habe ihn nicht getötet, habe ihm nicht ins Gesicht gespuckt! Das letzte, an das ich mich erinnere, war, daß er mir die Wäsche herunterriß; dann verlor ich das Bewußtsein...

Ich erwachte und fand mich, zerfetzt und besudelt, auf dem Boden liegen. Er stand über mir, schamlos entblößt. Als er sah, daß ich die Augen geöffnet hatte, sagte er mit seinem Lachen, das Sie ja auch kennen, ein Wort – ich will es nicht wiederholen. Er beugte sich über mich, hob mich auf und legte mich auf das Bett. ‚Aber nur schlaf nicht, um Christi willen!' Ihn, Ihn, wagte er jetzt zu nennen! Ich weiß nicht mehr, wie es kam, aber ich begann zu heulen, zu schreien und um mich zu schlagen.

Irgend jemand kam herbeigelaufen, man zog mich an, stieß mich die Treppe hinunter und setzte mich in eine Droschke. Der Kutscher fuhr lange Zeit umher und fragte mich endlich, wohin er mich bringen solle; ich wußte es nicht, ich hatte es vergessen. Wir blieben bei einer Laterne stehen. Ein Offizier kam vorüber, sprach mich an, setzte sich dann neben mich und befahl dem Kutscher weiterzufahren. Dann erinnere ich mich wieder an nichts mehr...

Als ich am anderen Tage erwachte, war es Abend, und ich lag auf einem fremden Bett. Er hatte mich nicht berührt, gab mir Tee zu trinken, ließ mir Zeit mich zu waschen und bereitete mir ein Bad. Nun gehe ich umher und denke: Wohin jetzt? Was wird nun sein? Ich habe doch an Christus geglaubt – glaube ich noch an ihn? Ich weiß es nicht, und ich komme jeden Tag in Rasputins Haus, um ihn zu fragen, wozu er mir dies angetan hat! Weshalb hat er das Heiligste in mir beschmutzt und zerstört? Ich hatte doch den Leib des Herrn genommen, ehe ich zu ihm gekommen war! Jetzt weiß ich nicht, was ich tun soll, ich kann nicht mehr abreisen und irre Tag für Tag ratlos durch die Stadt...'

Nachdem die Unbekannte ihre Erzählung beendet hatte, suchte ich sie nach Kräften zu trösten und zu beruhigen, was mir endlich auch bis zu einem gewissen Grad gelang. Dann empfahl ich mich und ging nach Hause, noch ganz benommen von der Fülle alles dessen, was ich an diesem Abend gesehen und gehört hatte.

Am nächsten Morgen verließ ich Petersburg auf lange Zeit und kehrte in meine Heimat zurück; mit Rasputin bin ich erst zwei Jahre später wieder zusammengetroffen..."

ELFTES
KAPITEL

DER TANZENDE STARETZ

Nichts in der Welt vermochte Rasputin so zu beglücken wie der Tanz: Tanzen war ihm ein elementares Bedürfnis, in welchem sich der Trieb des primitiven Menschen nach geformter und gebundener Bewegung, seine naive Freude an Musik und Rhythmus kundgeben konnte. Für diesen einfachen sibirischen Bauern bedeutete der Tanz den vollkommensten Ausdruck seines lebendigen Lebens, ebenso wichtig wie Atmen, Essen, Trinken oder sonst eine elementare menschliche Betätigung. Denn in dem Tanz fand alles, wofür die arme, unzulängliche Sprache dieses Muschiks nicht mehr ausreichte, jenes Einströmen von Gefühlen, Regungen und Ahnungen, dem gegenüber das Wort ohnmächtig war, die stärkste und befreiendste Form. In den vergänglichen, von den Armen und Beinen des Tanzenden in den Raum gezeichneten Linien lag also die unfaßbare Sehnsucht nach dem Endlosen, die uralte Schwermut, aber auch die jauchzende Urfreude der Kreatur über ihr Dasein.

Bei dem orgiastisch erregten Tänzer vollzieht sich eben unter Umständen ein zur Mystik führender Akt: Durch das rhythmische Schwingen wird der Mensch gleichsam wieder seinem Ursprung, dem Schoß des Alls, zurückgegeben, glaubt er, aufs neue mit der ganzen Schöpfung vereinigt zu sein. Mächtige kosmische Kräfte scheinen auf den Tanzenden einzuströmen, der sich im Reigen mit den kreisenden Gestirnen verbunden fühlt; in seinem Tanze ahnt er die ewig undeutbaren Gesetze des Werdens und Vergehens, des Steigens und Fallens, der Anziehung und der Abstoßung.

Im beflügelten Schritt des Reigens verstummt die selbstgefällige, hochmütige und mit dem Willen der Natur hadernde Vernunft, und demütig hingegeben, fühlt der irdische Leib den ewigen Rhythmus der Welt, um, mit den Pflanzen und Tieren, dem Schöpfer zu huldigen.

Für den russischen Bauern ist der Tanz noch nicht zu einer Form der geselligen Unterhaltung verkümmert, er ist vielmehr ein Akt primitiver religiöser Betätigung geblieben, der in mancher Hinsicht den Charakter des Gebetes annimmt.

Wann immer das Herz überzugehen droht, beginnt der sibirische Bauer entweder zu beten oder zu tanzen; es bedarf keiner besonderen Stunde und keines besonderen Anlasses, weder für die eine Form religiöser Ekstase noch für die andere.

Auch die Lieder, zu denen er tanzt, sind nicht selten kirchliche Gesänge; aber selbst die schwermütigen oder kindlich jauchzenden Volksweisen haben stets etwas Andächtiges und Feierliches an sich. Denn so wie das slawische Lied oft genug ein gesungenes Gebet ist, so ist auch der Tanz des russischen Bauern häufig ein Ausdruck demütiger Frömmigkeit.

Wenn Rasputin in seinem sibirischen Dorf, inmitten tiefsinniger Predigten über die Erlösung des Menschen von der Sünde, plötzlich aufgesprungen war, mit den Füßen auf den Boden gestampft und zu tanzen begonnen hatte, so konnten seine Dorfjünger daran nichts Sonderbares, geschweige denn etwas mit seiner Würde nicht zu Vereinbarendes erblicken: Der ‚tanzende Staretz', der Heiland, der predigte und dann, wenn die Worte nicht mehr ausreichten, seine Predigt im Tanze fortsetzte, war für die sibirischen Sektierer eine durchaus verständliche und natürliche Erscheinung, nicht anders als der spontane Freudenruf bei einem frohen Ereignis oder der Wehlaut bei einem unvermuteten Kummer. Jubel, Klage, Aufschrei und Tanz, alle diese Ausdrucksformen entstammten der wortlosen Sprache des von einem Übermaß des Gefühls überwältigten Menschen.

In jenen sibirischen ‚Isbas', in den Hütten, wo Männer und Frauen, alte und junge, um einen langen Tisch auf ungehobelten Bänken beisammensaßen, geschah es täglich, daß der eine oder der andere, von einem unaussprechlichen Gefühl ergriffen, plötzlich von der Bank aufsprang und in der Mitte des Raumes zu tanzen begann, allein oder mit anderen, die ebenfalls von der gleichen Empfindung überwältigt worden waren. Sobald dann die Erregung im Tanze verklungen war, setzte man sich wieder still auf seinen Platz, ohne daß irgendeiner von den Anwesenden sich über diesen unvermittelten Ausbruch im mindesten gewundert hätte.

Rasputin hatte alle seine heimatlichen Gepflogenheiten auch in der Hauptstadt, inmitten jener ihm neuen und fremden Welt des Hofes, der Minister, Generale, Bankdirektoren, der Fürstinnen, Hoffräuleins und Schauspielerinnen, fast unverändert beibehalten. Wohl hatten ihn die vornehmen Damen in seidene Hemden gekleidet und seine stämmigen Bauernfüße in Stiefel aus feinstem Leder gehüllt; all dem zum Trotz hatte er seinen Bart so wild und struppig wuchern lassen, wie eben der liebe Gott Bauernbärte wachsen läßt, auch hatte er weiter mit den gleichen, derben Schimpfworten geflucht, wie er sie in Pokrowskoje zu gebrauchen gewöhnt war. Unbekümmert um die Petersburger Sitten liebte, scherzte, betete, fluchte und tanzte er genau so, wie sein Gefühl es ihm vorschrieb.

Da geschah es nun oft, daß er, während des Frühstücks im Kreise seiner Jüngerinnen, in salbungsvollem Tone von Gott und der ‚geheimnisvollen Auferstehung' sprach, dann aber plötzlich leise vor sich hinzusummen begann. Sogleich fielen mehrere Stimmen rings um den Tisch in sein Lied ein, bis der Gesang zu einem lauten Chor anschwoll, der Staretz von seinem Sitze aufsprang und im nächsten Augenblick wie eine Feder durch das Zimmer flog.

Im Tanze schien seine kräftige Gestalt alle Schwere verloren zu haben; hatten ihn doch sogar die Künstler des Kaiserlichen Balletts mehr als einmal um die Leichtigkeit und Beschwingtheit seines Tanzes beneidet. Mit wiegender Bewegung des Leibes näherte er sich dann einer der Frauen und forderte sie mit lockenden, liebkosenden und neckenden Handbewegungen auf, sich mit ihm im Reigen zu drehen. Er umkreiste sie, rankte sich tanzend an ihren Körper, seine tanzenden Finger glitten ihren Leib entlang, und der stechende Blick seiner Augen erfaßte sie bald von der einen, bald von der anderen Seite. Immer näher an ihrem Leib fühlte sie jetzt seinen wiegenden Körper, immer näher an ihrem Gesicht sein glühendes Antlitz.

Endlich erhob sich, wie im Traum, langsam jene Frau, der seine Aufforderung gerade galt. Willenlos folgte sie der Lockung, winkte mit ihrem Spitzentuch in der erhobenen Hand und begann sich im Takt des Gesanges und der stampfenden Stiefel zu drehen. Die Ekstase des tanzenden Staretz und seiner Partnerin ging alsbald auch auf alle anderen Anwesenden über.

Die eine Frau aber, die er zur Partnerin auserkoren und die er für würdig befunden hatte, daß sie mit ihm den heiligen Akt des Tanzes zelebriere, hatte, eben während des Reigens, das Gefühl, jener mystischen Einflüsse teilhaftig geworden zu sein, von welchen der Staretz so oft gepredigt hatte. War nun das Stampfen des tanzenden Heiligen immer leidenschaftlicher, schneller und wilder geworden, dann flammten die Wangen der Tänzerin in leuchtendem Purpur; ihre Augen trübten sich allmählich, ihre Lider wurden immer schwerer und senkten sich herab. Schließlich nahm Rasputin die taumelnde, halb ohnmächtige Frau in seine breiten, kräftigen Bauernarme und trug sie nach ihrem Platze zurück. Wer dieser Szene zum erstenmal beiwohnte, der mochte vermeinen, hier trage ein Satyr seine Beute von dannen; die Jüngerinnen aber, von heiliger Ekstase mitgerissen, sahen in all dem einen weihevollen, mystischen Akt.

Hatte der tanzende Heilige seine Partnerin wieder auf ihren Platz zurückgeführt, dann erhoben sich die übrigen Frauen, umringten die glückliche Schwester und überhäuften sie mit tausend Zärtlichkeiten; sie küßten, streichelten und liebkosten ihre Haare und ihre Glieder, denn der Körper dieser ‚Auserkorenen' schien ihnen nun heilig geworden zu sein.

Keine von diesen Jüngerinnen wunderte sich über jenes, am hellichten Tag vor sich gegangene, sonderbare Schauspiel; war doch Rasputin, ebenso wie für die Bauern in seinem sibirischen Heimatdorf, auch für seine Anbeterinnen im westlichen Rußland, selbst im Tanze noch ein Prediger, ein Heiliger und ein Erlöser.

Die Freunde und Anhänger des Staretz, ebenso wie die Geschäftsleute und Politiker, welche ihm zu Ehren Festgelage veranstalteten, sorgten bei solchen Anlässen zumeist für Musik, womöglich für einen Zigeunerchor; denn allgemein wußte man, daß weder die feinsten Eßwaren noch die ältesten Weine den Heiligen so beglücken und begeistern konnten wie Gesang, Musik und Tanz. Wer ihm vorgesungen hatte, der konnte seines Wohlwollens und seiner Unterstützung sicher sein, den rechnete er hinfort zu seinen Freunden. Gar manches große Geschäft und manche wichtige Ernennung war nicht durch Vorsprachen im Empfangszimmer, nicht durch Geschenke und nicht durch Bestechungsgelder zustande gebracht worden, sondern vielmehr dadurch, daß der Bittsteller über eine schöne und wohlklingende Stimme verfügte, die den Staretz zum Tanze anfeuerte.

Einem solchen Umstand hatte auch der dicke A. N. Chwostow seine Ernennung zum Minister des Innern zu verdanken gehabt: Rasputin hatte ihn eines Abends in der ‚Villa Rode' getroffen, wo sich Chwostow in Kammerherrnuniform mit einigen Freunden unterhielt. Grigori Jefimowitsch war mit dem Gesang des Zigeunerchors unzufrieden, fand, daß die Bässe zu schwach klängen, und sagte schließlich zu Chwostow: „Geh, Bruder, hilf ihnen singen! Du bist dick und kannst laut genug schreien!"

Chwostow ließ sich das nicht zweimal sagen, denn auch er war schon etwas angeheitert: Ohne zu zaudern, sprang er, in voller Hofuniform, auf die Bühne und ließ seine donnernde Baßstimme ertönen. Rasputin war entzückt, klatschte Beifall und rief, Chwostow sei ein ganzer Kerl.

Einige Tage später wurde der dicke Kammerherr ganz unversehens zum Minister des Innern ernannt, was den Dumaabgeordneten Purischkewitsch zu der Äußerung veranlaßte, unter dem gegenwärtigen Regime hätten die Minister an Stelle einer Prüfung über Staatswissenschaften eine solche über Zigeunergesang abzulegen.

In der Tat galt Rasputins tiefste Liebe den Zigeunerchören, jenen Körperschaften von etwa zwanzig bis fünfunddreißig Männern und Weibern, die sich, der russischen Sitte gemäß, im Halbkreis um die Gäste aufstellen und dann, nach der Leitung der ‚Vorsänger' und ‚Vorsängerinnen', abwechselnd leidenschaftliche, schwermütige und heitere Weisen anstimmen. Dieser Zigeunergesang übte auf Rasputin stets eine ganz besonders beglückende Wirkung aus, und mit dem Versprechen: ‚Für Zigeuner ist gesorgt', konnte man ihn zu jeder Tages- oder Nachtzeit an jeden beliebigen Ort locken. Den Zigeunergesängen lauschend, zechte und tanzte er oft bis in die frühen Morgenstunden; bei diesen Anlässen trat sein wahres Wesen, die Güte ebenso wie die Niedrigkeit seiner Seele, seine Schwermut ebenso wie seine Freude, in ekstatischer Steigerung hervor: Dann war er zugleich Prediger und Raufbold, Erlöser und Wüstling.

Es bedurfte oft gar nicht eines regelrechten Gelages, um ihn in diese Stimmung zu bringen: Häufig genügte sein eigenes Summen oder die helle Stimme einer seiner Jüngerinnen, daß er zu tanzen anfing; zumeist war es freilich auch der reichlich fließende Wein, der seinen Enthusiasmus beflügelte und ihn für die Ausgelassenheit seiner Freunde, für die Lockungen der Frauen und besonders der Zigeunerinnen noch empfänglicher machte und ihn in einen Zustand ‚heiligen Rausches' versetzte.

Rasputins Lieblingslokal in Petersburg war das ‚Villa Rode' genannte Varieté-Restaurant. Von den für das allgemeine Publikum veranstalteten Vorführungen und Pikanterien dieser Unterhaltungsstätte machte er freilich so gut wie keinen Gebrauch, und er besuchte die ‚Villa Rode' eigentlich nur zu dem Zweck, um dort mit seinen Freunden und Freundinnen in einem abgesonderten Zimmer ungestört trinken, singen und tanzen zu können.

Die Eigentümer der ‚Villa Rode' hielten für Rasputins Gesellschaften stets ein kleineres, etwas abseits gelegenes Nebengebäude bereit, wo man sich, von den übrigen Gästen unbemerkt, nach Belieben unterhalten konnte, und wo auch eine sorgfältige Kontrolle über alle Teilnehmer möglich war.

Der bevorstehende Besuch des Staretz in der ‚Villa Rode' wurde immer vorher telephonisch angekündigt, so daß er, wenn er dann mit seinem Anhang dort erschien, den Tisch bereits mit allerhand verlockenden Gerichten, besonders mit den von ihm so geliebten Fischen und Süßigkeiten, bedeckt vorfand. In der einen Ecke des Raumes stand schon der Zigeunerchor bereit, und die Kellner hatten für einen ausreichenden Vorrat von Madeira gesorgt.

Rings um einen langen, mit Blumen, feinstem Porzellan und Silber geschmückten Tisch saß dann Rasputin mit einer Gesellschaft, wie man sie so bunt durcheinandergewürfelt wohl nirgends sonst hätte antreffen können. Der Staretz selbst, in seiner kornblumenblauen oder leuchtend roten, seidenen Bauernbluse, trank unablässig, schlug mit den Händen den Takt zu den Gesängen der Zigeuner, oder sprang auf und tanzte, um alsbald wieder gierig einige Gläser Wein hinabzustürzen. Unvermittelt sprach er dann Zitate aus der Heiligen Schrift oder wendete sich an irgendeinen der Gäste, sah ihn mit trunkenen, trüben Augen an und sagte: „Weißt du, woran du jetzt denkst, mein Lieber? Ich weiß es!" In solchen Fällen irrte er sich fast nie und vermochte beinahe immer genau die Gedanken des anderen anzugeben. Es war, als hätte der Genuß des Weins und der Gesang der Zigeuner seine instinktiven Fähigkeiten bis zur Hellsicht gesteigert, was bei den Festgästen oft genug ein Gefühl des Gruselns hervorrief.

Manchmal wieder starrte er, während er ein Glas nach dem anderen leerte, in die Luft, als ob ihn ein fernes Bild gebannt hielte, und nun erzählte er in wehmütigem Ton von Sibirien, von seinem kleinen Dorf, von den herrlichen, duftenden Blumen an den Ufern der Tura und von seiner Bauernwirtschaft. Mit verliebtem Entzücken erinnerte er sich der Pferde, die im Stall seines Bauernhauses in Pokrowskoje standen, und die er nun schon so lange nicht mehr gesehen hatte. Plötzlich fing er an, in unziemlichem Ton das Liebesleben der Pferde zu schildern, wie er es schon als Kind im väterlichen Stalle beobachtet hatte. Mit brutaler Gebärde riß er eine der vornehmen, neben ihm sitzenden Damen an sich und nüsterte ihr drohend und rauh zu: "Komm, meine schöne Stute!" Dann pries er wieder die Schönheit der Steppen, die Würde und den Wert der bäuerlichen Arbeit und hob seine schwieligen, derben Hände empor, damit alle Gäste ihrer ansichtig würden. In stolzem Ton, nicht ohne herausfordernden Hochmut, rief er: „Da seht meine Hände! Diese Schwielen kommen von harter Arbeit!"

Manchmal wendete er sich provozierend an einen der feinen Herren mit Brillanten in der Hemdbrust oder an eine der vornehmen Damen in tief ausgeschnittenem Abendkleide: „Ja, ja, meine Teuren, ich kenne euch, ich lese in euren Seelen! Ihr alle seid viel zu sehr verwöhnt und auch viel zu schlau! Diese schönen Kleider und diese Schlauheiten sind unnütz und verderblich: Der Mensch muß es verstehen, sich zu demütigen! Einfacher müßt ihr werden, viel, viel einfacher, nur dann werdet ihr Gott näherkommen! Folgt mir im Sommer nach Pokrowskoje, in die große Freiheit Sibiriens! Wir werden Fische fangen und auf dem Felde arbeiten, und dann werdet ihr erst wirklich Gott verstehen lernen!"

Auf die vornehmen Damen und Herren jener Tafelrunde in der ‚Villa Rode' hinter dem mit schwerem Silber und feinstem Porzellan gedeckten Tisch mußte dieser betrunkene Bauer einen höchst seltsamen Eindruck machen, wenn er so mit herausforderndem Hochmut seine derben, knochigen Hände in die Luft reckte und, während er unablässig soff, über die Gottgefälligkeit der bäuerlichen Arbeit und des Fischfanges predigte. Noch eine andere Eigentümlichkeit des Staretz mußte den Gästen besonders auffallen: Er hatte die Gewohnheit, während er trank, sang und tanzte, an jene Frauen, denen er gefallen wollte, aber auch an die Sängerinnen des Zigeunerchors, an die Dienstmädchen und Kellnerinnen kleine Zettelchen zu verteilen; auf diesen hatte er höchst naive, banale und zumeist verworrene Sprüche aufgezeichnet, wie etwa: ‚Gehe der Liebe nicht aus dem Wege, denn sie ist deine Mutter!' oder: ‚Ich erfreue dich mit dem Lichte der Liebe, und ich lebe dadurch. Gott sende deiner Seele Demut und die Freude der wohltätigen Liebe!'

Einmal hatte er eben einer Dame einen solchen Spruch ausgehändigt, als er bemerkte, daß deren Dienstmädchen ihn neugierig beobachtete. Sogleich verfaßte er auch für sie einen Zettel, auf welchem zu lesen war: ‚Gott liebt die Arbeit, und deine Ehrlichkeit ist allen bekannt!'

So einfältig diese vom Wein und Gesang eingegebenen ‚Weisheitssprüche' des Staretz im Grunde auch sein mochten, fanden seine Verehrerinnen doch in jedem Wort dieser Aufzeichnungen einen tiefen, verborgenen Sinn. Die eleganten Damen verwahrten diese ‚Liebesbriefe' Rasputins, die meist kaum zu entziffern waren, in kostbaren Kassetten, die Dienstmädchen wieder verbargen sie unter ihrem Leibchen an der Brust, um sie täglich hervorzuholen und inbrünstig zu küssen; je dunkler der Sinn solcher Sprüche war, desto kostbarer erschienen den Verehrerinnen Rasputins seine sonderbaren Zettelchen.

Nicht immer jedoch erschöpfte sich die Ekstase des heiligen Mannes in harmlosen Bibelzitaten, Predigten über die Freuden des Pferdestalles oder in jenen naiv-unsinnigen Kritzeleien: Oft steigerte sich seine gehobene Stimmung vielmehr zu einem wahrhaft sibirischen Rausch, zu einem wilden Freudentaumel oder zu einem Ausbruch heilloser, tobender Wut.

Mehr als einmal geschah es, daß ein ruhig begonnenes Fest zuletzt in eine wüste Orgie ausartete, daß Grigori Jefimowitsch ganz außer Rand und Band geriet und schließlich einen ungeheuren öffentlichen Skandal verursachte. Solche Vorfälle waren für die verantwortlichen Behörden, denen der Schutz und die Überwachung Rasputins oblag, außerordentlich unangenehm, und sie versetzten oft selbst die hohen Funktionäre in die peinlichste Verlegenheit.

Denn von den Feinden des Staretz wurde jedes derartige Ereignis nach Kräften aufgebauscht und überall verbreitet, gab es doch in der Gesellschaft sowohl als auch in den Kreisen des Hofes, der Regierung und der Duma einflußreiche Gruppen, denen jeder Anlaß zu einem Angriff auf Rasputin höchst willkommen war.

Das Herrscherpaar wieder wurde, ganz im Gegenteil, von jedem unliebsamen Gerücht in Verbindung mit dem Staretz auf das schmerzlichste berührt, zumal da Angriffe auf Rasputin stets im Grunde gegen den Zaren und die Zarin gerichtet waren. So kam es, daß die wenigen Menschen, die zu dem Herrscher hielten, ihr möglichstes taten, um das Bekanntwerden irgendwelcher Skandale nach Kräften zu verhindern; besonders solange Beletzki Ministergehilfe war, wurden sorgfältige Vorkehrungen getroffen, um folgenschwere Ausflüge Rasputins nach Möglichkeit einzuschränken und den Staretz selbst dazu zu veranlassen, daß er seine Feste nicht in öffentlichen Lokalen abhalte.

Da dies nicht immer gelang und Grigori Jefimowitsch sich vielmehr ein spezielles Vergnügen daraus machte, der Überwachung durch die Polizeiagenten zu entschlüpfen, hatten die Behörden dafür gesorgt, daß er in seinen Lieblingslokalen abgelegene Zimmer angewiesen erhielt, aus denen nicht so bald ein Laut zu dem übrigen Publikum drang. Dennoch aber konnten bisweilen Konflikte nicht vermieden werden, wenn Grigori Jefimowitsch mit den Zigeunern gesungen und getanzt hatte und dann in schwer alkoholisiertem Zustand durch die Korridore taumelte.

Während so die dem Zaren ergebenen Würdenträger alles aufboten, um Skandale zu vermeiden, ließen wieder die anderen Persönlichkeiten und Behörden, welche dem Staretz feindlich gesinnt waren, nichts unversucht, um solche Skandale geradezu herbeizuführen und die öffentliche Entrüstung dann für ihre Zwecke auszunützen.

Mehr als einmal wurden in der ‚Villa Rode', bei ‚Donon' in Petersburg oder im Restaurant ‚Ar' in Moskau eigens zu dem Zweck Gelage veranstaltet, um öffentliches Ärgernis hervorzurufen und den Staretz auf diese Weise zu kompromittieren. Man wußte, daß Rasputin, der sich in nüchternem Zustand bei seinen Äußerungen ziemliche Zurückhaltung auferlegte, redselig wurde, wenn er vor Weinflaschen saß und den Zigeunern lauschte.

Dann plauderte er bisweilen vertrauliche Intimitäten aus Zarskoje Selo aus, verkündete laut, die Zarin Alexandra Fjodorowna sei eine ‚zweite Katharina', sie sei es, die eigentlich Rußland beherrsche, nicht aber der gutmütige, brave Schwächling Nikolaj. War Grigori Jefimowitsch angeheitert, dann konnte man ihn leicht dazu bringen, daß er in Gegenwart der Zechgenossen durch das Telephon Gespräche mit den Ministern führte und dabei verschiedene unbedachte Erklärungen abgab; jedes Wort, das der naive und trunken gemachte Rasputin in unzurechnungsfähigem Zustande von sich gab, wurde von seinen Feinden schon am nächsten Tag, noch entsprechend ausgeschmückt, in der ganzen Residenz verbreitet. Diese widerwärtige Art der Provokation, diese Methode, einen Menschen betrunken zu machen und ihn dann durch seine unbedachten Äußerungen bloßzustellen, hatte jedoch lange Zeit nicht den von den Veranstaltern gewünschten Erfolg. Die Zarin, aber auch der Zar, die beide nur zu genau das urwüchsige, einfache und doch gute Gemüt ihres Grigori Jefimowitsch kannten, verhielten sich gegenüber allen noch so ausführlichen Zuträgereien von angeblich beleidigenden Äußerungen Rasputins über das Zarenhaus völlig ablehnend. Sie hielten treu zu ihrem ‚Freund', obgleich dessen Gegner dafür sorgten, daß die kunstvoll arrangierten Skandale kein Ende nahmen.

So kam es einmal in der ‚Villa Rode' zu einem schweren Zusammenstoß zwischen dem Staretz und dem jungen Gardeoffizier Obrassow, der damit endete, daß Obrassow Rasputin ohrfeigte. Dieser Vorfall hatte zur Folge, daß die Polizei die ‚Villa Rode' für einige Zeit sperrte, um eine Wiederholung derartiger Ereignisse zu verhindern; natürlich wurde alsbald ein ausführlicher Bericht an den Zaren verfaßt, den dieser jedoch unberücksichtigt zu den Akten legte.

Eine wichtige Quelle für die Beschaffung von belastendem Material gegen Grigori Jefimowitsch waren die Berichte der Geheimagenten, deren Aufgabe ja darin bestand, möglichst viele und Aufsehen erregende Meldungen zu liefern. Selbst auf seinen Reisen nach Pokrowskoje wurde der Staretz von Konfidenten verfolgt, die genau über sein Tun und Lassen in seiner Heimat berichteten und dabei oft genug aus recht harmlosen Vorgängen große Skandalaffären zu machen wußten.

So meldeten die Spitzel am 24. Juni 1915: „In seinem Hause in Pokrowskoje hat Rasputin heute eine Anzahl Gäste empfangen. Er war betrunken, ließ das Grammophon spielen, tanzte und erzählte dann seinen Verehrern, wie er dreihundert Baptisten ihrer Strafe entzogen habe, und wie er von jedem dieser Leute tausend Rubel hätte bekommen sollen, in Wirklichkeit aber nur insgesamt fünftausend Rubel erhalten habe. Er rühmte sich auch, daß er es gewesen sei, der, während seines letzten Besuches beim Zaren, die Hinausschiebung des Einberufungstermins für die älteren Reservisten auf die Zeit nach der Ernte durchgesetzt habe."

Ein Vorfall, der sich auf dem Dampfer zwischen Tjumen und Pokrowskoje abspielte, sollte den Gegnern Rasputins zur Veranstaltung eines besonders heftigen Angriffes dienen: Der Staretz war in Gesellschaft seines Freundes, des Abtes Martian aus dem Kloster Tjumen, nach seinem Heimatdorf gereist, hatte sich auf der Fahrt mit neu einberufenen Soldaten angefreundet, hatte dem Wein zu reichlich zugesprochen und zuletzt einen recht wüsten Auftritt verursacht.

Die Geheimagenten wußten über diese Vorgänge ausführlich zu berichten:

„9. August: In Tjumen bestieg Rasputin, nachdem er das Kloster verlassen hatte, den Dampfer und fuhr um elf Uhr nach Pokrowskoje ab. Gegen ein Uhr mittags verließ er in trunkenem Zustand seine Kabine und ging zu den Soldaten, die auf dem gleichen Schiffe nach Tobolsk fuhren. Er begann ein Gespräch mit ihnen, schenkte ihnen fünfundzwanzig Rubel, befahl ihnen zu singen, kehrte dann in seine Kabine zurück, erschien jedoch einige Minuten später wieder auf dem Verdeck und schenkte den Soldaten weitere hundert Rubel. Hierauf wurde der Gesang fortgesetzt, wobei sich Rasputin persönlich an dem Chor beteiligte. Etwa um ein Uhr führte er alle Soldaten, zehn Mann, in die zweite Klasse, hieß sie Platz nehmen und wollte ihnen ein Mittagessen verabreichen lassen, was der Kapitän jedoch verbot.

Nach einiger Zeit kam Rasputin von neuem auf das Verdeck, forderte die Soldaten auf, einen Kreis zu bilden, trat selbst in dessen Mitte und sang mit ihnen Lieder. Er war in ausgezeichneter Stimmung, schenkte den Soldaten weitere fünfundzwanzig Rubel und begab sich dann in seine Kabine.

Von dort kehrte er nach zwanzig Minuten in noch berauschterem Zustand zurück, ging in die dritte Klasse und fing einen Streit mit einem

Mann aus Tjumen an; hierauf verwickelte er sich in eine Auseinandersetzung mit dem ebenfalls in Tjumen lebenden Kaufmann Michalew und begann, sich über die Tätigkeit des Bischofs von Tobolsk abfällig zu äußern. Als er etwas später dem Schiffskellner begegnete, beschimpfte er diesen, nannte ihn einen Gauner und beschuldigte ihn, er habe ihm dreitausend Rubel gestohlen.

Nach diesem Vorfall verfügte sich Rasputin wieder in seine Kabine, blieb bei dem offenen Fenster stehen, legte seinen Kopf auf den Tisch und ließ sich von den Passagieren anstarren. Aus der Menge ertönten feindselige Rufe, wie etwa: ‚Schneidet ihm den Bart ab! Rasiert ihn!' Auf die Bitte der Agenten wurde das Fenster der Kabine geschlossen; zwei Stunden später fiel Rasputin zu Boden und blieb betrunken bis zur Ankunft des Dampfers in Pokrowskoje liegen. Nun baten die Agenten den Kapitän um die Freistellung einiger Matrosen, damit Rasputin an Land gebracht werden könne. Hierauf schleppten vier Mann den Betrunkenen auf den Landungsplatz, wo er von seinen Töchtern erwartet wurde, legten ihn auf einen Karren und fuhren ihn nach Hause."

„10. August: Um zehn Uhr morgens verließ Rasputin sein Haus und befragte die Agenten über die Vorfälle des gestrigen Tages. Er äußerte sein Erstaunen darüber, daß er so schnell die Besinnung verloren habe, da er doch nur drei Flaschen Wein getrunken hatte."

Aus diesem verhältnismäßig harmlosen Geschehnis wußten die Feinde des Staretz eine gewaltige Angelegenheit zu machen, über die ein Berg von Akten verfaßt wurde. Die Polizei ließ ein Protokoll aufsetzen und schickte dieses an den Gouverneur Stankewitsch; der Gouverneur leitete den Akt an den Fürsten Schtscherbatow weiter, den damaligen Minister des Inneren, dieser wieder übergab die Sache dem Justizminister A. A. Chwostow, und dieser erklärte, der Fall unterstehe nicht seiner Kompetenz, gehöre vielmehr in die Zuständigkeit des Innenministeriums. Fürst Schtscherbatow, der offenbar nicht wußte, was er mit der Affäre beginnen sollte, trug sie dem Ministerpräsidenten Goremykin vor, und von dem Ministerpräsidenten kam das Material an A. N. Chwostow, den neuen Minister des Inneren. Endlich gelang es Anna Wyrubowa und dem Ministergehilfen Beletzki, die ganze Angelegenheit im Sande verlaufen zu lassen, ebenso wie den mittlerweile entstandenen Skandal in dem Moskauer Restaurant ‚Jar'.

Diese neue Affäre hatte für Rasputin besonders bedrohlich ausgesehen, und es bedurfte der größten Geschicklichkeit, um allerhand unliebsame Weiterungen hintanzuhalten. Als Rasputin im Herbst des Jahres 1915 nach Moskau gereist war, um am Grabe des Patriarchen Hermogen zu beten, hatte ihn eine Gesellschaft von falschen Freunden in das Restaurant ‚Jar' eingeladen. Unter den Anwesenden befanden sich einige eigens als Zeugen für den zu erwartenden Skandal bestellte Journalisten sowie mehrere junge Damen aus der besten Gesellschaft.

Das Abendessen begann gegen Mitternacht, der Wein floß in Strömen, und ein Orchester spielte dem Staretz zum Tanze auf. Vom Alkohol erhitzt begann Rasputin von seinem Einfluß, von seiner Beliebtheit und von seinen erotischen Abenteuern in Petersburg zu erzählen; bei dieser Gelegenheit ließ er auch einige Bemerkungen über das Kaiserpaar fallen, die wohl harmlos gemeint gewesen sein mochten, von seinen Feinden jedoch sogleich gegen ihn ausgenutzt wurden. Er berichtete nämlich, die Zarin nenne ihn ‚Christus' und folge blind jedem seiner Ratschläge; er habe sie oft auf seinen Händen getragen, und für ihn stünden die Türen der kaiserlichen Gemächer stets offen.

Nach dem Abendessen erschien in dem Lokal ein Frauenchor, und Rasputin knüpfte, in seiner gewohnten Weise, sogleich ein Gespräch mit den Mädchen an. Auch ihnen erzählte er von seinen freundschaftlichen Beziehungen zur Herrscherfamilie, und schließlich wies er auf seine Weste, auf welche die Zarin eigenhändig Blumen gestickt habe.

In diesem Augenblick mochten in seinem vom Weingenuß benebelten Gehirn Erinnerungen an die Orgien der ‚Gottesleute' aufgetaucht sein, denn er beschränkte sich nicht darauf, sich seiner Weste zu entledigen, er warf vielmehr, ehe ihn jemand daran hindern konnte, alle seine Kleider von sich, bis er schließlich splitternackt in der Mitte des Saales stand, Kirchenlieder sang und tanzte.

Unterdessen waren die Polizeibehörden verständigt worden, und der Statthalter Adrianow erschien persönlich im Restaurant ‚Jar'. Schon am folgenden Tage sprach man in ganz Rußland öffentlich von dem ungeheuren Skandal und beeilte sich, auch dem Zaren möglichst genaue Berichte hierüber zu hinterbringen.

✶

Rasputins Ausflüge nach Moskau waren überhaupt fast stets mit großen nächtlichen Unterhaltungen verbunden, die freilich mehr als einmal eine gefährliche Wendung zu nehmen drohten; denn hier in Moskau war der eigentliche Herd der gegen das Kaiserpaar und ihren Günstling gerichteten Bestrebungen und Intrigen.

Grigori Jefimowitsch liebte es besonders, die eine oder die andere von seinen neuen Jüngerinnen zu solchen Festen mitzunehmen; so sind uns zwei lebendige Schilderungen über die Gelage des Staretz aus dem Munde solcher ‚Novizen' überliefert worden, aus denen uns die seltsame Gestalt des ‚tanzenden Staretz' lebendig entgegentritt.

In Moskau war es Jelena Djanumowa, die Rasputin auf ein solches Fest begleiten durfte.

„Ein telephonischer Anruf", erzählt sie, „ich höre eine bekannte, singende Stimme: ‚Guten Morgen, Frantik, guten Tag, mein Liebchen! Ich bin zu euch nach Moskau gekommen und spreche jetzt eben vom Bahnhof. Von hier aus fahre ich zu Reschetnikows, komm doch auch dorthin zum Frühstück! Ich möchte dich sehen, ich habe Sehnsucht nach dir!'

Natürlich war ich sehr neugierig, wieder mit Rasputin zusammenzukommen. Frau Reschetnikow verehrte alle geistlichen Berühmtheiten, und wer immer von solchen in Moskau weilte, stieg bei ihr ab; außer für Rasputin hatte sie sich für Johann von Kronstadt, Iliodor und Warnawa begeistert.

Gegen ein Uhr sprach ich in ihrer Wohnung vor; an der Tür empfing mich ein Mönch, und schon im Vorzimmer saßen zwei schwarz gekleidete Betschwestern. Ich bat, man solle Rasputin meine Ankunft melden, da erschien er aber schon selbst in der Tür und begann, mich seiner Gewohnheit gemäß sogleich zu umarmen und zu küssen. Er sah schlecht aus, sein Gesicht war lang und schmal geworden und von tiefen Falten durchzogen, doch die Augen waren unverändert und blickten mich ebenso durchdringend an wie früher.

Er führte mich in ein Zimmer mit alten, schweren Möbeln; mit mir war auch noch ein Mönch eingetreten, von dem ich später erfuhr, daß er Warnawa sei; dieser schlug das Kreuz über mich, fragte mich nach meinem Namen und meinte dann: ‚Du heißt Jelena? Dann hast du ja vor kurzem deinen Namenstag gehabt! Opfere etwas für meine Kirche, einen Teppich oder etwas Ähnliches!'

Rasputin hörte diesem Gespräch mißbilligend zu und rief plötzlich: ‚Frantik, komm mit mir ins Speisezimmer, dort erwartet man uns!'

Wir gingen in den anstoßenden Raum, wo hinter einem Tisch eine alte Dame von etwa achtzig Jahren saß, umringt von anderen ebenfalls sehr alten Frauen. Eine von diesen, neben welche ich zu sitzen kam, war die Schwester Warnawas; mir gegenüber saß ein junger Offizier, ein Grusinier, der zur Bewachung Rasputins hierherkommandiert worden war. Neben Warnawa saß eine junge Kaufmannsfrau mit großen Brillanten in den Ohren; sie blickte ihn fortwährend verliebt an und lachte laut über seine Scherze. Rasputin selbst verhielt sich schweigend, während Warnawa unausgesetzt redete.

Erst gegen Ende der Mahlzeit wendete sich Rasputin an mich und erklärte: ‚Ich werde zum Abendessen zu dir kommen und auch den da mitbringen!' Dabei deutete er auf den Offizier.

Die Damen protestierten: ‚Väterchen, Grigori Jefimowitsch, du bist wie die Sonne in den Wolken! Kaum bist du erschienen, so verschwindest du schon wieder! Wir haben dich ja noch gar nicht ordentlich gesehen!'

‚Nein', erwiderte Rasputin, ‚ich werde wieder zu euch zurückkommen! Jetzt muß ich zu meiner Frantik!'

‚Man braucht ihm nur ein schönes Weib zu zeigen', bemerkte Warnawa boshaft, ‚dann sieht man überhaupt nichts mehr von ihm!' Diese Worte erregten bei Rasputin starkes Mißfallen, und er streifte Warnawa mit einem bösen Blick.

Im Vorzimmer sagte Grigori Jefimowitsch zu mir: ‚Hast du die Bemerkung Warnawas gehört? Er beneidet mich! Ich liebe diesen Schlaufuchs nicht!'

Ich eilte so rasch als möglich nach Hause, kaufte bei Jelisejew verschiedene Lebensmittel und Madeira ein, ließ aus einem Restaurant Fischgerichte kommen, telephonierte einige meiner Bekannten an und fragte sie, ob sie Rasputin zu sehen wünschten.

Gegen sieben Uhr abends kam Grigori Jefimowitsch mit seinem Adjutanten wirklich zu mir. Er war sehr lustig, scherzte unausgesetzt, sein Gespräch sprang, wie immer, von einem Thema zum anderen über, und oft erging er sich in fast unverständlichen Andeutungen. Aufmerksam fixierte er alle Anwesenden, und seine Blicke schienen jedermann zu durchbohren. Besonders scharf betrachtete er Warnawa und sagte dabei zu mir:

‚Bei dir ist es gut, da freut sich meine Seele! Du hast keine Hintergedanken, und deshalb liebe ich dich. Dieser aber, hast du ihn gehört? Er liebt mich nicht, ach, wie wenig er mich liebt!'

Längere Zeit hindurch blieb sein Blick auf dem Herrn E. und seiner Frau haften. Dieser Herr E. war einmal mit mir verlobt gewesen, doch hatte davon niemand erfahren; wir beide hatten seither geheiratet und fühlten uns in unseren Ehen sehr glücklich. Rasputin jedoch erklärte plötzlich, auf Herrn E. weisend, zu mir:

‚Ihr habt euch einmal geliebt, aber daraus ist nichts geworden. Das ist auch besser so, denn ihr paßt nicht zueinander, und seine jetzige Frau ist für ihn die richtige!'

Ich war über diese wunderbare Hellsicht sehr erstaunt, denn es bestand kaum eine Möglichkeit, daß er von unserem früheren Verlöbnis, an das wir selbst kaum mehr dachten, hatte erfahren können.

Nach dem Essen verlangte Rasputin mit einem Male, ich sollte Zigeuner kommen lassen, und ließ sich von diesem Wunsch nicht abbringen. Herr E., der meine peinliche Situation bemerkte, machte hierauf den Vorschlag, wir selbst sollten zu den Zigeunern fahren, womit Rasputin einverstanden war. Alsbald brach unsere ganze Gesellschaft auf und begab sich in das Restaurant ‚Jar'.

Dort erkannte man Rasputin sofort, und da man einen Skandal befürchtete, wie ein solcher schon einmal entstanden war, benachrichtigte man alsbald den Statthalter, der zwei Beamte in das Restaurant schickte. Diese trafen in der kürzesten Zeit ein, traten in unser Zimmer und baten, sich dort aufhalten zu dürfen, da sie Rasputin gegen etwaige Überfälle zu beschützen hätten; bald darauf erschienen auch zu dem gleichen Zweck einige Polizeiagenten in Zivil.

Mittlerweile war der Zigeunerchor mit der berühmten Sängerin Nastja Polakowa aufgetreten; Rasputin begann sich wohl zu fühlen und bestellte Früchte, Kaffee, Gebäck und Sekt.

Es war unglaublich, wieviel Rasputin trinken konnte. Jeder andere wäre in kürzester Zeit besinnungslos zu Boden gesunken, bei ihm aber wurden nur die Augen leuchtender, das Gesicht blasser und die Falten tiefer.

‚Nun', rief er mit einem Male aus, ‚beginnt zu singen, Kinder!' Hinter dem Wandschirm, der unser Zimmer abschloß, erklangen hierauf zwei Gitarren, und die Zigeunerinnen ließen ihren Gesang ertönen; Rasputin saß schweigend da und lauschte mit gesenktem Kopf. ‚Nastja', erklärte er endlich, ‚du singst so schön, daß es einem ans Herz greift!'

Dann sprang er plötzlich auf und fiel mit voller, helltönender Stimme in den Gesang ein. ‚Und jetzt, Nastja', rief er hierauf, ‚jetzt wollen wir ein Gläschen trinken! Ich liebe die Zigeunerlieder, und wenn ich sie höre, jauchzt mein Herz vor Freude!'

Nastja gab ihm kurze, unfreundliche Antworten und blickte ihn finster an. Dies fiel mir auf, und ich fragte jemanden aus der Gesellschaft, warum die Zigeunerinnen gegen Rasputin so feindlich gestimmt seien; hierauf erwiderte man mir, während einer der letzten Besuche des Staretz habe es einen großen Skandal gegeben, der für den Chor mit unangenehmen Folgen verbunden gewesen sei.

Unwillkürlich wurde auch ich von Angst erfaßt, ob es nicht wieder zu peinlichen Szenen kommen werde, und ich bereute es, gemeinsam mit Rasputin ein öffentliches Lokal aufgesucht zu haben. Ich dachte daran aufzustehen und mich unbemerkt zu entfernen, doch irgendwie war ich bereits von der allgemeinen Stimmung angesteckt worden, und ich blieb.

‚Jetzt aber singt mein Lieblingslied, die Troika!' rief Rasputin aufspringend. Er war blaß und stand mit halb geschlossenen Augen vor uns; während ihm die Haarsträhnen über die Stirn fielen, begann er mit beiden Händen den Takt zu schlagen: ‚Ich fahre, ich fahre zu ihr, zu meinem Liebchen!'

Seine Stimme war voll Leidenschaft und Feuer, und ihr Ton prägte sich meinem Gedächtnis tief ein. Welch eine urwüchsige Kraft lag doch in diesem Menschen verborgen!

Unsere Gesellschaft hatte sich inzwischen zusehends vergrößert: Alle Augenblicke wurden Bekannte angerufen und aufgefordert herzukommen, andere Gäste des Restaurants drängten sich hinzu und baten, an dem Fest teilnehmen zu dürfen. Als die reichen Fabrikbesitzer K. erfahren hatten, daß auch ich hier sei, flehten sie mich an, ich solle sie dem Staretz vorstellen; auch einige Engländerinnen, die mit einer militärischen Mission nach Rußland gekommen waren, baten auf das dringendste, Rasputin sehen zu dürfen. Als sie die Erlaubnis erhalten hatten, setzten sie sich still in eine Ecke und ließen von nun an keinen Blick mehr von Grigori Jefimowitsch. Nachdem unsere Zahl zuletzt auf etwa dreißig Personen angewachsen war, schlug jemand vor, wir sollten in das Vergnügungsetablissement ‚Strelna' fahren, und wir brachen auf. Jemand aus unserer Gesellschaft wollte die Rechnung bezahlen, der Kellner erwiderte jedoch, die Beamten des Statthalters hätten bereits alles geregelt.

Im ‚Strelna' wurde uns ein großes, separiertes Zimmer angewiesen, dessen Fenster auf den Wintergarten hinausgingen. Das Publikum erfuhr bald, daß Rasputin sich in unserer Gesellschaft befinde, und die Leute erkletterten im Wintergarten die Palmen, um durch die Fenster hereinsehen zu können. Mittlerweile floß bei uns der Wein in Strömen, und Rasputin ließ auch für den Chor eine Anzahl Sektflaschen auftragen. Die Zigeuner quittierten dies mit einem großen Lobgesang: ‚Trinken wir auf das Wohl des teuren Grischa!' Auch der Chor wurde allmählich betrunken, begann mit dem Vortrag einzelner Stücke, um alsbald wieder abzubrechen und schallend zu lachen.

Rasputin war nun ganz in seinem Element. Während ein russischer Tanz gespielt wurde, wirbelte er mit wilder Leidenschaftlichkeit durch den Raum, seine braunen Haare und sein großer Bart flogen von der einen Seite zur anderen. Seine Füße in den hohen, schweren Stiefeln bewegten sich mit verblüffender Leichtigkeit, und es schien, als habe der Wein seine Kräfte vervielfacht. Von Zeit zu Zeit brach er in wildes Geschrei aus, packte eine der Zigeunerinnen und tanzte mit ihr.

Inzwischen traten zwei Offiziere in das Zimmer, denen zunächst niemand Aufmerksamkeit schenkte. Der eine setzte sich neben mich, sah dem tanzenden Grigori Jefimowitsch zu und bemerkte: ‚Was findet man eigentlich an diesem Menschen? Das ist doch eine Schmach! Ein betrunkener Bauer tanzt, und alle sehen ihm zu, als wäre er ein Heiliger! Was haben nur die Weiber, daß sie so an ihm kleben?' Mit haßerfülltem Blick verfolgte er jede Bewegung Rasputins.

Bald begann der Morgen zu dämmern, und das Restaurant sollte gesperrt werden. Wir alle erhoben uns und rüsteten zum Aufbruch, wobei es sich wieder herausstellte, daß auch hier die Beamten des Statthalters die Rechnung bezahlt hatten.

Wir fuhren nun in ein anderes Restaurant weit außerhalb der Stadt, wo wir uns in einer Fliederlaube des großen Gartens niederließen. Nach der schwülen Atmosphäre im ‚Strelna' wirkte die warme Frühlingsluft doppelt angenehm, zumal da eben die Sonne aufging und die Vögel zu singen begannen.

,Wie herrlich! Welch eine Schönheit Gottes!' sagte Rasputin, während er sich niedersetzte und schwarzen Kaffee, Tee und Liköre bestellte.

Auch die beiden unbekannten Offiziere hatten uns hierherbegleitet und tuschelten leise miteinander. Endlich fiel dies den Polizeiagenten auf, und sie erkundigten sich diskret, wer denn die beiden Herren seien; als sich erwiesen hatte, daß niemand sie kannte, forderten die Beamten die Offiziere auf, sich zu entfernen. Diese protestierten, es kam zu einem Streit, und plötzlich fiel ein Schuß.

Sogleich entstand eine furchtbare Panik, weitere Schüsse krachten, man hörte Aufschreie, einige Damen bekamen hysterische Anfälle, alles drängte zum Ausgang, jemand packte mich bei der Hand und zerrte mich in ein Automobil; neben mir saß Rasputin, der sich anfangs weigerte und nicht wegfahren wollte. Dies alles hatte sich blitzschnell abgespielt, ohne daß ich eigentlich gewußt hätte, was vorgefallen sei. Dann fuhr der Wagen mit Windeseile davon, während in meinen Ohren noch immer Schüsse und Schreie erklangen.

Begreiflicherweise waren wir alle sehr erregt. Rasputin erlangte als erster seine Ruhe wieder und bemerkte nachdenklich: ‚Meine Feinde lieben mich nicht!' Dann verfiel er wieder in dumpfes Schweigen.

Wir wurden in die Wohnung des Herrn E. gebracht und erfuhren dort, die Offiziere seien verhaftet worden und hätten die Absicht eingestanden, Rasputin zu überfallen und zu mißhandeln.

Rasputins Gesicht war mittlerweile, sei es durch die Aufregungen, sei es durch den Alkoholgenuß, ganz gelb geworden, und er schien um einige Jahre gealtert. Bald kam es zu einem unerwarteten Zwischenfall mit der Frau des Fabrikanten K., die den Staretz gefragt hatte: ‚Weshalb vertreibst du nicht die Juden aus Rußland?'

,Wie', hatte Rasputin sie angefahren, ‚schämst du dich nicht, so etwas zu sagen? Die Juden sind ebenso gute Menschen wie wir! Sicher hat jeder von euch unter seinen Bekannten einen braven Juden, wenn er auch nur ein Zahnarzt ist!'

Dann erklärte er der Frau K., er habe mit ihr zu sprechen, und verließ mit ihr für eine Viertelstunde das Zimmer.

Als sie wieder zurückgekehrt waren, sagte Frau K. in ganz verändertem Ton: ‚Wie klug du bist! Ich hätte nicht gedacht, es mit einem so gescheiten Mann zu tun zu haben! Ich hielt dich für einen Hochstapler!'

Rasputin sah sie mit traurigem Blick an und bemerkte: ‚Lieber wäre es mir, von den Offizieren mißhandelt zu werden, als solche Worte aus dem Munde einer Frau vernehmen zu müssen!'

Nun mischte sich der Adjutant in das Gespräch und begann Rasputin zu verteidigen, worauf die Dame in Tränen ausbrach, erklärte, man beleidige eine hilflose Frau, und wegging.

Kurze Zeit nachher zog auch ich mich zurück und suchte meine in der Nähe gelegene Wohnung auf. Wie tot fiel ich auf den Diwan und schlief sogleich ein, doch schon nach einer Stunde wurde ich durch das andauernde Läuten des Telephons aufgeschreckt. Es war der grusinische Offizier, der sich erkundigte, ob Rasputin etwa bei mir sei, und mir mitteilte, man habe den Staretz im Kabinett auf den Diwan gelegt, er jedoch sei plötzlich fortgegangen.

Von nun an läutete das Telephon jeden Augenblick, und immer neue Leute erkundigten sich nach dem Verbleiben Rasputins. Wie mir der Grusinier mitteilte, war bereits die Polizei alarmiert worden, und in der ganzen Stadt fand die Suche nach Grigori Jefimowitsch statt.

Gegen ein Uhr mittags läutete es an meiner Wohnungstür, und ich vernahm im Vorzimmer die Stimme Rasputins, der mich fragte, ob ich zum Ausgehen bereit sei.

‚Wo warst du?' erkundigte ich mich durch die Tür. ‚Man sucht dich in ganz Moskau, und die gesamte Polizei ist auf den Beinen!'

Er lachte und meinte: ‚Ist es dir nicht einerlei, wo ich gewesen bin? Ich habe dir eine neue Dame mitgebracht; wenn du willst, mache ich dich mit ihr bekannt. Sie ist gut!'

Ich war noch nicht angekleidet und weigerte mich daher kategorisch, eine fremde Dame zu empfangen, worauf diese sich von Rasputin verabschiedete und fortging. So war es mir nicht möglich zu erfahren, wo er den Rest der Nacht verbracht hatte.

Ich telephonierte dem Adjutanten, daß Rasputin bei mir erschienen sei, worauf dieser alsbald zu mir eilte. Dann begaben wir uns alle drei zur Generalin K., in deren elegantem Salon eine große Gesellschaft versammelt war.

Bei unserem Erscheinen wurden die Türen eines schönen Speisezimmers geöffnet, und man bat uns zum Frühstück an einen reich gedeckten Tisch, voll mit Blumen, echtem Porzellan und altem Silber. Die Damen trugen lichte Frühjahrstoiletten; ein Platz war noch frei geblieben, denn man erwartete eine polnische Gräfin, welche die Bekanntschaft Rasputins machen wollte.

Endlich erschien auch diese Dame in einem grauen Kleid und mit einer schweren Perlenkette um den Hals. Rasputin trat ihr entgegen, sah sie, in seiner gewohnten Art, scharf an, worauf sie wankte, zu zittern anfing und in das Schlafzimmer geführt werden mußte.

Als während des Frühstücks gemeldet wurde, die Gräfin befinde sich bereits besser, ging Rasputin zu ihr, trat auf sie zu, streichelte sie und sprach begütigend auf sie ein. Die Dame aber bekam sofort einen neuen Anfall und schrie, sie könne diese Augen nicht ansehen, denn diese blickten ihr in die Tiefe der Seele.

Nachdem Rasputin in den Kreis der übrigen Gäste zurückgekehrt war, baten ihn die Frauen um eine Photographie mit seiner Widmung; er jedoch erklärte, er besitze keine Aufnahme seiner Person. Da entsann ich mich eines meiner Bekannten, der vor kurzem ein photographisches Atelier eröffnet hatte, rief diesen an und verständigte ihn, daß ich ihm den Staretz bringen wolle.

In Begleitung des Adjutanten begaben wir uns hierauf in das Atelier, wo mir die ungewöhnlich große Zahl von Assistentinnen sogleich auffiel; später erfuhr ich, daß es Damen waren, die in dieser Verkleidung Rasputin sehen wollten.

Mein Freund fertigte einige Aufnahmen an, und Rasputin wollte sich unbedingt mit mir gemeinsam photographieren lassen. ‚Ich will mit dir auf einem Bilde sein, Frantik', erklärte er.

Ich hatte dies vorausgesehen und dem Photographen entsprechende Anweisungen erteilt, so daß dieser uns nur zum Schein aufnahm, ohne eine Platte in den Apparat eingelegt zu haben.

Auf der Rückfahrt aus dem Atelier setzte sich Rasputin neben mich und begann in herzlichem Ton auf mich einzusprechen:

‚Ich habe dich in Petersburg gekränkt', sagte er, ‚verzeih' mir! Ich habe schlecht zu dir gesprochen, aber ich bin eben nur ein einfacher Bauer, und was ich auf dem Herzen habe, das habe ich auch sogleich auf der Zunge!'

Er nahm den Hut ab und ließ seine Haare im Winde wehen. ‚Gott soll mich strafen', rief er, sich bekreuzigend, ‚wenn du jemals von mir noch ein schlechtes Wort hörst! Du bist besser als alle anderen, denn du bist eine einfache Natur! Sage mir, wenn du irgendeinen Wunsch hast, und ich werde alles für dich tun!'

Als ich beharrlich schwieg und in diesem Augenblick nicht über meinen Fall sprechen wollte, meinte er: ‚Vielleicht brauchst du Geld? Willst du eine Million? Ich werde bald ein großes Geschäft durchgeführt haben und sehr viel Geld dafür bekommen!'

‚Aber, Grigori Jefimowitsch', bemerkte ich lächelnd, ‚ich brauche kein Geld von dir!'

‚Na, wie du meinst, aber ich bin glücklich, wenn ich etwas für dich tun kann. Du bist ein guter Mensch, Frantik, und in deiner Gesellschaft ruht sich meine Seele aus!'

Als wir zu der Generalin zurückgekehrt waren, erwarteten uns dort zwei Beamte des Statthalters. Rasputin küßte alle Anwesenden, bat mich, ich solle doch wieder nach Petersburg kommen, und fuhr dann in Begleitung der Beamten zum Bahnhof, von wo er sogleich in die Hauptstadt abreiste."

★

In Petersburg hatte Vera Alexandrowna Schukowskaja den Staretz zu einem dieser Feste begleitet; ihre Schilderung gibt einen guten Eindruck von der eigenartigen Atmosphäre, in welcher sich rauschende Orgien mit schwerwiegenden Entscheidungen der höchsten kirchlichen Politik vermischten:

„,Komm heute abend mit mir, wir werden tanzen und trinken', sagte Rasputin einmal zu mir.

‚Wohin denn?' fragte ich.

‚Zu meinen Freunden. Bist du einverstanden? Es wird lustig werden.'

‚Gut', sagte ich, ‚ich will kommen.'

‚Das ist schön!' rief er erfreut, ‚komm um sechs Uhr abends.'

Als ich bei ihm erschien, fand ich ihn im Wartezimmer von vier

Männern und einer Dame umgeben; es waren offenbar Kaukasier. Rasputin selbst war zum Ausgehen bereit ... Alle sprachen laut durcheinander, und ich konnte nicht recht verstehen, um was es sich handelte. Die Worte ‚Konzession' und ‚Börse' fielen einige Male, es sollte auf gewisse Personen ein bestimmter Einfluß ausgeübt werden. Rasputin weigerte sich, mit den Händen und dem Stocke gestikulierend, und murmelte sein ewiges: ‚Schon gut, werd's schon machen, kommt morgen, hab' jetzt keine Zeit.'

‚Ach, mein Liebchen, hast dein Wort gehalten, bist gekommen, danke dir!' Er nahm mich beim Arm und ging mit mir die Treppe hinunter.

Als wir auf die Straße traten, sah ich ein elegantes Auto, das auf uns wartete. Der Chauffeur, ein Soldat, begrüßte Rasputin militärisch; wir stiegen schnell ein und fuhren fort.

Nach einiger Zeit hielt das Auto vor einem hohen Hause.

‚Hier soll es sein', sagte Rasputin. ‚Liebchen, frage den Portier, ob die P. hier wohnen.'

Ich blickte ihn erstaunt an: ‚Sie sagten doch, es seien Ihre guten Freunde, und jetzt wissen Sie nicht einmal, wo sie wohnen?'

Der Schweizer eilte uns entgegen, begleitete uns bis in das zweite Stockwerk und klingelte. Die Tür wurde von einer dicken, kleinen Frau geöffnet, die bei unserem Anblick laut aufjauchzte. ‚Vater, lieber Vater', rief sie und umarmte Rasputin. Im Vorzimmer trat ein hoher, magerer Mann auf uns zu und begrüßte den Staretz; endlich gelangten wir in das Eßzimmer, das, wie es schien, auch als Empfangsraum diente, denn außer dem reich besetzten Eßtisch standen an den Wänden gepolsterte, mit geschmacklosem, grellrotem Plüsch bezogene Möbel. Auf ihnen saßen mehrere junge Leute unbestimmten Aussehens, die sich bei unserem Eintritt ehrerbietig erhoben.

Die Hausfrau winkte mit den Augen schlau zu mir hin und fragte, gegen Rasputin gewendet: ‚Du hast wohl ein neues Liebchen?'

Grigori Jefimowitsch lachte laut, schlang den Arm um mich und erklärte lustig: ‚Das eine stört das andere nicht! Ah, wie schrecklich ich diese da liebe!' Mit diesen Worten zog er mich auf das Sofa, rückte den Tisch vor mich hin und meinte, noch immer lachend: ‚Jetzt wirst du mir nicht davonlaufen!'

Plötzlich hörte ich eine leise, singende Stimme: ‚Behüte dich Christus!' Ich sah mich um: In dem Winkel unter den heiligen Bildern kniete ein altes Männchen in grobem Pilgergewand.

,Ah! Wassja!' rief ihm Rasputin zu. ‚Wie geht's dir?' Das Männchen antwortete nicht.

Rasputin brummte etwas vor sich hin; in der Tür erschien der Hausherr mit Weinflaschen in den Händen, stellte diese auf den Tisch und sprach: ‚Habe die Güte, lieber Vater, und koste inzwischen diesen Portwein, dein Lieblingswein ist noch nicht eingetroffen!'

,Schenk' nur ein', brummte Rasputin und schob sein Glas vorwärts. Dann tat er einen Schluck und reichte mir das Glas. ‚Trinke, mein Liebchen', sagte er. ‚Möge man auch behaupten, es sei Sünde, zum Teufel mit der Sünde!' Dann leerte er ein Glas nach dem anderen.

,Die verfluchten Halunken', äußerte er plötzlich, ‚wollen immer etwas, verstehen aber nicht, was die Hauptsache ist.' Er trank wieder.

,Was ist denn die Hauptsache?' erkundigte ich mich.

Rasputin neigte sich zu mir: ‚Das muß die Kirche wissen', flüsterte er, indem er mir schlau zublinzelte.

,Die Kirche? Das soll wohl heißen, der Synod?' fragte ich neckisch.

,Na, da hast du was Rechtes gefunden! Zum Teufel mit deinem Synod! Wenn nur nicht dieser Krieg wäre, Gott im Himmel, was man da alles unternehmen könnte! Trink!' schrie er und goß mir mit Gewalt Wein in den Mund. ‚Trink, kannst ja prachtvoll trinken! Kommt her', rief er den jungen Leuten zu, ‚alle sollen mit mir saufen, kommt!'

Die ganze Gesellschaft näherte sich und sah gierig auf die Weingläser. In diesem Augenblick trat der Hausherr ein und brachte noch ein paar Flaschen, diesmal Madeira, Rasputins Lieblingswein. Zugleich erschien auch die Hausfrau mit einer großen Schüssel voll gebratener Brassen.

,Das ist gut', rief Rasputin vergnügt und fing an zu essen. Er aß die Fische mit den Händen, legte große Stücke auf meinen Teller und streichelte mich mit halb abgewischten, fettigen Fingern.

Der Hausherr setzte sich Rasputin gegenüber und benutzte einen freien Augenblick, um ihn zu fragen: ‚Wann willst du Pitirim im Kaukasus besuchen?'

,Zu Ostern will ich fahren, zu Ostern', antwortete Rasputin geschwind und trank ein Glas Wein. ‚Pitirim ist ein guter Gesell, der wird sich schon zurechtfinden. Seinetwegen gibt es jetzt Zank und Streit. Pitirim gehört zu uns.'

‚Er ist aber ein Schlaufuchs; man muß sich in acht nehmen', entgegnete der Hausherr. ‚Pitirim wird mit dem Konsistorium strenger sein.'

Rasputin wollte nicht hinhören, schlug ihn auf die Schulter und rief: ‚He! Musik! Los! Wo ist der Champagner? Greift zu ...'

Im Nu erschienen zwei Balalaikaspieler. Bei den ersten Tönen eines echt russischen Tanzliedes sprang Rasputin in die Mitte des Zimmers.

‚Trink bis auf den letzten Tropfen,
Verlier nur ja nicht deinen Kopf!'

sang Rasputin laut. ‚Trink, Bienchen!' Mit einem Schluck stürzte er den Wein hinunter, schleuderte das Glas auf die Diele und wirbelte jauchzend und aufschreiend in wildem Tanze im Zimmer herum. Das war ein Tanzen! In seinem lilaseidenen Hemd, mit einer roten Schnur umgürtet, in hohen, blankgeputzten Stiefeln, trunken und glücklich, tanzte er begeistert, hinreißend, mit wilden Aufschreien.

Von dem Getöse, Gläserklirren, Saitengetön wurde man schwindelig; alles wirbelte toll durcheinander. Rasputin schleuderte alles zur Seite, was ihm in den Weg kam; im Nu war die Mitte des Zimmers leer. Dann ergriff er mich, riß mich über den Tisch in die Mitte des Zimmers und schrie: ‚Tanze!' Von seiner Wildheit hingerissen, wirbelte ich mit ihm im Kreise; der Tanz wurde immer stürmischer, und endlich fiel ich fast ohnmächtig auf einen Sessel. Wie im Nebel sah ich das glühende Gesicht Rasputins. Pfeifend und trampelnd stimmte er in das Lied ein:

‚Frau, Frau, gnädige Frau,
Reichen Sie Ihr Händchen!'

Dann setzte sich Rasputin schwer atmend auf das Sofa.

‚Na, da hab' ich mich satt getanzt', sagte er, ‚aber es ist doch nicht damit zu vergleichen, wie es bei uns in Sibirien zugeht. Den ganzen Tag über fällen wir Bäume, und was für Bäume! Drei Männer können sie nicht umfassen; wenn der Abend kommt, macht man ein Feuer auf dem Schnee, und es wird bis Mitternacht getanzt und gesungen. Das ist ein Leben, sag' ich dir!'

Es war unerträglich heiß im Zimmer. Einer der halb betrunkenen Jungen saß auf dem Teppich, die anderen spielten noch auf ihren Instrumenten. Plötzlich schlug Rasputin wieder auf den Tisch und zeigte auf sein leeres Glas; sogleich wurde es von neuem gefüllt.

Während Rasputin trank, fragte ihn der Hausherr demütig: ‚Was ist Ihre Meinung wegen der Kirchenversammlung? Wann wird sie zusammengerufen werden?'

Rasputin starrte ihn an und lallte mit schwerer Zunge: ‚Verstehst du, der Krieg ... sobald wir ihn los sind. Wir sind immer bereit, ohne Patriarchen wird Rußland nicht bleiben. Nur muß man den Krieg zum Teufel schicken.'

‚Was ist's mit dem Konsistorium?'

Der Hausherr ließ Rasputin nicht in Ruhe, der aber sprang wieder auf und klatschte in die Hände. ‚Hol' der Teufel das Konsistorium!

Frau, Frau, gnädige Frau ...

Und den Pitirim, die Hundsbrut, werden wir zum Metropoliten ernennen!'

Der Jüngling, der auf der Diele gesessen hatte, kroch auf allen Vieren hinter dem wild tanzenden Rasputin her, die Saiten klirrten, wie ein Toller jagte Grigori Jefimowitsch im Wirbeltanze im Zimmer umher, seine gierigen Augen starrten mich an. ‚Heute wirst du mir nicht davonlaufen, mußt bei mir bleiben.

Frau, Frau, gnädige Frau ...

Synod, Pitirim, zum Teufel!'

An der Tür riß ich mich von ihm los. Ich sagte, ich käme gleich wieder. Im Vorzimmer zog ich mit Mühe und Not meinen Pelz hervor und ging schnell fort. Hinter mir erschollen das Lied und die Worte Rasputins: ‚Pitirim, der Hund, soll Metropolit werden!' "

ZWÖLFTES
KAPITEL

DER AUFRUHR WIDER DEN HEILIGEN TEUFEL

Der tiefe Haß gegen Rasputin hatte zuerst bloß in den Intrigen der Hofleute und Minister geglimmt, hatte dann in lüsternem Klatsch emporgezüngelt, in zahllosen wüsten Gerüchten sich breitgemacht und war in der Tugendhaftigkeit eines zimperlichen Kinderfräuleins aufgezuckt, die sich gegen das Eindringen des ‚widerlichen Bauern' in die Zimmer der Kaisertöchter verwahrt hatte. Dann hatte sich die Feindseligkeit in der Form eines pathetischen kaisertreuen Patriotismus wieder aufgerichtet: ‚Echt russische Männer' hatten sich in die Brust geworfen und den Kaiser vor den verderblichen Gefahren seines Umganges mit Grigori Jefimowitsch gewarnt.

Dienstbeflissene Gouverneure, Polizeichefs, Ministergehilfen und Minister liefen einander den Rang ab und unterbreiteten dem Zaren zahllose Berichte über Ausschweifungen, Orgien und Skandale des kaiserlichen Günstlings. Wohlwollende Verwandte, Großfürsten und Großfürstinnen erschienen mit besorgter Miene bei Hof, und sogar die Schwester der Kaiserin eilte herbei, um zu warnen, ehe es zu spät war.

Aber alle diese Angriffe auf die Macht des teuflischen Bauern hatten sich als vergeblich erwiesen: Dem Kaiser erschienen die Intrigen der Hofleute und Minister als der Ausdruck kleinlichen Neides; die Klatschereien zu beachten, schien ihm unter seiner Würde; sich mit Gerüchten zu beschäftigen, das mochte die Aufgabe kleiner Zeitungsreporter sein, ihn, den Beherrscher aller Reußen, interessierte derartiges nicht. Lehnte sich das zimperliche Hoffräulein gegen die Besuche des Staretz auf, dann war dies nichts als eine ‚freche Anmaßung' und wurde mit der Entlassung aus den kaiserlichen Diensten geahndet.

Wenn einer der ‚Getreuen' mit sorgenvollem Gesicht zur Audienz erschien, um Nikolaj vor Rasputin zu warnen, dann erhielt er die Antwort: „Aber, aber, mein Lieber! Sie sehen zu schwarz! Seien Sie ganz unbesorgt, ich weiß genau, was ich von Rasputin zu halten habe."

Die Berichte der Minister, Polizeichefs und Gouverneure wurden rasch und ärgerlich überflogen und dann in den Papierkorb befördert; was bedeuteten sie denn auch weiter? Hatte denn nicht Grigori selbst gesagt, seine Feinde hätten sich mit dem Teufel verbunden, um ihm eine Falle zu stellen? War es verwunderlich, daß es sogar dem Heiligen nicht immer gelang, alle Anfechtungen augenblicklich zu überwinden, daß es vielmehr bisweilen eines längeren Kampfes bedurfte, bis er sich aus den Klauen des Satans zu befreien vermochte?

Alle die Verwandten, Nikolaj Nikolajewitsch, dessen Bruder, Anastasia und Militza, sie, die einstmals nicht müde geworden waren, auf die Heiligkeit Rasputins hinzuweisen, erschienen nun und baten den Kaiser flehentlich, er möge diesen gräßlichen Muschik wieder von dannen jagen. Aber hatte denn der Zar mittlerweile nicht genügend Gelegenheit gehabt, sich von der Eigennützigkeit und der Unzuverlässigkeit aller dieser Verwandten hinreichend zu überzeugen? Hatten sie doch seinerzeit Grigori nur deshalb unterstützt, weil sie ihn für ein Werkzeug in ihren Diensten gehalten hatten; nun aber, da er sich als ein wahrer ‚Freund' des Kaiserpaares erwiesen hatte, schien er ihnen lästig, suchten sie ihn wieder zu vertreiben. Oh, der Zar wußte jetzt genau, wieviel er von dem Rat der ‚Nikolajewitschi' zu halten hatte!

Auch Jelisaweta Fjodorowna war gekommen, um ihre kaiserliche Schwester gegen Rasputin einzunehmen. Sie war die einzige, die es wirklich ehrlich meinte, war sie doch eine Nonne, fast ein Engel! Aber was wußte sie von der Welt und ihren Fehlern? War sie nicht durch böswillige Verleumdungen irregeführt worden und hatte blindlings alles geglaubt, was man ihr Schlechtes über Rasputin erzählt hatte? Alix und Nikolaj jedoch kannten die Welt und wußten, wie der Reine stets verfolgt und verleumdet wird; so konnte Alexandra ihrer geliebten Schwester mit ruhigem, überlegenem Lächeln entgegnen: „Glaub' mir, Liebste, man hat dich irregeführt! Ein Heiliger wird ja stets gelästert!"

Und gar die Warnungen der ‚echt russischen Leute'! Wie hätte der Kaiser auf ihre Reden etwas geben sollen? Waren nicht sie es gewesen, deren patriotisches Herz zuerst in heller Begeisterung für Rasputin aufgelodert war? Waren denn nicht gerade sie es, die als erste verkündeten, aus dem Munde dieses Bauern rede unmittelbar die Stimme des russischen Volkes? Und jetzt zogen sie gegen ihn los, weil er ihre ehrgeizigen Interessen enttäuscht hatte! Ja, Grigori Jefimowitsch war wirklich ‚die Stimme des Volkes', und sein struppiger Bart, der Bauernkaftan, der Knotenstock und die getranten Schaftstiefel, dies alles war mehr als eine dekorative Attrappe, für welche die ‚echt russischen Leute' es zuerst gehalten hatten. Sein Bauernbart wuchs ihm wirklich so struppig, seine weiten Hosen saßen wahrhaft, wie wenn er in ihnen zur Welt gekommen wäre, der Knotenstock und die Schaftstiefel waren ihm geradezu an den Leib gewachsen. Er war der echte Muschik, das sah und fühlte der Herrscher, und über diesen untrüglichen Augenschein vermochten ihn weder Intrigen noch Verleumdungen hinwegzutäuschen.

Es war ja auch für den Außenstehenden nur zu begreiflich, daß die ‚echt russischen Leute' ihre frühere Begeisterung für Grigori Jefimowitsch eingebüßt hatten, daß sie ihn im Gegenteil jetzt haßten und verabscheuten: Erst hatten sie Jahre hindurch von dem ‚echten Bauern' gefaselt, der kommen müsse, um den Thron zu erhalten; jetzt war er da, dieser echte Bauer, und nahm sich kein Blatt vor den Mund. Er schlug auf den Tisch, wenn ihm das Geschwätz der ‚volksfreundlichen' Generale, Politiker, Advokaten und Popen nicht zusagte, und er ließ sie bei jeder Meinungsverschiedenheit unbekümmert die ‚Stimme des Volkes' mit aller Deutlichkeit vernehmen.

Wenn etwa ehrgeizige Generale säbelklirrend von panslawistischen Idealen sprachen, wenn Politiker und Advokaten ihnen eifrig sekundierten und Popen ihr Vorhaben segneten, da doch ein neuer Krieg gewaltige Möglichkeiten für ‚echt russische' Generale, Politiker, Advokaten und Popen eröffnete, dann wurde Grigori Jefimowitsch höchst ungemütlich, dann wetterte, schimpfte und fluchte er gotteslästerlich: „Wir Bauern brauchen keinen Krieg! Nur ihr verdammten Städter wollt das Blut der Landeskinder vergießen, um damit eure Geschäfte zu machen!"

War es unter solchen Umständen zu verwundern, daß die ‚echt russischen Leute', denen Rasputin im letzten Augenblick einen europäischen Krieg verdorben hatte, schlecht auf ihn zu sprechen waren?

Es gab aber auch eine ganze Anzahl von Männern, deren tiefe Abneigung gegen Grigori Jefimowitsch auf durchaus persönlichen Gründen beruhte, denn gar manchem von ihnen war es geschehen, daß er von Rasputin schroff abgewiesen wurde; war er etwa bei dem allmächtigen ‚Freund‘ mit der Bitte erschienen, dieser möge ihm doch recht bald einen Ministerposten verschaffen, antwortete Grigori Jefimowitsch ganz unverschämt: „Du wirst doch nicht von mir verlangen, daß ich ein Roß zum Minister mache!"

Derartige peinliche Mißverständnisse hatten sich mehrmals ereignet, besonders wenn der Bittsteller, im stolzen Vertrauen auf seine Position und seine Fähigkeiten, mit hochfahrender Selbstsicherheit aufgetreten war, während hingegen Rasputin andere Leute, die ganz schlicht und bescheiden zu ihm gekommen waren, über Nacht zu den höchsten Ämtern des Staates hatte emporsteigen lassen.

Was ihm aber die meisten Gegner verschaffte, war seine selbstbewußte Natürlichkeit und der harmlose Ton, in dem er über seinen Einfluß bei Hof zu sprechen pflegte. Seine Redensarten wie: „Gewiß, ich kann bei ‚Ihr‘ und bei ‚Ihm‘ alles durchsetzen", machten sehr viel böses Blut, denn diese Manier mußte das Herz jedes ehrgeizigen Strebers zutiefst verletzen. Wer konnte sich des ärgerlichen Gedankens erwehren, daß es ungerecht in der Welt zugehe, wenn absolvierte Theologen, gelehrte Strategen und erprobte Verwaltungsbeamte es zu nichts brachten, während dieser ungebildete Lümmel von einem Muschik mit seiner Allmacht zu prahlen vermochte! Da gab es Leute, deren Großvater schon bei Hof gedient hatte und die nun dennoch, trotz der größten Anstrengungen, kaum eine Audienz von wenigen Minuten erlangen konnten. Hätte man doch, wenn man vom Kaiser irgend etwas erreichen wollte, zuerst um die Gunst dieses hochmütigen Bauern buhlen müssen, und auch dann mochte es immer noch geschehen, daß man Redensarten zu hören bekam, wie etwa: „Ich kann nicht jeden Schwachkopf zum Bischof ernennen!"

Es war nicht zu verwundern, daß sich verletzte Würde und gekränkter Ehrgeiz scharenweise gegen Rasputin auflehnten. Selbst im übrigen gütige und harmlose Menschen, wie der sanfte Vater Theophan, mußten ein Gefühl von ärgerlichem Neid verspüren, wenn sie die Art wahrnahmen, in der Grigori Jefimowitsch mit ihnen umsprang, und es war kein Wunder, daß sie begannen, ihm zu zürnen.

✶

Gerade Vater Theophan, der Mann mit dem kindlichen Gemüt, war einer der ersten, die ihrem Ärger über Rasputin freien Lauf ließen; mit dem gleichen Feuereifer, mit welchem er einst die Heiligkeit des Staretz aus Pokrowskoje verfochten hatte, wendete er sich jetzt gegen seinen ehemaligen Schützling und suchte den Kaiser und alle Welt davon zu überzeugen, dieser sei ein Sendbote des Teufels. Wer hätte denn auch gedacht, daß jener kleine Bauernprediger bei Hof eine so rasche und erfolgreiche Karriere machen und seine ersten Förderer weit überflügeln werde.

Denn sogar das Herz eines wahrhaft heiligen Mannes, wie Vater Theophan einer war, unterlag den Anwandlungen jener durchaus ursprünglichen Empfindung des Neides. Da überdies Vater Theophan leicht entflammbaren Gemütes war, loderte er bald ebenso in neiderfülltem Haß gegen Grigori auf, wie er seinerzeit sogleich in heller Begeisterung für ihn entbrannt war. Jetzt kannte er nur mehr Haß gegen Rasputin, und seine Worte klangen ekstatisch, beinahe verzückt, wenn er von der Verworfenheit seines ehemaligen Schützlings zu sprechen begann. Mit dem gleichen kritiklosen Überschwang, mit dem er einst in dem sibirischen Pilger einen neuen Erlöser zu erkennen vermeint hatte, deutete er jetzt die derben Ausschweifungen dieses Bauern als untrügliche Zeichen für dessen Verbindung mit dem Teufel.

Vater Theophan ging nun von neuem den gleichen Weg, den er einst gegangen war, um die Heiligkeit Grischas zu verkünden. Vor Haß glühend, begab er sich zu dem ehrwürdigen Bischof Hermogen von Sarow, zu Iliodor, zu den ‚echt russischen Leuten' und zum Großfürsten Nikolaj Nikolajewitsch und erzählte ihnen allen, Rasputin sei nichts anderes als eine Verkörperung des Antichrist.

Der behäbige, gutmütige Bischof von Sarow neigte wenig zu apokalyptischen Überschwenglichkeiten; er hatte niemals Grischa für einen Heiligen gehalten und hielt ihn jetzt ebensowenig für einen Teufel. In seiner gewohnten Art hörte er, behaglich auf dem Sofa sitzend, den fanatischen Beschwörungen des kleinen Archimandriten zu und bemerkte schließlich, geruhsam und nachdenklich: „Ein liederlicher Schuft, dieser Grischa!" Hierauf begann er sogleich die praktisch-politische Seite des Falles zu erwägen und darüber nachzudenken, wie man Rasputin mit Hilfe der ‚echt russischen Leute' stürzen könne.

Zuletzt kamen Theophan und Hermogen dahin überein, daß alles aufgeboten werden müsse, um sich des lästigen Staretz zu entledigen; offen und ohne jeden Rückhalt ließen sie von jetzt an ihre Stimmen gegen Rasputin ertönen und benutzten jede Gelegenheit, um diesem unangenehm zu werden. Dagegen lastete auf dem Mönchspriester Iliodor noch immer jener höllische Fluch, der ihn zwang, gegen sein besseres Wissen überall für Grigori Jefimowitsch einzutreten. Während sogar schon der schwächliche Greis Theophan mit seiner dünnen Stimme gegen Grischa zeterte, mußte der gefürchtete ‚Große Schimpfende' nach wie vor hinter Rasputin hergehen, demütig und ehrfürchtig, gleich einem Kirchendiener.

Dabei kannte er wie kein anderer die ganze höllentiefe Verworfenheit Grigoris. Weder der ewig vor seinem Öllämpchen betende Theophan noch der in kirchenpolitische Probleme eingesponnene Hermogen hatten so wie Iliodor das sündhafte Treiben Rasputins aus eigener Anschauung kennengelernt. Der Neid und Haß des Mönchspriesters nährte sich von persönlichen, lebendigen und unanfechtbaren Eindrücken.

Da war Grischa einmal zu ihm nach Zaryzin gekommen, und gleich darauf hatte ein armer Fuhrmann, einer der ergebensten Anhänger Iliodors, diesen verzweifelt um Hilfe gebeten; sein Weib, erklärte er, sei vom Teufel befallen worden, und nur der Mönchspriester könne sie durch einen kräftigen Exorzismus aus den Klauen des Bösen erretten.

Iliodor war sofort nach dem Haus seines Jüngers aufgebrochen, wobei ihn auch Grigori begleitete. Die Gattin des Fuhrmanns, eine junge, üppige, schöne Frau, wand sich in Krämpfen auf dem Boden und stieß unaufhörlich gräßliche und unflätige Schreie aus. Iliodor tat, was ein rechtgläubiger Priester in solchen Fällen zu tun hat, besprengte das Weib mit Weihwasser, sprach, über sie gebeugt, die vorschriftsmäßigen Gebete, stellte über ihrem Haupt ein großes Kruzifix auf und beschwor den Teufel, daß ihm der Schweiß in Strömen von der Stirne rann. Aber die Frau schrie weiter, wälzte sich nach wie vor auf dem Boden und zeigte keinerlei Anzeichen einer Besserung.

Da trat Grigori, der bis dahin schweigend zugesehen hatte, auf Iliodor zu, schlug ihm auf die Schulter und sagte: „Geh, darauf verstehst du dich nicht! Laß mich mit diesem sündigen Weib allein, ich werde den Teufel der Unzucht aus ihr vertreiben!" Vor innerlicher Wut fast berstend, drehte sich der Mönchspriester schweigend um und verließ, in Begleitung des Fuhrmannes, das Krankenzimmer; am liebsten hätte er Rasputin geprügelt, so sehr ärgerte er sich über dessen unziemliche Einmengung in seinen Exorzismus.

Im Nebenzimmer unterhielt er sich dann des längeren mit dem Gatten der unglücklichen Frau, sprach ihm Mut zu, tröstete und segnete ihn, bis plötzlich das Geschrei aus dem Nebenzimmer verstummte. Eine bange Pause der Erwartung folgte, und mit einem Male trat die hübsche Fuhrmannsfrau, mit rosigen Wangen und klarem Blick, lächelnd ins Zimmer; hinter ihr erschien Grigori, und um seine Lippen spielte ein verschmitztes, siegessicheres Schmunzeln. „Nun", rief er triumphierend, „ich hab' ihr den Teufel gründlich ausgetrieben!"

Iliodor zitterte vor Grimm, wandte sich jedoch zugleich an den Fuhrmann und sagte: „Grigori Jefimowitsch ist ein wahrhaft heiliger Mann, ein gottgesegneter Wundertäter!" Der Fuhrmann aber warf sich vor Rasputin auf den Boden und küßte ergriffen seine Hände. Am nächsten Tage verbreitete sich in ganz Zaryzin, der Residenz des Mönchspriesters Iliodor, die Kunde von Grigoris Tat.

Der Zufall wollte es, daß der Teufel bald darauf auch die Nichte der reichen Kaufmannsfrau Lebedewa befiel. Die Lebedewa hatte bereits von der Heilung der Fuhrmannsfrau vernommen und hätte am liebsten sofort nach Rasputin geschickt; da sie aber den Mönchspriester nicht beleidigen wollte, bat sie diesen, er möge den Teufel aus ihrer Nichte austreiben, wobei sie sicher damit rechnete, das heilige Väterchen Grigori werde mitkommen.

Iliodor packte sogleich alle nötigen Geräte in eine Tasche und machte sich auf den Weg zu der Kaufmannsfrau, und auch diesmal begleitete ihn Grischa. Wieder versagte die Besprengung mit geweihtem Wasser, und wieder zeitigten die Sprüche und Beschwörungsformeln keinerlei Wirkung, bis endlich Rasputin eingriff und forderte, Iliodor möge die ganze Angelegenheit ihm überlassen. Die Kaufmannsfrau war im stillen über diese Wendung sehr glücklich, denn sie hatte die ganze Zeit über mehr auf den fremden Staretz als auf den Mönchspriester gehofft.

Bevor Grischa sein Werk begann, erklärte er, das Zimmer, in dem die Kranke lag, sei für eine Teufelsaustreibung völlig ungeeignet; er untersuchte die ganze Wohnung und befahl schließlich, man möge die

Patientin in ein abgelegenes Kämmerchen tragen. Dies geschah alsbald, und Grigori Jefimowitsch schloß sich mit der Besessenen ein.

Diesmal schien der Teufel seine Sache nicht so rasch verloren zu geben, denn es verging lange Zeit, ohne daß Rasputin erschien. Iliodor konnte seine Ungeduld nicht meistern und durchschritt mehrmals alle Gemächer, bis er an die Tür des abgelegenen Kämmerchens gelangte. Die Kranke schrie nicht mehr, es war ganz still, dennoch aber kam Grischa noch immer nicht zum Vorschein.

Erst spät am Abend verließ Rasputin das Krankenzimmer und berichtete, daß es ihm endlich gelungen sei, den bösen Dämon niederzuringen. Die Patientin lag regungslos in ihrem Bett und schlief; über ihr Antlitz war eine friedliche Ruhe ausgebreitet, als fühle sie sich im Traum von Engeln umgeben.

Als sich die Kunde dieser zweiten wunderbaren Heilung in Zaryzin verbreitete, wuchs der Ruhm Grischas ins Unermeßliche, zumal es mittlerweile bekannt geworden war, daß jener Staretz niemand anderer sei als der berühmte Rasputin aus Petersburg, der Freund und Ratgeber des Zaren. Das Volk von Zaryzin, das Jahre hindurch den Predigten Iliodors in fanatischer Gläubigkeit gelauscht hatte, wollte jetzt unbedingt dem neuen Heiligen huldigen, und eine Deputation nach der anderen sprach im Hause des Mönchspriesters vor.

„Dieser Schurke, dieser scheinheilige Lump!" fluchte Iliodor innerlich, sooft eine dieser Abordnungen bei ihm erschien und bat, dem Staretz aus Petersburg ihre Ehrerbietung bezeugen zu dürfen. Als aber der nächste Morgen anbrach, legte der Mönchspriester seinen schönsten Ornat an und ging mit Grischa von Haus zu Haus. Überall, auf der Straße und in den Häusern, wurde Rasputin wie ein Abgesandter des Himmels empfangen: Die Leute neigten sich vor ihm bis zur Erde, küßten seine Hände und baten ihn demütig um seinen Segen.

Iliodor hätte diesen schmutzigen Bauern, der da neben ihm die Ehrfurchtsbezeugungen der ganzen Stadt wie etwas Selbstverständliches entgegennahm, mit Wonne totgeschlagen; einstweilen aber stimmte er in die allgemeinen Lobeserhebungen ein und verkündete laut, Grigori Jefimowitsch sei ein wahrer Wohltäter der Menschheit, den Gott damit beauftragt habe, daß er dem Zaren selbst rate und helfe.

Dabei mehrten sich die Fälle von Grischas Lasterhaftigkeit und Liederlichkeit, die Iliodor sofort als solche erkannt hatte. Der Mönchspriester aber konnte sich zu keiner anderen Tat gegen den gehaßten Betrüger aufschwingen, als daß er einmal mit plötzlichem Entschluß, dem Beispiel des Bischofs Hermogen folgend, das über seinem Bette hängende Bildnis Rasputins umdrehte, so daß von nun an das Antlitz des Antichrist der Wand zugekehrt war.

Dieser hatte mittlerweile eine neue Teufelei ersonnen, durch die er Iliodor zu demütigen wußte: Er erklärte plötzlich, er wolle eine neuerliche Bußwanderung von Zaryzin nach Sarow antreten, und forderte den Mönchspriester auf, ihm mit einer feierlichen Prozession das Geleite aus der Stadt zu geben; überdies verlangte er, daß ihm beim Abschied Blumen und ein wertvolles Geschenk überreicht werden sollten. Wieder tobte Iliodor innerlich bei dieser Zumutung, und wieder brachte er nicht den Mut auf, sich dem Willen Rasputins zu widersetzen: So veranstaltete er denn einen großen Festzug, stellte sich selbst an dessen Spitze und begleitete Grischa ein gutes Stück Weges gegen Sarow; zuletzt wünschte er ihm demütig eine gute Reise und händigte ihm vor den Augen aller Teilnehmer an der Prozession eine kostbare Abschiedsgabe aus.

Denn noch immer stand Iliodor unter dem geheimnisvollen Bann, der von Grigori Jefimowitsch ausging, und noch immer suchte er sich vergebens von diesem teuflischen Einfluß zu befreien. Dies sollte ihm erst später gelingen, als er mit Grischa nach dessen Heimat, nach Pokrowskoje, reiste.

Schon unterwegs hatte Grigori sich kein Blatt mehr vor den Mund genommen und ganz ungeniert von seinem sündigen Leben erzählt. Ja, es schien geradezu, als bereitete es ihm ein besonderes Vergnügen, über derlei verwerfliche Dinge zu sprechen und den asketischen Mönchspriester in Versuchung zu führen. Ausführlich schilderte er in allen Einzelheiten, wie er mit der Kinderfrau des Zarewitsch gesündigt habe, und wie diese, gemeinsam mit der Bäuerin Laptinskaja, mit einer schönen Fürstin und mit einigen anderen Frauen, ihm über den Sommer nach Werchoturje gefolgt sei; dort habe er dann mit ihnen allen der Sünde gefrönt, bis die Frauen und er ,das Fleisch überwunden' hatten und ,leidenschaftslos' geworden seien.

Lange Zeit verweilte Grischa bei diesen Erzählungen, und er setzte sie im Wagen, im Eisenbahnzug und auch noch auf dem Schiffe fort, als hätten sie überhaupt kein Ende. Der gestrenge Mönchspriester, der ein Leben hindurch in harter Askese gegen die Versuchungen der Sinnlichkeit angekämpft hatte, fühlte zu seiner Bestürzung, wie sich der Teufel, der aus Grischa sprach, allmählich auch seiner zu bemächtigen begann. Mit glühenden Augen starrte er den Erzähler an, und sein Mund stand offen vor benommener Verwunderung; als Rasputin ihn zuletzt etwas höhnisch fragte, wie ihm dies alles gefalle, mußte Iliodor ganz kleinlaut bekennen, er habe sich bis dahin ähnliche Dinge gar nicht träumen lassen.

In seinem Innersten begriff der Mönchspriester jetzt, daß Grischa einer von jenen verruchten Ketzern, ein Irrgläubiger aus der Sekte der Chlysti sei, von deren teuflischer Sündhaftigkeit er schon so oft sprechen gehört hatte. Wenn diese Erkenntnis ihm auch noch nicht die Kraft verlieh, sich von Grischa endgültig loszusagen, so trug sie doch viel dazu bei, daß er endlich den erforderlichen Mut gewann. Eine andere, noch bedeutungsvollere Einsicht sollte ihn während dieser Reise endlich völlig von Rasputins Bann befreien und ihm ganz neue, unerwartete Möglichkeiten in die Hände spielen.

Iliodor hatte schon seit langem gewußt, daß der Zar und die Zarin Grischa als einen heiligen Mann verehrten; jetzt erst vermochte er sich jedoch durch den lebendigen Augenschein davon zu überzeugen, wie weit diese Verehrung in Wahrheit ging. Schon unterwegs hatte Rasputin in prahlerischem Tone berichtet, wie ihn der Zar für den Erlöser halte, wie er und die Zarin sich vor ihm bis auf die Erde verneigten, ihm die Hände küßten. Auf dem Schiffe hatte Grischa selbstbewußt bemerkt: „Die Zarin hat geschworen, bei mir ausharren und mich in Ewigkeit als ihren Wohltäter und Retter betrachten zu wollen!" Dann sagte er noch: „Ich habe sie alle auf meinen Händen getragen, so gut bin ich mit ihnen befreundet!"

Trotz aller dieser Reden hatte sich Iliodor doch noch immer an die Hoffnung geklammert, Rasputin übertreibe und erzähle Unwahrheiten, und dieser Gedanke beruhigte ein wenig sein vor Neid berstendes Herz. Wie aber erstaunte der Mönchspriester, als er Grischas Haus in Pokrowskoje betrat! Schon das Äußere dieses stattlichen Gebäudes hatte ihm einen starken Eindruck gemacht; das Innere jedoch sollte alle seine Erwartungen übertreffen. Wohl waren es die alten bescheidenen Bauernzimmer, zum Teil auch mit ganz einfachen Möbeln eingerichtet; dazwischen aber standen luxuriöse, prunkvolle Paradestücke, kostbare Ledersofas, Glasvitrinen, Büfetts voll von wertvollstem Silberzeug, geschliffenen Gläsern und Pokalen. Das eine Zimmer enthielt gar einen großen Flügel, vergoldete Möbel, Blumen und Palmen; durch das ganze obere Stockwerk liefen schwere Perserteppiche, und an den Wänden standen auf Konsolen Porträts der kaiserlichen Familie, der Großfürstinnen, der Hofwürdenträger und Minister, dem Rang entsprechend geordnet, und alle mit eigenhändigen schmeichelhaften Widmungen versehen. Ein ganzer Schrank war mit Nippes angefüllt, welche die kaiserlichen Kinder ihrem teuren Väterchen verehrt hatten; überall hingen herrliche Heiligenbilder, Spenden von Bischöfen, Mönchen, Nonnen und frommen Laien. Und gar erst das Arbeitszimmer! Da sah es aus wie im Kabinett eines Ministers: Eine wertvolle Sitzgarnitur aus schwerem Leder nahm die eine Ecke des Raumes ein, vor dem Fenster jedoch stand ein gewaltiger eichener Schreibtisch mit einem Berg von Papieren, Akten, Telegrammen und Briefen darauf.

Die Augen Iliodors quollen fast aus ihren Höhlen; jetzt erst erkannte er die wahre Macht und das ungeheure Ansehen Rasputins. Denn alles, was hier umherstand, das waren nicht etwa Geschenke von einfachen Bürgersleuten; Grigori Jefimowitsch wußte vielmehr bei jedem Stück genau anzugeben, welches Mitglied des Kaiserhauses, welcher hohe Staatswürdenträger und welche bewunderte Schönheit der Hauptstadt es ihm verehrt hatte.

Der ganze Aufenthalt in Pokrowskoje wurde für Iliodor zu einem wahren Martyrium, denn auf Schritt und Tritt mußte er neuen Beweisen für die mächtige Position seines Widersachers begegnen; und sogar während der Feldarbeit oder während des Fischfanges erzählte ihm Grigori unausgesetzt, wie gut es ihm gehe und welche Verehrung ihm von allen Seiten entgegengebracht werde.

Am letzten Abend, bevor Iliodor aus Pokrowskoje abreiste, erschien der Postbote Michail mit einem großen Brief, der das kaiserliche Wappen und Siegel trug. Rasputin las das Schreiben durch, strich sich befriedigt über den Bart und erklärte dann seinem Gast, es sei ein eigenhändiger Brief der Kaiserin. Das ließ dem Mönchspriester nun keine

Ruhe: Mitten in der Nacht erhob er sich, schlich sich in das Arbeitszimmer seines Gastgebers, suchte auf dem Schreibtisch, bis er den Brief gefunden hatte. Der Inhalt des Schreibens brachte ihn vollends zur Raserei: Bat doch die Kaiserin darin ihren ‚Freund' in inständigen, fast flehenden Worten, er möge sofort nach Zarskoje Selo kommen, da der Thronfolger von neuem erkrankt sei. Einmal vor dem Schreibtisch stehend, gab sich Iliodor mit der Lektüre dieses Briefes nicht zufrieden, er durchstöberte vielmehr alle Laden, bis er ein Bündel fand, das, in ein großes, blaukariertes Tuch gehüllt, alle Briefe der Kaiserin und der Großfürstinnen enthielt. Mit fiebernden Augen las er eines dieser Schreiben nach dem anderen, und bald erkannte er, daß alles, was Rasputin ihm von seiner Stellung bei Hof erzählt hatte, die reine Wahrheit gewesen war.

Im gleichen Augenblick aber, als in der Seele Iliodors ein glühender, alles verzehrender Neid aufstieg, fühlte er, wie der teuflische Bann von ihm wich, der ihn bis dahin an Rasputin gefesselt hatte. Ja, jetzt konnte er seinen Feind endlich frei und ungehemmt hassen! Jetzt wollte er es ihm zeigen! Von diesem Augenblick an sollte der liederliche und freche Bauer in ihm, dem ‚Großen Schimpfenden', einen unerbittlichen Todfeind finden!

Iliodor nahm einige besonders herzlich gehaltene Briefe der Kaiserin und der Großfürstinnen an sich; das war zwar ein Diebstahl und eine Sünde, doch geschah es im Interesse der Wahrheit und zur Rettung sowohl des Herrscherhauses als auch der Nation, und dieser Zweck mochte sein Vorgehen wohl rechtfertigen. Am nächsten Morgen verließ er Pokrowskoje mit dem festen Vorsatz, mit Grischa abzurechnen, ihn zu entlarven, dem Kaiser und der Kaiserin selbst dessen ganze Verworfenheit zu enthüllen. Zu diesem Zwecke fuhr er geradewegs nach Petersburg.

Freilich war sich der Mönchspriester der Schwierigkeit seines Unterfangens wohl bewußt; hatte er doch mit ansehen müssen, wie der gute Vater Theophan sogleich zum Schweigen gebracht worden war, als er versuchte, bei Hof gegen Rasputin aufzutreten. Er erinnerte sich auch gut genug der drohenden Miene, mit der Grischa dem Rektor der theologischen Akademie nachgerufen hatte: „Dem werde ich es zeigen!" Es war auch sicher kein Zufall, daß Theophan, der Hofprediger und Beichtvater der Kaiserin, plötzlich aus seiner hohen Stellung entlassen und strafweise nach Taurien versetzt worden war.

Dennoch war Iliodor guten Mutes und seiner Sache sicher; nannte man ihn denn nicht den ‚Ritter des himmlischen Reiches'? War er, der ‚Große Schimpfende', denn nicht ob seiner Unerschrockenheit bekannt, verehrt und gefürchtet? Er, der allmächtige Gouverneure gestürzt hatte, der den Polizeichefs und Ministern, ja selbst dem Heiligen Synod zu trotzen gewagt hatte, durfte er sich fürchten, gegen diesen Bauernlümmel aufzutreten und dem Herrscher die Augen über ihn zu öffnen?

Seit jener gesegneten Nacht, da am Schreibtisch Rasputins der Bann von ihm gewichen war, hatte Iliodor das Schimpfen wiedergefunden, jene erhabene Gabe, die seit den Propheten des Alten Testaments niemandem mehr so großartig zu Gebote gestanden wie dem Mönchspriester von Zaryzin. Laut schrie er von nun an in alle Welt hinaus, Rasputin sei ein lasterhaftes Scheusal, eine Ausgeburt der Hölle, und er verdiene es, ausgerottet zu werden wie ein lästiges Ungeziefer. Unerschöpflich entströmten ihm Schimpfworte und Flüche gegen Grischa; immer Neues wußte er über dessen Übeltaten und frevelhafte Ausschweifungen zu berichten. Jetzt erzählte er sogar, er habe im Hause der Kaufmannsfrau Lebedewa in Zaryzin durch das Schlüsselloch geschaut, und was er gesehen, das sei eher alles andere gewesen als der Kampf eines Heiligen gegen den Satan!

Und gar die ewigen ‚Bruderküsse', mit denen Rasputin alle Frauen zu begrüßen pflegte! Warum küßte er denn nur die hübschen und jungen Weiber, warum fiel es ihm nie ein, den Heiligen Geist durch seinen Kuß auch auf alte Mütterchen überströmen zu lassen? Mit vor Haß und Ekel verzerrtem Gesicht berichtete Iliodor nun von der hübschen, üppigen Fuhrmannsfrau Jelena, die Grigori Jefimowitsch ganz in seine Netze verstrickt habe; ihr Gatte, ein braver und gläubiger Anhänger der wahren Kirche, der auch wacker beim Bau des von Iliodor geplanten ‚Berges Tabor' behilflich gewesen sei, habe nun das Nachsehen!

Ohne jeden Rückhalt teilte der Mönchspriester jedem mit, der es wissen wollte, Grischa habe während jener gemeinsamen Reise nach Pokrowskoje auch ihn selbst zu dem Ketzerglauben der Chlysti verführen wollen; als ihn einmal jemand nach dem heiligen Vater Grigori fragte, fuhr Iliodor den Unglücklichen wutschnaubend an: „Ja, ein Heiliger! Ein heiliger Teufel ist er!"

Er ging zu Hermogen, der damals gerade in Petersburg weilte, um diesen für einen gemeinsamen Feldzug gegen den ‚heiligen Teufel' zu gewinnen, und nachdem er sich mit ihm besprochen hatte, fing er an, alle hohen Würdenträger und sogar den Zaren selbst mit Briefen zu überschwemmen. Auch an Doktor Badmajew wendete er sich in der Absicht, sich dessen Einfluß auf den Kaiser zunutze zu machen. „Ich beschwöre Sie", schrieb er an den Tibetaner, „machen Sie mit Rasputin ein Ende! Seine Macht wird mit jedem Tage größer, seine Armee wächst, sein Ansehen im Volk steigt zusehends. Nicht mein eigenes Schicksal ist es, das mir Sorge macht, sondern vielmehr das Schicksal der Zarenfamilie! Bedenken Sie doch, daß dies alles zu einem ungeheuren Skandal, vielleicht sogar zu einer Revolution führen wird! Um Gottes willen, stopfen Sie Rasputin so rasch wie möglich den Mund; jeder Tag ist kostbar!"

In einem Gespräch mit Hermogen aber erklärte Iliodor zornbebend: „Ich möchte doch sehen, ob die Kaiserfamilie sich von diesem Lumpen lossagen wird oder nicht! Was soll denn das heißen? Wir sterben hier für sie, wir quälen uns, und sie treiben mit diesem zügellosen Menschen Gott weiß was!"

Als bedingungsloser Kampfgenosse hatte sich dem ‚Ritter des himmlischen Reiches' von allem Anfang an der ‚heilige Narr' Mitja Koljaba zur Verfügung gestellt, denn dieser war durch das Erscheinen Rasputins für Jahre hinaus, wenn nicht für immer, um sein Brot gebracht worden. Seit langem schon klaffte, ächzte und brüllte er vergebens, umsonst prophezeite er mit seinen fuchtelnden Armstümpfen durch die Vermittlung des Psalmensängers Jegorow das schrecklichste Unheil, falls nicht der Bauer Grigori sofort davongejagt werde: Niemand achtete auf sein heiliges Toben, ja, man nahm sich bei Hof gar nicht mehr die Mühe, den Psalmensänger überhaupt anzuhören. Denn wenn Nikolaj oder Alexandra das Bedürfnis nach Weissagungen verspürten, wendeten sie sich lieber an Grigori Jefimowitsch, der noch besser in die Zukunft sehen konnte als Mitja Koljaba, und der obendrein eine allgemein verständliche, ja nur allzu verständliche Sprache redete.

So wie bei Hof, hatte man auch in den verschiedenen mystischen Zirkeln in den Salons bald jedes Interesse für den Wunderidioten verloren und bezog die Prophezeiungen lieber von Rasputin; der arme Mitja Koljaba und sein Interpret sahen sich beide der völligen Vergessenheit preisgegeben und suchten das Unheil dadurch wenigstens aufzuhalten, daß sie in allen Tonarten gegen Grigori Jefimowitsch, den ‚falschen Propheten‘, loszogen.

Es war daher nicht zu verwundern, daß Mitja Koljaba mit freudigem Gekrächz einwilligte, als Hermogen und Iliodor ihn aufforderten, er möge sie bei ihrem Feldzug gegen den ‚heiligen Teufel‘ unterstützen. Bald kam es zu einem regelrechten Kriegsrat, an dem der Bischof, der ‚Schimpfende‘, der Narr und der Psalmensänger teilnahmen. Vorher hatten Iliodor und Hermogen noch den Versuch gemacht, den Justizminister Schtscheglowitow für ihre Zwecke heranzuziehen; sie waren feierlich bei ihm erschienen und hatten sich erkundigt, ob es nicht möglich sei, Rasputin mit den normalen Mitteln der Rechtspflege zu beseitigen; der Minister jedoch hatte es nicht gewagt, sich auf eine Unternehmung gegen den mächtigen ‚Freund‘ einzulassen.

Nachdem es sich solcherart erwiesen hatte, daß auf diesem Wege nichts gegen Rasputin ausgerichtet werden konnte, beschlossen die Verschwörer einen Gewaltstreich, um von Grigori Jefimowitsch zunächst ein feierliches Sündenbekenntnis und einen Buße-Eid zu erzwingen.

Rasputin war soeben von einem Besuch bei dem Zarenpaar auf der Krim zurückgekehrt, als ihn Iliodor aufsuchte. Der Mönchspriester erzählte dem Staretz, der Bischof Hermogen bereue es tief, gegen ihn vorgegangen zu sein, wünsche sehnlichst ihn wiederzusehen und bitte ihn, er möge sogleich zu ihm kommen. Rasputin ging in die Falle und fuhr mit Iliodor in die Wohnung des Bischofs, wohin dieser außer dem ‚heiligen Narren‘ auch noch einige Zeugen, darunter zwei Priester und, für alle Fälle, einen Journalisten bestellt hatte.

Als Rasputin bei seinem Eintritt bemerkte, daß Hermogen nicht allein war, ahnte er sogleich Böses; aber im nächsten Moment schon brach Mitja Koljaba in einen Wutanfall aus und begann den Staretz mit stammelndem Gekrächz gleich einem Wahnsinnigen zu beschimpfen, wobei er ihm seine Armstümpfe drohend vor die Augen hielt. Rasputin wieder wetterte wutentbrannt auf den Idioten los, doch plötzlich trat der hünenhafte Hermogen, ein großes Kruzifix schwingend, zwischen die beiden einander beschimpfenden Wundertäter und fing an, mit dem Kreuz auf Grigori Jefimowitsch einzudreschen.

Eine wüste, tobende Rauferei hub an, während der Iliodor eine pathetische, mit zahlreichen Zitaten aus der Heiligen Schrift ausgeschmückte Anklagerede gegen Grigori Jefimowitsch hielt. Schließlich fielen alle vereint über Rasputin her, prügelten ihn und zwangen ihn durch fürchterliche Drohungen zur Ablegung eines feierlichen Schuldbekenntnisses. Dann wurde er in die anstoßende Hauskapelle geschleppt und mußte dort bei allen Heiligen schwören, er wolle von nun an jeden Umgang mit dem Herrscherpaar meiden.

In der gegebenen Situation, im Angesicht überlegener und mit einem Kruzifix bewaffneter Gegner, blieb dem wehrlosen Staretz nichts anderes übrig, als auf alle Forderungen einzugehen und den verlangten Eid wirklich zu leisten. Zugleich aber beschloß er bereits, an seinen Angreifern furchtbare Rache zu nehmen.

Kaum hatten die Verschwörer den Überfallenen wieder entlassen, als dieser sogleich auf das Telegraphenamt stürzte und eine lange Depesche nach Jalta an den Zaren abschickte; in diesem Telegramm meldete Rasputin, Hermogen und Iliodor hätten ein Attentat gegen ihn ins Werk gesetzt, doch sei er mit Gottes Hilfe im letzten Augenblick gerettet worden.

Damit war der Rachedurst Grigoris jedoch noch nicht gestillt, denn es gelüstete ihn, den Feinden ihren Streich mit gleicher Münze zurückzuzahlen. Zu diesem Zweck bediente er sich der Frau Golowina und ließ durch diese Iliodor telephonisch für den nächsten Tag einladen; in dem Hause der alten ‚Kirchenmutter' aber erwartete den Mönchspriester dieselbe Falle, wie sie vorher dem Staretz gestellt worden war.

Grigori Jefimowitsch hatte nämlich dort die ganze Schar seiner Jüngerinnen um sich versammelt, und als Iliodor eintrat, sprang er sofort auf ihn los und überhäufte ihn mit einer Flut von Vorwürfen und Beschimpfungen. Die erbitterten Frauen fielen hierauf gleichfalls über Iliodor her und machten Miene, ihm die Augen auszukratzen, so daß der ‚Schimpfende' schleunigst die Flucht ergreifen wollte. In diesem Augenblick trat auch noch der hochgewachsene Herr von Pistolkors, der Schwager der Wyrubowa, auf ihn zu und traf Anstalten, ihn weidlich zu prügeln; mit knapper Not gelang es Iliodor gerade noch, die Tür zu erreichen und, verfolgt von einer Schar zeternder Frauen, ins Freie zu gelangen.

Wenige Tage später traf in Petersburg ein Erlaß des Zaren ein, durch den die beiden Rädelsführer des Anschlages gegen Rasputin streng bestraft wurden: Hermogen verlor sein Bistum und wurde in ein litauisches Kloster verbannt, Iliodor hingegen in das Kloster Floritschewa Pustyn gesperrt.

Es dauerte freilich nicht lange, bis Iliodor aus seinem klösterlichen Gefängnis entfloh; da in Rußland nun seines Bleibens nicht länger war, flüchtete er nach Norwegen und ließ sich dort nieder, um von hier aus seinen eigentlichen großen Feldzug gegen den Staretz zu beginnen.

Vor allem verfaßte er eine Schmähschrift unter dem Titel ‚Der heilige Teufel', in der er eine Unmenge geradezu phantastischer Beschuldigungen gegen Grigori Jefimowitsch erhob und auch eine Anzahl von Briefen der Kaiserin und der Großfürstinnen zitierte, deren Originale sich angeblich in seinem Besitz befanden. Mit Hilfe dieser Dokumente, von denen die meisten offenkundig gefälscht waren, griff er nicht nur seinen Feind Rasputin, sondern auch die ganze kaiserliche Familie in der schroffsten Weise an und beschimpfte sie unflätig.

Aber es gelang dem exilierten Mönchspriester damals noch nicht, seine Schrift auch drucken zu lassen, denn in Norwegen bestand um diese Zeit herzlich wenig Interesse für die Enthüllungen Iliodors; so blieb das Manuskript zum ‚Heiligen Teufel' einstweilen in dessen Schublade. Dagegen beschäftigte er sich bald mit einem gefährlicheren Anschlag und bereitete von seinem sicheren Versteck aus ein regelrechtes Mordattentat auf Grigori Jefimowitsch vor.

Noch immer gab es in Zaryzin zahlreiche fanatische Anhänger des verjagten ‚Schimpfenden', und dieser in Rußland verbliebenen Jünger bediente sich Iliodor bei der Durchführung seiner Pläne. Schon im Jahre 1913 hatte sich eine Anzahl von Anhängerinnen Iliodors zusammengefunden und beschlossen, die ihnen und ihrem verehrten Mönchspriester zugefügten Beleidigungen rächen zu wollen. Zu diesem Zwecke heckten sie einen genauen Plan aus, um Rasputin zu überfallen und zu entmannen, doch waren sie unvorsichtig genug, ihre Absichten allzu laut zu verkünden, so daß Grigori Jefimowitsch durch einen gewissen Sinitzin rechtzeitig gewarnt wurde.

Im Jahre 1914 bildeten dann, auf direkten Befehl Iliodors, einige seiner Anhänger ein ‚Aktions-Komitee' und machten eine häßliche, heruntergekommene Prostituierte namens Kionja Gussewa ausfindig, eine schwer nervenkranke, religiös überspannte Person, die sich leicht dazu überreden ließ, die vielen ‚lästerlichen Taten' Rasputins zu rächen. Die Gussewa fuhr nun nach Pokrowskoje und quartierte sich dort, unter dem Vorwand, sie befinde sich auf einer Pilgerfahrt, bei einem Bauern ein.

Es vergingen noch einige Tage, ehe sie eine Gelegenheit fand, um ihren Anschlag auszuführen; eine solche bot sich erst am 28. Juni, wenige Tage vor dem Ausbruch des Weltkrieges. Rasputin hatte eben ein Telegramm der Zarin erhalten und eilte, in der Absicht, dem Postboten, der das Haus schon wieder verlassen hatte, gleich die Antwort mitzugeben, auf die Straße. Die Gussewa, die sich stets in der Nähe des Hauses umhertrieb, trat auf ihn zu, streckte bittend die Hand aus und flehte um ein Almosen; in dem Augenblick, als Rasputin in die Tasche griff, stieß sie ihm das bereit gehaltene Messer in den Unterleib und schrie dabei gellend, sie habe den Antichrist getötet.

Grigori Jefimowitsch hielt sich mit dem Aufgebot aller Kräfte aufrecht, preßte die Hände auf die klaffende Wunde und flüchtete in sein Haus, wo er sogleich zusammenbrach. Die Attentäterin, die sich wie irrsinnig gebärdete, konnte nur mit Mühe gebändigt und in den Gemeindearrest gebracht werden.

Es erwies sich, daß Rasputin schwer verletzt war; als nach achtstündiger Wagenfahrt ein telegraphisch gerufener Arzt aus Tjumen eintraf, mußte er sogleich beim Schein einiger Kerzen im großen Speisezimmer des Rasputinschen Wohnhauses eine schwierige Operation an dem Verwundeten vornehmen. Einige Tage später wurde Grigori in das Spital nach Tjumen gebracht, doch schwebte er auch dort noch einige Wochen hindurch zwischen Leben und Tod.

Die Untersuchung gegen die Attentäterin zeigte bald, daß man es mit einer mehr oder weniger Irrsinnigen zu tun hatte, und so beschlossen die Justizbehörden, das Verfahren gegen sie einzustellen und sie in einer Anstalt zu internieren. Dies tat man um so lieber, als mit einem öffentlichen Prozeß, der für das Kaiserpaar nicht sehr angenehm gewesen wäre, voraussichtlich niemandem gedient war.

DREIZEHNTES KAPITEL
DAS GROSSE FISCHESSEN

Als Rasputin an einem nebligen Wintermorgen des Jahres 1914, in dicke Pelze eingehüllt, über die Fontanka fuhr, erkannte er in einem eben vorübersausenden Automobil mit scharfem Blick den Fürsten Andronnikow, den er zwar schon oft gesehen, aber noch nie gesprochen hatte. Sogleich beugte er sich aus dem fahrenden Schlitten, winkte eifrig mit beiden Armen und rief so laut als möglich: „Nikolaj Petrowitsch! Wart' doch ein wenig! Du kommst immer noch zurecht!"

Der also Angerufene ließ sein Automobil halten und musterte erstaunt den Mann im Schlitten, den er, trotz aller Bemühungen, nicht zu erkennen vermochte. Inzwischen hatte auch dieser dem Iswostschik befohlen stehenzubleiben, wickelte sich jetzt schwerfällig aus seinen Umhüllungen, verließ das Gefährt und stürzte ungestüm auf Nikolaj Petrowitsch zu, um ihn zu umarmen. „Was siehst du mich so an?" rief er. „Kennst du mich denn nicht?"

„Sie scheinen sich zu irren", meinte der Herr im Automobil, „ich bin Fürst Andronnikow!"

„Ganz recht, mein Lieber, ich weiß schon, wer du bist! Und ich, ich bin Grigori Jefimowitsch Rasputin! Wohin fährst du?"

„Nach Hause", entgegnete Fürst Andronnikow, während sich seine Züge sichtlich erhellten.

„Weißt du was?" rief Rasputin. „Ich begleite dich! Gott selbst hat mich dir heute zugesandt; wir haben viel miteinander zu besprechen!"

Fürst Nikolaj Petrowitsch hatte bei dieser ersten Begegnung mit Grigori Jefimowitsch auf der Fontanka sogleich die ganze Wichtigkeit jener neuen Bekanntschaft in allen ihren Konsequenzen genau überblickt. Wenn er auch nur so weit religiös war, als ihm dies durch geschäftliche Rücksichten angezeigt erschien, so hatte er diesmal doch das ehrliche Gefühl, Gott selbst habe ihm wirklich Rasputin in den Weg geschickt.

„Wo ist denn deine schöne Ikonen-Ecke mit dem kostbaren Muttergottes-Bild?" erkundigte sich Rasputin, kaum daß er die Wohnung des Fürsten betreten hatte. „Man hat mir erzählt, du besäßest eine regelrechte kleine Kapelle!"

Mit größter Bereitwilligkeit führte Andronnikow den Gast in sein Betzimmer, das in der Tat einer Kirchennische glich; der Staretz ließ sich sofort auf die Knie nieder und verrichtete eine längere Andacht, an welcher der Hausherr mit pflichtgemäßer Frömmigkeit teilnahm. Endlich erhob sich Grigori Jefimowitsch wieder und winkte dem Fürsten, auch dieser möge es genug sein lassen. „Nun, Nikolaj Petrowitsch", sagte er, „jetzt haben wir uns im Gebet gestärkt und können getrost von unseren Angelegenheiten sprechen!"

Im Salon des Fürsten entwickelte sich alsbald eine angeregte Unterhaltung, die sich binnen kurzem der Person des von Rasputin gehaßten Kriegsministers Suchomlinow zuwandte. Der Staretz erzählte, Suchomlinow habe ihn ein Vieh genannt und müsse daher gestürzt werden; Andronnikow pflichtete seinem Gast eifrig bei, denn er selbst hatte mit dem Kriegsminister die schwersten Auseinandersetzungen gehabt und war daher überglücklich zu hören, daß auch Rasputin diesem Manne übel gesinnt war. Sogleich beschloß Andronnikow, mit Rasputins Hilfe auf den Sturz Suchomlinows hinzuarbeiten. In wahrem Feuereifer berichtete er seinem Gast ausführlich alles, was ihm über die Fehler und Schwächen des Ministers bekannt war, bis Rasputin ihn plötzlich mit sichtbaren Zeichen der Ungeduld unterbrach.

„Ach", rief er, „weißt du, mein Lieber, ich komme besser morgen abend zu dir; bereite etwas Fisch vor und lasse einige Flaschen Madeira kommen. Bei Fisch und Wein bespricht sich alles viel leichter! So wichtige Dinge wie die, über welche wir zu reden haben, sind nur während einer gesunden Mahlzeit segensreich zu erledigen!"

Andronnikow stimmte diesem Vorschlag freudig zu und verabschiedete sich devot von seinem mächtigen Gast; dieser war schon im Begriffe die Wohnung zu verlassen, als er plötzlich wieder zurückkehrte, Schreibzeug verlangte und dann auf einen Zettel die Worte kritzelte: ‚Du bist ein Mensch von starkem Geist! Deine Kraft liegt in deinem Geist!' Dieses Blatt überreichte er dem Fürsten mit der Aufforderung, es als Andenken an jenes erste Gespräch zu bewahren. „Denn", sagte er, „wir werden noch gute Freunde werden!"

63 Anna Wyrubowa, die Hofdame, die zwischen der Kaiserin und Rasputin vermittelte

64 Alexandra von Pistolkors, Die Schwester der Wyrubowa

65 Rasputin, umgeben von Damen des russischen Hofes

66 Dependance des Restaurants „Villa Rode"

drohend mit dem Fisch umher, um sich hierauf wieder in seine Mahlzeit zu vertiefen.

Zuweilen jedoch fing er unvermittelt an, über ein anderes Thema zu sprechen, denn sein Geist war von vielerlei wichtigen Angelegenheiten erfüllt; er liebte es nicht, wenn das Gespräch zu lange auf einem Punkte beharrte, zumal er überzeugt war, daß auch die wichtigsten Dinge durch kurze Sätze erledigt werden konnten, wie: ‚Ich werde es schon machen!' So ließ er zuweilen den Fall Suchomlinow auf sich beruhen und begann, ein Stück Fisch zwischen den Fingern hin und her drehend, über seine Beziehungen zu Gott zu reden. Er sprach über heikle Dinge der Seele und des Glaubens und äußerte auch hier nur einige kurze, kernige Sätze, um dann wieder zu verstummen. Sowohl Fürst Andronnikow als auch dessen Freundin Tscherwinskaja waren von der Klugheit Rasputins ganz überrascht und bewunderten seine religiöse Bewandertheit.

Schließlich sprang der Staretz auf, wischte sich den Wein aus dem Bart, verließ die Tafel, sagte nochmals, er werde mit Suchomlinow schon fertig werden, und fügte erklärend hinzu: „Ihr müßt nämlich wissen, daß ‚Papa' und ‚Mama' alles tun, was ich ihnen sage!" Hierauf küßte er die Tscherwinskaja, umarmte seinen Gastgeber und eilte nach der Tür. „Kaufleute aus Sibirien", rief er dabei, „erwarten mich in der ‚Villa Rode'; sie haben mir Teppiche mitgebracht und Zigeuner bestellt!" Er summte ein paar Takte des ‚Troika'-Liedes, machte einige wiegende Tanzschritte, sah der Tscherwinskaja liebevoll in die Augen und verschwand.

Mehr als ein Jahr war verstrichen, als, im Herbst 1915, die Tscherwinskaja einmal den neuernannten Ministergehilfen Beletzki aufsuchte, von dem sie seit geraumer Zeit die Erledigung eines Gesuches hatte erreichen wollen. Während sie sich nun, eine lange, dünne Zigarette zwischen den Fingern, mit Beletzki unterhielt, bemerkte sie wie zufällig: „Gestern war Väterchen Grigori wieder bei uns zum Fischessen. Er hat Nikolaj Petrowitsch auch viel vom Kaiser und der Kaiserin erzählt!"

Der Ministergehilfe, der bis dahin, mit seiner schweren goldenen Uhrkette spielend, den Reden der Besucherin nur mit halbem Ohr

Am nächsten Abend erschien der Staretz pünktlich zum Fischessen. Der Fürst hatte für alles Erforderliche gesorgt, für Speise und Trank, und auch seine Freundin Tscherwinskaja eingeladen; diese war eine Verwandte von Suchomlinows Gattin, stand jedoch mit der Familie des Kriegsministers auf dem denkbar schlechtesten Fuße. Sie war gut gewachsen, elegant und hatte schöne Augen, doch erschien sie schon etwas verblüht, wie dies damals bei Frauen, die sich dem Ende der Vierzig nähern, nicht selten vorkam. Dabei aber war sie eine wahrhaft geistreiche und anregende Gesellschafterin, mit der zu plaudern für jeden Mann von Esprit ein Vergnügen sein mußte; überdies zeichnete sie sich durch große Verschwiegenheit aus und war in dem gegebenen Fall schon darum eine wertvolle Bundesgenossin, weil sie über das Ehepaar Suchomlinow noch weitaus besser unterrichtet war als der wohlinformierte Fürst selbst.

Rasputin war sehr erfreut, eine hübsche Dame vorzufinden, umarmte sie sogleich, küßte hierauf auch seinen Gastgeber, sprach mit diesem ein paar Worte und schloß die Tscherwinskaja nochmals in seine Arme; er liebte es zuweilen, Frauen, die ihm gefielen, zweimal zu begrüßen.

Sodann begaben sie sich zu dritt zur Tafel und begannen über die Einzelheiten der Affäre Suchomlinow zu reden. Der Staretz griff kräftig zu, langte einen appetitlichen Fisch nach dem anderen aus der großen Schüssel hervor, zerriß ihn mit den Händen in der Luft und nagte behaglich das zarte Fleisch von den Gräten.

Die Tscherwinskaja hingegen putzte, das Fischbesteck zwischen ihren langen Fingern, die Haut von jedem Stückchen, ehe sie es zum Munde führte und aß eigentlich fast gar nichts, denn es fielen ihr unaufhörlich neue schmutzige Affären des Ministers und seiner Gattin ein, und so kam sie vor lauter Erzählen nicht über das Putzen und Entgräten des auf ihrem Teller liegenden Fisches hinaus. Auch der Fürst aß nur wenig; er war ebenfalls mit ganzer Seele bei der Sache und kombinierte unaufhörlich neue Pläne und Intrigen. Grigori Jefimowitsch hingegen verschlang einen Fisch nach dem anderen, trank mehrere Gläser Madeira, fühlte sich wohl, und schmatzte vor Behagen. Mitunter hielt er während des Essens, einen halben Fisch in der Faust, plötzlich inne und bemerkte, er werde es dem Suchomlinow schon zeigen. Dann fuchtelte er noch einen Augenblick lang

71 Russische Rasputin-Karikatur: „Ich habe ihn früher vom Thron gestürzt als ihr!"

72 Rasputin auf dem Krankenlager nach dem Attentat der Gussewa. Text der Handschrift: „Was wird morgen geschehen? Du bist unser Führer, Gott, wie viele Dornenpfade gibt es doch im Leben."

67 „Rasputin feiert Orgien." Karikatur im Ikonen-Stil von N. Iwanow (1917)

68 „Das russische Herrscherhaus" Rasputin-Karikatur von N. Iwanow

69 Russische Rasputin-Karikatur: „Wir Nikolaj II."

70 Das Gästezimmer in Rasputins Haus in Pokrowskoje

73 *Der Minister A. N. Chwostow*

74 *Der Dumapräsident Rodsjanko*

75 *Der Kriegsminister Suchomlinow*

76 *Der englische Botschafter Sir George Buchanan*

77 *Der Ministergehilfe Beletzki, Chef des Polizeiwesens*

78 *Bischof Warnawa, der Schützling Rasputins*

zugehört hatte, horchte bei der Nennung von Rasputins Namen gespannt auf, ließ sich sogleich genau über alle Gespräche unterrichten, die während dieses neuerlichen Fischessens stattgefunden, und versprach der Tscherwinskaja, ihre eigene Angelegenheit werde sofort günstig erledigt werden. Beim Abschied bat er noch, sie möge dem Fürsten Nikolaj Petrowitsch, den er leider schon lange nicht gesehen, seine besten Empfehlungen bestellen.

Der Senator Stepan Petrowitsch Beletzki war erst vor kurzem, gleichzeitig mit der Ernennung Chwostows zum Minister des Innern, zur Würde eines Vizeministers aufgestiegen; nun oblag ihm die oberste Leitung des Polizeiwesens, vor allem also der politischen Spionage. Seit der Großfürst Nikolaj Nikolajewitsch und die ‚echt russischen Leute' sich von Rasputin abgewendet hatten, war Beletzki in dem geheimen Feldzug gegen den Staretz einer der geschicktesten Agenten gewesen; er hatte dem Obersten Balinski, dem Kanzleichef des Großfürsten, fast täglich über die Ausschweifungen und Trunkenheitsexzesse Grigoris Bericht erstattet und auf diese Art den ‚Nikolajewitschi' und deren Gemahlinnen jenes Material geliefert, das diese fieberhaft sammelten.

Als der neu ernannte Ministergehilfe nun durch die Tscherwinskaja von der Freundschaft zwischen Grigori Jefimowitsch und dem Fürsten Andronnikow hörte, überblickte er, als erfahrener Fachmann im Geheimdienst, sogleich die großen Möglichkeiten, die in jenen Fisch-Mahlzeiten künftig für ihn liegen könnten: Hier eröffnete sich ihm eine Gelegenheit, über alle Äußerungen des Staretz fortlaufend unterrichtet zu werden; das hierdurch erworbene Material würde dann dem Großfürsten Nikolaj Nikolajewitsch und den ‚echt russischen Leuten' für ihre Unternehmungen gegen Rasputin sehr willkommen sein. Aber abgesehen von diesem privaten Interesse sah Beletzki auch in seiner Eigenschaft als Gehilfe des Ministers, wie wichtig derartige Fisch-Zusammenkünfte in Hinkunft werden konnten, denn das Ministerium selbst war ja in hohem Maße daran interessiert, über die Absichten und Pläne des allmächtigen ‚Freundes' stets genau unterrichtet zu sein.

Beletzki ließ also den Fürsten Andronnikow zu sich bitten, nachdem er sich vorher aus den Akten darüber unterrichtet hatte, in welchen Beziehungen dieser bisher zu dem Ministerium gestanden hatte. Mit Genugtuung stellte er fest, daß der Fürst ja schon früher regelmäßig

Subventionen bezogen hatte und sich als Geheimagent betätigt hatte; als daher Andronnikow bei ihm erschien, beschränkte er die gesellschaftlichen Formen gerade nur auf das allernotwendigste Maß, wechselte mit seinem Besucher einige verbindliche Redensarten und ging sofort auf das Sachliche über, wie eben ein Polizeichef zu seinem Agenten zu sprechen pflegt. Mit seiner singenden, melodischen Stimme setzte er dem Fürsten auseinander, weshalb er ihn zu sich beschieden habe:

„Mein lieber Nikolaj Petrowitsch, wir haben von Ihrem Fischessen mit Rasputin gehört. Der Minister und ich würden großen Wert darauf legen, daß diese Fisch-Mahlzeiten regelmäßig fortgesetzt werden, womöglich zweimal in der Woche; wir werden uns auch erlauben, von Zeit zu Zeit bei diesen Gelegenheiten selbst von Ihrer Gastfreundschaft Gebrauch zu machen. Sie wissen ja von früher her, daß das Ministerium in solchen Fällen nicht kleinlich ist, und wir sind gerne bereit, für die Unkosten Ihrer Mahlzeit mit Grigori Jefimowitsch aufzukommen; überdies können Sie natürlich auch persönlich auf unsere Erkenntlichkeit rechnen."

Dann deutete Beletzki noch an, daß es sich empfehlen würde, auch Frau Tscherwinskaja zu den weiteren geselligen Veranstaltungen mit Rasputin zuzuziehen, damit sie in taktvoller Form das Gespräch ‚auf gewisse Dinge' lenke und ‚einige bestimmte Fragen' stelle. Mit einem nochmaligen Hinweis darauf, daß man nicht kleinlich sei, schloß Beletzki seine Ausführungen und blickte dann den Fürsten mit seinen runden, gleichsam in Öl schwimmenden Augen erwartungsvoll an.

Aber auch Andronnikow hatte Erfahrungen in Dingen des Geheimdienstes, und so schien es ihm angezeigt, sich nicht auf vage Zusicherungen von späterer Erkenntlichkeit und dergleichen zu verlassen, vielmehr von Anfang an für seine Leistung konkrete Gegenleistung zu fordern. So erwiderte er, er sei zwar gerne bereit, dem Wunsch des Ministergehilfen nachzukommen, könne aber diesmal unter gar keinen Umständen eine Vergütung für seine Auslagen annehmen; hingegen bitte er das Ministerium, ihm bei der Herausgabe seiner Zeitung ‚Golos Russij' hilfreich an die Hand zu gehen, denn er beabsichtige, in diesem Blatte die Politik der ihm befreundeten Minister energisch zu unterstützen.

Beletzki verstand den Wink sogleich, und es dauerte nicht lange, bis eine Einigung zwischen den beiden Männern erzielt war: Andronnikow verließ das Kabinett des Ministergehilfen mit der bestimmten Zusage, daß der ‚Golos Russij' von Amts wegen kräftig subventioniert werden sollte, und daß überdies Frau Tscherwinskaja für die Zeit ihrer Teilnahme an den fürstlichen Fischessen auf ein entsprechendes Monatsgehalt rechnen könne; dafür hatte Andronnikow sich verpflichtet, mindestens zweimal in der Woche Rasputin bei sich zu Gast zu sehen, über alle seine Äußerungen genau Bericht zu erstatten und von Zeit zu Zeit auch den Minister Chwostow und seinen Gehilfen Beletzki einzuladen. Um aber den Staretz zu regelmäßigen Besuchen bei Andronnikow zu veranlassen, war besprochen worden, daß der Fürst ihm bei jeder von diesen Zusammenkünften einen größeren Geldbetrag aus den Mitteln des Ministeriums aushändigen werde.

Obgleich alles auf das beste vorbereitet war, hatten Chwostow und Beletzki doch ein Gefühl der Unruhe, als sie zum ersten Mal den Wagen bestiegen, um zu Andronnikow zum Fischessen zu fahren. Beletzki wußte nur zu gut, daß, während er Rasputin überwachen ließ, dieser auch ihn ständig ausspionierte und daher über seine Beziehungen zum Großfürsten Nikolaj Nikolajewitsch unterrichtet sein mußte. Aber auch Chwostow hatte kein ganz reines Gewissen: Wohl war der peinliche Vorfall, der sich seinerzeit in Nischni-Nowgorod abgespielt hatte, so gut wie vergessen, seit Chwostow durch seine schöne Baßstimme den Staretz wieder versöhnt hatte, doch war bei seiner Ernennung zum Minister des Innern ein bedenklicher Formfehler unterlaufen: Von ungeduldigem Ehrgeiz erfüllt, hatte Chwostow nicht gewartet, bis Grigori Jefimowitsch von seinem Ausflug nach Pokrowskoje zurückgekehrt war; er hatte vielmehr seine Ernennung in dessen Abwesenheit betrieben und durchgesetzt. Das aber war eine Eigenmächtigkeit, wie Rasputin dergleichen nicht liebte, und so kam es, daß Chwostow diesem Fischessen mit gemischten Gefühlen entgegensah.

Gleich nach der ersten Begrüßung im Salon Andronnikows sollte sich die Verlegenheit des Ministers noch steigern, denn der Staretz ging schweigend, die Rechte unter den Gürtel geschoben, im Zimmer auf und ab und musterte den dicken Chwostow mit unfreundlichen und forschenden Blicken. Sogar der weltgewandte Fürst Andronnikow fühlte sich der Situation nicht recht gewachsen, und auch ihm war ziemlich unbehaglich zumute. Plötzlich blieb Rasputin vor Chwostow stehen, sah ihm scharf und streng in die Augen und sagte: „So, nun ja, du hast es sehr eilig gehabt!" Dann fuhr er fort, auf und ab zu gehen. Neuerdings verstrichen einige peinliche Minuten.

„Du hast mich damals in Nischni-Nowgorod nicht zum Essen eingeladen!" knurrte Grigori Jefimowitsch halblaut. „Hast dich wie ein Lümmel benommen! Und jetzt ist es dir so eilig gewesen! Und auch dir!" Damit wandte er sich an Beletzki. Dieser aber hatte mittlerweile seine Sicherheit wiedergewonnen und überschüttete den Staretz mit einem wahren Strom von Komplimenten, Dankbarkeitsbezeigungen und Lobeserhebungen, in welche Chwostow sogleich mit einstimmte. Auch Fürst Andronnikow benützte die Gelegenheit, seine gesellschaftlichen Talente spielen zu lassen, und die drei Männer ließen Grigori Jefimowitsch überhaupt nicht mehr zu Worte kommen. Durcheinander redend, dankten sie ihm mit gerührten Stimmen dafür, daß er gerade jetzt wieder zurückgekommen sei, ersuchten ihn um seine Gunst und um seine weisen Ratschläge und sprachen die Hoffnung aus, er werde sie stets auf den rechten Weg leiten und vor Fehlern bewahren. In diesem Moment erschien auch die Tscherwinskaja und bat die Versammelten zu Tische. Während der Mahlzeit besserte sich Rasputins Stimmung zusehends, und nach dem Genuß von einigen Glas Madeira ließ er sogar einige lobende Worte über Chwostows Baßstimme vernehmen.

Während ein Fisch nach dem anderen aus der Schüssel verschwand, sprachen die Herren von verschiedenen sehr wichtigen Angelegenheiten der Staatsverwaltung. Chwostow, Beletzki und Andronnikow verstanden es sehr geschickt, schon bei diesem ersten Zusammentreffen an den Staretz die eine oder die andere unverfängliche Frage zu richten und sich dadurch ungefähr über dessen Pläne und Absichten zu unterrichten. Freilich zeigten sich sogleich gewisse mit der Natur des Fischessens verbundene Schwierigkeiten: Hatte einer der Politiker eine Frage gestellt, so setzte Rasputin zunächst seine Mahlzeit fort, trank ein Glas Wein, wischte sich mit dem Handrücken über den Mund und begann erst dann mit seiner Antwort, die unter diesen Umständen sehr vorsichtig und wohl überlegt ausfiel. So geschickt die Erkundigungen Beletzkis oder Andronnikows auch formuliert sein mochten, so fielen die Entgegnungen des Staretz immer noch geschickter aus; vergebens waren alle Bemühungen, ihm eine voreilige, unbedachte Äußerung zu entlokken. Binnen kurzem hatten die drei Männer, schon während sie ihre Fragen stellten, das niederdrückende Gefühl, daß Rasputins Antwort wieder vorsichtig, reserviert und daher für sie unbrauchbar sein werde, sobald dieser seinen Fisch beendet habe.

Als sich nach der Mahlzeit die ganze Gesellschaft in das Empfangszimmer begeben hatte, nahm Andronnikow den Staretz beiseite und verschwand mit ihm für einige Minuten; schon unter der Tür zog der Fürst fünf Hundertrubelscheine hervor und übergab sie seinem Gast, der diese, ohne sie anzusehen, in seiner Hosentasche versenkte. Dann bat Andronnikow, Grigori möge am übernächsten Abend wiederkommen und deutete an, daß auch bei dieser Gelegenheit wieder ein ähnlicher Betrag bereit sein werde. Rasputin nickte nur, und die beiden Männer begaben sich wieder in das Empfangszimmer zurück, wo mittlerweile Chwostow und Beletzki der Tscherwinskaja eingehende Instruktionen erteilt hatten. Aber es war an diesem Abend, als könne die Gesellschaft nicht zur Ruhe kommen, denn plötzlich erhob sich die Dame des Hauses unter einem nichtigen Vorwand und verließ den Raum, worauf ihr, zu Beletzkis Unbehagen, der dicke Chwostow nachstürzte. Auf dem Korridor flüsterte der Minister der Frau Tscherwinskaja zu, sie möge bei ihren Beobachtungen auch auf Beletzki ein Auge haben und sich dafür interessieren, was dieser hinter Chwostows Rücken mit Rasputin spreche. Für Informationen hierüber wollte der Minister sich ganz besonders erkenntlich zeigen. Erst nachdem diese Episode beendet war, fanden sich alle Teilnehmer wieder zusammen und plauderten nun noch etwa eine Stunde über verschiedene politische Gegenstände. Beim Weggehen jedoch nahm Beletzki die Tscherwinskaja beiseite und bat sie im Vertrauen, ihm privat über die Beziehungen zwischen Chwostow und Rasputin Bericht zu erstatten. Dann küßten sich alle mit großer Herzlichkeit und gingen auseinander.

Dieser denkwürdige Abend eröffnete die Reihe jener historisch so bedeutsamen ‚Fischessen', welche sich bald zu einer regelrechten politischen Institution herausbilden sollten. Von nun an wurden immer mehr und mehr die wichtigsten Staatsgeschäfte während solcher Fischessen zwischen dem Minister, seinen Gehilfen und dem ‚Freund' diskutiert und erledigt. Obwohl alle Teilnehmer bei diesen Zusammenkünften an deren strengster Geheimhaltung in hohem Maße interessiert waren, kam es doch bald dahin, daß trotzdem zuerst Gerüchte, später aber immer bestimmtere Nachrichten darüber in Umlauf kamen. Es ist begreiflich, daß bei allen jenen, die sich durch diese geheimen Konventikel in ihrem Einfluß, wenn nicht in ihrer ganzen Existenz bedroht sahen, ein Gefühl peinlichster Überraschung, maßloser Wut und hellster Empörung entstehen mußte.

★

Das nächste Fischessen unterschied sich äußerlich fast in nichts von dem vorhergegangenen. Wieder saßen Rasputin, Chwostow, Beletzki, Andronnikow und die Tscherwinskaja rings um den reich besetzten Tisch und plauderten. Mit Ausnahme des Staretz schienen sie alle nicht recht bei Appetit zu sein. Während Grigori Jefimowitsch unentwegt nagte und kaute, redeten die anderen eifrigst auf ihn ein und vernachlässigten dabei die vor ihnen stehenden Speisen. Das war nicht verwunderlich, denn im Laufe dieses Abends sollte eine höchst wichtige Staatsangelegenheit bereinigt werden: der Konflikt zwischen dem Oberprokurator Samarin und dem Bischof Warnawa wegen der Kanonisierung des heiligen Johann von Tobolsk.

Chwostow, Beletzki und Andronnikow bemühten sich zunächst mit allen Mitteln geschickter Fragestellung, Rasputins persönliche Ansicht über diesen Fall zu erfahren. Der Minister hatte nämlich ein starkes Interesse daran, daß der Streit zwischen dem Oberprokurator und dem Bischof zugunsten Warnawas ausgehe und zum Rücktritt Samarins führe, denn dieser war, als Vertreter des Moskauer Adels, ein Gegner Chwostows; um Samarin zu stürzen, bedurfte Chwostow aber der Mithilfe des Staretz, und er war sich noch nicht darüber im klaren, ob er auf diese rechnen konnte.

Warnawa war ja ein alter Freund von Grigori Jefimowitsch, und dieser hatte dem einfachen Mönch zu seinem Bischofssitz verholfen; dann aber war zwischen den beiden eine gewisse Entfremdung eingetreten, denn Warnawa hatte sich seit seiner Rangerhöhung beträchtlich von Rasputin zurückgezogen, was dieser ihm ziemlich verübelte.

Die Unterhaltung mit dem Staretz über dieses Thema nahm wieder einen recht stockenden Verlauf, und von neuem zeigten sich die mit der

Einrichtung des Fischessens verbundenen Unannehmlichkeiten: Grigori Jefimowitsch aß und aß und konnte somit jede Antwort sehr lange überlegen. Dennoch ließ er zuletzt ein paar Äußerungen fallen, aus welchen Chwostow und Beletzki entnehmen konnten, daß er zwar seinem ehemaligen Freund Warnawa dessen jetzige Zurückhaltung noch nicht ganz verziehen habe, daß er aber noch mehr über den hochmütigen Oberprokurator Samarin ergrimmt sei. Einmal warf er sogar ganz wütend das in seinen Händen befindliche Stück Fisch auf den Teller und rief:

„Diese vornehmen Adelsleute! Was wissen denn die von der Kirche und vom heiligen Glauben? Was wir in der Kirche brauchen, das sind einfache, aber fromme Männer, die das Volk verstehen und von ihm verstanden werden! Da gefällt mir Warnawa schon besser, wenn ich mich auch bisweilen weidlich über ihn ärgern muß!" Dies genügte. Man stand vom Tische auf, küßte sich zum Abschied und ging befriedigt auseinander. Der Minister wußte nun, daß die Tage seines Kollegen Samarin gezählt seien.

Bei der nächsten Mahlzeit hatten die Veranstalter bereits aus ihren bisherigen Erfahrungen gewisse Konsequenzen gezogen und servierten dem Staretz nicht mehr Fische, sondern Fleischgerichte, in der Hoffnung, dadurch das Tempo seiner Antworten zu beschleunigen. Aber dieses Verfahren bewährte sich nicht, denn Rasputin ließ das Fleisch unberührt, zeigte deutlich seine Mißstimmung und sprach kaum ein Wort. So blieb nichts übrig, als die vorsichtshalber bereitgehaltenen Fischgerichte auftragen zu lassen, und alsbald entwickelte sich ein Gespräch über den Oberprokurator Samarin und seinen voraussichtlichen Nachfolger. Chwostow hatte nämlich mittlerweile einen ihm genehmen Kandidaten in der Person seines Verwandten Wolschin ausfindig gemacht; dieser hatte zwar keinerlei Erfahrung, die ihn für ein derartiges hohes Amt befähigt hätte, war aber dafür eine verläßliche Kreatur seines Gönners Chwostow. Es war durchaus nicht leicht, die Einwilligung Rasputins für diese Kandidatur zu erlangen, denn unterdessen hatte der frühere Oberprokurator Sabler verzweifelte Anstrengungen gemacht, sich die Gunst des Staretz und damit die Anwartschaft auf den neu zu besetzenden Posten zu sichern. Beletzki, hierüber genau unterrichtet, fand nun, während des Essens, eine geniale Methode, um das Ansehen Sablers bei Grigori Jefimowitsch heimtückisch zu untergraben. Auf möglichst harmlose Weise brachte er das Gespräch auf die aus Athos vertriebene Sekte der ‚Imjaboschzi' und der ‚Onomatodosen', mit denen Rasputin, wie er genau wußte, lebhaft sympathisierte.

Grigori aß und hörte eine Zeitlang schweigend zu. Dann legte er die abgenagten Gräten beiseite, wischte sich den Mund und sagte: „Ja, die ‚Imjaboschzi'! Als ich auf Athos war, habe ich unter ihnen viele kluge und gottesfürchtige Männer gefunden!" Beletzki malte nun ein düsteres Gemälde von den schrecklichen Verfolgungen, denen die ‚Imjaboschzi' ausgesetzt gewesen seien, während Sabler das Amt des Oberprokurators bekleidet hatte, und wies darauf hin, daß Sabler gegen alle offenen und geheimen Anhänger dieser Lehre mit der rücksichtslosesten Strenge vorgegangen sei.

In Rasputins Augen malte sich steigender Ärger; plötzlich schlug er mit der Faust auf den Tisch und schrie: „So einer ist dieser Sabler? Na, dem werde ich es schon geben!" Sogleich griff Chwostow in das Gespräch ein und wies auf die Vorzüge seines Kandidaten Wolschin hin; insbesondere betonte er, daß dieser bereit sei, den peinlichen Streit mit Warnawa wegen der Heiligsprechung Johanns von Tobolsk sogleich durch einen für Warnawa günstigen Kompromiß beizulegen. Rasputin hörte eine Zeitlang schweigend zu, musterte den Minister mit forschenden Blicken, zupfte an seinem Bart und meinte schließlich, er wolle sich diesen Wolschin einmal ansehen und seine Seele prüfen.

Bei der nächsten Zusammenkunft war der Staretz recht übel gelaunt. „Saubere Taugenichtse das, deine Agenten!" fuhr er Beletzki an. „Lungern den ganzen Tag im Treppenhaushaus herum, fahren mir überall nach, aber mich vor dummen Klatschereien zu schützen, das verstehen sie nicht! Aber wartet nur, ihr sollt mich noch kennenlernen!" Dann vertiefte er sich in seine Mahlzeit und warf nur von Zeit zu Zeit wütende Blicke auf den Ministergehilfen.

Dieser tat sein möglichstes, um den Grimm Rasputins zu besänftigen und zu erfahren, worum er sich denn eigentlich handele. Es dauerte lange, bis Grigori Jefimowitsch sich zu näheren Mitteilungen herbeiließ; dann aber stellte sich heraus, daß ein Journalist namens Davidsohn für die ‚Birschewiji Wedemostij' einen Skandal-Artikel mit versteckten

Andeutungen über Rasputin verfaßt hatte. Dieser Davidsohn war eigens zu dem Zwecke, um belastendes Material über den Staretz zu sammeln, nach Pokrowskoje gereist, hatte sich dort an die Familie Rasputins herangemacht und war so weit gegangen, der kleinen Matrjona heftig den Hof zu machen und sich geradezu als ihr Bräutigam zu gebärden. Auf diese Art hatte er einiges über die Lebensgewohnheiten Rasputins erfahren und dieses nun zu einem mächtigen Artikel aufgebauscht.

Gleich am nächsten Morgen, nachdem Grigori Jefimowitsch sich so ärgerlich beschwert hatte, ließ Beletzki ihm melden, die Angelegenheit sei bereits erledigt, und er werde sich erlauben, dem Staretz abends ausführlich Rapport zu erstatten. Während des nächsten Fischessens erzählte der Ministergehilfe dann genau, was er unternommen hatte, und Grigori Jefimowitsch folgte seinem Bericht mit zufriedenem Schmunzeln und so angespanntem Interesse, daß er sogar seine Mahlzeit vergaß.

„Sofort nachdem ich heute ins Amt gekommen war", erzählte Beletzki, „ging ich daran, alle belastenden Daten über das Vorleben dieses Davidsohn zusammenzustellen. Als ich genügend viel wußte, ließ ich mir dann den Mann selbst kommen, gestattete ihm, einen Blick in meine Akten zu werfen, händigte ihm sechshundert Rubel aus dem Geheimfonds ein und bedeutete ihm energisch, er möge sich fernere Artikel wohl überlegen. Nun, Davidsohn verstand den Wink, steckte die sechshundert Rubel ein und händigte mir dafür als Gegenleistung sein Material aus. Ich habe mir heute nachmittag das Vergnügen gemacht, dieses Material bei Frau Anna Wyrubowa für Sie, Väterchen, zu hinterlegen."

Grigori Jefimowitsch strahlte. „Du bist ein tüchtiger Mensch, Stepan Petrowitsch!" rief er ein Mal um das andere. „Du mußt Minister werden!" Chwostow war von dieser Bemerkung nicht sehr angenehm berührt und beschloß, von nun an seinen Gehilfen Beletzki noch sorgfältiger als bisher überwachen zu lassen. Als er an diesem Abend die Wohnung des Fürsten Andronnikow verließ, erneuerte er Frau Tscherwinskaja gegenüber seine Bitte um möglichst ausführliche Nachrichten über die Gespräche zwischen Beletzki und dem Staretz.

∗

Allmählich hatte sich eine recht behagliche Stimmung im Speisezimmer Andronnikows entwickelt. Die Teilnehmer an den regelmäßigen abendlichen Mahlzeiten kannten einander nun bereits gut genug und brauchten sich keine so große Reserve mehr aufzuerlegen. Mit dem Entstehen einer solchen Stimmung hatte Beletzki ja von Anfang an gerechnet, als er den Pakt mit Andronnikow abgeschlossen hatte. Deshalb hatte er auch seinen Chef Chwostow bisher immer noch davor zurückgehalten, das ebenso wichtige als heikle Thema der Duma-Eröffnung zur Sprache zu bringen; jetzt erst schien ihm der geeignete Moment hierfür gekommen zu sein.

Die Duma aber lag dem Minister besonders am Herzen, hatte er doch, vom Augenblick seiner Ernennung an, alles getan, um deren neuerliche Einberufung durchzusetzen. Seit dem Beginn des Krieges war die russische Volksvertretung aufgelöst gewesen, und dieser Zustand entsprach ganz den Wünschen des alten Ministerpräsidenten Goremykin, der wenig Lust verspürte, sich heftigen parlamentarischen Debatten auszusetzen. Chwostow wieder, dessen ehrgeiziger Sinn nur auf das eine Ziel gerichtet war, selbst Ministerpräsident zu werden, wollte dem alten Goremykin eben gerade diese Unannehmlichkeiten bereiten, in der Annahme, daß sich die Untauglichkeit des Ministerpräsidenten während einer Tagung der Duma deutlich erweisen werde. Goremykin war nicht der Mann, um dem Hause die Stirne zu bieten; hatte er doch selbst bei jeder Gelegenheit erklärt, er gehöre eigentlich in einen Sarg und unter die Erde.

Um aber die Duma einberufen zu können, mußte zunächst Rasputin für diesen Plan gewonnen werden, und das war, wie Chwostow genau wußte, alles eher als leicht. Grigori Jefimowitsch hatte schon mehrmals, wenn Chwostow oder Beletzki vorsichtig zu sondieren versucht hatten, seine Abneigung gegen die Duma deutlich ausgesprochen. „Wer sitzt denn in dieser Duma?" hatte er gerufen, „sind das wahrhafte Vertreter des Volkes? Nein, Grundbesitzer sind's, Aristokraten, reiche Leute, aber keine wirklichen Bauern!"

In der Tat hatte ja die bestehende Wahlordnung aus der ursprünglichen Volksvertretung fast eine Ständevertretung gemacht, bei welcher die Bauernschaft ganz in den Hintergrund gedrängt worden war; obgleich der Staretz von diesen komplizierten Verhältnissen nur wenig wußte und verstand, fühlte er doch, daß dieses Parlament niemals für die beiden Programmpunkte eintreten würde, die allein den Muschiks als wichtig erschienen, für den Friedensschluß und für die Aufteilung des Großgrundbesitzes unter die Bauern. Da zudem die meisten Dumamitglieder, dünkelhafte Abgeordnete, Gutsbesitzer und Adelige, Rasputin mit Haß und Verachtung ansahen, war auch er ihnen höchst feindlich gesinnt.

Chwostow und Beletzki waren über dies alles wohl unterrichtet und wagten er daher erst nach längerer Vorbereitung, den Staretz für die Einberufung der Duma umzustimmen. Diese Vorbereitung bestand vor allem in einer entsprechenden Bearbeitung des Duma-Präsidenten Rodsjanko, dem Chwostow unter der Bedingung, daß er keinerlei Angriffe gegen Rasputin in der Duma dulden wolle, einen hohen Orden verschaffte. Erst mit diesem Versprechen des von Grigori Jefimowitsch besonders gefürchteten Duma-Präsidenten in der Tasche, begann Chwostow während einer der Mahlzeiten im Hause Andronnikows auf Rasputin einzuwirken.

Er fing damit an, daß er hervorhob, wie wichtig es für das ganze Reich sei, nach so langer Pause wieder einmal die Volksvertretung einzuberufen. Nachdem sich gezeigt, daß dieses Argument seinen Eindruck auf den Staretz sichtlich verfehlt hatte, griff der Minister zu einem stärkeren, indem er andeutete, eine weitere Hinausschiebung der Duma-Einberufung werde allgemein als das Werk Rasputins angesehen werden und daher große Mißstimmung gegen diesen hervorrufen.

Nach einem vorher genau besprochenen Plan mischte sich nun Beletzki in die Debatte und meinte mit höflichem Bedauern, es werde der Polizei unter solchen Umständen schwer fallen, auch weiter für die persönliche Sicherheit des Staretz zu sorgen, denn es könne leicht geschehen, daß der eine oder der andere Fanatiker einen Anschlag gegen ihn unternehme; eine Einberufung der Duma hingegen werde ungemein beruhigend wirken und alle Gefahren zerstreuen. Zuletzt rückte Chwostow mit der Erklärung Rodsjankos heraus, während Beletzki wieder versicherte, er habe mit Protopopow, dem Vizepräsidenten der Duma, gesprochen, und auch dieser garantiere für einen ruhigen Verlauf der Tagung.

Rasputin hatte allen diesen Darlegungen zugehört, ohne selbst mit einem Wort seine eigene Meinung zu äußern. Erst beim Abschied bemerkte er mit listigem Schmunzeln: „Ich werde mir die Sache durch den Kopf gehen lassen." Durch diese Worte ermuntert, fuhr Chwostow einige Tage darauf ziemlich beruhigt in das Hauptquartier, um auch den Zaren zur Einberufung des Parlaments zu überreden.

Aber er kam bereits zu spät, denn mittlerweile hatte der alte Goremykin erfahren, was im Gange war und seine Vorkehrungen getroffen, um die Intrige Chwostows unauffällig zu durchkreuzen. Zuerst verzögerte er mit formellen Mitteln den Beschluß des Ministerrats, ohne den das Einberufungsdekret dem Zaren nicht vorgelegt werden konnte; inzwischen aber tat er das gleiche, was vor ihm der Minister des Innern getan hatte: Er setzte sich mit Rasputin in Verbindung, und es gelang ihm ohne besondere Schwierigkeit, diesen wieder gegen die Duma umzustimmen.

So kam es, daß beim nächsten Fischessen Grigori Jefimowitsch, auf die Frage, welche Beschlüsse er wegen der Duma gefaßt habe, ganz kurz erklärte: „Wir brauchen jetzt die Duma nicht!" Von dieser Ansicht ließ er sich auf keine Weise mehr abbringen, und selbst nachdem Andronnikow ihm einen größeren Geldbetrag ausgehändigt hatte, wiederholte er beim Abschied: „Wir brauchen jetzt die Duma nicht!"

Chwostow war wütend. Sein Ehrgeiz ließ ihn nicht ruhen, und da der Versuch, Grigori Jefimowitsch für seine Pläne zu gewinnen, so kläglich gescheitert war, faßte er einen neuen Entschluß, der ihm die Erreichung seines Zieles nun doch ermöglichen sollte. Er wollte den Staretz jetzt für einige Zeit aus der Hauptstadt entfernen, um während dessen Abwesenheit durchzusetzen, was ihm bisher nicht gelungen war. So arbeitete er denn ein schönes Memoriale aus und legte darin alle Gründe dar, die eine Inspektionsreise Rasputins nach Werchoturje und in einige andere Klöster als wünschenswert erscheinen ließen; eine solche Reise würde, wie er auseinandersetzte, alle verleumderischen Gerüchte gegen den Staretz verstummen lassen und sein Ansehen im ganzen Lande von neuem befestigen.

Um Grigori Jefimowitsch für dieses Unternehmen zu gewinnen, ließ der Minister, nach einer Beratung mit dem Bischof Warnawa, den Abt Martian aus Tjumen, einen alten Freund Rasputins, nach Petersburg berufen, damit er seinen Einfluß auf Grigori Jefimowitsch zugunsten des Reise-Projekts geltend mache.

Martian traf alsbald in der Hauptstadt ein und erklärte sich willens, den Wünschen des Ministers nachzukommen, falls man ihn dafür zum Archimandriten mache; auch Warnawa hatte seine Mitwirkung an eine Bedingung geknüpft: Er wollte Erzbischof werden. Chwostow lief sogleich zu seinem Verwandten Wolschin, der mittlerweile bereits Oberprokurator geworden war, und erreichte von diesem die Zusage, daß die Forderungen der beiden ehrwürdigen Herren bei der nächsten Gelegenheit erfüllt werden sollten.

Wieder fand ein Fischessen statt, an dem diesmal auch Warnawa und Martian teilnahmen. Während der Staretz mit ewig gleichem Appetit speiste, redeten alle der Reihe nach auf ihn ein und baten ihn, er möge doch die Reise nach den Klöstern unternehmen. Nach dem Ende der Mahlzeit fielen Martian und Warnawa Rasputin um den Hals, küßten ihn und beschworen ihn so lange, bis er schließlich einwilligte. Chwostow versicherte sofort mit dem liebenswürdigsten Lächeln, sein Ministerium werde sich eine Ehre daraus machen, für die Reisekosten aufzukommen, da es sich doch um eine dienstliche Angelegenheit handle. Grigori Jefimowitsch nahm diese Mitteilung mit sichtbarer Freude entgegen, nickte beifällig, umarmte den Minister und begab sich hierauf in die ‚Villa Rode'.

Bereits am nächsten Tag händigte ihm Fürst Andronnikow im Namen Chwostows fünfzigtausend Rubel für die Reise aus, und nun wartete der Minister befriedigt auf den Augenblick, da Grigori Jefimowitsch die Hauptstadt verlassen würde. Dessen Reisevorbereitungen nahmen jedoch einen merkwürdig schleppenden Verlauf: Tag um Tag, Woche um Woche verging, ein Fischessen folgte auf das andere, ohne daß Rasputin abgereist wäre. Endlich verlor Chwostow die Geduld und fragte ihn einmal, eben während der Abschiedsumarmung, wann er eigentlich aufzubrechen gedenke. Da antwortete der Staretz ganz seelenruhig, es falle ihm überhaupt nicht ein wegzufahren.

Weder der Minister noch sein Gehilfe wagten ein Wort der Entgegnung; schweigend verließen sie die Wohnung Andronnikows, schweigend bestiegen sie ihren Wagen, und erst nach etwa hundert Metern murmelte Chwostow leise, aber ingrimmig: „Glauben Sie mir, Stepan Petrowitsch, wir müssen diesen Schurken kalt machen!"

VIERZEHNTES KAPITEL

DER MÖRDER MIT DER GITARRE

Nachdem in Chwostows Gehirn der Plan zu Rasputins Ermordung einmal aufgetaucht war, setzte er sich alsbald in ihm fest und bemächtigte sich fortan aller seiner Gedanken, Gefühle und Handlungen; da nun aber Chwostow Minister des Innern, oberster Chef der Polizei und der gesamten staatlichen Überwachung war, übertrug sich dieser Mordgedanke sogleich auch auf den ihm unterstellten Staatsapparat: Die ganze bürokratische Maschinerie geriet in fieberhafte Bewegung, und von jetzt ab durchlief der Mordplan alle vorgeschriebenen Instanzen, von der höchsten Stelle bis hinab zu den Subalternen und von dort wiederum zurück durch alle Instanzen hinauf.

Eine wahnwitzige Geschäftigkeit hub an, mit erteilten und widerrufenen Befehlen, mit Konferenzen, Sitzungen, Beratungen und Beschlüssen, die einander überstürzten, korrigierten und aufhoben. Es schien, als hätte sich der blutleere Koloß der russischen Bürokratie mit seinen schwerfälligen Gliedmaßen in Bewegung gesetzt, um sich an jenem überlebendigen, vollblütigen, von Kraft und Freude strotzenden Rasputin für die herausfordernde Verachtung zu rächen, die dieser sibirische Bauer dem russischen Staat mit allen seinen listigen und raffinierten Ministern, Polizeichefs, Beamten und Spitzeln entgegenbrachte.

Fürchterlich sollte die Rache der Bürokratie sein; doch bald erwies sich, daß es in diesem Falle nicht anders ging als sonst auch: So wie jedes kleine Bittgesuch durchlief auch der große Mord- und Racheplan gegen Rasputin alle Amtsstellen, führte zu einer Anhäufung von Akten, erregten Anfragen, Rückfragen und Erörterungen, ohne daß zu guter Letzt das mindeste geschehen wäre. Wie tausend andere Vorhaben des Ministeriums und seiner Unterämter verlief auch dieses zuletzt resultatlos im Leeren.

Der Anfang freilich hatte bedrohlich genug ausgesehen: Der Minister Chwostow hatte seinen Gehilfen Beletzki zu sich kommen lassen und ihm die Weisung erteilt, er möge unverzüglich alle nötigen Anordnungen für die Ermordung Rasputins in die Wege leiten. Der Minister führte aus: Die Gefahren und Schädigungen, die das Wirken Rasputins für den Staat und für Chwostow selbst im Gefolge habe, würden von Tag zu Tag größer; mit der Herrschaft dieses groben Bauern müsse also so rasch als möglich ein Ende gemacht werden. Seine eigene Position bei Hof sei bereits genügend gefestigt, so daß er einer Unterstützung durch Rasputin nicht länger bedürfe; dagegen bedeute der jetzige Zustand eine endlose Aufeinanderfolge von Gefahren und lästigen Unannehmlichkeiten. Bei einer genauen Vorbereitung des Mordes werde es leicht möglich sein, allen Verdacht von sich abzulenken, und dann würden nur die Vorteile aus dieser Tat sowohl für das Reich als für den Minister und seinen Gehilfen selbst sichtbar werden. Natürlich spiele bei der Durchführung dieser Sache Geld nur eine untergeordnete Rolle, denn das Ministerium verfüge für solche Fälle über reichliche Fonds.

Der Ministergehilfe stimmte seinem Chef zu und wies darauf hin, daß auch schon der frühere Amtsleiter, der Minister des Innern Maklakow, die Beseitigung Rasputins von Amts wegen ins Auge gefaßt habe. Beletzki hatte der Aufforderung des Ministers Chwostow Folge geleistet und nun eingehend über die erwähnten Versuche Maklakows berichtet: General Dumbadse, der Statthalter von Jalta, habe an Beletzki, in dessen damaliger Eigenschaft als Kanzleidirektor des Justizministeriums, eine telegraphische Anfrage gerichtet, ob er auf die amtliche Genehmigung für die Ermordung Rasputins rechnen könne. Der Starez sollte nach dem Plane Dumbadses während seiner Überfahrt von Sewastopol nach Jalta auf ein entlegenes Schloß an der Meeresküste gelockt und dort über die Klippen hinabgestürzt werden. Beletzki habe damals den Standpunkt vertreten, diese Anfrage des Statthalters gehöre nicht in das Ressort Justiz, sondern in jenes der inneren Verwaltung, und aus diesem Grunde habe er das Telegramm Dumbadses an den Innenminister Maklakow weitergeleitet. Der Minister habe sich sogleich mit dem Ministerpräsidenten, mit der Agentur der ‚Geheimen Überwachung' und mit der Palast-Kommandantur in Verbindung gesetzt, doch habe letzteres Amt den Standpunkt vertreten, es sei im gegebenen Falle und in Anbetracht der dynastischen Interessen von einer Beseitigung Rasputins Abstand zu nehmen. Nach reiflicher Erwägung aller in Frage kommenden Gesichtspunkte habe dann auch der Minister Maklakow sich entschlossen, dem Statthalter Dumbadse die gewünschte amtliche Genehmigung zu verweigern, worauf der Mordanschlag unterblieben sei.

Minister Chwostow hatte diesen Vortrag seines Gehilfen mit Interesse angehört und hierauf seinen eigenen Plan zu entwickeln begonnen: Er wollte Rasputin durch eine fingierte telephonische Einladung in das Haus einer seiner Anbeterinnen locken; in der Gorochowaja werde ihn ein eigens für diesen Zweck bereitgestelltes Automobil erwarten, als dessen Lenker ein Polizeiagent zu fungieren habe. Rasputin werde ahnungslos den vermeintlichen Mietwagen besteigen, um in die Wohnung der Dame zu fahren. Unterwegs werde ein als Schutzmann verkleideter Agent das Automobil anhalten und erklären, die Straße sei wegen einer Reparatur abgesperrt; unter diesem Vorwand könne hierauf der Chauffeur unauffällig in eine wenig befahrene Nebengasse ein-biegen und von dort aus in raschem Tempo der Stadtgrenze zueilen. An einem vorher genau bestimmten Punkt werde dann der Wagen seine Geschwindigkeit verlangsamen, zwei als Räuber maskierte Männer werden aufspringen, Rasputin überfallen, unter Benutzung eines mit Chloroform getränkten Tuches betäuben und sodann mit einem bereitgehaltenen Strick erdrosseln. Hierauf habe das Automobil so rasch als möglich an die Meeresküste zu fahren. Dort sei die Leiche im Schnee zu vergraben, so daß sie im Frühjahr in die See hinausgespült werde.

Zuletzt erteilte der Minister dem Gehilfen den strikten Auftrag, alle nötigen Vorbereitungen sofort zu treffen, das Automobil zu beschaffen, für verläßliche Agenten zu sorgen, das Tuch zur Chloroformierung und den Strick zur Erdrosselung bereitzustellen. Nach Abschluß aller Vorarbeiten solle er dem Minister sogleich hierüber amtlichen Bericht erstatten, damit der genaue Zeitpunkt des Mordes festgelegt werden könne. Der Gehilfe nahm diese Befehle entgegen, erklärte, er werde sich umgehend mit dem Chef der ‚Besonderen Bewachung' in Verbindung setzen, und empfahl sich seinem Vorgesetzten.

Der Ministergehilfe Beletzki stand mit dem Obersten Komisarow, dem Chef der ‚Besonderen Bewachung', auch außerdienstlich in nahen Beziehungen, und so konnte er ihm neben den offiziellen Befehlen des

Ministers auch seine eigenen persönlichen Bedenken hierüber ohne Rückhalt mitteilen. Beletzki erklärte, er sei gewiß ein erfahrener Beamter, habe sich schon unter Stolypin im Polizeifach bewährt, sei sicher nicht sentimental und wolle natürlich gegen den Plan des Ministers nicht etwa moralische Einwendungen erheben; er begreife nur zu gut, daß Chwostow den Staretz, der seinen Wunsch nach der Verleihung des Hofstallmeistertitels nicht erfüllt habe und der nicht ihn, sondern den Staatsrat Stürmer zum Ministerpräsidenten machen wolle, gewaltsam aus dem Wege zu räumen beabsichtige. Beletzki selbst habe ja in früheren Zeiten im Auftrag des Zirkels um den General Bogdanowitsch wiederholt eingehende Studien über die Möglichkeit, Rasputin zu beseitigen, angestellt. Wenn er nun dennoch Bedenken gegen Chwostows Absichten hege, so geschehe dies lediglich aus rein technischen Erwägungen: Einerseits würde ja gewiß die Ermordung des Staretz in vielen Kreisen der Gesellschaft, der Geistlichkeit und der Duma als eine verdienstvolle Tat angesehen und ihren Urhebern hoch angerechnet werden; auf der anderen Seite aber sei mit der Rache von Rasputins mächtigen Anhängern zu rechnen, und diese erscheine ihm als sehr gefährlich. Ein Mißbrauch der Amtsgewalt sei sicherlich zu rechtfertigen, wenn davon ein Avancement oder ein sonstiger Vorteil erwartet werden könne; in diesem Falle aber befürchte er mehr Schaden als Nutzen.

Vor allem sei der Plan Chwostows ganz dilettantisch angelegt, und der Minister habe, als typischer früherer Provinzialbeamter, die wirklichen Probleme ganz übersehen, die ein Mord in Petersburg darbiete. Zur Durchführung dieses Projektes sei eine ganze Anzahl von Mitwissern und Helfern erforderlich, und das allein sei geeignet, den ganzen Plan scheitern zu lassen, denn alle Agenten seien stets unzuverlässig, wenn es sich um wirklich ernste Aufträge handele. Überdies werde Grigori Jefimowitsch ständig von vier verschiedenen Agenturen überwacht, von denen die Spitzel Globitschews, jene der Hofagentur Spiridowitsch und die Agenten der Bankiers ganz auf eigene Faust arbeiteten und einander gegenseitig auf die Finger sähen. Allen diesen Schwierigkeiten habe Chwostow gar keine Bedeutung geschenkt, und deshalb müsse dieses so ungeschickt angelegte Unternehmen sicherlich mit einem Mißerfolg enden.

Der Chef der ‚Besonderen Bewachung' hatte aufmerksam zugehört und erwiderte dann, auch er habe sich schon mehrmals mit Plänen zur Ermordung Rasputins beschäftigt und würde auch innerhalb seines Wirkungskreises gern an einer solchen Tat nach Kräften mitwirken; er teile aber ebenfalls die Bedenken Beletzkis vollauf, ja, er habe sogar besondere Gründe, den Ministergehilfen dringend vor jeder Zusammenarbeit mit Chwostow in dieser Sache zu warnen. In Anbetracht des großen Wohlwollens, welches der Ministergehilfe ihm stets bezeugt habe, sei er bereit, ihm vertraulich bekanntzugeben, was er durch seine Agenten über das hinterhältige Vorgehen des Ministers Chwostow in Erfahrung gebracht habe: Der Minister betone nämlich in der letzten Zeit bei jeder Gelegenheit, auch dem Kaiser gegenüber, daß die Überwachung Rasputins und die Sorge für dessen Sicherheit ganz den Händen Beletzkis anvertraut sei; auf diese Art wolle der Minister ohne Zweifel später die ganze Verantwortung für den von ihm geplanten Mord seinem Gehilfen zuschieben.

Hierauf kam Oberst Komisarow auch auf den Plan selbst zu sprechen und bemerkte, er könne Beletzki auch darin nur vollkommen recht geben, daß dieser an und für sich dilettantisch erdacht und unausführbar sei; man merke eben nur allzu deutlich, wie doch Chwostow seine Praxis in Verwaltungsangelegenheiten nicht in der Hauptstadt, sondern in Nischni Nowgorod erworben habe.

Nach reiflicher Erwägung der gesamten Situation kam der Ministergehilfe mit dem Chef der ‚Besonderen Bewachung' dahin überein, daß es gefährlich sei, dem Minister bei seinem Mordkomplott irgendwie ernstlich an die Hand zu gehen, denn dessen Methoden seien die eines ungebildeten Provinzbanditen. Hieraus ergab sich die Notwendigkeit, das weitere Verhalten mit allen Mitteln so einzurichten, daß die Pläne des Ministers zum Scheitern gebracht würden; es habe doch keinen Sinn, für die egoistischen und hinterhältigen Absichten Chwostows seine eigene Haut zu Markte zu tragen.

Beletzki schlug vor, den ganzen Plan einfach an Rasputin zu verraten, doch riet Oberst Komisarow hiervon ab, denn er wollte sich weder in der einen noch in der anderen Richtung schon jetzt binden; überdies wäre der Minister ohne weiteres imstande gewesen, einfach alles abzuleugnen. Man müßte versuchen, ein kompromittierendes Schriftstück von Chwostows eigener Hand an sich zu bringen, und dann erst, mit Hilfe dieses Beweises, könne man einen offenen Angriff gegen den Minister ins Auge fassen.

Bis dahin erschien es als notwendig, wenigstens nach außen hin volles Einverständnis mit den Absichten Chwostows zu bekunden und auf alle seine Ideen einzugehen, eben zu dem Zwecke, um sie jederzeit im geeigneten Augenblick vereiteln zu können. Beletzki und Komisarow kamen also dahin überein, daß vor allem Zeit gewonnen werden müsse, und sie beschlossen, dem Minister gegenüber eine Anzahl von Schwierigkeiten und Einwänden vorzubringen, die erst überwunden werden müßten, ehe der eigentliche Anschlag ausgeführt werden könne. Inzwischen gedachten sie alles aufzubieten, um Rasputin von jedem Attentat zu beschützen, denn sie müßten auch damit rechnen, daß der Minister ungeduldig werden und eventuell auf außerdienstlichem Weg die Ermordung in Angriff nehmen könnte.

Der Chef der ‚Besonderen Bewachung' gab daher sofort seinem Unterchef den Befehl, die Zahl der ständigen Kundschafter, denen der Schutz Rasputins oblag, zu verdoppeln, so daß der Staretz gerade in jenen Tagen, da der Minister beschlossen hatte, ihn ermorden zu lassen, sorgfältiger vor jeder Gefahr beschützt war als jemals zuvor.

Während Oberst Komisarow solcherart dafür Sorge trug, daß Rasputin in Wirklichkeit kein Haar gekrümmt werde, nahm Beletzki zunächst die Aufgabe auf sich, dem Minister gegenüber den Anschein zu erwekken, wie wenn er die Durchführung von dessen Mordplan mit dem größten Eifer betriebe, hierbei aber auf einige Schwierigkeiten gestoßen sei.

Bei dem nächsten Vortrag meldete also Beletzki dem Minister, er habe dessen Befehle ordnungsgemäß an den Oberst Komisarow weitergeleitet, und dieser habe auch bereits die notwendigen Schritte veranlaßt und seinerseits die ihm unterstehenden Beamten instruiert; dagegen erlaube er sich anzuregen, ob es nicht empfehlenswert sei, die Ermordung Rasputins schon im voraus auch bei Hof psychologisch vorzubereiten und zu diesem Zweck den Zaren auf die starke im Lande bestehende Feindseligkeit gegen den Staretz aufmerksam zu machen. Der Ministergehilfe schlug vor, Chwostow solle in Zarskoje Selo darauf hinweisen, wie Rasputin sich durch seinen sündhaften Lebenswandel zahlreiche persönliche Gegnerschaften zugezogen habe und wie es überdies schwierig sei, ständig für seine Sicherheit zu sorgen, da er oft der Bewachung durch die Agenten zu entkommen versuche. Habe der Minister einmal durch eine derartige Erklärung die weitere Verantwortung für das Leben Rasputins mehr oder weniger abgelehnt, so werde ihm dann niemand ernstliche Vorwürfe machen können, wenn dem Staretz wirklich etwas zustoße.

Der Minister mußte auf diesen Vorschlag eingehen und erteilte dem Gehilfen den Auftrag, sogleich das gesamte Aktenmaterial über Rasputin durchzusehen und daraus ein Elaborat zusammenzustellen, das er dem Kaiser als Beweis für Rasputins liederlichen Lebenswandel und für das Bestehen starker Feindschaften gegen diesen vorzulegen gedenke. Beletzki übergab diese Arbeit sogleich seinem Kanzleidirektor, dieser wieder ließ durch seine Untergebenen sämtliche im Ministerium vorliegenden Protokolle der Geheimpolizei studieren und auf Grund dieses Materials ein wirkungsvolles Schriftstück verfassen, das Beletzki hierauf dem Minister vorlegte. Der Gehilfe wies seinen Vorgesetzten besonders auf den Schluß des Elaborats hin, in dem unter anderem die letzten Agenturberichte über den Aufenthalt Rasputins in Pokrowskoje berücksichtigt waren:

„12. Juli: Gegen acht Uhr abends verließ Rasputin mit der Frau des Synodalbeamten Solowjow, die ihn bereits tags vorher besucht hatte, das Haus. Die beiden bestiegen eine Kutsche, fuhren in den Wald, benahmen sich dort unziemlich und kehrten erst nach einer Stunde zurück; auf der Heimfahrt war Rasputin sehr blaß."

„13. Juli: Nach dem Bad ging Rasputin zur Frau des Psalmensängers Jermolaj, die ihn bereits am Fenster erwartete. Er besucht sie fast täglich, da er mit ihr ein intimes Verhältnis unterhält. Dann empfing er den Besuch einer Offiziersfrau, umarmte diese in unschicklicher Weise und ging so mit ihr auf dem Hofe spazieren."

„18. September: Rasputin erhielt aus Petersburg einen mit der Maschine geschriebenen Brief, in dem es heißt: ‚Du hast großen Einfluß auf den Kaiser, und deshalb fordern wir Dich auf, Du mögest dahin wirken, daß die Minister dem Volke verantwortlich werden. Wenn Du dies nicht tust, werden wir kein Mitleid mit Dir haben und Dich töten. Unsere Hand wird nicht zittern wie die Hand der Attentäterin Gussewa. Wir sind unser zehn und werden Dich zu finden wissen, wo immer Du auch bist!' "

Als der Minister diesen letzten Bericht durchgelesen hatte, machte ihn Beletzki darauf aufmerksam, daß dieses Protokoll nach der Ausführung des Mordes als vorzügliches Alibi zu benützen sein werde, denn nichts werde einfacher sein, als zu behaupten, die Beseitigung Rasputins sei das Werk dieser ‚Gruppe der Zehn' gewesen.

Der Minister nahm hierauf das Elaborat zu sich und fuhr damit nach Zarskoje Selo; von dort wieder zurückgekehrt, berief er alsbald den Gehilfen und den Chef der ‚Besonderen Bewachung' zu einer gemeinsamen Sitzung, um den definitiven Zeitpunkt für die Ermordung festzulegen. Bei diesem Anlaß wurden sämtliche Einzelheiten des Plans nochmals eingehend durchgesprochen, und nun sprach Beletzki den Gedanken aus, es würde sich empfehlen, für alle Fälle der Sicherheit halber noch eine Art Generalprobe des Mordes zu veranstalten, eine Methode, die sich im amtlichen Dienst schon des öfteren als vorteilhaft erwiesen habe. Er erinnerte den Minister daran, daß, wie aus den Berichten der Agenten hervorgehe, bereits einmal zwei eifersüchtige Männer mit Revolvern in der Hand in die Wohnung des Staretz eingedrungen seien. Beletzki meinte daher, man solle wieder eine derartige Szene arrangieren und dadurch den Anschein erwecken, als werde Rasputin von eifersüchtigen Männern am Leben bedroht; gelinge diese Generalprobe, dann werde es später um so leichter sein, auch den wirklichen Mord mit ähnlichen Motiven zu erklären.

Aber der Minister war schon zu ungeduldig, um sich auf weitere Verzögerungen einzulassen, und die übervorsichtige Art seines Gehilfen, die vielleicht bei anderen Amtshandlungen am Platze sein mochte, erregte in diesem Falle seine Mißbilligung. Er ließ daher am nächsten Tag den Oberst Komisarow allein zu sich kommen und wendete sich nun direkt an diesen mit dem Ersuchen, er möge den Anschlag gegen Grigori Jefimowitsch mit der äußersten Beschleunigung durchführen. Mit Rücksicht auf die vielen Schwierigkeiten, die sich bei der Vorbereitung des Attentats im Automobil ergeben hatten, wollte Chwostow seinen Plan nun ändern und erklärte dem Oberst Komisarow, es schiene ihm am zweckmäßigsten, wenn Rasputin durch Komisarows eigene Agenten während eines Gelages überfallen und erdrosselt werde.

Der Chef der ‚Besonderen Bewachung' äußerte pflichtschuldigst seine Bewunderung für dieses neue Projekt, erlaubte sich jedoch den bescheidenen Vorschlag, daß die Erdrosselung durch einen Giftmord ersetzt werde, da bei einem solchen eine geringere Zahl von Mitwissern erforderlich sei. Seiner Meinung nach wäre es am besten, wenn man dem Staretz ‚als Zeichen der Dankbarkeit' im Namen irgendeines fingierten Bittstellers eine Kiste vergifteten Weins zuschicke; dadurch würde der Verdacht der Täterschaft sogleich auf diesen angeblichen Bittsteller abgelenkt werden, und überdies falle jeder Mitwisser weg.

Dieser Plan gefiel dem Minister außerordentlich, ja, er erfand sogar alsbald eine verbesserte Variante: Der fiktive Bittsteller, meinte er, sei lieber durch den ihm verhaßten Bankier Dimitri Rubinstein zu ersetzen; der vergiftete Wein solle in dessen Namen in der Gorochowaja abgegeben werden. Dann werde die Polizei sogleich wissen, an wen sie sich zu halten habe, man werde Rubinstein als Mörder verhaften, und alles werde in schönster Ordnung sein.

Hiergegen wieder wendete Komisarow ein, daß sich doch Rasputin nach Empfang des Geschenkes sofort telephonisch bei Rubinstein bedanken werde; dies aber müsse eine Aufdeckung des ganzen Komplotts nach sich ziehen, denn dann werde sich herausstellen, daß der Bankier von der ganzen Sache nichts wisse. Zu seinem Leidwesen mußte der Minister dem Obersten recht geben und dieses Projekt wieder fallen lassen, doch befahl er, daß wenigstens das Gift sogleich beschafft werde; zugleich deutete er an, es sei unnötig, auch Beletzki in dieses neue Komplott einzubeziehen, da dieser durch seine ewigen Bedenken den Minister bereits nervös mache. Komisarow machte sich erbötig, persönlich für das Gift zu sorgen, und sprach die Meinung aus, es sei vielleicht besser, dieses Präparat nicht in Petersburg selbst zu beschaffen, sondern in der Provinz. Er fuhr also mit dem nächsten Zug nach Saratow, nachdem er vorher noch zu Beletzki geeilt war und diesem außerdienstlich von allen neuen Beschlüssen Mitteilung gemacht hatte. Aus Saratow zurückgekehrt, entnahm Komisarow seiner Aktentasche einige Apothekerfläschchen mit verschiedenfarbigen Pulvern, stellte sie der Reihe nach auf dem Schreibtisch des Ministers auf und erklärte, dies seien die stärksten verfügbaren Gifte, und er werde ihre Wirkung noch am selben Abend ausprobieren. Schon am folgenden Morgen erschien er mit der Meldung, seine Experimente seien erfolgreich ausgefallen, und besonders eines der Präparate habe sich bei der Tötung von Katzen außerordentlich bewährt. Er schilderte eingehend, unter welchen schrecklichen Qualen der Kater verreckt sei, dem er ein wenig von diesem Pulver eingegeben habe; der Minister hörte mit Behagen zu und äußerte seine lebhafteste Zufriedenheit.

Als hierauf Chwostow drängte, man möge auf die Tierversuche möglichst rasch auch die eigentliche Vergiftung Rasputins folgen lassen, bat Komisarow um die Erlaubnis, nun, da alles schon beschlossen sei, auch Beletzki wieder heranziehen zu dürfen; er wolle sich keines Vergehens gegen die Dienstordnung schuldig machen, denn der Ministergehilfe könnte seine völlige Umgehung so auffassen. Nach einigem Zögern gab Chwostow seine Genehmigung, und nun wurde Beletzki herangezogen und eingehend über den Stand der Angelegenheit informiert. Die Konferenz endete mit einer vollen Übereinstimmung aller Teile und dem Beschluß, die Ermordung am nächstfolgenden Donnerstagabend durchzuführen, wobei der Minister andeutete, er wäre gerne persönlich bei dieser wichtigen Handlung anwesend. Beletzki jedoch riet hiervon auf das dringendste ab, und auch Komisarow äußerte lebhafte Bedenken, so daß der Minister zuletzt darauf verzichten mußte. Als Ort der Ermordung wurde jenes Geheimquartier festgesetzt, in dem Rasputin seit einiger Zeit regelmäßig mit Beletzki und Komisarow, manchmal auch mit Chwostow selbst, zusammenzukommen pflegte, seitdem sich die früheren gemeinsamen Mahlzeiten bei dem Fürsten Andronnikow aus verschiedenen Gründen als ungeeignet erwiesen hatten.

Am Morgen des Donnerstags, an dem die Ermordung Rasputins hätte stattfinden sollen, erhielt der Minister hintereinander einige dringende Meldungen seiner Agenten, aus welchen hervorging, daß der Sturz des Ministerpräsidenten Goremykin und die Ernennung des Staatsrates Stürmer zu dessen Nachfolger unmittelbar bevorstehe; gegen Abend lief dann im Ministerium auch die amtliche Mitteilung über diesen Personenwechsel ein. Chwostow ließ sofort seinen Gehilfen Beletzki zu sich bitten, doch war dieser nirgends aufzufinden; da schickte der Minister in das Geheimquartier, wo ja gerade um diese Zeit die verhängnisvolle Zusammenkunft mit Rasputin hätte stattfinden sollen, aber es stellte sich heraus, daß die Wohnung finster, leer und versperrt war. Als Chwostow diese Meldung erhielt, wußte er, daß ihn sowohl Beletzki als auch Komisarow im Stich gelassen und verraten hatten.

Von nun an hielt er nach allen Seiten hin Ausschau, wen er an deren Statt zur Mitwirkung an dem Mord heranziehen könne; plötzlich entsann er sich jenes Anschlages, den seinerzeit der Priestermönch Iliodor gegen Rasputin ins Werk gesetzt hatte und der beinahe gelungen wäre.

Durch seinen Privatagenten Rschewski erfuhr er, daß Iliodor in Norwegen mit Geldschwierigkeiten zu kämpfen habe und sich vergebens bemühe, für seine Schmähschrift ‚Der heilige Teufel' einen Verleger zu finden.

Sogleich schickte der Minister einen Eilboten zu Iliodor mit dem Vorschlag, er wolle den Mönch finanziell unterstützen, wenn dieser ihm seine in Rußland verbliebenen Anhänger für ein neues Mordattentat gegen den Staretz zur Verfügung stelle. Zwischen Iliodor und Chwostow entwickelte sich hierauf ein reger Telegrammwechsel, doch erwies es sich zuletzt als notwendig, einen besonderen Vertrauensmann mit dem für Iliodor bestimmten Geld nach Norwegen zu entsenden. Nach kurzer Überlegung betraute nun Chwostow seinen Agenten Rschewski, der schon mehrmals ähnliche Angelegenheiten durchgeführt hatte, mit diesem Auftrag.

Beletzki und Komisarow erfuhren durch ihre eigenen Spitzel sofort von dem Vorhaben Chwostows und leiteten nun auch selbst eine Gegenaktion ein: Beletzki hatte in seinem Archiv über fast jeden Einwohner von Petersburg belastendes Material liegen und verfügte so auch über einige Dokumente, die den Agenten Rschewski für mehrere Jahre ins Gefängnis bringen konnten. Mit Hilfe dieser Papiere zwang er den Privatagenten des Ministers, von nun an seinen Befehlen zu gehorchen und ihm über alle seine Besprechungen mit Chwostow genau Bericht zu erstatten.

Nach einer Unterredung mit Komisarow beschloß Beletzki, den Minister jetzt überhaupt zu stürzen, denn er war sicher, daß er sich durch die Vermittlung Rschewskis ein kompromittierendes Schriftstück von der Hand Chwostows werde verschaffen können. Zu diesem Ende befahl er dem Agenten, dieser solle vom Minister eine Ausfuhrbewilligung für das an Iliodor zu übergebende Geld verlangen. Chwostow stellte auch eine derartige Bestätigung aus, und nun war Beletzki dort, wohin er hatte gelangen wollen.

Er ließ den Agenten ruhig abreisen, hatte aber bereits vorher an der russisch-schwedischen Grenze gewisse Maßregeln angeordnet: Als Rschewski in der Grenzstation den Zug verließ, wurde er unter irgendeinem Vorwand festgenommen, durchsucht und unter Eskorte nach Petersburg eingeliefert; die Ausfuhrerlaubnis mit der Unterschrift Chwostows wurde ihm während der Visitation abgenommen. Gleichzeitig wurde in Petersburg eine Hausdurchsuchung in Rschewskis Wohnung abgehalten, und Beletzki ließ bei dieser Gelegenheit eine Anzahl von Dokumenten beschlagnahmen, aus denen die Schuld des Ministers eindeutig hervorging. Mit allen diesen Schriftstücken eilte der Ministergehilfe hierauf zu Rasputin, zum neuen Ministerpräsidenten Stürmer, zum Metropoliten Pitirim und zu Anja Wyrubowa und bewies ihnen, daß Chwostow einen Mord an dem Staretz beabsichtigt hatte.

Die Position Chwostows war damit sogleich unhaltbar geworden, aber er blieb doch um drei Tage länger im Amt, als sein Gehilfe angenommen hatte; diese Zeitspanne benützte er, um Beletzki abzusetzen und in die entlegenste Provinz Sibiriens, nach Irkutsk, zu verschicken.

Ehe aber Beletzki nach seinem neuen Dienstort abreiste, empfing er einen Zeitungsredakteur und erzählte ihm alles, was er über die Anschläge Chwostows wußte. Diese Mitteilungen wurden sogleich veröffentlicht und erregten ungeheuerliches Aufsehen; durch die geschickte Bestechung eines untergeordneten Beamten hatte Beletzki erreicht, daß gerade der Redaktion dieses Blattes das Zensurverbot nicht zugestellt worden war, durch welches der Minister allen Zeitungen jeglichen Bericht über den Fall Rschewski untersagt hatte. Am Tag nach dieser Veröffentlichung wurde Chwostow durch den Kaiser in höchster Ungnade seines Amtes enthoben.

✶

Während in dem Kabinett Chwostows ein Mordplan nach dem anderen ausgeheckt wurde, während dort der Minister, sein Gehilfe und der Chef der ‚Besonderen Bewachung' Wochen hindurch darüber berieten, wie Rasputin am raschesten und besten ins Jenseits befördert werden könnte, ging der Staretz inmitten eines Stabes von Agenten,

Spitzeln und gedungenen Mördern, zwischen arrangierten Gastmählern und regelrechten Mord-Generalproben, ganz unbekümmert, ruhig und heiteren Gemütes, seiner gewohnten Lebensweise nach.

Wie immer schritt er morgens, von der Frühmesse in die Gorochowaja zurückgekehrt, mit Ernst und Energie an seine tägliche Arbeit, denn er war sich seiner Pflichten als ‚Zar über den Zaren' wohl bewußt. Tag für Tag hielt er Empfänge ab, nahm er Bittgesuche entgegen, erteilte seinen Ministern Befehle, beschenkte Arme und Bedürftige, übernahm aber auch verwickelte geschäftliche Aufträge und steckte dafür die entsprechenden Bestechungsgelder ein. Dann bestieg er das Automobil, welches die Behörden zu seiner Verfügung hielten, fuhr zu Ministern, Generalen und kirchlichen Würdenträgern, wie es eben jeweils die Interessen des Landes und seiner eigenen Geschäfte erforderten.

Ließ man ihn zuweilen nach Zarskoje Selo bitten, sei es, weil der Kaiser in einer wichtigen Angelegenheit seines Rates bedurfte, sei es, weil der Thronfolger krank war und stürmisch nach seinem Grigori Jefimowitsch verlangte, dann ging er rasch und mit teilnehmendem Herzen zu seinen bedrängten kaiserlichen Freunden; und stets bedeutete schon seine Ankunft Trost, gaben seine Worte Rat und Hilfe in jeder schwierigen Lage. Wenn er das Schloß wieder verließ, sagten Zar und Zarin mehr als einmal zum Abschied: „Du bist unser einziger Freund, unser Erlöser! Wir lieben dich und werden dich nie verlassen!"

Kaum hatte dann der ‚Freund' des Kaisers, dieser eigentliche Beherrscher Rußlands, sein anstrengendes Tagewerk mit allen Besuchen, Konferenzen, Empfängen und Geschäften hinter sich gebracht, so zog er sich in das ‚Allerheiligste' zurück und sprach mit seinen Frauen über erbauliche Dinge des Glaubens und über heitere Dinge des Lebens, um sie zwischendurch zu herzen und zu küssen. Für den Abend ließ er sich in einem der von ihm bevorzugten Vergnügungslokale ein abgesondertes Zimmer reservieren, sang und tanzte dort mit den Zigeunern, trank jedem zu, der mit ihm sein Glas füllte, und kehrte dann bei Morgengrauen, fröhlich oder nachdenklich-trunken, nach Hause zurück, um noch auf der Treppe ein letztes Wort mit den Agenten zu sprechen oder an der Tür der Schneiderin Katja anzupochen.

Einen Tag um den anderen ging er so seinen Beschäftigungen und Vergnügungen nach, unbekümmert um die Empörung, die Intrigen und die Mordpläne seiner Feinde, mit stets ruhigem und heiterem Gemüt. Denn in Grigoris Seele lebte noch, auch inmitten der kompliziertesten politischen Händel, die unverwüstliche Urkraft der sibirischen Steppe.

Was hatten seine Gegner nicht schon alles unternommen, um ihm zu schaden, ihn zu stürzen, zu beseitigen! Wie mächtig waren diese Gegner, und wie kläglich hatten alle ihre Bemühungen geendet! Der Großfürst Nikolaj Nikolajewitsch war einer seiner ersten Anhänger bei Hof gewesen und hatte ihn später ‚hängen lassen' wollen; jetzt konnte er irgendwo, fern im Kaukasus, seinem verlorenen Posten als Armee-Oberkommandant nachtrauern. Die schönen ‚Montenegrinerinnen', einst Rasputins begeisterte Anbeterinnen, konnten sich nun nach Herzenslust die Seele aus dem Leib ärgern, während Grigori an ihrer Statt traulich bei der Zarin saß.

Und die drei geistlichen Würdenträger, der Archimandrit Theophan, der Bischof Hermogen und der gefürchtete Mönchspriester Iliodor, sie alle hatten ihren Versuch, sich gegen den Staretz zu empören, schwer bezahlen und in ihren verschiedenen Verbannungsorten darüber nachdenken müssen, wie gefährlich es sei, erst einen neuen Heiligen zu schaffen und ihn dann stürzen zu wollen!

War Rasputin mit allen diesen so mächtigen Persönlichkeiten fertig geworden, durch deren Unterstützung er einst an den Hof gekommen war, wie leicht mußte es ihm erst fallen, sich der Angriffe seiner eigenen Kreaturen zu erwehren, jener von ihm selbst zu Amt und Würden gebrachten Minister und Bischöfe. Grigori Jefimowitsch konnte wirklich mit beruhigtem Gemüt zum Telephon gehen und dem Erzbischof Warnawa, der gegen ihn hatte intrigieren wollen, zurufen: ‚Jetzt ist's zu Ende mit dem Autofahren! Geh nun wieder barfuß nach Hause, wie du gekommen bist! Marsch!' Er durfte sicher sein, daß der Erzbischof es sich nach diesen Worten wohl überlegen würde, noch weiter etwas gegen ihn zu unternehmen.

Aber auch um die verschiedenen Herren in der Duma und deren Empörung brauchte der Staretz sich nicht viel zu kümmern. Es war ihm freilich lästig, wenn der Großkaufmann Gutschkow, der Vorsitzende der Landesverteidigungskommission, in seiner pathetischen Art gegen ihn zeterte, wenn General Gurko, der Präsident des Semstwo-Verbandes, ausrief, er wolle zwar eine starke Macht an der Spitze des Staates sehen, nicht aber einen ‚Chlysten'. Dies alles machte ihm jedoch letzten Endes nur wenig Sorge, und über die wüsten Schimpfreden des kahlköpfigen Purischkewitsch in der Duma ließ er sich schon gar keine grauen Haare wachsen.

Denn gerade diesen Mann kannte Rasputin nur zu genau und wußte ihn daher nach Gebühr zu beurteilen. Oft und oft war Purischkewitsch, der stolze Wortführer der äußersten Rechten, in die Wohnung des Staretz gekommen und hatte diesen voll Unterwürfigkeit um einen Ministerposten angefleht. Dem ‚Bauernkanzler' aber hatte weder sein häßlicher Kahlkopf und der darunter schimmernde Kneifer auf der zu kurzen Nase gefallen, noch die khakifarbene Felduniform dieses ‚Sanitätsoffiziers', der ewig zu weiterem und noch wilderem Blutvergießen hetzte. Grigori Jefimowitsch konnte nun einmal diese Art von Phrasendreschern nicht leiden, und so hatte er sich beharrlich geweigert, Purischkewitsch zum Minister des Innern zu machen. Da war es natürlich nur allzu begreiflich, daß dieser fernerhin in Rasputin ‚das größte Übel für Rußland' erblickte. Als dann eine Niederlage an der Front auf die andere folgte, konnte Purischkewitsch, der überzeugte Monarchist, Imperialist und Anhänger des ‚Krieges bis zum siegreichen Ende', diesen unglücklichen Fortgang des Feldzuges nicht gut der Unfähigkeit der russischen Heeresleitung zuschreiben; so schrie er also bei jeder erdenklichen Gelegenheit von der Rednertribüne der Duma herab, für die militärischen Mißerfolge seien allein ‚die dunklen Mächte', Rasputin und seine Clique, verantwortlich, diese müßten beseitigt werden, solle sich die Lage Rußlands zum Besseren wenden.

Aber was kümmerte dieses hysterische Geschrei den Staretz selbst; mochte Purischkewitsch über die ‚dunklen Mächte' zetern soviel er wollte, der Zar und die Zarin wußten nur zu gut, was sie von den Überzeugungen der ‚echt russischen Leute' zu halten hatten, und sie hörten nicht einen Augenblick auf die ihnen hinterbrachten und öffentlich geäußerten Angriffe und Verleumdungen gegen den Staretz.

Ebensowenig Sorgen machte sich Väterchen Grigori wegen der schaurigen Mordkomplotte, die in dem Privatkabinett des Ministers Chwostow gegen ihn ausgeheckt wurden; nicht einmal diese von Amts wegen und unter Assistenz der ganzen Polizei unternommenen Anschläge konnten den Staretz beunruhigen. Nicht etwa, daß er ahnungslos dahingelebt hätte, während sich im geheimen gegen ihn die furchtbarsten Unternehmungen vorbereiteten; wußte er doch ganz genau von den maskierten Männern, die ihn im Automobil erdrosseln sollten, von den bestochenen Geheimagenten und von den Flaschen mit Gift, denn die Spitzel, denen seine tägliche Überwachung anvertraut war, standen auf so gutem Fuße mit ihm, daß sie ihn vor jeder ernsten Gefahr durch diskrete Andeutungen zu warnen verstanden.

Obgleich also Rasputin über alle gegen ihn ins Werk gesetzten Verschwörungen gut unterrichtet war, schien es ihm dennoch kaum der Mühe wert, sich ernstlich mit diesen Dingen zu beschäftigen, denn er kannte hinlänglich den gegenseitigen Haß, die Mißgunst und die Niedertracht der verschiedenen Minister, Ministergehilfen, Polizei- und Gendarmeriechefs, um sich völlig sicher zu fühlen. Mit ruhiger Überlegenheit vertraute er auf den Charakter seiner Feinde und nahm richtig an, diese würden sich zuerst untereinander den Hals umdrehen, ehe sie dazu kämen, ihm selbst auch nur ein Haar zu krümmen.

Als dann eines Tages der Ministergehilfe Beletzki, vor Erregung schnaufend, bei ihm erschien und ihm, während er nervös an seiner goldenen Uhrkette hin und her riß, ausführlich die ‚niederträchtigen Mordpläne' Chwostows enthüllte, da brach Grigori Jefimowitsch in ein lautes, helles, schallendes Gelächter aus, und sein Bart wehte wie eine Siegesfahne. Dieses Ende hatte er vorausgesehen! Und als gar Beletzki durch die Aufdeckung der Affäre Rschewski seinen Vorgesetzten unmöglich gemacht, dieser aber hierauf den Gehilfen nach Irkutsk expediert hatte, da bedeutete dies einen der fröhlichsten Augenblicke in Rasputins langjähriger Herrschaft über Rußland. Voll Hohn konnte er jetzt feststellen, wie der gewaltige staatliche Apparat, die ganze präzise funktionierende Maschinerie von Überwachung, Intrige und Gewalttätigkeit, plötzlich steckengeblieben, an ihrer eigenen Gemeinheit zuschanden geworden war, wie alle die groß angelegten heimtückischen Anschläge durch ihre übertriebene Kompliziertheit, infolge des gegenseitigen Mißtrauens und der Niedertracht aller Beteiligten gescheitert waren, ohne daß der Staretz es nötig gehabt hatte, selbst einen Finger zu rühren.

Als Rasputin dann später mit Munja Golowina, deren Mutter und dem jungen Fürsten Felix Jussupow im Salon der Golowins am Winterkanal behaglich zum Tee beisammensaß, konnte er mit Genugtuung feststellen, daß eben diesen Intrigen und Anschlägen seiner Feinde der Wille Gottes entgegengestanden habe, da doch der Allmächtige ihn zum Wohle des Kaisers und zur Freude seiner treuen Dienerinnen unversehrt erhalten wolle.

Munja Eugenia Golowina und ihre Mutter saßen wie gebannt da, ihr Blick hing andächtig an dem Staretz, ihre Wangen glühten, und sie lauschten seinen Worten mit gläubiger Begeisterung. Sooft er zu ihnen sprach, vergingen Mutter und Tochter in gleicher Weise vor entzückter Anbetung, denn in dem reinen, kindlich gläubigen Gemüt Munjas gab es nicht den Schatten eines Zweifels darüber, daß ihr ‚heiliges Väterchen' der wiederverkörperte Erlöser selbst sei; die alte Frau Golowina wieder teilte mit dem feinen Verständnis einer Mutter den Glauben ihrer abgöttisch geliebten Tochter. Beide Frauen waren, was immer ‚Väterchen Grigori' sprechen mochte, stets sorgsam darauf bedacht, daß ihnen nur ja kein einziges seiner Worte entgehe; glaubten sie doch fest, seine Reden seien ihm von Gott selbst eingegeben worden.

In allem, was Rasputin sprach, und mochte es sich dem Scheine nach auch um so weltliche Dinge wie die boshaften Intrigen gestürzter Minister handeln, vermeinten diese gläubigen Frauen ein besonderes Zeichen des Himmels zu erblicken: Gerade der Umstand, daß alle Anschläge gegen den Staretz gescheitert waren, daß sich der böse Chwostow zuletzt in seinen eigenen Schlingen gefangen hatte, mußte ihnen als ein neuer Beweis dafür erscheinen, wie doch die Vorsehung schützend zwischen Väterchen Grigori und seinen Feinden stand.

Nur von Zeit zu Zeit ließ Munja Golowina ihre andächtig verzückten Blicke von dem Staretz abgleiten, um sie für einen kurzen Augenblick, wie im Fluge, dem jungen Fürsten Jussupow zuzuwenden; dann sah auch die alte Frau Golowina sogleich zu Felix hinüber, als hätte sie die Gedanken ihrer Tochter gefühlt und erraten. Schon seit langem hatte Munja es schmerzhaft empfunden, daß Fürst Felix, für den sie eine zarte und keusche Zuneigung empfand, ihre bewundernde, gläubige Liebe zu Grigori Jefimowitsch nicht teilen wollte. Oft und oft hatte sie versucht, die beiden Männer einander näher zu bringen, und diese Absicht war auch die eigentliche Veranlassung dafür gewesen, daß sie an diesem Nachmittag den Fürsten zum Tee gebeten hatte.

Aber Felix hörte auch diesmal, wie schon sooft, bloß mit Höflichkeit und erzwungener Aufmerksamkeit den Reden des Staretz zu, während Munja und ihre Mutter in seinen Zügen deutliche Zurückhaltung, ja sogar eine krampfhaft unterdrückte Abneigung lesen konnten.

Dies bekümmerte die beiden Frauen um so mehr, als Väterchen Grigori selbst dem Fürsten Jussupow eine aufrichtige und geradezu väterliche Zuneigung bezeigte. Seitdem Rasputin im Salon Golowin zum erstenmal die Bekanntschaft dieses schönen jungen Mannes gemacht hatte, war sein Gefallen an ihm stets lebhafter geworden und von da an hatte er oftmals versucht, engere Beziehungen zu ihm anzuknüpfen. Obwohl der Fürst bereits nahe an die Dreißig war, hatte seine ganze Erscheinung doch etwas Knabenhaftes; er war von mittelhohem, sehr schmächtigem Wuchs, sein glattrasiertes, ovales Gesicht war blaß und zeigte tiefe Ringe unter den Augen. Die Zarin hatte einen treffenden Ausdruck gefunden, als sie von Felix nach einem seiner Besuche bemerkte, er sehe aus wie ein ‚Page'.

Das Benehmen des Fürsten entsprach ganz seiner Erscheinung. Er war von einer zarten, fast schüchternen Sanftmut, die den Staretz von allem Anfang an geradezu bezaubert hatte. Kaum war Grigori Jefimowitsch mit ihm zum ersten Male zusammengetroffen, als er auch schon auf ihn zugegangen war und ihn mit aufrichtiger Herzlichkeit in seine Arme geschlossen hatte. Und auch im weiteren Verlaufe dieser ersten Begegnung hatte Väterchen Grigori jede Gelegenheit benutzt, um dem Fürsten ein gütiges und freundliches Wort zu sagen. Er hatte mit seinem wunderbaren Feingefühl sogleich auch die Sympathie Munjas für Felix erraten: Während er sich verabschiedete, ließ er seine freundlichen Blicke zwischen den jungen Leuten hin- und herwandern und sagte zuletzt, an den Fürsten gewandt, in väterlichem Ton: „Höre auf sie, und sie wird dein geistiges Weib sein. Sie hat mir schon viel Gutes von dir erzählt, jetzt aber sehe ich selbst, daß ihr zueinander paßt!" Auch später noch hatte das gute Väterchen mit Munja oft von seiner herzlichen Liebe zu Felix gesprochen, zu ihrem ‚kleinen Freund', wie der Staretz den Fürsten zu bezeichnen pflegte.

Dieser ‚kleine Freund' jedoch hat, zum größten Leidwesen Munjas und ihrer Mutter, die Liebe Rasputins niemals erwidert; schon bei seinem ersten Zusammentreffen mit ihm hatte ihn die Art, wie dieser schmutzige, ungepflegte Bauer unter die erregten und von Ehrfurcht durchschauerten Frauen getreten war, Munja und ihre Mutter ohne die geringste Umständlichkeit umarmt und geküßt hatte, auf das tiefste empört. Felix selbst hegte für das junge Mädchen, das einst die Braut seines verstorbenen Bruders gewesen war, eine unendlich feine und subtile Empfindung, die er sich selbst kaum einzugestehen wagte; und da kam nun plötzlich dieser ungewaschene Muschik, packte Munja mit seinen derben Händen und küßte sie wild mitten auf den Mund! Bei diesem Anblick stieg dem Fürsten das Blut zu Kopfe, und er empfand eine ohnmächtige, verzweifelte Wut.

Natürlich vermied er alles, was Munja kränken konnte, aber einmal kam es doch dahin, daß sich ein Gespräch über Rasputin nicht länger vermeiden ließ. Da meinte nun Munja, von ihrer Mutter eifrigst unterstützt, Grigori Jefimowitsch sei ein Heiliger, und daher seien seine Küsse und Umarmungen keineswegs Sünde, sondern vielmehr Heiligung. Diese grenzenlose Verehrung aber erschien Jussupow gänzlich unverständlich, denn sooft er auch dem Staretz zuhören mochte, wenn dieser über Dinge des Glaubens sprach, so waren für ihn alle diese Reden doch nur dummes und verworrenes Zeug; noch ärger aber war es, wenn Grigori Jefimowitsch gar anfing, von seinen freundschaftlichen Beziehungen zum Kaiserpaar zu erzählen und dann in geradezu verächtlichem und hochmütigem Ton seine Meinung über Minister, Generäle und Hofleute zum besten zu geben. Dies alles verletzte und empörte den jungen Aristokraten, und wenn er daran dachte, wie dieser ‚widerwärtige Lümmel' in Zarskoje Selo aus- und einging, begann er ihn aus ganzer Seele zu hassen.

Bald zog er sich, entgegen den inständigen Bitten und eifrigen Bemühungen Munjas, ganz von jedem Verkehr mit Rasputin zurück, und aus eben diesem Grunde schränkte er auch seine Besuche bei den Golowins mehr und mehr ein. Die Begeisterung dieses Mädchens, das mit seinem verstorbenen Bruder verlobt gewesen war, für einen Menschen wie Rasputin, erschien ihm in zunehmendem Maße aufreizend und unerträglich.

Die tiefe Abneigung gegen Grigori Jefimowitsch, die schon damals in dem jungen Fürsten aufgekeimt war, wurde später durch die immer mehr anwachsende Macht Rasputins noch verstärkt. Hätte die Gesellschaft von dieser Macht früher mehr geahnt als gewußt, so sprach man jetzt in ganz Rußland von nichts anderem mehr, und wo immer Jussupow auch erscheinen mochte, überall bekam er neue Einzelheiten über den unbegreiflichen Einfluß des Staretz zu hören, während zur gleichen Zeit auch die wildesten Gerüchte über seinen Lebenswandel verbreitet wurden. Überall gab es nun schon Männer, Träger der vornehmsten adeligen Namen, Kirchenfürsten und Minister, die persönlich von Rasputin beleidigt, gedemütigt, wenn nicht gar gestürzt worden waren; in ihrer ohnmächtigen Wut fluchten sie ihm und wußten dabei nur allzu wohl, daß er sich über ihren Grimm nur lustig machte.

Was auf den Fürsten Jussupow von allen zu ihm dringenden Berichten über den ‚Freund' am tiefsten wirkte, waren die Nachrichten über dessen liederlichen Lebenswandel, über die Orgien mit Damen aus der vornehmsten Gesellschaft; sooft er von einer solchen Skandalgeschichte erfuhr, tauchte in seiner Erinnerung wieder das Bild auf, wie Munja und er, still, zurückhaltend und taktvoll-zärtlich beieinandergesessen hatten, bis dann dieser schmutzige Bauer hereingepoltert war, Munja angefaßt, in seine Arme gezogen und schmatzend geküßt hatte.

Noch der Großvater des Fürsten Felix Felixowitsch Jussupow hatte ursprünglich dem niederen Adel angehört und den Namen Elston getragen; da er jedoch ein hübscher Mann war, hatte er es verstanden, die einzige Tochter des Grafen Sumarokow heimzuführen, und kurz nach dieser Heirat erhielt er die kaiserliche Erlaubnis, seinem eigenen Namen auch den Titel seiner Gattin hinzuzufügen und sich in Hinkunft Graf Sumarokow-Elston zu nennen. Dieser Name und Rang war dann auf den ältesten Sohn übergegangen, der nun wieder, dank seinem vorteilhaften Aussehen, die einzige Tochter des Fürsten Jussupow geheiratet und mit kaiserlicher Bewilligung auch diesen Titel übernommen hatte. Der Vater des Fürsten Felix Felixowitsch war also bereits ein Fürst Jussupow, Graf Sumarokow-Elston.

Die Familie Jussupow war tatarischen Ursprungs und leitete ihre Ahnen auf jenen Jussup Mursa zurück, der im fünfzehnten Jahrhundert im Dienste des Chans Tamerlan gestanden hatte; ein späterer Vorfahre der Jussupows war bereits Kämmerer Peters des Großen gewesen, und dessen Nachkommen wieder bekleideten allerlei hohe Posten im Staate, waren Gouverneure, Senatoren oder Gesandte.

Sowohl der Großvater als auch der Vater des Fürsten Felix Felixowitsch hatten es also verstanden, sich durch günstige Heiraten zu immer höheren Titeln, aber auch zu immer größeren Reichtümern emporzuschwingen. Während die Elstons ursprünglich nur wenig begütert gewesen waren, besaßen schon die Grafen Sumarokow ein großes Vermögen; geradezu überwältigend aber war der Reichtum der Fürsten Jussupow, welchen Felix' Vater durch seine Heirat mit der einzigen Erbin dieses Geschlechtes an sich gebracht hatte. Das Palais der Jussupows mit seinem märchenhaften Reichtum an Kunstschätzen bildete eine museale Sehenswürdigkeit und enthielt unter anderem eine der kostbarsten Edelsteinsammlungen der Welt; auch der Grundbesitz und das Kapitalvermögen der Jussupows war von ganz unabsehbarer Größe.

Der glanzvolle Aufstieg der Elstons sollte seinen Höhepunkt aber erst durch die Heirat des jungen Fürsten Felix mit Irina Alexandrowna, der Nichte des Zaren, erlangen; diese kaiserliche Prinzessin, die Tochter der Großfürstin Xenia Alexandrowna und des Großfürsten Alexander Michailowitsch, hatte sich in den hübschen jungen Fürsten verliebt, und durch diese Ehe kam nun Felix Jussupow in die engste Verwandtschaft mit dem Kaiser selbst.

Felix Felixowitsch lebte das Leben der allervornehmsten und allerreichsten Männer in Rußland: Durch seine Heirat hatte er sich eine gewaltige soziale Position verschafft, sein märchenhafter Reichtum eröffnete ihm alle denkbaren Möglichkeiten des Genusses und Wohllebens. Nicht nur, daß er die Traditionen der Elstons fortsetzte; er hatte vielmehr deren kühnste Träume bei weitem überflügelt, denn weder sein Großvater noch sein Vater hätten jemals daran zu denken gewagt, sich mit dem Hause Romanow zu verschwägern. Überdies war Irina Alexandrowna, die Gattin Felix Jussupows, eine der schönsten, ja vielleicht die schönste Frau der Petersburger Gesellschaft, und schon darum mußte die Heirat mit ihr die allgemeine Bewunderung und den Neid der ganzen Residenz auf den jungen Fürsten lenken.

Jussupow hatte auch einen Freund, der ihm bis zur Hörigkeit zugetan war; es war dies der Großfürst Dimitri Pawlowitsch, Leutnant im dritten Reiterregiment der Leibgarde, der einzige Sohn des Großfürsten Pawel Alexandrowitsch. Dieser unzertrennliche Freund des Fürsten hatte nicht nur den Vorzug, der kaiserlichen Familie anzugehören, er galt auch als einer der hübschesten und elegantesten Jungen und wurde von vielen adeligen Gardeoffizieren, die sich für schöne junge Männer sehr begeistern konnten, geradezu angehimmelt. Auch Fürst Felix Felixowitsch hatte an dem mädchenhaft-zarten Großfürsten Dimitri Gefallen gefunden, und es war ihm leicht geworden, dessen Freundschaft zu erringen, denn Felix selbst war blutjung, hübsch, elegant, geschmeidig und von bezauberndem, liebenswürdigem Wesen. Seine hohe soziale Stellung, sein unermeßlicher Reichtum, seine schöne Gattin und sein schöner Freund, dies alles hatte zur Folge, daß er ein angebeteter Liebling der Petersburger Gesellschaft war, daß Männer und Frauen ihn anschwärmten und umdrängten, wo immer er auch erscheinen mochte.

Wer nicht reich, nicht anmutig, nicht blutjung und nicht von der Gesellschaft umschwärmt ist, der ahnt gar nicht, wie unerträglich langweilig der Reichtum, die Schönheit und die Beliebtheit werden können. Felix Felixowitsch hatte alles, was er sich nur wünschen konnte: Er verfügte über die größte und kostbarste Edelsteinsammlung der Welt, über Paläste und Schlösser mit grenzenlosem Grundbesitz; er hatte die höchste Leistung vollbracht, die für einen Mann aus adeligem Geblüt, für einen Nachkommen der Elstons zu vollbringen war, indem er die Hand einer kaiserlichen Prinzessin errungen hatte; sein Freund war der schöne, von allen bewunderte Großfürst Dimitri. Und doch war für ihn dieser Zustand des ewigen Glücks, das nichts mehr in sich barg, das ihm keine neuen Empfindungen mehr vorenthielt, das kein Geheimnis, keine Lockung und keinen Reiz mehr bieten konnte, von unerträglicher Öde und Leere.

Gleich vielen anderen russischen Aristokraten verfügte Fürst Felix nicht über die Möglichkeit, sein Leben mit geistigen Interessen höherer Art auszufüllen, und so quälte ihn die jammervolle Langeweile des absolut Reichen und absolut Glücklichen, des Mannes, dem nichts verwehrt ist und dem daher auch nichts mehr wünschenswert erscheint. Er mußte allmählich sein Leben in ewigem Reichtum als ein Gefängnis empfinden, aus dem es kein Entrinnen gab. Die schöne Gattin von kaiserlichem Geblüt, der schöne und elegante Freund, die vielen Anbeterinnen und Anbeter, die hübschen Frauen und Männer, die ihn umschwärmten, sie alle mußten ihm zuletzt als unbarmherzige Gefängniswärter erscheinen, die ihn in seinem Kerker der trostlosen Langeweile festhielten.

Der Arme kann auf Reichtum, der Ungeliebte mag auf Liebe, der Erniedrigte auf Erhöhung hoffen; wer aber, wie Felix Jussupow, von übermäßigem Reichtum, von ewigem Glück, von nicht endenwollendem Vergnügen umgeben ist, dem bleibt kein anderer Ausweg aus seinem seelischen Gefängnis als das Verbrechen. Wie dem Eingekerkerten der Lichtstrahl durch das Gitterfenster, so mußte dem jungen Fürsten das Verbrechen als die einzige Hoffnung auf Befreiung erscheinen. Ein Verbrechen begehen und dadurch einmal im Leben einer neuen, noch unbekannten Erregung teilhaftig werden, das war ein Traum, gleich dem Traum des Gefangenen von der Freiheit.

Aber auch dies war für den Fürsten Jussupow schwerer als für andere Sterbliche: Hätte er irgendein geringfügiges Verbrechen begangen, ja, hätte er sogar einen Diener, einen Soldaten oder ein Straßenmädchen umgebracht, so hätte diese Tat, wie er genau wußte, unter seinen Freunden und Bekannten keinen tieferen Eindruck hervorgerufen.

Felix Felixowitsch mußte daher eine andere, eine größere Tat begehen, wenn er das öde Glück seines leeren Lebens wirklich unterbrechen wollte. Seine Tat mußte genügend groß und gewagt sein, um seine eigenen schlaffen Nerven und zugleich das gesamte Land aufzurütteln. Nur eine ganz große seelische Erschütterung konnte ihm die Befreiung aus dem Kerker seiner Langeweile gewährleisten, und daher mußte sein Verbrechen ein würdiges Opfer haben.

In ganz Rußland gab es damals nur einen Mann, den zu beseitigen wahrhaft schwierig, der Mühe wert und dabei von historischer Bedeutung sein konnte. Das war Rasputin, der Freund des Kaisers und der Kaiserin, der mächtige Staretz, der von den Damen der höchsten Gesellschaft als ein Heiliger angebetet und von Politikern, Generälen und Kirchenfürsten als der ungekrönte Herrscher über das Reich verehrt wurde. Rasputin zu ermorden, das war eine wirklich große, eine historische und des Fürsten Jussupow würdige Tat!

*

Nachdem nun einmal der von Langeweile gequälte junge Fürst auf den Gedanken gekommen war, sich durch die Ermordung Rasputins von seiner seelischen Öde zu befreien, gewann dieser Gedanke Macht über sein ganzes Wesen. Jetzt wurde es ihm auch leicht, für seinen Entschluß die erforderliche moralische Begründung und Rechtfertigung zu finden; hatte er doch seit langem Rasputin wirklich und aufrichtig gehaßt, da seine feinen Nerven sich von allem Anfang an gegen den groben, plumpen und hochfahrenden Bauern immer wieder empört hatten. Je länger Jussupow über den Staretz nachdachte, desto deutlicher fühlte er nun, daß es geradezu seine Pflicht sei, diesen Mann zu ermorden. Es dauerte gar nicht lange, und seine Absicht erschien ihm als überaus heldenhaft; der Gedanke, ‚aus idealistischen Beweggründen' einen Mord zu begehen, versetzte seine zarte Seele in seltsame Schwingungen, in eine Stimmung von Begeisterung, in einen ekstatischen Rausch.

In diesen Empfindungen wurde er durch alles bestärkt, was er täglich von seinen adeligen Freunden, von Großfürsten, Hofleuten und Offizieren über Grigori Jefimowitsch zu hören bekam. Bei jeder neuen Zusammenkunft mit derartigen Standesgenossen vernahm der junge Fürst weitere Erzählungen von wüsten Schandtaten Rasputins, von schweren Beleidigungen, die dieser ‚Bauernkanzler' den höchsten Würdenträgern zugefügt, von neuen Ernennungen und Absetzungen, die er vorgenommen, und von neuen Fällen, da Rasputin mit Damen der vornehmsten Gesellschaft schmachvolle Orgien gefeiert hatte.

Bald kam ihm auch die Behauptung zu Ohren, die Zugehörigkeit Rasputins zur Chlysti-Sekte sei nun durch die Erhebungen des Synods mit aller Sicherheit festgestellt worden, obgleich er selbst diese stets zu leugnen gesucht. Ja, es sei nicht zu bezweifeln, daß Rasputin die Macht im Auftrag dieser Sekte ergriffen habe, und daß er seine Herrschaft auch ganz im Sinne jener ketzerischen Lehre ausübe. Die Beförderung des ungebildeten früheren Gärtnerburschen Warnawa zum Bischof und Erzbischof sei nichts anderes gewesen als die Verhöhnung des Klerus durch einen frechen Sektierer, hatte doch der Staretz selbst damals gesagt: „Die hochmütigen und gelehrten Herren und Bischöfe werden sich ärgern, daß ich jetzt einen Bauern unter sie gesetzt habe; aber ich pfeife auf die Bischöfe!"

Die Art, wie Rasputin allgemein über die höchsten kirchlichen

Würdenträger in abfälligen Ausdrücken zu sprechen gepflegt, wie er etwa den Erzbischof Wladimir selten anders charakterisiert hatte, als daß er ihn einen ‚Schafskopf' nannte, konnte als genügend starker Beweis für seine Zugehörigkeit zu den ‚Chlysti' gelten. Und gar seine Sündenlehre, seine Predigten von der Erlösung durch sinnliche Ausschweifung! Nur ein gottverfluchter Ketzer konnte derartige Reden und Taten wagen.

Welche Schmach für Rußland, daß dieses Reich, einstmals der Hort der Rechtgläubigkeit, nun von einem Anhänger der finsteren und verworfenen Chlysti-Sekte beherrscht wurde! Und wie niederträchtig dieser Rasputin jede Gelegenheit benutzte, um den Aristokraten seine Verachtung bezeigen zu können! Die Verjagung des Oberprokurators Samarin, der doch der Führer des Adels von Moskau gewesen war, hatte nur den ersten Schlag bedeutet. Durch seinen Sieg toll gemacht, hatte Grigori seither bei jedem Anlaß die empörendsten Bemerkungen über die Aristokratie und ihre würdigsten Vertreter fallen gelassen; erst unlängst hatte er in einer Gesellschaft ausgerufen: „Da schreien unsere Aristokraten immer ‚Krieg bis zum siegreichen Ende'! Aber dabei spazieren sie in Moskau und Petersburg herum, während draußen die Bauern verbluten! Fort mit ihnen in die Schützengräben!"

Der große Einfluß Rasputins auf das Herrscherpaar versetzte die ganze kaisertreue Gesellschaft der Residenz in die höchste Erregung, denn man sah darin eine schwere Gefahr für den Bestand der Monarchie überhaupt. Wohin sollte Rußland gelangen, wenn der allmächtige Zar sich durch den Willen eines einfachen Bauern leiten ließ?

Fürst Jussupow hörte auch von den Versuchen der Leute aus dem Kreise Buchanans, des englischen Botschafters, sich gegen den Einfluß Rasputins zur Wehr zu setzen. Diesem Zirkel gehörten einige Mitglieder der Zarenfamilie an, und sie hatten es unternommen, auf den Kaiser einzuwirken, damit er sich von Rasputin befreie und seine Politik nach ihren Wünschen richte. Aber Zar Nikolaj begegnete diesen Vorstellungen in der gleichen Weise, wie jenen aller anderen Personen seiner Umgebung: Er hörte anfangs liebenswürdig zu, wurde dann immer kühler und verschlossener und ließ zuletzt seine Ablehnung ganz unzweideutig merken. Sooft man auch dem Kaiser oder der Kaiserin Beschwerden über den Lebenswandel Grigoris hinterbrachte, bekam man immer die gleiche Antwort zu hören: „Er wird an gefeindet, weil wir ihn lieben!" Es zeigte sich eben, daß dieser Bauer, der bei Hof offiziell nur den Titel eines ‚Lampenanzünders' innehatte, in Wahrheit der eigentliche Beherrscher des Reiches war.

Vielfach wurde auch erzählt, Rasputin verdanke seine unerschütterliche Position nicht zuletzt seiner mehrfach im Tone eines Propheten geäußerten Drohung: „Solange ich lebe, wird auch die Kaiserfamilie leben; aber mit meinem Tod wird auch sie zugrunde gehen!" Die Zarin, doch auch der Zar, schenkten, so hieß es allgemein, dieser Prophezeiung Glauben, und dies allein schon genügte, daß sie jeden Gedanken an eine Trennung von ihrem ‚Freund' weit von sich wiesen.

Dieses starre Festhalten des Kaiserpaares an Rasputin mußte aber in den Augen der nationalistischen Adelskreise schon darum höchst bedenklich erscheinen, weil sich die versteckten Anspielungen häuften, nach denen Grigori Jefimowitsch ein deutscher Spion sei. Zwar gestattete die Zensur nicht, daß über diesen Gegenstand in den Zeitungen auch nur ein Wort berichtet werde; bisweilen aber brachten die rechtsstehenden Blätter doch Andeutungen, die alsbald überall verstanden und höhnisch kommentiert wurden; so hieß es etwa einmal in der ‚Nowoje Wremja', die russische Frühlingsoffensive sei in der ‚Rasputitza', im ‚Schmutz' steckengeblieben. Der Zensor hatte den Doppelsinn dieser Behauptung übersehen, aber jeder andere Einwohner von Petersburg verstand, was damit gemeint war.

Natürlich war vieles, was derart über Rasputin erzählt und geklatscht wurde, boshaft übertrieben oder frei erfunden; dem Fürsten Jussupow aber war jede Nachricht willkommen, welche den Staretz als einen verräterischen Schädling des Staates brandmarkte. Da nun der Fürst einmal aus namenloser Langeweile beschlossen hatte, Rasputin zu ermorden, fand er in allen über den ‚Freund' kursierenden Gerüchten eine Rechtfertigung für sein Vorhaben. Denn wer dahin gelangt ist, vorsätzlich einen Mord begehen zu wollen, der ist nicht wählerisch, wenn es gilt, sich dazu ‚idealistische Beweggründe' zu schaffen. Für diesen Zweck konnten dem Fürsten die Gesellschaftsklatschereien vollauf genügen.

Freilich war Rasputin nicht der erste in Rußland, der den Herrscher auf unkonstitutionellem Wege beeinflußt hatte; er war auch nicht der erste, der sich hatte bestechen lassen, der Orgien abgehalten und der die Ernennung und Absetzung von Ministern weniger nach sachlichen als nach persönlichen Gesichtspunkten betrieben hatte. Grigori Jefimowitsch war gerade in seinen Fehlern ebenso geartet wie die meisten Männer, die vor und nach ihm Einfluß auf die Geschicke des russischen Reiches erlangt hatten. Dennoch wurde es dem Fürsten Felix nicht schwer, sich zu der Überzeugung durchzuringen, daß Rasputin allein an allem Unglück schuld sei, und daß die Ermordung dieses Mannes nicht nur einen neuen Reiz für seine erschlafften Nerven, sondern zugleich eine nationale Heldentat, die Befreiung des Zaren und des russischen Reiches von den verhängnisvollen ‚dunklen Mächten' bedeute.

Jussupow glaubte binnen kurzem selbst aufrichtig an diese Rechtfertigung, die er sich aus dem Klatsch der Gesellschaft für sein Vorhaben zurechtgelegt hatte. Er glaubte so aufrichtig daran, wie nur je ein Meuchelmörder aus ‚idealistischen' Beweggründen sich die Erhabenheit seines Verbrechens vorspiegeln kann. Damit waren die letzten Skrupel überwunden, und er konnte nun daran gehen, die notwendigen Vorbereitungen für die Ausführung seiner Tat zu treffen.

★

Der Krieg hatte sich seit langem immer ungünstiger entwickelt, eine Niederlage war auf die andere gefolgt, die Stimmung der Bevölkerung sank zusehends, und insbesondere die rechtsradikalen Imperialisten waren in heller Verzweiflung. Um jeden Preis mußte ein Schuldiger gefunden werden, auf den die Verantwortung für das Scheitern aller großen Pläne abgewälzt werden konnte.

Es war das besondere Verdienst des Großgrundbesitzers und Dumaabgeordneten Purischkewitsch, daß es ihm gelang, diesen Sündenbock rechtzeitig ausfindig zu machen. Seit seine Hoffnungen auf einen Ministerposten gescheitert waren, verkündete Purischkewitsch bei jeder erdenklichen Gelegenheit, an den militärischen Mißerfolgen und an dem drohenden Zusammenbruch des ganzen Verwaltungsapparates sei nur Rasputin schuld. Purischkewitsch war ein leidenschaftlicher und begabter Redner, und so kam es, daß seine wütenden Angriffe gegen den Staretz in der Duma und auch in der Öffentlichkeit einen bedeutenden Eindruck hervorriefen.

Als Fürst Jussupow gegen Ende des Jahres 1916 eine besonders heftige Brandrede Purischkewitschs gelesen hatte, erkannte er sofort, daß dieser Dumaabgeordnete der Mann sei, mit dem er gemeinsam seinen großen Plan zur Befreiung Rußlands von den ‚dunklen Mächten' durchführen könne.

Purischkewitsch war im russischen Roten Kreuz tätig und leitete einen eigenen Sanitätszug; dieser stand zumeist in Petersburg auf dem Bahnhof, und Purischkewitsch hatte in einem der Waggons seine Kanzlei aufgeschlagen. Eben dort suchte ihn nun Fürst Jussupow auf und unterbreitete ihm seinen Plan für die Ermordung Rasputins. Purischkewitsch zeigte sich sogleich sehr begeistert und stellte dem Fürsten seine tätige Mitwirkung zur Verfügung.

Noch am gleichen Abend fand eine neuerliche Besprechung statt. Fürst Felix hatte den Wunsch, an einer so großen, patriotischen Tat auch seinen Freund, den Großfürsten Dimitri Pawlowitsch, teilnehmen zu lassen, denn er konnte sich denken, daß die Vollbringung eines Mordes dem Großfürsten, der sich gleich ihm für Oscar Wildes „Dorian Gray" und ähnliche Schriften begeisterte, eine willkommene Anregung bieten würde. Er schlug dem Dumaabgeordneten also vor, auch Dimitri Pawlowitsch in das Komplott einzubeziehen, und beide Männer kamen sehr bald dahin überein, daß dies in der Tat sehr zu empfehlen sei. Die Mitglieder des kaiserlichen Hauses unterstanden nämlich nach dem Gesetz nicht den ordentlichen Behörden, sondern nur dem Zaren selbst; diese Immunität erstreckte sich auch auf alle übrigen Teilnehmer an einer strafbaren Tat, an welcher ein kaiserlicher Prinz mitwirkte. Indem Jussupow und Purischkewitsch also einen Großfürsten mit in ihre Aktion verwickelten, sicherten sie sich im vorhinein gegen jede ernste Belästigung durch die Polizei und die Gerichte.

Der Dumaabgeordnete war als überzeugter Monarchist an und für sich von dem Vorschlag begeistert, daß an der gewaltsamen Beseitigung des ‚Schädlings' Rasputin auch ein Mitglied des kaiserlichen Hauses selbst teilnehmen sollte; dadurch würde ein großer Teil des zu gewärtigenden Patriotenruhmes auch auf die Zarenfamilie zurückfallen.

Nachdem nun die Heranziehung des Großfürsten beschlossene Sache war, empfahl Purischkewitsch als weiteren Teilnehmer auch seinen

Assistenten im Lazarettzug, den polnischen Arzt Doktor Lazowert zu gewinnen und ihm besonders die Beschaffung des erforderlichen Giftes zu übertragen; überdies sollten auch noch der Kavallerieoffizier Suchotin und Jussupows Kammerdiener Nefedow in das Komplott eingeweiht werden.

Der elegante Großfürst Dimitri war leicht gewonnen: Seitdem die Leibeigenschaft aufgehoben war und sich die humanitären Vorurteile des Westens auch in Rußland festgesetzt hatten, gab es ja wirklich kaum mehr irgendwelche Möglichkeiten für einen russischen Großfürsten, seine Nerven ein wenig aufzurütteln. Auf die Jagd zu gehen und Tiere zu erlegen, das vermochte auf die Dauer keine rechte Befriedigung zu gewähren; da war es kein Wunder, daß Dimitri mit Vergnügen die Gelegenheit ergriff, auch einmal einen Menschen ‚zur Strecke zu bringen'. Nachdem insbesondere der ganze Plan von Felix Felixowitsch ersonnen worden war, und der Großfürst stets blindlings alles tat, was sein Freund für gut befand, war er sofort bereit, auch an diesem Streich mitzuwirken; schließlich war ja das Ganze obendrein eine patriotische Tat.

Jussupows Plan zur Ermordung Rasputins war vor allem auf die vertrauensselige Gutgläubigkeit von Munja Golowina und deren Mutter aufgebaut. Felix Felixowitsch wußte genau, wie sehr die Golowins stets darüber gekränkt waren, weil er dem von ihnen so tief verehrten Vater Grigori mit solch kühler Ablehnung begegnet war; hatte doch der Staretz seinem ‚kleinen Freunde' vom ersten Moment an aufrichtige und herzliche Sympathie entgegengebracht. Oft genug während der letzten Jahre hatte Munja versucht, eine Annäherung zwischen Jussupow und Rasputin zustande zu bringen, und Grigori hatte sie mehr als einmal gebeten, sie möge ihn mit dem Fürsten zusammen einladen.

Felix entsann sich jetzt wieder der offenkundigen Liebe, die der Staretz für ihn hegte, und der anhänglichen Zuneigung Munjas; dies alles sollte ihm nun dazu verhelfen, sein Opfer in die Falle zu locken. Freilich gab es gewisse Momente, in denen Jussupow ein unangenehmes Gefühl nicht unterdrücken konnte, als sei es nicht eben vornehm, das Vertrauen eines liebenswerten Mädchens in solcher Weise zu mißbrauchen und sich mit seiner Hilfe an einen ahnungslosen Menschen mit der Absicht heranzudrängen, diesen sobald als möglich meuchlings zu ermorden. Aber derartige Bedenken wichen jedesmal rasch wieder der Überzeugung, daß er diesen Mord ja aus ‚idealistischen' und ‚patriotischen' Gründen begehe, und daß der ‚hehre' Zweck die heuchlerischen Mittel vollauf rechtfertige.

Zudem kostete dieser adelige Jüngling, der sich ja mit Vorliebe an ‚dekadenter' Literatur berauschte, insgeheim schon jetzt in wollüstiger Vorahnung den gerade in dieser Heimtücke liegenden besonderen Nervenkitzel aus. Sein Opfer einfach, brutal und pöbelhaft, von Angesicht zu Angesicht anzufallen, konnte nicht nach dem Geschmack dieses zarten, jungen Mannes sein. Ein Verbrechen, das seinen Anforderungen entsprechen sollte, mußte mit besonderer Heimtücke und raffinierter Hinterlist ersonnen sein. Es galt, auch bei der Durchführung eines Mordes verfeinerte Lebensformen und Geschmack an den Tag zu legen und sich dadurch vorteilhaft von den vielen weniger zivilisierten, unästhetischen Alltagsmördern zu unterscheiden.

In diesem Sinne traf nun Fürst Jussupow alle Anstalten, sich mit Hilfe der vertrauensseligen Munja Golowina an Rasputin heranzudrängen; die anderen Mitverschwörer hatten unterdessen alles Technische vorzubereiten, das Gift zu besorgen und schwere Ketten zu beschaffen, mit denen Rasputins Leichnam, nach vollbrachter Tat, beschwert werden sollte, ehe er in die Fluten der Newa versenkt würde.

Felix hatte bis dahin den Verkehr mit der Familie Golowin stark eingeschränkt; jetzt aber benutzte er die nächste Gelegenheit, um dort wieder zu erscheinen und ganz unauffällig ein gewisses Interesse für den Staretz zu bekunden. Er ließ einige Bemerkungen fallen, aus denen hervorging, als wäre er nicht abgeneigt, wieder einmal mit Rasputin zusammenzutreffen, denn alles, was Munja und ihre Mutter ihm erzählt, hätte in ihm den Eindruck erweckt, als sei Grigori Jefimowitsch doch ein verehrungswürdiger, ja beinahe ein heiliger Mann.

Schon wenige Tage, nachdem Jussupow, Purischkewitsch und Großfürst Dimitri endgültig den Mord beschlossen hatten, rief Munja den Fürsten telephonisch an und bat ihn, am folgenden Tage bei ihr zum Tee mit Rasputin zu erscheinen. Einen Augenblick erschrak Felix geradezu über die Leichtigkeit, mit der sein Plan zu gelingen schien, über die Ahnungslosigkeit Munjas, die sich noch freute, daß in ihrem Salon der Staretz seinem Mörder ausgeliefert wurde. Natürlich überwand der Fürst, gestützt auf seine durchaus ‚idealen' Beweggründe, diese kleine Anwandlung von Schwäche fast augenblicklich, und er antwortete, er werde gern kommen.

Als er am folgenden Tage den Salon der Golowins betrat, fand er Mutter und Tochter in sichtlicher Erregung, denn für die beiden Frauen bedeutete das bevorstehende Zusammentreffen Rasputins mit dem Fürsten ein wahrhaft erhebendes Ereignis. Bald erschien auch der Staretz. Als er Felix erblickte, verbreitete sich über sein ganzes Gesicht ein freudiges Lächeln, er eilte auf den Fürsten zu und umarmte ihn. Seinem zukünftigen Mörder gegenüber tat der sonst so mißtrauische Grigori Jefimowitsch, was er sich im übrigen nie einfallen ließ: Er warb geradezu um Felix, überhäufte ihn mit seinen unbeholfenen Liebesbezeugungen und suchte ihn durch ganz besondere Herzlichkeit und Güte an sich zu ziehen. Er ahnte nicht, daß der ‚kleine Freund' sich kaltblütig verstellte, und war über dessen scheinbare Sympathiekundgebungen ehrlich erfreut.

Wenn sich Felix jetzt auch gebärdete, als fühle er sich durch die Freundlichkeit Rasputins angenehm berührt, so empfand er in Wahrheit doch den gleichen Ekel, den er diesem Muschik gegenüber früher schon verspürt hatte. Auch die Art, wie Grigori Jefimowitsch mit den beiden Damen sprach und sie liebkoste, ließ ihn jetzt wieder vor innerer Wut fast bersten; und gar dieser widerwärtig väterliche Ton, den Rasputin dem Fürsten selbst gegenüber anzuschlagen sich erkühnte, diese teilnahmsvollen Fragen, etwa, wann Felix an die Front zu gehen gedenke, diese hochmütigen Äußerungen über den Hof, über angesehene Aristokraten, Kirchenfürsten, Minister und Parlamentarier! „Ich habe nichts zu tun", rief er, „als mit der Faust auf den Tisch zu hauen, dann geht alles so, wie ich es haben will! Das ist die einzige Art und Weise, wie man mit euren Aristokraten fertig wird! Sie können's nicht schlucken, daß ich mit meinen dreckigen Stiefeln im Palast aus- und eingehe. Sie sind so stolz, und der Stolz ist der Anfang aller unserer Sünden! Wer im Angesicht Gottes bestehen will, muß sich zuerst selbst erniedrigen!"

Jussupow hatte alle Mühe, seinen Grimm nicht merken zu lassen. Da es aber galt, eine heroische Tat zu vollbringen, lächelte er dem

Staretz gewinnend zu und ließ sich von ihm liebkosen. Denn er fühlte, daß ihn jede gewährte Umarmung, jedes herzliche Wort seinem Ziel näher brachte, daß er sich dadurch immer tiefer in das Vertrauen seines Opfers einschlich.

Ehe Rasputin, telephonisch abberufen, sich zum Aufbruch anschickte, vereinbarte der Fürst noch rasch mit ihm und Munja ein neuerliches Zusammentreffen, um die Unterhaltung möglichst bald fortzusetzen. Schon am nächsten Morgen rief Munja ihren ‚kleinen Freund' von neuem an und ersuchte ihn im Namen Rasputins, er möge das nächste Mal seine Gitarre mitbringen, habe doch Vater Grigori gehört, daß Felix so schön Zigeunerlieder zu singen verstehe. In diesem Augenblick mußte Jussupow vermeinen, unsichtbare Mächte seien mit ihm im Bunde; denn sein sanfter Verstand, der für raffinierte Hinterlist so ungemein empfänglich war, erkannte sofort, welche Waffe ihm der Zufall hier in die Hand gab.

Es war ja bekannt, daß die Liebe Rasputins durch nichts anderes mit so großer Leichtigkeit gewonnen werden konnte als durch Musik, durch Gitarrenspiel und Zigeunergesang. Grigori Jefimowitsch, dieser derbe sibirische Barbar, dieser Urmensch aus der Steppe, hatte eine geradezu lächerliche Schwäche für Tanz, Gesang und Spiel, und so hart er sonst sein konnte, so weich wurde er, wenn es sich um Saitenklang und um eine schöne Stimme handelte. Hatte doch auch Jussupow von jener Szene in der ‚Villa Rode' erzählen gehört, da es dem dicken Kammerherrn Chwostow gelungen war, bloß durch seinen Baß die alte Feindschaft des einst so schwer gekränkten Staretz im Nu zu überwinden.

Daß Jussupow nun in die Lage kommen sollte, Rasputin mit der Gitarre in der Hand Zigeunerlieder vorzusingen, das bedeutete, wie er klar erkannte, die Möglichkeit, mühsame Arbeit von Wochen und Monaten zu überspringen und in der kürzesten Zeit zum Ziele zu gelangen. Wenn der Staretz noch einen Rest von Mißtrauen empfand, so war dieses am leichtesten durch Spiel und Gesang zu überwinden. Fürst Jussupow griff also an jenem Abend nach der Gitarre, wie ein Meuchelmörder nach seiner Waffe greift, und ging in das Haus der Golowins am Winterkanal, wo ihn der arglose Staretz, die vertrauensselige Munja und deren ebenso vertrauensselige Mutter bereits sehnsüchtiger warteten.

Als sie dann alle rings um den Teetisch saßen, liebkoste Rasputin die kleine Munja, erkundigte sich hierauf, ob Jussupow auch wirklich sein Instrument mitgebracht habe, und bat, als dieser bejahte, flehentlich, er möge ihm doch etwas vorsingen. Felix bebte zwar beim Anblick des fröhlichen Bauern vor innerlichem Ekel, lächelte aber freundlich, nahm die Gitarre zur Hand, und begann mit dem Vortrag einiger Zigeunerlieder. Grigori Jefimowitsch lauschte, breit in seinen Sessel zurückgelehnt, und über seinem faltigen Antlitz lag ein Schimmer von wahrhaft kindischer Glückseligkeit und Rührung. Immer wieder wollte er neue Gesänge vernehmen, und Jussupow wurde nicht müde, bald heitere, bald traurige Weisen anzustimmen, während er mit seinen sorgsam gepflegten, feinen Fingern in die Saiten des Instrumentes griff.

*

Am Morgen des 16. Dezember begab sich Fürst Felix in sein Palais an der Moika, um die letzten Vorbereitungen für die Ermordung des Staretz, die an diesem Abend stattfinden sollte, zu treffen. Denn das Gitarrenspiel hatte vollends seine Wirkung getan, und Jussupow hatte es verstanden, sich ganz in das Vertrauen Rasputins einzuschmeicheln. Seit jenem Abend, da er bei Golowins zum ersten Mal vor Grigori Jefimowitsch gespielt und gesungen, hatte dieser ihn als seinen anhänglichsten Freund betrachtet; auch hatte er ihn oft in der Gorochowaja aufgesucht, und der Staretz war darüber so außerordentlich glücklich, daß es schien, als hätte ihn die Liebe mit völliger Blindheit geschlagen. Felix ging bei seinem Opfer aus und ein und ließ sich sogar unter dem Vorwand, er leide an Brustschmerzen, von diesem durch ‚wunderwirkende magnetische Striche' behandeln. Gleichzeitig aber traf er, gemeinsam mit den übrigen Verschwörern, schon alle Vorkehrungen für die Durchführung des Mordes.

In zahlreichen Konferenzen wurden zwischen Jussupow und Purischkewitsch alle Einzelheiten des Mordplanes genauestens beraten; es war sogar schon der 16. Dezember als der Tag festgesetzt, an dem Rasputin beseitigt werden sollte. Für die Durchführung des Verbrechens hatten die Verschwörer einen unbewohnten Kellerraum in dem gerade im Umbau begriffenen Jussupowschen Palais an der Moika gewählt, denn aus diesem unterirdischen Gewölbe konnte nicht sobald ein verräterisches Geräusch nach außen dringen. Auch der Vorwand war bereits gefunden, unter welchem der Staretz dorthin gelockt werden sollte: Grigori Jefimowitsch hatte schon lange den Wunsch gehegt, die Gattin des Fürsten Felix, die schöne junge Irina Alexandrowna, kennenzulernen, und dieser Umstand sollte nun das letzte noch fehlende Glied in der Kette von Jussupows Plänen bilden.

Obwohl sich Irina Alexandrowna in Wirklichkeit gar nicht in Petersburg, sondern auf der Krim aufhielt, hatte Jussupow dem Staretz erklärt, seine Frau wünsche, ihn bei sich zu sehen, denn sie fühle sich kränklich und wolle sich von ihm behandeln lassen. Grigori Jefimowitsch war über diese Nachricht, an deren Wahrheit er keinen Augenblick zweifelte, sehr erfreut und nahm die Einladung Jussupows für den Abend des 16. Dezember dankbar an. Freilich sei, wie Felix vorgab, eine späte Stunde erwünscht, denn die Eltern des Fürsten seien dem Staretz nicht wohlgesinnt und sollten daher von dessen Besuch nichts erfahren. Der sonst so vorsichtige und schlaue Rasputin faßte auch bei dieser einigermaßen bedenklichen Angabe, durch seine Liebe ganz verblendet, nicht den mindesten Verdacht und versprach sogar, er wolle niemandem erzählen, wo er diesen Abend zu verbringen gedenke.

Nachdem der Fürst die Zusage seines Opfers erhalten hatte, machte er sich nun mit der größten Umsicht daran, in seinem Hause alle erforderlichen Vorkehrungen zu treffen. Der Kellerraum, in dem der Mord vor sich gehen sollte, war ursprünglich ein Teil des Weinkellers gewesen, doch wurde er gerade damals zu einem Speisezimmer adaptiert und mit Tapeten versehen. Das Gemach hatte einen steinernen Fußboden, eine ziemlich niedrige, gewölbte Decke und zwei schmale Fenster, die, knapp über dem Straßenniveau, auf die Moika hinausgingen.

Da das Gelingen des ganzen Planes davon abhing, daß das Zimmer den Eindruck mache, als sei es ständig bewohnt, ließ Felix alsbald aus der Vorratskammer verschiedene schöne Einrichtungsgegenstände herbeischaffen, holzgeschnitzte und mit Leder überzogene Stühle, Tische und Schränke, darunter auch einen Intarsienschrank von auserlesenem Geschmack, der in seinem Inneren eine Menge von Spiegeln und bronzenen Säulchen enthielt.

Mit Hilfe seines Dieners Nefedow richtete Jussupow den Raum nun möglichst behaglich ein, behing die Fenster mit Vorhängen, bedeckte den steinernen Fußboden mit kostbaren Perserteppichen und Bärenfellen, stellte auf den großen offenen Kamin aus rotem Granit einige vergoldete Krüge, alte Majolikateller und Elfenbeinfiguren, und ließ schließlich in der Mitte des Zimmers jenen Tisch aufstellen, an dem Rasputin seine Todesmahlzeit einnehmen sollte. Dann gab er der Dienerschaft den Auftrag, für sechs Personen zu decken, Tee, Kuchen und Wein vorzubereiten. Wenn dies alles erledigt sei, sollte das Personal sich in den weit abgelegenen Gesindetrakt zurückziehen und diesen bis zum folgenden Morgen nicht mehr verlassen.

Alle diese Vorbereitungen hatten fast den ganzen Tag in Anspruch genommen, und es war schon spät am Abend, als endlich der surrende Samowar auf dem Tisch stand. Der ganze, vorher so unfreundliche Raum wirkte jetzt, mit seinen dunkelroten Vorhängen vor den Fenstern, mit den vielen Teppichen und dem flackernden Feuer im Kamin, sehr behaglich. Nun trafen auch die anderen Verschwörer ein; Doktor Lazowert zog Gummihandschuhe an, öffnete eine mitgebrachte Büchse, von der er behauptete, sie enthielte Zyankali, zerrieb einige Kristalle von dem Gift zwischen den Fingern, griff hierauf nach den bereitstehenden Schokoladenkuchen, entfernte von ihnen die oberen Lagen und bestreute die unteren mit einer großen Menge seines Präparats; hierauf setzte er die oberen Hälften wieder auf, indem er dabei versicherte, die Dosis des Giftes genüge reichlich, um eine ganze Gesellschaft mit Sicherheit zu töten.

Bevor die Verschwörer das Zimmer verließen, sorgten sie noch dafür, daß der Eindruck entstand, als hätten hier vor kurzem mehrere Personen beim Tee gesessen. Zu diesem Zweck brachten sie die Einrichtung sorgfältig in Unordnung, zogen die Stühle etwas zurück, verschoben die Teppiche und gossen ein wenig Tee in die Tassen. Dann besprachen sie nochmals genau die Rolle, die ein jeder von ihnen während Rasputins Ermordung zu spielen haben werde. Der Großfürst, der die ganze Zeit über mehr oder minder müßig umhergestanden hatte, äußerte den Wunsch, selbst ein wenig mitmorden zu dürfen; der kaisertreue Purischkewitsch jedoch bewies bei dieser Gelegenheit sein feines Gefühl für die Grenze, bis zu welcher ein Mitglied des Zarenhauses an einem Verbrechen teilnehmen durfte, und vertrat die Ansicht, ein kaiserlicher Prinz könne seine eigenen Hände nicht mit schmutzigem Bauernblut beflecken, und es sei ihm nur erlaubt, an einem Mord als Zuschauer mitzuwirken. Mit dieser Meinung drang er auch durch, und so wurde definitiv beschlossen, Jussupow allein solle den Staretz mit dem Gift bewirten, die übrigen Verschwörer hingegen hätten im Arbeitszimmer des Fürsten oberhalb des Kellerraumes zu warten, bis alles vorüber sein würde. Um den letzten Rest von Mißtrauen bei Rasputin zu zerstreuen, sollten sie das Grammophon in Bewegung setzen und dadurch die Täuschung hervorrufen, als befände sich oben eine heitere Gesellschaft von Gästen.

Fürst Felix selbst machte sich nun auf den Weg, um das Opfer seiner Gastfreundschaft abzuholen. Damit kein weiterer Mitwisser herangezogen werden müsse, übernahm Doktor Lazowert die Rolle des Chauffeurs, Jussupow zog einen mächtigen Pelz aus Renntierfell an und verbarg sein Gesicht unter einer schwarzen Mütze mit Ohrenklappen. Hierauf bestiegen sie das Automobil, und der große Wagen rollte alsbald über die Fontanka in Richtung auf Rasputins Wohnung.

★

Am Morgen desselben 16. Dezember war Rasputin, wie so häufig, schwer betrunken nach Hause gekommen, hatte sich recht müde gefühlt und deshalb auch sein Tagesprogramm nach Möglichkeit eingeschränkt. Um zehn Uhr vormittags war er ans Telephon gegangen und hatte mit Anna Wyrubowa gesprochen, wobei es ihn Überwindung kostete, seiner schweren Zunge halbwegs deutliche Worte abzuringen. Dann hatte er rasch einige Bittsteller abgefertigt und war, von seinen Agenten begleitet, ins Bad gegangen, denn der Wein lag ihm noch immer in den Gliedern. Gegen die Mittagsstunde hatte er seine treue kleine Munja begrüßt, die mittlerweile bei ihm eingetroffen war, und hatte sich hierauf in sein Schlafzimmer zurückgezogen, um sich dort noch ein wenig auszuruhen. Erst gegen Abend kam er wieder zum Vorschein, trat in das ‚Allerheiligste', wo ihn viele von seinen Jüngerinnen bereits sehnsüchtig erwarteten, und nahm mit Freude ein eben angelangtes Telegramm entgegen, in welchem gemeldet wurde, daß der Zar seinen Schützling Dobrowolski zum Justizminister ernannt habe.

Munja erkundigte sich bei ihm, ob er für den Abend etwas vorhabe, denn sie wäre gerne noch möglichst lange bei ihm geblieben; es fiel ihr gerade an jenem Tage besonders schwer, sich von ihrem geliebten Staretz trennen zu müssen. Dieser aber erklärte ihr mit einem geheimnisvollen, schelmischen Lächeln, er gedenke noch auszugehen, wollte jedoch nicht verraten wohin.

„Ich werde es schon herausfinden", meinte Munja zärtlich, „und ich werde dir nachkommen, ob du willst oder nicht!"

Scherzend erwiderte Vater Grigori: „Nein, mein Täubchen, dorthin, wohin ich heute gehe, kannst du mir nicht nachfolgen!" Er küßte Munja auf die Lippen, schlug über ihrem Haupte das Kreuz und sagte, sich von ihr verabschiedend: „Gott segne dich, mein Seelchen, du mußt nun gehen!"

Nur unwillig empfahl sich Munja und verließ die Wohnung des Staretz; aber er hatte er so gewünscht, und da ziemte es sich nicht, zu widersprechen oder sich aufzulehnen. Auf der Treppe begegnete sie Anja Wyrubowa, die gerade zu Rasputin eilte. Rasch berichtete sie ihr, Grigori Jefimowitsch gedenke diesen Abend auszugehen und betrage sich sehr geheimnisvoll; Anja möge doch in ihn dringen und herausbekommen, was er eigentlich vorhabe.

Die Wyrubowa war erschienen, um dem Staretz im Auftrag der Kaiserin ein Heiligenbild aus Nowgorod zu überbringen; er nahm es erfreut entgegen, ging in sein Kabinett, stellte es zu den vielen anderen bebänderten Ikonen und brachte ein Öllämpchen davor an. Dann erzählte er Anja, der Minister des Innern Protopopow habe seinen Besuch in einer dringenden Angelegenheit angekündigt und werde binnen kurzem eintreffen. Als die Wyrubowa ihn bat, er möge ihr doch mitteilen, was er diese Nacht zu tun beabsichtige, weihte sie der Staretz nach kurzem Widerstreben in sein Geheimnis ein, denn er wußte ja nur allzu gut, wie treu ergeben, verständnisvoll und verschwiegen Anja war. Er erzählte ihr also von der Einladung des jungen Fürsten Jussupow und von dessen Bitte, er möge niemandem, besonders aber nicht den Golowins, davon erzählen.

Diese Geheimniskrämerei erregte das Mißfallen der Wyrubowa, denn sie sah darin etwas Beleidigendes. Wenn Jussupow und seine Gattin sich schämten, Rasputin bei Tag und vor aller Welt zu empfangen, dann sollte der Staretz, meinte sie, auf seine Gastfreundschaft überhaupt verzichten. Aber Grigori Jefimowitsch schilderte die geradezu kindliche Anhänglichkeit, die Fürst Felix ihm in der letzten Zeit bezeigt habe, und wies darauf hin, wie er gebeten worden sei, die kranke Fürstin Irina zu heilen. Dies habe er doch unmöglich ablehnen können, nachdem ihm Gott einmal die Gabe der Heilkraft darum verliehen habe, damit er den Kranken helfe. Nach langem Drängen der Wyrubowa ließ er sich endlich zu dem Versprechen herbei, den Besuch auf ein anderes Mal zu verschieben. Dies sagte er aber nur, um endlich vor der guten Anja Ruhe zu haben, während er in seinem Innern fest entschlossen war, dennoch in dieser Nacht zu Jussupow zu fahren. Dort sollte er ja nicht nur die wunderschöne Irina Alexandrowna kennenlernen, um seine Heilkunst an ihr zu beweisen; der anmutige Felix hatte ihm ja auch versprochen, er werde ihm wieder Zigeunerlieder vorsingen. Wie hätte er auf einen Abend verzichten sollen, der so große Freuden versprach!

Anja konnte diesmal nur kurze Zeit bei Väterchen Grigori verweilen, denn die Zarin hatte sie gebeten, noch an diesem Abend bei ihr zu erscheinen und ihr recht ausführlich von ihrem teuren ‚Freund' zu erzählen. So brach sie bald wieder auf, wendete sich jedoch in der Türe nochmals um und sagte bittend: „Nicht wahr, Väterchen, du wirst nicht zu Felix fahren; du hast es mir versprochen!"

Als Rasputin allein war, rief er sein Dienstmädchen, die Bäuerin Katja Iwanowna, die seit einiger Zeit seinen Haushalt besorgte, und ließ sich von ihr sein neues, mit Kornblumen besticktes Oberhemd aus blauer Seide vorbereiten; überdies trug er ihr auf, seine hohen Schaftstiefel recht blank zu putzen, denn er wollte an diesem Abend besonders feierlich aussehen. Während er sich umkleidete, widmete er jeder Einzelheit seines Anzuges die größte Sorgfalt, als gelte es, zur Auferstehungsfeier in die Kirche zu gehen.

Als er jedoch eben dabei war, den obersten Knopf seines Hemdes zu schließen, wollten seine ungelenken Bauernfinger ihren Dienst nicht tun. Vergebens mühte er sich vor dem großen Spiegel ab, wo sonst seine Besucherinnen ihre Haare, Hüte und Kleider in Ordnung zu bringen pflegten. Es wollte ihm nicht gelingen, den verdammt widerspenstigen Knopf zu schließen, und er fluchte gotteslästerlich. Schließlich lief er, wie ein hilfloses großes Kind, flehend in die Küche und bat Katja, sie möge ihm beistehen, denn die dumme Fürstin Schachowskaja habe an das Hemd einen viel zu großen Knopf angenäht.

In dem Augenblick, als Katja sich gerade auf einen Schemel stellte, um das Hemd Grigoris zu schließen, ertönte die Klingel beim rückwärtigen Kücheneingang. Katja sprang wieder herab, lief zur Tür und meldete dann, seine Exzellenz der Minister Protopopow sei an der Tür. Protopopow war, seitdem Rasputin ihn an Stelle des verräterischen Chwostow zum Minister des Innern ernannt hatte, ein regelmäßiger Gast beim Staretz und beriet mit ihm jede wichtige Regierungsmaßregel auf das eingehendste. Stets kam er über die hintere Treppe und schlich sich in aller Heimlichkeit durch die Küche in Grigoris Arbeitszimmer, damit ihn kein Fremder bemerke. Die Bewohner des Hauses kannten ihn genau und wußten, daß sie über seine Besuche das strengste Stillschweigen zu bewahren hatten.

Diesmal schien Protopopow ganz verstört, als er die Küche betrat und den Staretz begrüßte. Er war in höchster Erregung und zitterte an allen Gliedern; sein Atem ging in keuchenden Stößen, sein eingefallenes Gesicht war bleich wie der Tod, und seine Augen zeigten einen irren Glanz. Rasputin mußte einen Augenblick daran denken, daß Protopopows Gegner vielleicht doch nicht so unrecht hatten, wenn sie behaupteten, dieser Mann sei geistesgestört; wie dem aber immer sein mochte, er war redlich und gottesfürchtig, und das schien dem Staretz das wichtigste zu sein. So schloß er denn mit freundlichem Lächeln den Minister fest in seine Arme, küßte ihn und fragte in begütigendem Ton: „Was ist denn mit dir? Haben dir die Lumpen in der Duma wieder einen Streich gespielt?"

Hierauf zog er seinen Gast in das Kabinett, und dort fiel ihm Protopopow nochmals um den Hals, umarmte und küßte ihn, als gelte es, für immer Abschied zu nehmen. Dann begann er, aufgeregt und unbeherrscht auf ihn einzusprechen: „Grigori Jefimowitsch, ich flehe dich an, gehe in den nächsten Tagen nirgends allein hin! Ich habe den Befehl erteilt, daß die Agenten dein Haus mit ganz besonderer Sorgfalt bewachen, denn böse Menschen planen einen Anschlag gegen dich! Ich beschwöre dich, sei vorsichtig, mache keinen Schritt ohne Begleitung, besuche kein Lokal, gehe nirgends hin, denn ich fürchte Böses!"

Rasputin hatte den Minister schweigend bis zu Ende angehört. Wahrlich, ein guter und gottesfürchtiger Mann, dieser Protopopow, dachte er, aber manchmal wirklich nicht recht bei Verstand! Man mußte ihn nur ansehen, um zu wissen, daß er diesmal nicht ernst zu nehmen war!

„Du bist ein guter Mensch, mein Lieber", sagte der Staretz zuletzt herzlich, „aber glaube mir, du bist heute etwas zu aufgeregt!" Mit überlegener Ruhe ergriff er Protopopows Arm, streichelte ihn und fuhr mit fester, selbstbewußter Stimme fort: „Ängstige dich nicht, ich stehe in Gottes Hand, und ohne den Willen des Herrn kann niemand mir Böses zufügen! Jetzt geh nach Hause, mein Lieber, und schlafe gut; ich habe heute noch etwas Wichtiges vor!"

Der Minister war durch diese Worte sichtlich beruhigt worden; die gemessene, sichere Art Rasputins hatte seine Angst für einen Augenblick zerstreut. „Wieder ein neues Liebchen?" erkundigte er sich scherzend im Weggehen, aber Grigori Jefimowitsch antwortete nicht, lächelte nur und schob ihn gegen den Küchenausgang: „Geh, geh, ich muß mich noch ankleiden!" Kaum hatte Protopopow die Wohnung verlassen, als es schon wieder läutete und ‚Schwester Mascha' eintrat. Das war eine hohe, etwas üppige, blonde Frau von etwa fünfundzwanzig Jahren, mit einem eleganten Glockenmantel bekleidet, die in der letzten Zeit häufig bei Rasputin vorgesprochen hatte, ohne daß irgend jemand Näheres über sie wußte; im Hause wurde sie allgemein nur als ‚Schwester Mascha' bezeichnet. Der Staretz war schon recht ungeduldig, und so fertigte er diese Besucherin ziemlich rasch ab und entließ sie wieder. Dann löschte er in seinem Kabinett das Licht aus, so daß der Raum nur mehr durch den goldgelben Schimmer der Ikonen-Lämpchen erhellt wurde und legte sich in voller Kleidung auf das Bett.

Als seine kleine Nichte Anjuschka und seine Töchter, die den Abend bei Bekannten verbracht hatten, gegen elf Uhr nachts nach Hause kamen, gingen sie wie gewöhnlich, ehe sie sich in ihrem hübschen weißen Mädchenzimmer zur Ruhe begaben, noch in das Kabinett Grigoris, um ihm eine gute Nacht zu wünschen. Sie fanden ihn bekleidet, die Stiefel an den Füßen, mit offenen Augen auf dem Bett liegen, erschraken ein wenig über diesen ungewohnten Anblick und erkundigten sich, was er vorhabe. Rasputin schwieg zuerst längere Zeit, sagte aber schließlich doch: „Ich fahre zum ‚Kleinen' zu Besuch; er wird mich um Mitternacht abholen. Ihr dürft aber zu niemandem darüber sprechen, Kinder! Hört, ihr? Niemand darf davon wissen, und besonders Munja nicht!" Er führte den Zeigefinger nach den Lippen und drohte hierauf den Mädchen mit einer scherzenden Geste.

Etwas später kam auch Katja in das Zimmer und wollte nachsehen, ob der Staretz noch etwas benötige. Er aber befahl ihr, sich schlafen zu legen und sich nicht darum zu kümmern, ob etwa später noch jemand an der hinteren Türe anklopfe. Katja ging wieder, doch hatte sie sofort bemerkt, daß hier etwas Geheimnisvolles im Gange war und daher beschlossen, einstweilen nicht einzuschlafen, denn sie war allzu neugierig zu erfahren, was ihr Herr denn mitten in der Nacht vorhabe. Sie mußte nicht allzulange warten. Bald ertönte am hinteren Eingang ein kurzes Klingelzeichen, und Katja hörte, wie Rasputin sich vergebens bemühte, mit seinen schweren Stiefeln leise aufzutreten, während er durch die Küche ging und die Tür öffnete.

Für einen Augenblick steckte Katja aus dem Alkoven, wo sich ihre Schlafstätte befand, ihren Kopf hervor, und es gelang ihr, den späten Besucher ihres Herrn einige Sekunden lang zu beobachten: Es war ein hochgewachsener, schlanker Mann, mit einem Pelz bekleidet und mit einer tief in das Gesicht gezogenen schwarzen Mütze auf dem Kopfe. Er blickte sich ängstlich und vorsichtig um, als habe er Angst, beobachtet zu werden, und fragte dann leise: „Bist du allein? Hört uns niemand?"

An der Stimme erkannte Katja, daß der Fremde niemand anderer war als jener ‚Kleine', der in der letzten Zeit schon wiederholt bei Rasputin gewesen war. Sie kannte seinen Namen nicht, wußte jedoch, daß er der Gatte einer Großfürstin sei. Die beiden Männer sprachen sehr leise miteinander, und das Dienstmädchen konnte nur verstehen, wie Grigori Jefimowitsch fragte: „Weshalb hast du dich so eingemummt?" Der ‚Kleine' erwiderte etwas Unverständliches, worauf der Staretz ihn am Arm nahm und in sein Arbeitszimmer führte. Damit war Katjas Interesse an den Vorgängen so ziemlich erschöpft, und bald darauf schlief sie fest ein.

Als Grigori Jefimowitsch mit Jussupow in das Arbeitszimmer getreten war, sagte er: „Heute abend war Protopopow hier und erzählte mir, daß schlechte Menschen mich ermorden wollen. Sie mögen es nur probieren; er wird ihnen nicht gelingen! So weit reichen ihre Arme nicht!" Dann zog es seinen Mantel an, öffnete eine Schublade und entnahm ihr Geld. Jussupow betrachtete neugierig die in dem Schrank liegenden

Banknotenbündel, worauf Rasputin bemerkte: „Meine Tochter Matrjona wird demnächst einen Offizier heiraten; ich werde ihr ein schönes Heiratsgut mitgeben können!" Dann versperrte er die Lade sorgfältig und blies die Kerze aus.

In diesem Augenblick verspürte Felix etwas wie brennende Scham über die Niedrigkeit seines Vorhabens. War er doch im Begriff, die schändlichste aller Taten zu begehen, indem er einen wehrlosen Menschen unter der Vorspiegelung der Gastfreundschaft in sein Haus locken und dort ermorden wollte. Für wenige Sekunden fühlte er sich sogar versucht, seinen ganzen Plan aufzugeben; dann aber schämte er sich vor den Mitverschworenen mehr als vor seinem Opfer, rief sich rasch den ‚patriotischen' Zweck seines Vorhabens in Erinnerung und überwand diese Anwandlung von Schwäche.

Grigori Jefimowitsch hatte seine Vorbereitungen beendet, versperrte alle Türen hinter sich, faßte Felix liebevoll am Arm und führte ihn vorsichtig die dunkle Stiege hinab. Jussupow hatte bei seinem schlechten Gewissen das Gefühl, als umklammere der Staretz seinen Arm mit eisernem Griff; die Finsternis im Treppenhaus verwirrte und bedrückte ihn, und es schien eine Ewigkeit zu dauern, bis sie endlich vor dem Hause angelangt waren und das große, feldgrau gestrichene Automobil besteigen konnten, an dessen Lenksitz bewegungslos Doktor Lazowert saß. Auch noch während der Fahrt war Jussupow sehr nervös und blickte einige Male durch das rückwärtige Fensterchen, um sich zu vergewissern, ob der Wagen nicht etwa verfolgt werde. Die Straße war jedoch völlig menschenleer, und Doktor Lazowert fuhr in raschem Tempo auf verschiedenen Umwegen nach der Moika; endlich langte er dort an, bog in den Hof des Palais ein und brachte das Automobil neben dem seitlichen Eingang zum Stehen.

★

Aus dem oberen Geschoß ertönte der Klang eines Grammophons, das ein amerikanisches Tanzlied spielte. Rasputin blieb überrascht stehen und fragte: „Was ist denn das? Ist bei dir Gesellschaft?"

Felix suchte ihn zu beruhigen: „Nein, er sind nur einige Freunde und Freundinnen bei meiner Frau; sie werden bald fortgehen. Komm einstweilen in das Speisezimmer und trink eine Tasse Tee mit mir!"

Arglos folgte Grigori Jefimowitsch dem Fürsten über die Treppe hinunter und musterte neugierig das angebliche Speisezimmer. Besonders interessierte er sich sogleich für den Schrank mit den Spiegeln und Säulchen; mit kindlicher Freude öffnete und schloß er die kleinen Türen und besichtigte das Innere. Dann folgte er Jussupows Einladung und setzte sich an den gedeckten Teetisch.

Alsbald entspann sich ein Gespräch über gemeinsame Freunde, über die Familie Golowin, Anna Wyrubowa und zuletzt über das Kaiserpaar. Felix, der in seiner Nervosität andauernd das Gefühl hatte, als sei sein Gast durch irgend etwas mißtrauisch geworden, kam absichtlich wieder auf die Warnung Protopopows zurück und fragte, warum denn der Minister so ängstlich sei.

„Ja", meinte Rasputin, „ich bin einer ganzen Menge Leute ein Dorn im Auge, weil ich immer die Wahrheit sage. Eure Aristokraten sind voll Neid und Übelwollen! Aber warum soll ich mich vor ihnen fürchten? Sie können mir ja nichts anhaben! Mehr als einmal haben sie es versucht, doch Gott hat ihre schändlichen Pläne jedesmal vereitelt!"

Jussupow hörte dieser Rede betroffen zu, die ihm recht anzüglich erschien, und hatte dabei nur den einen Gedanken, mit dem Bauern möglichst rasch ein Ende zu machen. Er goß dem Staretz eine Tasse Tee ein und bot ihm Kuchen an, aber er hatte noch nicht den Mut, ihm die vergifteten schwarzen Bäckereien zu reichen und setzte ihm daher zuerst die harmlosen rosafarbenen vor. Erst einige Minuten später kämpfte er seine Unentschlossenheit nieder und reichte dem Gast mit herzlicher Höflichkeit den Teller mit dem vergifteten Backwerk. Grigori Jefimowitsch griff danach und verzehrte rasch hintereinander mehrere Stücke.

Zitternd wartete Fürst Felix auf irgendeine Veränderung im Aussehen Rasputins, denn nach den Angaben des Doktor Lazowert hätte das Zyankali sofort wirken müssen. Der Staretz jedoch fuhr fort zu sprechen, als wäre nicht das mindeste vorgefallen. Auf das äußerste beunruhigt trat Jussupow zu dem Tablett, auf welchem sich mit Gift präparierte Weingläser befanden, und forderte Grigori Jefimowitsch auf, er möge doch von dem berühmten Jussupowschen Wein von der Krim kosten.

Ahnungslos und mit sichtlichem Behagen leerte Rasputin hintereinander mehrere Gläser; sein Gastgeber stand vor ihm, beobachtete jede seiner Bewegungen, erwartete von Augenblick zu Augenblick, den Staretz tot zusammenbrechen zu sehen, doch dessen Gesichtsausdruck veränderte sich kaum. Nach einer atemversetzenden Pause stand er auf, ging im Zimmer umher und verlangte weiteren Wein. Felix reichte ihm ein anderes von den vergifteten Gläsern; Grigori stürzte das Getränk hinab, doch auch diesmal zeigte sich keinerlei Wirkung.

Nun saßen sich Gast und Gastgeber gegenüber. Verzweifelt zermarterte der Fürst sein Gehirn, um sich zu erklären, wieso das Gift habe versagen können. Hatte Dr. Lazowert sie alle hinters Licht geführt? Oder hatte er sich geirrt und anstatt des tödlichen Präparates ein anderes, harmloses, angewendet? Oder aber war dieser Rasputin ein Übermensch an Lebenskraft, der, ohne Schaden zu nehmen, eine Giftmenge vertrug, an der sonst eine ganze Gesellschaft sogleich zugrunde gegangen wäre? Dies erschien ihm denn doch zu wenig glaubhaft!

Er fixierte seinen Gast, und es schien ihm, als liege in dessen Augen ein Ausdruck von Verdacht und Mißtrauen; da erhob sich Jussupow, ging auf die Wand zu und ergriff die dort hängende Gitarre. Grigori Jefimowitsch lächelte glücklich, als er diese Bewegung sah, und bat flehend: „Ach, spiel' doch etwas, etwas Lustiges! Ich höre dich so gern singen!"

Fürst Felix spielte und sang. Mit übertrieben süßlicher, einschmeichelnder Stimme trug er ein Zigeunerlied nach dem anderen vor, und der Staretz hörte ihm lächelnd zu. So oft der Fürst innehalten wollte, bat er sogleich, er möge doch fortfahren, und sein Gesicht war dabei so rein wie das eines wahrhaft heiligen alten Mannes.

Inzwischen waren jedoch die anderen, im Arbeitszimmer Jussupows versammelten Verschwörer ungeduldig geworden und begannen nun zu lärmen, in der Absicht, den Fürsten dadurch zu rascherem Handeln anzutreiben. Rasputin sah auf und erkundigte sich, was denn dort oben geschehe.

„Wahrscheinlich sind es die Gäste meiner Frau, die aufbrechen!" erwiderte Felix verlegen. Dann aber sagte er, froh, einen Vorwand zum Verlassen des Zimmers gefunden zu haben: „Ich will einmal hinaufgehen und nachsehen, was es eigentlich gibt!" Mit diesen Worten erhob er sich und eilte hinaus, mit dem Entschluß, eine Schußwaffe zu holen und den Staretz, auf den das Gift nicht gewirkt hatte, durch eine Kugel niederzustrecken.

Rasputin aber sah ihm friedlich und liebevoll nach: Er war fest überzeugt, Felix werde nach seiner Rückkehr sogleich von neuem nach der Gitarre greifen und ihm vorsingen. Ach, wie wohltuend und angenehm war es doch, dem Gesang dieses liebenswürdigen und anmutigen Knaben zuzuhören!

Die Dienstmagd Katja Iwanowna war wie gewöhnlich schon um fünf Uhr morgens aufgewacht. Bevor sie daran ging, ihre täglichen Besorgungen im Haushalt aufzunehmen, warf sie noch einen Blick in das Schlafkabinett ihres Herrn, um dessen Kleider und Stiefel zu reinigen; sie fand das Bett leer.

Es war nichts Seltenes, daß Grigori Jefimowitsch um diese Tageszeit noch nicht zu Hause war; die Vorgänge der vergangenen Nacht aber, das sonderbare Verhalten des Staretz, der geheimnisvolle, vermummte Besuch und dessen im Flüsterton geführtes Gespräch mit Grigori Jefimowitsch, dies alles versetzte das Dienstmädchen in eine ängstliche Stimmung. Von plötzlichem Schreck erfaßt, lief sie in das Zimmer der Mädchen, rüttelte Matrjona aus dem Schlafe und rief ihr angstvoll zu: „Marja Grigorjewna, steh auf, ich fürchte mich! Grigori Jefimowitsch ist nicht zurückgekommen!"

Noch halb im Traum vernahm Matrjona diese Worte, und sie entsann sich sogleich dessen, was der Vater am vorhergehenden Abend gesagt hatte. Sie ärgerte sich daher über die Angst Katjas und brummte schlaftrunken: „Dummes Ding! Der Vater ist doch zu dem ‚Kleinen' gegangen; wahrscheinlich hat er dort übernachtet!" Damit schien die Angelegenheit für sie völlig geklärt, sie drehte sich auf die andere Seite und schlummerte alsbald wieder ein.

Um sieben Uhr wurde sie jedoch von neuem geweckt: Katja stand außer sich vor Schrecken an ihrem Bett, rüttelte sie und stammelte in namenloser Angst: „Die Polizei!"

Nun erschrak auch Matrjona. Sie erhob sich rasch, weckte ihre Schwester, warf einen Schlafrock über und ging in das anstoßende Zimmer, wo sie von einigen Detektiven bereits erwartet wurde. Die Beamten erkundigten sich, wohin Grigori Jefimowitsch in dieser Nacht gegangen sei und fragten dann alle übrigen Hausmitglieder nach den kleinsten Umständen des vergangenen Abends aus. Matrjona erzählte, wie der Vater gesagt habe, er wolle den ‚Kleinen' aufsuchen, Warja und Anjuschka bestätigten diese Angabe, und Katja wußte auch von dem nächtlichen Besucher im Pelz und mit der tief ins Gesicht gezogenen Mütze zu erzählen. Die Polizisten ließen dann auch den Hausbesorger und die auf der Treppe lungernden Agenten heraufkommen und verhörten sie; es stellte sich heraus, daß um Mitternacht ein großes, feldgrau gestrichenes Militärautomobil vorgefahren sei; ein Herr im Pelz habe geläutet und sei dann über die Hintertreppe zu Rasputins Wohnung emporgestiegen. Nachdem die Polizeibeamten alle diese Angaben sorgfältig in ihren Notizbüchern vermerkt hatten, empfahlen sie sich wieder, ohne den ängstlichen Angehörigen des Staretz auch nur mit einem Wort anzudeuten, um was er sich eigentlich handle.

Kaum waren die Beamten weggegangen, als Matrjona auch schon zum Telephon eilte und Munja Golowina anrief; diese beruhigte sie jedoch und erklärte, da Grigori Jefimowitsch die Nacht bei Felix Jussupow verbracht habe, bestehe nicht der geringste Grund zur Besorgnis; wahrscheinlich habe er dort geschlafen und sicher werde er bald nach Hause zurückkehren.

Etwa um acht Uhr erschienen wie gewöhnlich die ersten Bittsteller: Bauern aus entlegenen Gouvernements mit unbeholfenen Gesuchen in den Händen, subalterne und hohe Beamte, die sich die Protektion des Staretz sichern wollten, Geschäftsleute, arme Witwen, Mütter mit kranken Kindern, Generale, einfache Soldaten, Bischöfe, Nonnen und auffallende Damen mit grell geschminkten Lippen. Sie alle erhofften sich von ihrem Vorsprechen in der Gorochowaja eine glückliche Wendung in ihrer Laufbahn, Anstellung, Beförderung, Pension, eine milde Gabe, ein erfolgreiches Geschäft, rasche Heilung, glückbringenden Segen oder einen väterlichen Kuß.

Gegen zehn Uhr vormittags hatten die wartenden Bittsteller bereits den ganzen Empfangsraum eingenommen, aber Grigori Jefimowitsch war noch immer nicht zurückgekehrt. Manchmal huschte jemand von den Hausleuten in größter Eile durch den Vorraum, ohne auch nur einen Augenblick lang auf die Fragen der Wartenden zu achten; dann wieder öffnete sich der Eingang des Speisezimmers, und eine oder die andere Jüngerin sah einen Augenblick lang unruhig heraus.

Die Tür zu dem geheimnisvollen Kabinett des Staretz, in das dieser gewöhnlich die hübschen Bittstellerinnen zu führen pflegte, stand jetzt sperrangelweit offen; irgend jemand hatte in der Hast vergessen, sie zu schließen. So konnten die Bittsteller vom Vorraum aus jede Einzelheit des Kabinetts genau wahrnehmen: das einfache Eisenbett mit seiner Pelzdecke, den Waschtisch und die bebänderten Heiligenbilder neben dem Fenster. Dieses geheimnisvolle Kabinett, nach dem alle Gäste des Warteraumes sonst fasziniert gestarrt hatten, wenn Rasputin mit einer Frau darin verschwunden war, schien heute ein ganz gewöhnliches und eigentlich recht einfaches Zimmer zu sein, leer und traurig und ohne jede Spur von geheimnisvollem Zauber.

Um zehn Uhr klingelte, wie jeden Tag, das Telephon; alle Bittsteller wußten, daß dies der Anruf aus Zarskoje Selo war. Während aber sonst die Magd oder eine von den Jüngerinnen ruhig an den Apparat gegangen war, um hierauf den Staretz zu rufen, bewirkte das Klingelzeichen diesmal große Aufregung. Mehrere Menschen schienen hastig auf das Telephon zuzueilen, man vernahm durch die halboffene Türe Stimmengewirr; als diese bald darauf zufiel, war das eigentliche Gespräch für die Versammlung im Vorzimmer nicht mehr zu vernehmen.

Der Bittsteller bemächtigte sich allmählich eine gewisse Unruhe: Niemand konnte sich erklären, wo der Staretz solange bleibe, was dieses aufgeregte Hin- und Hereilen der Hausleute, dieses Geflüster und diese allgemeine Nervosität zu bedeuten habe. Dennoch zwang man sich dazu, nur im Flüsterton miteinander zu sprechen, und so verbreitete sich in dem Raume bald das seltsame Geräusch von vielen leise tuschelnden Menschen. Gegen elf Uhr erschien Munja Golowina in Begleitung ihrer Mutter. Als sie erfahren hatte, daß Grigori Jefimowitsch noch immer nicht zurückgekehrt sei, wurde sie leichenblaß, und ihre mädchenhaft schmalen Lippen begannen zu beben. Sie erklärte sich bereit, sofort bei Felix Felixowitsch anzurufen, und begab sich zu diesem Zweck in einen nahegelegenen Obstladen, denn sie wollte in der Wohnung selbst jedes Aufsehen vermeiden. Zurückgekehrt, berichtete sie, der Fürst sei schon am Morgen ausgegangen und seither nicht mehr nach Hause gekommen; sie habe nur den Kammerdiener erreichen können, der jedoch behauptete, von nichts zu wissen.

Wie erstarrt saßen die Frauen alle schweigsam im Speisezimmer rings um den Tisch; plötzlich ertönte das Telephon, und Katja meldete, Fürst Jussupow wünsche Matrjona zu sprechen. Diese aber war in ihrer Angst und Aufregung ganz außerstande, irgend etwas zu unternehmen, und so ging denn die alte Frau Golowina zum Apparat. Die übrigen Frauen hörten, wie sie in ziemlich erregtem Ton ein Gespräch in englischer Sprache führte; dann kehrte sie mit totenblassem Gesicht zum Tisch zurück und flüsterte ihrer Tochter erregt zu, Felix habe behauptet, daß Grigori Jefimowitsch in dieser Nacht überhaupt nicht bei ihm gewesen sei.

Diese Mitteilung rief allgemeine Bestürzung hervor. Die Töchter und Anjuschka behaupteten übereinstimmend, Grigori habe doch ausdrücklich erklärt, er beabsichtige zu dem ‚Kleinen' zu gehen, und Katja wollte sogar in dem nächtlichen Besucher mit Bestimmtheit den ‚Kleinen' erkannt haben. Ganz schüchtern meinte Frau Golowina, dies müsse eben doch ein Irrtum gewesen sein, aber niemand wollte so recht daran glauben, und aller bemächtigte sich ein Gefühl hilfloser Verzweiflung.

Wieder stellte sich banges Schweigen ein, und die Stunden schlichen mit qualvoller Langsamkeit dahin; da erschien plötzlich Katja mit der Meldung, der Bischof Isidor, der schon seit dem frühen Morgen auf der Suche nach dem vermißten Staretz gewesen war, sei in Begleitung eines Polizeibeamten gekommen und wünsche Matrjona zu sprechen.

Der Bischof trat mit dem Polizisten ein; der Beamte hatte eine große braune Galosche in der Hand, legte diese vor Matrjona auf den Tisch und fragte in nüchternem, sachlichem Tone: „Sind Sie die Tochter von Grigori Jefimowitsch Rasputin? Erkennen Sie diese Galosche, Marke Treugolnik, Größe 10, als das Eigentum Ihres Vaters?"

Matrjona nahm das Kleidungsstück in die Hände, starrte es einige Sekunden lang unverwandt an und brach dann, statt jeder Antwort, in verzweifeltes Schluchzen aus. Nun eilten auch Warja, Anjuschka, die Golowins und die anderen Anhängerinnen des Staretz herbei, und sie alle erkannten die Galosche als das Eigentum Rasputins.

Vergebens bemühte sich der Polizist, seine Amtshandlung fortzusetzen, und berichtete, wie um die Mittagszeit der Brückenwächter der

Petrowskibrücke, von zwei Arbeitern aufmerksam gemacht, diese Galosche und einige Blutspuren auf dem Eis zwischen dem dritten und vierten Brückenpfeiler entdeckt habe. Sogleich sei die Polizei alarmiert worden, der Reviervorsteher habe sich an Ort und Stelle begeben, die Galosche sei eingeholt, genau untersucht und nun zur Erkennung hierhergebracht worden. Niemand in Rasputins Wohnung schenkte dieser Erzählung des Polizisten die mindeste Aufmerksamkeit; die Töchter des Staretz weinten verzweifelt, die Anhängerinnen erlitten hysterische Anfälle, und das Dienstmädchen Katja lief wie irrsinnig schreiend und jammernd durch alle Zimmer. Mit einem Male begannen jetzt auch die Bittsteller im Empfangszimmer, die sich seit dem Morgen nur im Flüsterton unterhalten hatten, laut und aufgeregt durcheinanderzusprechen. Die vornehmen Generäle und hohen Beamten, die gekommen waren, um die Protektion Rasputins zu erbitten, bemühten sich nun, so rasch als möglich die Wohnung zu verlassen, denn sie ahnten, daß die Polizei kommen würde und wollten lieber ihre Anwesenheit nicht amtlich festgestellt wissen. Da immerhin anzunehmen war, daß Grigori Jefimowitsch tot sei, konnte niemand mit Bestimmtheit sagen, wer von jetzt an über die Vergebung von Stellen, Ämtern und Würden zu entscheiden haben werde, und da war es denn sicherer, sich nicht zu kompromittieren.

Dagegen verweilten die meisten von den Armen, von den Bauern, kleinen Beamten und bedürftigen Bittstellern und Bittstellerinnen in der Wohnung; einige gingen auf die Tür zu, die in das Innere der Wohnung führte, drückten auf die Klinke und traten ein. Bald waren die Zimmer von halb neugierigen, halb ehrfürchtig staunenden Menschen erfüllt; die Türen waren sperrangelweit offen, Leute kamen und gingen, und überall ertönte Wehklagen, Schluchzen und erregtes Geschrei.

In größter Erregung erzählte irgend jemand, der Staretz habe schon zu Beginn des Monats deutliche Todesahnungen verspürt und geäußert, er werde bald unter gräßlichen Schmerzen sterben müssen, denn er sei trotz seiner Sünden zum Opferlamm auserkoren. Wieder andere wollten wissen, er habe seinen Sohn Mitja diesmal nicht zum Weihnachtsfest nach Pokrowskoje fahren lassen wollen und ihm gesagt: „Mitja, fahre nicht, du wirst mich nicht wiedersehen; ich werde das neue Jahr nicht mehr erleben!"

Dann erschien die Polizei; Geheimagenten öffneten alle Schränke, visitierten Papiere, erbrachen den Schreibtisch, versiegelten mehrere Pakete und verhörten die Sekretäre Rasputins. Sie suchten Geld, jene sagenhaften Reichtümer, die Grigori Jefimowitsch angehäuft haben sollte, und suchten die Briefe der Zarin, um sie rechtzeitig in Sicherheit bringen zu können.

Nun traten einige Beamte an jene Besucher heran, die noch immer die Wohnung nicht verlassen hatten und forderten sie auf, nach Hause zu gehen. Eine unruhige, bald flüsternde, bald zeternde Schar von armen Leuten, kleinen Angestellten, Soldaten, alten Frauen, Bauern und Nonnen zog erregt durch das Treppenhaus hinab und verschwand in der nebeligen Dämmerung des Winternachmittags.

★

Schon als Anna Wyrubowa am Abend des 16. Dezember der Zarin erzählt hatte, Grigori Jefimowitsch beabsichtige, einen Besuch bei Jussupow abzustatten, um dessen Gattin kennenzulernen, hatte Alexandra erstaunt geantwortet: „Das muß ein Mißverständnis sein, denn Irina Alexandrowna ist ja gar nicht in Petersburg, sondern auf der Krim."

So kam es, daß am nächsten Morgen die telephonische Nachricht von dem rätselhaften Ausbleiben des Staretz Anna Wyrubowa sogleich in einige Unruhe versetzte. Kaum hatte Matrjona Rasputina ihr mitgeteilt, der Vater sei noch nicht zurückgekehrt, da eilte sie auch schon zur Kaiserin, und die beiden Freundinnen berieten des längeren, was von diesen seltsamen Vorgängen zu halten sei. Die Zarin mußte bald darauf ihr Lazarett aufsuchen, kehrte aber schon nach kurzer Zeit, von innerer Unruhe getrieben, wieder ins Schloß zurück und verlangte telephonisch nach dem Minister Protopopow. Dieser mußte ihr nun bereits melden, ein vor dem Palais Jussupow patrouillierender Schutzmann habe in der Nacht Schüsse gehört. Der Fall sei jedoch im übrigen noch ganz unaufgeklärt. Die Zarin erschrak tödlich und hatte kaum noch die Kraft, dem Minister die sofortige persönliche Durchführung einer strengen Untersuchung und ständige Berichterstattung aufzutragen.

Der Kaiser hielt sich zu dieser Zeit gerade im Hauptquartier auf, in seiner Begleitung befand sich der Hofkommandant Wojeikow sowie die Mehrzahl der Adjutanten, und so kam es, daß die Kaiserin und Anja ganz rat- und hilflos sich selbst überlassen waren. Sie wagten kaum mehr daran zu zweifeln, daß dem Staretz ein Unglück zugestoßen sei, und ein schreckliches Gefühl von Angst bemächtigte sich ihrer. Alexandra konnte den Gedanken gar nicht fassen, daß ihr einziger Freund, der Retter ihres Sohnes, der treueste Ratgeber ihres Gatten, tot sein sollte. Was würde nun aus ihnen allen werden, ohne die Güte, die Liebe und die Hilfsbereitschaft des Vaters Grigori? Inmitten zahlloser Feinde, übelwollender, böser Menschen, war er ja ihr einziger, von Gott gesandter Ratgeber gewesen; mit seinem Ende mußte auch die kaiserliche Familie zugrunde gehen, das fühlte Alexandra mit aller Bestimmtheit. Schluchzend fiel sie Anja um den Hals; diese allein konnte ja ihren Schmerz ganz verstehen, denn auch sie hatte durch den Tod Grigoris alles verloren.

Gegen Mittag ertönte das Telephon, und Protopopow berichtete auf das genaueste, was die Untersuchung der Polizei bis dahin zutage gefördert habe. Aus seiner Meldung gewannen die beiden Frauen nun bereits ein klares Bild von den Geschehnissen der vergangenen Nacht: Ein auf der Moika patrouillierender Polizist hatte, seinen Mitteilungen zufolge, kurz nach Mitternacht den Knall einiger Schüsse aus dem Hof des Jussupowschen Palais vernommen, war an Ort und Stelle geeilt und hatte den Fürsten selbst im Hofe angetroffen. Auf seine Frage, ob etwas geschehen sei, hatte der Fürst lächelnd geantwortet, einer seiner Gäste habe in angeheitertem Zustand in die Luft geschossen.

Der Beamte hatte es nicht gewagt, die Angaben eines so hohen Herrn zu bezweifeln, hatte stramm salutiert und war wieder weggegangen. Einige Zeit später jedoch hatte Jussupow ihn durch seinen Hausmeister nochmals rufen und in sein Privatkabinett führen lassen. Dort war auch ein Herr in grauer Felduniform gewesen, und dieser hatte sich plötzlich an den Polizisten gewendet, sich ihm als der Dumaabgeordnete Purischkewitsch vorgestellt und ihm mitgeteilt, Rasputin, der berüchtigte Verbrecher und Schädling, sei soeben getötet worden. Wenn der Polizist seinen Zaren liebe, möge er hierüber tiefstes Stillschweigen bewahren. Der Beamte hatte dies zwar versprochen, dann aber doch seine Pflicht getan und den Vorfall sogleich an den inspizierenden Reviervorsteher gemeldet.

Schon am Morgen war eine Polizeikommission im Palais Jussupow erschienen und hatte eine Hausdurchsuchung vorgenommen; hierbei

79 Karikatur auf das Zarenhaus von N. Iwanow

80 Rasputin-Karikatur von N. Iwanow. „Der Zusammenbruch des Zarentums, guten Leuten zur Lehre. Legende von der Schlange, russischen Kindern zur Ermahnung."

81 Karikatur im Ikonen-Stil, das üppige Leben bei Hof darstellend, von N. Iwanow

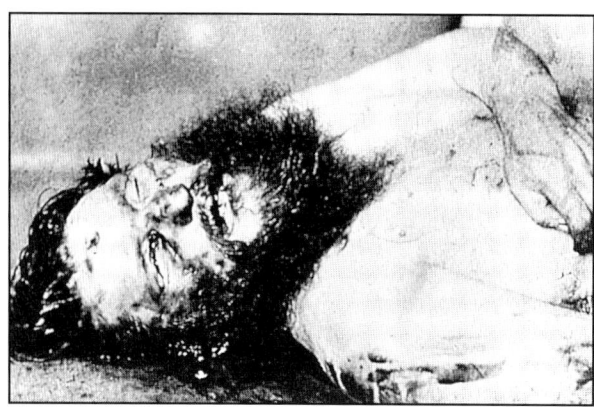

82 Fürst Felix Jussupow, der Mörder Rasputins

83 Irina Alexandrowna, Jussupows Gattin

84 Der Mörder Purischkewitsch, Duma-Abgeordneter

85 Großfürst Dimitri Pawlowitsch, beteiligt an dem Mordkomplott

86 Der erschlagene Rasputin

87 Das Palais Jussupow an der Moika, in dem Rasputin ermordet wurde

88 Die amtliche Urkunde über die Verbrennung von Rasputins Leiche
ExemplarNo. 2, $\frac{CLXXIV}{2012}$
Lesnoje, den 10./11. März 1917

Akt über die Verbrennung von Grigori Rasputins Leiche

Wir Endesunterzeichneten haben zwischen 3 und 4 Uhr morgens mit vereinten Kräften den Körper des ermordeten Grigori Rasputin verbrannt, der im Automobil des Bevollmächtigten Zeitw. Komitees der Duma, Philipp Petrowitsch Kuptschinski, hergeschafft worden war. Anwesend waren die Vertreter des Petersburger Stadtkommandanten, Rittmeister des 16. Ulanenregiments Nowo-Archangelsk Wladimir Pawlowitsch Kogadejew. Die Verbrennung selber fand statt in der Nähe der großen Straße (der Platz liegt im Walde) bei vollkommener Ausschließung von Fremden mit Ausnahme jener, die Dieses durch ihre Unterschrift bekräftigen.

[Unterschriften:] Kogadejew, Rittmeister des 16. Ulanenregiments als Vertreter des Petersburger Stadtkommandanten
Kuptschinski, als Vertreter des Zeitweiligen Komitees der Duma
Die Studenten der Petersburger Technischen Hochschule, Milizsoldaten S. Bogatschew, Ch. Moklowitsch, [vier weitere unleserliche Unterschriften]

XXXI

89 Der Thronfolger und sein Erzieher Gilliard

90 Die letzte Aufnahme der Zarin und ihrer Töchter, Tobolsk 1918

91 Die letzte Aufnahme des Zaren, Tobolsk 1918

war man auf eine breite Blutspur gestoßen, die sich über die Treppe und quer durch den Hof hinzog. Jussupow versuchte dies mit der Erklärung zu rechtfertigen, ein Gast hatte bei seinem nächtlichen Fest aus Übermut einen Hund getötet; in der Tat lag in der Mitte des Hofes auch ein Tierkadaver, doch konnten die Behörden sogleich feststellen, daß die Menge des vergossenen Blutes viel zu groß war, als daß sie hätte von dem Hund stammen können.

Protopopow berichtete der Kaiserin, es könne unter allen diesen Umständen kaum ein Zweifel darüber bestehen, daß Rasputin wirklich von Jussupow und seinen Freunden ermordet worden sei. Eine Verhaftung sei jedoch, wie der Minister sogleich erklären mußte, bis auf weiteres unmöglich, da ein Mitglied der Zarenfamilie in die Angelegenheit verwickelt sei, was auch den anderen Teilnehmern eine gewisse Immunität verleihe.

Jetzt erst erkannte Alexandra die ganze Niedertracht dieses Mordkomplotts und die Feigheit der Mörder, die den Großfürsten Dimitri Pawlowitsch mit in ihre Verschwörung einbezogen hatten, um sich dadurch Straflosigkeit zu sichern. Die Kaiserin war sich also über die Situation bereits ganz im klaren, als die Mörder der Reihe nach versuchten, sich vor ihr von jeder Schuld reinzuwaschen. Als erster rief Großfürst Dimitri telephonisch an und bat um die Erlaubnis, der Zarin seine Aufwartung machen zu dürfen, was diese jedoch rundweg ablehnte. Kurze Zeit danach meldete sich auch Felix Jussupow am Telephon mit der gleichen Bitte. Alexandra ließ ihm mitteilen, wenn er Erklärungen abzugeben habe, so möge er diese schriftlich einreichen.

Gegen Abend traf im Palast auch wirklich ein Schreiben des Fürsten ein, in dem dieser erneut erklärte, Rasputin sei in dieser Nacht gar nicht bei ihm gewesen, und das Märchen mit dem erschossenen Hund wieder vorbrachte. Die Kaiserin war über diese Feigheit des Mörders tief entrüstet und übermittelte den Brief Jussupows sogleich dem neuen Justizminister Dobrowolski zur weiteren Amtshandlung.

Überdies hatte Alexandra in höchster Erregung nach ihrem im Hauptquartier weilenden Gatten geschrieben: „Wir sitzen alle beisammen", heißt es in diesem Briefe vom 17. Dezember 1916, „und Du kannst Dir unsere Gefühle nicht vorstellen: Rasputin ist verschwunden! Gestern ist Anja noch bei ihm gewesen, und bei dieser Gelegenheit hat er ihr mitgeteilt, er wolle nachts den Fürsten Jussupow aufsuchen. Er ist dann auch wirklich von einem Militärauto mit zwei Zivilpersonen abgeholt worden und mit ihnen fortgefahren ... .

Rasputin ist während der letzten Tage in ausgezeichneter Stimmung gewesen. Felix behauptet, er habe ihn gar nicht besucht, aber es besteht kaum ein Zweifel, daß dies eine Lüge ist. Ich rechne noch auf die Gnade Gottes und hoffe, daß Rasputin nur irgend wohin verschleppt worden ist. Protopopow tut sein möglichstes, um die Angelegenheit aufzuklären. Bitte schicke mir sofort den Palastkommandanten Wojeikow, denn wir Frauen mit unseren schwachen Nerven sind hier ganz allein. Wir müssen auch etwas für Anjas Sicherheit tun, sonst kommt auch sie noch an die Reihe. Ich kann und will nicht glauben, daß Rasputin wirklich ermordet worden ist! Gott, erbarme dich unser! Meine Stimmung ist verzweifelt, aber ich kann doch nicht glauben, daß er wirklich tot ist!"

Am selben Tage sandte die Zarin auch noch zwei Telegramme an den Kaiser: „Schicke sofort Wojeikow; wir brauchen seine Hilfe, da Rasputin seit voriger Nacht verschwunden ist. Wir hoffen auf die Gnade Gottes. In die Affäre sind Felix und Dimitri verwickelt."

„Protopopow tut alles, was er kann. Felix, der auf die Krim abreisen wollte, ist aufgehalten worden. Ich sehne mich nach Deiner Ankunft. Gott helfe weiter!"

Eine Depesche der Kaiserin vom 18. Dezember besagt:

„Ich habe in der Hauskapelle gebetet. Von Rasputin ist noch immer keine Spur gefunden worden. Die Polizei sucht weiter. Ich fürchte, diese zwei elenden Buben haben etwas Furchtbares begangen, habe aber doch noch nicht alle Hoffnung verloren. Reise noch heute ab, denn ich brauche Dich dringend."

Der 17. und 18. Dezember vergingen in namenloser Verzweiflung und Ungewißheit, bis endlich Protopopow der Kaiserin meldete, die Leiche Rasputins sei gefunden worden. Nachdem die Galosche Rasputins auf der Petrowskibrücke entdeckt worden war, hatten die Behörden sogleich das Eis der Newa aufbrechen lassen und einige Taucher zur Stelle beordert. Diese hatten bald auch wirklich die Leiche geborgen; Rasputins Arme und Beine waren mit Stricken zusammengeschnürt, und der Körper wies zahlreiche Schuß- und Stichwunden auf. Dennoch war Rasputin offenbar noch am Leben gewesen, als man ihn in die

Newa geworfen hatte, denn der eine Arm war halb aus der Umschnürung befreit, und die Lungen waren mit Wasser gefüllt.

Die Leiche war sogleich nach ihrer Auffindung mit möglichster Heimlichkeit in das außerhalb der Stadt auf dem Wege nach Zarskoje Selo gelegene Veteranenasyl von Tschesma überführt worden; dort untersuchte Professor Kossorotow den Toten und nahm ein Protokoll über die Verwundungen und über die Todesursache auf.

Als die Kaiserin endlich von der Auffindung der Leiche erfuhr, befahl sie, Schwester Akulina, jene Nonne, welche seinerzeit im Kloster Ochtoj von Rasputin geheilt worden war, möge dem Toten den letzten Liebesdienst erweisen. Schwester Akulina wachte die ganze Nacht bei dem ermordeten Staretz, wusch ihn und hüllte ihn in neue Gewänder; sie drückte ihm zum Schluß ein Kruzifix in die Hand und legte ihm einen Abschiedsbrief der Kaiserin in die Hände:

„Mein teurer Märtyrer", lauteten die letzten Worte der Zarin an ihren Freund, „erteile mir Deinen Segen, damit er mich auf dem schmerzvollen Wege begleite, den ich hienieden noch zu wandeln habe. Gedenke in Deinen heiligen Gebeten auch im Himmel noch unser! Alexandra." Am nächsten Morgen brachte Schwester Akulina den Sarg mit den Überresten des Staretz in einem Automobil nach Zarskoje Selo. Die Polizei hatte, um jede öffentliche Kundgebung zu verhindern, das Gerücht verbreiten lassen, der Leichnam werde nach Pokrowskoje gebracht werden; in Wirklichkeit aber fand das Begräbnis am 21. Dezember, einem kalten, nebligen Wintermorgen, im Park von Zarskoje Selo statt. Dort wurde der Sarg auf einem Grundstück beigesetzt, wo Anna Wyrubowa ursprünglich hatte ein Invalidenheim errichten lassen wollen. An der düsteren Zeremonie nahmen das Kaiserpaar, die Großfürstinnen, Anja, Protopopow, die Adjutanten Loman und Maltzew, sowie die Töchter des Staretz und Schwester Akulina teil. Ehe der Sarg geschlossen wurde, legte Matrjona ihrem Vater noch jenes Heiligenbild auf die Brust, welches die Kaiserin aus Nowgorod mitgebracht hatte, dann sprach der Hofgeistliche Vater Wassiljew die letzten Segensworte, und die sterblichen Überreste Grigori Rasputins wurden in die Erde gesenkt.

In dem Wunsch, sich mit Menschen zu umgeben, die ihren ‚Freund' aufrichtig geliebt hatten, ließ die Kaiserin in der folgenden Zeit die

Töchter Rasputins oft zu sich nach Zarskoje Selo kommen. Sie sowohl als auch die Großfürstinnen gaben sich alle erdenkliche Mühe, die beiden hilflosen Mädchen zu trösten, und auch der Kaiser erklärte mehrmals, er wolle an ihnen die Vaterstelle übernehmen.

Das häßliche Verbrechen, dem Grigori Jefimowitsch zum Opfer gefallen war, hatte von Anfang an den äußersten Zorn und die Entrüstung des Kaisers erregt. Als er aus dem Hauptquartier zurückgekehrt war, begrüßte er die ihn empfangenden Hofbeamten mit den Worten: „Ich schäme mich vor ganz Rußland, daß Menschen, die mit mir verwandt sind, ihre Hände mit dem Blut dieses Mannes besudelt haben."

Der Kaiser billigte auch nachträglich alle jene Maßregeln, die seine Gattin während seiner Abwesenheit gegen die Mörder angeordnet hatte. Sowohl der Großfürst Dimitri als auch Fürst Jussupow standen unter scharfer Überwachung und hatten Hausarrest. Fürst Felix hatte sich sogleich in das Palais von Dimitri Pawlowitsch begeben, denn dorthin hatte die Polizei keinen Zutritt. Die beiden Freunde erwarteten gemeinsam ihr Schicksal. Um dieses aber entwickelte sich alsbald ein erbitterter Kampf zwischen dem Kaiserpaar und der Partei der Großfürsten. Zar Nikolaj hatte sogleich die Absicht ausgesprochen, die Täter ohne jede Rücksicht zu bestrafen, und dieser Entschluß hatte bei den Großfürsten die höchste Empörung hervorgerufen. Insbesondere Großfürst Alexander Michailowitsch tat alles, um die Einstellung des Verfahrens gegen die Mörder zu erzwingen: Er suchte den Justizminister Dobrowolski auf, schrie diesen erregt an und befahl ihm in grobem Ton, er möge die ganze Angelegenheit sogleich niederschlagen. Der Minister ließ sich jedoch nicht einschüchtern, berief sich auf besondere Befehle des Kaisers und erreichte so, daß sich der Großfürst an den Zaren selbst wandte. Mit diesem hatte er eine so heftige Auseinandersetzung, daß man ihn einige Zimmer weit schreien hörte. Natürlich endete die Szene damit, daß der Zar ihm die Tür wies.

Dennoch zeigte sich auch diesmal die Willensschwäche Nikolajs. Er ließ sich zuletzt doch dazu bestimmen, daß er von der ursprünglich geplanten strengen Strafe absah und sich darauf beschränkte, den Großfürsten nach Persien und den Fürsten Jussupow auf dessen weit abgelegene Besitzungen zu verbannen. So mild diese Strafe auch sein mochte, so erregte sie doch unter den Großfürsten heftige Erbitterung, und sämtliche Mitglieder des Kaiserhauses forderten in einem Gesuch die Aufhebung von Dimitris Verbannung. Der Zar jedoch schrieb an den Rand dieses Gesuches nur die Worte: „Niemand hat das Recht zu morden!" und erhielt seinen Befehl aufrecht.

Die ‚patriotische Heldentat' des Fürsten Jussupow und seiner Spießgesellen hatte sich alsbald als das erwiesen, was sie von Anfang an in Wahrheit gewesen war: als eine recht verächtliche Handlung, als ein feiger Meuchelmord. Zu einem solchen wurde das Verbrechen insbesondere durch die Haltung der Täter nach der Verübung ihres Anschlages gestempelt. Waren doch diese ‚patriotischen Helden' nicht etwa gesonnen, für ihre Handlungsweise offen einzustehen und sich zu ihr zu bekennen; sie waren vielmehr fieberhaft bemüht, jeden Verdacht von sich abzulenken, zu leugnen und sich, ohne Rücksicht auf Ehre oder Gewissen, in Sicherheit zu bringen.

Fürst Jussupow, der junge Edelmann, der Verwandte des Zaren, hatte keinen Augenblick gezögert, der Kaiserin gegenüber einen Meineid zu leisten, sie zu belügen und Dinge zu behaupten, deren Unstichhaltigkeit im gleichen Augenblick schon erwiesen war. Er zog es vor, die Wahrheit für seine schon damals projektierten Memoiren aufzubewahren.

Und so wie er verhielten sich auch seine Mitverschworenen: Weder der Großfürst Dimitri noch der ruhmrednerische Duma-Abgeordnete Purischkewitsch scheuten sich, die offenkundige Wahrheit hartnäckig zu leugnen.

Das Volk hatte mit seinem gesunden Instinkt sogleich erkannt, daß es sich hier keineswegs um eine heroische Tat, sondern um ein gewöhnliches Verbrechen handelte. Gewiß, die sensationslüsterne Gesellschaft der Residenz jubelte den Mördern zu, und es soll sogar vorgekommen sein, daß einzelne erregte Streber und Wichtigtuer einander auf dem Newski-Prospekt ansprachen und sich zur Ermordung Rasputins gratulierten; hatte ja doch auch die systematische Hetze in den Salons und in der Duma das ihre dazu beigetragen, daß Rasputin in den Ruf eines wahren Verbrechers gebracht wurde. Alle jene Menschen, die vergebens eine Ernennung, die Verleihung einer Konzession oder die Abwicklung eines schmutzigen Geschäftes durch die Vermittlung des Staretz angestrebt hatten, verkündeten jetzt in lauten Tönen, Rasputins Beseitigung habe das Reich von einem Alpdruck befreit.

Ganz anders aber wirkte die Nachricht von der Ermordung des Staretz auf die einfachen Bauern. Für diese war Grigori Jefimowitsch immer einer der Ihren geblieben, ein Vertreter der Muschiks am Zarenhof, der einzige, der inmitten aller dieser vornehmen und reichen Herren die wirklichen Interessen des Volkes verfochten hatte. Die Bauern hatten ihren Staretz geliebt, und so nahmen sie die Nachricht von seiner Ermordung wie ein schweres Unrecht und eine tiefe Kränkung auf. In allen den tausenden sibirischen Hütten beklagte man das Schicksal Grigoris, dieses Bauern, der nach Petersburg gegangen war, um dem Zaren die Wahrheit zu sagen, und den die Hofleute deshalb umgebracht hatten.

Viele abergläubische Menschen in der Provinz deuteten die Ermordung Rasputins sogar als ein verhängnisvolles Vorzeichen und zitierten mit sorgenvollen Mienen seinen Ausspruch: „Wenn ich sterbe, wird bald darauf der Zar seine Krone verlieren!"

FÜNFZEHNTES
KAPITEL

DAS
TODESSCHIFF

In den Putilow-Werken, in der Baltischen Reederei und im Wiborger Viertel gärte es bedenklich: Die unzufriedenen Arbeiter hielten Versammlungen ab, legten die Arbeit nieder, Redner riefen zur Empörung auf und predigten den Kampf gegen die Teuerung, gegen die Regierung, ja gegen den Kaiser. Die Polizei bat um militärische Hilfe, doch die herbeieilenden Truppen feuerten auf die Polizisten anstatt auf die streikenden Arbeiter.

„Welch eine furchtbare Zeit wir jetzt durchleben!" schreibt die Kaiserin am 22. Februar 1917 an ihren Gatten. „Ich fühle und leide mit Dir, mehr noch, als ich dies in Worten ausdrücken könnte. Was vermag ich zu tun? Ich kann nur beten. Unser treuer Freund Rasputin betet im Jenseits für uns; jetzt ist er uns noch näher. Aber wie gerne würde ich Rasputins beruhigende, tröstende Stimme hören!"

In den folgenden Tagen und Wochen wuchs die Empörung geradezu von Stunde zu Stunde. In Petrograd herrschte eisige Kälte, aber es gab kein Holz. Die Menschen hungerten, denn es gab kein Brot. Die Bäckerläden waren von armen Leuten belagert, die während der ganzen Nacht hatten in langen Reihen stehen müssen; da kam es immer häufiger vor, daß die Menge die Geduld verlor und die Bäckerläden kurzerhand plünderte. Die Zarin mußte in diesen Tagen mehr als einmal daran denken, wie Grigori Jefimowitsch, kurz vor seinem Tode, dem Kaiser gesagt hatte, das Wichtigste sei, den Armen und Hungernden zu Hilfe zu kommen, „damit das Volk den Glauben an die Liebe seines Zaren nicht verliere." Jetzt war Rasputin tot, sein Rat war nicht beherzigt worden, und die Folgen zeigten sich allerorten. In großen Umzügen forderte die Bevölkerung Brot und Frieden; auf dem Newski-Prospekt kam es fast täglich zu blutigen Zusammenstößen mit der Wache; Polizeioffiziere wurden niedergeschlagen oder erschossen. Immer mehr wandte sich der Aufruhr gegen das ganze System, gegen die Regierung, gegen den Zaren. Nun sangen die demonstrierenden Massen bereits die ‚Marseillaise' und forderten stürmisch den Rücktritt des Ministeriums und die Abdankung des Kaisers. Die Regierung war der Situation nicht mehr gewachsen; sie löste sich auf, und die Minister suchten einzeln zu entfliehen. Bald meuterte die Garnison, selbst die Gardetruppen gingen mit klingendem Spiel zu den Revolutionären über.

Der Kaiser befand sich in dieser kritischen Zeit im Hauptquartier, fern von Petersburg; schon nach den ersten Unruhen hatte er zu seiner Umgebung bemerkt, er sei gerne bereit abzudanken, wenn das Volk dies wirklich wünsche. Er wolle sich nach Livadia zurückziehen und sich dort ganz seiner geliebten Blumenzucht widmen. Als dann aber aus der Hauptstadt immer ernstere Nachrichten kamen, änderte er, wie schon so oft zuvor, seine Entschlüsse und ließ eine rasch zusammengezogene Armee gegen Petersburg marschieren, mit dem Befehl, den Aufruhr mit Waffengewalt niederzuschlagen. Doch auch diese Armee ging kampflos zu den Revolutionären über, und nun mußte auch der Kaiser erkennen, daß seine Lage hoffnungslos geworden war. Am 15. März überreichte er, auf einer kleinen Station zwischen dem Hauptquartier und Zarskoje Selo, im Salonwagen seines Hofzuges den Abgesandten der Duma die Abdankungsurkunde.

Am 22. März kehrte der gewesene Kaiser als Gefangener der neuen Regierung nach Zarskoje Selo zurück, wo auch seine Familie bereits unter strenge militärische Aufsicht gestellt worden war. In der Nacht vom 22. auf den 23. März drang ein Haufen aufständischer Soldaten in den Park des Schlosses ein, riß das Grab Rasputins auf, bemächtigte sich des Sarges und führte ihn in den Wald von Pargolowo. Dort wurde ein großer Scheiterhaufen errichtet, die halbverweste Leiche des Staretz daraufgeworfen, mit Petroleum übergossen und verbrannt.

★

Fünf Monate hatte die kaiserliche Familie bereits in der Gefangenschaft des Schlosses von Zarskoje Selo gelebt. Da wurde ihnen am Abend des 13. August vom Schloßkommandanten mitgeteilt, sie sollten alle Vorkehrungen für die Abreise treffen, denn die Provisorische Regierung beabsichtige, sie noch in derselben Nacht aus Petersburg abzutransportieren. Wie die Kaiserin von einem Wachtsoldaten erfuhr, sollte die

Fahrt nach Sibirien gehen, in das Gouvernement Tobolsk, wo sie bis auf weiteres gefangen gehalten werden sollten.

Wie seltsam: Es war der gleiche Distrikt, aus dem Rasputin, ihr unvergeßlicher Freund, stammte, von wo er zu ihnen gekommen war, um ihnen in allen Nöten des Lebens beizustehen! Die Zarin benutzte die letzten Stunden ihres Aufenthaltes an jenem Ort, wo sie ‚dreiundzwanzig glückliche Jahre' verbracht hatte, um von allem Abschied zu nehmen, was ihr hier so teuer gewesen. Zuletzt schrieb sie noch einige Zeilen an ihre treue Freundin Anja, die nun schon seit vielen Monaten als Gefangene in der Peter-Pauls-Festung saß.

„Ich kenne Deinen neuen, großen Kummer: Die ungeheure Entfernung, die zwischen uns beide gelegt werden soll. Wir wissen noch nicht, wohin man uns bringen wird; wir sollen dies erst unterwegs erfahren. Auch wie lange man uns von hier fernzuhalten beabsichtigt, ist uns unbekannt. Ich vermute aber, daß die Reise dorthin führt, wo Du vor gar nicht langer Zeit noch gewesen bist. Der verklärte Geist unseres Freundes ruft uns ... "

Es war Mitternacht geworden, ehe die Kaiserfamilie mit allen Vorbereitungen für die Reise fertig geworden war. Dann meldete man ihnen den Besuch des neuen revolutionären Machthabers, des Justizministers Kerenski. Sie versammelten sich in dem großen, halbrunden Empfangszimmer, und nun erschien der Minister und teilte ihnen den Beschluß der Provisorischen Regierung mit, ‚die Familie des Bürgers Romanow' sei nach Sibirien zu verschicken.

Um fünf Uhr morgens bestiegen Nikolaj, Alexandra und die Kinder ein Automobil und wurden hierauf unter Eskorte auf den Alexander-Bahnhof gebracht, um ihren Reisewaggon zu besteigen. Am 17. August trafen sie in Tjumen ein, und dort erwartete sie bereits der Dampfer ‚Russ', der sie nach Tobolsk befördern sollte.

Am nächsten Morgen erfuhren sie, das Schiff werde sogleich an dem Dorfe Pokrowskoje vorüberfahren; da bemächtigte sich ihrer ein Gefühl von unbeschreiblicher Wehmut. Wie wunderbar hatte doch Gott es gefügt, daß sie jetzt, entthront, gedemütigt, gefangen, an jenem Ort vorüberkamen, von welchem aus Grigori Jefimowitsch als einfacher Pilger, in groben Stiefeln und ärmlichem Bauernpelz, in das kaiserliche Schloß gekommen war!

Schon erschien auf der Anhöhe des Ufers das saubere kleine Dorf mit dem Kirchturm auf dem Hügel und den breiten, weißen Straßen. Und da stand auch sein Haus. Mit seinen zwei Stockwerken überragte es alle übrigen Bauernhütten.

Auf dem Deck des Schiffes versammelt, starrten sie alle nach jenem Dorfe. Anja war im Auftrag der Kaiserin mehr als einmal dort gewesen, hatte alles gesehen, hatte im Hause Rasputins gewohnt, hatte wie er selbst und die Seinen auf einfachen Matten geschlafen und war mit ihm und den Fischern alltäglich an das Ufer der Tura gegangen. Viel hatte Anja ihren kaiserlichen Freunden von Pokrowskoje erzählt und von dem Leben, das der Staretz dort führte. So kannten sie alles genau und wußten über jede Kleinigkeit Bescheid.

Besonders neugierig und aufgeregt aber blickte der kleine Alexej nach dem Dorfe, dessen Häuser eben an ihm vorüberglitten. Dies war also jener märchenhafte Ort mit dem geheimnisvollen Stall, mit den sprechenden Pferden, umgeben von großen Steppen, auf denen Blumen wuchsen, von denen jede eine Seele hatte wie die Menschen! Dies war der Ort, von dem das liebe, gute Väterchen Grigori dem kranken Knaben soviel erzählt und von welchem es gesagt hatte: „Alles, dieses ganze Märchenland, gehört deinem Papa und deiner Mama und wird einst auch dir gehören!" Jetzt aber war Alexej schon ein großer Junge geworden und wußte, daß Papa, Mama und er selbst arme, verbannte Gefangene waren und daß das Märchenland Sibirien nicht mehr ihnen gehörte.

Das Schiff war schon längst an dem kleinen Dorf vorübergeglitten, und sie alle sprachen doch noch immer über Grigori, gedachten all dessen, was er gewesen war, was er getan und was er gesagt. Nun entsann sich die Kaiserin jener Worte, die ihr Anja noch lange vor dem schrecklichen Unglück wiedererzählt hatte: Er war mit zweien seiner Freundinnen an der Peter-Pauls-Festung vorübergegangen, war plötzlich stehen geblieben und hatte mit tief ergriffener Stimme ausgerufen: „Ich sehe viele gemarterte Menschen, ganze Volksmengen, förmliche Haufen, Scharen von Leibern! Darunter sind viele Großfürsten und Hunderte von Grafen! Die Newa wird von dem Blut ganz rot sein!"

Wie sonderbar klang dies doch jetzt, da jene prophetischen Worte in Erfüllung gegangen waren! Nochmals blickten sie dorthin zurück, wo eben Pokrowskoje hinter einer Krümmung des Flusses verschwand, und dann beteten sie jenes kurze Gebet, das Grigori Jefimowitsch sie gelehrt hatte.

Der Dampfer fuhr langsam weiter. In der Ferne lösten sich allmählich aus der Dämmerung des späten Sommerabends die Umrisse des Kreml von Tobolsk. Das Schiff, das den letzten russischen Kaiser und die Seinen ihrem unbekannten Schicksal entgegenführte, glitt langsam, den Fluß abwärts, in das Halbdunkel des Abends hinein.

EPILOG

ERSTES KAPITEL

IM „HAUS DER FREIHEIT"

Am 6. August machte der Dampfer „Rus" an der Anlegestelle Tobolsk fest. Einige Tage verbrachten die Romanows in den Kajüten des Schiffes, dann brachte man sie in das speziell für sie hergerichtete Haus des ehemaligen Gouverneurs Ordowski-Tanajewski. Das Haus des Gouverneurs hieß „Haus der Freiheit" und die Straße, an der es gelegen war, hatte man in „Straße der Freiheit" umbenannt. So begann denn die sibirische Verbannung des ehemaligen Zaren mit der bitteren Ironie des Schicksals in einem Haus, das die sarkastische Bezeichnung „Freiheit" trug. Ein Teil der Dienerschaft wurde zusammen mit den Romanows untergebracht, der andere Teil im Haus gegenüber.

Außer dem ehemaligen Zaren, der ehemaligen Zarin und ihren fünf Kindern, waren unter anderen Fürst W. Dolgorukow, Graf I. Tatistschew, der Leibarzt J. Botkin und der Erzieher des Thronfolgers Pierre Gilliard in Tobolsk angekommen. Etwas später traf auch Alexejs Arzt W. Derewenko ein. Den Bediensteten war es erlaubt, sich sowohl frei in der Stadt zu bewegen, als auch das Haus des Gouverneurs beliebig oft zu betreten. Auf diese Weise erhielten die Arrestanten Informationen über die Ereignisse in der Stadt und die Stimmung der Menschen. Eine andere Nachrichtenquelle war der Briefwechsel. Den Romanows war ein freier Schriftkontakt erlaubt, obwohl die Briefe der Zensur unterlagen.

Die Tage verliefen eintönig und langweilig. Täglich unternahmen die Romanows Spaziergänge im Garten eines nahegelegenen Bauerngutes, zuweilen fuhr die Familie mit Booten auf dem Fluß; vor allem aber lasen sie. Ihr ständiger Begleiter war die Bibel, die mit zahlreichen Lesezeichen versehen war. Unter den Büchern, die Zar Nikolaj dort las, war der Roman „1793" von Viktor Hugo, in dem der Höhepunkt der Großen Französischen Revolution, die Hinrichtung des Königspaares, beschrieben wird. War dieses Buch dem Zaren zufällig zur Hand gewesen oder hatte es ihm jemand bewußt ins Gepäck geschmuggelt, um auf die Zukunft anzuspielen?

Die Aufenthaltsbedingungen in Tobolsk, Umgebung und Umstände, waren völlig anders, als das Leben im „vergoldeten Käfig" von Zarskoje Selo. Aus diesem Anlaß schrieb Alexandra Fjodorowna: „Keiner vertraut dem anderen, jeder verfolgt und beobachtet jeden. Oh, Menschen, Menschen! Kleine Lumpen. Ohne Charakter, ohne Liebe zur Heimat, zu Gott. Deshalb straft er das Land ... Aber ich will und werde nicht glauben, daß er das Land und die Menschen untergehen läßt." Die ehemalige Zarin meinte mit diesen Worten die Atmosphäre der Verdächtigungen, die in Anbetracht der Gefahr einer monarchistischen Verschwörung drückend über der Stadt lag.

In der zweiten Augusthälfte gab es großen Lärm wegen der „Sache Chitrowo". Margarita Chitrowo, eine junge Hofdame der ehemaligen Zarin, war mit sehr umfangreichen Postsendungen für die Zarenfamilie aus Petrograd nach Tobolsk gekommen. Augenblicklich wurde sie unter dem Verdacht verhaftet, eine monarchistische Verschwörung organisieren zu wollen. Verhaftungen in Moskau, Petrograd, im Süden Rußlands, in Sibirien folgten.

Der Staatsanwalt A. Stahl verwarf die Version, wonach Ziel dieser Verschwörung die Befreiung des ehemaligen Zaren aus der Gefangenschaft in Tobolsk sein sollte. Ungeachtet seiner Entscheidung hatte die Sache Folgen für die Familie Romanow. Die Provisorische Regierung setzte einen neuen Bevollmächtigten, den Kommissar Wassili Pankratow, in Tobolsk ein, dessen Aufgabe es war, ab sofort die Bewachung der Zarenfamilie zu verstärken.

Die Auswahl Pankratows für diese Aufgabe war kein Zufall. Er stammte aus dem Arbeitermilieu, war Mitglied der Partei „Narodnaja Wolja" gewesen, hatte 14 Jahre in der Festung Schlüsselburg gesessen und 1905 am bewaffneten Aufstand in Moskau teilgenommen, war schließlich Mitglied der Partei der Sozialrevolutionäre geworden und eignete sich daher wie kein anderer für die Rolle des Kommissars der „Sonderabteilung". Zumindest konnte man von ihm keinerlei Gnade erwarten. In Wirklichkeit kam jedoch alles ganz anders. Pankratow, der so unter dem Zarenregime gelitten hatte, war völlig frei von Rachegefühlen. Er besaß Takt und Humanität genug, um seine

Pflichten ehrlich und verantwortungsbewußt auszuüben; mischte sich dabei aber nicht bösartig in das Leben der ihm Anvertrauten ein und versah sein Amt ohne jegliche Provokation, ohne grobe Beleidigungen. Die Episode mit Pankratow war natürlich nicht typisch für jene Zeit des Krieges und der Revolution, deshalb verdient sie Beachtung als ein Zeugnis für die Vielschichtigkeit und Differenziertheit des menschlichen Wesens.

★

Es kam der Oktober 1917. Im Leben der Gefangenen von Tobolsk hatte sich nichts verändert. Graue, kalte Tage zogen herauf, die Langeweile schien unüberwindbar. Doch diese Sicht der Dinge ergab sich nur für die Insassen des „Hauses der Freiheit".

In Petrograd hatte die neue Macht sogleich die Kontrolle über die Lage in Tobolsk übernommen. Hier war der Plan gereift, die Zarenfamilie nach Kronstadt zu überführen und unter das „wachsame Auge" der revolutionären Matrosen zu stellen. Zu Beginn des Jahres 1918 begann man im Präsidium des Allrussischen Zentral-Exekutivkomitees und im Rat der Volkskommissare die Möglichkeit in Betracht zu ziehen, Nikolaj Romanow vor ein öffentliches Gericht zu stellen. Der Angriff der Deutschen im Februar 1918 ließ jedoch den Plan scheitern, die Zarenfamilie nach Petrograd zu überführen.

Nach Tobolsk kamen immer öfter unbekannte Personen, die der „Sonderabteilung" nicht gerade vertrauenerweckend erschienen. In den Zeitungen tauchten ebenso oft Mitteilungen über sich anbahnende Verschwörungen auf. In der Tat bestand eine reale Möglichkeit, die Flucht der Romanows aus dem „Haus der Freiheit" zu organisieren.

Geistlicher Herrscher in Tobolsk war Erzbischof Hermogen. Einst war er ein eifriger Anhänger von Grigori Rasputin gewesen, später wurde er dessen Erzfeind. Darum war er vom Zaren in die Verbannung geschickt worden. Nach dem Sturz der Zarenherrschaft wurde Hermogen zum Erzbischof von Tobolsk ernannt. Hier kam es nun zu einer neuerlichen Begegnung mit den Romanows. Der Kränkung nicht mehr eingedenk war der Knecht Gottes bereit, dem Gesalbten des Herrn zu dienen. Er bot seine Hilfe an, um die Zarenfamilie zu befreien. Aber Alexandra Fjodorowna widersetzte sich diesem Vorhaben, konnte sie doch das Schicksal ihres Mannes und der Kinder nicht einem erbitterten Feind des „Staretz" überlassen. So verfügte der „heilige Teufel" noch aus dem Jenseits über das Schicksal der Familie Romanow.

Der verhängnisvolle Einfluß des „Staretz" auf die Zukunft der Zarenfamlilie blieb jedoch nicht darauf beschränkt. Im Herbst 1917 kam der Oberleutnant Boris Solowjow nach Tobolsk. Er war einer der ständigen Begleiter Rasputins in Petrograd gewesen. Die Freundin der ehemaligen Zarin, Anna Wyrubowa, schickte Solowjow zu Alexandra Fjodorowna mit Briefen und Geldern, die für die Flucht gesammelt worden waren. Der Verbindungsmann zwischen der Zarenfamilie und Solowjow sollte Hermogen sein, und das beunruhigte die Zarin sehr. So wurden die Rettungspläne verworfen.

Daraufhin dachte sich Anna Wyrubowa einen völlig neuen, überraschenden Plan aus: Solowjow sollte Matrjona, die Tochter Rasputins, heiraten; das würde der beste Beweis dafür sein, daß er dem Vermächtnis des „Staretz" treu geblieben war. Die Hochzeit sollte das Eis des Mißtrauens, das seitens der Zarin gegenüber Solowjow bestand, zum Schmelzen bringen und ihre Zustimmung zum Befreiungsplan erwirken.

Die Rechnung ging auf. Solowjow fuhr mit seiner Frau Matrjona nach Sibirien und ließ sich in Pokrowskoje nieder, als ob er sich mit dem großen Märtyrer Grigori Rasputin identifizieren würde. Erst danach nahm er Verbindung zum „Haus der Freiheit" auf. Alexandra Fjodorowna erblickte darin ein großes Zeichen, das vom „Staretz" ausging, und sie begann von der Fluchtidee zu träumen. In einem ihrer Briefe an Solowjow bewertete Alexandra Fjodorowna die bestehenden Beziehungen: „Sie reden von einem Wunder, aber ist es etwa kein Wunder, daß der Herr Sie zu uns gesandt hat? Gott schütze Sie."

Zur Unterstützung Solowjows schickte Anna Wyrubowa den Offizier Sergej Markow vom Kavallerieregiment auf der Krim mit einer großen Geldsumme nach Tobolsk. Solowjow entwarf einen romantischen Fluchtplan, der von 300 ruhmreichen russischen Offizieren zu bewerkstelligen sein würde und nahm das gesamte Geld an sich.

✽

Im März 1918 marschierten Truppenteile der Roten Armee in Tobolsk ein und errichteten die Sowjetmacht. Die „idyllische Haft" der Zarenfamilie ging zu Ende. Neue Zeiten brachen an und damit neue Reglements.

Später wurde aufgeklärt, daß niemals eine Verschwörung vorbereitet worden war; Solowjow hatte – sich geschickt der Figur des „Staretz" bedienend – all jene beraubt, die sich wirklich um Hilfe für die Romanows bemühen wollten. Manche Beteiligte an den damaligen Ereignissen waren der Ansicht, Boris Solowjow sei ein bolschewistischer Provokateur gewesen. So oder anders, Rasputins Geist schwebte über der Zarenfamilie; der „heilige Teufel" führte die Romanows unmerklich in den Untergang.

ZWEITES KAPITEL
DIE ODYSSEE DES JAKOWLEW

Im März 1918 reiste einer der Bewacher des „Hauses der Freiheit" nach Moskau, um die Lage in Tobolsk zu schildern und neue Instruktionen einzuholen. Nachdem der Bericht des Vorsitzenden der Tobolsker Truppenverbände gehört worden war, faßte das Präsidium des Allrussischen Zentral-Exekutivkomitees unter der Leitung von Jakow Swerdlow am 1. April 1918 den Beschluß, schnellstens eine 200 Mann starke Truppe zu formieren und nach Tobolsk zu schicken, um dort den Wachdienst zu verstärken. So sich die Möglichkeit ergebe, war im Beschluß zu lesen, solle man den ehemaligen Zaren nach Moskau überführen. Somit waren Anfang April 1918 die Pläne der Zentralmacht die gleichen wie zuvor: Die Zarenfamilie sollte dort sein, wo sich die Regierung befand. In einem solchen Falle war es einfacher, eine Gerichtsverhandlung zu arrangieren und diese – bei Notwendigkeit – an einen beliebigen anderen Ort zu verlagern.

Derartige Absichten Moskaus paßten jedoch den Lokalbehörden nicht ins Konzept. Nach dem Umsturz vom Oktober 1917 waren die Omsker und besonders die Jekaterinburger Bolschewiki deutlich bemüht, die Gefangenen unter eigene Kontrolle zu bringen, da sie der Zentralmacht nicht trauten. Ziel derartiger Bestrebungen war es auch, den politischen Einfluß auf Moskau zu verstärken. Zudem übten die revolutionären Volksmassen einen moralisch-politischen Druck auf die örtlichen Sowjets aus, denn die Extremisten unter den Bolschewiki und Sozialrevolutionären protestierten gegen jegliche Gerichtsverhandlung über den ehemaligen Zaren und forderten eine schnelle Abrechnung mit „dem blutigen Nikolaj".

Den separatistischen Bestrebungen der Uraler Verbände stand der Kommandostab der „Sonderabteilung" gegenüber, der sich entschieden weigerte, die unter seiner Bewachung befindlichen Gefangenen in die Hände der Omsker oder der Uraler Truppen zu übergeben.

Für Moskau war die Zarenfamilie ein Trumpf im großen diplomatischen Spiel mit den Westmächten. Nach Abschluß des Friedens von Brest-Litowsk dachte Moskau, die Romanows als Geiseln zu verwenden, falls sich die deutsch-russischen Beziehungen weiter verschärfen sollten. In diesem Falle konnten sie zum Gegenstand eines Handels mit den Deutschen werden. Offenbar rechnete das Zentralkomitee der Russischen Kommunistischen Partei mit einer solchen Situation, als es am 19. Mai 1918 beschloß, vorerst keinerlei Maßnahmen in der Sache Nikolaj Romanow zu ergreifen.

Doch der Druck aus Jekaterinburg war so stark, daß das Allrussische Zentral-Exekutivkomitee nachgeben mußte. Bereits am 9. April hatte Swerdlow dem Ural-Sowjet telegraphiert, daß die Zarenfamilie nach Jekaterinburg überführt werden sollte. Zur Erfüllung dieser Mission schickte Moskau Jakowlew mit einem Mandat nach Tobolsk, das von Wladimir Iljitsch Lenin und Jakow M. Swerdlow unterschrieben war.

Wassili Jakowlew (sein richtiger Name war Konstantin Mjatschin) spielte in der Geschichte um die Zarenfamilie eine besondere Rolle; deshalb muß man ihn kurz vorstellen. Er entstammte einer Bauernfamilie, schlug sich mit 17 Jahren in Ufa auf die Seite der Revolutionäre und nahm im Dezember 1905 an den Kampfhandlungen gegen die Kosaken teil. Ein Kämpfer also, auf dessen Konto viele Kriegsplünderungen und zahlreiche Opfer kommen. Aus den verwegensten und gefährlichsten Operationen ging er unbeschadet hervor. Nach der viel Aufsehen erregenden „Enteignung in Miassa" (es wurden mehr als 86.000 Rubel geraubt und sieben Polizisten umgebracht) floh Jakowlew 1909 ins Ausland. Nach der Februar-revolution 1917 kehrte er nach Rußland zurück und wurde einer der aktiven Führer des Oktoberumsturzes.

Die Tatsache, daß Swerdlow die Überführung der Romanows einem Menschen übertrug, der durch „Feuer und Wasser" gegangen war, spricht für sich. In Moskau hielt man diese Angelegenheit für sehr wichtig. Deshalb vertraute man sie einem erprobten und ergebenen Kommunisten an. Jakowlew wurden außerordentliche Vollmachten erteilt. Von ihm wurde verlangt, „die Fracht" (so nannte man wörtlich die Zarenfamilie) lebend in Jekaterinburg abzuliefern, wo sie dann ohne direkte Anweisung des Allrussischen Zentral-Exekutivkomitees nicht aus der Stadt weggebracht werden durfte.

Diese Aufgabe zu erfüllen, erwies sich keineswegs als einfach. In Tobolsk stieß Jakowlew auf den heftigen Widerstand des Uraler Gebietskomitees gegen den Überführungsplan. Die Uraler vertrauten Jakowlew nicht. Sie waren bereit, dessen Abteilung zu überfallen und gemeinsam mit den Romanows niederzumachen. In einem Telegramm an Swerdlow warnte Jakowlew: „Wenn ‚das Gepäck' in die Hände der Jekaterinburger fällt, wird es vernichtet." Deshalb schlug er vor, die Gefangenen nicht nach Jekaterinburg, sondern nach Omsk zu überführen, davon ausgehend, daß Moskau die Endstation sein werde. So setzte sich am 15. April 1918 ein Sonderzug mit dem Zaren, der Zarin und der Großfürstin Maria Richtung Omsk in Bewegung. Die restliche Familie blieb in Tobolsk zurück.

Als der Uraler Gebietssowjet von der Änderung der Marschroute erfuhr, erklärte er Jakowlew zum Verräter der Revolution und teilte Moskau mit, der einzige Ausweg aus der einmal entstandenen Lage sei die Rückkehr des Zuges von Jakowlew aus Omsk nach Jekaterinburg. Andernfalls garantiere die Uraler Führung weder für die Sicherheit der Zarenfamilie noch für die des Kommissars des Allrussischen Zentral-Exekutivkomitees.

Diese eiserne Position des Ural-Sowjets bedeutete faktisch ein Ultimatum an die Zentrale, die dem letztendlich zustimmte. Am 28. April 1918 sandte Swerdlow ein Telegramm nach Omsk: „Kehre unverzüglich nach Tjumen zurück. Mit den Uralern haben wir uns geeinigt. Maßnahmen wurden eingeleitet. Die örtlichen Organe garantieren ihre persönliche Verantwortung. Übergib die gesamte ‚Fracht' nach Tjumen dem Vertreter des Uraler Gebietskomitees".

Damit wurde das Schicksal der Zarenfamilie in hohem Maße vorausbestimmt. Es lag jetzt vollständig in den Händen der örtlichen Machtorgane.

Alexander Borodow hat in seinen Memoiren offen über den Kampf des Ural-Sowjets um die vollständige Verfügungsgewalt über den „Fall" Romanow berichtet.

„Wir rechneten damit, daß es wahrscheinlich überhaupt nicht notwendig sein werde, Nikolaj bis nach Jekaterinburg zu schaffen. Wenn man während seiner Überführung günstige Bedingungen schuf, konnte er bereits unterwegs erschossen werden."

Jakowlews Wachsamkeit gestattete es zwar nicht, dieses geheime Vorhaben zu verwirklichen; seine außerordentlichen Vollmachten reichten allerdings auch nicht aus, um den ursprünglichen Plan auszuführen. Und Swerdlow war nicht hart und konsequent genug, um dessen Durchführung zu erzwingen. Wäre der Zug mit den erlauchten Gefangenen wirklich in Moskau angekommen, dann hätte man wohl kaum vorhersagen können, wie sich das Schicksal der Romanows gestaltet hätte. Zumindest hätte es keine unnötigen Opfer aus der Umgebung des Zaren gegeben.

Am 30. April 1918 übergab Jakowlew gegen Quittung an Beloborodow zur Bewachung: den nach Jekaterinburg überführten ehemaligen Zaren Nikolaj Alexandrowitsch Romanow, die ehemalige Zarin Alexandra Fjodorowna Romanowa und die ehemalige Großfürstin Maria Nikolajewna Romanowa.

Zu dieser Zeit hatte der Uraler Gebietssowjet die Beschuldigung, Jakowlew habe die Revolution verraten, bereits zurückgenommen. Auch noch die anderen Mitglieder der Zarenfamilie aus Tobolsk zu holen, lehnte Jakowlew allerdings entschieden ab.

DRITTES KAPITEL

DIE BLUTNACHT

Die Ankömmlinge wurden in der Villa des Bergbauingenieurs Nikolaj Ipatjew untergebracht. Das Haus stand am Hang der Wosnessensker Anhöhe. Es hatte unterschiedliche Etagenhöhen: Zur Wosnessenski-Straße hin gab es ein halb in die Erde eingelassenes Souterrain und die erste Etage. Zur Gartenseite hatte es zwei Stockwerke mit einer schönen Holzveranda. Zwischen den Etagen war eine Treppe mit jeweils 23 Stufen. Jede Stufe verkörperte gewissermaßen ein Jahr der Zarenherrschaft Nikolajs II. Dieses zufällige Zusammentreffen bekam einen tragischen Sinn, als der Henker die Romanows über diese Treppe ins Kellergeschoß zur Hinrichtung führte.

Bis zu dieser verhängnisvollen Stunde blieben noch 78 Tage, erfüllt von Hoffnung, Angst und Gebeten für eine Rettung.

Die Ipatjew-Villa wurde nun „Haus des Sonderauftrages" genannt. Zum Kommandanten war Alexander Awdejew ernannt worden. Um das Haus hatte man einen neuen Bretterzaun errichtet, der in zwei Saschen Abstand vor den Fenstern verlief. Am Zaun entlang und im kleinen Garten standen Wachposten. Die Wache selbst war in zwei Zimmern innerhalb des Gebäudes untergebracht. Auch im Korridor wurde ein Posten plaziert. Das gesamte Milieu erinnerte an ein straffes Gefängnisregime. Den Bewohnern des Hauses wurde ständig vor Augen geführt, daß sie Arrestanten waren. Im Vergleich zu Tobolsk entschied man, die Dienerschaft stark zu reduzieren. Mit dieser Anweisung wollte der Kommandant vom „Haus des Sonderauftrages" „diesen Herrschaften unverzüglich ihre Lage klarmachen" (aus den Aufzeichnungen von Awdejew), mit anderen Worten, er wollte das Haftregime verschärfen. Außer der Gattin und der Tochter Maria waren zusammen mit Nikolaj Alexandrowitsch auch der Leibarzt Jewgeni Botkin, die Diener Tschemodurow, Iwan Sednew und das Zimmermädchen Anna Demidowa in der Ipatjew-Villa untergebracht worden.

Am 23. Mai brachte der Vorsitzende des Tobolsker Matrosenrates P. Chochrjakow auch noch die restlichen Mitglieder der Familie Romanow nach Jekaterinburg: den Sohn Alexej und die drei Töchter: Olga, Tatjana und Anastasia. In ihrer Begleitung befanden sich der Koch Iwan Charitonow, der Zarendiener Alexej Trupp, der Knabe Ljonja Sednew und das „Onkelchen" des Zarewitsch, der Matrose Klementi Nagorny.

Nikolaj II. vermerkte in seinem Tagebuch: „Eine große Freude war es, sie nach vierwöchiger Trennung und Ungewißheit wiederzusehen und zu umarmen. Die Fragen wollten kein Ende nehmen. Sehr wenige Briefe hatten sie erreicht oder hatten wir von ihnen erhalten. Vielerlei hatten die Ärmsten ertragen müssen. Moralische Leiden in Tobolsk und während ihrer dreitägigen Reise."

Die gemeinsam mit den Romanows Angekommenen wurden sorgfältig aufgeteilt.

Vier von ihnen (Botkin, Demidowa, Trupp und Charitonow) teilten das Schicksal der Zarenfamilie, die übrigen wurden gefangengenommen und sofort erschossen. Nur einzelnen gelang es, zu überleben und später über diese schrecklichen Ereignisse zu berichten.

Von den Gefangenen des Ipatjew-Hauses quälte sich Alexandra Fjodorowna am meisten, sie hatte starke Rückenschmerzen und litt an Herzinsuffizienz. Sie versenkte sich in die Lektüre religiöser Bücher. Am 1. Mai schrieb sie in ihr Tagebuch: „Ich bin wegen Herzschmerzen im Bett geblieben, fühlte Müdigkeit und Kopfweh ..." Eintragung vom 12. Juli: „Jeden Tag liest eines der Mädchen mir ‚geistliche Lektüre' vor, das heißt den ‚Gesamten Jahreskurs kurzer Anmerkungen, zugeschnitten auf jeden Tag des Jahres.'" Nur selten begab sie sich in den kleinen, eingezäunten Vorgarten des Ipatjew-Hauses, saß aber gern mit ihrem Sohn auf der Freitreppe. Gewöhnlich blieb sie jedoch mit einer der Töchter, meistens mit Tatjana, in ihrem Zimmer. Deren Anhänglichkeit an die Mutter erklärte sich durch die geistige Nähe der beiden Frauen. Die Zarin und ihre zweite Tochter unterlagen gänzlich der Macht des religiösen Gefühls. Beide hatten eine Neigung zum Mystizismus. Und deshalb erinnerten sie sich oft an Grigori Jefimowitsch Rasputin. Sie wünschten sich so sehr, die Stimme des „Staretz" zu hören, die beruhigen und besänftigen konnte. Jetzt wären die Ratschläge Rasputins besonders nützlich gewesen, vor allem da Alexej wieder erkrankt war. Noch in Tobolsk hatte sich der Zarewitsch beim Spiel im Garten das Bein verletzt. Der Junge konnte nicht laufen. Die Wunde wollte nicht heilen, und das beunruhigte die Mutter sehr. Alexej langweilte sich ohne den Matrosen Nagorny, dem er sehr zugetan war.

Das „Onkelchen" hatte oft mit dem Jungen gespielt, ihn auf den Arm genommen, wenn er krank war und ihm die Beine massiert. Nach der Ankunft in Jekaterinburg hatten die Bolschewiki Nagorny gefangengenommen und bereits Ende Mai erschossen. Die einzige Stütze war jetzt Doktor Wladimir Derewenko, der Chirurg der Zarenfamilie. Er lebte in der Stadt und besuchte seinen kleinen Patienten regelmäßig. Später begann man, ihm die häufigen Visiten zu verbieten, der Kranke blieb jetzt ohne ärztliche Hilfe.

Der Zar sah ruhig und gefaßt aus. Täglich unternahm er mit den Kindern Spaziergänge im Garten. Manchmal versuchte er, mit den Posten zu sprechen. Seine Gelassenheit reizte Alexandra Fjodorowna häufig. Dennoch glaubte sie fest an die göttliche Bestimmung Nikolajs, dessen Verhalten eine ihm von Gott verliehene Würde ausstrahlte.

Die Töchter der Romanows lasen, spielten Karten, nähten, besserten aus oder stickten. Oft liefen sie in die Küche, halfen kochen oder wuschen Kleider.

So vergingen 66 Tage Haft im „Haus des Sonderauftrages". Am 4. Juli trat ein Ereignis ein, das das Leben der Familie plötzlich veränderte.

Den Gefangenen wurde Jakow Jurowski, der neue Kommandant des Hauses, vorgestellt; er löste Awdejew ab. Das geschah nicht etwa deshalb, weil der alte Kommandant ein Trinker und nur auf den Raub der Zarenschätze aus war. Vielmehr oblag Jurowski eine verantwortliche, revolutionäre Aufgabe: Er sollte die Familie Romanow liquidieren. Für die Erfüllung eines solchen Auftrags brauchte man einen Menschen mit kalter Willenskraft und unerschütterlicher Ergebenheit gegenüber den Zielen der Russischen Kommunistischen Partei (der Bolschewiki). Ein solcher Mensch war Jurowski: Bolschewik seit 1905 war er wegen revolutionärer Tätigkeit nach Tomsk verbannt gewesen. Nach dem Oktober 1917 hatte er eine schnelle Karriere gemacht, kam in den Führungsstab des Ural-Sowjets, wurde Mitglied der Militärabteilung des Gebiets-Exekutivkomitees, war Vorsitzender der Untersuchungskommission, stellvertretender Justiz-Kommissar des Uralgebietes, Kollegiumsmitglied der Sonderkommission, Leiter des Bewachungsschutzes von Jekaterinburg. Auf einen solchen Kommunisten konnte man sich verlassen.

So trafen sich der Henker und seine Opfer. Doch die dem Untergang Geweihten spürten nicht sofort den Hauch des Todes, der vom neuen Kommandanten ausging. Im Gegenteil, zunächst erschien er ihnen durchaus liebenswürdig.

Jakow Jurowski und sein Helfer Grigori Nikulin begannen ihre Tätigkeit erst einmal mit der Beschreibung und Beschlagnahme der Wertsachen wie goldener Ringe, Armbänder usw.

Eine Woche später brachten sie am einzigen nach außen zu öffnenden Fenster ein Eisengitter an. Die aus einheimischen Arbeitern bestehenden Wachen wurden gegen Rotarmisten – die „Letten" – ausgetauscht. Ob die neuen Bewacher wirklich Letten waren, ist schwer zu sagen, weil viele Posten österreichische und ungarische Familiennamen trugen.

Zunächst erhielt die Zarenfamilie die gleiche Verpflegungsration, wie sie an die Bewohner von Jekaterinburg ausgegeben wurde. Täglich brachte man aber aus dem Kloster in Nowotichwinsk zusätzliche Lebensmittel wie Quarkspitzen, Butter und Eier. Jurowski verbot schließlich diese „Geschenke", er gestattete nur noch Milch. Als eines Tages der Koch Charitonow anfragte, wie er aus vier Pfund Fleisch ein Abendessen für eine ganze Familie zubereiten solle, antwortete Jurowski: „Man muß sich eben daran gewöhnen, nicht wie ein Zar, sondern wie ein Gefangener zu leben."

Der Kommandant hatte den Eindruck, daß die ganze Familie, insbesondere aber die Mädchen, zu oft badeten. Auch das wurde verboten. Der sadistische Charakter des Kommandanten wurde immer offensichtlicher. Alexandra Fjodorowna nannte ihn in ihrem Tagebuch „Jurowski, der Wisent".

★

Die immer größer werdende Isolierung der Romanows von der Außenwelt ging einher mit der Gefahr, die dem Land von außen drohte.

In der zweiten Julidekade näherte sich die Koltschak-Armee zielstrebig der Stadt Jekaterinburg. Am 12. Juli schrieb die Zarin in ihr Tagebuch: „Man hört ständig, wie Artillerie durchfährt. Infanterie und Kavallerie sind zugange, die ganze Woche schon... Täglich treffen Verwundete in der Stadt ein."

Angesichts dieser Lage beschleunigte der Uraler Gebietssowjet die Vorbereitung zur Hinrichtung von Nikolaj Romanow. Die Erschießung des ehemaligen Zaren war durch alle vorausgehenden Aktionen des Sowjets schon vorbereitet worden. Bereits in den ersten Julitagen hatte man angewiesen, nach Grabstätten für die künftigen Opfer zu suchen. „Als ich das Amt annahm", erinnerte sich Jurowski, „stand schon die Frage nach der Liquidierung der Familie Romanow, zumal ja die Tschechoslowaken und Kosaken zum Ural zogen und damit Jekaterinburg näher und näher rückten. Irgendwelche Verbindungen Nikolajs zur Außenwelt müssen bestanden haben."

Sicherlich gab es in der Stadt Monarchisten, eifrige Anhänger von Nikolaj II., doch eine Verschwörung zu organisieren, um den Zaren zu befreien, das vermochten sie nicht. Jegliche Kontakte der Gefangenen zur „Freiheit" waren abgebrochen. Um neue Verbindungen zu verhindern, tauschte man die Wachposten aus, gestattete Ärzten, Nonnen und Geistlichen keinen Zutritt mehr.

Bestand etwa von Seiten der Zarenfamilie eine Bereitschaft zur Flucht? Nein. Deshalb gingen die Ural-Tschekisten zur Provokation über. Im Namen der Organisation russischer Offiziere verfaßten sie einen anonymen Brief, in dem vom schnellen Fall Jekaterinburgs die Rede war und vorgeschlagen wurde, daß man sich zur Flucht bereit halten solle. Ein Fluchtdatum enthielt dieses Schreiben jedoch nicht. Den Brief übersetzte man ins Französische und ließ ihn durch einen Wachposten dem Zaren übergeben. Über den Wachposten antwortete Nikolaj auf dem gleichen Blatt. Er wolle das Leben seiner Familie nicht riskieren und hoffe, daß sie bald nach Moskau geschickt würden, um dem Vertreter eines der führenden europäischen Herrscherhäuser übergeben zu werden. Der Monarch lehnte den Fluchtplan ab, weil er in ihm eine Falle vermutete: Man könnte sie gegebenenfalls beim Fluchtversuch erschießen.

Bald schon sandten die Tschekisten das nächste provokatorische

Schreiben ins Ipatjew-Haus. Die Aufregung, die dabei in der Familie Romanow entstand, wurde als Fluchtbereitschaft gewertet.

Diese Provokationen brauchten die örtlichen Mächte als „Beweis" für ihre Version, wonach es tatsächlich eine Verschwörung mit dem Ziel, die Romanows zu befreien, gegeben habe.

*

Am 12. Juli wurde beschlossen, der bevorstehenden Hinrichtung den Anschein von Gesetzmäßigkeit zu verleihen. In der Sitzung des Gebietssowjets erörterte man die Frage, wie man sich zum Schicksal der Zarenfamilie verhalten solle, angesichts der drohenden Gefahr, daß sich die Stadt den heranrückenden Weißtschechen ergeben müßte. Schließlich wurde der Beschluß angenommen, vom Moskauer Plan, die Romanows vor Gericht zu stellen, abzugehen. „In Anbetracht dessen", heißt es in der Beschlußfassung, „daß tschechoslowakische ‚Banden' die rote Hauptstadt des Urals, Jekaterinburg, bedrohen, angesichts auch der Tatsache, daß der ‚gekrönte Henker' dem Volkszorn entfliehen kann (es wurde eine Verschwörung der Weißgardisten mit dem Ziel, die gesamte Romanowfamilie zu entführen, aufgedeckt), hat das Präsidium des Gebietssowjets in Erfüllung des Willens der Revolution festgelegt: Der ehemalige Zar, Nikolaj Romanow, der sich unzähliger Verbrechen am Volk schuldig gemacht hat, ist zu erschießen."

Ein Beweis für die Stichhaltigkeit dieses Urteils kam überhaupt nicht zustande. Der wäre auch schwer zu erbringen gewesen.

Erstens hätte man die Familie schon viel früher, bevor sich feindliche Truppen der Stadt näherten, nach Moskau vor ein Gericht bringen können, so wie es von der Zentrale gefordert worden war. Auch am 12. Juli war es für eine Abreise noch nicht zu spät.

Zweitens gab es in der Stadt überhaupt keine Verschwörung mit dem Ziel, die Zarenfamilie zu entführen.

Drittens, wer verkörperte eigentlich „den Willen der Revolution": das Allrussische Exekutivkomitee oder der örtliche Sowjet?

Viertens. Eine persönliche Schuld des ehemaligen Zaren war nicht erwiesen. Welche Verbrechen wurden von ihm persönlich begangen und welche vom System der Selbstherrschaft, das ja von fernen Vorgängern Nikolajs II. errichtet worden war?

Und letztlich: In dem Beschluß ist nur die Rede davon, den ehemaligen Zaren zu erschießen, nicht aber seine ganze Familie. Wer hat wann und auf welcher Grundlage das gegen Nikolaj Romanow verhängte Urteil auf alle Gefangenen des Ipatjew-Hauses erweitert?

Es ist völlig offensichtlich, daß der Beschluß des Ural-Sowjets ein Akt der Willkür, ein ungesetzlicher Beschluß, ein unbewiesenes Urteil war. Das heißt, er sollte einen politischen Mord der örtlichen Bolschewiki im Namen der Revolution sanktionieren, um die Mißerfolge an der Front zu schmälern.

★

Der letzte Tag der Romanows verlief wie üblich. Nichts kündigte eine Tragödie an. Es fand der halbstündige Spaziergang statt. Die Zarin und Tatjana lasen das Buch des Propheten Amos und das Buch des Propheten Obadja, dann plauderten sie. Unruhe rief nur hervor, daß man den Knaben Ljonja Sednew rief, um den „Onkel" wiederzusehen, wonach er wegblieb; er war einfach verschwunden. Das beunruhigte alle.

Das Herausrufen des Jungen war das einzige „nichtrevolutionäre" Verhalten der Henker. Sie wollten ihn am Leben lassen. Ein Wiedersehen mit dem „Onkel" gab es nicht, konnte es auch nicht geben, denn der Matrose Iwan Sednew war bereits Ende Mai 1918 erschossen worden.

Am 16. Juli 1918 um 2 Uhr nachmittags kam Filipp Goloschtschekin in das „Haus des Sonderauftrages" und übergab den Beschluß des Exekutivkomitees zur Hinrichtung von Nikolaj Romanow und teilte mit, daß man das Urteil heute noch vollstrecken müsse. Nachts sollte ein Genosse kommen, der die Parole „Schornsteinfeger" nennt. Diesem solle man dann die Leichen übergeben.

Die Vollstreckung des Urteils übertrug man den Tschekisten und den Soldaten der Innenwache. Jurowski – Leiter der Urteilsvollstreckung – ordnete an, wer wen erschießen sollte. Die Letten weigerten sich, die Mädchen zu erschießen. Das versetzte Jurowski in Wut, und er befahl, diese Soldaten von der Ausübung der „revolutionären Pflicht" zu entbinden. Mitternacht ging vorüber. Gegen halb zwei kam der „Schornsteinfeger". Das Leben von Nikolaj und seiner Familie dauerte nur noch Minuten...

Jurowski hat die Hinrichtungsszene mit der Akribie eines Henkers und der Wollust eines Sadisten beschrieben. Als die zum Tode Verurteilten in den Kellerraum des Ipatjew-Hauses geführt und vor den in Reih und Glied angetretenen Rotarmisten aufgestellt wurden, ahnten sie noch immer nicht, warum man sie hierher gebracht hatte. Jurowski hatte Doktor Botkin nur mitgeteilt, daß es in der Stadt unruhig sei, deshalb müsse man an einen sicheren Platz überwechseln. Die „großen Märtyrer" schafften es nicht einmal mehr, zu beten und sich zu bekreuzigen. „Ich teilte mit", erinnerte sich Jurowski, „daß das Exekutivkomitee der Arbeiter-, Bauern- und Soldatendeputierten des Urals beschlossen hat, sie zu erschießen. Nikolaj wandte sich fragend um. Ich wiederholte den Befehl und kommandierte: ‚Feuer!' Als Erster schoß ich und tötete Nikolaj mit einem einzigen Schuß. Das Schießen dauerte sehr lange und obwohl ich gehofft hatte, die Holzwand würde keine Querschläger zulassen, prallten die Kugeln dennoch von ihr zurück. Mir gelang es nicht, das Feuer wieder einzustellen, das wüsten Charakter annahm. Doch als es mir dann endlich gelungen war, das Schießen zu beenden, sah ich, daß viele noch am Leben waren. Zum Beispiel lag Doktor Botkin auf den rechten Ellenbogen gestützt da, wie einer, der sich ausruht. Ich erledigte ihn mit einem Revolverschuß. Alexej, Tatjana, Anastasia und Olga lebten auch noch. Auch die Demidowa lebte noch. Genosse Jermakow wollte die ‚Angelegenheit' mit dem Bajonett beenden. Aber das gelang nicht ... Ich war gezwungen, sie alle der Reihe nach zu erschießen."

Ein anderer Teilnehmer an der Erschießungsszene, Michail Medwedjew (Kudrin), wollte die Ehre, der „erste Henker" zu sein, nicht an Jurowski abgeben. Er schreibt sich selber das Verdienst zu, den Zaren ermordet zu haben. Angeblich hat er den Bruchteil einer Sekunde früher auf den Abzug seiner Mauser gedrückt. Medwedew beschrieb die Szene des Blutbades mit wieder anderen abscheulichen Einzelheiten und beendete den Bericht mit folgender Episode: Einer der Rotarmisten spießte das Stubenhündchen Anastasias auf sein Bajonett und warf es dann neben den toten Zaren...

Die bolschewistischen Henker bemühten sich sehr, als Helden in die Geschichte einzugehen, aber die Geschichte hat sie in „Gerostraden" verwandelt...

Die russisch-orthodoxe Kirche sprach Nikolaj Romanow heilig.

VIERTES KAPITEL

GENIALE VORSEHUNG ODER BÖSES SCHICKSAL?

Zwischen dem tragischen Ende von Grigori Rasputin und der Hinrichtung der Zarenfamilie besteht trotz unterschiedlicher Umstände und ungleicher Bedingungen dennoch ein innerer Zusammenhang. Die Schüsse des Fürsten Felix Jussupow in dessen Palais und die Salven der Tschekisten im Keller des Ipatjew-Hauses wurden ausgelöst durch die politische Krise in Rußland, für die alle handelnden Personen dieses Buches in unterschiedlichem Grade Verantwortung trugen: das Herrscherpaar, das Hofgefolge und der „heilige Teufel" Rasputin.

Das Erscheinen einer so skandalumwitterten Figur wie Rasputin in höchsten Machtstrukturen wurde erst möglich, als der Niedergang der russischen Monarchie begonnen hatte, als der politische, staatliche und moralische Zerfall Formen einer „tragischen Orgie" annahm.

Gerade unter solchen Bedingungen gelang dem wenig gebildeten Bauern, dem Pferdedieb aus dem Dorf Pokrowskoje im Tobolsker Gouvernement, ein märchenhafter Aufstieg am Fuße des Throns der Romanows. Die Ankunft des sibirischen „Staretz" in Petersburg im Jahre 1905 bewirkte eine Belebung der Hauptstadt. Man sagte, Rasputin sei ein Hellseher, ein Wunderheiler, er verfüge über besondere Kräfte, sei ein Frommer, ein Gottesmensch.

Für derlei Gerede gab es gewisse Gründe. In den Erinnerungen von Zeitgenossen finden wir nicht wenige konkrete Fakten, denen zufolge der „Staretz" Kranken geholfen hat, sich von ihren Leiden zu befreien. Obwohl Grigori Jefimowitsch Rasputin keine Bildung erhalten hatte, besaß er von Natur aus eine schnelle Auffassungsgabe, ein gutes Erinnerungs- und Beobachtungsvermögen und verfügte über treffende analytische Fähigkeiten. Ganz Rußland hatte er bereist, er kannte das Leben gut, zwei Mal war er in Jerusalem gewesen, hatte Menschen verschiedener Schichten getroffen, lange Gespräche geführt, eine enorme Lebenserfahrung gesammelt und die Weisheiten den Volkes studiert.

Das Phänomen von Rasputins Auftritt auf dem Parkett der Macht ist nicht nur mit der Heilkraft des Wundertäters zu erklären. In Hofkreisen gab es nicht wenige Leute, die bestrebt waren, die reale oder scheinbare Bedrohung durch den westlichen Freimaurereinfluß auf den Zaren und seine Gattin zu paralysieren. Sie verwiesen besonders auf den französischen Freimaurer Philippe, der den Zaren geheilt und sich die große Zuneigung des Zarenpaares erworben hatte.

Rasputin fiel die Rolle des russischen Antipoden zu, das heißt eines Menschen aus dem Volke, der fähig war, Nikolaj und seine Gattin im wahren orthodoxen Glauben zu bestärken. Bis zu einem gewissen Moment war der „Staretz" dieser Rolle auch gewachsen, aber bald zeigte sich, daß die irdischen Salonfreuden eine größere Anziehungskraft für ihn hatten als die geistlichen Werte.

Rasputin war alles erlaubt. Auf diesem günstigem Boden erblühten in prächtigen Farben seine sündigen Neigungen: die Leidenschaft zum Wein, zu den Frauen, zu den Genüssen, Annehmlichkeiten. „Der Gottesmensch" hatte sich in einen „heiligen Teufel" verwandelt.

In der Zeit der Zarenherrschaft Nikolajs II. gehörte es zur allgemein akzeptierten Tradition, daß man bei Hofe Wahrsager, Rufer und Spiritisten empfing. Darüber hinaus gab es einen weiteren, ganz konkreten Grund für die engen Beziehung Rasputins zum Zarenhof: die Krankheit des Thronfolgers.

Alexej Nikolajewitsch, 1904 geboren, litt an einer Erbkrankheit (mütterlicherseits) – der Bluterkrankheit. Alexandra Fjodorowna betrachtete dies als persönliche Sünde vor Gott und Rußland.

Doch daneben gab es noch etwas anderes. Die Zarin war bestürzt über die „Atmosphäre am russischen Hof" und in der höheren Gesellschaft. Kurz nach ihrer Ankunft in Rußland schrieb sie nach Deutschland: „Ich fühle, daß alle, die meinen Mann umgeben, unaufrichtig sind, und niemand seine Pflicht um der Pflicht willen und für Rußland erfüllt. Alle dienen ihm nur der Karriere wegen oder weil sie sich persönliche Vorteile verschaffen wollen."

So blieben nur die Hoffnung auf Gott, Gebete, der Glaube an Wunder und Propheten. Als nun ein solcher Heiler und Wahrsager in Petersburg erschien, wurde er im Zarenhaus empfangen. Seit jener Zeit war das Schicksal von Rasputin eng verflochten mit dem der Romanows.

Der Einfluß Grigoris begann von Jahr zu Jahr zu wachsen. Er mischte sich immer aktiver in die Staatsangelegenheiten ein, besonders wenn es um die Ernennung oder Abberufung höherer Beamter ging.

Dennoch war die im Volk verbreitete Vorstellung von Rasputin als dem wahren Herrscher Rußlands unrealistisch und stark übertrieben, selbst am Vorabend des Zusammenbruches der Selbstherrschaft. In Wirklichkeit hatte Rasputin keinerlei eigenes „Programm" und verfolgte auch keine politische Linie, die der des Zaren entgegengesetzt gewesen wäre.

Mit einer gewissen „Bauernschläue" erfaßte er die Interessen und auch die Wünsche der Herrscher und konnte „im Namen Gottes" das Vorhersagen, was man von ihm hören wollte. Dessen bedienten sich gewandt die Karrieristen zur Verwirklichung ihrer eigennützigen Pläne. Somit war Rasputins Aufstieg auf den politischen Olymp wohl weniger eine Laune der Romanows, sondern vielmehr die Absicht der höfischen Kamarilla, die ein Götzenbild brauchte, um eigene Ziele realisieren zu können. Rasputin war notwendig, und er wurde geschaffen. Die gleichen Leute, die den „göttlichen Alten" aufgebaut hatten, lieferten später den „heiligen Teufel" der bourgeois-liberalen Opposition aus, um das Zarenhaus in Mißkredit zu bringen. Dieser Trumpf wurde mit großer Wirkung benutzt. Nachdem Rasputin die ihm vorgeschriebene Rolle erfüllt hatte, wurde er weder von den Monarchisten noch von den Liberalen gebraucht.

Als Grigori Jefimowitsch die drohende Verschwörung spürte, schrieb er ein Testament, in dem er sich mit folgenden Worten an Nikolaj II. wandte: „Zar der russischen Erde, wenn Du den Glockenton hörst, der Dir den Tod Grigoris verkündet, dann wisse: Wenn den Mord Deine Verwandten begangen haben, dann wird keiner aus Deiner Familie, Kinder und Verwandte, länger als zwei Jahre leben. Das russische Volk wird sie erschlagen." An der Ermordung Rasputins war ein Verwandter des Zaren, Großfürst Dimitri Pawlowitsch, beteiligt. Nikolaj II., der den Appell des „Staretz" kannte, fühlte sich zum Untergang verurteilt. Er überlebte Rasputin reichlich anderthalb Jahre.

Was ist dies nun: Ein zufälliges Zusammentreffen oder ein letzter Beweis für den Scharfsinn des „heiligen Teufels"?

ANHANG

RASPUTINS FREUNDE UND FEINDE

	Für Rasputin		Gegen Rasputin
Kaiserliche Familie	Nikolaj II, Alexandra, Alexej, Olga, Tatjana, Marja, Anastasia		Marja Fjodorowna, Nikolaj Nikolajewitsch, Peter Nikolajewitsch, Die ‚Montenegrinerinnen', Jelisaweta Fjodorowna
Wundertäter bei Hof	Johann von Kronstadt, Dr. Badmajew, Darja Ossipowa	**vor Rasputin** Dr. Philippe, Papus, Antoni	Mitja Koljaba, Jegorow
Personen bei Hof	Wojeikow, Wyrubowa, Sablin, Loman, Putjatin, Maltzew, Wischnjakowa	**neutral** Fredericks, Orlow, Tanejew, Derewenko	Nilow, Tjutschew, Zanotti, Gilliard
Minister	Stürmer, Protopopow, Sabler, Wolschin, Dobrowolski		Stolypin, Goremykin, Kokowzow, Sasonow, Suchomlinow, Trepow, Saklakow, Chwostow, Samarin
Salons	Andronnikow, Burdukow Rosen, Ignatiew		Bogdanowitsch, Buchanan, Paléologue
Geldleute	Manus, Rubinstein		**Feinde i. d. Duma** Rodsjanko, Gutschkow, Purischkewitsch
Kirchliche Würdenträger	Pitirim, Warnawa, Wostorgow		Theophan, Hermogen, Iliodor, Wassiljew

GRIGORI JEFIMOWITSCH RASPUTIN
Eltern: Jefim Andrejewitsch, Anna Jegorowna
Gattin: Praskowja;
Kinder: Matrjona, Warja, Mitja;
Nichte: Anjuschka

Konspiratoren
Iliodor, Gussewa, Dumbadse, Obrassow, Chwostow, Beletzki, Komisarow, Rschewski

Mörder Rasputins
Purischkewitsch, Jussupow, Dimitri Pawlowitsch, Dr. Lazowert, Suchotin, Nefedow

Sekretäre Rasputins	Manassewitsch-Manuilow, Simanowitsch, Dobrowolski, Otsupa-Snarski

Spitzel der Hofagentur: General Spiridowitsch
Spitzel der bes. Überwachung: Oberst Komisarow
Spitzel der Ochrana-Agentur: General Globitschew
Spitzel privater Agenturen, Banken etc.

Frauen um Rasputin
Dunja, Katja, Akulina, Laptinskaja, Fr. Golowina, Marja Golowina, Wyrubowa, Lochtina, Pistolkors, Schachowskaja, Dolgorukaja, Kreuz, Tenischewa, Gar, Schukowskaja, Djanumowa, Lella, Gill, Tscherwinskaja, Solowjowa, Turowitsch, Nikitina, Baschmakowa, Karawina, Leikart, Basilewskaja, Jasininskaja, Sandetzkaja, Mitinskaja, Tatarinowa, Warwarowa, Lerma, Schapowalenkowa, Bermann, Iwanitzkaja, Zesarewa, Näherin Katja, Polakowa, Mascha, Gregubowa, Terechowa, Masseuse Utilia, Jermolaja

Bittsteller und Besucher bei Rasputin
Graf Tatischew, Koll.-R. v. Bok, Gen. Kleigels, Bark Ginsburg, Reschetnikow, Mamontow, Nordmann, Pestrikow, Glasow, Kowalski, Solowjow, Ossipenko, Derewenski, Knirsche, Popermann, Maksakow, Michalew, Mandels, Müller, Schischkin, Mendel Neumann, Filipow, Aronson, Neustein

VERZEICHNIS
DER ABBILDUNGEN

Seite 2: Grigori Jefimowitsch Rasputin
Seite 5: Rasputin segnet seine Jüngerinnen

Seiten I – IV (nach Seite 32):
1 Rasputin Gemälde von Krarup)
2 Das Kloster Werchoturje (alter Stich)
3 Das Kloster Werchoturje aus anderer Sicht (alter Stich)
4 Tobolsk (alter Stich)
5 Tjumen (alter Stich)
6 Rasputin in seiner Kutsche
7 Rasputins Wohnhaus in Pokrowskoje
8 Der Bauer Rasputin mit seinen Kindern in Pokrowskoje (von links nach rechts: Matrjona, Rasputin, Warja, Mitja)
9 Rasputin, Bischof Hermogen und der Mönchspriester Iliodor, späterhin Rasputins bitterster Feind
10 Rasputin im Kreise seiner Anhänger in Pokrowskoje

Seiten V – VIII (nach Seite 96):
11/12 Der Kaiser und die Kaiserin von Rußland in ihrer Brautzeit
13 Die Kaiserin in ihrem Wohnzimmer
14 Die kaiserliche Familie und Anna Wyrubowa (links, sitzend) bei einem Ausflug in den Finnischen Schären
15 Der Kaiser während einer Ruhepause nach dem Tennisspiel
16 Hofminister Graf Fredericks, die Kaiserin und Großfürstin Tatjana in den Finnischen Schären
17 Der Kaiser im Kreise der Offiziere von Zarskoje Selo
18 Die kaiserliche Familie besucht ein Kosaken-Regiment
19 Die Kaiserin und der Thronfolger bei einer Ausfahrt in Livadia
20 Brücke im Park von Zarskoje Selo
21 Schlittenfahrt der kaiserlichen Familie

Seiten IX – XII (nach Seite 144):
22 Die Kaiserin in der Uniform ihres Ulanenregiments
23 Großfürstin Olga in der Uniform ihres Husarenregiments
24 Großfürstin Jelisaweta Feodorowna, die Schwester der Kaiserin
25 Großfürst Sergej Alexandrowitsch, der Onkel und Schwager des Kaisers
26 Hofminister Graf Fredericks, in altrussischer Hoftracht
27 Die Zarentöchter Olga, Tatjana, Marja, Anastasia
28 Der Kaiser in altrussischer Hoftracht
29 Der Zarewitsch in der Unterrichtsstunde
30 Das Häuschen der Wyrubowa
31 Das Empfangszimmer der Kaiserin

Seiten XIII – XVI (nach Seite 192):
32 Großfürstin Olga, die älteste Tochter des Kaiserpaares
33 Großfürstin Jelisaweta, die Schwester der Kaiserin, als Nonne
34 Die Kaiserin mit Handarbeiten beschäftigt
35 Die Kaiserin am Krankenlager des Thronfolgers
36 Die „Montenegrinerinnen", Großfürstin Militza und Großfürstin Anastasia, die Rasputin bei Hof einführten

Die Gatten der „Montenegrinerinnen":
37 Großfürst Peter Nikolajewitsch
38 Großfürst Nikolaj Nikolajewitsch

39 Die Kaiserin in der ersten Zeit ihrer Ehe
40 Der ‚Seher' Johann von Kronstadt
41 Rasputin im Park von Zarskoje Selo

Seiten XVII – XX (nach Seite 256):
42 Der Thronfolger mit seinem Wärter Derewenko
43 Der Kaiser spielt mit dem Thronfolger „Soldaten"
44 Die ältesten Zarentöchter
45 Mutter und Sohn
46 Minister des Innern Protopopow
47 Ministerpräsident Boris Stürmer
48 Die unterirdische Kapelle der Kaiserin im „Feodorowski Sabor"

49 Flügeladjutant Oberst Loman, Rasputin und Fürst Putjatin
50 Die Kaiserin mit Rasputin beim Tee
51 Rasputin
52 Das Zimmer, in dem die Zarin Rasputin empfangen hat
53 Faksimile eines Briefes von Rasputin. „Mein Lieber, Teurer! Entschuldige, mein Teurer! Ist kein Plätzchen da für einen Mitarbeiter? Rasputin"
54 Faksimile eines Briefes von Rasputin. „Wenn man Hunden verzeiht – wie Sergej Trufanow [Iliodor], dann wird er, der Hund, alle auffressen"

Seiten XXI – XXIV (nach Seite 304):
55 Die Kaiserin mit dem Thronfolger
56 Russische Pilger in Jerusalem
57 Russische Pilger auf dem Berge Sinai
58 Der Metropolit Pitirim
59 Der Kollegienrats-Assessor Manassewitsch-Manuilow
60 Die tägliche Versammlung der „Verehrerinnen" in Rasputins Wohnzimmer
61 Faksimile eines Briefes von Rasputin: „An den Minister Chwostow. Mein Lieber, Teurer, ich sende Dir ein schönes Dämchen. Sie ist arm, rette sie – sie ist in Not, sprich mit ihr! Grigori"
62 Faksimile eines Briefes von Rasputin an den Magier Badmajew: „Verschaffe ihm einen möglichst guten Platz. Höre ihn an!"

Seiten XXV – XXVIII (nach Seite 368):
63 Anna Wyrubowa, die Hofdame, die zwischen der Kaiserin und Rasputin vermittelte
64 Alexandra von Pistolkors, die Schwester der Wyrubowa
65 Rasputin, umgeben von Damen des russischen Hofes
66 Dependance des Restaurants „Villa Rode"
67 „Rasputin feiert Orgien." Karikatur im Ikonen-Stil von N. Iwanow (1917)
68 „Das russische Herrscherhaus" Rasputin-Karikatur von N. Iwanow
69 Russische Rasputin-Karikatur: „Wir Nikolaj II."
70 Das Gästezimmer in Rasputins Haus in Pokrowskoje

71 Russische Rasputin-Karikatur: „Ich habe ihn früher vom Thron gestürzt als ihr!"
72 Rasputin auf dem Krankenlager nach dem Attentat der Gussewa. Text der Handschrift: „Was wird morgen geschehen? Du bist unser Führer, Gott, wie viele Dornenpfade gibt es doch im Leben!"
73 Der Minister A. N. Chwostow
74 Der Dumapräsident Rodsjanko
75 Der Kriegsminister Suchomlinow
76 Der englische Botschafter Sir George Buchanan
77 Der Ministergehilfe Beletzki, Chef des Polizeiwesens
78 Bischof Warnawa, der Schützling Rasputins

Seiten XXIX – XXXII (nach Seite 432):
79 Karikatur auf das Zarenhaus von N. Iwanow
80 Rasputin-Karikatur von N. Iwanow. „Der Zusammenbruch des Zarentums, guten Leuten zur Lehre.Legende von der Schlange, russischen Kindern zur Ermahnung."
81 Karikatur im Ikonen-Stil, das üppige Leben bei Hof darstellend, von N. Iwanow
82 Fürst Felix Jussupow, der Mörder Rasputins
83 Irina Alexandrowna, Jussupows Gattin
84 Der Mörder Purischkewitsch, Duma-Abgeordneter
85 Großfürst Dimitri Pawlowitsch, beteiligt an dem Mordkomplott
86 Der erschlagene Rasputin
87 Das Palais Jussupow an der Moika, in dem Rasputin ermordet wurde
88 Die amtliche Urkunde über die Verbrennung von Rasputins Leiche
89 Der Thronfolger und sein Erzieher Gilliard
90 Die letzte Aufnahme der Zarin und ihrer Töchter, Tobolsk 1918
91 Die letzte Aufnahme des Zaren, Tobolsk 1918

Die Illustrationen dieses Werkes stammen aus den Revolutionsmuseen von Moskau und Leningrad, aus dem ehemals kaiserlichen Archiv, aus den Privat-Archiven von Frau Anna Wyrubowa, Frau Vera Schukowskaja, Exz. Maria Wassiltschikow, Exz. Elisabeth Narischkin, aus dem Archiv Raoul Korty und aus den Privatsammlungen der Herren P. Birukow und P. Detinow in Moskau.

NACHWEIS DER QUELLEN UND LITERATUR

Außer den privaten Berichten und Mitteilungen von Persönlichkeiten, die zu Rasputin in Beziehungen gestanden haben, hat der RenéFülöp-Miller für seine Arbeit die nachstehend angeführten Quellen benutzt:

A. Aussagen, Berichte und Briefe von Beteiligten, denen dokumentarische Bedeutung zuzusprechen ist

Akten der Oberprokuratur des Heiligen Synod über die Zugehörigkeit Rasputins zu den Sektierern, Staatsarchiv Moskau.
Alexandra Feodorowna, Zarin, Briefe an den Zaren, Staatsverlag Moskau, 1923 (deutsch im Verlag Ullstein).
– –, Expreßtelegramm an den Zaren vom 17. XII. 1916,
– –, Expreßtelegramm an den Zaren vom 18. XII. 1916,
– –, Expreßtelegramm an den Zaren vom 19. XII. 1916,
Anastasia Nikolajewna, Großfürstin, Briefe an Rasputin, 1908—1909.
Archiv des tibetanischen Wunderarztes Badmajew (herausgegeben von Sementkowski), Moskau 1926;
a) Briefe Badmajews an Rasputin und Iliodor aus dem Jahre 1912;
b) Bericht Badmajews an den Zaren vom 17. II. 1912;
c) Bericht Badmajews über die Behandlung des Thronfolgers vom 9. X. 1912;
d) Briefe Badmajews an Anna Wyrubowa vom 24. II. 1916 und 9. III. 1916;
e) Briefe Badmajews an den Zaren vom 24. III. 1916;
f) Briefe Badmajews an den Zaren vom 22. IV. 1916 (Beilage eine Broschüre ‚Das Ende des Krieges');
g) Briefe Badmajews an Anna Wyrubowa vom 9. IX. 1916;
h) Bericht Badmajews an den Zaren über die Zusammensetzung des Reichsrates vom 26. XII. 1916;

i) Brief Badmajews an den Zaren vom 8. II. 1917 (Beilage eine Broschüre ‚Die Weisheit des russischen Volkes');
j) Brief Badmajews an den Zaren vom 20. II. 1917, betreffend den Bau der Murmansker-Bahn;
k) Brief Badmajews an Alexander III. über die Aufgaben der russischen Politik im fernen Osten, über das Projekt der Transsibirischen Bahn, über das Verhältnis des chinesischen Volkes zum Christentum und über die Möglichkeit, die Mongolei und Tibet an Rußland anzuschließen, 13. II. 1893;
l) Bericht des Ministers Witte an Alexander III. über die Vorschläge Badmajews betreffend den fernen Osten;
m) Brief Badmajews an Alexander III. vom 2. VII. 1893;
n) Brief Badmajews an Alexander III. vom 26. X. 1893;
o) Bericht Badmajews an Alexander III. über den Japanisch-Chinesischen Krieg und die Aufgaben der russischen Asien Politik, 22. II. 1895;
p) Briefe Badmajews an Nikolaj II. vom 2. III. und 30. IV. 1895;
q) Bericht Badmajews an Nikolaj II. über seine Reise nach China und in die Mongolei, 15. I. 1897;
r) Bericht Badmajews an den Generalstabschef Suchomlinow mit einem Entwurf eines Eisenbahnprojekts bis zur Grenze der Mongolei. (Gemeinsames Projekt von Badmajew und General Kurlow.)

Arnoldi, Kollegienratsassessor, Aufzeichnungen über die Sektierer im Gouvernement Kostroma.

Außerordentliche Untersuchungskommission der Provisorischen Regierung, Sitzungsprotokolle, 1917:
Aussage des Ministers A. N. Chwostow;
Aussage des Ministers Graf P. N. Ignatiew;
Aussage des Ministers N. A. Maklakow;
Aussage des Ministers A. D. Protopopow;
Aussage des Ministers I. G. Schtscheglowitow;
Aussage des Ministers N. B. Schtscherbatow;
Aussage des Vize-Ministers A. N. Werewkin;
Aussage des Ministerpräsidenten W. N. Kokowzow;
Aussage des Ministerpräsidenten B. W. Stürmer;
Aussage des Ministerpräsidenten J. L. Goremykin;
Aussage des Generals P. G. Kurlow;

Aussage des Generals W. F. Dschunkowski;
Aussage des Generals A. W. Gerassimow;
Aussage des Generals E. K. Klimowitsch;
Aussage des Generals N. J. Iwanow;
Aussage des Generals A. J. Spiridowitsch;
Aussage des Obersten M. S. Komisarow;
Aussage des Schloßkommandanten W. N. Wojeikow;
Aussage des Kollegienrats-Assessors J.T.Manassewitsch-Manuilow;
Aussage der Anna Alexandrowna Wyrubowa;
Aussage der Olga Wladimirowna Lochtina;
Aussage von N. E. Markow.
Beletzki, S. P., Senator, Vizeminister a. D. ‚Grigori Rasputin', Verlag Byloje, Moskau 1923.
Buchanan, George. ‚Meine Mission in Rußland', Verlag für Kulturpolitik, Berlin 1926.
Bulatowitsch (Priestermönch Antonius). ‚Die Rechtfertigung des Glaubens an den Namen Gottes'.
– (Priestermönch Antonius). ‚Die Rechtfertigung des Glaubens an die unbesiegbare Kraft'.
Djanumowa, E. ‚Meine Begegnungen mit Rasputin', Petrograd 1923.
Gilliard, P. ‚Zar Nikolaj und seine Familie', Verlag Russj, Wien 1921.
Iliodor (Sergej Trufanow). Briefe über Rasputin.
– – Briefe an Badmajew.
– –‚Der heilige Teufel', Golos Minuwschawo, Nr. 3, Petersburg 1917.
– – Eingabe an die Hofkanzlei über Rasputin, 1. I. 1912.
Jelisaweta Feodorowna, Großfürstin. Telegramm an den Großfürsten Dimitri Pawlowitsch und an die Fürstin Jussupow vom 18. XII. 1916.
Jussupow, F. ‚How I Killed Rasputine', Sunday Chronicle, Mai-Juni 1927, London.
–‚– Brief an die Zarin vom 30. XII. 1916.
Komarow-Kurlow, General. ‚Das Ende des russischen Kaisertums', Verlag Scherl, Berlin 1920.
Melnik, Tatjana. ‚Erinnerungen an die Zarenfamilie und ihr Leben vor und nach der Revolution', Belgrad 1921.
Minerwin, Priester. Eingabe an die Staatsanwaltschaft Nischni-Nowgorod 1850 über den Chlysti-Propheten Radajew.

Ministerium des Äußeren, Petersburg. Akten über die Vorgeschichte des Kriegsausbruchs, Staatsarchiv.

Narischkin, Elisabeth, Exz., ehem. Obersthofmeisterin. Aufzeichnungen (Manuskript, im Besitz des Verfassers).

Nikolaj II. Tagebuch (herausgegeben von S. Melgunow), Ullstein, Berlin 1923.

Olga Nikolajewna, Großfürstin. Briefe an Rasputin, 1909.

N. N. ‚Bei Grigori Rasputin‘ (Artikel), Nowoje Wremja 1912, Nr. 1290 und 1298.

N. N. Anonymer Brief mit der Unterschrift ‚Volksstimme‘ an den Fürsten Jussupow vom 3. I. 1917.

N. N. ‚Anna Wyrubowa und Grigori Rasputin‘, Petrogradskaja Gaseta, 23. III. 1917.

Paley, Princesse. ‚Souvenirs de Russie‘, Librairie Plon, Paris 1923.

Paléologue, Maurice. ‚Am Zarenhof während des Weltkrieges‘, Verlag F. Bruckmann, München 1926.

Preobraschenzew. ‚Geständnisse eines ehemaligen Sektierers‘, Zeitschrift des Bistums Tula, 1867 bis 1869.

Protokolle der geheimen Überwachung Rasputins vom 1. I. 1915 bis 10. II. 1916 (gez. Kornilow), Staatsarchiv Moskau.

Protokolle der Untersuchung über die Ermordung Rasputins durch das Besondere Gendarmeriekorps, Oberst P. K. Popow:

    a) Aussage von Rasputins Nichte Anna Nikolajewna;

    b) Aussage von Rasputins Tochter Warwara Grigoriewna;

    c) Aussage von Rasputins Tochter Matrjona Grigoriewna;

    d) Aussage von M. J. Golowina;

    e) Aussage von M. W. Jurawlewa;

    f) Aussage von J. J. Potekina;

    g) Aussage von F. A. Korschunow;

    h) Aussage von F. Jussupow;

    i) Aussage von F. Kusmin, Brückenwächter;

    j) Aussage von W. F. Kordjukow, Wachmann;

    k) Aussage von I. J. Nefedow, Diener im Palais Jussupow;

    l) Aussage von I. I. Bobkow, Portier im Palais Jussupow;

Protokoll über die Verbrennung von Rasputins Leiche vom 11. III. 1917, Revolutionsmuseum Leningrad.

Protopopow, A. D. Brief an Badmajew, 1903, und Telegramme vom 16. IV. und 7. VII. 1903.
–,–Dienstbefehl des Innenministeriums Nr. 573, betreffend die Untersuchung gegen die Mörder Rasputins.
Purischkewitsch, W. N. ‚Tagebuch', Verlag National Reklama, Riga.
Rasputin, Grigori Jefimowitsch. Briefe und Telegramme an Badmajew.
–,– – Briefe und Telegramme an den Zaren.
–,– – ‚Meine Gedanken und Betrachtungen. Kurze Beschreibung einer Reise durch die heiligen Stätten und die dabei hervorgerufenen Gedanken über religiöse Gegenstände', Moskau 1911.
–, Matrjona Grigoriewna. Tagebuch.
–,– – ‚Die Wahrheit über Rasputin.' Verlag Alt-Rußland, Hamburg.
Rostowski, D. ‚Untersuchung über die Sektierer, ihre Ziele und Taten', Moskau 1824.
Rudnew, W. M. Vorsitzender der Untersuchungskommission über die Amtsführung der ehemals kaiserlichen Minister, Resultate der Untersuchung, Moskau 1917.
Sergujejew, J., Priester. Untersuchung über die Chlysti-Sekte, Eingabe an den Synod, Rumjanzow-Museum, Moskau.
Schukowskaja, V. A. Aufzeichnungen (Manuskript, im Besitze des Verfassers).
Wassiltschikow, Maria, Exz., ehem. Hofdame der Zarin. Aufzeichnungen und Tagebuchblätter (Manuskript, im Besitze des Verfassers).
Witte, Graf. ‚Erinnerungen', Verlag Ullstein, Berlin 1923.
Wyrubowa, Anna. ‚Glanz und Untergang der Romanows', Amalthea-Verlag, Wien 1927.

B. Bücher über Rasputin und sonstige Literatur

Die mit * bezeichneten Werke sind reine Tendenzschriften ohne dokumentarischen Wert.
*Almasow, B. ‚Rasputin und Rußland', Amalthea-Verlag, Wien 1923.
Arndt, A. ‚Das Sektenwesen in der russischen Kirche', Zeitschrift für katholische Theologie, Innsbruck 1890.
Barsow, N. ‚Die Gesänge der Gottesleute', Schriften der Kaiserlich Russischen Geographischen Gesellschaft, Petersburg 1871.

Bechterew. ‚Rasputin und die Damen der großen Gesellschaft', Petrogradskaja Gaseta, 21. III. 1917.
Betzki, K., und Pawlow, P. ‚Der russische Rokambol', Verlag Byloje, Leningrad 1919.
*Bienstock. ‚Raspoutine', Paris 1917.
Bontsch-Brujewitsch, W. ‚Aus der Welt der Sektierer', Moskau, Staatsverlag 1922.
Döllinger, F. ‚Beiträge zur Sektengeschichte des Mittelalters', München 1890.
Dobrotworski, J. ‚Die Gottesleute', Kasan 1869.
Dolgoruki, St. ‚La Russie avant la Debâcle', Verlag Figuière, Paris 1926.
Dubenski, D. ‚Wie es in Rußland zum Umsturz kam', Ruskaja Letopis, Band III, Paris 1922.
Jefrenow, N.N. ‚Rasputin', Verlag Byloje, Leningrad 1924.
Gehring, J. ‚Die Sekten der russischen Kirche', F. Richter, Leipzig 1898.
Geibel-Embach, N. v. ‚Russische Sektierer', Zeitfragen des christlichen Volkslebens, Bd. 8, H. 4, Heilbronn 1883.
Grosberg, Oskar. ‚Grigori Rasputins Ende', ‚Einkehr', 27. VII. bis 3. VIII. 1924, München.
Harnack, A. ‚Das Mönchstum, seine Ideale und seine Geschichte', 1886.
Hippius, Sinaida. ‚La maisonnette d'Ania', Mercure de France, August 1923, Paris.
*Kantorowitsch. ‚Alexandra Fjodorowna Romanowa', Byloje, Moskau, 1922
Kessel, J., und Iswolski, H. ‚Les Rois aveugles', des Editions de France, Paris 1925.
Kleinmichel, Comtesse. ‚Souvenirs d'un Monde englouti', Verlag Calmann-Lévy, Paris 1927.
Murawjew. ‚Geschichte der russischen Kirche', Karlsruhe 1857.
Naschiwin, J. ‚Rasputin' (Roman), Verlag Fikentscher, Leipzig 1925.
*Omessa, Charles. ‚Le secret de Raspoutine', Paris 1918.
Pfitzmayer, A. ‚Die Gottesmenschen und Skopzen in Rußland', Schriften der Akademie der Wissenschaften, Wien 1883.
–,– ‚Die neue Lehre der russischen Gottesmenschen', Wien 1883.
–,– ‚Die Gefühlsdichtung der Chlysten', Wien 1885.
Philaret. ‚Geschichte der Kirche Rußlands', Frankfurt a. M. 1872.

Protopopow, G. ‚Studie über die Geschichte der mystischen Sekten in Rußland', Schriften der geistlichen Akademie von Kiew, 1867.
Sevérac, J. B. ‚La Secte Russe des Hommes-de-Dieu', Verlag Cornély, Paris 1906.
Smilg-Benario, M. ‚Der Zusammenbruch der Zaren-Monarchie', Amalthea-Verlag, Wien 1927.
Taube, O. v. ‚Rasputin', Verlag C. H. Beck, München 1923.
Tolstoi, A. N., und Schtschegolew. ‚Rasputin' (Theaterstück), Merlin-Verlag, Heidelberg 1926.

STIMMEN
ZUR AUSGABE
VON 1927

THOMAS MANN:

Es ist eine außerordentliche Lektüre, aufregend, unheimlich und sehr lehrreich. Ein echt russisches Heiligen- und Sünderleben, das an die größten und schlimmsten Dinge bei Dostojewski erinnert, entrollt sich da. Fülöp-Millers „Heiliger Teufel" ist ein Buch, das mir imstande scheint, die große Mehrzahl erdichteter Romane durch die ungewöhnlichen Reize seiner Charakteristiken und Schilderungen aus dem Felde zu schlagen.

D. S. MERESCHKOWSKIJ:

Der Rasputin ist so interessant, daß man sich davon nicht losreißen kann. Das ist das erste ernsthafte Buch über ihn, und ich kann nicht begreifen, daß ein Nicht-Russe es schreiben konnte.

KNUT HAMSUN:

Ein Prachtwerk an Text, Bildern und buchlicher Ausstattung. Es kommt mir vor, daß hier alles gesammelt ist: eine Summe Wissen der Facta, eine gesunde Auffassung der sämtlichen vorkommenden Personen und eine Gründlichkeit, die sich der Wissenschaft nähert.

HUGO VON HOFMANNSTHAL:

Fülöp-Miller hat an dieses außerordentliche Phänomen eine sehr große Bemühung gewandt; ich glaube sagen zu dürfen, daß diese nicht ungelohnt bleiben wird. Das Buch wird einen sehr großen Erfolg haben. Der Autor hat sich der höchst eigentümlichen Materie mit der Genauigkeit eines Historikers genähert, zugleich aber, ohne sich einen Schritt von den Dokumenten zu entfernen, in der Anordnung und Verlebendigung des Details die Phantasie eines Romanciers walten lassen. Hierdurch ist ein höchst eigentümliches Werk entstanden, und in einer Epoche, die den historischen Roman neu belebt, hat Fülöp-Miller, ohne einen solchen zu schreiben, die meisten davon geschlagen.

FRIDTJOF NANSEN:

Ich muß Sie zu dem schönen Werk beglückwünschen. Es enthält eine Fülle wichtiger Mitteilungen über diese sehr interessante Zeit, und das Material an Bildern ist ganz bewundernswert.

STEFAN ZWEIG:

Das Werk hat meine leidenschaftlichsten Erwartungen übertroffen. Wieder einmal spüre ich in diesem erstaunlichen Werk, daß die Wirklichkeit immer die größte Dichterin ist. Nicht einmal Dostojewski oder Tolstoi haben eine so faszinierende Gestalt erfunden, als diesen heiligen Teufel, und seit Jahren habe ich keinen Roman gelesen, der so packend und spannend eine dämonische Figur offenbarte wie diese streng sachliche und darum doppelt aufregende Darstellung. Mir will das Buch als das wichtigste zeitgenössische Dokument des Ostens erscheinen, das jeder gelesen haben müßte, der Rußland und seine Zeitereignisse verstehen will. Und mit immer neuer Neugier und Erstaunen sehe ich mir auch die faszinierenden Photographien an, die wenigstens einen Teil der unglaublichen Seelenmacht dieses Menschen erklären. Ich bin überzeugt, daß dieses Buch weit über Deutschland hinaus in der ganzen kulturell interessierten Welt eine erschütternde und aufklärende Wirkung zeitigen wird, und ich danke Ihnen auf das allerherzlichste für einen Eindruck, wie ich ihn ähnlich vehement seit langem von keinem historischen Werke empfangen habe. Es sollte mich wundern, wenn diese phantastische Gestalt nicht auch auf Jahre hinaus die ganze Dichtung zur Nachgestaltung und dramatischer Ausdeutung reizen würde.

ROMAIN ROLLAND:

Eine hinreißende Lektüre, ein außerordentlicher Roman der Wirklichkeit, der das Siegel Dostojewskijs zu tragen scheint.

GUSTAV MEYRINK:

Ich kann nur sagen: Ich habe das Buch geradezu verschlungen! Noch nie ist mir ähnlich Interessantes untergekommen. Aber nicht nur meine Ansicht ist das, jeder, dem ich das Buch lieh, war begeistert. Ich kenne kein ähnliches Werk, das so tiefen Einblick in die russische Psyche gibt.

GRAF HERMANN KEYSERLING:

Fülöp-Miller ist als erster der Vielfalt und dadurch der Echtheit Rasputins gerecht geworden.

KARIN MICHAELIS:

Ich habe das Buch mit ungeheurem Interesse gelesen. Rene Fülöp-Miller hat eine Art zu schreiben, die so leicht faßlich ist, daß man sich spielend alles aneignet, als wäre es spannende Unterhaltungslektüre, und dabei ist es doch Kulturgeschichte allesumfassendster Gattung.

So sollten die Bücher geschrieben sein, die man für die Schule verwendet!

Seine Bücher gehören zu denen, die ich liebe und von denen ich überall, wo ich hinkomme, spreche, die ich im kleinen Kreise sehr demonstrativ lobe und zitiere.

URTEILE DER WELTPRESSE

EUROPA

Deutschland

ACHT-UHR-ABENDBLATT, BERLIN:

... Man liest das Buch atemlos – man will aufhören, es geht nicht. Es ist der spannendste, stärkste und vielleicht auch unheimlichste Zeitroman, der in diesen Jahren geschrieben wurde...

BÖRSEN-COURIER, BERLIN:

... Dieser Rasputin war nicht nur ein verschlagener Bauer, sondern auch ein Mann von ungewöhnlichen politischen Fähigkeiten, ebenso Wüstling wie Heiliger, Bauer, Priester, Diplomat. Aber wichtiger noch als die psychologische Durchdringung dieser Figur ist die Aufrollung der großen politischen Zusammenhänge, in deren Mitte Rasputin gestanden hat. Die Darstellung der Hofintrigen, die Aufzeigung der Fäden, welche die verschiedenen politischen Salons Petersburgs und Moskaus verbanden, das alles ergibt ein Kulturgemälde seltener Art...

BERLINER TAGEBLATT, BERLIN:

... Das Buch eines großen Reporters, wundervoll ausgestattet mit den schönsten, seltensten Bildern. 450 Seiten, ich bin geneigt zu sagen: nur 450 Seiten. Denn man liest sie in zwei Nächten und ist dann begierig, noch mehr zu erfahren, eine Lektüre, die unerhört interessiert. Ein geniales Reporterbuch...

DIE DAME, BERLIN:

... Ein Text, der dermaßen spannend ist, daß man das dicke Buch hintereinander weg liest, als sei es eine short story...

DIE LITERARISCHE WELT, BERLIN:

... Die vielen gut erzählten Episoden in Fülöp-Millers Buch geben Stoff für hundert Theaterstücke. Man hat lange keinen so interessanten Bericht gelesen...

DAS TAGEBUCH, BERLIN:

... Das zeitlose Rußland, das Rußland Dostojewskijs, hat hier in einem mystischen Primitiven Gestalt gefunden. Und ein Historiker von großem Format hat diese Gestalt wie eine schwarze Lavawolke auf einem Vulkan emporsteigen lassen...

VOSSISCHE ZEITUNG, BERLIN:

... Journalistische Geschichtsschreibung, die zehn Historiker des zaristischen Rußland ersetzt...

FRANKFURTER ZEITUNG, FRANKFURT:

... Diese Wirklichkeit, die man aktenmäßig nennen könnte, die aber in einer lebendigen Sprache auftritt, erscheint beinahe noch phantastischer als alles Gerede, das um Rasputin entstanden ist. Nun wird das Unwahrscheinliche voll ausgebreitet vor seinem kulturhistorischen Hintergrunde...

MÜNCHNER NEUESTE NACHRICHTEN, MÜNCHEN:

... Ein Trauerspiel, in dem alle Mitwirkenden, vom Kaiser bis zum Muschik, einen Totentanz tanzen. Wir lesen erschüttert die Tragödie des Hauses Romanow. Objektiv darstellend bietet das Werk dem historischen Wissen große Kenntnisse, bietet es einen Roman, wie er spannender nicht geschrieben werden konnte...

DRESDNER NACHRICHTEN, DRESDEN:

... Das Buch, das man bis zur letzten Seite mit ungehindertem Interesse liest, beansprucht in der Lebendigkeit seiner Darstellung wie in der Authentizität seiner Quellen bleibenden Wert. Ein Dokument allerersten Ranges...

KÖNIGSBERGER ALLGEMEINE ZEITUNG, KÖNIGSBERG:

... Der Verfasser hat zum erstenmal ein Bild von psychologischer Tiefe und umfassender Feineinstellung des vielumstrittenen Mannes in seine Zeit zu zeichnen vermocht. Er hat damit denn auch das bisherige Schablonenbild, das in Rasputin lediglich einen listigen Scharlatan sah, zerstört...

Österreich

NEUE FREIE PRESSE, WIEN:

... Fülöp-Millers ruhige, dokumentierte Darstellung überzeugt. Alles, was man von Rußland, vom russischen Menschentum weiß, ahnt, fühlt, schießt zusammen, wird bestätigt im Anblick der ungeheuren Gestalt Rasputins, die sich aus Fülöp-Millers Buch machtvoll lebendig aufrichtet...

REICHSPOST, WIEN:

... Ein ungeheuer packendes Staats- und Sittenbild, geschaffen nur für reife, geschichtlich gebildete Menschen. Stellenweise zu lesen wie ein erschütternder Roman. Ein denkwürdiger Beitrag zu der Geschichte des Unterganges eines mächtigen Weltreiches...

England

THE TIMES, LONDON:

... Fülöp-Millers Buch gibt weitaus die vollständigste Darstellung, die jemals über Rasputins Aufschwung, seine Macht über die hysterischeren Elemente des kaiserlichen Hofes, seine Verbindung mit Spekulanten und Intriganten, überhaupt jede Seite seiner seltsamen Persönlichkeit veröffentlicht worden ist...

DAILY NEWS, LONDON:

... Ein meisterhaftes Porträt, das mit der landläufigen Legende aufräumt, als sei Rasputin der Hauptschuldige am Untergang Rußlands gewesen...

THE NATION, LONDON:

... Der besondere Wert des Buches liegt darin, daß der Verfasser aus allen verfügbaren Materialien die Lebensgeschichte eines Menschen rekonstruiert hat, der wohl zu den abenteuerlichsten Gestalten unserer Tage gehört hat...

Frankreich

MERCURE DE FRANCE, PARIS:
... Das bedeutendste Werk, das wir über Rasputin besitzen. Der Verfasser hat es vorzüglich verstanden, Legende von Wahrheit zu sondern...

LA LIBERTÉ, PARIS:

... Diese Seiten von gewaltigem Realismus enthalten den Schlüssel zum Verständnis der geheimen Hintergründe der russischen Katastrophe...

Italien

CORRIERE DELLA SERA, MAILAND:

... In dem Buch Fülöp-Millers findet sich eine sorgfältige Darlegung des erstaunlichen Lebenslaufes von Grigori Rasputin. Man kann sagen, daß es sich hier um einen erfolgreichen Versuch handelt, ein gerechtes Bild, ohne Haß noch Vorurteil, von Rasputin zu geben...

Schweiz

JOURNAL DE GENEVE, GENF:

... Eine Gestalt, die von Dostojewski sein könnte, die aber, wie man wohl glauben kann, sogar die Schöpfungen dieses großen Dichters übersteigt. Man liest mit angespanntem Interesse die Biographie dieses Mannes, dessen Name sich mit den blutigsten Zeiten der russischen Geschichte verbündet...

Schweden

SVENSKA DAGBLADET, STOCKHOLM:

...Man kann von dieser Arbeit sagen, daß sie zum erstenmal ein psychologisch klares Bild dieses seltsamen russischen Mönchs gezeichnet hat und gleichzeitig ein meisterhaft ausgearbeitetes Stück Kulturgeschichte gibt...

Spanien

EL SOL MADRID:

... Der Fall Rasputin, unverständlich für den westlichen Menschen, ist ein typisch russisches Phänomen wie so viele andere Dinge, die ihm nachgefolgt sind. Das vorliegende Buch behandelt ihn mit einer Fülle von Dokumenten, mit nüchterner Unvoreingenommenheit...

Holland

NIEUWSBLAD VAN HET NOORDEN, GRONINGEN:

... Der Verfasser hat auch für dieses Werk aus authentischen Quellen geschöpft, und so hat er das erste vertrauenswürdige Buch über diese seltsame russische Figur geschaffen, die dem Fall des Zaren und der Seinen vorausgegangen ist. Es ist ein bewunderungswürdiges Werk, in welchem die größtmöglichste Objektivität nahezu erreicht ist ...

Tschechoslowakei

PRAGER TAGBLATT, PRAG:

... Meisterhaft und durchkomponiert, wie der genialste Dichter es nicht vermöchte, stellt Fülöp-Miller dokumentarisch Milieu, Einzelgeschick, Weltgeschichte gegeneinander...

Ungarn

PESTER LLOYD, BUDAPEST:

... Rene Fülöp-Millers durch ein reichhaltiges Dokumentenmaterial unterstützte, mit mannigfachen zeitgenössischen Illustrationen versehene Lebensbeschreibung dieses „Erlösers der Zarenfamilie" will außer einer ebenso detailreichen wie fesselnden Schilderung des widerspruchsvollen rasputinschen Charakterbildes eingestandenermaßen auch eine Art Ehrenrettung des „heiligen Teufels" sein...

Griechenland

ETHNOS, ATHEN:

...Fülöp-Millers Buch enthält viele bisher unbekannte Einzelheiten über das Leben Rasputins, die der Verfasser in langer und mühsamer Forschung in Rußland selbst gesammelt hat. Fülöp-Miller erweist sich hier als einer der hervorragendsten lebenden Geschichtsschreiber, und sein Buch über Rasputin ist das bedeutendste Dokument über die Geheimgeschichte des Rußland vor dem Kriege...

Rumänien

UJ KELET, KLAUSENBURG:

...Ein meisterhaftes Gemälde der Zustände in Rußland vor der Revolution. Wir müssen dem Verfasser für dieses wahrheitsgetreue Dokument dankbar sein. Abgesehen von seinem historischen Wert, hat dieses Buch eine hohe literarische und wissenschaftliche Bedeutung...

AMERIKA

NEW YORK TIMES, NEW YORK:

...Dieses Buch ist mehr als die Biographie eines bedeutenden Menschen; es ist das mächtige Gemälde eines zum Tode verurteilten Zeitalters. In der Darstellung mehr romanhaft als historisch, beruht es dennoch auf genauen Studien des russischen Volkes und auf Dokumenten über die komplizierte Situation am Zarenhofe. Der technische Kunstgriff, daß der Held in direktem Gespräch dargestellt wird, macht den Band nur um so farbiger und objektiv. Die vielen sonderbaren, tragischen und barocken Charaktere wirken verblüffend lebenswahr...

NEW YORK HERALD, NEW YORK:

...Weit davon entfernt, den melodramatischen Charakter zu malen, den wir gewohnt sind, stellt uns der Verfasser mit wahrer Objektivität ein seltsam zwiespältiges Wesen vor, so phantastisch wie Dostojewski, einen Menschen, zugleich ein Muschik mit allen Schwächen, der Sinnlichkeit und dem Mystizismus seiner Klasse, zugleich aber auch hervorragend intelligent und schlau. Diese Geschichte liegt zugleich in der Domäne der historischen Forschung und der Politik; es ist ein Dokument der Psychologie, das unzertrennbar zu dem Fall des Zarentums gehört...

ASIEN

Indien

MADRAS MAIL, MADRAS:

...Man unterliegt, ob man er will oder nicht, dem Reiz von Fülöp-Millers Darstellung. Das Bild der vorrevolutionären Gesellschaft, das er uns gibt, läßt die Revolution verständlich erscheinen...

China

TIMES, SHANGHAI:

...Die menschliche und unmenschliche Breite dieses Materials übersteigt jede Erfindung der kühnsten Romanschriftsteller-Phantasie. Dies ist der erste wirklich tiefgehende Bericht von der Entwicklung dieses außerordentlichen Mannes, der der Ratgeber des Zaren gewesen ist, Grigori Jefimowitsch Rasputin. Nur diese verständnisvolle Beschreibung der mit Aberglauben und Ekstase durchsetzten religiösen Situation in Rußland eröffnet uns das Verständnis für die unglaublich widerspruchsvollen Züge dieses „heiligen Teufels"...

AFRIKA

THE NATAL MERCURY, DURBAN:

...Diese wundervolle psychologische Studie wird die Aufmerksamkeit jedes Lesers fesseln, der sich für die Geheimnisse und Katastrophen der Welt interessiert. Hier wird ein außerordentlicher Charakter geschildert, der uns verwirrt und der einen teuflischen Einfluß auf ein altes Herrscherhaus und auf eine große Nation ausgeübt hat. Das Buch ist voll von Interesse, sowohl durch die Geschichte einer interessanten Persönlichkeit als auch durch die Darstellung des Falles einer alten Monarchie...

AUSTRALIEN

THE AUSTRALIAN, MELBOURNE:

... Ein bedeutungsvoller Versuch, eine unparteiische und authentische Geschichte Rasputins zu schreiben. Der Verfasser erklärt vieles, was bisher dunkel gewesen ist, vor allem, wie es geschehen konnte, daß ein körperlich und moralisch unsauberer, ungebildeter russischer Bauer zum vertrauten Ratgeber des russischen Zaren an einem exklusiven und autokratischen Hof werden und sich praktisch zum Herrscher des Reiches aufschwingen konnte...

GLOSSAR

Archimandrit: [griech./russ.] Erzabt eines orthodoxen Klosters
Barin: [russ.] Gutsbesitzer, Adliger, Herr, Angehöriger der privilegierten Klasse im zaristischen Rußland, auch verächtlich für Faulpelz
Duma: russisches Parlament von 1905 bis 1917
Gerostrad: [russ.] gemeint ist Herostratus aus Ephesus; er steckte 356 v. Chr. in der Geburtsnacht Alexanders des Großen den berühmten Artemis-Tempel in Ephesus in Brand, nur um sich einen Namen zu machen
Ikonostas: [griech.] dreiteilige Bilderwand zwischen Chor und Gemeinderaum in orthodoxen Kirchen; Vorbild für die Lettner in den abendländischen Kirchen
Isba: [russ.] hölzernes Bauernhaus; im engeren Sinne auch Wohnzimmer dieses Bauernhauses
Jurodiwi: [russ.] Narr in Christo, religiöser Asket und Fanatiker, der sich aus Demut und Selbsterniedrigung für einen Idioten, Geistesgestörten oder Verrückten ausgibt
Kanonisierung, Kanonisation: [semit.-griech.-lat.] Heiligsprechung
Kawasse, Kawaß: [arab.] ehemaliger türkisch-arabischer Polizeisoldat
Konfidenten: [österr.] Polizeispitzel

Narodnaja Wolja. [russ.] Volkswille; agrarsozialistische Partei im zaristischen Rußland; etwa ab 1870 nachweisbar
Paralyse: Lähmung, bei paralysis agitans mit Schüttel- und Zitterbewegungen des Kopfes und der Arme verbunden
Paroxysmus: anfallartige höchste Steigerung eines Krankheitszustandes
Petenten: [lat.] Bittsteller, Antragsteller, Gesuchsteller
Podpolniki: [russ.] Kellerlochmenschen; asketische Wanderpriester, meist Angehörige von Sekten außerhalb der offiziellen orthodoxen Kirche, die auf ihrem Weg zur Heilsfindung von den Bauern beherbergt und gleichzeitig versteckt wurden – im Kellerloch unter dem Bauernhaus
Reichsduma: siehe Duma
Saschen: [russ.] altes Längenmaß = 2,13 m, ein Saschen (Faden) hatte drei Arschin
Somnambule: Schlafwandler, Nachtwandler
Staretz: [russ.] der Alte, ehrfürchtige, ehrende Bezeichnung für einen älteren oder hochstehenden Mann
Stranniki: [russ.] Wanderer, Pilger, Wallfahrer
Tschinownik: [russ.] Beamter, Staatsangestellter im zaristischen Rußland; auch verächtlich für Bürokrat
Ukas: [russ.] Befehl; Erlaß des Zaren

NAMENREGISTER

Adrianow Seite 333
Alexander I. Seite 143
Alexander II. Seiten 101, 116, 144
Alexander III. Seiten 101, 116, 144
Alexander Michailowitsch, Großfürst Seiten 118, 402
Alexandra Fjodorowna Seiten 83, 91-107, 109, 111-115, 118, 119, 121, 125, 129, 141-143, 145-152, 154, 156, 161-165, 168-170, 172-178, 181, 182, 185, 186, 189, 191-198, 200-204, 206, 209, 210-212, 276, 329, 330, 334, 347, 356-358, 360, 368, 394, 407, 424, 431-436, 439-442, 445-448, 450, 452, 454, 456, 457, 460, 462-464
Alexej Seiten 103-106, 114, 141, 142, 151, 162-164, 169-171, 175-178, 180, 191-194, 198, 210, 357, 394, 442, 455, 456, 461, 463
Alix von Hessen (siehe Alexandra Fjodorowna)
Anastasia Nikolajewna Seiten 118, 145, 146, 148, 154, 165, 168-171, 173, 181, 203, 348
Anastasia, Zarentochter Seiten 179, 180, 357, 435, 455, 456, 461
Andronnikow, Fürst Seiten 130-135, 139, 245, 261, 365-381
Anjuschka (Nichte Rasputins) Seiten 235, 276, 421
Antoni Seite 156
Aronson Seite 272
Augustin, Bischof Seite 230
Avelan Seite 94

Badmajew, P. A. Seiten 157-165, 183, 186, 194, 209, 360
Badmajew, Saltin Seiten 159, 160
Balinski, Oberst Seite 369
Bark Seite 136
Baschmakowa Seiten 168, 221
Basilewskaja Seite 229
Beletzki, Polizeichef Seiten 134, 271, 284, 290, 291, 329, 332, 368, 370-380, 382-393, 397
Belkowski Seite 240
Bermann, Katharina Seite 23
Bismarck Seite 209
Bjelajew Seite 131
Bogdanowitsch Seite 282, 385
Brussilow Seite 202
Burdukow Seiten 134, 135, 137-139, 184, 245
Burtzeff Seite 279

Chwostow, A. A. Seite 332
Chwostow, A. N. Seiten 138, 162, 206-208, 210, 290, 291, 325, 332, 371-393, 396-398, 413, 420

Davidsohn Seiten 376, 377
Derewenko Seiten 105, 163
Derewenko, Dr. Seiten 193, 445, 456
Dimitri Pawlowitsch, Großfürst Seiten 402, 403, 409-411, 416, 417, 433, 434, 436, 437, 464
Djanumowa, Jelena Seiten 228, 272-275, 334-342
Dobrowolski Seiten 230, 284, 288, 290, 417, 436

Dobrowolskaja Seite 230
Dolgorukaja, Fürstin Seiten 138, 184, 239, 258
Dolina Seite 267
Dostojewski Seiten 88, 97, 154, 278
Dumbadse Seiten 383, 384
Durnowo Seite 94

Elston Seiten 401, 402

Felix Felixowitsch (siehe Jussupow)
Filipitsch, Danila Seiten 31, 34, 55
Filipow Seiten 240, 242
Fredericks, Graf Seiten 94, 127, 128, 183

Gapon Seiten 109, 279
Gar, Marja Seiten 230, 240
Gibbs Seite 96
Gill, Marja Seite 228
Gilliard Seiten 17, 96, 182, 445
Ginsburg, Baron Seite 272
Glasow, Nikolaj Seite 240
Globitschew Seiten 221, 232–233, 235, 385
Gogol Seite 97
Golowin, Frau resp. Golowina Seiten 17, 209, 228, 230, 257, 299, 301, 309, 311–313, 315, 362, 397–400, 410–414, 429
Golowina, Marja Seiten 17, 229, 230, 238, 257, 275, 299, 300, 306-308, 311-313, 315, 316, 397-400, 410-414, 417, 418, 422, 427, 428
Goremykin Seiten 117, 378, 391
Gregubowa Seiten 228, 240, 242
Gurko Seite 395
Gussewa, Kionja Seite 364
Gutschkow Seite 395

Hermogen Seiten 76–79, 83–90, 167, 333, 351, 352, 355, 360–363, 395, 447, 448

Ignatieff Seiten 11, 138–141, 166, 167, 184, 286
Iliodor (Trufanow) Seiten 7, 79–90, 167, 256, 302, 314, 334, 351, 352–364, 392, 395
Irina Alexandrowna (siehe Jussupow, Irina)
Isidor, Bischof Seite 429
Iwanitzkaja Seite 239
Iwanow Seite 234

Jasininski Seite 239
Jasininskaja Seite 239
Jegorow Seiten 154, 155, 360
Jelisaweta Fjodorowna Seiten 110, 111, 347, 348
Jussupow, Felix Seiten 17-20, 200, 397-438, 462
Jussupowa, Irina Seiten 402, 415, 418, 419, 431

Karawia Seite 226
Katja, Schneiderin Seiten 222, 223, 231, 394
Kleigels Seite 239
Klepikow Seite 103
Knirsche Seiten 230, 239
Kokowzow Seiten 103, 190
Koljaba, Mitja Seiten 153–156, 186, 194, 360, 361
Komisarow Seiten 232, 234, 235, 245, 386, 387, 389–393
Koselski, Mitja (siehe Koljaba)
Kossorotow Seite 435
Kowarski Seite 240
Kreuz, Gräfin Olga Seite 238
Kronstadt, Johann von Seiten 79, 144, 145, 166, 167, 186, 334

Laptinskaja Seiten 229, 238, 258, 355
Lazowert, Dr. Seiten 410, 416, 417, 423-425
Leikart, Frau Seite 225

Lochtina, Olga Wladimirowna Seiten 256, 257, 302–317
Loman Seiten 183, 435
Lupkin, Prokopi Seite 35

Makari Seiten 37-40
Maklakow Seiten 134, 206, 383, 384
Maksakow Seiten 266, 267
Maltzew Seiten 183, 184, 435
Mamontow Seite 229
Manassewitsch-Manuilow Seiten 162, 230, 240, 276–284, 290, 291
Manus, J. P. Seiten 135–137, 265
Marja, Zarentochter Seiten 357, 435, 454–456, 461
Martian Seiten 240, 331, 380, 381
Meschtscherski Seite 278
Metternich Seite 209
Mexasudi Seite 280
Michaleff Seite 332
Militza Nikolajewna Seiten 145–148, 154, 165, 166, 168, 170, 171, 181, 185, 203, 300, 316, 317, 348
Mitinski Seite 239
Müller Seite 239

Nefedow Seite 415
Neumann, Mendel Seite 268
Neustein Seite 223
Nesselrode Seite 209
Nikita von Montenegro Seite 118
Nikitina Seite 230
Nikitschkina, Akulina Seiten 254, 255, 269, 272, 435
Nikolaj Nikolajewitsch Seiten 118, 146, 167, 198, 199, 201–204, 348, 351, 369, 371, 395
Nikolaj II. Seiten 83, 91–111, 114-119, 122, 123, 129, 131, 141–147, 149–151, 154, 156, 161, 162, 164, 168, 171–174, 178, 181, 182, 185, 189, 190–198, 200–204, 209, 210, 329, 330, 334, 347, 357, 360, 368, 388, 394, 407, 424, 431, 433–437, 439–443, 445–448, 450, 452, 454–456, 458–464
Nilow Seiten 127, 128, 134, 135, 137, 183

Obolenskaja, Fürstin Seite 103
Obolenski, Fürst Seiten 117, 154
Obrasow Seite 330
Olga, Zarentochter Seiten 179, 357, 435, 455, 456, 461
Oleg Seite 187
Orbeljani Seite 119
Orlow Seiten 92, 93, 127, 155
Orlowa, Lerma Seite 282
Ossipenko Seiten 237, 239, 242, 291
Ossipowa, Darja Seiten 152, 155, 156, 187
Ott Seite 148

Paléologue Seiten 16, 115, 120, 199, 200
Pawel Alexandrowitsch Seiten 157, 403
Peter der Große Seite 35
Peter Nikolajewitsch Seiten 118, 145, 168
Pestrikow Seite 240
Petrow, Andrej Seite 35
Petscherkin Seite 28
Petz Seite 283
Philippe, Dr. Seiten 146–149, 152, 165, 171, 194, 463
Pitirim Seiten 238, 239, 291, 344–346, 393
Pistolkors, A. von Seiten 228, 299
Pistolkors, von Seiten 228, 299, 362
Pjotr, Pope Seiten 53, 54, 63-68
Plehwe Seite 110
Pobjedonoszew Seite 150
Pogan Seite 268
Polakowa, N. Seiten 336-338
Popermann Seiten 226, 239, 241
Popow Seite 234
Protopopow Seiten 209, 210, 261, 379, 420, 421, 424, 431-435

Purischkewitsch   Seiten 396, 408, 409, 411, 414
Putjatin   Seite 183
Radajew   Seiten 36, 37, 55
Raschewski   Seite 138
Raschkowski   Seite 149
Rasputin, Jefim Andrejewitsch   Seiten 21–29, 49, 50, 55, 57–60, 69
Rasputin, Mitja   Seiten 23, 259, 261,430
Rasputina, Matrjona   Seiten 8, 185, 186, 245, 246, 249, 259, 260, 302, 423, 426, 427, 429, 435, 436, 448
Rasputina, Praskowja   Seiten 27, 50, 51, 56–59,186, 259, 260
Rasputina, Warja   Seiten 186, 259, 260, 435, 436
Reschetnikow   Seiten 230, 334
Rodsjanko   Seite 379
Rosen Seiten   137–139, 184
Rschewski   Seiten 392, 393, 397
Rubinstein, Dimitri Seiten 135, 226, 233, 245, 286, 390

Sabler   Seiten 375, 376
Sablin   Seiten 127, 134, 136, 137,183
Samarin   Seiten 374, 375
Sandetzki   Seite 229
Sasonow   Seite 128
Schachowskoj   Seite 226
Schachowskaja, Tatjana   Seiten 229, 238, 241, 258, 420
Schapowalenkowa, A.   Seite 224
Scherwaschidse   Seite 133
Schischkin, Gawrila   Seiten 266, 268
Schneider   Seite 96
Schtscheglowitow   Seite 361
Schtscherbatow   Seite 332
Schukowskaja, V. A.   Seiten 294–320, 342–346
Sergej Alexandrowitsch   Seite 110
Simanowitsch   Seiten 224, 229, 230, 285, 288–290

Sinitzin   Seite 363
Sipjagin   Seite 149
Snarski, Otsupa-   Seiten 290, 291
Solowjow   Seiten 229, 230, 388, 448
Spiridowitsch   Seiten 181, 232
Stankewitz   Seite 332
Stolypin   Seiten 111, 190, 385
Stürmer   Seiten 205, 206, 208, 209, 221, 240, 280, 283, 385, 391
Suchomlinow   Seiten 131,134, 205, 366, 367
Suchotin   Seite 410
Sumarokow   Seiten 401, 402
Suslow, J. T.   Seiten 34, 35, 55
Swistunow   Seite 234

Tanejew, Anna Alexandrowna (siehe Wyrubowa)
Tatarinow   Seite 225
Tatjana, Zarentochter   Seiten 357, 435, 455, 456, 460, 461
Tenischewa   Seite 228
Terechow   Seite 234
Terechowa   Seite 240
Theophan   Seiten 73–78, 84, 85, 150, 167,179, 351, 352, 395
Tjutschew   Seite 182
Tolstoi   Seiten 88, 96, 108
Trepow   Seite 113
Trufanow, Sergej (siehe Iliodor)
Tschechow   Seite 97
Tscherwinskaja   Seiten 367–374, 377
Turgenjew   Seite 96
Turowitsch   Seite 230

Utilia   Seiten 222, 223, 231

Warnawa   Seiten   187, 228, 230, 286, 334–336, 374–376, 380, 381
Warwarowa   Seite 229
Wassili   Seite 187
Wassiljew   Seiten 180, 198

Wischnjakowa, Marja Seiten 95, 163, 174, 175, 177, 182, 230, 355
Witte Seiten 108, 128, 132, 279
Wojeikow Seiten 127, 128, 265, 431
Wolschin Seite 376
Woronzow Seite 103
Wostorgow Seite 89
Wyrubow Seiten 120, 121
Wyrubowa, Anna Seiten 92, 93, 95, 98, 99, 111, 119–121, 162, 185, 186, 192–194, 207, 210, 227, 228, 230, 235, 238, 245, 257, 269, 270, 299, 301, 307, 316, 317, 332, 362, 377, 393, 417–419, 424, 431–433, 435, 441, 442, 448

Xenia Alexandrowna Seite 402

Zesarewa Seite 240